공무원

KB089998

해커스공무원

여러분의 합격을 응원하는
해커스공무원의 특별 혜택

FREE 법원직 민사소송법 **동영상강의**

해커스공무원(gosi.Hackers.com) 접속 후 로그인 ▶ 상단의 [무료강좌] 클릭 ▶
좌측의 [교재 무료특강] 클릭

 해커스공무원 온라인 단과강의 **20% 할인쿠폰**

FD87B8376E7BDD38

해커스공무원(gosi.Hackers.com) 접속 후 로그인 ▶ 상단의 [나의 강의실] 클릭 ▶
좌측의 [쿠폰등록] 클릭 ▶ 위 쿠폰번호 입력 후 이용

* 쿠폰 이용 기한: 2024년 12월 31일까지(등록 후 7일간 사용 가능)
* ID당 1회에 한해 등록 가능

해커스법원직 무제한 수강상품[패스] **5만원 할인쿠폰**

825CF9B39B6BDFC7

해커스공무원(gosi.Hackers.com) 접속 후 로그인 ▶ 상단의 [나의 강의실] 클릭 ▶
좌측의 [쿠폰등록] 클릭 ▶ 위 쿠폰번호 입력 후 이용

* 쿠폰 이용 기한: 2024년 12월 31일까지(등록 후 7일간 사용 가능)
* ID당 1회에 한해 등록 가능

쿠폰 이용 관련 문의 **1588-4055**

해커스법원직

신정운
S 민사소송법

OX 문제집

해커스공무원

머리말

2023년 시험 대비 〈2023 해커스법원직 신정운 S 민사소송법 OX 문제집〉을 출간하게 되었습니다.

본서의 특징은,

첫째, 요점정리와 기출지문 순서대로 정리하였습니다.

요점정리는 〈2023 해커스법원직 신정운 S 민사소송법〉을 요약하여 핵심사항 중심으로 정리하여 마무리 교재로서의 성격을 가질 수 있도록 하였습니다. 또한 수험생들의 단권화 교재로 활용될 수 있도록 분량 조절을 하였습니다. 기본서를 통하여 공부를 해온 분들이라면 새로운 내용이 아닌 기존의 교재 내용으로 정리한다는 기분이 들 수 있도록 기본서 표현을 그대로 사용하였습니다.

둘째, 개정법령을 반영하였습니다.

국제사법(2022년 7월 시행) 개정내용을 반영하였으며, 사물관할규칙(2022년 3월 시행) 개정으로 단독사건 관할 확대된 내용을 반영하였습니다. 2023년 시행 예정인 제163조의2(판결서의 열람, 복사) 내용도 반영하여 앞으로 시험에 대비할 수 있도록 하였습니다.

셋째, 2022년 기출을 반영하였습니다.

법원직 기출 외에도 법원사무관승진, 변호사시험 기출도 관련되는 부분에 수록하였습니다.

넷째, 최근 판례를 수록하였습니다.

2022년 12월까지의 대법원 판례를 수록하여 최근에 나온 판례 문제도 대비할 수 있도록 하였습니다.

객관식 시험에서 마무리의 중요성은 아무리 강조해도 지나치지 않습니다. 누가 마무리를 잘하는지에 따라서 당락이 많이 바뀔 것입니다. 특히, 기출지문을 정확히 숙지하여 시험에 대비한다면 민사소송법이라는 과목이 여러분의 수험에서 득점에 도움이 되는 과목으로 기억될 수 있을 것입니다.

2022년 교재에 보내주시던 독자들의 응원에 감사드리며 더 좋은 교재로 기억될 수 있도록 2023년 교재를 준비하였습니다. 아무쪼록 본서를 통해 정리하는 모든 수험생들에게 본서를 만든 진의가 잘 전달되길 바라며 행운이 가득하길 바랍니다.

2023년 2월
신정운 드림

차례

제1편
민사소송

제1장 | 민사소송의 이상과 신의성실의 원칙

Ⅰ 민사소송의 이상

제1조 제1항에 따라 민사소송제도는 공정(공평·적정)하고 소송경제(신속·경제)의 이념의 지배하에 이상적으로 운영되어야 한다.

Ⅱ 신의성실의 원칙

1. 신의칙의 적용모습

소송상태의 부당형성	당사자 한쪽이 잔꾀를 써서 자기에게 유리한 소송상태나 상대방에게 불리한 상태를 만들어 놓고 이를 이용하는 행위를 말한다(예 주소 있는 자를 주소불명의 행방불명자로 만들어 공시송달하게 하는 공시송달의 남용).
선행행위와 모순되는 거동	당사자 일방이 과거에 일정방향의 태도를 취하여 상대방이 이를 신뢰하고 자기의 소송상의 지위를 구축하였는데, 그 신뢰를 저버리고 종전의 태도와 지극히 모순되는 소송행위를 하는 것은 신의칙상 허용되지 않는다(예 부제소특약·소취하계약 등의 소송계약 이후 임의로 소를 제기·유지하는 경우).
소권의 실효	실효의 원칙이라 함은 권리자가 장기간에 걸쳐 그 권리를 행사하지 아니함에 따라 그 의무자인 상대방이 더 이상 권리자가 권리를 행사하지 아니할 것으로 신뢰할 만한 정당한 기대를 가지게 된 경우에 새삼스럽게 권리자가 그 권리를 행사하는 것은 법질서 전체를 지배하는 신의성실의 원칙에 위반되어 허용되지 아니한다는 것을 의미한다.
	① 항소권과 같은 소송법상 권리에도 실효의 원칙이 적용될 수 있다. ② 근로자들이 면직 후 바로 아무런 이의 없이 퇴직금을 수령하였으며 그로부터 9년 후 특별조치법 소정의 보상금까지 수령하였다면 면직일로부터 10년이 다 되어 면직처분무효확인의 소를 제기함은 신의성실의 원칙에 반하거나 실효원칙의 따라 권리의 행사가 허용되지 않는다.
소권의 남용	소권의 남용이란 소송 외적 목적의 추구를 위한 소송상의 권능 행사를 말한다. 이러한 소권의 남용은 보호할 가치가 없어 금지된다(예 소송 외의 간편한 방법이나 특별절차가 있음에도 소를 제기하는 경우).

2. 신의칙 위반의 효과

직권조사사항	신의칙에 위반되는 여부를 당사자의 주장이 없어도 법원이 직권으로 조사하여 판단하여야 하는 직권조사사항이다.
소제기시	신의칙에 반하여 제기된 소는 소의 이익이 없어 부적법 각하된다. 이에 반한 소송행위는 무효이다.
간과한 판결의 효력	신의칙에 위반한 소송행위는 재판 확정 전에는 상소로 취소할 수 있으나, 확정되면 당연무효의 판결이라 할 수 없다. 물론 판결의 편취와 관련하여 재심사유가 될 가능성은 있으며, 신의칙에 위반하여 확정판결에 기한 강제집행을 하거나 부집행합의에 반하여 강제집행을 하는 경우에는 변론종결 후의 이의사유로 보아 청구이의의 소를 제기할 수 있다.

제2장 | 소의 종류

제3장 | 소의 제기

I 소제기의 방식

소장제출주의	독립의 소만이 아니라, 소송 중의 소(반소·중간확인의 소·청구의 변경·당사자참가 등)의 경우에도 소장에 준하는 서면의 제출을 필요로 한다.
구술에 의한 소제기 예외	소가 3,000만 원 이하의 소액사건에서는 말(구술)로 소의 제기를 할 수 있게 하였다. 구술로써 소를 제기하는 때에는 법원사무관등의 면전에서 진술하여야 한다.

II 소장의 기재사항

제249조【소장의 기재사항】
① 소장에는 당사자와 법정대리인, 청구의 취지와 원인을 적어야 한다.
② 소장에는 준비서면에 관한 규정을 준용한다.

III 재판장의 소장심사권

1. 심사의 대상

필요적 기재사항과 소정의 인지첩부	① 소장의 필요적 기재사항이 제대로 되어 있는지의 여부와, 소장에 인지를 제대로 붙였는지가 심사의 대상이다. ② 다만, 소장에 일응 대표자의 표시가 되어 있는 이상 설령 그 표시에 잘못이 있다고 하더라도 이를 정정 표시하라는 보정명령을 하고 그에 대한 불응을 이유로 소장을 각하하는 것은 허용되지 아니하고, 오로지 판결로써 소를 각하할 수 있을 뿐이다(소송요건의 구비 여부는 심사의 대상이 아님).
증거방법의 기재 여부	재판장이 소장을 심사함에 있어서 필요하다고 인정하는 때에는 증거방법을 구체적으로 적어 내도록 하거나 서증의 등본 또는 사본의 제출을 명할 수 있다. 그러나 그 불이행의 경우에 소장각하는 할 수 없다.
소장심사의 정도	소장에 일응 청구의 특정이 가능한 정도로 청구취지 및 원인이 기재되어 있다면 비록 그것이 불명확하여 파악하기 어렵다 하더라도 그 후는 석명권 행사의 문제로서 제254조 제1항의 소장심사의 대상이 되지는 않는다고 할 것이고, 석명권 행사에 의하여도 원고의 주장이 명확하게 되지 않는 경우에는 비로소 원고의 청구를 기각할 수 있을 뿐이다.

2. 보정명령

보정명령의 내용	① 보정명령에는 시기적인 제한이 없다. 변론이 개시된 뒤라도 소장의 흠이 발견되면 그 보정을 명할 수 있다. ② 보정명령서에 보정기간이 공란으로 되어 있어 보정기한이 지정된 바 없다면 이는 적법한 보정명령이라고 볼 수 없다. ③ 소장 등을 심사하는 재판장으로서는 인지보정명령 이후 수납은행의 영수필확인서 및 영수필통지서가 보정기간 내에 제출되지 아니하였다 하더라도 곧바로 소장이나 상소장을 각하하여서는 아니 되고, 인지액 상당의 현금이 송달료로 납부된 사실이 있는지를 관리은행 또는 수납은행에 전산 기타 적당한 방법으로 확인한 후, 만일 그러한 사실이 확인되는 경우라면 신청인에게 인지를 보정하는 취지로 송달료를 납부한 것인지에 관하여 석명을 구하고 다시 인지를 보정할 수 있는 기회를 부여하여야 한다. 이러한 보정의 기회를 부여하지 아니한 채 소장이나 상소장을 각하하는 것은 석명의무를 다하지 아니하여 심리를 제대로 하지 아니한 것으로서 위법하다.
불복신청	보정명령에 대해서는 독립하여 이의신청이나 항고를 할 수 없고, 특별항고도 허용되지 않는다.

3. 소장각하명령

의의 및 효력	① 원고가 소장의 흠을 보정하지 않을 때에는 재판장은 명령으로 소장을 각하하여야 한다. ② 다만, 원고가 소장을 제출하면서 소정의 인지를 첨부하지 아니하고 소송구조신청을 한 경우, 소송구조신청에 대한 기각결정이 확정되기 전에 소장의 인지가 첨부되어 있지 아니함을 이유로 소장을 각하하여서는 안 된다.
재판장의 소장각 하명령 행사시기	항소심 재판장이 독자의 권한으로 항소장 각하명령을 할 수 있는 것은 <u>항소장의 송달 전에 한하고</u>, 항소심의 변론이 개시된 후에는 재판장은 명령으로 항소장을 각하할 수 없다.
불복신청	① 재판장의 소장각하명령에 대하여 원고는 즉시항고를 할 수 있다. ② 소장의 적법 여부는 각하명령을 한 때를 기준으로 할 것이고, 뒤에 즉시항고를 제기하고 항고심 계속 중에 흠을 보정하였다고 하여 그 하자가 보정되는 것은 아니다. ③ 최근 판례도 각하명령이 성립된 이상 그 명령정본이 당사자에게 고지되기 전에 부족인지를 보정하였다 하여 각하명령이 위법이 되거나, 재도의 고안에 의하여 취소할 수 있는 것이 아니라고 하였다.

Ⅳ 소장부본 송달

① 소장부본 송달에 의하여 소송계속의 효과가 발생한다.
② 소장에 피고에 대한 최고, 계약의 해제·해지의 통지 기타 실체법상의 의사표시가 기재되어 있는 때에는 그 부본이 피고에게 송달됨으로써 최고 기타의 의사표시를 한 것으로 된다.

Ⅴ 답변서제출의무와 무변론판결

1. 피고의 답변서제출의무

공시송달 외의 방법으로 소장부본을 송달받은 피고가 원고의 청구를 다툴 의사가 있으면 그 송달받은 날부터 30일 이내에 답변서를 제출하여야 한다.

2. 무변론판결의 대상

답변서가 제출되지 아니한 사건	① 만일 피고가 소장부본을 송달받은 날부터 30일 이내에 답변서를 제출하지 아니할 때에는 원고의 청구의 원인사실에 대하여 자백한 것으로 보고 변론 없이 판결을 선고할 수 있다. ② 피고가 답변서를 제출하여도 청구의 원인사실에 대해 모두 자백하는 취지이고 따로 항변을 제출하지 아니한 때에도 마찬가지로 무변론판결을 할 수 있다.
무변론판결이 불가능 하거나 적합하지 아니한 사건	① 답변서가 제출되지 아니한 경우라도 예외적으로 공시송달사건, 직권조사사항이 있는 사건, 변론주의 원칙의 적용이 일부 배제되는 등 그 소송의 성질상 무변론판결에 적합하지 아니한 경우(예 형성소송·가사소송·행정소송) 등을 들 수 있다. ② 이행권고결정절차에 회부된 소액사건, 채무자가 지급명령을 송달받은 날부터 2주 이내에 적법한 이의신청을 하여 소송으로 이행된 사건의 경우도 무변론판결의 대상이 될 수 없다. ③ 상속의 포기나 한정승인은 원고의 청구를 기각거나 일부기각을 구하는 피고의 항변이므로, 비록 피고가 답변서를 제출하지 않고 상속관련 심판문만 제출한 경우에도 무변론판결 선고를 해서는 안 될 것이다.

Ⅵ 바로 제1회 변론기일의 지정

재판장은 답변서가 제출되면 바로 사건을 검토하여 가능한 최단기간 안의 날로 제1회 변론기일을 지정하여야 한다. 다만, 필요한 경우에만 변론준비절차에 회부할 수 있다.

⚖️ OX 확인

01

소의 제기는 소장을 작성하여 법원에 제출하는 방법에 의하는 것이 원칙이나, 소액사건의 경우에는 법관의 면전에서 구술로 진술하는 방법에 의하여서도 소를 제기할 수 있다. ○ | X

> **해설** 소가 3,000만 원 이하의 소액사건에서는 말(구술)로 소의 제기를 할 수 있다. 구술로써 소를 제기하는 때에는 법원사무관등의 면전에서 진술하여야 한다(소액사건심판법 제4조 제2항).

02

소장의 필수적 기재사항은 당사자 및 법정대리인, 청구취지와 청구원인이고 사건의 표시, 법원의 표시는 임의적 기재사항이다. ○ | X

> **해설** 소장에는 당사자와 법정대리인, 청구의 취지와 원인을 적어야 한다(제249조 제1항).

03

원칙적으로 소장의 심사는 소송요건 및 청구의 당부를 판단하는 것보다 선행되어야 한다. ○ | X

> **해설** 인지첩부 등 소장심사는 소송요건 및 청구의 당부를 판단하는 것보다 선행되어야 한다(대결 1969.8.28. 69마375).

04

재판장이 원고에게 청구하는 이유에 대응하는 증거방법을 구체적으로 적어 내도록 명하였는데 원고가 이를 보정하지 않은 경우에는 재판장은 소장각하명령을 할 수 있다. ○ | X

> **해설** 재판장은 소장을 심사하면서 필요하다고 인정하는 경우에는 증거방법을 구체적으로 적어 내도록 하거나 서증이 등본 또는 사본의 제출을 명할 수 있다(제254조 제4항). 그러나 그 불이행의 경우에 소장각하는 할 수 없다.

정답 | **01** × **02** ○ **03** ○ **04** ×

05

소장에 기재된 대표자의 표시에 잘못이 있어 보정명령을 하였는데도 보정에 불응하는 경우에는 재판장이 명령으로 소장을 각하할 수 있다. O | X

해설 민사소송법 제254조에 의한 재판장의 소장심사권은 소장이 같은 법 제249조 제1항의 규정에 어긋나거나 소장에 법률의 규정에 따른 인지를 붙이지 아니하였을 경우에 재판장이 원고에 대하여 상당한 기간을 정하여 그 흠결의 보정을 명할 수 있고, 원고가 그 기간 내에 이를 보정하지 않을 때에 명령으로써 그 소장을 각하한다는 것일 뿐이므로, 소장에 일응 대표자의 표시가 되어 있는 이상 설령 그 표시에 잘못이 있다고 하더라도 이를 정정 표시하라는 보정명령을 하고 그에 대한 불응을 이유로 소장을 각하하는 것은 허용되지 아니한다. 이러한 경우에는 오로지 판결로써 소를 각하할 수 있을 뿐이다(대결 2013.9.9. 2013마1273).

06

소장에 법률의 규정에 따른 인지를 붙이지 아니한 경우 재판장은 상당한 기간을 정하고 그 기간 이내에 흠을 보정하도록 명하여야 하는데, 재판장은 법원사무관등으로 하여금 위 보정명령을 하게 할 수 있다. O | X

해설 소장이 제249조 제1항(필요적 기재사항)의 규정에 어긋나는 경우와 소장에 법률의 규정에 따른 인지를 붙이지 아니한 경우에는 재판장은 상당한 기간을 정하고, 그 기간 이내에 흠을 보정하도록 명하여야 한다. 재판장은 법원사무관등으로 하여금 위 보정명령을 하게 할 수 있다(제254조 제1항).

07

보정명령서에 보정기간이 공란으로 되어 있어 보정기한이 지정된 바 없더라도 이는 적법한 보정명령이라고 볼 수 있다. O | X

해설 보정명령서에 보정기간이 공란으로 되어 있어 보정기한이 지정된 바 없다면 이는 적법한 보정명령이라고 볼 수 없다(대결 1980.6.12. 80마160).

08

인지보정명령에 따라 인지액 상당의 현금을 수납은행에 납부하면서 잘못하여 인지로 납부하지 아니하고 송달료로 납부한 경우, 소장 등을 심사하는 재판장이 신청인에게 인지를 보정하는 취지로 송달료를 납부한 것인지 석명을 구하는 등의 절차를 거쳐 인지를 보정할 기회를 부여하지 아니한 채 소장이나 상소장을 각하한다고 하여 이를 위법하다고 할 수는 없다.　　　　　　　　　　　　　　　　　　　　　O | X

> **해설** 인지와 송달료는 납부절차, 관리주체, 납부금액의 처리방법 등에 차이가 있는 점 등을 고려하면, 신청인이 인지의 보정명령에 따라 인지액 상당의 현금을 수납은행에 납부하면서 잘못하여 인지로 납부하지 아니하고 송달료납부서에 의하여 송달료로 납부한 경우에는 인지가 납부되었다고 할 수 없어 인지 보정의 효과가 발생되지 아니한다. 그러나 이 경우 신청인은 인지의 보정명령을 이행하기 위하여 인지액 상당의 현금을 수납은행에 납부한 것이고, 그 결과 인지 보정과 유사한 외관이 남게 되어 이를 객관적으로 인식할 수 있는 점, 인지와 송달료의 납부기관이 수납은행으로 동일하여 납부 과정에서 혼동이 생길 수 있는 점, 신청인에게 인지 납부 과정의 착오를 시정할 수 있는 기회를 제공함이 정의관념에 부합하는 것으로 보이는 점 등을 고려하면, 인지액 상당의 현금을 송달료로 잘못 납부한 신청인에게는 다시 인지를 보정할 수 있는 기회를 부여함이 타당하다.
> 따라서 소장 등을 심사하는 재판장으로서는 인지보정명령 이후 수납은행의 영수필확인서 및 영수필통지서가 보정기간 내에 제출되지 아니하였다 하더라도 곧바로 소장이나 상소장을 각하하여서는 아니 되고, 인지액 상당의 현금이 송달료로 납부된 사실이 있는지를 관리은행 또는 수납은행에 전산 기타 적당한 방법으로 확인한 후, 만일 그러한 사실이 확인되는 경우라면 신청인에게 인지를 보정하는 취지로 송달료를 납부한 것인지에 관하여 석명을 구하고 다시 인지를 보정할 수 있는 기회를 부여하여야 한다. 이러한 보정의 기회를 부여하지 아니한 채 소장이나 상소장을 각하하는 것은 석명의무를 다하지 아니하여 심리를 제대로 하지 아니한 것으로서 위법하다(대결 2014.4.30. 2014마76).

09

인지보정명령에 대하여는 독립하여 이의신청이나 항고를 할 수 없고 다만 보정명령에 따른 인지를 보정하지 아니하여 소장이나 상소장이 각하되면 그 각하명령에 대하여 즉시항고로 다툴 수밖에 없다.　　　　　　　　　　　　　　　　　　　　　O | X

> **해설** 소장에 관한 재판장의 보정명령에 대하여는 독립하여 이의신청이나 항고는 할 수 없고, 보정명령 불이행을 이유로 한 소장각하명령에 대하여는 즉시항고에 의하여만 불복할 수 있다(대결 1995.6.30. 94다39086·39093; 대결 1987. 2.4. 86그157).

정답 | **05** × **06** ○ **07** × **08** × **09** ○

10

원고가 소장을 제출하면서 소정의 인지를 첨부하지 아니하고 소송상 구조신청을 한 경우, 소송상 구조신청에 대한 기각결정이 확정되기 전에 소장의 인지가 첨부되어 있지 아니함을 이유로 소장을 각하하여서는 안 된다. ○ | X

해설 원고가 소장을 제출하면서 소정의 인지를 첨부하지 아니하고 소송구조신청을 한 경우, 소송상 구조신청에 대한 기각결정에 대하여도 즉시항고를 할 수 있도록 규정하고 있는 취지에 비추어 볼 때, 소송구조신청에 대한 기각결정이 확정되기 전에 소장의 인지가 첨부되어 있지 아니함을 이유로 소장을 각하하여서는 안 된다(대판 2002.9.27. 2002마3411).

11

항소장이 피항소인에게 송달되어 항소심의 변론이 개시된 후에는 재판장은 명령으로 항소장을 각하할 수 없다. ○ | X

해설 항소심 재판장은 항소장 부본을 송달할 수 없는 경우 항소인에게 상당한 기간을 정하여 그 기간 이내에 흠을 보정하도록 명해야 하고, 항소인이 이를 보정하지 않으면 항소장 각하명령을 해야 한다. 이러한 항소심 재판장의 항소장 각하명령은 항소장 송달 전까지만 가능하다. 따라서 항소장이 피항소인에게 송달되어 항소심 법원과 당사자들 사이의 소송관계가 성립하면 항소심 재판장은 더 이상 단독으로 항소장 각하명령을 할 수 없다(대결 2020.1.30. 2019마5599·5600).

12

결정·명령과 같은 재판은 그 원본이 법원사무관등에게 교부되었을 때 성립한 것으로 보아야 하므로 각하명령이 성립한 이상 그 명령정본이 당사자에게 고지되기 전에 부족한 인지를 보정하였다 하여도 각하명령이 위법한 것으로 되는 것은 아니다. ○ | X

해설 판결과 같이 선고가 필요하지 않은 결정이나 명령과 같은 재판은 그 원본이 법원사무관등에게 교부되었을 때 성립한 것으로 보아야 하므로, 이미 각하명령이 성립한 이상 그 명령정본이 당사자에게 고지되기 전에 부족한 인지를 보정하였다 하여 위 각하명령이 위법한 것으로 되거나 재도의 고안에 의하여 그 명령을 취소할 수 있는 것은 아니다(대결 2013.7.31. 2013마670).

13

피고가 공시송달의 방법에 의하지 않고 소장의 부본을 송달받은 경우, 원고의 청구를 다투는 경우에는 소장의 부본을 송달받은 날부터 30일 이내에 답변서를 제출하여야 한다. ○ | ×

> **해설** 공시송달 외의 방법으로 소장부본을 송달받은 피고가 원고의 청구를 다툴 의사가 있으면 그 송달받은 날부터 30일 이내에 답변서를 제출하여야 한다(제256조 제1항).

14

만일 피고가 소장부본을 송달받은 날부터 30일 이내에 답변서를 제출하지 아니할 때에는 원고의 청구의 원인사실에 대하여 자백한 것으로 보고 변론 없이 판결을 선고할 수 있다. ○ | ×

> **해설** 제257조 제1항

15

피고가 원고의 청구원인이 된 사실을 모두 자백하는 취지의 답변서를 제출하고 따로 항변을 하지 아니하더라도, 답변서가 제출된 이상 변론 없이 판결할 수 없다. ○ | ×

> **해설** 피고가 답변서를 제출하여도 청구의 원인사실에 대해 모두 자백하는 취지이고 따로 항변을 제출하지 아니한 때에도 마찬가지로 무변론판결을 할 수 있다(제257조 제2항).

16

직권조사사항인 소송요건에 흠이 있는 경우에도 피고가 답변서를 제출하지 않으면 무변론판결을 할 수 있다. ○ | ×

> **해설** 법원은 피고가 제256조 제1항의 답변서를 제출하지 아니한 때에는 청구의 원인이 된 사실을 자백한 것으로 보고 변론 없이 판결할 수 있다. 다만, 직권으로 조사할 사항이 있거나 판결이 선고되기까지 피고가 원고의 청구를 다투는 취지의 답변서를 제출한 경우에는 그러하지 아니하다(제257조 제1항).

정답 | **10** ○ **11** ○ **12** ○ **13** ○ **14** ○ **15** × **16** ×

제3장 소의 제기 **17**

17

변론 없이 하는 판결은 피고가 답변서를 제출하지 않는 경우에만 할 수 있는 것이므로, 피고가 답변서를 제출한 경우에는 변론 없이 판결할 수 없다. ○ | X

해설 피고가 청구의 원인이 된 사실을 모두 자백하는 취지의 답변서를 제출하고 따로 항변을 하지 아니한 때에는 제1항의 규정(무변론판결)을 준용한다(제257조 제2항).

제4장 | 소송요건

Ⅰ 서설

1. 의의

'소송요건'이란 소가 적법하기 위하여 구비하여야 할 사항을 말한다. 소송요건은 소의 본안심리요건인 동시에 본안판결요건이다.

2. 모습

	직권조사사항	소송요건의 대부분은 직권조사사항으로, 이는 피고의 항변 유무에 관계없이 법원이 직권으로 조사하여 참작할 사항이다. 사실상 피고가 소송요건의 흠을 들고 나올 때에 본안전항변이라 하지만, 이러한 피고의 주장은 단지 법원의 직권조사를 촉구하는 의미이다.
원칙	긍정한 판례	① 법인이 당사자인 사건에 있어서 그 법인의 대표자에게 적법한 대표권이 있는지 여부는 소송요건에 관한 것으로서 법원의 직권조사사항이다. ② 채권자대위소송에서 피보전채권이 존재하는지 여부는 소송요건으로서 법원의 직권조사사항이다. ③ 제척기간을 도과하였는지는 법원의 직권조사사항이므로 당사자의 주장이 없더라도 법원이 이를 직권으로 조사하여 판단하여야 한다. ④ 부제소 합의를 한 경우 이에 위배되어 제기된 소는 권리보호의 이익이 없고, 또한 당사자와 소송관계인은 신의에 따라 성실하게 소송을 수행하여야 한다는 신의성실의 원칙에도 어긋나는 것이므로, 소가 부제소 합의에 위배되어 제기된 경우 법원은 직권으로 소의 적법 여부를 판단할 수 있다.
	예외(항변사항)	변론주의에 의하여 피고의 주장을 기다려서 비로소 조사하게 되는 것(방소항변), 임의관할, 소·상소취하계약 등이 있다.

Ⅱ 소송요건의 조사

직권조사사항	① 의심이 갈 만한 사정이 엿보인다면 법원이 이를 직권으로 조사하여야 하며, 소송절차에 관한 이의권의 포기가 허용되지 않는다. ② 재판상의 자백이나 자백간주의 대상이 될 수 없다. ③ 소송요건에 문제가 있으면 제257조의 무변론판결을 할 수 없고, 항변이 시기에 늦게 제출되어도 제149조에 의하여 각하할 수 없으며, 또 변론준비기일을 거친 경우에도 실권되지 아니한다. ④ 다만, 재판권 이외의 소송요건은 판단의 기초자료가 되는 사실과 증거의 직권탐지는 필요로 하지 않는다.
증명책임	소송요건에 대한 입증책임은 <u>원고</u>에게 있다.
소송요건 존재의 표준시	① 원칙적으로 사실심의 변론종결시이다. ② (예외) 관할권의 존부는 제소 당시에만 갖추면 된다.

Ⅲ 소송요건심리의 선순위성

① 공동상속인 전원이 당사자가 되어야 할 경우에 그 1인만이 원고가 되어 한 소유권이전등기말소청구는 부적법하여 각하되어야 함에도 불구하고 이를 기각한 것은 위법하다.

② 비법인사단의 대표자라 하여 당사자표시정정신청을 한 甲에게 대표할 권한이 있는지에 관하여 다툼이 있다면 원심으로서는 甲이 비법인사단의 적법한 대표자였는지를 밝혀 보았어야 함에도 甲을 대표자로 인정한 다음 더 나아가 본안에 대한 판단까지 하였으니, 원심판결에는 비법인사단의 대표권 및 직권조사사항에 관한 법리를 오해함으로써 판결에 영향을 미친 위법이 있다.

③ 채권자대위소송에 있어서 대위에 의하여 보전될 채권자의 채무자에 대한 권리가 인정되지 아니할 경우에는 채권자 스스로 원고가 되어 채무자의 제3채무자에 대한 권리를 행사할 당사자적격이 없게 되므로 그 대위소송은 부적법하여 각하할 수밖에 없다.

Ⅳ 조사 후 법원의 조치

1. 소송요건에 흠이 있는 경우

법원의 조치	원칙	① 조사 결과 소송요건의 흠결이 드러나면 법원은 변론 없이 판결로 소를 각하할 수 있다. ② 그러나 소송요건의 흠이 있어도 바로 소각하할 것이 아니라 당사자 간에 쟁점이 되지 아니하였으면 예상 밖의 불의의 타격이 되지 않도록 그 관점에 관하여 당사자에게 의견진술의 기회를 주어야 한다. 이를 보정할 수 있는 것이면 법원은 상당한 기간을 정하여 보정을 명하고 기다려 보고 소각하를 하여야 한다.
	예외	① 관할권의 흠, 즉 관할위반의 경우에는 관할법원으로 이송하여야 한다. ② 주관적·객관적 병합의 소에 있어서 병합요건의 흠이 있는 경우에는 독립의 소로서 취급하여야 한다.
소송판결의 기판력		① 소송판결의 기판력은 그 판결에서 확정한 소송요건의 흠결에 관하여 미치는 것이지만, 당사자가 그러한 소송요건의 흠결을 보완하여 다시 소를 제기한 경우에는 그 기판력의 제한을 받지 않는다. ② 확인의 소에 있어서 법원이 확인의 이익이 없다는 이유로 소를 각하한다고 하지 아니하고 청구를 기각한다는 판결을 한 경우에도 그 청구의 본안에 대한 기판력이 발생하는 것이 아니므로 판결의 위와 같은 주문의 표현을 들어 파기사유로 주장할 수 없다.

2. 소송요건 흠결을 간과한 판결

① 재판권 흠결을 간과한 판결, 제소 전 사망을 간과한 판결, 당사자적격을 간과한 판결은 무효이며, 판례에 따르면 이에 대한 상소와 재심의 청구는 부적법하다.

② 이외의 경우 판결확정 전에는 상소로 취소할 수 있으며, 판결확정 후에는 재심사유인 때 한해 재심이 가능하다.

3. 소송요건이 구비되었음에도 소각하판결을 한 경우(필수적 환송)

상급법원은 원판결을 취소하고 심급의 이익을 보장하기 위해 원심에 환송하여야 한다.

⚖ OX 확인

01

민사소송에서 소송물이 특정되었는지 여부는 소송요건으로서 법원의 직권조사사항에 속한다.　　O｜X

해설 민사소송에서 당사자가 소송물로 하는 권리 또는 법률관계의 목적인 물건은 특정되어야 하고, 소송물이 특정되지
아니한 때에는 법원이 심리·판단할 대상과 재판의 효력범위가 특정되지 않게 되므로, 토지소유권확인소송의 소송물인 대
상 토지가 특정되었는지 여부는 소송요건으로서 법원의 직권조사사항에 속한다(대판 2011.3.10. 2010다87641).

02

직권조사사항에 대한 피고의 다툼은 법원의 직권발동을 촉구하는 데 그치므로 그 주장에 대해 판단하지
아니하였다고 하여도 판단누락의 상고이유는 되지 않는다.　　O｜X

해설 소송요건의 대부분은 직권조사사항으로, 이는 피고의 항변 유무에 관계없이 법원이 직권으로 조사하여 참작할 사
항이다. 사실상 피고가 소송요건의 흠을 들고 나올 때에 본안전항변이라 하지만, 이러한 피고의 주장은 단지 법원의 직권
조사를 촉구하는 데 그치므로 이를 판단하지 아니하였다 하여도 판단누락의 상고이유가 될 수 없다.

03

직권조사사항에 관하여, 법원으로서는 그 판단의 기초자료인 사실과 증거를 직권으로 탐지할 의무까지는
없다 하더라도 이미 제출된 자료에 의하여 그 존부에 의심이 갈 만한 사정이 엿보인다면 그에 관하여 심
리·조사할 의무가 있다.　　O｜X

해설 법인이 당사자인 사건에 있어서 그 법인의 대표자에게 적법한 대표권이 있는지 여부는 소송요건에 관한 것으로서
법원의 직권조사사항이므로, 법원으로서는 그 판단의 기초자료인 사실과 증거를 직권으로 탐지할 의무까지는 없다 하더라
도, 이미 제출된 자료들에 의하여 그 대표권의 적법성에 의심이 갈 만한 사정이 엿보인다면 상대방이 이를 구체적으로
지적하여 다투지 않더라도 이에 관하여 심리·조사할 의무가 있다(대판 1997.10.10. 96다40578).

정답 | 01 ○　02 ○　03 ○

04

제척기간이 경과하였는지 여부는 이에 대한 당사자의 주장이 없더라도 법원이 당연히 직권으로 조사하여 재판에 고려하여야 한다. O | X

> **해설** 제척기간을 도과하였는지는 법원의 직권조사사항이므로 당사자의 주장이 없더라도 법원이 이를 직권으로 조사하여 판단하여야 한다(대판 2019.6.13. 2019다205947).

05

소의 제기가 부제소 합의에 위배되었는지 여부는 소송요건에 관한 것으로서 법원의 직권조사사항이다. O | X

> **해설** 특정한 권리나 법률관계에 관하여 분쟁이 있어도 제소하지 아니하기로 합의(이하 '부제소 합의'라고 한다)한 경우 이에 위배되어 제기된 소는 권리보호의 이익이 없고, 또한 당사자와 소송관계인은 신의에 따라 성실하게 소송을 수행하여야 한다는 신의성실의 원칙(민사소송법 제1조 제2항)에도 어긋나는 것이므로, 소가 부제소 합의에 위배되어 제기된 경우 법원은 직권으로 소의 적법 여부를 판단할 수 있다(대판 2013.11.28. 2011다80449).

06

소송요건은 재판상의 자백이나 자백간주의 대상이 될 수 없다. O | X

> **해설** 직권탐지주의가 적용되는 경우나(가사소송법 제12조), 소송요건 등의 직권조사사항에 대하여는 자백의 효력이 인정되지 않는다(대판 2002.5.14. 2000다42908).

07

채권자대위소송에서 피보전채권이 존재하는지 여부에 관하여 법원으로서는 그 판단의 기초자료인 사실과 증거를 직권으로 탐지할 의무가 있다. O | X

> **해설** 채권자대위소송에서 대위에 의하여 보전될 채권자의 채무자에 대한 권리(피보전채권)가 부존재할 경우 당사자적격을 상실하고, 이와 같은 당사자적격의 존부는 소송요건으로서 법원의 직권조사사항이기는 하나, 그 피보전채권에 대한 주장·증명책임이 채권자대위권을 행사하려는 자에게 있으므로, 사실심 법원은 원고가 피보전채권으로 주장하지 아니한 권리에 대하여서까지 피보전채권이 될 수 있는지 여부를 판단할 필요가 없다(대판 2014.10.27. 2013다25217).

08

소를 제기하는 단계에서의 소송대리인의 대리권 존부는 소송요건으로서 법원의 직권조사사항이고, 이와 같은 직권조사사항에 관하여도 그 사실의 존부가 불명한 경우에는 증명책임의 원칙이 적용되며, 직권조사사항인 소송요건에 대한 증명책임은 원고에게 있다. ○ | X

> **해설** 제소단계에서의 소송대리인의 대리권 존부는 소송요건으로서 법원의 직권조사사항이다. 직권조사사항에 관하여도 그 사실의 존부가 불명한 경우에는 입증책임의 원칙이 적용되어야 할 것인바, 본안판결을 받는다는 것 자체가 원고에게 유리하다는 점에 비추어 직권조사사항인 소송요건에 대한 입증책임은 원고에게 있다(대판 1997.7.25. 96다39301).

09

당사자능력은 소송요건에 관한 것으로서 사실심의 변론종결시를 기준으로 판단하여야 한다. ○ | X

> **해설** 당사자능력의 존재는 소송요건의 하나이므로 법원은 의심이 있으면 직권으로 이를 조사하여야 하고, 조사 결과 당사자능력이 없으면 소를 각하하여야 한다. 당사자능력이 있는지 여부의 판단 기준 시점은 사실심 변론종결일이다(대판 1991.11.26. 91다30675).

10

소송계속 중 소송능력을 상실한 경우 소 자체가 부적법해지므로 소를 각하하여야 한다. ○ | X

> **해설** 소송진행 중의 당사자능력·소송능력·법정대리권의 소멸은 소각하사유가 아니고 단지 소송중단사유임에 그친다 (제233조, 제235조).

11

비법인사단이 당사자인 사건에서 대표자에게 적법한 대표권이 있는지 여부는 소송요건에 관한 것으로서 법원의 직권조사사항이므로, 이미 제출된 자료에 의하여 대표권의 적법성에 의심이 갈 만한 사정이 엿보인다면 그에 관하여 심리·조사할 의무가 있다. ○ | X

> **해설** 비법인사단이 당사자인 사건에서 대표자에게 적법한 대표권이 있는지 여부는 소송요건에 관한 것으로서 법원의 직권조사사항이므로, 법원에 판단의 기초자료인 사실과 증거를 직권으로 탐지할 의무까지는 없다 하더라도 이미 제출된 자료에 의하여 대표권의 적법성에 의심이 갈 만한 사정이 엿보인다면 그에 관하여 심리·조사할 의무가 있다(대판 2011. 7.28. 2010다97044).

정답 | 04 ○ 05 ○ 06 ○ 07 × 08 ○ 09 ○ 10 × 11 ○

12

소의 이익은 소송요건이므로 이의 흠이 있을 때에는 소가 부적법하다는 소각하판결을 하여야 한다.

○ | X

> **해설** 확인의 소에 있어서 확인의 이익의 유무는 직권조사사항이므로 당사자의 주장 여부에 관계없이 법원이 직권으로 판단하여야 한다(대판 2006.3.9. 2005다60239).

13

모든 국민은 법률에 의한 재판을 받을 권리가 있으므로, 부적법한 소로서 그 흠을 보정할 수 없는 경우라고 하더라도 변론 없이 바로 소를 각하할 수는 없다.

○ | X

> **해설** 부적법한 소로서 그 흠을 보정할 수 없는 경우에는 변론 없이 판결로 소를 각하할 수 있다(제219조).

14

소송판결의 기판력은 그 판결에서 확정한 소송요건의 흠결에 관하여 미치는 것이지만, 당사자가 그러한 소송요건의 흠결을 보완하여 다시 소를 제기한 경우에는 그 기판력의 제한을 받지 않는다.

○ | X

> **해설** 소송판결의 기판력은 그 판결에서 확정한 소송요건의 흠결에 관하여 미치는 것이지만, 당사자가 그러한 소송요건의 흠결을 보완하여 다시 소를 제기한 경우에는 그 기판력의 제한을 받지 않는다(대판 2003.4.8. 2002다70181).

gosi.Hackers.com

제2편
소송의 주체와
객체(소송물)

제1장 | 법원

제1절 민사재판권

 OX 확인

01

22모의

같은 당사자 간에 외국법원에 계속 중인 사건과 동일한 소가 법원에 다시 제기된 경우에 외국법원의 재판이 대한민국에서 승인될 것으로 예상되는 때에는 법원은 직권 또는 당사자의 신청에 의하여 결정으로 소송절차를 중지할 수 있으며, 이 경우 중지 여부를 결정하는 경우 소의 선후는 소장부본송달시를 기준으로 한다.

○ | X

해설 제11조(국제적 소송경합) ① 같은 당사자 간에 외국법원에 계속 중인 사건과 동일한 소가 법원에 다시 제기된 경우에 외국법원의 재판이 대한민국에서 승인될 것으로 예상되는 때에는 법원은 직권 또는 당사자의 신청에 의하여 결정으로 소송절차를 중지할 수 있다. 다만, 다음 각 호의 어느 하나에 해당하는 경우에는 그러하지 아니하다.

　1. 전속적 국제재판관할의 합의에 따라 법원에 국제재판관할이 있는 경우

　2. 법원에서 해당 사건을 재판하는 것이 외국법원에서 재판하는 것보다 더 적절함이 명백한 경우

② 당사자는 제1항에 따른 법원의 중지 결정에 대해서는 즉시항고를 할 수 있다.

③ 법원은 대한민국 법령 또는 조약에 따른 승인 요건을 갖춘 외국의 재판이 있는 경우 같은 당사자 간에 그 재판과 동일한 소가 법원에 제기된 때에는 그 소를 각하하여야 한다.

④ 외국법원이 본안에 대한 재판을 하기 위하여 필요한 조치를 하지 아니하는 경우 또는 외국법원이 합리적인 기간 내에 본안에 관하여 재판을 선고하지 아니하거나 선고하지 아니할 것으로 예상되는 경우에 당사자의 신청이 있으면 법원은 제1항에 따라 중지된 사건의 심리를 계속할 수 있다.

⑤ 제1항에 따라 소송절차의 중지 여부를 결정하는 경우 소의 선후(先後)는 소를 제기한 때를 기준으로 한다.

02

당사자는 일정한 법률관계로 말미암은 소에 관하여 국제재판관할의 합의를 할 수 있으며, 합의로 정해진 관할은 부가적인 것으로 추정한다. ○ | X

해설 제8조(합의관할) ① 당사자는 일정한 법률관계로 말미암은 소에 관하여 국제재판관할의 합의(이하 이 조에서 "합의"라 한다)를 할 수 있다. 다만, 합의가 다음 각 호의 어느 하나에 해당하는 경우에는 효력이 없다.
1. 합의에 따라 국제재판관할을 가지는 국가의 법(준거법의 지정에 관한 법규를 포함한다)에 따를 때 그 합의가 효력이 없는 경우
2. 합의를 한 당사자가 합의를 할 능력이 없었던 경우
3. 대한민국의 법령 또는 조약에 따를 때 합의의 대상이 된 소가 합의로 정한 국가가 아닌 다른 국가의 국제재판관할에 전속하는 경우
4. 합의의 효력을 인정하면 소가 계속된 국가의 선량한 풍속이나 그 밖의 사회질서에 명백히 위반되는 경우
② 합의는 서면[전보(電報), 전신(電信), 팩스, 전자우편 또는 그 밖의 통신수단에 의하여 교환된 전자적(電子的) 의사표시를 포함한다]으로 하여야 한다.
③ 합의로 정해진 관할은 전속적인 것으로 추정한다.
④ 합의가 당사자 간의 계약 조항의 형식으로 되어 있는 경우 계약 중 다른 조항의 효력은 합의 조항의 효력에 영향을 미치지 아니한다.

03

당사자 간에 일정한 법률관계로 말미암은 소에 관하여 외국법원을 선택하는 전속적 합의가 있는 경우 법원에 그 소가 제기된 때에는 합의에 따라 국제재판관할을 가지는 국가의 법원이 사건을 심리하지 아니하기로 하는 경우에도 법원은 해당 소를 각하하여야 한다. ○ | X

해설 제8조(합의관할) ⑤ 당사자 간에 일정한 법률관계로 말미암은 소에 관하여 외국법원을 선택하는 전속적 합의가 있는 경우 법원에 그 소가 제기된 때에는 법원은 해당 소를 각하하여야 한다. 다만, 다음 각 호의 어느 하나에 해당하는 경우에는 그러하지 아니하다.
1. 합의가 제1항 각 호의 사유로 효력이 없는 경우
2. 제9조에 따라 변론관할이 발생하는 경우
3. 합의에 따라 국제재판관할을 가지는 국가의 법원이 사건을 심리하지 아니하기로 하는 경우
4. 합의가 제대로 이행될 수 없는 명백한 사정이 있는 경우

정답 | **01** × **02** × **03** ×

04

22모의

피고가 국제재판관할이 없음을 주장하지 아니하고 본안에 대하여 변론하거나 변론준비기일에서 진술하면 법원에 그 사건에 대한 국제재판관할이 있다. ○ | X

> **해설** 「국제사법」 제9조

05

11법원직

재판권의 존재 여부는 직권조사사항이다. ○ | X

> **해설** 재판권은 소송요건이므로 그 존재 여부는 법원의 직권조사사항이다.

06

22모의

국제재판관할권은 배타적인 것이 아니라 병존할 수도 있다. ○ | X

> **해설** [1] 국제재판관할에서 특별관할을 고려하는 것은 분쟁이 된 사안과 실질적 관련이 있는 국가의 관할권을 인정하기 위한 것이다. 가령 민사소송법 제11조에서 재산이 있는 곳의 특별재판적을 인정하는 것과 같이 원고가 소를 제기할 당시 피고의 재산이 대한민국에 있는 경우 대한민국 법원에 피고를 상대로 소를 제기하여 승소판결을 얻으면 바로 집행하여 재판의 실효를 거둘 수 있으므로, 당사자의 권리구제나 판결의 실효성 측면에서 대한민국 법원의 국제재판관할권을 인정할 수 있는 것이다.
> [2] 예측가능성은 피고와 법정지 사이에 상당한 관련이 있어서 법정지 법원에 소가 제기되는 것에 대하여 합리적으로 예견할 수 있었는지를 기준으로 판단해야 한다. 만일 법인인 피고가 대한민국에 주된 사무소나 영업소를 두고 영업활동을 할 때에는 대한민국 법원에 피고를 상대로 재산에 관한 소가 제기되리라는 점을 쉽게 예측할 수 있다.
> [3] 국제재판관할권은 배타적인 것이 아니라 병존할 수도 있다. 지리, 언어, 통신의 편의, 법률의 적용과 해석 등의 측면에서 다른 나라 법원이 대한민국 법원보다 더 편리하다는 것만으로 대한민국 법원의 재판관할권을 쉽게 부정해서는 안 된다 (대판 2021.3.25. 2018다230588).

07

11법원직

소장 심사시 재판권 없음이 명백하면 재판장은 명령으로 소장을 각하할 수 있다. ○ | X

> **해설** 재판권 없음이 명백하면 소장부본을 송달할 수 없는 경우에 해당하므로 재판장의 명령으로 소장을 각하하여야 한다.

08

재판권의 부존재를 간과하고 본안판결을 하여 그 판결이 확정된 경우 재심청구를 할 수 없다. ○ | ✕

> **해설** 판결확정 전에는 상소에 의하여 다툴 수 없으며(판례), 확정 후에는 당해 판결이 무효이므로 재심청구가 불가능하다.

09

재판권의 부존재를 간과하고 본안판결을 하여 그 판결이 확정된 경우 그 판결에 기판력이 발생한다.
○ | ✕

> **해설** 재판권의 부존재를 간과한 본안판결은 그 판결이 확정되더라도 무효가 되어 기판력이 발생하지 않는다.

[전문심리위원]

1. 전문심리위원의 참여

> **제164조의2【전문심리위원의 참여】**
> ① 법원은 소송관계를 분명하게 하거나 소송절차(증거조사·화해 등을 포함한다. 이하 이 절에서 같다)를 원활하게 진행하기 위하여 직권 또는 당사자의 신청에 따른 결정으로 제164조의4 제1항에 따라 전문심리위원을 지정하여 소송절차에 참여하게 할 수 있다.
> ② 전문심리위원은 전문적인 지식을 필요로 하는 소송절차에서 설명 또는 의견을 기재한 서면을 제출하거나 기일에 출석하여 설명이나 의견을 진술할 수 있다. 다만, 재판의 합의에는 참여할 수 없다.
> ③ 전문심리위원은 기일에 재판장의 허가를 받아 당사자, 증인 또는 감정인 등 소송관계인에게 직접 질문할 수 있다.
> ④ 법원은 제2항에 따라 전문심리위원이 제출한 서면이나 전문심리위원의 설명 또는 의견의 진술에 관하여 당사자에게 구술 또는 서면에 의한 의견진술의 기회를 주어야 한다.

2. 전문심리위원 참여결정의 취소

> **제164조의3【전문심리위원 참여결정의 취소】**
> ① 법원은 상당하다고 인정하는 때에는 직권이나 당사자의 신청으로 제164조의2 제1항에 따른 결정을 취소할 수 있다.
> ② 제1항에도 불구하고 당사자가 합의로 제164조의2 제1항에 따른 결정을 취소할 것을 신청하는 때에는 법원은 그 결정을 취소하여야 한다.

3. 전문심리위원의 지정 등

> **제164조의4【전문심리위원의 지정 등】**
> ① 법원은 제164조의2 제1항에 따라 전문심리위원을 소송절차에 참여시키는 경우 당사자의 의견을 들어 각 사건마다 1인 이상의 전문심리위원을 지정하여야 한다.
> ② 전문심리위원에게는 대법원규칙으로 정하는 바에 따라 수당을 지급하고, 필요한 경우에는 그 밖의 여비, 일당 및 숙박료를 지급할 수 있다.
> ③ 전문심리위원의 지정에 관하여 그 밖에 필요한 사항은 대법원규칙으로 정한다.

4. 전문심리위원의 제척 및 기피

> **제164조의5【전문심리위원의 제척 및 기피】**
> ① 전문심리위원에게 제41조부터 제45조까지 및 제47조를 준용한다.
> ② 제척 또는 기피 신청을 받은 전문심리위원은 그 신청에 관한 결정이 확정될 때까지 그 신청이 있는 사건의 소송절차에 참여할 수 없다. 이 경우 전문심리위원은 당해 제척 또는 기피 신청에 대하여 이견을 진술할 수 있다.

OX 확인

01

전문심리위원은 전문적인 지식을 필요로 하는 소송절차에서 설명 또는 의견을 기재한 서면을 제출하거나 기일에 출석하여 설명이나 의견을 진술할 수 있으며 당사자들의 동의가 있으면 재판의 합의에 참여할 수 있다. ○ | X

> 해설 전문심리위원은 전문적인 지식을 필요로 하는 소송절차에서 설명 또는 의견을 기재한 서면을 제출하거나 기일에 출석하여 설명이나 의견을 진술할 수 있다. 다만, 재판의 합의에는 참여할 수 없다(제164조의2 제2항).

02

전문심리위원은 기일에 재판장의 허가를 받아 당사자, 증인 또는 감정인 등 소송관계인에게 직접 질문할 수 있다. ○ | X

> 해설 제164조의2 제3항

03

전문심리위원이 제출한 서면이나 전문심리위원의 설명 또는 의견진술은 민사소송법상 증거자료가 될 수 없으므로 법원은 전문심리위원의 서면이나 설명·의견에 관하여 당사자에게 의견진술의 기회를 줄 필요는 없다. ○ | X

> 해설 전문심리위원은 독립한 증거방법이 아니고 전문심리위원의 설명 등은 증거자료가 되지 아니한다(대판 2014.12.24. 2013다18332)는 점에서 감정과 차이가 있다. 그러나 법원은 전문심리위원이 제출한 서면이나 전문심리위원의 설명 또는 의견의 진술에 관하여 당사자에게 구술 또는 서면에 의한 의견진술의 기회를 주어야 한다(제164조의2 제4항).

정답 | **01** × **02** ○ **03** ×

04

법원은 상당하다고 인정되는 경우 직권이나 당사자의 신청에 따라 전문심리위원 지정 결정을 취소할 수 있으며, 당사자들이 합의로 전문심리위원 지정 결정을 취소해 줄 것을 신청하는 경우에는 그 결정을 취소하여야 한다. ○ | X

해설 제164조의3 제1항·제2항

05

전문심리위원에 대해서도 민사소송법에 따라 제척·기피신청을 할 수 있다. ○ | X

해설 제164조의5

제3절 법관의 제척·기피·회피

Ⅰ 제도의 의의와 적용범위

① 재판의 공정성을 유지하기 위하여 법관이 자기가 담당하는 구체적 사건과 인적·물적으로 특수한 관계가 있는 경우 그 사건의 직무집행에서 배제하는 제도이다.
② 사법보좌관, 법원사무관등에도 준용되며, 전문심리위원은 제척·기피규정, 집행관은 제척규정, 감정인에게는 기피규정이 준용된다.

Ⅱ 법관의 제척·기피의 이유

1. 제척의 이유

의의	법관과 계속 중인 당해 사건의 당사자 또는 당해 사건의 심리와 관련하여 법에서 정한 관계가 있을 때 당연히 그 사건에 관한 직무집행에서 제외되는 것을 말한다.

제척이유	(1) 법관 또는 그 배우자나 배우자이었던 사람이 사건의 당사자가 되거나, 사건의 당사자와 공동권리자·공동의무자 또는 상환의무자의 관계에 있는 때(1호)
	(2) 법관이 당사자와 친족의 관계에 있거나 그러한 관계에 있었을 때(2호)
	(3) 법관이 사건에 관하여 증언이나 감정을 하였을 때(3호)
	(4) 법관이 사건당사자의 대리인이었거나 대리인이 된 때(4호)
	
	(5) 법관이 불복사건의 이전심급의 재판에 관여하였을 때. 다만, 다른 법원의 촉탁에 따라 그 직무를 수행한 경우에는 그러하지 아니하다(5호).
	  ① 여기서의 전심 '관여'란 최종변론·판결의 합의나 판결의 작성 등 깊이 있게 관여한 경우를 말하고, 최종변론 전의 변론준비·변론·증거조사, 기일지정과 같은 소송지휘 혹은 판결의 선고에만 관여 따위는 전심관여라고 할 수 없다.
	  ② ㉠ 환송·이송되기 전의 원심판결(단, 이 경우에는 제436조 제3항에 의하여 관여할 수 없다), ㉡ 재심소송에 있어서 재심대상의 확정판결, ㉢ 청구이의의 소에 있어서 그 대상확정판결, ㉣ 본안소송에 대한 관계에서 가압류·가처분에 관한 재판, ㉤ 본안소송의 재판장에 대한 기피신청사건의 재판 등은 이전심급의 재판에 해당되지 않는다.
	  ③ 소송상 화해에 관여한 법관이 그 화해내용에 따른 목적물의 인도소송에 관여하는 것은 전심관여라 볼 수 없다.

2. 기피의 이유

의의	법률상 정해진 제척이유 이외의 재판의 공정을 기대하기 어려운 사정이 있는 경우 당사자의 신청을 기다려 재판에 의하여 법관이 직무집행에서 배제되는 것을 말한다.
기피이유	(1) 법관에게 공정한 재판을 기대하기 어려운 사정이 있을 것 통상인의 판단으로서 법관과 사건의 특수한 관계에 비추어 편파적이고 불공평한 재판을 할 염려가 있다는 객관적 사정을 말한다.

	(2) 객관적 사정일 것
	① 당사자 측에서 품는 불공정한 재판을 받을지도 모른다는 주관적인 의혹만으로는 해당되지 않는다.
	② ㉠ 같은 종류의 사건에 대하여 판결을 행한 바 있거나, ㉡ 재판장이 상기된 어조로 당사자에 대하여 '이 사람아'라고 호칭한 경우, ㉢ 증거채택된 증거를 일부 취소한 경우, ㉣ 당사자가 재판장의 변경에 뒤따라 소송대리인을 바꾼 사정, ㉤ 이송신청에 대한 가부 판단 없이 소송을 진행한 경우 등은 기피이유가 되지 않는다.

Ⅲ 제척 · 기피의 절차

<table>
<tr><td rowspan="1">신청방식</td><td colspan="2">① 기피신청의 방식은 서면이든 말로든 무방하다.
② 제척 및 기피이유와 소명방법은 신청일부터 3일 이내에 서면으로 제출하여야 한다.
③ 당사자가 기피이유가 있음을 알고도 본안에 관하여 변론하거나 변론준비기일에서 진술한 때에는 기피신청을 하지 못한다.</td></tr>
<tr><td rowspan="3">재판</td><td>간이각하</td><td>제척 또는 기피신청이 제44조의 규정에 어긋나거나 소송의 지연을 목적으로 하는 것이 분명한 경우에는 신청을 받은 법원 또는 법관은 결정으로 이를 각하한다.</td></tr>
<tr><td>심판절차</td><td>① 재판은 제척 또는 기피당한 법관이 소속된 법원의 <u>다른 합의부</u>가 결정으로 한다. 이 경우에 제척 또는 기피신청을 받은 법관은 제척·기피재판에 관여하지 못하지만 <u>의견을 진술할 수 있다</u>.
② 제척 또는 기피신청을 받은 법관의 소속 법원이 합의부를 구성하지 못하는 경우에는 바로 위의 상급법원이 결정하여야 한다.</td></tr>
<tr><td>불복 여부</td><td>① 제척·기피신청이 이유 있다는 결정에 대하여는 불복하지 못하지만, 제척·기피신청을 각하하거나 기각한 결정에 대하여는 즉시항고를 할 수 있다.
② 항소법원의 결정에 대하여는 대법원에 재항고하는 방법으로 다투어야 하므로, 지방법원 항소부가 소속 법원에 대한 제척이나 기피신청을 각하 또는 기각한 경우에는 대법원에 재항고하는 방법으로 다투어야 한다.</td></tr>
</table>

Ⅳ 제척 · 기피의 효과

소송절차의 정지	제척 또는 기피신청이 있는 경우에는 그 재판이 확정될 때까지 소송절차를 정지하여야 한다.
예외	① ㉠ 간이각하 결정을 하는 경우, ㉡ 종국판결을 선고하는 경우, ㉢ 긴급을 요하는 행위를 하는 경우에는 예외적으로 소송절차를 정지하지 않아도 된다. ② 따라서 변론종결 후에 관여 법관에 대한 기피신청이 있는 때에는 소송절차를 정지하지 아니하고 종국판결을 선고할 수 있는데, 이 경우에는 그 종국판결에 대한 불복절차인 항소, 상고로 다투어야 하며, 별도로 항고할 수 없다.

Ⅴ 법원사무관등의 경우

제50조 【법원사무관등에 대한 제척·기피·회피】
① 법원사무관등에 대하여는 이 절의 규정을 준용한다.
② 제1항의 법원사무관등에 대한 제척 또는 기피의 재판은 <u>그가 속한 법원이 결정으로</u> 하여야 한다.

⚖️ OX 확인

01

종중소송에서 재판부의 구성법관이 종중의 구성원이면 당사자와 공동권리자·공동의무자의 관계에 있어 제척이유가 된다. ○ | X

> **해설** 종중 규약을 개정한 종중 총회 결의에 대한 무효확인을 구하는 소가 제기되었는데 원심 재판부를 구성한 판사 중 1인이 당해 종중의 구성원인 사안에서, 그 판사는 민사소송법 제41조 제1호에 정한 '당사자와 공동권리자·공동의무자의 관계에 있는 자'에 해당한다(대판 2010.5.13. 2009다102254).

02

최종변론 전의 변론이나 증거조사에만 관여한 경우는 이전심급의 재판에 관여한 때라고 할 수 없다. ○ | X

> **해설** 법관의 제척원인이 되는 전심관여라 함은 최종변론과 판결의 합의에 관여함을 말하는 것이고, 그 전의 변론이나 증거조사에 관여한 경우는 포함되지 아니한다(대판 1994.8.12. 92다23537).

03

법관이 불복사건의 이전심급의 재판 중 판결선고에만 관여한 경우에는 불복사건의 직무를 집행할 수 있다. ○ | X

> **해설** 여기서의 전심'관여'란 최종변론·판결의 합의나 판결의 작성 등 깊이 있게 관여한 경우를 말하고, 최종변론 전의 변론준비·변론·증거조사, 기일지정과 같은 소송지휘 혹은 판결의 선고에만 관여 따위는 전심관여라고 할 수 없다(대판 1994.8.12. 92다23537).

04

법관이 다른 법원의 촉탁에 따라 불복사건의 이전심급의 직무를 수행한 경우에는 불복사건의 직무집행에서 제척된다. ○ | X

> **해설** 다른 법원으로부터 촉탁을 받고 전심에 관여한 때에도 제척이유가 되지 아니한다(제41조 제5호 단서).

05

청구이의의 소에 있어서 그 대상인 본안의 확정판결도 이전심급의 재판에 해당한다. ○ | X

> **해설** 청구이의의 소에 있어서 그 대상확정판결은 이전심급의 재판에 해당되지 않는다.

06

재심대상 재판에 관여한 법관은 당해 재심사건의 직무를 집행할 수 있다. ○ | X

> **해설** 재심소송에 있어서 재심대상의 확정판결은 이전심급의 재판에 해당되지 않는다.

07

기피이유가 되는 '법관에게 공정한 재판을 기대하기 어려운 사정'이란 통상인의 판단으로서 법관과 사건의 관계에서 편파적이고 불공정한 재판을 하지 않을까 하는 염려를 일으킬 객관적 사정을 가리킨다. ○ | X

> **해설** 법관에게 재판의 공정을 기대하기 어려운 사정이란 통상인의 판단으로서 법관과 사건의 특수한 관계에 비추어 편파적이고 불공평한 재판을 할 염려가 있다는 객관적 사정을 말한다(대판 1966.4.4. 64마830). 이러한 객관적 사정이 있는 이상 실제로는 그 법관에게 편파성이 없고 공정한 재판을 할 수 있는 경우에도 기피가 인정될 수 있다(대판 2019.1.4. 2018스563).

08

판례는 소송당사자 일방이 재판장의 변경에 따라 소송대리인을 교체한 경우, 재판의 공정을 기대하기 어려운 객관적인 사정이 있는 때에 해당하지 않는다고 보았다. ○ | X

> **해설** 민사소송법 제39조 제1항 소정의 '재판의 공정을 기대하기 어려운 사정이 있는 때'라 함은 당사자가 불공정한 재판이 될지도 모른다고 추측할 만한 주관적인 사정이 있는 때를 말하는 것이 아니고, 통상인의 판단으로서 법관과 사건의 관계로 보아 불공정한 재판을 할 것이라는 의혹을 갖는 것이 합리적이라고 인정될 만한 객관적인 사정이 있는 때를 말하는 것이므로, 설사 소송당사자 일방이 재판장의 변경에 따라 소송대리인을 교체하였다 하더라도 그와 같은 사유가 재판의 공정을 기대하기 어려운 객관적인 사정이 있는 때에 해당할 수 없다(대결 1992.12.30. 92마783).

09

제척 또는 기피하는 이유와 소명방법은 신청한 날부터 3일 이내에 서면으로 제출하여야 한다. ○ | X

> **해설** 제44조 제2항

10

당사자가 법관을 기피할 이유가 있다는 것을 알면서도 본안에 관하여 변론하거나 변론준비기일에서 진술을 한 경우에는 기피신청을 하지 못한다. ○ | X

> **해설** 제43조 제2항

11

기피신청이 법이 정한 신청방식을 준수하지 않거나 소송지연을 목적으로 한 것이 분명한 때에는 기피신청을 받은 법원이나 법관이 결정으로 그 신청을 각하한다. ○ | X

> **해설** 제45조 제1항

정답 | **04** × **05** × **06** ○ **07** ○ **08** ○ **09** ○ **10** ○ **11** ○

12

제척 또는 기피신청을 받은 법관 또는 법원사무관등은 그 재판에 관하여 의견을 진술할 수 있다.

○ | ×

> **해설** 제46조 제2항

13

지방법원 항소부 소속 법관에 대한 제척 또는 기피신청이 제기되어 각하결정이 있는 경우 위 결정에 대하여는 고등법원에 즉시항고하는 방법으로 다투어야 한다.

○ | ×

> **해설** 민사소송법 제442조의 규정에 비추어 볼 때 항소법원의 결정에 대하여는 대법원에 재항고하는 방법으로 다투어야만 하는바, 지방법원 항소부 소속 법관에 대한 제척 또는 기피신청이 제기되어 민사소송법 제45조 제1항의 각하결정 또는 소속 법원 합의부의 기각결정이 있는 경우에 이는 항소법원의 결정과 같은 것으로 보아야 하므로 이 결정에 대하여는 대법원에 재항고하는 방법으로 다투어야 한다(대결 2008.5.2. 2008마427).

14

법원은 제척 또는 기피신청을 각하한 경우에는 소송절차를 정지할 필요가 없다.

○ | ×

> **해설** 법원은 제척 또는 기피신청이 있는 경우에는 그 재판이 확정될 때까지 소송절차를 정지하여야 한다. 다만, 제척 또는 기피신청이 각하된 경우 또는 종국판결을 선고하거나 긴급을 요하는 행위를 하는 경우에는 그러하지 아니하다(제48조).

15

종국판결의 선고는 기피의 신청이 있는 때에도 할 수 있는 것이므로, 변론종결 후에 기피신청을 당한 법관이 소송절차를 정지하지 아니하고 판결을 선고한 것이 위법하다고 할 수 없다.

○ | ×

> **해설** 변론종결 후 기피신청을 받은 법관이 소송절차를 정지하지 않고 종국판결을 선고하였다 하더라도 위법일 것은 없다(대판 1966.5.24. 66다517).

16

기피신청이 있는 때에는 원칙적으로 본안의 소송절차를 정지하여야 하는데, 법원이 기피신청을 받았음에도 소송절차를 정지하지 아니하고 변론을 종결하여 판결 선고기일을 지정하였다고 하더라도 종국판결에 대한 불복절차에 의하여 그 당부를 다툴 수 있을 뿐이다. ○ | X

> 해설 법원이 기피신청을 받았음에도 소송절차를 정지하지 아니하고 변론을 종결하여 판결 선고기일을 지정하였다고 하더라도 종국판결에 대한 불복절차에 의하여 그 당부를 다툴 수 있을 뿐 이에 대하여 별도로 항고로써 불복할 수 없다(대결 2000.4.15. 2000그20).

17

법관과 법원사무관등에 대한 제척 또는 기피의 재판은 그 법관 또는 법원사무관등의 소속 법원 합의부에서 결정으로 하여야 한다. ○ | X

> 해설 제척 또는 기피신청에 대한 재판은 그 신청을 받은 법관의 소속 법원 합의부에서 결정으로 하여야 한다(제46조 제1항). 그러나 법원사무관등에 대한 제척 또는 기피의 재판은 <u>그가 속한 법원이</u> 결정으로 하여야 한다(제50조 제2항).

01 A가 B를 상대로 제기한 손해배상청구소송의 변론이 2017.1.5. 종결되었고, 판결선고기일이 2017.1.19.로 지정되었다. A는 선고기일을 고지받자 자신이 출석할 수 없는 날을 선고기일로 지정하였다면서 담당 법관과 참여관(법원주사), 실무관(법원서기)에 대하여 공정한 재판을 기대할 수 없다고 주장하며 기피신청을 하였다. 다음 설명 중 가장 옳은 것은? (다툼이 있는 경우 판례에 의함)

17법원직

① 기피신청이 있으면 소송절차를 정지해야 하므로 만일 담당 재판부가 소송절차를 정지하지 않고 종국판결을 선고하였다면 이는 위법하다.
② 참여관(법원주사)과 실무관(법원서기)에 대해서는 기피신청을 할 수 없으므로 참여관과 실무관에 대한 A의 기피신청은 부적법하다.
③ 기피신청은 서면으로 하여야 하므로 법정에서 구두로 기피신청을 한 것만으로는 적법한 기피신청이라고 할 수 없다.
④ 법관에 대한 기피신청은 해당 법관의 소속 법원 합의부에서 결정하여야 하나 해당 법원의 법관이 부족하여 기피신청을 받은 법관을 제외하고는 합의부를 구성하지 못하는 경우 바로 위의 상급법원이 기피신청에 대한 결정을 하여야 한다.

해설 ① [×] 당사자의 기피신청이 있는 경우 법원은 기피에 관한 재판이 확정될 때까지 소송절차를 정지하여야 한다. 다만, ㉠ 간이각하 결정을 하는 경우, ㉡ 종국판결을 선고하는 경우, ㉢ 긴급을 요하는 행위를 하는 경우에는 예외적으로 소송절차를 정지하지 않아도 된다(제48조).
② [×] 법원사무관등에 대하여 제척·기피·회피규정이 준용된다(제50조 제1항).
③ [×] 기피신청의 방식은 서면이든 말로든 무방하다(제161조).
④ [○] 기피신청의 당부의 재판은 그 신청을 받은 법관의 소속 법원 합의부에서 결정으로 재판한다(제46조 제1항). 만일 기피당한 법관의 소속 법원이 합의부를 구성하지 못하는 경우에는 바로 위의 상급법원이 재판한다(제46조 제3항).

정답 ④

제4절 관할

제1관 | 전속관할과 임의관할

[전속관할의 효과]

1. 전속관할은 법원의 직권조사사항이다.

2. 합의관할이나 변론관할이 인정되지 않는다.

3. 관할이 여러 군데가 되는 경합이 생길 수 없으며 관할위반의 경우를 제외하고는 소송이송이 허용되지 않는다. 다만, 특허권 등의 지식재산권에 관한 소는 전속관할임에도 불구하고 관할경합(서울중앙지법과 다른 고법소재지 지법 간의 선택적 관할)과 재량이송이 허용된다.

4. 전속관할 위반이 있으면 당사자는 상소이유로 삼아 이를 주장할 수 있으며, 상소심은 이 경우에 판결을 취소·파기하지 않으면 안 된다. 그러나 확정 후이면 재심사유는 되지 않는다.

5. 전속관할이 있는 사건에 대해서는 원고는 보통재판적·특별재판적을 따질 것 없이 전속관할법원에 소를 제기하여야 한다.

01   15주사보

전속관할과 임의관할은 모두 강행규정으로 직권조사사항이다.   ○ | X

> 해설 전속관할은 강행규정으로 직권조사사항이지만, 임의관할은 임의규정으로 항변사항이다.

02   12/14/22법원직, 15주사보

전속관할에 대하여 합의관할이나 변론관할이 인정되지 아니하고, 관할위반의 경우를 제외하고는 소송이
송이 허용되지 아니한다.   ○ | X

> 해설 전속관할은 합의관할이나 변론관할이 인정되지 않는다. 관할이 여러 군데가 되는 경합이 생길 수 없으며 관할위반
> 의 경우를 제외하고는 소송이송이 허용되지 않는다(제34조, 제35조). 다만, 특허권 등의 지식재산권에 관한 소는 전속관할
> 임에도 불구하고 관할경합(서울중앙지법과 다른 고법소재지 지법 간의 선택적 관할)과 재량이송이 허용된다(제24조, 제36조
> 제3항).

03   15주사보, 17사무관

전속관할 위반의 경우에는 상소심에서 다툴 수 있고, 항소심법원이 전속관할 위반을 이유로 제1심판결을
취소하는 때에는 판결로 당해 사건을 관할법원에 이송하여야 한다.   ○ | X

> 해설 전속관할 위반이 있으면 당사자는 상소이유로 삼아 이를 주장할 수 있으며, 상소심은 이 경우에 판결을 취소·파기
> 하지 않으면 안 된다. 그러나 재심사유는 되지 않는다.

04   22법원직

전속관할을 어긴 경우는 절대적 상고이유와 재심사유에 해당한다.   ○ | X

> 해설 전속관할 위반이 있으면 당사자는 상소이유로 삼아 이를 주장할 수 있으며, 상소심은 이 경우에 판결을 취소·파기
> 하지 않으면 안 된다. 그러나 재심사유는 되지 않는다.

정답 | **01** × **02** ○ **03** ○ **04** ×

제2관 | 법정관할

I 사물관할

의의		제1심 소송사건을 다루는 지방법원 단독판사와 지방법원 합의부 사이에서 사건의 경중을 표준으로 재판권의 분담관계를 정해 놓은 것을 말한다.
합의부 관할		① 단독판사의 관할에 속하는 사건이라도 합의부가 스스로 심판할 것으로 결정한 재정합의사건 ② 소송목적의 값(소가)이 5억 원을 초과하는 민사사건 ③ 비재산권상의 소 ④ 재산권상의 소로서 소가를 산정할 수 없는 경우 ⑤ 본소가 합의부 관할일 때 이에 병합제기하는 반소, 중간확인의 소, 독립당사자참가 등의 관련청구는 본소와 함께 합의부 관할에 속한다.
단독판사의 관할		① 소송목적의 값이 5억 원 이하('미만'이 아님)의 사건 ② 수표금·어음금 청구사건 ③ 금융기관 등이 원고가 된 대여금·구상금·보증금 청구사건 ④ 단독판사가 심판할 것을 합의부가 결정한 사건인 재정단독사건
소송목적의 값(소가)		① 원고가 소로써 달하려는 목적이 갖는 경제적 이익을 화폐단위로 평가한 금액을 말한다(사물관할을 정하는 표준, 인지액을 정하는 기준). ② 원고가 전부 승소할 경우에 직접 받는 경제적 이익을 기준으로 객관적으로 평가·산정하여야 한다.
산정의 표준시기		① 소가의 산정은 소제기한 때를 표준으로 한다. ② 예외적으로 단독판사 계속 중 원고의 청구취지 확장에 의하여 소가가 5억 원을 초과하게 되는 때에는 관할위반의 문제가 되므로 변론관할이 생기지 않는 한 합의부로 이송하여야 한다.
청구병합의 경우	합산이 원칙	1개의 소로써 여러 개의 청구를 하는 때에는 그 가액을 합산하여 그에 의하여 사물관할을 정한다.
	예외	① **중복청구의 흡수** 하나의 소로써 여러 개의 청구를 한 경우라도 경제적 이익이 같거나 중복되는 때에는 합산하지 않으며 중복이 되는 범위 내에서 흡수되고, 그중 다액인 청구가액을 소가로 한다(예 청구의 선택적·예비적 병합, 선택적·예비적 공동소송, 여러 연대채무자에 대한 청구 등). ② **수단인 청구의 흡수** 1개의 청구가 다른 청구의 수단인 경우에는 그 수단인 청구의 가액은 소가에 산입하지 않는다. 예컨대, 건물철거청구와 함께 대지인도를 청구하는 경우에는 대지인도청구만이 소송목적의 값이 된다. ③ **부대청구의 불산입** 주된 청구와 부대목적인 과실·손해배상금·위약금·비용의 청구는 별개의 소송물이나, 이 두 가지를 1개의 소로써 함께 청구하는 때에는 부대청구의 가액은 소가에 산입하지 않는다(예 원금과 이자를 함께 청구하는 경우에는 원금만이 소송목적의 값).

01

16법원직

소송목적의 값이 1억 원 이상인 민사사건은 원칙적으로 지방법원 및 지방법원지원 합의부가 제1심으로 판단한다. ○│X

> **해설** 합의부 심판사건은 다음과 같다.
> ① 소송목적의 값이 5억 원을 초과하는 민사사건
> ② 재산권상의 소로서 그 소송목적의 값을 산출할 수 없는 것과 비재산권을 목적으로 하는 소
> ③ 지방법원판사에 대한 제척·기피 사건
> ④ 합의부에서 심판할 것으로 합의부가 결정한 사건

02

20사무관

재산권상의 소로서 그 소송목적의 값을 산출할 수 없는 것과 비재산권을 목적으로 하는 소의 소송목적의 값은 5천만 원 또는 1억 원이므로 단독판사의 심판사건에 속한다. ○│X

> **해설** 재산권상의 소로서 그 소송목적의 값을 산출할 수 없는 것과 비재산권을 목적으로 하는 소는, 합의부의 심판사항으로 정한 것이다.

03

16법원직

수표금·약속어음금 청구사건의 제1심은 소송목적의 값과 상관없이 단독판사가 심판한다. ○│X

> **해설** 소송목적의 값이 5억 원을 초과하는 사건이라도 다음에 해당하는 사건은 합의부 심판사건에서 제외된다(민사 및 가사소송의 사물관할에 관한 규칙 제2조 단서).
> ① 수표금·약속어음금 청구사건
> ② 금융기관 등이 원고인 대여금·구상금·보증금 청구사건
> ③ 「자동차손해배상 보장법」에서 정한 자동차·원동기장치자전거·철도차량의 운행 및 근로자의 업무상 재해로 인한 손해배상 청구사건과 이에 관한 채무부존재확인사건
> ④ 단독판사가 심판할 것으로 합의부가 결정한 사건(재정단독사건)

04

14법원직

소송목적의 값이 5억 원인 사건은 합의부 관할사건이다. ○ | X

> **해설** 소송목적의 값이 5억 원 이하의 사건이 단독사건이므로('미만'이 아니므로), 5억 원 사건은 단독판사의 관할이 된다.

05

16법원직

소송목적의 값이 제소 당시 또는 청구취지 확장 당시 2억 원을 초과한 민사소송사건의 판결에 대한 항소사건은 원칙적으로 고등법원이 심판한다. ○ | X

> **해설** 지방법원 합의부에 대한 항소심은 고등법원이 담당한다(제28조). 따라서 소송목적의 값이 2억 원을 초과한 민사소송사건의 판결에 대한 항소사건을 고등법원이 심판한다.

06

11법원직

최고가인 9,000만 원으로 입찰을 하였으나 낙찰자로 선정되지 아니한 甲이 낙찰자지위확인을 구하는 소를 제기한 경우 지방법원 단독판사가 제1심으로 심판한다. ○ | X

> **해설** 낙찰자의 지위는 계약상대자로 결정되어 계약을 체결할 수 있는 지위에 불과하고 계약을 체결하여 계약상의 권리·의무가 발생한 계약당사자의 지위와는 다르다고 보여지므로, 최초입찰에 있어서 낙찰자지위확인을 구하는 소에서 원고가 승소하더라도 원고는 계약당사자와 같이 공사대금의 청구 등 계약상의 권리를 취득하게 되는 것이 아니라 단순히 원고가 유효한 낙찰자의 지위에 있음을 확인받아 그에 따른 계약을 체결하여 줄 것을 청구할 수 있는 권리를 취득하는 것이고 이는 결국 금전으로 가액을 산출하기 어려운 경제적 이익을 얻는 데 불과하므로 <u>낙찰자지위확인을 구하는 소는 재산권상의 소로서 그 소가를 산출할 수 없는 경우에 해당한다</u>(대판 1994.12.2. 94다41454). 따라서 합의부 관할에 속한다.

07

16법원직

「소액사건심판법」 제2조 제1항에 의한 소액사건은 원칙적으로 제소한 때의 소송목적의 값이 3,000만 원을 초과하지 아니하는 금전 기타 대체물이나 유가증권의 일정한 수량의 지급을 목적으로 하는 제1심의 민사사건으로 한다. ○ | X

> **해설** 「소액사건심판법」에 따라 처리되는 사건은 고유의 사물관할이 있는 것이 아니고 제1심 단독사건 중에서 소송목적의 값에 따라 특례로 처리하는 것뿐이다(대판 1974.7.23. 74마71).

정답 | **01** × **02** × **03** ○ **04** × **05** ○ **06** × **07** ○

08

지방법원 단독판사에 대한 제척·기피사건은 지방법원의 다른 단독판사가 제1심으로 심판한다. ○│×

> **해설** 제척 또는 기피신청에 대한 재판은 그 신청을 받은 법관의 소속 법원 합의부에서 결정으로 하여야 한다(제46조 제1항).

09

10억 원의 대출금채무를 연대보증한 보증인에 대하여 새마을금고가 2011.2.9. 보증금의 지급을 구하는 소를 제기한 경우 지방법원 합의부가 제1심으로 심판한다. ○│×

> **해설** 새마을금고는 금융기관이므로 금융기관이 원고인 대여금청구사건은 소송목적의 값이 5억 원을 초과하더라도 지방 법원 단독판사의 사물관할에 속한다(민사 및 가사소송의 사물관할에 관한 규칙 제2조).

10

서울중앙지방법원 단독판사가 2011.2.9. 제1심으로 판결한 소유권이전등기청구소송에서 그 소송목적의 값이 9,000만 원인 경우 그 항소사건은 서울중앙지방법원 합의부가 심판한다. ○│×

> **해설** 2011년 2월 9일 서울중앙지방법원 단독판사의 제1심판결의 항소사건은 서울고등법원이 아니라 서울중앙지방법원 합의부가 심판한다.

11

단독사건으로 심리하는 도중에 합의부 사건으로 청구가 확장된 경우 확장된 소는 합의부 관할이 되지만, 경우에 따라 합의부로 이송하지 않아도 된다. ○│×

> **해설** 단독사건으로 심리하는 도중에 합의부 사건으로 청구가 확장된 경우에는 신소는 합의부의 관할이 된다. 이 경우에 는 변론관할이 생길 여지가 있으므로 당사자의 의사를 확인 후 이송 여부를 결정함이 상당하다.

12

합의부 사건으로 심리하는 도중에 청구의 감축으로 단독사건으로 된 경우에도 합의부에서 단독판사로 이송하지 않는다. ○ | ×

> **해설** 합의부 계속 중 청구취지의 감축에 의하여 소가 5억 원 이하로 떨어졌을 때에는 단독판사에게 이송할 필요가 없다. 합의부에서 계속 심리하여도 당사자에게 불리하지 않기 때문이다.

13

하나의 소로 여러 개의 청구를 하더라도 각각의 청구가 단독판사의 심판사건에 속하는 경우 그 합산 가액이 5억 원을 초과하더라도 단독판사의 심판사건이 된다. ○ | ×

> **해설** 1개의 소로써 여러 개의 청구를 하는 때에는 그 가액을 합산하여 그에 의하여 사물관할을 정한다(제27조 제1항).

14

1개의 소로써 수개의 비재산권을 목적으로 하는 청구의 경우 그중 가장 다액인 청구의 가액을 소송목적의 값으로 한다. ○ | ×

> **해설** 1개의 소로써 수개의 비재산권을 목적으로 하는 청구를 병합한 때에는 각 청구의 소송목적의 값을 합산한다. 다만, 청구의 목적이 1개의 법률관계인 때에는 1개의 소로 본다(민사소송 등 인지규칙 제22조).

15

소송목적의 값은 사실심 변론종결시가 아닌 소제기시를 기준으로 하여 산정한다. ○ | ×

> **해설** 소가의 산정은 소제기한 때를 기준으로 한다(민사소송 등 인지규칙 제7조). 따라서 소제기 후 소송목적물의 값의 등락이나 가치의 손상 등 사정변경이 있어도 같은 목적물인 한 그 소의 소송목적의 값 계산에 이를 고려할 필요가 없으므로 인지를 추가로 납부하거나 반환하지 아니한다.

정답 | 08 × 09 × 10 ○ 11 ○ 12 ○ 13 × 14 × 15 ○

16

1개의 소로써 수인의 연대채무자에 대한 청구의 경우 그중 가장 다액인 청구의 가액을 소송목적의 값으로 한다. ○ | X

> **해설** 하나의 소로써 여러 개의 청구를 한 경우라도 경제적 이익이 같거나 중복되는 때에는 합산하지 않으며 중복되는 범위 내에서 흡수되고, 그중 가장 다액인 청구가액을 소가로 한다(민사소송 등 인지규칙 제20조). 예를 들면, 청구의 선택적·예비적 병합, 선택적·예비적 공동소송, 여러 연대채무자에 대한 청구, 목적물인도청구와 집행불능의 경우를 대비한 대상청구의 병합 등은 합산하지 않는다.

17

주채무자와 보증인을 상대로 소를 제기하는 경우 각 청구의 소송목적의 값을 합산한다. ○ | X

> **해설** 1개의 소로써 주장하는 수개의 청구의 경제적 이익이 동일하거나 중복되는 때에는 중복되는 범위 내에서 흡수되고, 그중 가장 다액인 청구의 가액을 소송목적의 값으로 한다(민사소송 등 인지규칙 제20조). 따라서 주채무자와 보증인을 상대로 소를 제기하는 경우 각 청구의 소송목적의 값을 합산하지 않고 다액으로 한다.

18

지연손해금의 청구가 소송의 부대목적이 되는 경우에 그 값을 합산한다. ○ | X

> **해설** 주된 청구와 부대목적인 과실·손해배상금·위약금·비용의 청구는 별개의 소송물이나, 이 두 가지를 1개의 소로써 함께 청구하는 때에는 부대청구의 가액은 소가에 산입하지 않는다(제27조 제2항). 예컨대, 원금과 이자를 함께 청구하는 경우에는 원금만이 소송목적의 값이 된다. 이는 계산의 번잡을 피하게 하려는 취지이다.

정답 | **16** ○ **17** X **18** X

Ⅱ 토지관할

1. 보통재판적

피고 주소지[국가의 보통재판적은 그 소송에서 국가를 대표하는 관청(법무부) 또는 대법원이 있는 곳]

2. 특별재판적

의무이행지	① '의무이행지'는 특정물인도채무의 경우 채권성립 당시 그 물건이 있던 장소가 의무이행지이고, 특정물인도 외의 채무의 경우 지참채무의 원칙상 채권자의 주소지가 의무이행지에 해당한다. ② 사해행위취소의 소에 있어서의 의무이행지는 '취소의 대상인 법률행위의 의무이행지'가 아니라 '취소로 인하여 형성되는 법률관계에 있어서의 의무이행지'로 보아야 한다. 따라서 부동산등기의 신청에 협조할 의무의 이행지는 성질상 등기지의 특별재판적에 관한 민사소송법 제21조에 규정된 '등기할 공공기관이 있는 곳'이라고 볼 것이지 원고의 주소지를 그 의무이행지로 볼 수는 없을 것이지만, 원상회복을 가액배상으로 구하는 경우에는 그 의무의 이행지는 채권자의 주소지이다.
사무소·영업소가 있는 곳	여기서의 사무소나 영업소는 반드시 주된 사무소나 영업소일 필요는 없고 지점도 포함되지만, 적어도 어느 정도 독립하여 업무의 전부나 일부가 총괄적으로 경영되는 장소이어야 한다.
불법행위지	선박 또는 항공기의 충돌이나 그 밖의 사고로 인한 손해배상의 소는 그 선박 또는 항공기가 맨 처음 도착한 곳의 법원에 제기할 수 있다. 즉, 항공기 사고의 경우 불법행위지는 사고의 행위지 및 결과 발생지 또는 항공기의 도착지이다.
부동산이 있는 곳	여기서의 '부동산에 관한 소'에는 부동산물권에 기하여 부동산을 직접의 목적으로 하는 확인·인도 등의 청구뿐만 아니라 부동산에 관한 채권관계에 기하여 부동산물권의 설정·이전, 점유의 이전, 등기의 이행 등의 급부를 구하는 소도 포함되지만 부동산의 매매대금이나 임료의 청구에 관한 소는 포함되지 않는다.
지식재산권 등에 관한 특별재판적	제24조 【지식재산권 등에 관한 특별재판적】 ① 특허권, 실용신안권, 디자인권, 상표권, 품종보호권(이하 '특허권 등'이라 한다)을 제외한 지식재산권과 국제거래에 관한 소를 제기하는 경우에는 제2조 내지 제23조의 규정에 따른 관할법원 소재지를 관할하는 고등법원이 있는 곳의 지방법원에 제기할 수 있다. 다만, 서울고등법원이 있는 곳의 지방법원은 서울중앙지방법원으로 한정한다. ② 특허권 등의 지식재산권에 관한 소를 제기하는 경우에는 제2조부터 제23조까지의 규정에 따른 관할법원 소재지를 관할하는 고등법원이 있는 곳의 지방법원의 전속관할로 한다. 다만, 서울고등법원이 있는 곳의 지방법원은 서울중앙지방법원으로 한정한다. ③ 제2항에도 불구하고 당사자는 서울중앙지방법원에 특허권 등의 지식재산권에 관한 소를 제기할 수 있다.
추심금·전부금 청구의 소	추심금소송에서 관할법원은 채무자와 제3채무자의 법률관계를 기준으로 하며, 추심채권자를 기준으로 하여서는 아니 된다.

3. 관련재판적

의의		원고가 하나의 소로써 여러 개의 청구를 하는 경우에 그 여러 개 가운데 하나의 청구에 대한 토지관할권이 있는 법원에 본래 그 법원에 법정관할권이 없는 나머지 청구도 관할권이 생기는 것을 말한다.
적용범위	토지관할에 적용	① 한 개의 소로써 수개의 청구를 하는 경우일 것 ② 수소법원이 수개의 청구 중 적어도 한 청구에 관하여 관할권을 가질 것 ③ 다른 법원의 전속관할에 속하는 청구가 아닐 것 ④ 토지관할에 한할 것을 요한다.
	공동소송 (소의 주관적 병합)에의 적용 여부	① 소송목적이 되는 권리나 의무가 여러 사람에게 공통되거나 사실상 또는 법률상 같은 원인으로 말미암아 그 여러 사람이 공동소송인으로서 당사자가 되는 경우 ② 민사소송의 일방 당사자가 다른 청구에 관하여 관할만을 발생시킬 목적으로 본래 제소할 의사 없는 청구를 병합한 것이 명백한 경우에는 관할선택권의 남용으로서 신의칙에 위배되어 허용될 수 없으므로, 그와 같은 경우에는 관련재판적에 관한 제25조의 규정을 적용할 수 없다.
효과		① 원래 토지관할권이 없던 청구에 관하여도 관할권이 생기고, 피고는 관할위반의 항변을 할 수 없다(관할의 창설). ② 관련재판적이 인정된 후 원래의 관할권 있는 청구가 취하 또는 각하되어도 다른 청구는 관할위반이 되지 않는다(관할의 항정).

⚖ OX 확인

01

14주사보

법인, 그 밖의 사단이나 재단의 보통재판적은 이들의 주된 사무소 또는 영업소가 있는 곳에 따라 정하고, 사무소와 영업소가 없는 경우에는 주된 업무담당자의 주소에 따라 정한다.　　　　　O | X

> **해설** 법인, 그 밖의 사단 또는 재단의 보통재판적은 이들의 <u>주된 사무소 또는 영업소</u>가 있는 곳에 따라 정하고, 사무소와 영업소가 없는 경우에는 주된 업무담당자의 주소에 따라 정한다(제5조 제1항). 외국법인 등의 경우에도 국내에 있는 사무소, 영업소 또는 업무담당자의 주소에 따라 정한다(제5조 제2항).

02

20법원직

국가의 보통재판적은 그 소송에서 국가를 대표하는 관청 또는 대법원이 있는 곳으로 한다.　　O | X

> **해설** 제6조

03

14법원직

계약으로 이행지를 정하지 않았으면 특정물인도청구 이외의 채무에 대해서는 채권자의 주소지가 특별재판적인 의무이행지로 된다.　　　　　O | X

> **해설** 재산권에 관한 소는 의무이행지의 관할법원에 제기할 수 있다(제8조). 의무이행지는 실체법이 특정물의 인도청구 이외의 채무에 대해서는 지참채무의 원칙을 채택하고 있기 때문에 채권자인 원고의 주소지가 의무이행지로 된다.

정답 | **01** O **02** O **03** O

04

수익자에 대하여 사해행위취소와 함께 그에 따른 원상회복을 구하는 경우, 사해행위취소의 소에 있어서 의무이행지는 '취소로 인하여 형성되는 법률관계에 있어서의 의무이행지'가 아니라 '취소의 대상인 법률행위의 의무이행지'이다.　　　○ | X

> **해설** 사해행위취소소송에서 수익자 또는 전득자에 대하여 사해행위취소와 함께 사해행위의 취소로 인한 원상회복 또는 이에 갈음하는 가액배상을 구하는 경우라도, 사해행위취소의 소에 있어서의 의무이행지는 '취소의 대상인 법률행위의 의무이행지'가 아니라 '취소로 인하여 형성되는 법률관계에 있어서의 의무이행지'로 보아야 한다(대판 2002.5.10. 2002마 1156). 따라서 부동산등기의 신청에 협조할 의무의 이행지는 성질상 등기지의 특별재판적에 관한 민사소송법 제21조에 규정된 '등기할 공공기관이 있는 곳'이라고 볼 것이지 원고의 주소지를 그 의무이행지로 볼 수는 없을 것이지만, 원상회복을 가액배상으로 구하는 경우에는 그 의무의 이행지는 채권자의 주소지이다.

05

항공기 사고의 경우 불법행위지는 사고의 행위지 및 결과발생지 또는 항공기의 도착지이다.　　　○ | X

> **해설** 항공기 사고의 경우 불법행위지는 사고의 행위지 및 결과발생지 또는 항공기의 도착지이다(대판 2010.7.15. 2010 다18355).

06

사무소 또는 영업소가 있는 사람에 대하여 그 사무소 또는 영업소의 업무와 관련이 있는 소를 제기하는 경우에는 그 사무소 또는 영업소가 있는 곳의 법원에 제기할 수 있는데, 여기서의 사무소나 영업소는 반드시 주된 사무소나 영업소일 필요는 없지만, 지점은 포함되지 않는다.　　　○ | X

> **해설** 사무소 또는 영업소가 있는 사람에 대하여 그 사무소 또는 영업소의 업무와 관련이 있는 소를 제기하는 경우에는 그 사무소 또는 영업소가 있는 곳의 법원에 제기할 수 있다(제12조). 여기서 '업무와 관련이 있는 소'란 본래의 업무 자체의 수행에 따른 법률관계에 관한 것뿐만 아니라 그 본래의 업무를 집행할 경우 파생되는 모든 권리·의무에 관한 소를 포함한다. 그리고 여기서의 사무소나 영업소는 반드시 주된 사무소나 영업소일 필요는 없고 지점도 포함되지만(대판 1992.7.28. 91다41897), 적어도 어느 정도 독립하여 업무의 전부나 일부가 총괄적으로 경영되는 장소이어야 한다.

07

부동산에 관한 소를 제기하는 경우에는 부동산이 있는 곳의 법원에 관할이 있다.　　　○ | X

> **해설** 제20조

08

등기·등록에 관한 소를 제기하는 경우에는 등기 또는 등록할 공공기관이 있는 곳의 법원에 관할이 있다.

○ | ×

> **해설** 제21조

09

특허권 등의 지식재산권에 관한 소는 서울남부지방법원에 관할이 있다.

○ | ×

> **해설** 특허권 등의 지식재산권에 관한 소를 제기하는 경우에는 제2조부터 제23조까지의 규정에 따른 관할법원 소재지를 관할하는 고등법원이 있는 곳의 지방법원의 전속관할로 한다. 다만, 서울고등법원이 있는 곳의 지방법원은 서울중앙지방법원으로 한정한다(제24조 제2항).

10

부동산의 인도와 그 부동산에 관한 임료 상당의 부당이득금을 병합하여 청구하는 경우 임료청구는 부동산의 인도소송에 부대목적이므로 임료청구의 채권자 주소지에는 관할이 인정되지 않는다. ○ | ×

> **해설** 부대청구인 임료를 병합청구로 보고 지참채무로 인정하여 원고의 주소지에 관할을 인정할 수 있는지 여부가 문제되는데 부동산의 인도와 그 부동산에 관한 임료 내지 임료 상당의 손해배상금 또는 부당이득금을 병합하여 청구하는 경우 임료 등은 부동산의 인도소송에 부대목적이지만, 이것도 상기한 주된 청구에 병합된 청구의 한 형태이므로 관련재판적의 규정을 적용하여 지참채무인 임료청구의 채권자 주소지에도 관할이 인정된다. 다만, 소송목적의 값에 있어서는 이를 소송목적의 값에 산입하지 않는다.

11

하나의 소로 여러 피고에 대하여 청구를 하는 경우 모든 피고에 대하여 관할권이 있어야 한다.

○ | ×

> **해설** 원고가 하나의 소로써 여러 개의 청구를 하는 경우에 그 여러 개 가운데 하나의 청구에 대한 토지관할권이 있는 법원에 본래 그 법원에 법정관할권이 없는 나머지 청구도 관할권이 생기는 것을 관련재판적이라 한다(제25조). 소의 주관적 병합의 경우에는 견해의 대립이 있었으나, 개정법은 제65조 전문의 공동소송, 즉 피고들끼리 실질적 관련성이 있는 경우(예 수인의 연대채무자, 수인의 불법행위 피해자)에만 관련재판적을 인정한다(제25조 제2항).

정답 | **04** × **05** ○ **06** × **07** ○ **08** ○ **09** × **10** × **11** ×

12

민사소송의 당사자와 소송관계인은 신의에 따라 성실하게 소송을 수행하여야 하고(민사소송법 제1조 제2항), 민사소송의 일방 당사자가 다른 청구에 관하여 관할만을 발생시킬 목적으로 본래 제소할 의사 없는 청구를 병합한 것이 명백한 경우에는 관할선택권의 남용으로서 신의칙에 위배되어 허용될 수 없으므로, 그와 같은 경우에는 관련재판적에 관한 민사소송법 제25조의 규정을 적용할 수 없다. ○ | X

> **해설** 대결 2011.9.29. 2011마62

13

전속관할로 정하여진 소에 대하여는 관련재판적의 규정을 적용할 수 없다. ○ | X

> **해설** 특정한 법원의 전속관할로 정하여진 소에 대하여는 관련재판적의 규정을 적용할 수 없다(제31조).

14

관련재판적에 의하여 소를 제기한 때에 적법하게 병합된 것이라면 관할원인으로 된 청구가 나중에 취하, 각하되거나 변론의 분리가 있어 병합관계가 소멸되어도 다른 청구의 관할에 영향을 미치지 아니한다. ○ | X

> **해설** 관련재판적에 의하여 소를 제기한 때에 적법하게 병합된 것이라면 관할원인으로 된 청구가 그 후 취하·각하되거나 변론의 분리가 있어 병합관계가 소멸되어도 다른 청구의 관할에 영향을 미치지 아니한다.

🔨 실전 확인

01 甲이 乙과 소비대차계약을 체결한 후 乙에게 돈을 빌려주었다. 甲이 乙을 상대로 대여금의 반환청구소송을 제기하려고 하는 경우에 관할에 관하여 가장 옳지 않은 것은?　13법원직

① 甲의 주소지를 관할하는 법원에 소를 제기할 수 있다.

② 乙의 주소지를 관할하는 법원에 소를 제기할 수 있다.

③ 甲이 乙과 소비대차계약을 체결하고 돈을 건네준 장소를 관할하는 법원에 소를 제기할 수 있다.

④ 甲과 乙이 소비대차에 관하여 합의로 정한 법원에 소를 제기할 수 있으나, 서면합의가 있는 경우에 한한다.

해설 ① [O] ③ [×] 금전채권은 지참채무가 원칙이므로 채권자인 원고인 甲의 주소지가 의무이행지가 된다. 따라서 甲의 주소지를 관할하는 법원은 의무이행지의 특별재판적으로서 소를 제기할 수 있다(제8조).

② [O] 乙의 주소지를 관할하는 법원은 피고의 보통재판적으로서 소를 제기할 수 있다(제3조).

④ [O] 합의관할은 서면으로 하여야 한다(제29조).

정답 ③

02 원고의 주소는 서울 서초구 ○○로 123이다. 원고는 서울 용산구 ○○로 456이 주소인 피고에게 1천만 원을 빌려주었으나 받지 못하였다. 원고는 서울 영등포구에 있는 피고의 직장 근처로 찾아가 피고에게 돈을 갚으라고 하다가 피고한테 맞아서 다쳤다. 원고는 소송을 준비하면서 피고가 수원시에 있는 아파트를 소유하고 있음을 알게 되었다. 원고는 피고를 상대로 대여금과 치료비(손해배상금) 지급 청구를 한꺼번에 제기하려고 한다. 다음 중 위 대여금 및 치료비 청구의 소에 대한 관할이 있는 법원을 모두 고른 것은?　　　　　　　　　　　　　　　　　18법원직

> * 지역별 관할법원은 아래와 같음.
> 　서울 서초구 - 서울중앙지방법원
> 　서울 용산구 - 서울서부지방법원
> 　서울 영등포구 - 서울남부지방법원
> 　수원시 - 수원지방법원

① 서울중앙지방법원, 서울서부지방법원, 서울남부지방법원
② 서울중앙지방법원, 서울서부지방법원, 수원지방법원
③ 서울중앙지방법원, 서울남부지방법원, 수원지방법원
④ 서울서부지방법원, 서울남부지방법원, 수원지방법원

해설　① [○] 소는 피고의 보통재판적이 있는 곳의 법원이 관할한다(제2조). 사람의 보통재판적은 그의 주소에 따라 정한다(제3조). 따라서 피고 주소지인 서울 용산구를 관할하는 서울서부지방법원이 보통재판적을 갖는다.
　　　　재산권에 관한 소를 제기하는 경우에는 거소지 또는 의무이행지의 법원에 제기할 수 있다(제8조). 따라서 대여금에 관하여 지참채무 원칙에 따라 원고 주소지인 서울 서초구를 관할하는 서울중앙지방법원도 특별재판적이 있다. 또한 불법행위에 관한 소를 제기하는 경우에는 행위지의 법원에 제기할 수 있다(제8조 제1항). 따라서 치료비 청구는 불법행위지인 영등포구를 관할하는 서울남부지방법원도 관할권을 갖는다.

정답 ①

제3관 | 지정관할

제4관 | 합의관할

Ⅰ 서설

의의	당사자의 합의에 의하여 생기게 되는 관할을 말한다.
성질 (소송행위)	관할의 발생이라는 소송법상의 효과를 낳는 소송행위로서 소송계약의 일종이다. 소송능력이 필요하다. 본계약인 사법상의 계약이 무효·취소 또는 해제되었다 하여도 원칙적으로 관할합의의 효력에 영향이 없다(무인성).

Ⅱ 요건

제1심 법원의 임의관할에 한하여 할 것	① 지방법원 단독판사와 합의부의 관할사건에 한해 합의할 수 있다. 법원의 어떤 특정한 재판부나 법관에게 재판을 받기로 하는 합의는 무효이다. ② 임의관할에 한하여 합의할 수 있고, 전속관할은 합의할 수 없다.
합의의 대상인 소송이 특정되었을 것	예를 들면, 일정한 매매계약상의 소송·임대차계약상의 소송과 같이 합의의 대상인 법률관계를 특정하여야 한다. 따라서 당사자 간에 앞으로 발생할 모든 법률관계에 관한 소송에 대한 합의, 즉 포괄적 합의라면 특정되었다고 할 수 없기 때문에 무효이다.
합의의 방식은 서면일 것	합의는 반드시 동일서면에 의하여 체결될 것을 요하지 아니하며 별개의 서면으로 하여도 되고, 또 때를 달리하여도 된다.
합의의 시기	합의의 시기는 제한이 없다.
관할법원이 특정되었을 것	① 반드시 1개의 법원으로 특정할 필요는 없고 수개의 법원을 정하여도 무방하다. 다만, 전국의 모든 법원을 관할법원으로 하는 합의, 원고가 지정하는 법원에 관할권을 인정하는 합의는 무효이다. ② 아파트분양계약에서 "본계약은 원고가 지정하는 법원을 관할법원으로 한다."고 규정하고 있음은 결국 전국 법원 중 원고가 선택하는 어느 법원에나 관할권을 인정한다는 내용의 합의라고밖에 볼 수 없어 관할법원을 특정할 수 있는 정도로 표시한 것이라 볼 수 없을 뿐 아니라, 이와 같은 관할에 관한 합의는 피소자의 권리를 부당하게 침해하고 공평원칙에 어긋나는 결과가 되어 무효이다.

Ⅲ 합의의 모습(부가적 합의와 전속적 합의)

의의	법정관할 외에 1개 또는 수개의 법원을 덧붙이는 부가적 합의와, 특정의 법원에만 관할권을 인정하고 그 밖의 법원의 관할을 배제하는 전속적 합의가 있다.
불분명한 경우	불명할 때에는 경합하는 법정관할법원 중 어느 하나를 특정하는 합의는 전속적이지만, 그렇지 않은 경우에는 부가적 합의로 볼 것이다.

Ⅳ 합의의 효력

관할의 변동	① 합의의 내용에 따라 관할이 변동된다. 관할권 없는 법원에 관할권을 발생시키며, 특히 전속적 합의인 경우에는 법정관할법원의 관할권을 소멸시킨다. ② 전속적 합의관할의 경우에도 그 성질상 임의관할이며 따라서 원고가 합의를 무시한 채 다른 법정관할법원에 소를 제기하여도 피고가 이의 없이 본안변론하면 변론관할이 생기며, 전속적 합의의 법원이 재판하다가도 현저한 지연을 피한다는 공익상의 필요가 있을 때에는 다른 법정관할법원에 이송할 수 있다.
주관적 범위	① 특정승계인일 경우, 소송물을 이루는 권리관계가 채권과 같은 것이면, 합의의 효력이 그 양수인에게 미친다고 볼 것이지만, 물권인 경우에는 그 합의된 바를 등기부상 공시할 수 없기 때문에 물권의 양수인은 양도인이 한 합의에 구속되지 않는다. ② 특정승계인 이외의 제3자에게는 합의의 효력이 미치지 않는다.

⚖️ OX 확인

01   12법원직

전속관할에 대한 관할합의의 약정 내지 약관은 유효하다.   ○ | ✕

> 해설 토지관할과 사물관할 등 임의관할에 한하여 합의할 수 있고, 전속관할이 정해져 있는 때에는 합의할 수 없다(제31조).

02   14주사보

합의관할은 서면에 의함이 원칙이지만 반드시 이에 의할 필요는 없고 구두에 의하여 합의관할을 정한 후 이를 소명하는 방법으로도 정할 수 있다.   ○ | ✕

> 해설 당사자는 일정한 법률관계로 말미암은 소에 관하여 서면으로 한 합의에 의하여 제1심 관할법원을 정할 수 있다(제29조). 이 합의는 당사자가 법정의 임의관할과 다른 내용의 관할을 정하겠다는 소송법상의 합의이며 반드시 서면에 의하여야 한다. 합의는 계약서에 한 조항으로 정해지는 것이 보통이지만 반드시 동시에 이루어질 필요는 없다.

03   20법원직, 20사무관

전속적 관할합의의 경우 법률이 규정한 전속관할과 달리 임의관할의 성격을 가지고 있기는 하나, 공익상의 필요에 의하여 사건을 다른 관할법원에 이송할 수는 없다.   ○ | ✕

> 해설 전속적 합의관할의 경우에도 그 성질상 임의관할이며 따라서 원고가 합의를 무시한 채 다른 법정관할법원에 소를 제기하여도 피고가 이의 없이 본안변론하면 변론관할(제30조)이 생기며, 전속적 합의의 법원이 재판하다가도 현저한 지연을 피한다는 공익상의 필요가 있을 때에는 다른 법정관할법원에 이송할 수 있다(대결 2008.12.16. 2007마1328).

정답 | **01** ✕ **02** ✕ **03** ✕

04

관할합의의 효력은 소송물이 채권과 같은 상대권이면 특정승계인에게 미치지 않고, 물권과 같은 절대권이면 특정승계인에게 미친다. ○ | X

해설 관할합의의 효력은 원칙적으로 제3자에게 미치지 않지만, 지명채권과 같이 그 권리관계의 내용을 당사자가 자유롭게 정할 수 있는 경우에는, 당해 권리관계의 특정승계인은 그와 같이 변경된 권리관계를 승계한 것이라고 할 것이어서, 관할합의의 효력은 특정승계인에게도 미친다(대결 2006.3.2. 2005마902). 반면 그 내용이 법률상 정형화되어 있는 물권인 경우에는 당사자가 그 내용을 자유롭게 대세적으로 변경할 수 없고, 그 합의된 바를 등기부상 공시할 수 없기 때문에 물권의 양수인은 양도인이 한 합의에 구속되지 않는다(대결 1994.5.26. 94마536).

정답 | **04** ×

제5관 | 변론관할

의의	변론관할이라 함은 원고가 관할권 없는 법원에 소제기하였는데, 피고가 이의 없이 본안변론함으로써 생기는 관할을 말한다.	
요건	원고가 관할권 없는 제1심 법원에 소를 제기하였을 것	① 원고가 관할권을 어긴 경우에 한한다. ② 임의관할을 어긴 경우에 인정되는 것이지, 전속관할 위반의 경우에는 변론관할이 생기지 않는다. ③ 소제기 당초에는 관할권이 있었으나 그 뒤 청구취지의 확장·반소 등의 제기에 의하여 관할위반이 된 경우에도 상대방이 이의 없이 본안변론을 하면 단독판사에게 변론관할이 생긴다.
	피고의 이의 없는 본안변론	① '본안'에 관하여 변론 또는 진술이라 함은, 피고 측에서 원고의 청구가 이유 있느냐의 여부에 관하여 사실상·법률상의 진술을 하는 것을 말한다. 절차사항인 기피신청·기일변경신청·소각하판결의 신청 등은 본안에 관한 진술이 아니다. ② 본안에 관한 '변론'은 변론기일 또는 변론준비기일에 출석하여 말로 적극적으로 할 필요가 있다. 따라서 피고가 변론기일 등에 불출석하거나 출석하여도 변론하지 아니한 경우에는 변론관할이 생길 여지가 없으며, 비록 본안에 관하여 준비서면만 제출한 채 불출석한 때에 그것이 진술간주되어도 현실적으로 변론을 한 것이 아니므로 변론관할이 발생하지 않는다.
	피고의 관할위반 항변이 없을 것	① 관할위반의 항변은 반드시 명시적이어야 하는 것은 아니며, 묵시적이라도 상관없다. ② 피고가 주위적으로 소각하판결을, 예비적으로 청구기각판결을 구한 경우에는 본안에 대하여 변론 내지 진술을 한 것이 아니다.
효과	① 관할위반의 항변을 하지 않고 본안변론하는 때에는 그 시점에서 변론관할이 생긴다. 또 이의 없이 본안에 관하여 변론한 것을 뒤에 의사의 흠을 이유로 취소할 수 없다. ② 변론관할은 당해 사건에 한하여 발생하기 때문에 소의 취하 또는 각하 후에 다시 제기하는 재소까지는 그 효력이 미치지 않는다.	

01

피고가 본안에 관한 준비서면을 제출하고 변론기일 등에 불출석했을 때 그 준비서면이 진술간주되어도 변론관할이 생기지 않는다.
○ | X

해설 본안에 관한 '변론'은 변론기일 또는 변론준비기일에 출석하여 말로 적극적으로 할 필요가 있다. 따라서 피고가 변론기일 등에 불출석하거나 출석하여도 변론하지 아니한 경우에는 변론관할이 생길 여지가 없으며, 비록 본안에 관하여 준비서면만 제출한 채 불출석한 때에 그것이 진술간주되어도 마찬가지이다(대결 1980.9.26. 80마403).

정답 | **01** ○

제6관 | 관할권의 조사

⚖ OX 확인

01

17사무관

관할권 조사 결과 관할권이 없는 때에는 소각하판결을 할 것이 아니라 관할 있는 법원에 이송하여야 한다.

O | X

[해설] 조사 결과 관할권이 없는 때에는 소각하판결을 할 것이 아니라 관할권이 있는 법원으로 이송하여야 한다.

정답 | **01** O

01 서울특별시 서초구(서울중앙지방법원 관할구역)에 사는 甲은 수원시에 사는 乙에게 甲 소유의 ×토지(인천광역시 소재)를 대금 2억 원에 매도하였다. 그 후 甲은 乙을 상대로 ×토지 매매계약상의 매매대금 2억 원과 소장송달 다음 날부터 다 갚는 날까지 연 12%의 비율에 의한 지연손해금을 청구하는 소를 제기하였다. 이에 관한 설명 중 옳지 않은 것을 모두 고른 것은? (다툼이 있는 경우 판례에 의함)

21변호사

> ㄱ. 甲의 배우자 丙은 변호사 자격이 없더라도 위 소송에서 법원의 허가를 얻어 甲의 소송대리인이 될 수 있다.
> ㄴ. 甲이 제1심에서 전부 패소하여 제1심판결에 대해 항소한 경우, 항소심의 관할법원은 고등법원이다.
> ㄷ. 甲이 서울중앙지방법원에 위 소를 제기한 후 소송계속 중 대전광역시로 주소를 이전한 경우, 서울중앙지방법원의 관할은 소멸한다.
> ㄹ. 甲이 서울동부지방법원에 위 소를 제기하였는데, 乙이 관할위반의 항변을 하지 아니하고 매매계약의 효력을 다투는 답변서를 제출하여 그것이 진술간주된 경우, 서울동부지방법원은 관할권을 가진다.

① ㄱ, ㄴ
② ㄷ, ㄹ
③ ㄱ, ㄴ, ㄷ
④ ㄴ, ㄷ, ㄹ
⑤ ㄱ, ㄴ, ㄷ, ㄹ

해설 설문에서 지연이자 청구는 부대청구로서 소가에 불산입하므로 소가 2억 원의 단독판사 관할사건이다.

ㄱ. [×] 법률상 소송대리인을 제외하고, 소송대리인은 변호사 또는 법무법인만이 될 수 있다(제87조). 다만, 법 제88조와 규칙 제15조에 의해 소가 1억 원 이하의 단독판사가 관할하는 사건에서 배우자 또는 4촌 이내의 친족으로서 당사자와의 생활관계에 비추어 상당하다고 인정되는 사람과, 고용 등 일정한 관계에 있는 자가 담당하는 사무와 사건의 내용 등에 비추어 상당하다고 인정되는 사람이 법원의 허가를 얻으면 비변호사라도 소송대리인이 될 수 있다. 설문은 소가가 2억 원에 해당하므로 비변호사의 소송대리가 허용되지 않는다.

ㄴ. [×] 고등법원은 지방법원과 그 지원 합의부의 제1심 판결·결정·명령에 대한 항소 또는 항고사건을 제2심으로 심판하고, 지방법원 항소부는 지방법원 단독판사의 제1심 판결·결정·명령에 대한 항소 또는 항고사건을 제2심으로 심판한다. 따라서 설문은 지방법원 항소부의 직분관할이다.

ㄷ. [×] 법원의 관할은 소를 제기한 때를 표준으로 정한다(제33조). 제33조에 의해 소제기시에 관할이 인정되는 한 그 뒤 사정변경이 있어도 소제기시에 생긴 관할에는 아무런 영향이 없는데, 이를 관할의 항정이라 한다.

ㄹ. [×] 변론관할이 생기려면 피고의 본안에 관한 변론이나 변론준비기일에서의 진술은 현실적인 것이어야 하므로 피고의 불출석에 의하여 답변서 등이 법률상 진술간주되는 경우는 이에 포함되지 아니한다(대판 1980.9.26. 80마403).

정답 ⑤

제7관 | 소송의 이송

I 의의

소송의 이송이라 함은 어느 법원에 일단 계속된 소송을 그 법원의 재판에 의하여 다른 법원에 이전하는 것을 말한다.

II 이송의 원인(이송요건)

1. 관할위반에 의한 이송

적용범위	① 제1심 법원에 소를 제기하여야 할 것을 상급심 법원에 제기한 경우 또는 상급심 법원에 제기할 소를 제1심 법원에 제기한 경우 해당 심급 관할법원으로 이송한다. ② 당사자가 상소장을 원심법원이 아닌 상소법원에 제출하였을 경우 실무는 상소장을 원심법원에 송부하고 있고, 상소기간의 준수 여부는 원심법원에 상소장이 접수된 때를 기준으로 판단한다. ③ 특별항고의 외관을 갖추지 못하였다고 하더라도 항고장의 접수를 받은 법원은 특별항고로 선해하여 대법원에 이송하여야 하며, 일반항고를 특별항고로 잘못 알고 특별항고장을 제출함으로써 대법원에 기록송부가 된 경우, 대법원은 사건을 관할 고등법원으로 이송하여야 한다. ④ 가사소송사건을 일반민사사건으로 잘못 알고 지방법원에 소제기한 경우 판례는 이송하여야 한다고 한다.
이송범위	전부관할 위반의 경우에는 소송전부를 이송하고, 청구병합의 경우에 있어서 청구의 일부가 다른 법원의 전속관할에 속하는 경우에 한하여 일부 이송한다.
이송신청권 인정 여부	① 관할위반의 경우에 당사자에게 이송신청권이 없다. 따라서 당사자의 이송신청은 법원의 직권발동을 촉구하는 의미 이상은 없고 이송신청에 대해 재판을 필요로 하지 아니하며, 또 이송신청기각결정을 하여도 즉시항고권이 없다. 나아가 특별항고조차 안 된다. ② 법원이 당사자의 신청에 따른 직권발동으로 이송결정을 한 경우에는 즉시항고가 허용되지만, 위와 같이 당사자에게 이송신청권이 인정되지 않는 이상 항고심에서 당초의 이송결정이 취소되었다 하더라도 이에 대한 신청인의 재항고는 허용되지 않는다.

2. 심판의 편의에 의한 이송(재량이송)

(1) 손해나 지연을 피하기 위한 이송

> **제35조 【손해나 지연을 피하기 위한 이송】**
> 법원은 소송에 대하여 관할권이 있는 경우라도 현저한 손해 또는 지연을 피하기 위하여 필요하면 직권 또는 당사자의 신청에 따른 결정으로 소송의 전부 또는 일부를 다른 관할법원에 이송할 수 있다. 다만, 전속관할이 정하여진 소의 경우에는 그러하지 아니하다.

(2) 지식재산권 등에 관한 소송의 이송특칙

> **제36조 【지식재산권 등에 관한 소송의 이송】**
> ① 법원은 특허권 등을 제외한 지식재산권과 국제거래에 관한 소가 제기된 경우 직권 또는 당사자의 신청에 따른 결정으로 그 소송의 전부 또는 일부를 제24조 제1항에 따른 관할법원에 이송할 수 있다. 다만, 이로 인하여 소송절차를 현저하게 지연시키는 경우에는 그러하지 아니하다.
> ② 제1항은 전속관할이 정하여져 있는 소의 경우에는 적용하지 아니한다.

③ 제24조 제2항 또는 제3항에 따라 특허권 등의 지식재산권에 관한 소를 관할하는 법원은 현저한 손해 또는 지연을 피하기 위하여 필요한 때에는 직권 또는 당사자의 신청에 따른 결정으로 소송의 전부 또는 일부를 제2조부터 제23조까지의 규정에 따른 지방법원으로 이송할 수 있다.

(3) 지방법원 단독판사로부터 지방법원 합의부로의 이송

지방법원 단독판사는 자기의 관할에 속하는 소송이라도 상당하다고 인정할 때에는 이를 지방법원 합의부로 이송할 수 있다(제34조 제2항).

3. 반소제기에 의한 이송

① 본소가 단독사건인 경우에 피고가 반소로 합의사건에 속하는 청구를 한 때에는 법원은 직권 또는 당사자의 신청에 따른 결정으로 본소와 반소를 합의부에 이송하여야 한다. 다만, 반소에 관하여 제30조(변론관할)의 규정에 따른 관할권이 있는 경우에는 그러하지 아니하다.

② 지방법원 본원 합의부가 지방법원 단독판사의 판결에 대한 항소사건을 제2심(항소심)으로 심판하는 도중에 지방법원 합의부의 관할에 속하는 소송이 새로 추가되거나 그러한 소송으로 청구가 변경되었다고 하더라도, 이미 정하여진 항소심의 관할에는 영향이 없는 것이므로, 추가되거나 변경된 청구에 대하여도 그대로 심판할 수 있다.

Ⅲ 이송의 효과

구속력	① 이송결정이 확정되면 이송을 받은 법원은 이에 따라야 한다. 따라서 이송받은 법원은 잘못된 이송이라도 다시 이송한 법원으로 되돌리는 반송이나 다른 법원으로 넘기는 전송을 할 수 없다. ② 이송결정의 기속력은 원칙적으로 전속관할에 위배한 경우에도 미치지만, 심급관할을 위배한 이송결정의 기속력은 상급심 법원에는 미치지 아니하므로 이송받은 상급심 법원은 사건을 관할법원에 이송하여야 한다.
소송계속의 이전	① 이송결정이 확정되었을 때에는 소송은 처음부터 이송을 받은 법원에 계속된 것으로 본다. 따라서 처음 소제기에 의한 시효중단·기간준수의 효력은 그대로 유지된다. 즉, 소송을 이송한 경우에 있어서 법률상 기간의 준수 여부는 소송이 이송된 때가 아니라 이송한 법원에 소가 제기된 때를 기준으로 하여야 한다. ② 법원은 소송의 이송결정이 확정된 뒤라도 급박한 사정이 있는 때에는 직권으로 또는 당사자의 신청에 따라 필요한 처분을 할 수 있다. 다만, 기록을 보낸 뒤에는 그러하지 아니하다.
소송기록의 송부	이송결정이 확정되면 그 결정의 정본을 소송기록에 붙여 이송받은 법원의 법원사무관등에게 보내야 한다.

OX 확인

01

16주사보

법원은 소송의 전부 또는 일부에 대하여 관할권이 없다고 인정하는 경우에는 결정으로 이를 관할법원에 이송한다. O | X

해설 제34조 제1항

02

16/19주사보, 18사무관

항고소송(행정사건)으로 제기하였어야 할 소를 민사소송으로 제기한 경우, 부적법한 소로서 각하 처리한다.
O | X

해설 항고소송으로 제기하였어야 할 소를 민사소송으로 제기하였다 하더라도 그 항소심 법원이 항고소송에 대한 관할을 동시에 가지고 있다면, 당사자 권리구제나 소송경제의 측면에서 항고소송에 대한 제1심 법원으로서 사건을 심리·판단하여야 한다(대판 1996.2.15. 94다31235).

03

15법원직

가정법원의 전속관할에 속하는 소를 민사법원에 제기하였다면 이는 전속관할 위반이지만 가정법원과 민사법원 사이에서는 관할위반에 따른 이송이 인정되지 않으므로 민사법원으로서는 위 소를 각하하여야 한다. O | X

해설 판례는 "서울가정법원의 전속관할인 청구이의의 소를 서울지방법원 성동지원에 제기하였다면 이는 전속관할 위반이지만 가정법원에서도 「가사심판법」 제9조, 민사소송법 제13조에 의하여 그 성질에 반하지 아니하는 한도 내에서는 민사소송법의 규정을 준용하도록 되어 있으므로 위 성동지원은 위 소를 각하할 것이 아니라 민사소송법 제31조 제1항에 의하여 서울가정법원으로 이송하여야 한다(대결 1980.11.25. 80마445)."고 판시하였다.

정답 | **01** O **02** × **03** ×

04

손해나 지연을 피하기 위한 이송에 관하여는 당사자의 이송신청권이 인정되지만, 관할위반을 이유로 한 이송에 관하여는 당사자의 이송신청권이 인정되지 않는다. ○ | X

> **해설** 제34조, 제35조

05

관할위반을 이유로 한 이송결정에 대하여는 즉시항고가 허용되지 않는다. ○ | X

> **해설** 관할위반을 이유로 하는 경우에는 당사자의 신청권이 인정되지 않는다. 따라서 당사자가 관할위반을 이유로 하여 이송신청을 한 경우에도 이는 단지 법원의 직권발동을 촉구하는 의미밖에 없는 것이므로, 법원은 이러한 이송신청에 대하여 재판을 할 필요가 없고 설사 법원이 이송신청을 거부하는 재판을 하였다 하여도 항고는 물론 특별항고도 허용되지 않는다(대결 (全) 1993.12.6. 93마524; 대결 1996.1.12. 95그59).

06

당사자가 관할위반을 이유로 한 이송신청을 하여 법원이 당사자의 신청에 따른 직권발동으로 이송결정을 한 경우에는 즉시항고가 허용되고, 이에 대한 항고심에서 당초의 이송결정이 취소된 경우에는 재항고도 허용된다. ○ | X

> **해설** 수소법원의 재판관할권 유무는 법원의 직권조사사항으로서 법원이 그 관할에 속하지 아니함을 인정한 때에는 민사소송법 제34조 제1항에 의하여 직권으로 이송결정을 하는 것이고, 소송당사자에게 관할위반을 이유로 하는 이송신청권이 있는 것은 아니다. 따라서 당사자가 관할위반을 이유로 한 이송신청을 한 경우에도 이는 단지 법원의 직권발동을 촉구하는 의미밖에 없다. 한편, 법원이 당사자의 신청에 따른 직권발동으로 이송결정을 한 경우에는 즉시항고가 허용되지만(민사소송법 제39조), 위와 같이 당사자에게 이송신청권이 인정되지 않는 이상 항고심에서 당초의 이송결정이 취소되었다 하더라도 이에 대한 신청인의 재항고는 허용되지 않는다(대결 2018.1.19. 2017마332).

07

15주사보, 20법원직, 22변호사

지방법원 본원 합의부가 지방법원 단독판사의 판결에 대한 항소사건을 심판하는 도중에 지방법원 합의부의 관할에 속하는 소송이 새로 추가되거나 그러한 소송으로 청구가 변경되었다고 하더라도, 추가되거나 변경된 청구에 대하여도 지방법원 본원 합의부가 그대로 심판할 수 있다. ○ | X

해설 지방법원 본원 합의부가 지방법원 단독판사의 판결에 대한 항소사건을 제2심(항소심)으로 심판하는 도중에 지방법원 합의부의 관할에 속하는 소송이 새로 추가되거나 그러한 소송으로 청구가 변경되었다고 하더라도, 심급관할은 제1심 법원의 존재에 의하여 결정되는 전속관할이어서 이미 정하여진 항소심의 관할에는 영향이 없는 것이므로, 추가되거나 변경된 청구에 대하여도 그대로 심판할 수 있다(대판 1992.5.12. 92다2066).

08

16주사보

법원은 소송에 대하여 관할권이 있는 경우라도 현저한 손해 또는 지연을 피하기 위하여 필요하면 직권 또는 당사자의 신청에 따른 결정으로 소송의 전부 또는 일부를 다른 관할법원에 이송할 수 있다. ○ | X

해설 제35조

09

16주사보

지방법원 단독판사는 소송에 대하여 관할권이 있는 경우라도 상당하다고 인정하면 직권 또는 당사자의 신청에 따른 결정으로 소송의 전부 또는 일부를 같은 지방법원 합의부에 이송할 수 있다. ○ | X

해설 제34조 제2항

10

17주사보

소송을 이송받은 법원은 사건을 다시 다른 법원에 이송하지 못한다. ○ | X

해설 소송을 이송받은 법원은 이송결정에 따라야 하고, 이송받은 사건을 다시 다른 법원에 이송하지 못한다(제38조). 따라서 이송받은 법원은 잘못된 이송이라도 다시 이송한 법원으로 되돌리는 반송이나, 다른 법원으로 넘기는 전송을 할 수 없다.

정답 | 04 ○ 05 × 06 × 07 ○ 08 ○ 09 ○ 10 ○

11

17/22사무관, 19주사보, 20/22법원직, 22변호사

이송결정의 기속력은 원칙적으로 전속관할의 규정을 위배하여 이송한 경우에도 미치므로 전속관할인 심급관할을 위배한 이송결정의 기속력은 이송받은 상급심 법원에 미친다. O | X

> **해설** 이송결정의 기속력은 당사자가 이송결정에 대하여 즉시항고를 하지 아니하여 확정된 이상 원칙적으로 전속관할의 규정을 위배하여 이송한 경우에도 미친다. 그러나 당사자의 심급의 이익을 박탈하는 불합리 방지를 위해, 심급관할을 위배한 이송결정의 기속력은 이송받은 상급심 법원에는 미치지 않는다고 보아야 하나, 이송받은 하급심 법원에는 미친다고 보아야 한다(대결 1995.5.15. 94마1059·1060).

12

11법원직, 22사무관

소송이송이 있을 경우에도 소제기에 따른 시효중단의 시점은 관할법원이 이송받은 때가 아니라 이송한 법원에 처음 소가 제기된 때이다. O | X

> **해설** 이송결정이 확정된 때에는 소송은 처음부터 이송받은 법원에 계속된 것으로 본다(제40조 제1항). 따라서 처음 소제기에 의한 시효중단·기간준수의 효력은 그대로 유지된다.

13

14사무관, 15법원직, 22변호사

재심의 소가 재심제기기간 내에 제1심 법원에 제기되었으나 재심사유 등에 비추어 항소심 판결을 대상으로 한 것이라 인정되어 위 소를 항소심 법원에 이송한 경우에 있어서 재심제기기간의 준수 여부는 제1심 법원에 제기된 때를 기준으로 한다. O | X

> **해설** 이송결정이 확정된 때에는 소송은 처음부터 이송받은 법원에 계속된 것으로 본다(제40조 제1항). 즉, 처음 소제기에 의한 시효중단·기간준수의 효력은 이송받은 법원에서도 계속 유지된다. 따라서 재심의 소가 재심제기기간 내에 제1심 법원에 제기되었으나 재심사유 등에 비추어 항소심 판결을 대상으로 한 것이라 인정되어 위 소를 항소심 법원에 이송한 경우, 재심제기기간의 준수 여부는 제1심 법원에 제기된 때를 기준으로 할 것이고 항소심 법원에 이송된 때를 기준으로 할 것이 아니다(대판 (全) 1984.2.28. 83다카1981).

14

원고가 「행정소송법」상 항고소송으로 제기하여야 할 사건을 민사소송으로 잘못 제기하여 사건이 관할법원에 이송된 뒤 항고소송으로 소 변경을 한 경우, 항고소송에 대한 제소기간 준수 여부는 원칙적으로 처음에 소를 제기한 때를 기준으로 판단하여야 한다. ○ | ✕

해설 「행정소송법」 제8조 제2항은 "행정소송에 관하여 이 법에 특별한 규정이 없는 사항에 대하여는 「법원조직법」과 민사소송법 및 「민사집행법」의 규정을 준용한다."라고 규정하고 있고, 민사소송법 제40조 제1항은 "이송결정이 확정된 때에는 소송은 처음부터 이송받은 법원에 계속된 것으로 본다."라고 규정하고 있다. 한편 「행정소송법」 제21조 제1항·제4항, 제37조, 제42조, 제14조 제4항은 행정소송 사이의 소 변경이 있는 경우 처음 소를 제기한 때에 변경된 청구에 관한 소송이 제기된 것으로 보도록 규정하고 있다. 이러한 규정 내용 및 취지 등에 비추어 보면, 원고가 「행정소송법」상 항고소송으로 제기하여야 할 사건을 민사소송으로 잘못 제기한 경우에 수소법원이 그 항고소송에 대한 관할을 가지고 있지 아니하여 관할법원에 이송하는 결정을 하였고, 그 이송결정이 확정된 후 원고가 항고소송으로 소 변경을 하였다면, 그 항고소송에 대한 제소기간의 준수 여부는 원칙적으로 처음에 소를 제기한 때를 기준으로 판단하여야 한다(대판 2022.11.17. 2021두44425).

15

법원은 소송의 이송결정이 확정된 뒤라도 급박한 사정이 있는 때에는 직권으로 또는 당사자의 신청에 따라 필요한 처분을 할 수 있지만, 기록을 보낸 뒤에는 그러하지 아니하다. ○ | ✕

해설 제37조

제2장 | 당사자

제1절 | 당사자확정

제1관 | 당사자의 사망이 소송에 미치는 영향

I 제소 전에 사망한 경우

법원의 조치	사망사실을 모르고 사망자를 피고로 표시하여 소제기한 경우	사망사실을 모르고 사망자를 피고로 표시하여 소를 제기한 경우에, 실질적인 피고는 처음부터 사망자의 상속인이고, 다만 그 표시에 잘못이 있는 것에 지나지 않는다고 인정된다면 사망자의 상속인으로 피고의 표시를 정정할 수 있다.
	당사자의 사망사실을 알고 사망자를 피고로 표시하여 소제기한 경우	피고의 사망사실을 알고 있었지만 피고의 상속인이 누구인지 알 수 없어 우선 피상속인을 상대로 소를 제기한 경우에, '당사자가 누구인지는 소장에 기재된 표시 및 청구의 내용과 원인 사실 등 소장의 전 취지를 합리적으로 해석하면' 처음부터 실질적인 피고는 사망자의 상속인이므로 소송계속 중 상속인을 확인한 다음 이들을 피고로 하는 표시정정신청을 할 수 있다.
	상속인이 피상속인과 자신을 공동원고로 하여 소를 제기한 경우	소제기 당시 이미 사망한 당사자와 상속인을 공동원고로 표시된 손해배상청구의 소가 제기된 경우, 이미 사망한 당사자 명의로 제기된 소 부분은 부적법하여 각하되어야 하므로, 상속인이 소의 제기로써 자기 고유의 손해배상청구권뿐 아니라 이미 사망한 당사자의 손해배상청구권에 대한 자신의 상속분에 대해서까지 함께 권리를 행사한 것으로 볼 수는 없다.
	사망한 자를 채무자로 한 처분금지가처분결정의 효력(무효)	이미 사망한 자를 채무자로 한 처분금지가처분신청은 부적법하고 그 신청에 따른 처분금지가처분결정이 있었다고 하여도 그 결정은 당연무효로서 그 효력이 상속인에게 미치지 않는다고 할 것이므로, 채무자의 상속인은 일반승계인으로서 무효인 그 가처분결정에 의하여 생긴 외관을 제거하기 위한 방편으로 가처분결정에 대한 이의신청으로써 그 취소를 구할 수 있다.
간과하고 본안판결을 한 경우의 효력	당연무효	① 제소 당시에 이미 사망한 당사자를 상대로 소를 제기하여 사망한 사실을 간과하고 판결이 선고된 경우 그 판결은 당연무효이다. ② 사망자를 채무자로 하여 지급명령을 신청하거나 지급명령 신청 후 정본이 송달되기 전에 채무자가 사망한 경우에는 지급명령은 효력이 없다. 설령 지급명령이 상속인에게 송달되는 등으로 형식적으로 확정된 것 같은 외형이 생겼다고 하더라도 사망자를 상대로 한 지급명령이 상속인에 대하여 유효하게 된다고 할 수는 없다.
	제소 전 사망자임을 간과한 판결에 대한 불복방법	① 당사자가 소제기 이전에 이미 사망하여 주민등록이 말소된 사실을 간과한 채 본안판단에 나아간 원심판결은 당연무효라 할 것이나, 민사소송이 당사자의 대립을 그 본질적 형태로 하는 것임에 비추어 사망한 자를 상대로 한 상고는 허용될 수 없다 할 것이므로, 이미 사망한 자를 상대방으로 하여 제기한 상고는 부적법하다. ② 당연무효의 판결이므로 형식적으로 확정된 경우라도 기판력이 발생할 여지가 없고 따라서 재심으로 다툴 수 있는 여지는 없다.

Ⅱ 소제기 후 소장부본 송달 전에 사망한 경우

사망자를 피고로 하는 소제기는 원고와 피고의 대립당사자 구조를 요구하는 민사소송법상의 기본원칙이 무시된 부적법한 것으로서 실질적 소송관계가 이루어질 수 없으므로, 그와 같은 상태에서 제1심판결이 선고되었다 할지라도 판결은 당연무효이며, 판결에 대한 사망자인 피고의 상속인들에 의한 항소나 소송수계신청은 부적법하다. 이러한 법리는 소제기 후 소장부본이 송달되기 전에 피고가 사망한 경우에도 마찬가지로 적용된다.

Ⅲ 소송계속 후 변론종결 전에 사망한 경우

소송절차의 중단	요건	① 소송계속 후 변론종결 전에 당사자의 사망일 것 ② 소송물인 권리·의무가 일신전속적이지 않고 상속의 대상이 될 것 ③ 소송대리인이 없을 것
	범위	통상공동소송에서는 그 당사자의 절차만 중단되는 데 반하여, 필수적 공동소송의 경우에는 모든 당사자의 절차가 중단된다.
	효과	소송절차의 중단 중에는 변론종결된 판결의 선고를 제외하고, 소송절차상의 일체의 소송행위를 할 수 없으며, 기간의 진행이 정지된다.
중단을 간과한 판결의 효력		소송계속 중 일방 당사자의 사망에 의한 소송절차 중단을 간과하고 변론이 종결되어 판결이 선고된 경우에는 그 판결은 소송에 관여할 수 있는 적법한 수계인의 권한을 배제한 결과가 되는 절차상 위법은 있지만 그 판결이 당연무효라 할 수는 없고, 다만 그 판결은 대리인에 의하여 적법하게 대리되지 않았던 경우와 마찬가지로 보아 대리권 흠결을 이유로 상소 또는 재심에 의하여 그 취소를 구할 수 있을 뿐이라는 입장이다. 따라서 사망자의 승계인에 관한 승계집행문의 부여도 가능하다.
수계신청		① 중단사유가 있는 당사자 측의 신수행자뿐만 아니라 상대방 당사자도 할 수 있다. ② 수계신청을 하여야 할 법원에 관해서 종국판결이 선고된 경우에는 원심법원 또는 상소심 법원에 선택적으로 할 수 있다.
중단의 예외	소송대리인이 있는 경우	당사자 측에 소송대리인이 있는 경우, 소송절차는 중단되지 않는다. 이 경우 소송대리인은 수계절차를 밟지 아니하여도 신당사자의 소송대리인이 되며, 판결의 효력은 신당사자에게 미친다.
	심급대리 원칙과의 관계	① 당사자가 사망한 경우에는 소송대리인은 상속인들 전원을 위하여 소송을 수행하게 되며, 그 판결은 상속인들 전원에 대하여 효력이 있다. 그 소송대리인의 권한에 관하여는 심급대리의 원칙이 적용되기 때문에 그 심급의 판결정본이 그 소송대리인에게 송달됨과 동시에 소송절차 중단의 효과가 발생하게 된다. ② 소송대리인에게 상소제기에 관한 특별수권이 있어 상소를 제기하였다면, 그 상소제기시부터 소송절차가 중단되므로, 이때에는 상소심에서 적법한 소송수계절차를 거쳐야 소송중단이 해소된다.

Ⅳ 변론종결 후에 사망한 경우

변론종결 후에 당사자가 죽은 때에 사망자 명의로 된 판결이라도 변론종결한 뒤의 승계인으로 상속인에게 기판력이 미친다.

01

원고가 사망자의 사망사실을 모르고 그를 피고로 표시하여 소를 제기한 경우, 사망자의 상속인으로의 당사자표시정정이 허용된다. ○ | X

> **해설** 사망사실을 모르고 사망자를 피고로 표시하여 소를 제기한 경우에, 실질적인 피고는 처음부터 사망자의 상속인이고 다만 그 표시에 잘못이 있는 것에 지나지 않는다고 인정된다면 사망자의 상속인으로 피고의 표시를 정정할 수 있다(대판 1969.12.9. 69다1230).

02

원고가 채무자의 1순위 상속인이 상속을 포기한 사실을 알지 못하여 그 1순위 상속인을 피고로 하여 소를 제기한 경우, 그 상속포기를 통해 비로소 상속인으로 된 자를 피고로 삼고자 하는 당사자표시정정 신청은 당사자의 동일성이 인정될 수 없어 부적법하다. ○ | X

> **해설** 원고가 사망 사실을 모르고 사망자를 피고로 표시하여 소를 제기한 경우에, 청구의 내용과 원인사실, 당해 소송을 통하여 분쟁을 실질적으로 해결하려는 원고의 소제기 목적 내지는 사망 사실을 안 이후의 원고의 피고 표시 정정신청 등 여러 사정을 종합하여 볼 때 사망자의 상속인이 처음부터 실질적인 피고이고, 다만 그 표시를 잘못한 것으로 인정된다면, 사망자의 상속인으로 피고의 표시를 정정할 수 있다. 그리고 이 경우에 실질적인 피고로 해석되는 사망자의 상속인은 실제로 상속을 하는 사람을 가리키고, 상속을 포기한 자는 상속 개시시부터 상속인이 아니었던 것과 같은 지위에 놓이게 되므로 제1순위 상속인이라도 상속을 포기한 경우에는 이에 해당하지 아니하며, 후순위 상속인이라도 선순위 상속인의 상속포기 등으로 실제로 상속인이 되는 경우에는 이에 해당한다(대결 2006.7.4. 2005마425).

03

甲의 乙에 대한 채무를 대위변제한 丙이 甲의 사망사실을 알면서도 그를 피고로 기재하여 소를 제기한 경우, 丙은 甲의 상속인으로 피고의 표시를 정정할 수 없다. ○ | X

> **해설** 채무자 甲의 乙은행에 대한 채무를 대위변제한 보증인 丙이 채무자 甲의 사망사실을 알면서도 그를 피고로 기재하여 소를 제기한 사안에서, 채무자 甲의 상속인이 실질적인 피고이고 다만 소장의 표시에 잘못이 있었던 것에 불과하므로, 보증인 丙은 채무자 甲의 상속인으로 피고의 표시를 정정할 수 있고, 따라서 당초 소장을 제출한 때에 소멸시효 중단의 효력이 생긴다(대판 2011.3.10. 2010다99040).

04

소장에 표시된 피고의 당사자능력이 인정되지 않는 경우에도 소장 전체의 취지를 합리적으로 해석하여
인정되는 올바른 당사자능력자로 피고의 표시를 정정하는 것은 허용된다.　　　　　　　　　　○ | X

> **해설** 소송에서 당사자가 누구인가는 당사자능력, 당사자적격 등에 관한 문제와 직결되는 중요한 사항이므로, 사건을 심
> 리·판결하는 법원으로서는 직권으로 소송당사자가 누구인가를 확정하여 심리를 진행하여야 하며, 이때 당사자가 누구인
> 가는 소장에 기재된 표시 및 청구의 내용과 원인 사실 등 소장의 전취지를 합리적으로 해석하여 확정하여야 한다. 따라서
> 소장에 표시된 피고에게 당사자능력이 인정되지 않는 경우에는 소장의 전취지를 합리적으로 해석한 결과 인정되는 올바른
> 당사자능력자로 표시를 정정하는 것이 허용된다(대판 2011.3.10. 2010다99040).

05

소제기 당시 이미 사망한 당사자와 상속인이 공동원고로 표시된 손해배상청구의 소가 제기된 경우, 이미
사망한 당사자 명의로 제기된 소 부분은 부적법하여 각하되어야 할 것일 뿐이고, 소의 제기로써 상속인이
자기 고유의 손해배상청구권뿐만 아니라 이미 사망한 당사자의 손해배상청구권에 대한 자신의 상속분에
대해서까지 함께 권리를 행사한 것으로 볼 수는 없다.　　　　　　　　　　　　　　　　　　○ | X

> **해설** 대판 2015.8.13. 2015다209002

06

이미 사망한 자를 채무자로 한 처분금지가처분신청은 부적법하고 그 신청에 따른 처분금지가처분결정이
있었다고 하여도 그 결정은 당연무효로서 그 효력이 상속인에게 미치지 않는다고 할 것이므로, 채무자의
상속인은 일반승계인으로서 무효인 그 가처분결정에 의하여 생긴 외관을 제거하기 위한 방편으로 가처분
결정에 대한 이의신청으로써 그 취소를 구할 수 없다.　　　　　　　　　　　　　　　　　　○ | X

> **해설** 이미 사망한 자를 채무자로 한 처분금지가처분신청은 부적법하고 그 신청에 따른 처분금지가처분결정이 있었다고
> 하여도 그 결정은 당연무효로서 그 효력이 상속인에게 미치지 않는다고 할 것이므로, 채무자의 상속인은 일반승계인으로
> 서 무효인 그 가처분결정에 의하여 생긴 외관을 제거하기 위한 방편으로 가처분결정에 대한 이의신청으로써 그 취소를
> 구할 수 있다(대판 2002.4.26. 2000다30578).

정답 | 01 ○　02 ×　03 ×　04 ○　05 ○　06 ×

07

법원이 피고가 소제기 전에 사망하였음을 간과하고 본안판결을 하였더라도 당연무효는 아니며 그 판결이 확정 전이면 상소, 확정 후이면 재심에 의한 취소사유가 될 뿐이다. ○ | X

> **해설** 사망자를 피고로 하는 소제기는 대립당사자 구조를 요구하는 민사소송법상의 기본원칙이 무시된 부적법한 것으로서 실질적 소송관계가 이루어질 수 없으므로 그와 같은 상태에서 제1심판결이 선고되었다 할지라도 판결은 당연무효이며, 판결에 대한 사망자인 피고의 상속인들에 의한 항소나 소송수계신청은 부적법하다(대판 2002.8.23. 2001다69122).

08

사망자를 채무자로 하여 지급명령을 신청하거나 지급명령 신청 후 정본이 송달되기 전에 채무자가 사망한 경우에는 지급명령은 효력이 없지만, 지급명령이 상속인에게 송달되어 형식적으로 확정되면 사망자를 상대로 한 지급명령이 상속인에 대하여 유효하게 된다. ○ | X

> **해설** 사망자를 피고로 하는 소제기는 원고와 피고의 대립당사자 구조를 요구하는 민사소송법의 기본원칙에 반하는 것으로서 실질적 소송관계가 성립할 수 없어 부적법하므로, 그러한 상태에서 제1심판결이 선고되었다 할지라도 판결은 당연무효이다. 피고가 소제기 당시에는 생존하였으나 그 후 소장부본이 송달되기 전에 사망한 경우에도 마찬가지이다. 이러한 법리는 사망자를 채무자로 한 지급명령에 대해서도 적용된다. 사망자를 채무자로 하여 지급명령을 신청하거나 지급명령 신청 후 정본이 송달되기 전에 채무자가 사망한 경우에는 지급명령은 효력이 없다. 설령 지급명령이 상속인에게 송달되는 등으로 형식적으로 확정된 것 같은 외형이 생겼다고 하더라도 사망자를 상대로 한 지급명령이 상속인에 대하여 유효하게 된다고 할 수는 없다(대판 2017.5.17. 2016다274188).

09

소제기 후 소장부본이 송달되기 전에 피고가 사망한 경우 제1심판결이 선고된 이후 항소심에서 피고의 상속인들이 한 당사자표시정정신청은 허용된다. ○ | X

> **해설** 사망한 자를 대상으로 소를 제기하여 제1심판결이 선고된 이후 항소심에서 상속인은 당사자표시정정이나 소송수계신청을 할 수 없다. 사망자를 피고로 하는 소제기는 대립당사자 구조를 요구하는 민사소송법상의 기본원칙이 무시된 부적법한 것으로서 실질적 소송관계가 이루어질 수 없으므로 그와 같은 상태에서 제1심판결이 선고되었다 할지라도 판결은 당연무효이며, 판결에 대한 사망자인 피고의 상속인들에 의한 항소나 소송수계신청은 부적법하다. 이러한 법리는 소제기 후 소장부본이 송달되기 전에 피고가 사망한 경우에도 마찬가지이다(대판 2015.1.29. 2014다34041).

10

소송계속 중 어느 일방 당사자의 사망에 의한 소송절차 중단을 간과하고 변론이 종결되어 판결이 선고된 경우에는 그 판결은 소송에 관여할 수 있는 적법한 수계인의 권한을 배제한 결과가 되는 절차상 위법은 있지만 그 판결이 당연무효라 할 수는 없고, 다만 그 판결은 대리인에 의하여 적법하게 대리되지 않았던 경우와 마찬가지로 보아 대리권 흠결을 이유로 상소 또는 재심에 의하여 그 취소를 구할 수 있을 뿐이다.

○ | ×

해설 중단사유를 간과하고 소송절차가 진행되어 종국판결이 선고되었다면 그 판결을 함부로 무효라고 할 수 없다. 이러한 경우에 그 판결은 당연무효라 할 수 없고, 그 판결은 대리인에 의하여 적법하게 대리되지 않았던 경우와 마찬가지로 보아 대리권 흠결을 이유로 상소(확정 전) 또는 재심(확정 후)에 의하여 그 취소를 구할 수 있을 뿐이다(대판 (全) 1995.5.23. 94다28444; 대결 1998.5.30. 98그7).

11

소송계속 중 비법인사단 대표자의 대표권이 소멸한 경우 이는 소송절차 중단사유에 해당하지만 소송대리인이 선임되어 있으면 소송절차가 곧바로 중단되지 아니하고, 심급대리의 원칙상 그 심급의 판결정본이 소송대리인에게 송달됨으로써 소송절차가 중단된다.

○ | ×

해설 소송계속 중 법인 아닌 사단 대표자의 대표권이 소멸한 경우 이는 소송절차 중단사유에 해당하지만(제64조, 제235조) 소송대리인이 선임되어 있으면 소송절차가 곧바로 중단되지 아니하고(제238조), 심급대리의 원칙상 그 심급의 판결정본이 소송대리인에게 송달됨으로써 소송절차가 중단된다. 이 경우 상소는 소송수계절차를 밟은 다음에 제기하는 것이 원칙이나, 소송대리인이 상소제기에 관한 특별수권이 있어 상소를 제기하였다면 상소제기시부터 소송절차가 중단되므로 이때는 상소심에서 적법한 소송수계절차를 거쳐야 소송중단이 해소된다(대판 2016.9.8. 2015다39357).

정답 | 07 × 08 × 09 × 10 ○ 11 ○

제2관 | 당사자표시정정

I 서설

1. 당사자표시정정과 피고경정의 차이

구분	당사자표시정정	피고경정
동일성 유무	동일성 ○	동일성 ×
시기	항소심에서 허용(상고심 ×)	제1심 변론종결시까지 허용(제260조)
시효중단·기간준수	당초의 소제기시의 효과 유지	경정신청서의 제출시에 시효중단·기간준수 효과 발생(제265조)

2. 중요판례

제1심에서의 당사자표시변경이 당사자표시정정에 해당하는 것으로서, 제1심이 소송당사자를 제대로 확정하여 판결하였음에도 불구하고, 항소심이 제1심에서의 당사자표시변경이 임의적 당사자변경에 해당하여 허용될 수 없는 것이라고 잘못 판단하여 소송당사자 아닌 자를 소송당사자로 취급하여 변론을 진행시키고 판결을 선고한 경우, 진정한 소송당사자에 대하여는 항소심 판결이 아직 선고되지 않았다고 할 것이고, 진정한 소송당사자와 사이의 사건은 아직 항소심에서 변론도 진행되지 않은 채 계속 중이라고 할 것이므로 진정한 소송당사자는 상고를 제기할 것이 아니라 항소심에 그 사건에 대한 변론기일 지정신청을 하여 소송을 다시 진행함이 상당하며, 항소심이 선고한 판결은 진정한 소송당사자에 대한 관계에 있어서는 적법한 상고 대상이 되지 아니한다(대판 1996.12.20. 95다26773).

II 당사자표시정정이 허용되는 경우

명백히 잘못 표시된 당사자 정정	소장에 가족관계등록부, 주민등록표, 법인등기부·부동산등기기록 등 공부상의 기재에 비추어 당사자의 이름을 잘못 기재하거나 누락한 것이 명백한 경우에는 당사자표시정정이 허용된다.
당사자능력 없는 자를 당사자로 잘못 표기한 것이 명백한 경우	① 피고의 사망사실을 몰랐던 원고가 사망자를 피고로 삼아 소를 제기한 경우에는 소제기 후에 사망자의 상속인으로의 당사자표시정정을 허용한다. ② 죽은 사람의 이름으로 항고를 제기하였더라도 실제 항고를 제기한 행위자가 그의 상속인이었다면 항고인의 표시를 잘못한 것으로 보고 이를 정정하게 하여야 한다. ③ 피표시정정의 대상이 되는 것을 피고의 표시정정절차에 의하지 않고 피고경정의 방법을 취하였다 해도 피고표시정정으로서의 법적 성질 및 효과는 잃지 아니한다. 그러므로 당초 소제기 때에 생긴 시효중단의 효과는 유지된다.
당사자적격이 없는 사람을 당사자로 잘못 표시한 경우	원고가 당사자를 정확히 표시하지 못하고 당사자능력이나 당사자적격이 없는 자를 당사자로 잘못 표시하였다면 법원은 당사자를 소장의 표시만에 의할 것이 아니고 청구의 내용과 원인사실을 종합하여 확정한 후 확정된 당사자가 소장의 표시와 다르거나 소장의 표시만으로 분명하지 아니한 때에는 당사자의 표시를 정정보충시키는 조치를 취하여야 하고, 이러한 조치를 취함이 없이 단지 원고에게 막연히 보정명령만을 명한 후 소를 각하하는 것은 위법하다.

Ⅲ 당사자의 동일성이 인정되지 않는 예

새로운 당사자 추가	① 사망자를 피고로 소를 제기하였다가 상속인으로 당사자표시정정을 하면서 일부 누락된 상속인을 항소심에서 추가하거나, ② 상고하지 아니하였던 다른 당사자를 상고인으로 추가하는 것은 허용 ×
동일성이 전혀 없는 변경	① 원고 '甲'을 원고 '乙'(乙은 甲의 아버지임)로 하는 당사자표시정정신청은 허용되지 않는다. ② 甲을 공동선조로 하는 종중을 甲의 후손인 乙을 공동선조로 하는 종중으로 변경하여 주장하는 것은 허용되지 않는다.
법인과 그 대표자 개인 간 변경	① 원고 주식회사 ○○ 대표이사 甲 → 甲. 다만, 원고가 피고적격자를 혼동한 것이 명백한 경우에는 피고의 경정이 가능 ② 회사의 대표이사가 개인 명의로 소를 제기한 후 회사를 당사자로 추가하고 그 개인 명의의 소를 취하함으로써 당사자의 변경을 가져오는 당사자추가신청 ③ 정보공개거부처분을 받은 개인이 원고로 취소소송을 제기하였다가 항소심에서 원고 표시를 개인에서 시민단체로 정정하면서 그 대표자로 자신의 이름을 기재

Ⅳ 당사자표시정정 없이 한 판결의 효력

단순한 오표시의 경우	소장의 당사자표시가 착오로 잘못 기재되었음에도 소송계속 중 당사자표시정정이 이루어지지 않아 잘못 기재된 당사자를 표시한 본안판결이 선고·확정된 경우라 하더라도 그 확정판결을 당연무효라고 볼 수 없을뿐더러, 그 확정판결의 효력은 잘못 기재된 당사자와 동일성이 인정되는 범위 내에서 위와 같이 적법하게 확정된 당사자에 대하여 미친다고 보아야 한다.
사망자를 피고로 하는 소제기의 경우	다만, 사망자를 피고로 하는 소제기 상태에서 선고된 제1심판결은 당연히 무효이고, 사망자의 상속인들이 제기한 추후보완상소는 부적법하며, 원고의 상속인들에 대한 당사자표시정정신청도 허용되지 않는다.

01

피고표시정정의 대상이 되는 것을 피고의 표시정정절차에 의하지 않고 피고경정의 방법을 취하였다 해도 피고표시정정으로서의 법적 성질 및 효과는 잃지 아니한다. O | X

해설 피고의 표시정정절차에 의하지 않고 피고의 경정의 방법(제260조)을 취하였다 하여도 피고표시정정의 법적 성질 및 효과는 잃지 아니한다. 그러므로 당초 소제기 때에 생긴 시효중단의 효과는 유지된다(대판 2009.10.15. 2009다49964).

02

소장에 표시된 원고에게 당사자능력이 인정되지 않는 경우에는 소장의 전 취지를 합리적으로 해석한 결과 인정되는 올바른 당사자능력자로 그 표시를 정정하는 것은 허용되며, 소장에 표시된 당사자가 잘못된 경우에 당사자표시를 정정케 하는 조치를 취함이 없이 바로 소를 각하할 수는 없다. O | X

해설 당사자표시정정신청이 있을 경우에는 문건으로 전산입력하고, 법원으로서는 당사자를 확정한 연후에 원고가 정정신청한 당사자표시가 확정된 당사자의 올바른 표시이며 동일성이 인정되는지의 여부를 살피고, 그 확정된 당사자로 피고의 표시를 정정하도록 하는 조치를 취하여야 한다(대판 1996.10.11. 96다3852). 소장에 표시된 당사자가 잘못된 경우에 정당한 당사자능력이 있는 사람으로 당사자표시를 정정하게 하는 조치를 취함이 없이 바로 소를 각하할 수는 없다(대판 2001.11.13. 99두2017).

03

제1심에서의 당사자표시변경이 당사자표시정정에 해당하는 것으로서, 제1심이 소송당사자를 제대로 확정하여 판결하였음에도 불구하고, 항소심이 제1심에서의 당사자표시변경이 임의적 당사자의 변경에 해당하여 허용될 수 없는 것이라고 잘못 판단하여 소송당사자 아닌 자를 소송당사자로 취급하여 변론을 진행시키고 판결을 선고한 경우, 진정한 소송당사자는 상고를 제기하여 이를 다툴 수 있다. O | X

해설 제1심에서의 당사자표시변경이 당사자표시정정에 해당하는 것으로서, 제1심이 소송당사자를 제대로 확정하여 판결하였음에도 불구하고, 항소심이 제1심에서의 당사자표시변경이 임의적 당사자변경에 해당하여 허용될 수 없는 것이라고 잘못 판단하여 소송당사자 아닌 자를 소송당사자로 취급하여 변론을 진행시키고 판결을 선고한 경우, 진정한 소송당사자에 대하여는 항소심 판결이 아직 선고되지 않았다고 할 것이고, 진정한 소송당사자와 사이의 사건은 아직 항소심에서 변론도 진행되지 않은 채 계속 중이라고 할 것이므로 진정한 소송당사자는 상고를 제기할 것이 아니라 항소심에 그 사건에 대한 변론기일 지정신청을 하여 소송을 다시 진행함이 상당하며, 항소심이 선고한 판결은 진정한 소송당사자에 대한 관계에 있어서는 적법한 상고 대상이 되지 아니한다(대판 1996.12.20. 95다26773).

04

판례는 개인이 설립 경영하는 학교시설을 피고로 표시하였다가 개인 명의로 피고 표시를 정정하는 것은 피고경정이 아니라 표시정정에 해당한다고 보았다.　○ | ×

> **해설** 당사자능력이 없는 사람을 당사자로 잘못 표시한 것이 명백한 경우, 예를 들면 점포주인 대신 점포 자체, 민사소송에서 대한민국 대신에 관계행정관청, 본점 대신에 지점, 학교법인 대신에 학교를 당사자로 표시한 경우에 점포주인, 대한민국, 본점, 학교법인으로 당사자표시정정이 허용된다(대판 1978.8.22. 78다1205; 대판 1996.10.11. 96다3852).

05

죽은 사람의 이름으로 항고를 제기하였더라도 실제로 항고를 제기한 행위가 그의 상속인이었다면 항고장에 항고인의 표시를 잘못한 것으로 보고 이를 정정하게 하여야 한다.　○ | ×

> **해설** 죽은 사람의 이름으로 항고를 제기하였더라도 실시 항고를 제기한 행위자가 그의 상속인이었다면 항고인의 표시를 잘못한 것으로 보고 이를 정정하게 하여야 한다(대결 1971.4.22. 71마279).

06

당사자표시정정은 당사자로 표시된 자의 동일성이 인정되는 범위 안에서 그 표시만을 변경하는 경우에 한하여 허용되므로 종래의 당사자에 곁들여서 새로운 당사자를 추가하는 것은 허용되지 않는다. ○ | ×

> **해설** 당사자표시변경은 당사자로 표시된 자와 동일성이 인정되는 범위 내에서 그 표시만을 변경하는 경우에 한하여 허용되는 것이므로 원고 갑을 제외한 나머지 원고들을 상고인으로 표시한 상고장을 제출하였다가 원고 갑을 상고인으로 추가하는 내용으로 한 당사자표시정정은 종래의 당사자에 새로운 당사자를 추가하는 것으로서 허용될 수 없고, 이는 추가된 당사자에 관한 새로운 상소제기로 보아야 한다(대판 1991.6.14. 91다8333).

정답 | 01 ○ **02** ○ **03** × **04** ○ **05** ○ **06** ○

07

사망자를 피고로 하여 제소한 제1심에서 원고가 상속인으로 당사자표시정정을 함에 있어서 일부상속인을 누락시킨 탓으로 그 누락된 상속인이 피고로 되지 않은 채 제1심판결이 선고된 경우에 원고는 항소심에서 그 누락된 상속인을 다시 피고로 추가할 수 있다.　　　　　　　　　　　　　　　○ | X

> **해설** 사망자를 피고로 하여 제소한 제1심에서 원고가 상속인으로 당사자표시정정을 함에 있어서 일부상속인을 누락시킨 탓으로 그 누락된 상속인이 피고로 되지 않은 채 제1심판결이 선고된 경우에 원고는 항소심에서 그 누락된 상속인을 다시 피고로 정정추가할 수 없다(대판 1974.7.16. 73다1190).

08

원고 甲을 원고 甲의 아버지인 원고 乙로 변경하는 것은 허용되지 않는다.　　　　　　　　○ | X

> **해설** 원고 '甲'을 원고 '乙'(乙은 甲의 아버지임)로 하는 당사자표시정정신청은 허용되지 않는다(대판 1970.3.10. 69다2161).

09

甲을 공동선조로 하는 종중을 甲의 후손인 乙을 공동선조로 하는 종중으로 변경하는 것은 허용되지 않는다.　　　　　　　　　　　　　　　○ | X

> **해설** 甲을 공동선조로 하는 종중을 甲의 후손인 乙을 공동선조로 하는 종중으로 변경하여 주장하는 것은 허용되지 않는다(대판 2002.8.23. 2001다58870).

10

A회사의 대표이사 B가 A회사 명의로 제기하였어야 할 소송을 본인의 이름으로 제기한 경우, B가 그 소송에서 원고를 A회사로 당사자표시정정신청을 하더라도 이는 허용될 수 없다.　　　　○ | X

> **해설** 원고 주식회사 ○○ 대표이사 甲 → 甲으로 하는 당사자표시정정신청은 허용되지 않는다(대판 1986.9.23. 85누953). 다만, 원고가 피고적격자를 혼동한 것이 명백한 경우에는 피고의 경정이 가능하므로 원고에게 피고경정신청을 하도록 권고할 수 있다(제260조).

11

정보공개거부처분을 받은 개인이 원고로 취소소송을 제기하였다가 항소심에서 원고 표시를 개인에서 시민단체로 정정하면서 그 대표자로 자신의 이름을 기재한 경우에 당사자표시정정신청이 허용된다.

○ | X

> **해설** 정보공개거부처분을 받은 개인이 원고로 취소소송을 제기하였다가 항소심에서 원고 표시를 개인에서 시민단체로 정정하면서 그 대표자로 자신의 이름을 기재하는 당사자표시정정신청은 허용되지 않는다(대판 2003.3.11. 2002두8459).

12

항소심에서 당사자표시정정이 있었다 하여도 당사자의 심급의 이익을 박탈하는 것이 아니므로 상대방의 동의가 필요하지 아니하다.

○ | X

> **해설** 항소심이 제1심의 속심이고 사실심이라는 점, 당사자의 동일성을 해하지 않는다는 점에서 항소심에서의 당사자표시정정은 상대방의 동의 없이 허용된다(대판 1978.8.22. 78다1205).

13

사망한 자를 상대로 소를 제기한 경우, 상고심에서 그 상속인으로 당사자표시정정을 하는 것은 허용되지 않는다.

○ | X

> **해설** 민사소송에서 소송당사자의 존재나 당사자능력은 소송요건에 해당하고, 이미 사망한 자를 상대로 한 소의 제기는 소송요건을 갖추지 않은 것으로서 부적법하며, 상고심에 이르러서는 당사자표시정정의 방법으로 그 흠결을 보정할 수 없다(대판 2012.6.14. 2010다105310).

비록 소장의 당사자표시가 착오로 잘못 기재되었음에도 소송계속 중 당사자표시정정이 이루어지지 않아 잘못 기재된 당사자를 표시한 본안판결이 선고·확정된 경우라 하더라도 그 확정판결을 당연무효라고 볼 수 없을뿐더러, 그 확정판결의 효력은 잘못 기재된 당사자와 동일성이 인정되는 범위 내에서 위와 같이 적법하게 확정된 당사자에 대하여 미친다고 보아야 한다.

O | X

해설 임야의 소유자인 甲[○○선(宣)]이 매도증서에 자신의 성명을 乙[○○의(宜)]로 잘못 기재함에 따라 임야에 관한 등기부 및 구 토지대장에도 소유명의자가 乙로 잘못 기재된 사안에서, 위 등기부상 소유명의자인 乙을 상대로 진정명의회복을 원인으로 한 소유권이전등기절차의 이행을 구하는 소송을 제기하여 공시송달에 의하여 받은 승소확정판결의 효력이 동일한 당사자로 인정되는 甲에게 미친다고 본 원심의 판단을 수긍한 사례(대판 2011.1.27. 2008다27615)

정답 | **14** O

실전 확인

01 당사자표시정정신청이 불허되는 사례가 아닌 것은? 18주사보

① 학교법인 대신 학교를 당사자로 지정한 경우 학교법인으로 변경하는 경우

② 사망자를 피고로 하여 소를 제기하였다가 상속인으로 당사자표시정정하면서 일부 누락된 상속인을 항소심에서 추가하는 경우

③ 상고하지 아니하였던 다른 당사자를 상고인으로 추가하는 경우

④ 甲을 공동선조로 하는 종중을 甲의 후손인 乙을 공동선조로 하는 종중으로 변경하는 경우

해설 ① [×] 점포주인 대신 점포 자체, 민사소송에서 대한민국 대신에 관계행정관청, 본점 대신에 지점, 학교법인 대신에 학교를 당사자로 표시한 경우에 점포주인, 대한민국, 본점, 학교법인으로 당사자표시정정이 허용된다(대판 1978.8.22. 78다1205; 대판 1996.10.11. 96다3852).

② [O] ③ [O] 사망자를 피고로 소를 제기하였다가 상속인으로 당사자표시정정을 하면서 일부 누락된 상속인을 항소심에서 추가하거나(대판 1974.7.16. 73다1190), 상고하지 아니하였던 다른 당사자를 상고인으로 추가하는 것은 허용되지 않는다(대판 1991.6.14. 91다8333).

④ [O] 甲을 공동선조로 하는 종중을 甲의 후손인 乙을 공동선조로 하는 종중으로 변경하여 주장하는 것은 허용되지 않는다(대판 2002.8.23. 2001다58870).

정답 ①

OX 확인

01

22모의

甲이 丙을 피고로 하여 불법행위에 기한 손해배상청구의 소를 제기하였는데 乙이 丙 대신 기일에 출석하여 마치 丙인 것처럼 변론을 하였을 때(피고측 모용) 표시된 피모용자(丙)가 당사자이다. ○ | X

> **해설** 대판 1964.11.17. 64다328

02

15법원직

민사소송에 있어서 제3자가 원고의 소에 의하여 특정된 피고를 참칭한 경우에 법원이 피고 아닌 자가 피고를 모용하여 소송을 진행한 사실을 알지 못하고 판결을 선고하였다고 하면 피모용자는 상소 또는 재심의 소를 제기하여 그 판결의 취소를 구할 수 있다. ○ | X

> **해설** 제3자가 피고를 참칭·모용하여 소송을 진행한 끝에 판결이 선고되었다면 피모용자인 피고는 그 소송에 있어서 적법히 대리되지 않는 타인에 의하여 소송절차가 진행됨으로 말미암아 결국 소송관여의 기회를 얻지 못하였다 할 것이니 피고는 상소 또는 재심의 소를 제기하여 그 판결의 취소를 구할 수 있다(대판 1964.11.17. 64다328).

정답 | **01** ○ **02** ○

제2절 | 당사자능력

I 의의

당사자능력이란 소송의 주체가 될 수 있는 일반적인 능력을 말한다. 소의 적법요건으로서 소송요건이자 소송행위의 유효요건에 해당하며, 당사자능력이 있는지는 사실심의 변론종결시를 기준으로 판단한다.

II 당사자능력자

자연인	자연인은 「민법」상 생존하는 동안 권리능력을 가지므로 민사소송법상 당사자능력이 있다. 따라서 사망자와 도롱뇽과 같은 동물은 당사자능력이 인정되지 않는다.
법인	① 법인은 정관의 목적범위 내에서 권리능력이 있으므로 그 범위 내에서 소송법상 당사자능력을 가진다. ② 학교는 교육시설의 명칭으로서 법인도 아니고 법인격 없는 사단 또는 재단도 아니기 때문에, 원칙적으로 민사소송에서 당사자능력이 인정되지 않는다. 이러한 법리는 비송사건에서도 마찬가지이다. ③ 대학교 학장은 학교법인의 기관의 하나에 지나지 아니하여 민사소송상의 당사자적격이 인정되지 아니한다.

법인 아닌 사단·재단	**법인 아닌 사단으로서의 실체**	① 당사자능력 인정의 요건으로 일정한 목적을 가진 다수인의 결합체로서 그 결합체의 의사를 결정하고 업무를 집행할 기관 및 대표자 또는 관리인에 관한 정함이 있는 법인 아닌 단체이어야 한다. 이는 소송요건에 관한 것으로서 사실심의 변론종결시를 기준으로 판단하여야 한다. ② 제52조는 소송편의를 위해 실체법상 법인격이 없는 비법인사단이나 비법인재단으로서 대표자 또는 관리인이 있으면 당사자능력을 인정하고 있다. 이처럼 비법인사단이나 비법인재단이 당사자인 경우 그 대표자·관리인은 법정대리인에 준하여 취급된다. ③ 적법한 대표자 자격이 없는 비법인사단의 대표자가 한 소송행위는 후에 대표자 자격을 적법하게 취득한 대표자가 그 소송행위를 추인하면 행위시에 소급하여 효력을 갖게 되고, 이러한 추인은 상고심에서도 할 수 있다.
	구성원 전원의 소송수행	① 실체법상 소송공동이 강제되는 고유필수적 공동소송에 해당한다. ② 비법인사단이 총유재산에 관한 소송을 제기할 때에는 정관에 다른 정함이 있다는 등의 특별한 사정이 없는 한 사원총회 결의를 거쳐야 하므로 비법인사단이 이러한 사원총회 결의 없이 그 명의로 제기한 소송은 소송요건이 흠결된 것으로서 부적법하다. ③ 총유의 경우에는 보존행위를 함에도 「민법」 제276조 제1항에 따른 사원총회의 결의를 거치거나 정관이 정하는 바에 따른 절차를 거쳐야 한다. ④ 총유재산에 관한 소송은 법인 아닌 사단이 그 명의로 사원총회의 결의를 거쳐 하거나 또는 그 구성원 전원이 당사자가 되어 필수적 공동소송의 형태로 할 수 있을 뿐 그 사단의 구성원은 설령 그가 사단의 대표자라거나 사원총회의 결의를 거쳤다 하더라도 그 소송의 당사자가 될 수 없고, 이러한 법리는 총유재산의 보존행위로서 소를 제기하는 경우에도 마찬가지라 할 것이다. 그럼에도 불구하고 비법인사단의 대표자 개인이 총유재산의 보존행위로서 소를 제기한 때에는 법원은 '당사자적격' 흠결을 이유로 부적법 각하하여야 한다.

Ⅲ 조합의 소송수행방안

① 판례는 원호대상자광주목공조합은 「민법」상의 조합의 실체를 가지고 있으므로 당사자능력이 없다고 하였고, 부도난 회사의 채권자들이 조직한 채권단에 대해서도 위 채권단이 비법인사단으로서의 실체를 갖추지 못하였다는 이유로 당사자능력을 부정했다.

② 합유물의 관리처분권은 전원에게 합유적으로 귀속하므로 이에 관한 소송형태는 고유필수적 공동소송이다. 다만, 합유물의 보존행위는 각자 할 수 있는바 보존행위에 관한 소송은 각자 할 수 있으므로, 이 경우 소송의 형태는 통상공동소송이 된다.

Ⅳ 당사자능력 흠결의 효과

소제기시 흠결	당사자능력을 갖추었는지 여부는 법원의 직권조사사항이다. 소제기시부터 흠결이 있는 경우 법원은 판결로써 소를 각하하는 것이 원칙이나, 예외적으로 소송능력에 관한 보정규정을 유추하여 당사자표시정정을 허용한다.
소송계속 중 흠결	소송계속 중 당사자의 사망·법인의 합병 등으로 당사자능력이 상실되면 소송은 중단되며, 상속인 등의 승계인이 절차를 수계하여야 한다. 그러나 소송대리인이 있는 경우 소송은 중단되지 않으며, 청구내용이 일신전속적인 경우에는 소송은 종료한다.
다툼이 있는 경우	당사자능력에 관하여 다툼이 있는 경우 피고의 본안전항변이 이유 있다면 법원은 판결로써 소를 각하하면 되고, 이유가 없다면 중간판결 또는 종국판결의 이유 중에서 이를 판단하면 된다. 당사자능력의 존재에 대하여는 원고에게 증명책임이 있다.
간과판결의 효력(당연무효)	① 당사자능력의 흠을 간과한 판결은 당연무효는 아니고 상소에 의하여 취소를 구할 수 있다. 일단 판결이 확정되어 기판력이 발생한 경우에는 개별적인 재심 또는 추완상소의 요건을 갖춘 경우에 이를 취소할 수 있다. ② 다만, 사망자·허무인이 당사자가 되었음에도 이를 간과하고 그 명의로 판결을 선고한 경우 그 판결은 당연무효이다.

⚖️ OX 확인

01 20법원직

자연물인 도룡뇽 또는 그를 포함한 자연 그 자체로서는 공사금지가처분 사건을 수행할 당사자능력을 인정할 수 없다. O | X

> **해설** 대결 2006.6.2. 2004마1148

02 14법원직

「민법」상 법인에 해당하면 그 단체는 항상 당사자능력을 갖는다. O | X

> **해설** 법인이면, 내국법인·외국법인이든, 영리법인·비영리법인이든, 사단법인·재단법인이든 모두 권리능력자이므로 당사자능력을 갖는다.

03 20법원직

학교는 교육시설의 명칭에 불과하므로 원칙적으로 민사소송에서 당사자능력이 인정되지 않지만, 임시이사 선임신청과 같은 비송사건의 경우에는 민사소송과 달리 당사자능력이 인정된다. O | X

> **해설** [1] 학교는 교육시설의 명칭으로서 일반적으로 법인도 아니고 대표자 있는 법인격 없는 사단 또는 재단도 아니기 때문에, 원칙적으로 민사소송에서 당사자능력이 인정되지 않는다. 이러한 법리는 비송사건에서도 마찬가지이다.
> [2] 甲외국인학교의 이사인 乙이 甲학교의 임시이사를 선임해달라는 신청을 한 사안에서, 위 신청은 甲학교의 당사자능력이 인정되지 않아 부적법하므로 각하하여야 한다(대결 2019.3.25. 2016마5908).

04 20법원직

대학교 학장은 학교법인의 기관의 하나에 지나지 아니하여 민사소송상의 당사자적격이 인정되지 아니한다. O | X

> **해설** 대판 1987.4.4. 86다카2479

정답 | **01** O **02** O **03** × **04** O

05

단체가 법인이 아닌 사단으로서 당사자능력을 가지려면 반드시 대표자 또는 관리인이 있어야 한다.

○ | X

> **해설** 민사소송법 제51조는 "당사자능력은 이 법에 특별한 규정이 없으면 「민법」, 그 밖의 법률에 따른다."고 정하고, 제52조는 "법인이 아닌 사단이나 재단은 대표자 또는 관리인이 있는 경우에는 그 사단이나 재단의 이름으로 당사자가 될 수 있다."고 정하고 있다. 따라서 권리능력이 있는 자연인과 법인은 원칙적으로 민사소송의 주체가 될 수 있는 당사자능력이 있으나, 법인이 아닌 사단과 재단은 대표자 또는 관리인이 있는 경우에 한하여 당사자능력이 인정된다(대판 2018.8.1. 2018다227865).

06

적법한 대표자 자격이 없는 비법인사단의 대표자가 한 소송행위는 후에 대표자 자격을 적법하게 취득한 대표자가 소송행위를 추인하면 행위시에 소급하여 효력을 가지게 되나, 이러한 추인은 상고심에서는 할 수 없다.

○ | X

> **해설** 적법한 대표자 자격이 없는 비법인사단의 대표자가 한 소송행위는 후에 대표자 자격을 적법하게 취득한 대표자가 그 소송행위를 추인하면 행위시에 소급하여 효력을 갖게 되고, 이러한 추인은 상고심에서도 할 수 있다(대판 2010.6.10. 2010다5373).
> 적법한 대표자 자격이 없는 甲이 비법인사단을 대표하여 소를 제기하였다가 항소심에서 甲이 위 비법인사단의 특별대리인으로 선임되었는데, 상고심에서 甲이 선임한 소송대리인이 甲이 수행한 기왕의 모든 소송행위를 추인한 경우 甲이 비법인사단을 대표하여 한 모든 소송행위는 그 행위시에 소급하여 효력을 갖는다.

07

단체가 변론종결 시점에 이르러서야 법인이 아닌 사단이 되었고, 소제기 당시에는 법인이 아닌 사단으로서 실체가 없었더라면 그 소는 부적법하다.

○ | X

> **해설** 비법인사단이 민사소송에서 당사자능력을 가지려면 일정한 정도로 조직을 갖추고 지속적인 활동을 하는 단체성이 있어야 하고 또한 그 대표자가 있어야 하므로, 자연발생적으로 성립하는 고유한 의미의 종중이라도 그와 같은 비법인사단의 요건을 갖추어야 당사자능력이 인정되고 이는 소송요건에 관한 것으로서 사실심의 변론종결시를 기준으로 판단하여야 한다(대판 2013.1.10. 2011다64607).

08

비법인사단이 원고로 된 경우, 그 성립의 기초가 되는 사실에 관하여 당사자가 다양한 주장을 하는 경우, 구체적인 주장사실에 구속될 필요 없이 직권으로 단체의 실체를 파악하여 당사자능력의 존부를 판단하여야 한다. ○ | X

> **해설** 민사소송법 제52조가 비법인사단의 당사자능력을 인정하는 것은 법인이 아니라도 사단으로서의 실체를 갖추고 그 대표자 또는 관리인을 통하여 사회적 활동이나 거래를 하는 경우에는, 그로 인하여 발생하는 분쟁은 그 단체가 자기 이름으로 당사자가 되어 소송을 통하여 해결하도록 하기 위한 것이다. 그러므로 여기서 말하는 사단이라 함은 일정한 목적을 위하여 조직된 다수인의 결합체로서 대외적으로 사단을 대표할 기관에 관한 정함이 있는 단체를 말하고, 어떤 단체가 비법인사단으로서 당사자능력을 가지는가 하는 것은 소송요건에 관한 것으로서 사실심의 변론종결일을 기준으로 판단하여야 한다.
> 원래 당사자능력의 문제는 법원의 직권조사사항에 속하는 것이므로 그 당사자능력 판단의 전제가 되는 사실에 관하여는 법원이 당사자의 주장에 구속될 필요 없이 직권으로 조사하여야 하고, 따라서 비법인사단이 원고로 된 경우, 그 성립의 기초가 되는 사실에 관하여 당사자가 다양한 주장을 하는 경우, 구체적인 주장사실에 구속될 필요 없이 직권으로 단체의 실체를 파악하여 당사자능력의 존부를 판단하여야 한다(대판 2021.6.24. 2019다278433).

09

비법인사단이 총유재산에 관한 소송을 제기할 때에는 정관에 다른 정함이 있다는 등의 특별한 사정이 없는 한 사원총회 결의를 거쳐야 하므로 비법인사단이 이러한 사원총회 결의 없이 그 명의로 제기한 소송은 소송요건이 흠결된 것으로서 부적법하다. ○ | X

> **해설** 비법인사단이 당사자인 사건에서 대표자에게 적법한 대표권이 있는지는 소송요건에 관한 것으로서 법원의 직권조사사항이므로 비법인사단 대표자의 대표권 유무가 의심스러운 경우에 법원은 이를 직권으로 조사하여야 하고, 비법인사단이 총유재산에 관한 소송을 제기할 때에는 정관에 다른 정함이 있다는 등의 특별한 사정이 없는 한 사원총회 결의를 거쳐야 하므로 비법인사단이 이러한 사원총회 결의 없이 그 명의로 제기한 소송은 소송요건이 흠결된 것으로서 부적법하다(대판 2013.4.25. 2012다118594).

10

법인의 하부조직 중 하나라도 스스로 단체로서의 실체를 갖추고 독자적인 활동을 하고 있다면 법인과 별도의 법인이 아닌 사단으로서 당사자능력을 갖게 된다. ○ | X

> **해설** 사단법인의 하부조직의 하나라 하더라도 스스로 단체로서의 실체를 갖추고 독자적인 활동을 하고 있다면 사단법인과는 별개의 독립된 비법인사단으로 볼 수 있다(대판 2009.1.30. 2006다60908).

정답 | **05** ○ **06** × **07** × **08** ○ **09** ○ **10** ○

11

종중 유사의 권리능력 없는 사단(이하 '종중 유사단체'라 한다)은 비록 그 목적이나 기능이 고유 의미의 종중(이하 '고유 종중'이라 한다)과 별다른 차이가 없다 하더라도 공동선조의 후손 중 일부에 의하여 인위적인 조직행위를 거쳐 성립된 경우에는 사적 임의단체라는 점에서 고유 종중과 그 성질을 달리하므로, 그러한 경우에는 사적 자치의 원칙 내지 결사의 자유에 따라 구성원의 자격이나 가입조건을 자유롭게 정할 수 있다. ○ | ×

해설 [1] 고유 의미의 종중이란 공동선조의 분묘 수호와 제사, 종원 상호 간 친목 등을 목적으로 하는 자연발생적인 관습상 종족집단체로서 특별한 조직행위를 필요로 하는 것이 아니고, 공동선조의 후손은 그 의사와 관계없이 성년이 되면 당연히 그 구성원(종원)이 되는 것이며 그중 일부 종원을 임의로 그 종원에서 배제할 수 없다. 따라서 공동선조의 후손 중 특정 범위 내의 자들만으로 구성된 종중이란 있을 수 없으므로, 만일 공동선조의 후손 중 특정 범위 내의 종원만으로 조직체를 구성하여 활동하고 있다면 이는 본래 의미의 종중으로는 볼 수 없고, 종중 유사의 권리능력 없는 사단이 될 수 있을 뿐이다. [2] 종중 유사의 권리능력 없는 사단(이하 '종중 유사단체'라 한다)은 비록 그 목적이나 기능이 고유 의미의 종중(이하 '고유 종중'이라 한다)과 별다른 차이가 없다 하더라도 공동선조의 후손 중 일부에 의하여 인위적인 조직행위를 거쳐 성립된 경우에는 사적 임의단체라는 점에서 고유 종중과 그 성질을 달리하므로, 그러한 경우에는 사적 자치의 원칙 내지 결사의 자유에 따라 구성원의 자격이나 가입조건을 자유롭게 정할 수 있으나, 어떠한 단체가 고유 의미의 종중이 아니라 종중 유사단체를 표방하면서 그 단체에 권리가 귀속되어야 한다고 주장하는 경우, 우선 권리 귀속의 근거가 되는 법률행위나 사실관계 등이 발생할 당시 종중 유사단체가 성립하여 존재하는 사실을 증명하여야 하고, 다음으로 당해 종중 유사단체에 권리가 귀속되는 근거가 되는 법률행위 등 법률요건이 갖추어져 있다는 사실을 증명하여야 한다(대판 2020.4.9. 2019다 216411).

12

당사자능력의 흠을 간과한 판결은 당연무효는 아니고 상소에 의하여 취소할 수 있고, 일단 판결이 확정되어 기판력이 발생한 경우에는 개별적인 재심 또는 추완상소의 요건을 갖춘 경우에 이를 취소할 수 있다. ○ | ×

해설 당사자능력의 흠을 간과한 판결은 당연무효는 아니고 상소에 의하여 취소를 구할 수 있다. 일단 판결이 확정되어 기판력이 발생한 경우에는 개별적인 재심 또는 추완상소의 요건을 갖춘 경우에 이를 취소할 수 있다(대판 1992.7.14. 92 다2455).

13

실종자를 당사자로 한 판결이 확정된 후에 실종선고가 확정되어 그 사망간주의 시점이 소제기 전으로 소급하는 경우에도 위 판결 자체가 소급하여 당사자능력이 없는 사망한 사람을 상대로 한 판결로서 무효가 된다고는 볼 수 없다. ○ | ✕

해설 실종선고의 효력이 발생하기 전에는 실종기간이 만료된 실종자라 하여도 소송상 당사자능력을 상실하는 것은 아니므로 실종선고 확정 전에는 실종기간이 만료된 실종자를 상대로 하여 제기된 소도 적법하고 실종자를 당사자로 하여 선고된 판결도 유효하며 그 판결이 확정되면 기판력도 발생한다고 할 것이고, 비록 실종자를 당사자로 한 판결이 확정된 후에 실종선고가 확정되어 그 사망간주의 시점이 소제기 전으로 소급하는 경우에도 위 판결 자체가 소급하여 당사자능력이 없는 사망한 사람을 상대로 한 판결로서 무효가 된다고는 볼 수 없다(대판 1992.7.14. 92다2455).

정답 | 11 ○ 12 ○ 13 ○

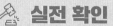

01 다음 중 민사소송에서 당사자능력이 없는 것은? (다툼이 있는 경우 판례에 의함) 11법원직

① 아파트에 거주하는 부녀를 회원으로 하여 회칙과 임원을 두고서 주요 업무를 월례회나 임시회를 개최하여 의사결정을 하여 온 아파트 부녀회

② 사립대학교 졸업자임의 확인을 구하는 확인소송에서의 해당 사립대학교

③ 노동조합의 하부조직으로서 독자적인 규약(지부준칙)을 가지고 독립된 활동을 하고 있는 독자적인 조직체인 노동조합 지부

④ 부락 주민을 구성원으로 하여 고유목적을 가지고 의사결정기관과 집행기관인 대표자를 두어 독자적인 활동을 하는 자연부락

해설 ① [○] [1] 아파트에 거주하는 부녀를 회원으로 하여 입주자의 복지증진 및 지역사회 발전 등을 목적으로 설립된 아파트 부녀회가 회칙과 임원을 두고서 주요 업무를 월례회나 임시회를 개최하여 의사결정하여 온 경우에 법인 아닌 사단의 실체를 갖추고 있다고 본 사례

[2] 법인 아닌 사단의 실체를 갖춘 아파트 부녀회의 수익금이 아파트 부녀회 회장의 개인 명의의 예금계좌에 입금되어 있는 경우, 위 수익금의 관리·사용권을 승계한 아파트 입주자대표회의가 수익금의 지급을 청구할 상대방은 회장 개인이 아니라 아파트 부녀회이다(대판 2006.12.21. 2006다52723).

② [×] 원고가 학교법인인 조선대학교 병설의 공업고등전문학교의 졸업자임의 확인을 구하면서 피고를 위 공업고등전문학교장 '甲'으로 표시하고 있는 것이 위 학교를 피고로 한 소송이라면 이 학교는 학교법인 조선대학교가 경영하는 하나의 교육시설에 불과하여 당사자능력이 없다(대판 1975.12.9. 75마1048).

③ [○] 전국해원노동조합 목포지부는 동 노동조합의 하부조직의 하나이지만 독자적인 규약(지부준칙)을 가지고 독립된 활동을 하고 있는 독자적인 사회적 조직체라고 인정할 수 있으므로 법인격 없는 사단으로 소송상 당사자능력이 있다(대판 1977.1.25. 76다2194).

④ [○] 이태원리의 행정구역 내에 거주하는 주민들이 그들의 공동편익과 복지를 위하여 주민 전부를 구성원으로 한 공동체로서 이태원동을 구성하고 행정구역과 동일한 명칭을 사용하면서 일정한 재산을 공부상 그 이름으로 소유하여 온 이상 이태원동은 법인 아닌 사단으로서의 당사자능력이 있다(대판 2004.1.29. 2001다1775).

정답 ②

제3절 당사자적격

I 의의

당사자적격이라 함은 특정의 소송사건에서 정당한 당사자로서 소송을 수행하고 본안판결을 받기에 적합한 자격을 말한다.

II 당사자적격을 갖는 자(정당한 당사자)

1. 일반적인 경우

(1) 이행의 소

원칙	이행의 소에서는 자기에게 이행청구권이 있음을 주장하는 자가 원고적격을 가지며, 그로부터 이행의무자로 주장된 자가 피고적격을 갖는다. 이행의 소에서는 주장 자체에 의하여 당사자적격이 판가름이 되므로, 실제로 이행청구권자나 의무자일 것을 요하지 않는다. 이는 본안심리 끝에 가릴 문제로서, 본안심리 끝에 실제 이행청구권이나 의무자가 아님이 판명되면 청구기각의 판결을 할 것이고, 당사자적격의 흠이라 하여 소를 각하해서는 안 된다.
예외	① 등기의무자가 아닌 자, 등기에 관한 이해관계 없는 자를 상대방으로 한 등기말소청구는 피고적격을 그르친 부적법이 있다. ② 등기부상 진실한 소유자의 소유권에 방해가 되는 불실등기가 존재하는 경우에 그 등기명의인이 허무인 또는 실체가 없는 단체인 때에는 소유자는 그와 같은 허무인 또는 실체가 없는 단체 명의로 실제 <u>등기행위를 한 자</u>에 대하여 소유권에 기한 방해배제로서 등기행위자를 표상하는 허무인 또는 실체가 없는 단체명의 등기의 말소를 구할 수 있다.

> *** 당사자적격 판례입장**
> ① 채권에 대한 압류 및 추심명령이 있으면 제3채무자에 대한 이행의 소는 추심채권자만이 제기할 수 있고, 채무자는 피압류채권에 대한 이행소송을 제기할 당사자적격을 상실한다.
> ② 불법말소된 것을 이유로 한 근저당권설정등기 회복등기청구는 그 <u>등기말소 당시의 소유자</u>를 상대로 하여야 한다.
> ③ 저당권의 설정원인의 무효, 부존재나 피담보채무의 변제로 인한 소멸시에 저당권설정등기말소청구의 상대방은 양도인인 근저당권자가 아닌 현재의 등기명의자, 즉 <u>양수인</u>인 저당권이전의 부기등기명의자이다.
> ④ ㉠ 근저당권의 부기등기는 기존의 주등기인 근저당권설정등기에 종속되어 주등기와 일체를 이루는 것이고 주등기와 별개의 새로운 등기는 아니므로, 그 피담보채무가 변제로 인하여 소멸된 경우 위 주등기의 말소만을 구하면 되고, 그에 기한 부기등기는 별도로 말소를 구하지 않더라도 주등기가 말소되는 경우에는 직권으로 말소되어야 할 성질의 것이므로, 위 부기등기의 말소청구는 권리보호의 이익(소의 이익)이 없는 부적법한 청구라고 한다.
> ㉡ 그러나 근저당권의 주등기 자체는 유효하고 단지 부기등기를 하게 된 원인만이 무효로 되거나 취소 또는 해제된 경우에는, 그 부기등기만의 말소를 따로 구할 수 있다.
> ⑤ 불법점유를 이유로 한 건물명도청구소송에 있어서는 <u>현실적으로 그 건물을 불법점유하고 있는 사람</u>을 상대로 하여야 하고, 그 건물을 타에 임대하여 현실적으로 점유하고 있지 않은 사람을 상대로 할 것이 아니다.
> ⑥ 건물이 그 존립을 위한 토지사용권을 갖추지 못하여 토지의 소유자가 건물의 소유자에 대하여 당해 건물의 철거 및 그 대지의 인도를 청구할 수 있는 경우에라도 건물소유자가 아닌 사람이 건물을 점유하고 있다면 토지소유자는 그 건물 점유를 제거하지 아니하는 한 위의 건물 철거 등을 실행할 수 없다. 따라서 그때 토지소유권은 위와 같은 점유에 의하여 그 원만한 실현을 방해당하고 있다고 할 것이므로, 토지소유자는 자신의 소유권에 기한 방해배제로서 건물점유자에 대하여 건물로부터의 퇴출을 청구할 수 있다. 그리고 이는 건물점유자가 건물소유자로부터의 임차인으로서 그 건물임차권이 이른바 대항력을 가진다고 해서 달라지지 아니한다.

(2) 확인의 소

원칙	확인의 소에서는 그 청구에 대해서 확인의 이익을 가지는 자가 원고적격자로 되며, 원고의 이익과 대립·저촉되는 이익을 가진 자가 피고적격자로 된다.
판례	① 주주총회결의 취소와 결의무효확인판결은 대세적 효력이 있으므로 그와 같은 소송의 피고가 될 수 있는 자는 그 성질상 회사로 한정된다. 이사회결의에 참여한 이사들은 그 이사회의 구성원에 불과하므로 특별한 사정이 없는 한 이사 개인을 상대로 하여 그 결의의 무효확인을 소구할 이익은 없다. ② 단체 자체가 피고가 되는 이상 회사의 이사선임 결의가 무효 또는 부존재임을 주장하여 그 결의의 무효 또는 부존재확인을 구하는 소송에서 회사를 대표할 자는 현재 대표이사로 등기되어 그 직무를 행하는 자라고 할 것이고, 그 대표이사가 무효 또는 부존재확인청구의 대상이 된 결의에 의하여 선임된 이사라고 할지라도 그 소송에서 회사를 대표할 수 있는 자임에는 변함이 없다.

(3) 형성의 소

채권자가 사해행위의 취소와 함께 책임재산의 회복을 구하는 사해행위취소의 소에 있어서는 수익자 또는 전득자에게만 피고적격이 있고 채무자에게는 피고적격이 없다.

(4) 고유필수적 공동소송

고유필수적 공동소송에서는 여러 사람이 공동으로 원고가 되거나 피고가 되지 않으면 당사자적격의 흠으로 부적법하게 된다. 그러나 ① 누락자에 대한 소가 제기되고 법원이 변론을 병합하거나, ② 필수적 공동소송인의 추가, ③ 공동소송참가를 하면 소가 적법해진다.

2. 제3자 소송담당

(1) 의의

권리관계의 주체 이외의 제3자가 당사자적격을 갖는 경우가 있는데, 이 경우를 제3자의 소송담당이라 한다. 소송담당자는 자기의 이름으로 소송수행을 하는 사람이기 때문에, 다른 사람의 이름으로 소송수행을 하는 대리인관계가 아니다.

(2) 법정소송담당

제3자에게 관리처분권이 부여된 결과 소송수행권을 갖게 된 때	병행형	제3자가 권리관계의 주체인 사람과 함께 소송수행권을 갖게 된 경우로서, 채권자대위소송을 하는 채권자, 회사대표소송의 주주 등이 있다.
	갈음형	제3자가 권리관계의 주체인 사람에 갈음하여 소송수행권을 갖는 경우로서, ① 파산재단에 관한 소송을 하는 파산관재인, ② 채권추심명령을 받은 압류채권자, ③ 유언에 관한 소송을 하는 유언집행자 등이 있다.
직무상의 당사자		일정한 직무에 있는 자에게는 법률이 자기와 개인적으로 아무런 관계없는 소송에 관하여 소송수행권을 갖게 하는데, 이러한 자를 직무상의 당사자라고 한다. 가사소송사건에서 피고적격자 사망 후의 검사가 예이다.

(3) 임의적 소송담당

의의	권리관계의 주체인 사람의 의사에 의해 제3자에게 자기의 권리에 대해 소송수행권을 수여하는 경우이다. 명문 상 인정한 예로서 제53조의 선정자가 정한 선정당사자, 「어음법」제18조의 추심위임배서를 받아 추심에 나서 는 피배서인 등이 있다.
한계	① 명문이 없는 경우는 임의적 소송담당은 원칙적으로 허용되지 않는다(변호사대리의 원칙을 탈법할 염려 때문). ② 다만, 업무집행조합원은 조합재산에 관하여 조합원으로부터 임의적 소송신탁을 받아 자기의 이름으로 소 송수행하는 것이 허용된다. ③ 관리단으로부터 집합건물의 관리업무를 위임받은 위탁관리회사는 특별한 사정이 없는 한 구분소유자 등을 상대로 자기 이름으로 소를 제기하여 관리비를 청구할 당사자적격이 있다.

(4) 법원허가에 의한 소송담당

증권관련집단소송, 소비자단체소송에서 법원의 허가를 요건으로 하는 대표당사자소송을 도입하였다.

Ⅲ 제3자의 소송담당과 기판력

① 제3자가 소송담당자로서 소송수행한 결과 받은 판결은 권리관계의 주체인 본인에게 미친다. 이는 갈 음형 소송담당자, 직무상의 당사자, 임의적 소송담당자의 경우에 적용됨은 의문이 없다.
② 채권자가 채권자대위권을 행사하는 방법으로 제3채무자를 상대로 소송을 제기하여 판결을 받은 경우 어떠한 사유로든 채무자가 채권자대위소송이 제기된 사실을 <u>알았을 경우에 한하여</u> 그 판결의 효력이 채무자에게 미친다.

Ⅳ 당사자적격이 없을 때의 효과

소송요건	당사자적격은 소송요건으로 법원의 직권조사사항이며, 조사결과 그 흠이 발견된 때에는 판결로 소를 각하 할 것이다.
간과하고 행한 본안판결	당사자적격의 흠결을 간과하고 행한 본안판결은 정당한 당사자로 될 자나 권리관계의 주체인 자에게 그 효력이 미치지 아니하며, 이러한 의미에서 판결은 무효로 되는 것이다. 무효인 판결이므로 상소와 재심의 대상이 되지 않는다.

Ⅴ 채권자대위소송의 법적 성질

채권자 대위권의 요건	① 피보전채권의 존재, ② 보전의 필요성, ③ 채무자가 권리를 행사하지 않을 것, ④ 피대위권리를 요구한 다. 법정소송담당설에 의할 경우 ①~③은 당사자적격의 문제이고, ④의 흠결의 경우는 청구기각판결을 하여야 한다고 한다. 따라서 피보전권리 흠결의 경우 소각하판결을 해야 한다.
피보전권리 흠결시	채권자대위소송에 있어서 대위에 의하여 보전될 채권자의 채무자에 대한 권리가 인성되지 아니한 경우에 는, 채권자가 스스로 원고가 되어 채무자의 제3채무자에 대한 권리를 행사할 원고로서의 적격이 없게 되 는 것이어서 그 대위소송은 부적법하여 각하될 수밖에 없다.

01

이행의 소에서는 자기의 급부청구권을 주장하는 자가 정당한 원고이고, 급부의무자로 주장된 자가 정당한 피고이다.

○ | X

> **해설** 이행의 소에서는 자기가 이행청구권자임을 주장하는 자가 원고적격을 가지고 그로부터 이행의무자로 주장된 자가 피고적격을 가지는 것으로서, 원고의 주장 자체에 의하여 당사자적격 유무가 판가름되며, 원·피고가 실제로 이행청구권자이거나 이행의무자임을 요하는 것은 아니다(대판 1994.6.14. 94다14797).

02

등기의무자(등기명의인이거나 그 포괄승계인)가 아닌 자나 등기에 이해관계가 있는 제3자가 아닌 자를 상대로 한 등기의 말소절차의 이행을 구하는 소는 당사자적격이 없는 자를 상대로 한 부적법한 소이다.

○ | X

> **해설** 등기말소청구의 소가 등기의무자(등기명의인이거나 그 포괄승계인)나 등기상 이해관계 있는 제3자 아닌 타인을 피고로 삼은 때에는 당사자적격을 그르친 것으로서 각하되어야 한다(대판 1994.2.25. 93다39225).

03

채권자대위소송에서 피대위자인 채무자가 실존인물이 아니거나 사망한 사람인 경우여도 채권자대위소송은 적법하다.

○ | X

> **해설** 채권자대위소송에서 대위에 의하여 보전될 채권자의 채무자에 대한 권리가 인정되지 아니할 경우에는 채권자가 스스로 원고가 되어 채무자의 제3채무자에 대한 권리를 행사할 당사자적격이 없게 되므로 그 대위소송은 부적법하여 각하할 것인바, 피대위자인 채무자가 실존인물이 아니거나 사망한 사람인 경우 역시 피보전채권인 채권자의 채무자에 대한 권리를 인정할 수 없는 경우에 해당하므로 그러한 채권자대위소송은 당사자적격이 없어 부적법하다(대판 2021.7.21. 2020다300893).

04

채권에 대한 압류 및 추심명령이 있으면 제3채무자에 대한 이행의 소는 추심채권자만이 제기할 수 있고 채무자는 피압류채권에 대한 이행소송을 제기할 당사자적격을 상실한다. ○ | X

> **해설** 대판 2000.4.11. 99다23888

05

2인 이상의 불가분채무자 또는 연대채무자가 있는 금전채권의 경우에, 그 불가분채무자 등 중 1인을 제3채무자로 한 채권압류 및 추심명령이 이루어지면 그 채권압류 및 추심명령을 송달받은 불가분채무자 등에 대한 피압류채권에 관한 이행의 소는 추심채권자만이 제기할 수 있고 추심채무자는 그 피압류채권에 대한 이행소송을 제기할 당사자적격을 상실하며, 그 채권압류 및 추심명령의 제3채무자가 아닌 나머지 불가분채무자 등도 당사자적격을 상실한다. ○ | X

> **해설** 제3채무자가 복수이고 불가분의 중첩관계에 있는 경우, 당사자적격의 상실은 상대적이다. 예컨대, 2인 이상의 불가분채무자 또는 연대채무자(이하 '불가분채무자 등'이라 한다)가 있는 금전채권의 경우에, 그 불가분채무자 등 중 1인을 제3채무자로 한 채권압류 및 추심명령이 이루어지면 그 채권압류 및 추심명령을 송달받은 불가분채무자 등에 대한 피압류채권에 관한 이행의 소는 추심채권자만이 제기할 수 있고 추심채무자는 그 피압류채권에 대한 이행소송을 제기할 당사자적격을 상실하지만, 그 채권압류 및 추심명령의 제3채무자가 아닌 나머지 불가분채무자 등에 대하여는 추심채무자가 여전히 채권자로서 추심권한을 가지므로 나머지 불가분채무자 등을 상대로 이행을 청구할 수 있고, 이러한 법리는 위 금전채권 중 일부에 대하여만 채권압류 및 추심명령이 이루어진 경우에도 마찬가지이다(대판 2013.10.31. 2011다98426).

06

채권에 대한 압류 및 추심명령이 있으면 제3채무자에 대한 이행의 소는 추심채권자만이 제기할 수 있고 채무자는 피압류채권에 대한 이행소송을 제기할 당사자적격을 상실하나, 채무자의 이행소송 계속 중에 추심채권자가 압류 및 추심명령 신청의 취하 등에 따라 추심권능을 상실하게 되면 채무자는 당사자적격을 회복한다. ○ | X

> **해설** 대판 2010.11.25. 2010다64877

정답 | 01 ○ 02 ○ 03 × 04 ○ 05 × 06 ○

07

추심소송의 사실심 변론종결 이후 채권압류 및 추심명령이 취소된 경우 상고심에서도 이를 참작하여야 하므로 소각하판결을 한다. ○ | X

해설 [1] 추심채권자의 제3채무자에 대한 추심소송 계속 중에 채권압류 및 추심명령이 취소되어 추심채권자가 추심권능을 상실하게 되면 추심소송을 제기할 당사자적격도 상실한다. 이러한 사정은 직권조사사항으로서 당사자가 주장하지 않더라도 법원이 직권으로 조사하여 판단하여야 하고, 사실심 변론종결 이후에 당사자적격 등 소송요건이 흠결되거나 그 흠결이 치유된 경우 상고심에서도 이를 참작하여야 한다.
[2] 원고(추심채권자)가 피고(제3채무자)에 대하여 추심금 청구의 소를 제기하여 제1심에서 원고 일부승소 판결이 선고된 후 피고만 항소하였고, 원심에서 항소기각판결이 선고된 후 다시 피고만 상고한 사안에서, 상고이유서 제출기간 경과 후 채권압류 및 추심명령이 취소된 사정이 드러나자 직권으로 원고가 추심권능을 상실하였으므로 이 사건 소는 당사자적격이 없는 사람에 의하여 제기된 것으로서 부적법하다고 판단하는 한편, 제1심판결 중 항소심의 심판대상이 되지 않는 원고 패소 부분은 원심판결 선고와 동시에 이미 확정되어 소송이 종료되었으므로, 원심판결을 파기하고 자판(제1심판결 중 피고 패소 부분 취소, 이 부분 소각하)한 사례(대판 2021.9.15. 2020다297843).

08

「공익사업을 위한 토지 등의 취득 및 보상에 관한 법률」에 따른 토지소유자 등의 사업시행자에 대한 손실보상금 채권에 관하여 압류 및 추심명령이 있는 경우 채무자인 토지소유자 등이 손실보상금 증액 청구의 소를 제기하고 그 소송을 수행할 당사자적격을 상실하지 않는다. ○ | X

해설 「공익사업을 위한 토지 등의 취득 및 보상에 관한 법률」(이하 '토지보상법'이라 한다) 제85조 제2항에 따른 보상금의 증액을 구하는 소(이하 '보상금 증액 청구의 소'라 한다)의 성질, 토지보상법상 손실보상금 채권의 존부 및 범위를 확정하는 절차 등을 종합하여 보면, 토지보상법에 따른 토지소유자 또는 관계인(이하 '토지소유자 등'이라 한다)의 사업시행자에 대한 손실보상금 채권에 관하여 압류 및 추심명령이 있더라도, 추심채권자가 보상금 증액 청구의 소를 제기할 수 없고, 채무자인 토지소유자 등이 보상금 증액 청구의 소를 제기하고 그 소송을 수행할 당사자적격을 상실하지 않는다고 보아야 한다(대결 (全) 2022.11.24. 2018두67).

09

불법말소된 것을 이유로 한 근저당권설정등기 회복등기청구는 그 등기말소 당시의 소유자를 상대로 하여야 한다. ○ | X

해설 대판 1969.3.18. 68다1617

말소회복등기와 양립할 수 없는 등기의 명의인은 등기상 이해관계 있는 제3자이므로 그 등기명의인을 상대로 말소회복등기에 대한 승낙의 의사표시를 구하는 청구가 가능하다. ○│X

> **해설** 말소회복등기와 양립할 수 없는 등기는 회복의 전제로서 말소의 대상이 될 뿐이고, 그 등기명의인은 「부동산등기법」 제75조 소정의 등기상 이해관계 있는 제3자라고 볼 수 없으므로 그 등기명의인을 상대로 말소회복등기에 대한 승낙의 의사표시를 구하는 청구는 당사자적격이 없는 자에 대한 청구로서 부적법하다(대판 2004.2.27. 2003다35567).

11

취득시효 완성을 원인으로 하는 소유권이전등기를 청구하는 경우 시효가 완성할 당시의 등기부상 소유권자가 피고적격자이다. ○│X

> **해설** 취득시효 완성으로 토지의 소유권을 취득하기 위하여는 그로 인하여 소유권을 상실하게 되는 시효완성 당시의 소유자를 상대로 소유권이전등기청구를 하는 방법에 의하여야 한다(대판 1997.4.25. 96다53420).

12

근저당권이 양도되어 근저당권 이전의 부기등기가 마쳐진 경우, 근저당권설정등기의 말소등기청구는 양도인만을 상대로 하면 족하고, 양수인은 그 말소등기청구에 있어서 피고적격이 없다. ○│X

> **해설** 판례에 따르면 저당권의 설정원인의 무효, 부존재나 피담보채무의 변제로 인한 소멸시에 저당권설정등기말소청구의 상대방은 양도인인 근저당권자가 아닌 현재의 등기명의자, 즉 <u>양수인</u>인 저당권이전의 부기등기명의자이다(대판 2000.4.11. 2000다5640).

13

불법점유를 이유로 한 건물명도청구소송에 있어서는 현실적으로 그 건물을 불법점유하고 있는 사람을 상대로 하여야 하고, 그 건물을 타에 임대하여 현실적으로 점유하고 있지 않는 사람을 상대로 할 것이 아니다. ○│X

> **해설** 대판 1969.2.4. 68다1594

정답 | 07 ○ 08 ○ 09 ○ 10 × 11 ○ 12 × 13 ○

14

甲 소유의 토지 위에 乙이 무단으로 건물을 신축한 후 위 건물에 관하여 乙(임대인)과 丙(임차인)이 임대차계약을 체결하여 현재 丙이 위 건물을 점유하고 있는 경우에, 甲이 불법점유를 이유로 토지인도소송을 제기할 경우의 피고적격자는 丙이 된다. ○ | X

해설 판례는 사회통념상 건물은 그 부지를 떠나서는 존재할 수 없는 것이므로 건물의 부지가 된 토지는 그 건물의 소유자가 점유하는 것으로 볼 것이고, 이 경우 건물의 소유자가 현실적으로 건물이나 그 부지를 점거하고 있지 아니하고 있더라도 그 건물의 소유를 위하여 그 부지를 점유한다고 보아야 한다(대판 2003.11.13. 2002다57935). 건물이 그 존립을 위한 토지사용권을 갖추지 못하여 토지의 소유자가 건물의 소유자에 대하여 당해 건물의 철거 및 그 대지의 인도를 청구할 수 있는 경우에라도 건물소유가 아닌 사람이 건물을 점유하고 있다면 토지소유자는 그 건물 점유를 제거하지 아니하는 한 위의 건물 철거 등을 실행할 수 없다. 따라서 그때 토지소유권은 위와 같은 점유에 의하여 그 원만한 실현을 방해당하고 있다고 할 것이므로, 토지소유자는 자신의 소유권에 기한 방해배제로서 건물점유자에 대하여 건물로부터의 퇴출을 청구할 수 있다. 그리고 이는 건물점유자가 건물소유로부터의 임차인으로서 그 건물임차권이 이른바 대항력을 가진다고 해서 달라지지 아니한다(대판 2010.8.19. 2010다43801).

15

법인의 이사에 대한 직무집행정지가처분 신청에 있어서 당해 이사만이 피신청인이 될 수 있지만, 법인의 이사회결의 부존재확인의 소에 있어서는 그 결의에 의해 선임된 이사 및 당해 법인 모두 피고가 될 수 있다. ○ | X

해설 확인의 소에서는 그 청구에 관하여 확인의 이익을 가지는 사람이 원고적격을, 그 확인에 대한 반대의 이익을 가지는 사람이 피고적격을 각각 가진다. 회사의 주주총회결의·이사회결의의 부존재확인·무효확인의 소에서는 회사만이 피고적격을 가진다. 그 결의에서 이사 등 임원으로 선임된 개인은 피고적격이 없다(대판 1996.4.12. 96다6295).

16

채권자가 채권자취소권을 행사하려면 사해행위로 인하여 이익을 받은 자나 전득한 자를 상대로 그 법률행위의 취소를 청구하는 소송을 제기하여야 하고, 채무자를 상대로 그 소송을 제기할 수는 없다. ○ | X

해설 채권자가 사해행위의 취소와 함께 책임재산의 회복을 구하는 사해행위취소의 소에 있어서는 수익자 또는 전득자에게만 피고적격이 있고 채무자에게는 피고적격이 없다(대판 2009.1.15. 2008다72394).

17

「민법」상의 조합에 있어서 조합규약이나 조합결의에 의하여 자기 이름으로 조합재산을 관리하고 대외적 업무를 집행할 권한을 수여받은 업무집행조합원은 조합재산에 관한 소송에 관하여 조합원으로부터 임의적 소송신탁을 받아 자기 이름으로 소송을 수행하는 것이 허용된다. ○ㅣ✕

해설 대판 2001.2.23. 2000다68924

18

관리단으로부터 집합건물의 관리업무를 위임받은 위탁관리회사는 특별한 사정이 없는 한 구분소유자 등을 상대로 자기 이름으로 소를 제기하여 관리비를 청구할 당사자적격이 있다. ○ㅣ✕

해설 다수의 구분소유자가 집합건물의 관리에 관한 비용 등을 공동으로 부담하고 공용부분을 효율적으로 관리하기 위하여 구분소유자로 구성된 관리단이 전문 관리업체에 건물 관리업무를 위임하여 수행하도록 하는 것은 합리적인 이유와 필요가 있고, 그러한 관리방식이 일반적인 거래현실이며, 관리비의 징수는 업무수행에 당연히 수반되는 필수적인 요소이다. 또한 집합건물의 일종인 일정 규모 이상의 공동주택에 대해서는 주택관리업자에게 관리업무를 위임하고 주택관리업자가 관리비에 관한 재판상 청구를 하는 것이 법률의 규정에 의하여 인정되고 있다. 이러한 점 등을 고려해 보면 관리단으로부터 집합건물의 관리업무를 위임받은 위탁관리회사는 특별한 사정이 없는 한 구분소유자 등을 상대로 자기 이름으로 소를 제기하여 관리비를 청구할 당사자적격이 있다(대판 2016.12.15. 2014다87885).

19

채권자대위소송을 하는 채권자의 피보전채권이 인정되지 않으면 당사자적격이 없어 소각하하여야 한다. ○ㅣ✕

해설 피보전채권이 없으면 채권자대위의 소는 부적법하여 각하된다(대판 1990.12.11. 88다카4727).

정답 | 14 ✕ 15 ✕ 16 ○ 17 ○ 18 ○ 19 ○

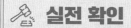

01 甲은 乙을 상대로 대여금 청구의 소를 제기하였다(이하에서 丙은 甲의 채권자이다). 다음 설명 중 옳지 않은 것은? (각 지문은 독립적이며, 다툼이 있는 경우 판례에 의함) 15변호사

① 甲이 乙에게 소구하고 있는 채권을 丙이 가압류한 경우 법원은 甲의 소를 각하하여야 한다.

② 甲이 乙에게 소구하고 있는 채권에 대하여 丙이 압류 및 전부명령을 받고 그 전부명령이 확정된 경우 법원은 甲의 청구를 기각하여야 한다.

③ 丙이 甲을 상대로 신청한 파산절차가 개시되어 파산관재인이 선임된 후, 甲의 파산선고 전에 성립한 위 대여금 채권에 기하여 甲이 위 소를 제기한 경우, 법원은 甲의 소를 각하하여야 한다.

④ 丙이 甲을 대위하여 乙을 상대로 위 대여금의 지급을 구하는 소를 제기하고 甲에게 소송고지한 후 그 소송에서 패소판결이 확정된 경우, 법원은 그 후에 제소된 甲의 乙에 대한 위 대여금 청구를 기각하여야 한다.

⑤ 甲의 乙에 대한 대여금채권에 대해 丙이 압류 및 추심명령을 받아 그 명령이 甲과 乙에게 송달된 후, 甲이 위와 같이 제소하였다면 법원은 甲의 소를 각하하여야 한다.

해설 ① [×] 채권에 대한 가압류가 있더라도 이는 채무자가 제3채무자로부터 급부를 추심하는 것만을 금지하는 것일 뿐 채무자는 제3채무자를 상대로 그 이행을 구하는 소송을 제기할 수 있고, 법원은 가압류가 되어 있음을 이유로 이를 배척할 수 없다(대판 2002.4.26. 2001다59033).

② [○] 전부명령이 있는 경우에는 추심명령과 달리 전부채무자가 자기가 이행청구권자임을 주장하는 이상 원고적격을 가지고, 다만 제3채무자를 상대로 급부를 구하는 이행청구소송은 실체법상의 이행청구권의 상실로 인하여 본안에서 기각된다.

③ [○] 파산재단에 관한 소송을 하는 파산관재인만이 당사자적격이 있고, 파산자는 당사자적격이 없다.

④ [○] 판례는 이와 같은 경우 기판력이 미친다고 보며 패소한 채무자가 동일한 소를 제기한 경우 청구기각판결을 하여야 한다는 입장이다.

⑤ [○] 채권에 대한 추심명령이 있는 경우 채무자는 제3채무자를 상대로 이행의 소를 제기할 수 없다. 채권에 대한 압류 및 추심명령이 있는 경우 제3채무자에 대한 이행의 소는 추심채권자만이 제기할 수 있고, 채무자는 피압류채권에 대한 이행의 소를 제기할 당사자적격을 상실하기 때문이다(대판 2000.4.11. 99다23888).

정답 ①

02 甲이 자신은 乙에 대하여 금전채권을 갖고 있고, 乙은 丙에 대해 금전채권을 갖고 있다고 주장하면서, 乙을 대위하여 丙을 상대로 채권자대위소송을 제기하였다. 다음 중 가장 옳지 않은 것은? (다툼이 있는 경우 판례에 의함) 13법원직

① 채권자대위소송은 제3자의 소송담당의 한 유형이다.

② 乙이 채권자대위소송이 계속 중에 채권자대위소송이 제기되었음을 알았다면 채권자대위소송의 기판력은 乙에게 미치게 된다.

③ 채권자대위소송의 제기 후 乙이 丙을 상대로 같은 금전채권의 지급을 구하는 소를 제기하였다면 이는 중복소송에 해당한다.

④ 소송에서 甲이 乙에 대하여 금전채권을 갖고 있지 않음이 밝혀졌다면, 甲의 丙에 대한 청구는 이유 없는 것이므로 기각되어야 한다.

해설 ① [○] 채권자대위소송은 제3자 소송담당 중 법정소송담당에 해당한다.

② [○] 판례는 채무자가 고지 등을 받아 대위소송이 제기된 사실을 알았을 때에는 채무자에게 미친다는 입장이다(대판(全) 1975.5.13. 74다1664).

③ [○] 채권자가 채무자를 대위하여 제3채무자를 상대로 제기한 채권자대위소송은 법원에 계속 중 채무자와 제3채무자 사이에 채권자대위소송과 소송물을 같이하는 내용의 소송이 제기된 경우, 양 소송은 동일소송이므로 후소는 중복소송금지원칙에 위배되어 제기된 부적법한 소송이라 할 것이다(대판 1992.5.22. 91다41187).

④ [×] 채권자대위소송에 있어서 대위에 의하여 보전될 채권자의 채무자에 대한 권리가 인정되지 아니할 경우에는 채권자가 스스로 원고가 되어 채무자의 제3채무자에 대한 권리를 행사할 당사자적격이 없게 되므로 그 대위소송은 부적법하여 각하할 수밖에 없다(대판 1994.6.24. 94다14339).

정답 ④

Ⅰ 서설

의의	소송능력이라 함은 당사자로서 유효하게 소송행위를 하거나 소송행위를 받기 위해 갖추어야 할 능력을 말한다.
법적 성격	① 소송행위가 유효하기 위해서는 어느 경우나 막론하고 소송능력이 필요하다. 따라서 소송절차 내의 소송행위는 물론 소송개시 전의 행위·소송 외의 행위(예 소송대리권의 수여, 관할의 합의 등)에 있어서도 필요하다. ② 소송행위를 유효하게 하기 위해 필요한 능력이기 때문에 증거방법으로서 증거조사의 대상이 되는 경우는 소송능력이 불필요하다(예 증인·당사자 본인으로서 신문을 받는 경우는 무능력자도 된다).

Ⅱ 소송능력자

「민법」상 행위능력을 갖는 자는 소송능력을 갖는다. 그리고 외국인의 경우에는 설령 그의 본국법을 따를 때 소송능력이 없는 경우라도 대한민국의 법률에 따라 소송능력이 있다면 소송능력이 있는 것으로 본다.

Ⅲ 성년후견제도의 후속입법에 의한 제한능력자

1. 제한능력자

① 만 19세 미만의 미성년자의 소송행위는 법정대리인의 대리로만 가능하다.
② 피성년후견인의 소송행위는 법정대리인에 의함을 원칙으로 하되, 취소할 수 없는 법률행위의 한도에서는 소송능력을 인정하였다.
③ 피한정후견인의 경우는 원칙적으로 소송능력을 인정하면서, 예외적으로 한정후견인의 동의를 필요로 하는 행위에 관하여는 소송능력을 부정하여 대리권 있는 한정후견인의 대리에 의하여만 소송행위를 할 수 있도록 하였다.

2. 의사능력이 없는 자

① 그의 소송행위는 절대무효이다.
② 다만, 제한능력자를 위한 특별대리인에 준하여 직권 또는 신청에 의하여 선임되는 특별대리인의 대리행위에 의하여 소송행위가 가능하다.

3. 미성년자의 지위

원칙	「민법」상 미성년자의 경우에 동의를 얻으면 유효하게 법률행위를 할 수 있는 때에도 소송행위는 대리에 의하여야 한다.
예외	예외적으로 ① 미성년자가 혼인한 때에는 완전하게 소송능력을 가지며, ② 미성년자가 독립하여 법률행위를 할 수 있는 경우(예 법정대리인의 허락을 얻어 영업에 관한 법률행위를 하는 경우)에는 그 범위 내에서는 소송능력이 인정된다. ③ 미성년자는 근로계약의 체결·임금의 청구를 스스로 할 수 있기 때문에, 그 범위의 소송에 대해서는 소송능력이 인정된다.

소송행위의 유효요건	① 소송능력은 개개의 소송행위의 유효요건이다. 따라서 소송무능력자(제한소송무능력자 포함)의 소송행위나 무능력자에 대한 소송행위는 무효이다. ② 소송무능력자에 의한 소의 제기, 소송대리인의 선임, 청구의 포기·인낙은 무효로 된다. 기일통 지나 송달 역시 무능력자에게 하면 무효로 되며, 특히 판결정본이 무능력자에게만 송달되고 법정 대리인에게 송달되지 않았으면 상소기간은 진행하지 않고, 판결은 확정되지 않는다.		
추인	① 소송무능력자의 소송행위나 그에 대한 소송행위라도 확정적 무효는 아니며, 이른바 유동적 무효 이다. 따라서 법정대리인이 추인하면 그 행위시에 소급하여 유효로 된다. ② 추인은 법원 또는 상대방에 대하여 명시·묵시의 의사표시로 할 수 있다. 미성년자가 직접 선임 한 변호사의 제1심 소송수행에 대해 제2심에서 법정대리인에 의해 선임된 소송대리인이 아무런 이의를 하지 않으면 묵시의 추인이 된다. ③ 추인의 시기에 관하여는 아무런 제한이 없다.		
소송능력의 조사와 보정	① 소송능력의 유무는 직권조사사항이다. 조사의 결과 흠이 있을 때에는 법원은 그 행위를 배척하는 조치가 필요하다. ② 그러나 추인의 여지가 있으므로 기간을 정하여 그 보정을 명하여야 하며, 만일 보정하는 것이 지연됨으로써 손해가 생길 염려가 있는 경우에는 법원은 보정하기 전의 당사자 또는 법정대리인 으로 하여금 일시적으로 소송행위를 하게 할 수 있다.		
소송능력의 흠이 소송에 미치는 영향	소제기과정	소송무능력자 스스로 또는 그가 직접 선임한 소송대리인이 한 소제기나 소송 무능력자에 대한 소장부본의 송달은 적법하지 않기 때문에, 변론종결시까지 보정되지 않는 한 소를 부적법각하하지 않으면 안 된다. 이러한 의미에서 소 송능력은 본안판결을 받기 위해 갖추어야 할 소송요건이다.	
	소제기 후	소제기 뒤 소송계속 중에 소송능력을 상실한 경우에는 소각하를 할 것이 아 니라 소송절차는 법정대리인이 수계할 때까지 중단된다. 그러나 소송대리인 이 있는 경우에는 중단되지 않는다.	
	다툼이 있는 경우	① 조사결과 능력이 없을 때에는 소를 각하할 것이지만, 그 능력이 긍정되는 경우에는 중간판결이나 종국판결의 이유에서 판단하여야 한다. ② 소송무능력자라 하더라도 소송능력을 다투는 한도 내에서는 유효하게 소 송행위를 할 수 있다. 따라서 무능력자라도 소송능력의 흠을 이유로 각하 한 판결에 대하여 유효하게 상소를 제기할 수 있다.	
	간과한 판결	소송무능력을 간과하고 본안판결을 하였을 때에 상소로써 다툴 수 있으며, 확정된 뒤에는 재심의 소를 제기할 수 있다. 무능력자 측이 승소한 경우에는 무능력자의 보호가 제도의 취지임에 비추어 무능력자뿐만 아니라 패소한 상 대방도 상소나 재심으로 다툴 수 없다.	

⚖️ OX 확인

01

18법원직

외국인은 그의 본국법에 따르면 소송능력이 없는 경우라도 대한민국의 법률에 따라 소송능력이 있는 경우에는 소송능력이 있는 것으로 본다. ○ | X

> **해설** 제57조

02

18법원직

피한정후견인은 한정후견인의 동의가 필요한 행위에 관하여는 대리권 있는 한정후견인에 의해서만 소송행위를 할 수 있다. ○ | X

> **해설** 제55조 제2항

03

18법원직

미성년자는 법정대리인에 의해서만 소송행위를 할 수 있으므로, 미성년자가 독립하여 법률행위를 할 수 있는 경우에도 소송행위는 법정대리인에 의해서 하여야 한다. ○ | X

> **해설** 미성년자는 법정대리인에 의해서만 소송행위를 할 수 있다(제55조 제1항 본문). 미성년자는 원칙적으로 소송무능력자이다. 미성년자가 혼인한 경우에는 성년으로 의제되므로 완전한 소송능력을 갖는다. 다만, 미성년자가 독립하여 법률행위를 할 수 있는 경우, 즉 법정대리인의 허락을 얻어 특정한 영업에 관한 법률행위를 하는 경우나 근로계약을 체결하거나 임금을 청구하는 경우에는 그 범위의 소송에 대하여는 소송능력이 인정된다(제55조 제1항 단서 제1호).

04

16법원직

미성년자는 자신의 노무제공에 따른 임금의 청구를 독자적으로 할 수 있는 소송능력이 있다. ○ | X

> **해설** 미성년자는 원칙적으로 법정대리인에 의하여서만 소송행위를 할 수 있으나, 미성년자 자신의 노무제공에 따른 임금의 청구는 「근로기준법」 제54조의 규정에 의하여 미성년자가 독자적으로 할 수 있다(대판 1981.8.25. 80다3149).

05

소송능력에 흠이 있는 경우에는 법원은 기간을 정하여 이를 보정하도록 명하여야 하며, 만일 보정하는 것이 지연됨으로써 손해가 생길 염려가 있는 경우에는 법원은 보정하기 전의 당사자로 하여금 일시적으로 소송행위를 하게 할 수 있다. ○ | X

해설 소송능력·법정대리권 또는 소송행위에 필요한 권한의 수여에 흠이 있는 경우에는 법원은 기간을 정하여 이를 보정하도록 명하여야 하며, 만일 보정하는 것이 지연됨으로써 손해가 생길 염려가 있는 경우에는 법원은 보정하기 전의 당사자 또는 법정대리인으로 하여금 일시적으로 소송행위를 하게 할 수 있다(제59조).

차이점	소송능력	변론능력
취지	소송무능력자 보호(공익·사익)	소송의 원활·신속도모(공익)
대상	모든 소송행위에 필요	법원에 대한 소송행위에만 필요
무능력자의 소송행위	유동적 무효(추인가능 ∵ 사익고려)	절대적 무효(추인불가 ∵ 공익고려)
간과판결	유효한 판결 (상소·재심 가능 ∵ 위법한 판결)	유효한 판결 (상소·재심 불가 ∵ 적법한 판결)

의의		변론능력이란 변론장소인 법정에 나가 법원에 대한 관계에서 유효하게 소송행위를 하기 위한 능력을 말한다. 이는 개개의 소송행위가 갖추어야 할 소송행위의 유효요건일 뿐이라는 점에서, 소송요건이자 유효요건인 '소송능력'과 구별된다.
변론 무능력자	진술금지의 재판과 변호사 선임명령	① 당사자 또는 대리인이 소송관계를 분명하게 하기 위해 필요한 진술을 하지 못하는 경우가 있다. 이때에는 법원은 더 이상 진술을 못하게 하는 재판을 할 수 있다. 이러한 진술금지의 재판을 받은 자는 변론능력을 상실하여 변론무능력자가 되는데, 그 효력은 당해 변론기일에만 한정하는 것이 아니라 그 심급에 있어서는 그 뒤의 변론 전부에 미친다. ② 진술금지의 재판의 경우에 법원은 변호사의 선임을 명할 수 있다. 대리인에게 진술을 금하거나 변호사의 선임을 명하였을 때에는 본인에게 그 취지를 통지하여야 한다.
	진술보조인	제143조의2에서는 질병, 장애, 연령, 그 밖의 사유로 인한 정신적·신체적 제약으로 소송관계를 분명하게 하기 위하여 필요한 진술을 하기 어려운 당사자를 위하여 그 진술을 도와주는 진술보조인제도를 신설하였다. 이때 당사자는 법원의 허가를 받아 진술조력인과 함께 출석하여 진술할 수 있다.
변론능력 없을 때의 효과	무효, 기일 불출석의 불이익	① 변론능력은 소송행위의 유효요건이다. 변론무능력자의 소송행위는 무효이며, 소급추인은 안 된다. ② 진술금지의 재판을 한 경우에는 변론속행을 위한 새 기일을 정할 것이나, 그 새 기일에 당사자가 거듭 출석하여도 기일에 불출석한 것으로 취급되어 기일불출석의 불이익을 받게 된다.
	소·상소 각하	① 진술금지의 재판과 함께 변호사선임명령을 받은 사람이 새 기일까지 변호사를 선임하지 아니한 때에는 법원은 결정으로 소 또는 상소를 각하할 수 있다. 이 결정에 대하여는 즉시항고를 할 수 있다. ② 다만, 대리인과 유사한 선정당사자가 진술금지와 함께 변호사선임명령을 받았지만 이 사실을 선정자에게 통지하지 아니한 경우에는 변호사의 불선임을 이유로 소각하할 수 없다.

 **OX 확인**

01

소송관계를 분명하게 하기 위하여 필요한 진술을 할 수 없는 당사자 또는 대리인이라고 하더라도 법원이 위 당사자나 대리인의 진술을 금지하는 것은 허용되지 아니한다. ○ | ×

> **해설** 당사자 또는 대리인이 소송관계를 분명하게 하기 위해 필요한 진술을 하지 못하는 경우가 있다. 이때에는 법원은 더 이상 진술을 못하게 하는 재판을 할 수 있다(제144조 제1항).

제6절 소송상 대리인

Ⅰ 의의

소송상의 대리인이란 당사자의 이름으로 소송행위를 하거나 소송행위를 받는 제3자를 말하는바, 대리인의 행위는 본인에게만 효력이 미치고, 대리인에게는 미치지 않는다.
「민법」상의 대리와 달리 ① 대리권의 서면증명, ② 대리권범위의 법정, ③ 대리권소멸의 통지, ④ 「민법」상 표현대리의 배제 등이 요청된다.

Ⅱ 법정대리인

1. 종류

(1) 실체법상 법정대리인

(2) 제한능력자를 위한 소송상의 특별대리인

1) 선임신청의 요건

　① 미성년자·피한정후견인 또는 피성년후견인이 당사자인 경우에 ㉠ 법정대리인이 없거나 법정대리인에게 소송에 관한 대리권이 없는 경우, ㉡ 법정대리인이 사실상 또는 법률상 장애로 대리권을 행사할 수 없는 경우, ㉢ 법정대리인의 불성실하거나 미숙한 대리권 행사로 소송절차의 진행이 현저하게 방해받는 경우

　② 의사능력이 없는 사람을 상대로 소송행위를 하려고 하거나 의사능력이 없는 사람이 소송행위를 하는 데 필요한 경우

　③ 법인 또는 법인 아닌 사단·재단의 대표자나 관리인이 없거나 있더라도 사실상 또는 법률상 장애로 대표권을 행사할 수 없는 경우

긍정한 판례	① 양모가 미성년의 양자를 상대로 한 소유권이전등기청구소송은 이해상반행위에 해당하므로 법원으로서는 특별대리인을 선임해야 한다. ② 비법인사단과 그 대표자 사이의 이익이 상반되는 사항에 있어서는 위 대표자에게 대표권이 없으므로, 달리 위 대표자를 대신하여 비법인사단을 대표할 자가 없는 한 이해관계인은 특별대리인의 선임을 신청할 수 있고 이에 따라 선임된 특별대리인이 비법인사단을 대표하여 소송을 제기할 수 있다.
부정한 판례	① 비법인사단인 조합의 이사가 자기를 위하여 조합을 상대로 소를 제기하는 경우 그 소송에 관하여는 감사가 조합을 대표하므로, 조합에 감사가 있는 때에는 조합장이 없거나 조합장이 대표권을 행사할 수 없는 사정이 있더라도 조합은 특별한 사정이 없는 한 특별대리인을 선임할 수 없다. 나아가 수소법원이 이를 간과하고 특별대리인을 선임하였더라도 특별대리인은 이사가 제기한 소에 관하여 조합을 대표할 권한이 없다. ② 주식회사의 대표이사가 사임하여 공석 중이더라도 후임 대표이사가 적법하게 선출될 때까지는 종전 대표이사가 대표권을 가지므로 특별대리인을 선임할 경우에 해당하지 않는다. ③ 법인 대표자의 자격이나 대표권에 흠이 있어 그 법인이 또는 그 법인에 대하여 소송행위를 하기 위하여 수소법원에 의하여 특별대리인이 선임된 후 소송절차가 진행되던 중에 법인의 대표자 자격이나 대표권에 있던 흠이 보완되었다면 특별대리인에 대한 수소법원의 해임결정이 있기 전이라 하더라도 그 대표자는 법인을 위하여 유효하게 소송행위를 할 수 있다.

2) 선임신청권자

제한능력자를 위한 특별대리인은 이해관계인(미성년자·피한정후견인 또는 피성년후견인을 상대로 소송행위를 하려는 사람을 포함), 지방자치단체의 장 또는 검사가 선임을 신청할 수 있고, 의사무능력자를 위한 특별대리인은 위 사람들 이외에도 특정후견인 또는 임의후견인도 선임을 신청할 수 있다.

3) 선임신청절차 및 선임재판

① 신청인은 지연으로 인하여 손해를 볼 염려가 있음을 소명하여야 하고, 선임신청은 수소법원에 하여야 한다.

② 특별대리인의 선임·개임 또는 해임은 법원의 결정으로 하며, 그 결정은 특별대리인에게 송달하여야 한다. 선임신청의 기각결정에 대해서는 항고할 수 있지만, 선임결정에 대해서는 항고할 수 없다.

③ 개정법은 법원은 소송계속 후 필요하다고 인정하는 경우 직권으로 특별대리인을 선임·개임하거나 해임할 수 있다고 규정하였다.

(3) 법인 등의 대표자

법인 또는 비법인사단·재단의 소송행위는 그 대표자에 의하고, 법인 등의 대표자에게는 법정대리인에 관한 규정을 준용한다.

2. 법정대리인의 권한

친권자	① 법정대리인인 친권자는 일체의 소송행위를 할 수 있다. ② 법정대리인 표시에는 공동으로 친권을 행사하는 부모를 기재하여야 하지만, 송달은 부모 중 일방에게만 하면 된다.
후견인	① 후견인이 피후견인을 대리하여 소송행위를 함에 있어서는 후견감독인이 있으면 그의 동의를 받아야 하지만, 미성년후견인, 대리권 있는 성년후견인 또는 대리권 있는 한정후견인이 상대방의 소 또는 상소 제기에 관하여 소송행위를 하는 경우에는 그 후견감독인으로부터 특별한 권한을 받을 필요가 없다. ② 그러나 위 후견인이 소의 취하, 화해, 청구의 포기·인낙, 독립당사자참가소송에서 탈퇴하기 위해서는 후견감독인으로부터 특별한 권한을 받아야 한다. 다만, 후견감독인이 없는 경우에는 가정법원으로부터 특별한 권한을 받아야 한다.
법인 등의 대표자	① 법인의 대표자는 일체의 소송행위를 할 수 있다. ② 소송법상 특별대리인은 특별한 사정이 없는 한 법인을 대표하여 수행하는 소송에 관하여 상소를 제기하거나 이를 취하할 권리가 있다. ③ 판례는 공익법인이 제기한 기본재산에 관한 소의 취하에 대하여는 주무관청의 허가가 필요 없다고 본다(소취하는 실체법상 권리포기가 아니므로). 단, 기본재산처분은 허가가 필요하고, 그렇지 않은 처분은 무효이다.

3. 법정대리인의 지위

본인에 유사한 지위	① 법정대리인의 성명은 소장과 판결의 필요적 기재사항이다. ② 소송수행에 있어서 당사자 본인의 간섭이나 견제를 받지 않는다(즉, 경정권 ×). ③ 송달은 반드시 법정대리인에게 하여야 한다. ④ 법정대리인의 사망 또는 대리권의 소멸은 소송절차 중단사유가 된다. ⑤ 법정대리인은 증인능력이 없으므로 당사자 신문방식에 의한다.

공동대리원칙	① 수인의 법정대리인이 하는 소송행위(능동대리)는 원칙적으로 공동으로 하여야 한다. ② 상대방이 하는 소송행위를 받아들이는 수령(수동대리)은 단독으로 할 수 있으며, 송달은 그 가운데 한 사람에게 하면 된다.
대리권의 서면증명	법정대리권이 있는 사실 또는 소송행위를 위한 권한을 받은 사실은 서면으로 증명하여야 한다(가족관계증명서·법인등기부등본·초본 등).

4. 법정대리권의 소멸

소멸원인		본인의 사망, 법정대리인의 사망, 성년후견의 개시 또는 파산으로 소멸한다. 본인이 소송능력을 갖게 된 때 또는 법정대리인이 자격을 상실한 때에도 법정대리권이 소멸한다.
대리권의 소멸통지	원칙	① 소송절차 진행 중 법정대리권이 소멸하였더라도 상대방에게 그 사실을 통지하지 아니하면 소멸 효력을 주장하지 못한다(소송대리권 소멸, 대표권 소멸, 선정당사자의 자격 소멸도 동일). ② 법인 대표자의 대표권이 소멸된 경우에도 그 통지가 있을 때까지는 다른 특별한 사정이 없는 한 소송절차상으로는 그 대표권이 소멸되지 아니한 것으로 보아야 하므로, 대표권 소멸사실의 통지가 없는 상태에서 구 대표자가 한 소취하는 유효하고, 상대방이 그 대표권 소멸사실을 알고 있었다고 하여 이를 달리 볼 것은 아니다.
	예외	법원에 법정대리권의 소멸사실이 알려진 뒤에는 그 법정대리인은 소의 취하, 화해, 청구의 포기·인낙 또는 독립당사자참가소송에서의 탈퇴 등 행위를 하지 못한다.

Ⅲ 임의대리인(소송대리인)

1. 법률상 소송대리인

① 법률상 본인을 위해 일정한 범위의 업무에 관한 일체의 재판상의 행위를 할 수 있는 것으로 규정되어 있는 사람(예 상법에 규정된 지배인, 국가를 당사자로 하는 소송에서의 소송수행자 등)을 말한다.
② 다만, 지방자치단체는 「국가를 당사자로 하는 소송에 관한 법률」에서 정한 바와 같이 소송수행자를 지정할 수 없으므로, 변호사대리의 원칙에 따른 소송위임에 의한 소송대리만 가능하고, 변호사 아닌 지방자치단체 소속 공무원으로 하여금 소송수행자로서 소송대리를 하도록 할 수 없다.

2. 소송위임에 의한 소송대리인

소송위임의 의의	① 본인이 소송위임을 함에 있어서는 소송능력이 있어야 한다. ② 소송대리인의 권한은 서면으로 증명하여야 하는 것이지만, 소송대리인이 소송대리위임장을 법원에 제출한 이상 소송대리권이 있다고 할 것이고, 법원의 잘못 등으로 그 소송대리위임장이 기록에 편철되지 아니하거나 다른 기록에 편철되었다고 하여 소송대리인의 소송대리행위가 무효가 되는 것은 아니다.
변호사대리원칙	법률에 따라 재판상 행위를 할 수 있는 대리인 외에는 변호사가 아니면 소송대리인이 될 수 없다.
	① 「민사 및 가사소송의 사물관할에 관한 규칙」 제2조 단서 각 호의 어느 하나에 해당하는 사건(수표·어음금 청구사건, 금융기관이 원고인 대여금 등의 사건, 자동차손해배상 보장법상 손해배상사건 및 근로자의 업무상 재해로 인한 손해배상사건, 재정단독사건 등)은 소가가 5억 원을 초과하여도 여전히 단독사건이므로 비변호사대리가 허용된다. 따라서 소가 5억 원을 초과하는 경우에도 합의부에서 재정단독결정을

변호사대리원칙의 예외	단독사건 (법원의 허가 필요)	한 경우는 비변호사의 소송대리가 가능하다. ② 소송목적의 값이 제소 당시 또는 청구취지 확장 당시 <u>1억 원을 초과하지 않은 사건</u>에서는 당사자의 배우자 또는 4촌 안의 친족으로서 당사자와의 생활관계에 비추어 상당하다고 인정되는 경우, 당사자와 고용, 그 밖에 이에 준하는 계약관계를 맺고 그 사건에 관한 통상사무를 처리·보조하는 사람으로서 그 사람이 담당하는 사무와 사건의 내용 등에 비추어 상당하다고 인정되는 경우 <u>법원의 허가를 받아</u> 소송대리인이 될 수 있다. ③ 단독판사가 심판하는 사건에 있어서 소송대리 허가신청에 의한 소송대리권은 법원의 허가를 얻은 때부터 발생하는 것이므로 소송대리인이 대리인의 자격으로 변론기일 소환장을 수령한 날자가 법원이 허가한 날짜 이전이라면 그 변론기일 소환장은 소송대리권이 없는 자에 대한 송달로서 부적법하다.
	소액사건 (3,000만 원 이하의 사건: 법원의 허가 불요)	① 소액사건에서는 당사자의 배우자·직계혈족 또는 형제자매는 <u>법원의 허가 없이</u> 소송대리인이 될 수 있다. 다만, 상소심에서는 이 예외가 적용되지 않으므로 변호사대리의 원칙에 의한다. ② 「소액사건심판법」의 적용대상인 소액사건에 해당하는지 여부는 제소 당시를 기준으로 정하여지는 것이므로, 병합심리로 그 소가의 합산액이 소액사건의 소가를 초과하였다고 하여도 소액사건임에는 변함이 없다.

3. 소송대리권의 범위

원칙	① 소송대리인은 위임을 받은 사건에 대하여 반소에 관한 소송행위 등 일체의 소송행위와 변제의 영수를 할 수 있다(여기서 반소는 <u>반소에 대한 응소</u>를 의미). ② 소송대리인이 가지는 대리권의 범위에는 소송목적인 채권의 변제를 채무자로부터 수령하는 권한을 비롯하여 위임을 받은 사건에 관한 실체법상 사법행위를 하는 권한도 포함된다. ③ 소송대리권의 범위는 원칙적으로 당해 심급에 한정되지만, 소송대리인이 상소 제기에 관한 특별한 권한을 따로 받았다면 특별한 사정이 없는 한 상소장을 제출할 권한과 의무가 있으므로, 상소장에 인지를 붙이지 아니한 흠이 있다면 소송대리인은 이를 보정할 수 있고 원심재판장도 소송대리인에게 인지의 보정을 명할 수 있다. ④ 다만, 소송대리인에게 상소 제기에 관하여 특별수권이 있다고 하여도 실제로 소송대리인이 아닌 당사자 본인이 상소장을 작성하여 제출하였다면 소송대리인에게 상소장과 관련한 인지보정명령을 수령할 권능이 있다고 볼 수 없으므로, <u>소송대리인에게 인지보정명령을 송달하는 것은 부적법한 송달이어서 송달의 효력이 발생하지 않는다.</u>
특별수권사항	① 반소의 제기(제1호), 소의 취하, 화해, 청구의 포기·인낙 또는 독립당사자참가소송에서의 탈퇴(제2호), 상소의 제기 또는 취하(제3호), 복대리인의 선임(제4호) ② 소송대리인이 한 <u>소취하의 동의</u>는 소송대리권의 범위 내의 사항으로서 특별수권사항이 아니므로 바로 본인에게 그 효력이 미친다.
심급대리원칙	① 소송대리인이 소송대리권이 범위는 수임할 소송사무가 종료하는 시기인 당해 심급의 판결을 송달받은 때까지라고 할 것이다. ② 당해 소송이 상급심에서 파기환송 또는 취소환송되어 다시 원심법원에 계속하게 된 때에는 환송 전 원심에서의 소송대리인의 대리권이 부활한다. 따라서, 환송받은 항소심에서 환송 전의 항소심에서의 소송대리인에게 한 송달은 적법하다. ③ 다만, 상고심에서 항소심으로 파기환송된 사건이 다시 상고된 경우에는 다시 상고심에 계속되면서 부활하게 되는 것은 아니다. ④ 또한 재심 전 소송의 소송대리인이 당연히 재심소송의 소송대리인이 되는 것은 아니다.

4. 소송대리인의 지위

제3자의 지위	당사자가 아니므로 판결의 효력을 받지 않는다. 소송대리인이 있는 경우에도 당사자 본인에게 한 송달은 유효하다.
경정권	① 본인이 소송대리인과 같이 법정에 나와 소송대리인의 '사실상 진술'을 경정하면 그 진술은 효력이 없다. ② 사실상 진술에 한하며(신청, 소송물의 처분행위, 법률상 진술, 경험칙 등은 포함되지 않음), 지체 없이 행사되어야 하므로 본인이 소송대리인과 '함께' 변론에 출석한 경우에만 행사할 수 있다.
개별대리의 원칙	여러 소송대리인이 있는 때에는 각자가 당사자를 대리한다. 개별대리원칙에 어긋나는 약정을 한 경우에도 이는 효력을 가지지 못한다.

5. 소송대리권의 소멸

(1) 소멸사유

소송대리인의 사망·성년후견의 개시 또는 파산 등으로 소멸한다. 상대방에게 통지되어야 효력이 발생한다.

(2) 소멸원인이 되지 않는 사유

소송대리권은, ① 수권자인 당사자의 사망 또는 소송능력의 상실, ② 수권자인 법인의 합병에 의한 소멸, ③ 수권자인 법정대리인의 사망, 소송능력 상실, 법정대리권의 소멸·변경(법인 대표자의 교체 등), ④ 제3자 소송담당의 경우 그 소송담당자의 자격상실에 의해서는 소멸되지 않는다.

Ⅳ 무권대리인

	유동적 무효	대리권의 존재는 대리인의 소송행위의 유효요건이다. 그러나 무권대리인의 소송행위는 당사자나 정당한 대리인이 추인하면 소급하여 유효하게 되므로, 유동적 무효이다.
소송행위의 유효요건	추인 (확정적 유효)	① 항소의 제기에 관하여 특별수권을 받지 아니한 제1심 소송대리인이 제기한 항소는 무권대리인에 의해 제기된 것으로서 위법하다 할 것이나, 그 당사자의 적법한 소송대리인이 항소심에서 본안에 관하여 변론하였다면 이로써 그 항소제기 행위를 추인하였다고 할 것이므로 그 항소는 당사자가 적법하게 제기한 것으로 된다. ② 일단 추인거절의 의사표시가 있는 이상 그 무권대리행위는 확정적으로 무효로 귀착되므로 그 후에 다시 이를 추인할 수는 없다.
	묵시적 추인	① 추인은 시기의 제한이 없어 상급심에서도 추인할 수 있고 묵시적 의사표시로도 가능하다. ② 미성년자가 직접 소송대리인을 선임하여 제1심의 소송수행을 하게 하였으나 제2심에 이르러서는 미성년자의 친권자인 법정대리인이 소송대리인을 선임하여 소송행위를 하면서 아무런 이의를 제기한 바 없이 제1심의 소송결과를 진술한 경우에는 무권대리에 의한 소송행위를 묵시적으로 추인한 것으로 보아야 한다.
	일부추인	① 추인은 특별한 사정이 없는 한 소송행위의 전체를 대상으로 하여야 하고, 그중 일부의 소송행위만을 추인하는 것은 허용되지 아니한다. ② 그러나 무권대리인이 변호사에게 위임하여 소를 제기하여서 승소하고 상대방의 항소로 소송이 제2심에 계속 중 그 소를 취하한 일련의 소송행위 중 소취하 행위만을 제외하고 나머지 소송행위를 추인함은 소송의 혼란을 일으킬 우려가 없고 소송경제상으로도 적절하여 그 추인은 유효하다.

소송요건	① 소의 제기가 대리인에 의하여 또는 대리인에 대하여 이루어진 경우 대리권의 존재는 소송요건의 하나가 되고 대리권을 증명하는 서면은 소장의 필수적 첨부서류가 되며, 법원의 소송요건에 대한 심사의 대상에 속하므로 보정을 명한 후 이에 불응하면 소장각하명령이 아니라 <u>판결로써 소를 각하</u>하게 된다. ② 간과판결은 당연무효의 판결이 아니므로 확정 전에는 상소, 확정 후에는 재심으로 취소를 구할 수 있다.
표현대리 인정 여부	판례는 집행증서를 작성할 때에 강제집행인낙의 의사표시는 공증인에 대한 소송행위이고, 이러한 소송행위에는 「민법」상의 표현대리 규정은 적용 또는 유추적용될 수 없다고 한다.

01

사실상 의사능력을 상실한 상태에 있어 소송능력이 없는 사람에 대하여 소송을 제기하는 경우에도 특별대리인을 선임할 수 있다. ○ | X

> **해설** 의사능력이 없는 사람을 상대로 소송행위를 하려고 하거나 의사능력이 없는 사람이 소송행위를 하는 데 필요한 경우 특별대리인의 선임 등에 관하여는 제62조(제한능력자를 위한 특별대리인)를 준용한다(제62조의2 제1항).

02

비법인사단인 원고가 그 대표자인 피고 명의로 신탁한 부동산에 대하여 위 피고에게 명의신탁해지를 원인으로 그 소유권의 환원을 구하는 경우에 있어서는 달리 위 피고를 대신하여 원고를 대표할 자가 없는 한 이해관계인은 특별대리인의 선임을 신청할 수 있고 이에 따라 선임된 특별대리인이 원고를 대표하여 소송을 제기할 수 있다. ○ | X

> **해설** 판례는 비법인사단과 대표자 사이의 이익 상반 사항에 관한 소송에는 실체법, 즉 「민법」 제64조에 의하여 특별대리인을 선임하지 않고 소송법상의 특별대리인을 선임하도록 한다. 즉, 비법인사단과 그 대표자 사이의 이익이 상반되는 사항에 관한 소송행위에 있어서는 위 대표자에게 대표권이 없으므로, 달리 위 대표자를 대신하여 비법인사단을 대표할 자가 없는 한 이해관계인은 구 민사소송법 제60조, 제58조의 규정에 의하여 특별대리인의 선임을 신청할 수 있고 이에 따라 선임된 특별대리인이 비법인사단을 대표하여 소송을 제기할 수 있다(대판 1992.3.10. 91다25208).

03

조합장이 공석이고 이사와 감사 각 1명씩만 유효하게 선임되어 있는 재건축조합과 관련하여, 조합의 이사 개인이 자기를 위하여 조합을 상대로 소를 제기한 경우 법원은 특별한 사정이 없는 한 피고 조합을 위하여 특별대리인을 선임할 수 있다. ○ | X

> **해설** 「도시 및 주거환경정비법」에 따른 조합의 이사가 자기를 위하여 조합을 상대로 소를 제기하는 경우 그 소송에 관하여는 감사가 조합을 대표하므로(도시 및 주거환경정비법 제22조 제4항), 조합에 감사가 있는 때에는 조합장이 없거나 조합장이 대표권을 행사할 수 없는 사정이 있더라도 조합은 특별한 사정이 없는 한 민사소송법 제64조, 제62조에 정한 '법인의 대표자가 없거나 대표자가 대표권을 행사할 수 없는 경우'에 해당하지 아니하여 특별대리인을 선임할 수 없다. 나아가 수소법원이 이를 간과하고 특별대리인을 선임하였더라도 특별대리인은 이사가 제기한 소에 관하여 조합을 대표할 권한이 없다(대판 2015.4.9. 2013다89372).

04

새로이 선임된 대표이사가 주식회사의 적법한 대표자의 자격이 없는 경우 당초의 대표이사가 적법한 대표이사가 새로 선임되어 취임할 때까지 회사의 대표이사의 권리의무를 지므로 당해 회사는 대표자가 없거나 대표자가 대표권을 행사할 수 없는 경우에 해당하지 않아 특별대리인을 선임할 수 없다. ○ | X

> **해설** 새로이 선임된 대표이사가 주식회사의 적법한 대표자의 자격이 없으니 당초의 대표이사가 「상법」 제386조, 제389조 제3항에 의하여 적법한 대표이사가 새로 선임되어 취임할 때까지 회사의 대표이사의 권리의무를 지므로 당해 회사는 민사소송법 제58조, 제60조에 의한 '대표자가 없거나 대표자가 대표권을 행사할 수 없는 경우'에 해당하지 않아 특별대리인을 선임할 수 없다(대판 1974.12.10. 74다428).

05

법인 대표자의 자격이나 대표권에 흠이 있어 그 법인이 또는 그 법인에 대하여 소송행위를 하기 위하여 수소법원에 의하여 특별대리인이 선임된 후 소송절차가 진행되던 중에 법인의 대표자 자격이나 대표권에 있던 흠이 보완되었다고 하더라도 특별대리인에 대한 수소법원의 해임결정이 있기 전에는 그 대표자는 법인을 위하여 유효하게 소송행위를 할 수 없다. ○ | X

> **해설** 법인 대표자의 자격이나 대표권에 흠이 있어 그 법인이 또는 그 법인에 대하여 소송행위를 하기 위하여 민사소송법 제64조, 제62조에 따라 수소법원에 의하여 선임되는 특별대리인은 법인의 대표자가 대표권을 행사할 수 없는 흠을 보충하기 위하여 마련된 제도이므로, 이러한 제도의 취지에 비추어 보면 특별대리인이 선임된 후 소송절차가 진행되던 중에 법인의 대표자 자격이나 대표권에 있던 흠이 보완되었다면 특별대리인에 대한 수소법원의 해임결정이 있기 전이라 하더라도 그 대표자는 법인을 위하여 유효하게 소송행위를 할 수 있다(대판 2011.1.27. 2008다85758).

06

법정대리인이 없는 미성년자가 소송을 당한 경우 지방자치단체의 장 또는 검사는 해당 법원에 특별대리인 선임을 신청할 수 있다. ○ | X

> **해설** 제62조 제1항 제1호

07

법원이 특별대리인을 선임하기로 하는 결정을 한 경우 그 결정에 대해서는 항고할 수 없다.　　○ | X

> **해설** 선임기각결정에 대해서는 항고할 수 있으나(제439조), 선임결정에 대해서는 항고할 수 없다(대결 1963.5.2. 63마4).

08

제한능력자를 위한 특별대리인은 친족·이해관계인 등의 신청에 따라 선임되고, 법원이 직권으로 특별대리인을 선임할 수 없다.　　○ | X

> **해설** 법원은 소송계속 후 필요하다고 인정하는 경우 직권으로 특별대리인을 선임·개임하거나 해임할 수 있다(제62조 제2항).

09

특별대리인의 보수, 선임 비용 및 소송행위에 관한 비용은 소송비용에 포함된다.　　○ | X

> **해설** 제62조 제5항

10

미성년자·피한정후견인·피성년후견인을 위한 특별대리인은 대리권 있는 후견인과 같은 권한이 있고, 그 대리권의 범위에서 법정대리인의 권한이 정지된다.　　○ | X

> **해설** 특별대리인은 대리권 있는 후견인과 같은 권한이 있다. 특별대리인의 대리권의 범위에서 법정대리인의 권한은 정지된다(제62조 제3항).

11

피후견인이 제소된 경우 후견인은 후견감독인의 수권을 받아야 응소할 수 있다.　　○ | X

> **해설** 후견인이 피후견인을 대리하여 소송행위를 함에 있어서는 후견감독인이 있으면 그의 동의를 받아야 하지만(민법 제950조 제1항 제5호), 미성년후견인, 대리권 있는 성년후견인 또는 대리권 있는 한정후견인이 상대방의 소 또는 상소제기에 관하여 소송행위를 하는 경우에는 그 후견감독인으로부터 특별한 권한을 받을 필요가 없다(제56조 제1항).

12

법인 또는 법인 아닌 사단의 소송법상 특별대리인은 그 대표자와 동일한 권한을 가지게 되므로, 특별한 사정이 없는 한 법인을 대표하여 수행하는 소송에 관하여 상소를 제기하거나 이를 취하할 권리가 있다. O | X

해설 법인 또는 법인 아닌 사단의 소송법상 특별대리인은 법인 또는 법인 아닌 사단의 대표자와 동일한 권한을 가져 소송수행에 관한 일체의 소송행위를 할 수 있으므로, 소송법상 특별대리인은 특별한 사정이 없는 한 법인을 대표하여 수행하는 소송에 관하여 상소를 제기하거나 이를 취하할 권리가 있다(대판 2018.12.13. 2016다210849·210856).

13

법정대리인의 표시는 소장·판결의 필요적 기재사항이다. O | X

해설 제249조

14

법인이 당사자인 소송에서 법인등기사항증명서에 공동대표로 등기가 되어 있으면, 공동대표 전원에 의하여 또는 전원에 대하여 소제기가 있어야 하고, 준비서면 등의 제출서면도 공동으로 명의가 기재되어 있어야 한다. O | X

해설 법인등기사항증명서에 공동대표로 등기가 되어 있으면, 공동대표 전원에 의하여 또는 전원에 대하여 소제기가 있어야 하므로 참여사무관 등은 보정을 권고하여야 한다. 공동대표이사의 경우는 소송상으로도 공동으로 대표를 해야 하므로 준비서면 등의 제출서면도 공동으로 명의가 기재되어 있어야 한다. 다만, 상대방의 소송행위에 대한 수령은 단독으로 할 수 있다.

15

공동대표이사가 선임된 회사가 당사자인 경우 상대방의 소송행위에 대한 수령은 공동대표 중 1인만으로 가능하다. O | X

해설 상대방이 하는 소송행위를 받아들이는 수령, 즉 수동대리의 경우에는 단독으로 할 수 있으며(상법 제208조 제2항), 여러 사람이 공동으로 대리권을 행사하는 경우의 송달은 그 가운데 한 사람에게 하면 된다(제180조).

16

법정대리권 또는 소송행위의 수권에 대한 증명은 반드시 서면으로 하여야 한다.　○ | X

> **해설** 법정대리권 또는 소송행위의 수권에 관한 증명은 반드시 서면으로 하여야 하고(제58조 제1항), 이러한 증명 서면은 소송기록에 붙여야 한다(제58조 제2항).

17

소송절차의 진행 중 법인 대표자의 대표권이 소멸된 경우에도 이를 상대방에게 통지하지 아니하면 소송절차가 중단되지 않으므로 대표권 소멸의 통지가 없는 상태에서 구 대표자가 한 소취하는 유효하지만, 상대방이 그 대표권 소멸사실을 이미 알고 있었던 경우에는 그러한 소취하는 효력이 없다.　○ | X

> **해설** 민사소송법 제60조, 제59조 제1항의 취지는 법인(법인 아닌 사단도 포함, 이하 같다) 대표자의 대표권이 소멸하였다고 하더라도 당사자가 그 대표권의 소멸사실을 알았는지의 여부, 모른 데에 과실이 있었는지의 여부를 불문하고 그 사실의 통지 유무에 의하여 대표권의 소멸 여부를 획일적으로 처리함으로써 소송절차의 안정과 명확을 기하기 위함에 있으므로, 법인 대표자의 대표권이 소멸된 경우에도 그 통지가 있을 때까지는 다른 특별한 사정이 없는 한 소송절차상으로는 그 대표권이 소멸되지 아니한 것으로 보아야 하므로, 대표권 소멸사실의 통지가 없는 상태에서 구 대표자가 한 소취하는 유효하고, 상대방이 그 대표권 소멸사실을 알고 있었다고 하여 이를 달리 볼 것은 아니다(대판 (全) 1998.2.19. 95다52710).

18

지방자치단체를 당사자로 하는 소송에는 「국가를 당사자로 하는 소송에 관한 법률」에 의한 국가소송수행자의 지위가 인정되지 아니한다.　○ | X

> **해설** 지방자치단체는 「국가를 당사자로 하는 소송에 관한 법률」에서 정한 바와 같이 소송수행자를 지정할 수 없으므로, 변호사대리의 원칙에 따른 소송위임에 의한 소송대리만 가능하고, 변호사 아닌 지방자치단체 소속 공무원으로 하여금 소송수행자로서 소송대리를 하도록 할 수 없다(대판 2006.6.9. 2006두4035).

19

변호사 아닌 지방자치단체 소속 공무원으로 하여금 소송수행자로서 지방자치단체의 소송대리를 하도록 한 것은 민사소송법 제424조 제1항이 정하는 절대적 상고이유에 해당한다.　○ | X

> **해설** 민사소송법 제87조가 정하는 변호사대리의 원칙에 따라 변호사 아닌 사람의 소송대리는 허용되지 않는 것이므로, 변호사 아닌 피고 소속 공무원으로 하여금 소송수행자로서 피고의 소송대리를 하도록 한 것은 민사소송법 제424조 제1항 제4호가 정하는 '소송대리권의 수여에 흠이 있는 경우'에 해당하는 위법이 있는 것이다(대판 2006.6.9. 2006두4035).

20

소송위임(수권행위)은 소송대리권의 발생이라는 소송법상의 효과를 목적으로 하는 단독 소송행위로서 그 기초관계인 의뢰인과 변호사 사이의 사법상의 위임계약과는 성격을 달리하는 것이고, 의뢰인과 변호사 사이의 권리의무는 수권행위가 아닌 위임계약에 의하여 발생한다. ○ | ×

> **해설** 통상 소송위임장이라는 것은 민사소송법 제81조 제1항에 따른 소송대리인의 권한을 증명하는 전형적인 서면이라고 할 것인데, 여기에서의 소송위임(수권행위)은 소송대리권의 발생이라는 소송법상의 효과를 목적으로 하는 단독 소송행위로서 그 기초관계인 의뢰인과 변호사 사이의 사법상의 위임계약과는 성격을 달리하는 것이고, 의뢰인과 변호사 사이의 권리의무는 수권행위가 아닌 위임계약에 의하여 발생한다(대판 1997.12.12. 95다20775).

21

소송대리인의 권한은 서면으로 증명하여야 하는 것이지만, 소송대리인이 소송대리위임장을 법원에 제출한 이상 소송대리권이 있다고 할 것이고, 법원의 잘못 등으로 그 소송대리위임장이 기록에 편철되지 아니하거나 다른 기록에 편철되었다고 하여 소송대리인의 소송대리행위가 무효가 되는 것은 아니다. ○ | ×

> **해설** 민사소송법 제89조 제1항에 의하면, 소송대리인의 권한은 서면으로 증명하여야 하는 것이지만, 소송대리인이 소송대리위임장을 법원에 제출한 이상 소송대리권이 있다고 할 것이고, 법원의 잘못 등으로 그 소송대리위임장이 기록에 편철되지 아니하거나 다른 기록에 편철되었다고 하여 소송대리인의 소송대리행위가 무효가 되는 것은 아니다(대판 2005.12.8. 2005다36298).

22

단독판사가 심리·재판하는 소송목적의 값이 제소 당시 1억 원 이하인 민사소송사건은 변호사가 아닌 사람도 법원의 허가를 받아 소송대리인이 될 수 있다. ○ | ×

> **해설** 단독판사가 심리·재판하는 사건으로서 ① 「민사 및 가사소송의 사물관할에 관한 규칙」 제2조 각 호에 해당하는 사건(수표금·약속어음금 청구사건, 은행 등 금융회사가 원고인 대여금·구상금·보증금 청구사건, 자동차손해배상 보장법에서 정한 자동차·원동기장치자전거·철도차량의 운행 및 근로자의 업무상 재해로 인한 손해배상 청구사건과 이에 관한 채무부존재확인사건, 단독판사가 심판할 것으로 합의부가 결정한 사건), ② 위 ①에 해당하지 않는 사건 중 소송목적의 값이 제소 당시 또는 청구취지 확장(변론의 병합 포함) 당시 1억 원을 초과하지 않은 사건에서는 당사자의 배우자 또는 4촌 안의 친족으로서 당사자와의 생활관계에 비추어 상당하다고 인정되는 경우, 당사자와 고용, 그 밖에 이에 준하는 계약관계를 맺고 그 사건에 관한 통상사무를 처리·보조하는 사람으로서 그 사람이 담당하는 사무와 사건의 내용 등에 비추어 상당하다고 인정되는 경우 법원의 허가를 받아 소송대리인이 될 수 있다(제88조, 민사소송규칙 제15조).

23

소송목적의 값이 5억 원을 초과하는 경우에도 단독판사가 심판할 것으로 합의부가 결정한 사건은 비변호사의 소송대리가 가능하다. ○ | X

> **해설** 소송목적의 값이 5억 원을 초과하는 경우에도 합의부에서 재정단독결정을 한 경우는 비변호사의 소송대리가 가능하다(민사 및 가사소송의 사물관할에 관한 규칙 제2조 제4호).

24

단독판사가 심판하는 사건에 있어서 소송대리 허가신청에 의한 소송대리권은 법원의 허가를 얻은 때부터 발생하는 것이므로 소송대리인이 대리인의 자격으로 변론기일 소환장을 수령한 날짜가 법원이 허가한 날짜 이전이라면 그 변론기일 소환장은 소송대리권이 없는 자에 대한 송달로서 부적법하다. ○ | X

> **해설** 대판 1982.7.27. 82다68

25

소액사건에서는 법원의 허가가 없더라도 당사자의 형제자매는 소송대리인이 될 수 있다. ○ | X

> **해설** 「소액사건심판법」 제8조

26

제소 당시 「소액사건심판법」의 적용대상인 소액사건이 그 후 병합심리로 인하여 그 소송목적의 값의 합산액이 3,000만 원을 초과할 경우, 소액사건에 해당하지 아니한다. ○ | X

> **해설** 소액사건에 해당하는지 여부는 소제기 당시를 기준으로 하는 것이므로, 대체물이나 유가증권의 청구 등에 있어서 소제기 후 교환가격의 상승으로 3,000만 원을 초과하게 되거나, 2개 이상의 소액사건을 병합함으로써 소송목적의 값의 합산액이 3,000만 원을 초과하게 된 경우라도 여전히 소액사건임에 변함이 없다(대판 1992.7.24. 91다43176).

27

소송대리인은 위임받은 사건에 대하여 강제집행, 가압류·가처분에 관한 절차 등 일체의 소송행위와 변제의 영수를 할 수 있다.　　　　　　　　　　　　　　　　　　　　　　　　○ | ×

> **해설** 소송대리인은 위임받은 사건에 대하여 특별수권사항(제90조 제2항)을 제외하고 반소·참가·강제집행·가압류 등 일체 소송행위와 변제의 영수를 할 수 있다(제90조 제1항).

28

소송대리인은 특별수권을 받지 않는 한 위임을 받은 사건에 관하여 상대방으로부터 변제를 받을 수 없다.　　　　　　　　　　　　　　　　　　　　　　　　　　　　　　　　○ | ×

> **해설** 위임에 의한 소송대리인이 가지는 대리권의 범위에는 특별수권을 필요로 하는 사항을 제외한 소송수행에 필요한 일체의 소송행위를 할 권한뿐만 아니라 소송목적인 채권의 변제를 채무자로부터 수령하는 권한을 비롯하여 위임을 받은 사건에 관한 실체법상 사법행위를 하는 권한도 포함된다(대판 2015.10.29. 2015다32585).

29

피고가 제기한 반소에 응소하거나 반소를 제기하는 행위는 통상의 대리권의 범위에 속한다.　○ | ×

> **해설** 피고가 제기하는 반소에 응소하는 행위는 통상의 대리권의 범위에 속하나, 반소를 제기하는 행위는 통상의 대리권의 범위에 속하지 않아 특별수권을 받아야 한다(제90조 제2항).

30

변호사인 소송대리인의 대리권은 제한하지 못하지만, 변호사 아닌 소송대리인의 대리권은 제한할 수 있다.　　　　　　　　　　　　　　　　　　　　　　　　　　　　　　　　○ | ×

> **해설** 소송위임에 의한 소송대리인의 대리권의 범위는 소송법에 직접 정해 놓고 있는데, 변호사인 소송대리인의 경우에는 이를 제한할 수 없다(제91조 본문). 그러나 변호사 아닌 소송대리인의 경우에는 본인의 의사를 존중하는 뜻에서 그 제한이 허용된다(제91조 단서).

정답 | **23** ○　**24** ○　**25** ○　**26** ×　**27** ○　**28** ×　**29** ×　**30** ○

31

소송대리인은 당해 사건에 관한 공격방어방법의 전제로서 본인이 가진 상계권, 취소권, 해제·해지권 등 사법상의 형성권을 행사할 수 있다. O | X

> **해설** 대판 2015.10.29. 2015다32585

32

소송대리인이 상소 제기에 관한 특별한 권한을 따로 받았다면 상소장에 인지를 붙이지 아니한 흠이 있는 경우 특별한 사정이 없는 한 소송대리인은 이를 보정할 수 있고 원심재판장도 소송대리인에게 인지의 보정을 명할 수 있다. O | X

> **해설** 소송대리권의 범위는 원칙적으로 당해 심급에 한정되지만, 소송대리인이 상소 제기에 관한 특별한 권한을 따로 받았다면 특별한 사정이 없는 한 상소장을 제출할 권한과 의무가 있으므로, 상소장에 인지를 붙이지 아니한 흠이 있다면 소송대리인은 이를 보정할 수 있고 원심재판장도 소송대리인에게 인지의 보정을 명할 수 있다(대결 2013.7.31. 2013마670).

33

상소 제기에 관한 특별한 권한을 받은 소송대리인이 작성하여 제출한 상소장에 인지를 붙이지 아니한 흠이 있는 때에는 원심재판장은 그 소송대리인에게 인지의 보정을 명할 수 있지만, 당사자 본인이 상소장을 작성하여 제출한 경우에는 소송대리인에게 인지보정명령을 송달할 수 없다. O | X

> **해설** 소송대리인에게 상소 제기에 관하여 특별수권이 있다고 하여도 실제로 소송대리인이 아닌 당사자 본인이 상소장을 작성하여 제출하였다면 소송대리인에게 상소장과 관련한 인지보정명령을 수령할 권능이 있다고 볼 수 없으므로, 소송대리인에게 인지보정명령을 송달하는 것은 부적법한 송달이어서 송달의 효력이 발생하지 않는다(대결 2016.12.27. 2016무745).

34

소송대리인이 소취하에 동의를 함에 있어서는 본인으로부터 특별한 권한을 따로 받아야 한다. O | X

> **해설** 소취하에 대한 소송대리인의 동의는 민사소송법 제82조 제2항 소정의 특별수권사항이 아닐 뿐 아니라, 소송대리인에 대하여 특별수권사항인 소취하를 할 수 있는 대리권을 부여한 경우에도 상대방의 소취하에 대한 동의권도 포함되어 있다고 봄이 상당하므로 그 같은 소송대리인이 한 소취하의 동의는 소송대리권의 범위 내의 사항으로서 본인에게 그 효력이 미친다(대판 1984.3.13. 82므40).

35

소송상 화해나 청구의 포기에 관한 특별수권이 되어 있다면 특별한 사정이 없는 한 그러한 소송행위에 대한 수권만이 아니라 그러한 소송행위의 전제가 되는 당해 소송물인 권리의 처분이나 포기에 대한 권한도 수여되어 있다고 봄이 상당하다. ○│×

해설 소송상 화해나 청구의 포기에 관한 특별수권이 되어 있다면, 특별한 사정이 없는 한 그러한 소송행위에 대한 수권만이 아니라 그러한 소송행위의 전제가 되는 당해 소송물인 권리의 처분이나 포기에 대한 권한도 수여되어 있다고 봄이 상당하다(대결 2000.1.31. 99마6205).

36

가압류사건을 수임받은 변호사의 소송대리권은 그 가압류신청사건에 관한 소송행위뿐만 아니라 본안의 제소명령을 신청할 권한에도 미치나, 상대방의 신청으로 발하여진 제소명령결정을 송달받을 권한에까지는 미치지 않는다. ○│×

해설 가압류·가처분 등 보전소송사건을 수임받은 소송대리인의 소송대리권은 수임받은 사건에 관하여 포괄적으로 미친다고 할 것이므로 가압류사건을 수임받은 변호사의 소송대리권은 그 가압류신청사건에 관한 소송행위뿐만 아니라 본안의 제소명령을 신청하거나, 상대방의 신청으로 발하여진 제소명령결정을 송달받을 권한에까지 미친다(대결 2003.3.31. 2003마324).

37

소송대리인의 소송대리권은 특별한 사정이 없는 한 당해 심급의 판결을 송달받은 때까지만 유지된다. ○│×

해설 대판 1995.12.26. 95다24609

38

사건이 상고심에서 환송되어 다시 항소심에 계속하게 된 경우, 환송받은 항소심에서 환송 전의 항소심에서의 소송대리인에게 한 송달은 적법하다. ○│×

해설 당해 소송이 상급심에서 파기환송 또는 취소환송되어 다시 원심법원에 계속하게 된 때에는 환송 전 원심에서의 소송대리인의 대리권이 부활한다(대판 1963.1.31. 62다792).

정답 | 31 ○ 32 ○ 33 ○ 34 × 35 ○ 36 × 37 ○ 38 ○

39

재심 전의 소송의 소송대리인에게 당연히 재심소송의 소송대리권이 있는 것은 아니다. ○ | X

해설 재심의 소 절차에 있어서의 변론은 재심 전 절차의 속행이기는 하나 재심의 소는 신소의 제기라는 형식을 취하고 재심 전의 소송과는 일응 분리되어 있는 것이며, 사전 또는 사후의 특별수권이 없는 이상 재심 전의 소송의 소송대리인이 당연히 재심소송의 소송대리인이 되는 것이 아니다(대결 1991.3.27. 90마970).

40

본인의 경정권의 대상은 재판상 자백 같은 사실관계에 관한 진술에 한하므로 대리인이 한 신청과 취하·포기·인낙·화해 같은 소송을 처분하는 행위, 법률상의 의견 등은 본인이 취소하거나 경정할 수 없다. ○ | X

해설 본인의 경정권의 대상은 재판상 자백 같은 사실관계에 관한 진술에 한하므로 대리인이 한 신청과 취하·포기·인낙·화해 같은 소송을 처분하는 행위, 법률상의 의견 등은 본인이 취소하거나 경정할 수 없다.

41

여러 소송대리인이 있는 때에는 각자가 당사자를 대리한다. 당사자가 이에 어긋나는 약정을 한 경우 그 약정은 효력을 가지지 못한다. ○ | X

해설 소송대리인이 수인 있는 경우 각자가 당사자를 대리한다(제93조 제1항). 당사자가 이에 어긋나는 약정(예 공동대리약정)은 효력을 가지지 못한다(제93조 제2항).

42

당사자가 사망하면 소송위임에 의한 소송대리인의 대리권은 소멸한다. ○ | X

해설 소송대리권은, ① 수권자인 당사자의 사망 또는 소송능력의 상실, ② 수권자인 법인의 합병에 의한 소멸, ③ 수권자인 법정대리인의 사망, 소송능력 상실, 법정대리권의 소멸·변경(법인 대표자의 교체 등), ④ 제3자 소송담당의 경우 그 소송담당자의 자격상실에 의해서는 소멸되지 않는다(제95조, 제96조).

43

대리인에 의한 소송행위에 있어서 대리권의 존재는 그 소송행위의 유효요건이고, 무권대리인에 의한 또는 그에 대한 소송행위는 일률적으로 무효이므로, 당사자 본인이나 정당한 대리인이 추인하더라도 소급하여 유효로 되지 않는다. ○ | X

해설 대리인에 의한 소송행위에 있어서 대리권의 존재는 그 소송행위의 유효요건이다. 따라서 무권대리인에 의한 또는 그에 대한 소송행위는 일률적으로 무효이며, 「민법」상 표현대리에 관한 규정은 적용 또는 준용될 수 없다(대판 1994.2.22. 93다42047). 그러나 절대적으로 무효인 것이 아니라 후에 당사자 본인이나 정당한 대리인이 추인한 경우에는 소급하여 유효로 된다(제60조, 제97조). 이 추인의 시기에는 제한이 없으며 제1심에서의 무권대리행위를 상소심에서 추인하여도 무방하다(대판 1997.3.14. 96다25227).

44

항소의 제기에 관하여 특별수권을 받지 아니한 제1심 소송대리인이 제기한 항소는 위법하나, 그 당사자의 적법한 소송대리인이 항소심에서 본안에 대하여 변론하였다면 그 항소는 당사자가 적법하게 제기한 것으로 된다. ○ | X

해설 항소의 제기에 관하여 특별수권을 받지 아니한 제1심 소송대리인이 제기한 항소는 무권대리인에 의해 제기된 것으로서 위법하다 할 것이나, 그 당사자의 적법한 소송대리인이 항소심에서 본안에 관하여 변론하였다면 이로써 그 항소제기행위를 추인하였다고 할 것이므로 그 항소는 당사자가 적법하게 제기한 것으로 된다(대판 2007.2.8. 2006다67893).

45

무권대리인이 행한 소송행위에 대하여 추인거절의 의사표시가 있는 이상, 무권대리행위는 확정적으로 무효가 되어 그 후에 다시 이를 추인할 수는 없다. ○ | X

해설 일단 추인거절의 의사표시를 한 이상 무권대리행위는 유동적 무효의 상태에서 확정적 무효가 되므로 그 후에 다시 추인할 수 없다(대판 2008.8.21. 2007다79480).

정답 | 39 ○ 40 ○ 41 ○ 42 × 43 × 44 ○ 45 ○

46

미성년자가 직접 변호인을 선임하여 제1심의 소송수행을 하게 하였으나 제2심에 이르러서는 미성년자의 친권자인 법정대리인이 소송대리인을 선임하여 소송행위를 하면서 아무런 이의를 제기한 바 없이 제1심의 소송결과를 진술한 경우에는 무권대리에 의한 소송행위를 묵시적으로 추인된 것으로 보아야 한다.　　○ | ×

> 해설 대판 1980.4.22. 80다308

47

무권대리인이 행한 소송행위의 추인은 소송행위의 전체를 일괄하여 하여야 하는 것이나 무권대리인이 변호사에게 위임하여 소를 제기하여서 승소하고 상대방의 항소로 소송이 2심에 계속 중 그 소를 취하한 일련의 소송행위 중 소취하 행위만을 제외하고 나머지 소송행위를 추인하는 것은 유효하다.　　○ | ×

> 해설 무권대리인이 행한 소송행위의 추인은 소송행위의 전체를 일괄하여 하여야 하는 것이나 무권대리인이 변호사에게 위임하여 소를 제기하여서 승소하고 상대방의 항소로 소송이 2심에 계속 중 그 소를 취하한 일련의 소송행위 중 소취하 행위만을 제외하고 나머지 소송행위를 추인함은 소송의 혼란을 일으킬 우려 없고 소송경제상으로도 적절하여 그 추인은 유효하다(대판 1973.7.24. 69다60).

48

법원이 대리권이 없음을 간과하고 본안판결을 하였을 때에는 그 판결은 당연무효이므로 당사자 본인에 대해 효력을 미치지 않는다.　　○ | ×

> 해설 대리권 흠결을 간과한 본안판결은 당연무효의 판결이 아니라 유효한 판결로서 확정 전엔 상소로 다툴 수 있고(제424조 제1항 제4호), 확정 후에는 재심으로 판결의 취소를 구할 수 있다(제451조 제1항 제3호).

정답 | **46** ○　**47** ○　**48** ×

실전 확인

01 미성년자인 甲 명의의 소유권이전등기가 마쳐진 ×토지에 관하여 매매를 원인으로 하여 乙 명의로 소유권이전등기가 마쳐졌다. 甲이 乙을 상대로 ×토지에 관한 乙 명의의 소유권이전등기 말소등기 절차의 이행을 구하는 소를 제기하였다. 다음 설명 중 옳지 않은 것은? (각 지문은 독립적이고, 다툼이 있는 경우에는 판례에 의함) 　　　　　　　　　　　　　　　　　　　　　　12변호사

① 甲의 법정대리인이 없는 경우, 이해관계인은 소송절차가 지연됨으로써 손해를 볼 염려가 있음을 소명하여 수소법원에 특별대리인의 선임을 신청할 수 있다.

② 전(前) 등기명의인인 甲이 미성년자이기는 하나 일단 乙 명의로 소유권이전등기가 마쳐진 이상, 그 이전등기에 관하여 필요한 절차를 적법하게 거친 것으로 추정된다.

③ 법원은 기간을 정하여 甲의 소송능력을 보정하도록 명하여야 하며, 설령 보정하는 것이 지연됨으로써 손해가 생길 염려가 있는 경우에도 甲에게 소송행위를 하게 할 수 없다.

④ 甲이 직접 소송대리인을 선임하여 제1심의 소송수행을 하게 하였으나 항소심에서 甲의 친권자인 丙이 다른 소송대리인을 선임하여 소송행위를 하면서 아무런 이의를 제기한 바 없이 제1심의 소송결과를 진술한 경우에는 무권대리에 의한 소송행위를 묵시적으로 추인한 것으로 보아야 한다.

⑤ 친권자 丙이 甲을 대리하여 제기한 소송 중에 甲이 성년에 도달하더라도 그 사실을 乙에게 통지하지 아니하면 甲은 丙의 대리권 소멸의 효력을 乙에게 주장하지 못한다.

해설 ① [○] 미성년자·피한정후견인 또는 피성년후견인이 당사자인 경우, 그 친족, 이해관계인(미성년자·피한정후견인 또는 피성년후견인을 상대로 소송행위를 하려는 사람 포함), 대리권 없는 성년후견인, 대리권 없는 한정후견인, 지방자치단체의 장 또는 검사는 다음의 경우에 소송절차가 지연됨으로써 손해를 볼 염려가 있다는 것을 소명하여 수소법원에 특별대리인을 선임하여 주도록 신청할 수 있다.
　1. 법정대리인이 없거나 법정대리인에게 소송에 관한 대리권이 없는 경우(제62조 제1항 제1호)

② [○] 어느 부동산에 관하여 등기가 경료되어 있는 경우 특별한 사정이 없는 한 그 원인과 절차에 있어서 적법하게 경료된 것으로 추정되므로(대판 1995.4.28. 94다23524), 전 등기명의인인 미성년자가 자신의 지분을 친권자에게 증여하는 행위가 이해상반행위라 하더라도 일단 이전등기가 경료되어 있는 이상, 특별한 사정이 없는 한, 그 이전등기에 관하여 필요한 절차를 적법하게 거친 것으로 추정된다(대판 2002.2.5. 2001다72029).

③ [×] 보정하는 것이 지연됨으로써 손해가 생길 염려가 있는 경우에는 법원은 보정하기 전의 당사자로 하여금 일시적으로 소송행위를 하게 할 수 있다(제59조).

④ [○] 미성년자가 직접 변호인을 선임하여 제1심의 소송수행을 하게 하였으나 제2심에 이르러서는 미성년자의 친권자인 법정대리인이 소송대리인을 선임하여 소송행위를 하면서 아무런 이의를 제기한 바 없이 제1심의 소송결과를 진술한 경우에는 무권대리에 의한 소송행위를 묵시적으로 추인된 것으로 보아야 한다(대판 1980.4.22. 80다308).

⑤ [○] 소송절차가 진행되는 중에 법정대리권이 소멸한 경우에는 본인 또는 대리인이 상대방에게 소멸된 사실을 통지하지 아니하면 소멸의 효력을 수장하지 못한다(제63조 제1항 본문).

정답 ③

제3장 | 소송의 객체(소송물)

제1절 소의 이익

제1관 | 소의 이익의 의의

[권리보호자격]

1. 청구가 소구할 수 있는 구체적인 권리 또는 법률관계에 대한 것일 것

법률문제라도 구체적 이익분쟁과 관계없는 추상적인 법령의 해석이나 효력을 다투는 소는 소의 이익이 없다. 따라서 ① 법률·명령 자체의 위헌확인청구, ② 정관 등의 무효 여부 등은 권리보호자격이 없다.

2. 법률상·계약상의 소제기 금지사유가 없을 것

중복소제기금지, 재소금지가 있으며, 계약상 금지사유로 부제소특약이 있다.

3. 특별구제절차(소제기 장애사유)가 없을 것

① 소송비용액 확정절차에 의하지 않고 소송비용상환청구의 소를 제기한 경우
② 공탁금출급절차를 밟아야 함에도 공탁공무원을 상대로 민사소송으로 지급을 청구한 경우
③ 상소로 다툴 것을 다투지 아니하여 확정시켜 놓고 별도의 소를 제기하는 경우 등은 소의 이익이 없다.
④ 어느 분쟁해결을 위하여 적정한 판단을 받을 수 있도록 마련된 보다 더 간편한 절차를 이용할 수 있었음에도 그 절차를 이용하지 않았다는 사정은 소송제기에 있어 소극적 권리보호요건인 직권조사사항이라 할 것이다.

4. 원고가 동일청구에 대하여 승소확정의 판결을 받은 경우가 아닐 것

① 확정판결의 기판력에 의하여 당사자는 확정판결과 동일한 소송물에 기하여 신소를 제기할 수 없는 것이 원칙이나, 시효중단 등 특별한 사정이 있는 경우에는 예외적으로 신소가 허용된다. 그러나 이러한 경우에도 신소의 판결이 전소의 승소확정판결의 내용에 저촉되어서는 안 되므로, 후소 법원으로서는 그 확정된 권리를 주장할 수 있는 모든 요건이 구비되어 있는지에 관하여 다시 심리할 수 없다. 다만, 전소의 변론종결 후에 새로 발생한 변제, 상계, 면제 등과 같은 채권소멸사유는 후소의 심리대상이 되어 채무자인 피고는 후소 절차에서 위와 같은 사유를 들어 항변할 수 있으나, 법률이나 판례의 변경은 전소 변론종결 후에 발생한 새로운 사유에 해당한다고 할 수 없다.
② 시효중단을 위한 후소로서 이행소송 외에 전소판결로 확정된 채권의 시효를 중단시키기 위한 조치, 즉 '재판상의 청구'가 있다는 점에 대하여만 확인을 구하는 형태의 '새로운 방식의 확인소송'이 허용되고, 채권자는 두 가지 형태의 소송 중 자신의 상황과 필요에 보다 적합한 것을 선택하여 제기할 수 있다고 보아야 한다.

5. 신의칙위반의 소제기가 아닐 것

OX 확인

01

단체의 구성원이 단체내부규정의 효력을 다투는 소는 당사자 사이의 구체적인 권리 또는 법률관계의 존부확인을 구하는 것이 아니므로 부적법하다.   O | X

> **해설** 단체의 구성원이 단체내부규정의 효력을 다투는 소는 당사자 사이의 구체적인 권리 또는 법률관계의 존부확인을 구하는 것이 아니므로 부적법하다(대판 1992.11.24. 91다29026).

02

법원의 가처분결정에 기하여 그 가처분집행의 방법으로 이루어진 처분금지가처분등기는 집행법원의 가처분결정의 취소나 집행취소의 방법에 의해서만 말소될 수 있는 것이어서 처분금지가처분등기의 이행을 소구할 수 없다.   O | X

> **해설** 법원의 가처분결정에 기하여 그 가처분집행의 방법으로 이루어진 처분금지가처분등기는 집행법원의 가처분결정의 취소나 집행취소의 방법에 의해서만 말소될 수 있는 것이어서 처분금지가처분등기의 이행을 소구할 수는 없는 것이다(대판 1982.12.14. 80다1872 · 1873).

03

어느 분쟁해결을 위하여 적정한 판단을 받을 수 있도록 마련된 보다 더 간편한 절차를 이용할 수 있었음에도 그 절차를 이용하지 않았다는 사정은 소송제기에 있어 소극적 권리보호요건인 직권조사사항이다.   O | X

> **해설** 어느 분쟁해결을 위하여 적정한 판단을 받을 수 있도록 마련된 보다 더 간편한 절차를 이용할 수 있었음에도 그 절차를 이용하지 않았다는 사정은 소송제기에 있어 소극적 권리보호요건인 직권조사사항이라 할 것이다(대판 2002.9.4. 98다17145).

정답 | **01** O **02** O **03** O

04

패소 확정판결을 받은 당사자가 전소의 상대방을 상대로 다시 전소와 동일한 청구의 소를 제기하는 경우, 특별한 사정이 없는 한 후소는 권리보호의 이익이 없어 부적법하다. O | X

> **해설** 판례는 승소판결을 받은 경우에 원고가 같은 신소를 제기하는 것은 권리보호의 이익에 흠이 있는 것이며, 이 때문에 소각하를 하여야 한다고 했다. 그러나 패소판결을 받은 때에 원고가 신소를 제기하면 전의 판결내용과 모순되는 판단을 하여서는 아니 되는 구속력 때문에 전소판결의 판단을 원용하여 청구기각의 판결을 하여야 하고, 소각하할 것이 아니라는 입장이다(대판 1989.6.27. 87다카2478).

05

이행판결이 확정되었는데 판결 내용이 특정되지 아니하여 집행을 할 수 없는 경우에는 소송물이 동일한 경우라도 다시 소송을 제기할 권리보호의 이익이 있다. O | X

> **해설** 소송물이 동일한 경우라도 판결 내용이 특정되지 아니하여 집행을 할 수 없는 경우에는 다시 소송을 제기할 권리보호의 이익이 있다(대판 1998.5.15. 97다57658).

06

확정된 승소판결에는 기판력이 있으므로, 승소 확정판결을 받은 당사자가 그 상대방을 상대로 다시 승소 확정판결의 전소와 동일한 청구의 소를 제기하는 경우 그 후소는 권리보호의 이익이 없어 부적법하나, 예외적으로 확정판결에 의한 채권의 소멸시효기간인 10년의 경과가 임박한 경우에는 그 시효중단을 위한 소는 소의 이익이 있다. O | X

> **해설** 확정된 승소판결에는 기판력이 있으므로, 승소 확정판결을 받은 당사자가 그 상대방을 상대로 다시 승소 확정판결의 전소와 동일한 청구의 소를 제기하는 경우 그 후소는 권리보호의 이익이 없어 부적법하다. 하지만 예외적으로 확정판결에 의한 채권의 소멸시효기간인 10년의 경과가 임박한 경우에는 그 시효중단을 위한 소는 소의 이익이 있다. 나아가 이러한 경우에 후소의 판결이 전소의 승소 확정판결의 내용에 저촉되어서는 아니 되므로, 후소 법원으로서는 그 확정된 권리를 주장할 수 있는 모든 요건이 구비되어 있는지 여부에 관하여 다시 심리할 수 없다(대판 (全) 2018.7.19. 2018다22008).

07

시효중단을 위한 재소에서 후소의 판결이 전소의 승소 확정판결의 내용에 저촉되어서는 아니 되므로, 후소 법원으로서는 그 확정된 권리를 주장할 수 있는 모든 요건이 구비되어 있는지 여부에 관하여 다시 심리할 수 없다. O | X

해설 대판 (全) 2018.7.19. 2018다22008

08

확정된 전소가 이행소송이었던 경우 채권자는 이행소송과 확인소송 중 어느 하나를 임의로 선택하여 제기할 수는 없고, 이행소송을 할 수 없는 부득이한 사정이 있는 경우에만 '재판상의 청구'가 있다는 점에 대하여 확인을 구하는 형태의 확인소송을 제기할 수 있다. O | X

해설 종래 대법원은 시효중단사유로서 재판상의 청구에 관하여 반드시 권리 자체의 이행청구나 확인청구로 제한하지 않을 뿐만 아니라, 권리자가 재판상 그 권리를 주장하여 권리 위에 잠자는 것이 아님을 표명한 것으로 볼 수 있는 때에는 널리 시효중단사유로서 재판상의 청구에 해당하는 것으로 해석하여 왔다. 이와 같은 법리는 이미 승소 확정판결을 받은 채권자가 그 판결상 채권의 시효중단을 위해 후소를 제기하는 경우에도 동일하게 적용되므로, 채권자가 전소로 이행청구를 하여 승소 확정판결을 받은 후 그 채권의 시효중단을 위한 후소를 제기하는 경우, 후소의 형태로서 항상 전소와 동일한 이행청구만이 시효중단사유인 '재판상의 청구'에 해당한다고 볼 수는 없다. 따라서 시효중단을 위한 후소로서 이행소송 외에 전소판결로 확정된 채권의 시효를 중단시키기 위한 조치, 즉 '재판상의 청구'가 있다는 점에 대하여만 확인을 구하는 형태의 '새로운 방식의 확인소송'이 허용되고, 채권자는 두 가지 형태의 소송 중 자신의 상황과 필요에 보다 적합한 것을 선택하여 제기할 수 있다고 보아야 한다(대판 (全) 2018.10.18. 2015다232316).

09

판결로 확정된 채권의 소멸시효 중단을 위한 재판상의 청구가 있다는 점에 대하여만 확인을 구하는 소송을 제기한 경우 그 소가는 그 대상인 전소 판결에서 인정된 권리의 가액(이행소송으로 제기할 경우에 그에 해당하는 소가)의 10분의 1이다. 다만 그 권리의 가액이 3억 원을 초과하는 경우에는 이를 3억 원으로 본다. O | X

해설 판결로 확정된 채권의 소멸시효 중단을 위한 재판상의 청구가 있다는 점에 대하여만 확인을 구하는 소송을 제기한 경우 그 소가는 그 대상인 전소 판결에서 인정된 권리의 가액(이행소송으로 제기할 경우에 그에 해당하는 소가)의 10분의 1이다. 다만 그 권리의 가액이 3억원을 초과하는 경우에는 이를 3억원으로 본다(인지규 제18조의3).

정답 | **04** × **05** ○ **06** ○ **07** ○ **08** × **09** ○

제2관 | 권리보호이익(각종 소의 특수한 소의 이익)

Ⅰ 현재이행의 소

1. 집행이 불가능하거나 현저하게 곤란한 경우(소의 이익 긍정)

순차로 경료된 등기말소	순차 경료된 소유권이전등기의 각 말소청구소송은 통상의 공동소송이므로 그중의 어느 한 등기명의자만을 상대로 말소를 구할 수 있고, 최종 등기명의자에 대하여 등기말소를 구할 수 있는지에 관계없이 중간의 등기명의자에 대하여 등기말소를 구할 소의 이익이 있다.
가압류된 금전채권	채권에 가압류가 있더라도 이는 가압류채무자가 제3채무자로부터 현실로 급부를 추심하는 것만을 금지하는 것이므로 가압류채무자는 제3채무자를 상대로 그 이행의 소를 제기할 수 있고, 법원은 가압류가 되어 있음을 이유로 이를 배척할 수 없다.
추심명령과 전부명령	① 채권에 대한 압류 및 추심명령이 있으면 제3채무자에 대한 이행의 소는 추심채권자만이 제기할 수 있고 채무자는 피압류채권에 대한 이행소송을 제기할 당사자적격을 상실한다. 이는 소각하의 본안 전 항변사유이다. ② 전부채무자의 제3채무자에 대한 소제기는 적법하다. 다만, 전부채무자의 제3채무자에 대한 이행청구소송은 실체법상의 이행청구권이 상실되었으므로, 이는 본안에서 기각되어야 할 '본안에 관한 항변'사유에 해당한다.
가압류된 소유권이전등기 청구권	소유권이전등기청구권에 대한 압류나 가압류가 있더라도 채무자는 제3채무자를 상대로 그 이행을 구하는 소송을 제기할 수 있고 법원은 가압류가 되어 있음을 이유로 이를 배척할 수는 없는 것이지만, 소유권이전등기를 명하는 판결은 의사의 진술을 명하는 판결로서 이것이 확정되면 채무자는 일방적으로 이전등기를 신청할 수 있고 제3채무자는 이를 저지할 방법이 없게 되므로 위와 같이 볼 수는 없고 이와 같은 경우에는 가압류의 해제를 조건으로 하지 않는 한 법원은 이를 인용하여서는 안 된다.

2. 목적이 실현되었거나 아무런 실익이 없는 경우

사해행위의 취소소송 중 이미 채무자에게 복귀한 경우	채권자가 채무자의 부동산에 관한 사해행위를 이유로 수익자를 상대로 그 사해행위의 취소 및 원상회복을 구하는 소송을 제기하여 그 소송계속 중 위 사해행위가 해제 또는 해지되고 채권자가 그 사해행위의 취소에 의해 복귀를 구하는 재산이 벌써 채무자에게 복귀한 경우에는, 그 채권자취소소송은 이미 그 목적이 실현되어 더 이상 그 소에 의해 확보할 권리보호의 이익이 없어지는 것이다.
등기관련소송 중 등기말소된 경우	① 원고의 소유권이전등기청구소송 중에 다른 원인에 의하여 원고 앞으로 소유권이전등기가 된 경우, 건물이 전부멸실된 경우 그 건물에 대한 등기청구, 근저당권설정등기의 말소등기절차의 이행을 구하는 소송 중에 그 근저당권설정등기가 경락을 원인으로 말소된 경우에도 권리보호이익이 부정된다. ② 그러나 소유권보존등기가 되었던 종전건물의 소유자가 이를 헐어 내고 건물을 신축한 경우에 있어 종전건물에 대한 멸실등기를 하고 새 건물에 대한 소유권보존등기를 하기 위하여 종전건물에 대한 소유권보존등기에 터 잡아 마쳐진 원인무효의 소유권이전등기 등의 말소를 청구할 소의 이익이 있다. ③ 건축공사가 완료되어 「건축법」상 최종적인 절차로서 건축허가상 건축주 명의로 사용검사승인까지 받아 소유권보존등기가 마쳐진 경우와는 달리, 비록 건축공사 자체는 독립한 건물로 볼 수 있을 만큼 완성되었으나 그 적법한 사용에 이르기까지 필요한 「건축법」상의 각종 신고나 신청 등의 모든 절차를 마치지 않은 채 소유권보존등기가 이루어진 경우에는, 그 건물의 원시취득자는 자신 앞으로 건축주 명의를 변경하여 그 명의로 「건축법」상 남아 있는 각종 신고나 신청 등의 절차를 이행함으로써 「건축법」상 허가된 내용에 따른 건축을 완료할 수 있을 것이므로, 이러한 경우 그 건물의 정당한 원시취득자임을 주장하여 건축주 명의변경절차의 이행을 구하는 소는 그 소의 이익을 부정할 수 없다.

소송 도중에 진실한 경계에 관한 당사자 주장이 일치하게 된 경우	토지 경계확정의 소가 제기되면 법원은 당사자 쌍방이 주장하는 경계선에 구속되지 않고 스스로 진실하다고 인정되는 바에 따라 경계를 확정하여야 하고, 소송 도중에 당사자 쌍방이 경계에 관하여 합의를 도출해냈다고 하더라도 원고가 그 소를 취하하지 않고 법원의 판결에 의하여 경계를 확정할 의사를 유지하고 있는 한, 법원은 그 합의에 구속되지 아니하고 진실한 경계를 확정하여야 하는 것이므로, 소송 도중에 진실한 경계에 관하여 당사자의 주장이 일치하게 되었다는 사실만으로 경계확정의 소가 권리보호의 이익이 없어 부적법하다고 할 수 없다.
의사의 진술을 명하는 판결	원인 없이 말소된 근저당권설정등기의 회복등기절차 이행과 회복등기에 대한 승낙의 의사표시를 구하는 소송 도중에 근저당목적물인 부동산에 관하여 경매절차가 진행되어 매각허가결정이 확정되고 매수인이 매각대금을 완납한 경우, 회복등기절차 이행이나 회복등기에 대한 승낙의 의사표시를 구할 법률상 이익이 없게 된다.

01

같은 부동산에 관하여 순차로 여러 사람의 명의로 마쳐진 소유권이전등기의 각 말소를 청구하는 소송에서 최종 등기명의인에 대하여 이미 패소판결이 확정되었다면 중간의 등기명의인에게 말소를 구할 소의 이익이 없다. ○│X

해설 순차 경료된 소유권이전등기의 각 말소청구소송은 통상의 공동소송이므로 그중의 어느 한 등기명의자만을 상대로 말소를 구할 수 있고, 최종 등기명의자에 대하여 등기말소를 구할 수 있는지에 관계없이 중간의 등기명의자에 대하여 등기말소를 구할 소의 이익이 있다(대판 1998.9.22. 98다23393).

02

금전채권에 대한 가압류가 있더라도 가압류채무자는 제3채무자를 상대로 그 금전채권의 이행을 구하는 소송을 제기할 수 있다. ○│X

해설 대판 2000.4.11. 99다23888

03

사해행위의 취소 및 원상회복을 구하는 소송계속 중 사해행위가 해제 또는 해지되어 그 목적부동산이 이전등기의 말소 또는 소유권이전등기의 형식으로 채무자에게 복귀한 경우에는 특별한 사정이 없는 한 위 채권자취소소송은 권리보호의 이익이 없다. ○│X

해설 채권자가 채무자의 부동산에 관한 사해행위를 이유로 수익자를 상대로 사해행위의 취소 및 원상회복을 구하는 소송을 제기한 후 소송계속 중에 사해행위가 해제 또는 해지되고 채권자가 사해행위의 취소에 의해 복귀를 구하는 재산이 벌써 채무자에게 복귀한 경우에는, 특별한 사정이 없는 한 사해행위취소소송의 목적은 이미 실현되어 더 이상 소에 의해 확보할 권리보호의 이익이 없어진다(대판 (全) 2015.5.21. 2012다952).

04

근저당권의 피담보채무에 관한 부존재확인의 소는 근저당권이 말소되면 확인의 이익이 없게 된다.
○ | X

> 해설 확인의 소에서 확인의 대상은 현재의 권리 또는 법률관계일 것을 요하므로 특별한 사정이 없는 한 과거의 권리 또는 법률관계의 존부확인은 인정되지 아니하는바, 근저당권의 피담보채무에 관한 부존재확인의 소는 근저당권이 말소되면 과거의 권리 또는 법률관계의 존부에 관한 것으로서 확인의 이익이 없게 된다(대판 2013.8.23. 2012다17585).

05

소유권보존등기가 되었던 종전건물의 소유자가 이를 헐어 내고 건물을 신축한 경우에 있어 종전건물에 대한 멸실등기를 하고 새 건물에 대한 소유권보존등기를 하기 위하여 종전건물에 대한 소유권보존등기에 터 잡아 마쳐진 원인무효의 소유권이전등기의 말소를 청구할 소의 이익이 있다.
○ | X

> 해설 대판 1992.3.31. 91다39184

06

「건축법」상의 각종 신고나 신청 등의 모든 절차를 마치지 않은 채 소유권보존등기가 이루어진 경우, 그 건물의 정당한 원시취득자임을 주장하여 건축주 명의변경절차의 이행을 구하는 소는 그 소의 이익을 부정할 수 없다.
○ | X

> 해설 건축공사가 완료되어 「건축법」상 최종적인 절차로서 건축허가상 건축주 명의로 사용검사승인까지 받아 소유권보존등기가 마쳐진 경우와는 달리, 비록 건축공사 자체는 독립한 건물로 볼 수 있을 만큼 완성되었으나 그 적법한 사용에 이르기까지 필요한 「건축법」상의 각종 신고나 신청 등의 모든 절차를 마치지 않은 채 소유권보존등기가 이루어진 경우에는, 그 건물의 원시취득자는 자신 앞으로 건축주 명의를 변경하여 그 명의로 「건축법」상 남아 있는 각종 신고나 신청 등의 절차를 이행함으로써 「건축법」상 허가된 내용에 따른 건축을 완료할 수 있을 것이므로, 이러한 경우 그 건물의 정당한 원시취득자임을 주장하여 건축주 명의변경절차의 이행을 구하는 소는 그 소의 이익을 부정할 수 없다(대판 2009.2.12. 2008다72844).

정답 | **01** X **02** ○ **03** ○ **04** ○ **05** ○ **06** ○

07

토지 경계확정의 소가 제기되어 소송이 계속되던 중 진실한 경계에 관하여 당사자의 주장이 일치하게 되었다면 경계확정의 소는 권리보호의 이익이 없게 된다. ○│X

해설 서로 인접한 토지의 경계선에 관하여 다툼이 있어서 토지 경계확정의 소가 제기되면 법원은 당사자 쌍방이 주장하는 경계선에 구속되지 않고 스스로 진실하다고 인정되는 바에 따라 경계를 확정하여야 하고, 소송 도중에 당사자 쌍방이 경계에 관하여 합의를 도출해냈다고 하더라도 원고가 그 소를 취하하지 않고 법원의 판결에 의하여 경계를 확정할 의사를 유지하고 있는 한, 법원은 그 합의에 구속되지 아니하고 진실한 경계를 확정하여야 하는 것이므로, 소송 도중에 진실한 경계에 관하여 당사자의 주장이 일치하게 되었다는 사실만으로 경계확정의 소가 권리보호의 이익이 없어 부적법하다고 할 수 없다(대판 1996.4.23. 95다54761).

08

원인 없이 말소된 근저당권설정등기의 회복등기절차 이행과 회복등기에 대한 승낙의 의사표시를 구하는 소송 도중에 근저당목적물인 부동산에 관하여 경매절차가 진행되어 매각허가결정이 확정되고 매수인이 매각대금을 완납한 경우, 회복등기절차 이행이나 회복등기에 대한 승낙의 의사표시를 구할 법률상 이익이 없게 된다. ○│X

해설 의사의 진술을 명하는 판결은 확정과 동시에 그러한 의사를 진술한 것으로 간주되므로(민사집행법 제263조 제1항), 의사의 진술이 간주됨으로써 어떤 법적 효과를 가지는 경우에는 소로써 구할 이익이 있지만 그러한 의사의 진술이 있더라도 아무런 법적 효과가 발생하지 아니할 경우에는 소로써 청구할 법률상 이익이 있다고 할 수 없다(대판 2016.9.30. 2016다200552).

정답 │ **07** × **08** ○

Ⅱ 장래이행의 소

1. 의의

장래이행의 소는 변론종결시를 표준으로 하여 이행기가 장래에 도래하는 이행청구권을 주장하는 소이기 때문에 '미리 청구할 필요'가 있는 경우에 한하여 허용된다.

2. 장래이행의 소에서 청구적격

기한부, 정지조건부 청구권	① 장래 발생할 채권이라도 그 기초되는 법률상·사실상 관계가 성립되어 있고, 조건성취에 의하여 청구권 발생의 개연성이 충분한 경우에는 이행의 소 대상이 된다. ② 다만, 거래규제구역의 토지매수인이 매도인 상대로 장차 허가받을 것을 조건으로 하여 소유권이전등기청구를 하는 것은 불허된다.
선이행청구	① 원고가 먼저 자기 채무의 이행을 하여야 비로소 그 이행기가 도래하는 이행청구권을 대상으로 하는 선이행청구는 원칙적으로 허용되지 않는다. ② 다만, 채권자가 피담보채무의 액수를 다투는 경우 피담보채무를 변제한다고 하더라도 채권자가 등기말소에 협력할 것으로 기대할 수 없으므로 채무자는 피담보채무의 변제를 조건으로 그 등기말소를 미리 청구할 수 있다.
장래의 계속적 불법행위· 부당이득청구	① 장래의 계속적인 불법행위·부당이득청구권도 장래이행의 소의 대상적격이 있으며, 다만 판례는 원고가 주장하는 장래의 시점까지 침해(채무불이행사유 등)가 존속될 것이 확정적으로 예정되어야 한다는 입장이다. 또 변론종결 당시에 확정적으로 채무자가 책임질 기간을 예정할 수 없다면 장래이행의 판결을 할 수 없다. ② 따라서 판례는 지방자치단체가 사유지를 무단 점유·사용하는 경우에, '시가 토지를 매수할 때까지'로 기간을 정한 장래의 부당이득반환청구는 허용되지 않는다고 하고, '도로폐쇄에 의한 점유종료일 또는 토지소유자의 소유권 상실일'까지의 장래의 부당이득반환청구는 허용된다고 한 바 있다.

3. 미리 청구할 필요(권리보호이익)

정기행위	이행이 제때에 이루어지지 않는다면 채무본지에 따른 이행이 되지 않는다든지 또는 이행지체를 하면 회복할 수 없는 손해가 발생할 경우에는 미리 청구할 필요가 있다.
계속적·반복적 이행청구	현재 이미 이행기 도래분에 대해 불이행한 이상, 장래의 분도 자진 이행을 기대할 수 없기 때문에 현재의 분과 합쳐서 미리 청구할 수 있다.
이행기 미도래의 부작위채무	채무자가 이미 의무위반을 하였다든가 의무위반의 염려가 있을 때에는 미리 청구할 필요가 있다.
미리 의무 존재를 다투는 경우	의무자가 미리 의무의 존재를 다투기 때문에 이행기에 이르거나 조건이 성취되어도 즉시 이행을 기대할 수 없음이 명백한 경우에는 미리 청구할 필요가 있다.
현재이행의 소와 병합한 장래이행의 소	목적물인도청구와 집행불능에 대비한 대상청구의 병합은 현재이행의 소와 장래이행의 소의 병합에 해당한다. 대상청구는 본래적 급부청구가 집행불능이 되는 경우에 대비하여 미리 청구하는 것으로서, 하나의 이익을 놓고 두 번 소제기해야 하는 비경제를 피할 수 없기 때문에 허용한다.

형성의 소	① 공유물분할청구와 병합하여 분할판결이 날 경우에 대비한 분할부분에 대한 등기청구는 허용되지 않는다. ② 제권판결 불복의 소와 같은 형성의 소는 그 판결이 확정됨으로써 비로소 권리변동의 효력이 발생하게 되므로 이에 의하여 형성되는 법률관계를 전제로 하는 이행소송 등을 병합하여 제기할 수 없다. 제권판결에 대한 취소판결의 확정 여부가 불확실한 상황에서 그 확정을 조건으로 한 수표금 청구는 장래이행의 소의 요건을 갖추었다고 보기 어렵다.

4. 장래이행판결과 사정변경

종전 판례	확정판결은 주문에 포함한 것에 대하여 기판력이 있고, 변론종결시를 표준으로 하여 이행기가 장래에 도래하는 청구권이더라도 미리 그 청구할 필요가 있는 경우에는 장래이행의 소를 제기할 수 있으므로, 이행판결의 주문에서 그 변론종결 이후 기간까지의 급부의무의 이행을 명한 이상 그 확정판결의 기판력은 그 주문에 포함된 기간까지의 청구권의 존부에 대하여 미치는 것이 원칙이고, 다만 사실심 변론종결 후에 그 액수산정의 기초가 된 사정이 뚜렷하게 바뀜으로써 당사자 사이의 형평을 크게 해할 특별한 사정이 생긴 때에는 전소에서 명시적인 일부청구가 있었던 것과 동일하게 평가하여 전소판결의 기판력이 그 차액 부분에는 미치지 않는다.
정기금판결에 대한 변경의 소	정기금의 지급을 명하는 판결이 확정된 뒤에 그 액수산정의 기초가 된 사정이 현저하게 바뀐 경우에 장차 지급할 정기금의 액수를 바꾸어 달라는 소를 말한다.

⚖️ OX 확인

01
18법원직

장래의 이행을 청구하는 소에서 이행기에 이르거나 조건이 성취될 때에 채무자의 무자력으로 말미암아 집행이 곤란해진다든가 또는 이행불능에 빠질 사정이 있다는 것만으로는 미리 청구할 필요가 있다고 할 수 없다. O | X

> **해설** 대판 2000.8.22. 2000다25576

02
22변호사

채권담보의 목적으로 부동산에 관하여 가등기가 경료되었는데 채권자가 그 가등기의 피담보채무의 액수를 다투는 때에는, 채무자는 채권자에게 피담보채무의 변제를 조건으로 가등기를 말소할 것을 미리 청구할 필요가 있다. O | X

> **해설** 저당권설정등기 말소등기청구권이나 담보가등기말소등기청구권처럼 원고가 먼저 자기 채무의 이행을 해야 비로소 그 이행기가 도래하는 이행청구권을 대상으로 하는 선이행청구는 원칙적으로 허용되지 않는다. 다만, 채권담보의 목적으로 부동산에 관하여 가등기가 경료된 경우 채무자는 자신의 채무를 먼저 변제하여야만 비로소 그 가등기의 말소를 구할 수 있는 것이기는 하지만, 채권자가 그 가등기가 채권담보의 목적으로 된 것임을 다툰다든지 피담보채무의 액수를 다투기 때문에 장차 채무자가 채무를 변제하더라도 채권자가 그 가등기의 말소에 협력할 것으로 기대되지 않는 경우에는 피담보채무의 변제를 조건으로 가등기를 말소할 것을 미리 청구할 필요가 있다(대판 1992.7.10. 92다15376·92다15383).

03
19법원직

장래에 채무의 이행기가 도래할 예정인 경우에도 채무불이행사유가 언제까지 존속할 것인지가 불확실하여 변론종결 당시에 확정적으로 채무자가 책임을 지는 기간을 예정할 수 없다면 장래의 이행을 명하는 판결을 할 수 없다. O | X

> **해설** 장래의 이행을 명하는 판결을 하기 위하여는 채무의 이행기가 장래에 도래하는 것뿐만 아니라 의무불이행사유가 그때까지 존속한다는 것을 변론종결 당시에 확정적으로 예정할 수 있는 것이어야 하며 이러한 책임기간이 불확실하여 변론종결 당시에 확정적으로 예정할 수 없는 경우에는 장래의 이행을 명하는 판결을 할 수 없다(대판 1987.9.22. 86다카2151).

정답 | **01** ○ **02** ○ **03** ○

04

채무자의 태도나 채무의 내용과 성질에 비추어 채무의 이행기가 도래하더라도 채무자의 이행을 기대할 수 없다고 판단되는 경우에는 '장래의 이행을 청구하는 소'를 미리 청구할 필요가 있다고 보아야 한다.

○ | X

> **해설** 장래의 이행을 청구하는 소는 미리 청구할 필요가 있는 경우에 한하여 제기할 수 있는바, 여기서 미리 청구할 필요가 있는 경우라 함은 이행기가 도래하지 않았거나 조건 미성취의 청구권에 있어서는 채무자가 미리부터 채무의 존재를 다투기 때문에 이행기가 도래되거나 조건이 성취되었을 때에 임의의 이행을 기대할 수 없는 경우를 말하고, 이행기에 이르거나 조건이 성취될 때에 채무자의 무자력으로 말미암아 집행이 곤란해진다든가 또는 이행불능에 빠질 사정이 있다는 것만으로는 미리 청구할 필요가 있다고 할 수 없다(대판 2000.8.22. 2000다25576).

05

제권판결에 대한 취소판결의 확정을 조건으로 한 수표금 청구도 장래이행의 소로서 허용된다. ○ | X

> **해설** 제권판결 불복의 소와 같은 형성의 소는 그 판결이 확정됨으로써 비로소 권리변동의 효력이 발생하게 되므로 이에 의하여 형성되는 법률관계를 전제로 하는 이행소송 등을 병합하여 제기할 수 없는 것이 원칙이다. 또한 제권판결에 대한 취소판결의 확정 여부가 불확실한 상황에서 그 확정을 조건으로 한 수표금 청구는 장래이행의 소의 요건을 갖추었다고 보기 어려울 뿐만 아니라, 제권판결 불복의 소의 결과에 따라서는 수표금 청구소송의 심리가 무위에 그칠 우려가 있고, 제권판결 불복의 소가 인용될 경우를 대비하여 방어하여야 하는 수표금 청구소송의 피고에게도 지나친 부담을 지우게 된다는 점에서 이를 쉽사리 허용할 수 없다(대판 2013.9.13. 2012다36661).

06

이행기가 장래에 도래하는 청구권이더라도 미리 청구할 필요가 있는 경우에는 장래이행의 소를 제기할 수 있으므로, 이행판결의 주문에서 변론종결 이후 기간까지 급부의무의 이행을 명한 이상 확정판결의 기판력은 주문에 포함된 기간까지의 청구권의 존부에 대하여 미치는 것이 원칙이다. ○ | X

> **해설** 확정판결은 주문에 포함한 것에 대하여 기판력이 있고, 변론종결시를 표준으로 하여 이행기가 장래에 도래하는 청구권이더라도 미리 그 청구할 필요가 있는 경우에는 장래이행의 소를 제기할 수 있으므로, 이행판결의 주문에서 그 변론종결 이후 기간까지의 급부의무의 이행을 명한 이상 그 확정판결의 기판력은 그 주문에 포함된 기간까지의 청구권의 존부에 대하여 미치는 것이 원칙이고, 다만 장래 이행기 도래분까지의 정기금의 지급을 명하는 판결이 확정된 경우 그 소송의 사실심 변론종결 후에 그 액수산정의 기초가 된 사정이 뚜렷하게 바뀜으로써 당사자 사이의 형평을 크게 해할 특별한 사정이 생긴 때에는 전소에서 명시적인 일부청구가 있었던 것과 동일하게 평가하여 전소판결의 기판력이 그 차액 부분에는 미치지 않는다(대판 1999.3.9. 97다58194).

정답 | **04** ○ **05** × **06** ○

Ⅲ 확인의 소

1. 청구적격(권리보호자격)

권리 또는 법률관계	확인의 대상은 권리·법률관계이어야 하기 때문에 사실관계는 허용될 수 없다. 다만, 예외가 증서의 진정 여부를 확인하는 소이다.
현재의 권리 또는 법률관계	① 과거의 권리관계의 존부확인은 청구할 수 없다. 다만, 매매계약무효확인의 소에 있어서 과거의 법률행위인 매매계약무효확인을 구하는 것으로 볼 것이 아니라 현재 매매계약에 기한 채권·채무가 존재하지 않는다는 확인을 구하는 취지를 간결하게 표현한 것으로 선해한다. ② 2개월 정직처분의 무효확인을 구하는 사건에서 그 정직 2개월이 경과되었지만, 정직기간 동안의 임금 미지급 처분의 실질을 갖는 징계처분의 무효 여부에 관한 다툼이라 보아 적법하다. ③ 신분관계, 사단관계, 행정소송관계처럼 포괄적 법률관계인 경우에 과거의 것이라도 일체 분쟁의 직접적·획일적 해결에 유효적절한 수단이 되는 때에는 허용할 것이다.
자기의 권리 또는 법률관계	확인의 대상은 원고·피고 당사자 간의 권리관계가 아니라 타인 간의 권리관계라 하여도 당사자의 권리관계에 대한 불안이나 위험을 제거할 수 있는 유효하고 적절한 수단이 되는 경우에 확인의 이익이 있다.

2. 권리보호이익(즉시 확정의 법률상 이익)

(1) 법률상의 이익
① 반사적으로 받게 될 사실적·경제적 이익은 포함되지 않는다.
② 회사의 자산이 늘어나는 데 대한 주주로서의 경제적 이익 등 사실상의 이익만으로서는 확인의 이익이 있다고 할 수 없다. 누가 제사를 주재할 것인가 등과 관련된 제사주재자지위의 확인도 법률상 이익이 없다.

(2) 현존하는 불안
1) 적극적 확인의 소의 이익
① 자기의 권리 또는 법적 지위가 다른 사람으로부터 부인되거나, 이와 양립하지 않는 주장을 당하게 되는 경우가 현존하는 불안이 있는 전형적인 경우이다. 그러나 당사자 간에 다툼이 없어도 소멸시효의 완성단계에 이른 경우, 원고의 주장과 반대되는 공부(등기부·가족등록부)상의 기재 등 불확실할 때는 법적 불안이 있는 것으로 보아야 한다.
② 국가 상대의 토지소유권 확인청구는 어느 토지가 미등기이고 대장상에 등록명의자가 없거나 등록명의자가 누구인지를 알 수 없을 때와 그 밖에 국가가 등록명의자의 소유를 부인하면서 계속 국가소유를 주장하는 등 특별한 사정이 있는 경우에 확인의 이익이 있다.
③ 또한 건물의 경우 건축물관리대장의 비치·관리업무는 당해 지방자치단체의 고유사무로서 국가사무라고 할 수도 없어, 국가는 그 소유권 귀속에 관한 직접 분쟁의 당사자가 아니어서 이를 확인해 주어야 할 지위에 있지 않으므로, 국가를 상대로 미등기 건물의 소유권 확인을 구하는 것은 그 확인의 이익이 없어 부적법하다.

현존불안을 긍정한 경우	하나의 채권에 관하여 2인 이상이 서로 채권자라고 주장하고 있는 경우, 스스로 채권자라고 주장하는 어느 한쪽이 상대방에 대하여 그 채권이 자기에게 속한다는 채권의 귀속에 관한 확인을 구할 이익을 긍정한다.
현존불안을 부정한 경우	甲 소유의 부동산에 관하여 乙 명의의 소유권이전등기청구권가등기가 마쳐진 후 위 부동산에 관하여 가압류등기를 한 丙은 위 가등기가 담보목적 가등기인지 여부를 청구할 확인의 이익이 없다(가압류말소가 가등기 성질에 따라 결정되는 것이 아니기 때문).

2) 소극적 확인의 소의 이익

다른 사람이 권리가 없는데도 있다고 주장하며 자기의 지위를 위협하는 경우도 불안이 있는 경우이다.

(3) 불안제거에 유효·적절한 수단(방법선택의 적절)

적극적 확인의 소	자기의 소유권을 상대방이 다투는 경우에는 자기에게 소유권 있다는 적극적 확인을 구할 것이고, 상대방이나 제3자에게 소유권 없다는 소극적 확인을 구할 것이 아니다.
당해 소송 내에서 재판받는 것이 예정	이 경우에는 별도의 소로 확인을 구하는 것은 소송경제를 해치는 것이고 확인의 이익이 없다. 소취하의 유·무효 등의 소송상의 다툼 등은 당해 소송에서 심판받을 일이지, 별도의 소로써 확인을 구할 것이 아니다.
확인의 소의 보충성	① 이행의 소를 바로 제기할 수 있는데도 이행청구권 자체의 존재확인의 소를 제기하는 것은 적절치 못하므로 원칙적으로 허용되지 않는다. 확인판결을 받아도 집행력이 없어 분쟁의 근본적 해결에 실효성이 없고 소송경제에 도움이 안 되기 때문이다. ② 그럼에도 ㉠ 현재 손해액수의 불판명, ㉡ 확인판결이 나면 피고의 임의이행을 기대할 수 있을 때에는 예외적으로 확인의 이익이 있다. ㉢ 기본되는 권리관계로부터 파생하는 청구권을 주장하여 이행의 소가 가능한 경우라도, 당해 기본되는 권리관계 자체에 대하여 확인의 소가 허용된다. ③ 매매계약해제의 효과로서 이미 이행한 것의 반환을 구하는 이행의 소를 제기할 수 있을지라도 그 기본되는 매매계약의 존부에 대하여 다툼이 있어 즉시 확정의 이익이 있는 때에는 계약이 해제되었음의 확인을 구할 수도 있는 것이므로 매매계약이 해제됨으로써 현재의 법률관계가 존재하지 않는다는 취지의 소는 확인의 이익이 있다. ④ 그러나 근저당권설정자가 근저당권설정계약에 기한 피담보채무가 존재하지 아니함의 확인을 구함과 함께 그 근저당권설정등기의 말소를 구하는 경우 피담보채무의 부존재를 이유로 그 등기말소를 청구하면 되므로 그 채무부존재확인의 청구는 확인의 이익이 없다.

3. 소송상 취급

확인의 이익은 소송요건의 일종으로 직권조사사항이고 본안판결의 요건이다. 따라서 이의 흠이 있을 때에는 소가 부적법하다 하여 각하판결하여야 한다.

4. 증서진부확인의 소

의의	확인의 소는 법률관계를 증명하는 서면이 진정한지 아닌지를 확정하기 위하여서도 제기할 수 있다.
대상적격 (법률관계를 증명하는 서면 + 증서의 진정 여부)	① '법률관계를 증명하는 서면'이란 그 기재 내용으로부터 직접 일정한 현재의 법률관계의 존부가 증명될 수 있는 서면을 말한다. ② 임대차계약금으로 일정한 금원을 받았음을 증명하기 위하여 작성된 영수증, 세금계산서, 당사자본인신문조서는 처분문서에 해당하지 않는다고 본다. ③ 진정 여부는 서면작성자라고 주장된 자의 의사에 의하여 작성되었는지 아니면 위조되었는지(성립의 진정)에 관한 것이고, 서면에 기재된 내용이 객관적 진실에 합치하는지(내용의 진정)에 관한 것이 아니다.
확인의 이익	어느 서면에 의하여 증명되어야 할 법률관계를 둘러싸고 이미 소가 제기되어 있는 경우에는 그 소송에서 분쟁을 해결하면 되므로 그와 별도로 그 서면에 대한 진정 여부를 확인하는 소를 제기하는 것은 특별한 사정이 없는 한 확인의 이익이 없다. 그러나 진부확인의 소가 제기된 후에 그 법률관계에 관련된 소가 제기된 경우에는 진부확인의 소의 확인의 이익이 소멸되지 않는다.

🔨 OX 확인

01 22법원직

과거의 법률관계에 대한 확인을 구하는 것이 허용되는 예외가 있다. ○ | X

> **해설** 과거의 권리관계의 존부확인은 청구할 수 없다. 다만, 매매계약무효확인의 소에 있어서 과거의 법률행위인 매매계약무효확인을 구하는 것으로 볼 것이 아니라 현재 매매계약에 기한 채권·채무가 존재하지 않는다는 확인을 구하는 취지를 간결하게 표현한 것으로 선해한다(대판 1966.3.15. 66다17).

02 22법원직

피고가 권리관계를 다투어 원고가 확인의 소를 제기하였고 당해 소송에서 피고가 권리관계를 다툰 바 있더라도 항소심에 이르러 피고가 권리관계를 다투지 않는다면 더 이상 확인의 이익이 있다고 할 수 없다. ○ | X

> **해설** 권리관계에 대하여 당사자 사이에 아무런 다툼이 없어 법적 불안이 없으면 원칙적으로 확인의 이익이 없다고 할 것이나, 피고가 권리관계를 다투어 원고가 확인의 소를 제기하였고 당해 소송에서 피고가 권리관계를 다툰 바 있다면 특별한 사정이 없는 한 항소심에 이르러 피고가 권리관계를 다투지 않는다는 사유만으로 확인의 이익이 없다고 할 수 없다(대판 2009.1.15. 2008다74130).

03 18법원직

甲 소유의 부동산에 관하여 乙 명의의 소유권이전등기청구권 가등기가 마쳐진 후 위 부동산에 관하여 가압류등기를 한 丙은 위 가등기가 담보목적 가등기인지 여부를 청구할 확인의 이익이 없다. ○ | X

> **해설** 甲 소유의 부동산에 관하여 乙 명의의 소유권이전등기청구권 가등기가 마쳐진 후 위 부동산에 관하여 가압류등기를 마친 丙주식회사가 위 가등기가 담보목적 가등기인지 확인을 구한 사안에서, 「부동산등기법」 제92조 제1항에 따라 丙회사의 위 가압류등기가 직권으로 말소되는지가 위 가등기가 순위보전을 위한 가등기인지 담보가등기인지에 따라 결정되는 것이 아니므로, 丙회사의 법률상 지위에 현존하는 불안·위험이 존재한다고 볼 수 없다(대판 2017.6.29. 2014다30803).

정답 | **01** ○ **02** × **03** ○

04

매매계약해제의 효과로서 이미 이행한 것의 반환을 구하는 이행의 소를 제기할 수 있는 경우에는 그 기본되는 매매계약의 존부에 대하여 다툼이 있어 즉시 확정의 이익이 있는 경우라도 계약이 해제되었음의 확인을 구할 수 없다. ○ | X

> **해설** 매매계약해제의 효과로서 이미 이행한 것의 반환을 구하는 이행의 소를 제기할 수 있을지라도 그 기본되는 매매계약의 존부에 대하여 다툼이 있어 즉시 확정의 이익이 있는 때에는 계약이 해제되었음의 확인을 구할 수도 있는 것이므로 매매계약이 해제됨으로써 현재의 법률관계가 존재하지 않는다는 취지의 소는 확인의 이익이 있다(대판 1982.10.26. 81다108).

05

근저당권설정등기의 말소청구를 구하면서 그 근저당권설정계약에 기한 피담보채무의 부존재확인청구를 함께 한 경우에 그 채무부존재확인의 청구는 확인의 이익이 없다. ○ | X

> **해설** 확인의 소는 원고의 권리 또는 법률상 지위에 현존하는 불안·위험이 있고 확인판결을 받는 것이 그 분쟁을 근본적으로 해결하는 가장 유효적절한 수단일 때 허용되는바, 근저당권설정자가 근저당권설정계약에 기한 피담보채무가 존재하지 아니함의 확인을 구함과 함께 그 근저당권설정등기의 말소를 구하는 경우에 근저당권설정자로서는 피담보채무가 존재하지 않음을 이유로 근저당권설정등기의 말소를 구하는 것이 분쟁을 유효적절하게 해결하는 직접적인 수단이 될 것이므로 별도로 근저당권설정계약에 기한 피담보채무가 존재하지 아니함의 확인을 구하는 것은 확인의 이익이 있다고 할 수 없다(대판 2000.4.11. 2000다5640).

06

채무자가 채권자에 대하여 채무부담행위를 하고 그에 관하여 강제집행승낙문구가 기재된 공정증서를 작성하여 준 후, 공정증서에 대한 청구이의의 소를 제기하지 않고 공정증서의 작성원인이 된 채무에 관하여 채무부존재확인의 소를 제기한 경우, 그 목적이 오로지 공정증서의 집행력 배제에 있는 것이 아닌 이상 청구이의의 소를 제기할 수 있다는 사정만으로 채무부존재확인소송이 확인의 이익이 없어 부적법하다고 할 것은 아니다. ○ | X

> **해설** 청구이의의 소는 집행권원이 가지는 집행력의 배제를 목적으로 하는 것으로서 판결이 확정되더라도 당해 집행권원의 원인이 된 실체법상 권리관계에 기판력이 미치지 않는다. 따라서 채무자가 채권자에 대하여 채무부담행위를 하고 그에 관하여 강제집행승낙문구가 기재된 공정증서를 작성하여 준 후, 공정증서에 대한 청구이의의 소를 제기하지 않고 공정증서의 작성원인이 된 채무에 관하여 채무부존재확인의 소를 제기한 경우, 그 목적이 오로지 공정증서의 집행력 배제에 있는 것이 아닌 이상 청구이의의 소를 제기할 수 있다는 사정만으로 채무부존재확인소송이 확인의 이익이 없어 부적법하다고 할 것은 아니다(대판 2013.5.9. 2012다108863).

07

보험회사가 보험수익자와 보험금 지급책임의 존부나 범위에 관하여 다툼이 있다는 사정만으로 채무부존재확인을 구할 확인의 이익이 인정된다. ○ | X

> **해설** 확인의 소에서는 권리보호요건으로서 확인의 이익이 있어야 하고 확인의 이익은 원고의 권리 또는 법률상의 지위에 현존하는 불안·위험이 있고 그 불안·위험을 제거하는 데 피고를 상대로 확인판결을 받는 것이 가장 유효적절한 수단일 때에만 인정된다고 할 것이므로 원고의 권리 또는 법률관계를 다툼으로써 원고의 법률상 지위에 불안·위험을 초래할 염려가 있다면 확인의 이익이 있다. 그러므로 보험계약의 당사자 사이에 계약상 채무의 존부나 범위에 관하여 다툼이 있는 경우 그로 인한 법적 불안을 제거하기 위하여 보험회사는 먼저 보험수익자를 상대로 소극적 확인의 소를 제기할 확인의 이익이 있다고 할 것이다(대판 (全) 2021.6.17. 2018다257958·257965).

08

당사자 일방과 제3자 사이의 권리관계 또는 제3자 사이의 권리관계에 관해서도 당사자 사이에 다툼이 있어서 당사자 일방의 권리관계에 불안이나 위험이 초래되고 있고, 다른 일방에 대한 관계에서 그 법률관계를 확정시키는 것이 당사자의 권리관계에 대한 불안이나 위험을 제거할 수 있는 유효적절한 수단이 되는 경우에는 당사자 일방과 제3자 사이의 권리관계 또는 제3자 사이의 권리관계에 관해서도 확인의 이익이 있다. ○ | X

> **해설** 대판 2021.5.7. 2018다275888

09

경매절차에서 유치권이 주장되었으나 소유부동산 또는 담보목적물이 매각된 경우, 소유권을 상실하거나 근저당권이 소멸된 소유자와 근저당권자가 여전히 유치권의 부존재 확인을 구할 법률상 이익이 있다. ○ | X

> **해설** [1] 확인의 소는 원고의 권리 또는 법률상의 지위에 현존하는 불안·위험이 있고, 확인판결을 받는 것이 그 분쟁을 근본적으로 해결하는 가장 유효·적절한 수단일 때에 허용된다. 그리고 확인의 이익 등 소송요건은 직권조사사항으로서 당사자가 주장하지 않더라도 법원이 직권으로 조사하여 판단하여야 하고, 사실심 변론종결 이후에 소송요건이 흠결되거나 그 흠결이 치유된 경우 상고심에서도 이를 참작하여야 한다.
> [2] 근저당권자에게 담보목적물에 관하여 각 유치권의 부존재 확인을 구할 법률상 이익이 있다고 보는 것은 경매절차에서 유치권이 주장됨으로써 낮은 가격에 입찰이 이루어져 근저당권자의 배당액이 줄어들 위험이 있다는 데에 근거가 있고, 이는 소유자가 그 소유의 부동산에 관한 경매절차에서 유치권의 부존재 확인을 구하는 경우에도 마찬가지이다. 위와 같이 경매절차에서 유치권이 주장되었으나 소유부동산 또는 담보목적물이 매각되어 그 소유권이 이전되어 소유권을 상실하거나 근저당권이 소멸하였다면, 소유자와 근저당권자는 유치권의 부존재 확인을 구할 법률상 이익이 없다(대판 2020.1.16. 2019다247385).

경매절차에서 유치권이 주장되지 아니한 경우, 채권자인 근저당권자는 유치권의 부존재 확인을 구할 법률상 이익이 없으나, 채무자가 아닌 소유자가 유치권의 부존재 확인을 구할 법률상 이익이 있다.

O | X

해설 경매절차에서 유치권이 주장되지 아니한 경우에는, 담보목적물이 매각되어 그 소유권이 이전됨으로써 근저당권이 소멸하였더라도 채권자는 유치권의 존재를 알지 못한 매수인으로부터 「민법」 제575조, 제578조 제1항·제2항에 의한 담보책임을 추급당할 우려가 있고, 위와 같은 위험은 채권자의 법률상 지위를 불안정하게 하는 것이므로, 채권자인 근저당권자로서는 위 불안을 제거하기 위하여 유치권 부존재 확인을 구할 법률상 이익이 있다. 반면 채무자가 아닌 소유자는 위 각 규정에 의한 담보책임을 부담하지 아니하므로, 유치권의 부존재 확인을 구할 법률상 이익이 없다(대판 2020.1.16. 2019다247385).

정답 | **10** ×

⚖ OX 확인

01

세금계산서나 임대차계약금의 영수증도 증서의 진부를 확인하는 소의 대상이 된다. O | X

> **해설** 판례는 임대차계약금으로 일정한 금원을 받았음을 증명하기 위하여 작성된 영수증(대판 2007.6.14. 2005다
> 29290·29306), 세금계산서(대판 1974.10.22. 74다24), 당사자본인신문조서(대판 1974.10.22. 74다24)는 처분문서에
> 해당하지 않으므로 민사소송법 제250조 소정의 증서의 진정 여부를 확인하는 소의 대상이 될 수 없다고 한다.

1. 이행의 소

(1) 별개의 소송물인지 구별기준

등기청구	이전등기청구권	매매를 원인으로 한 소유권이전등기청구소송과 취득시효 완성을 원인으로 한 소유권이전등기청구소송은 이전등기청구권의 발생원인을 달리하는 별개의 소송물이므로 전소의 기판력은 후소에 미치지 아니한다.
	말소등기청구권	말소등기청구소송의 소송물은 「민법」 제214조의 말소등기청구권 자체이고, 소송물의 동일성 식별표준이 되는 청구원인, 즉 말소등기청구권의 발생원인은 당해 '등기원인의 무효'에 국한된다. 따라서 등기원인의 무효를 뒷받침하는 개개의 사유는 독립된 공격방어방법에 불과하여 별개의 청구원인을 구성하는 것이 아니다.
	진정명의회복을 원인으로 한 소유권이전등기청구권	진정명의회복을 원인으로 한 소유권이전등기청구권과 무효등기의 말소청구권은 실질적으로 그 목적이 동일하고, 두 청구권 모두 소유권에 기한 방해배제청구권으로서 그 법적 근거와 성질이 동일하므로, 소송물은 실질상 동일하다.
금전청구	동일한 사고로 인한 손해배상청구권	불법행위를 원인으로 한 손해배상을 청구한 데 대하여 채무불이행을 원인으로 한 손해배상을 인정한 것은 당사자가 신청하지 아니한 사항에 대하여 판결한 것으로서 위법이다.
	부당이득반환청구권과 불법행위로 인한 손해배상청구권	부당이득반환청구권과 불법행위로 인한 손해배상청구권은 서로 실체법상 별개의 청구권으로 존재하고 그 각 청구권에 기초하여 이행을 구하는 소는 소송법적으로도 소송물을 달리하므로, 채권자로서는 어느 하나의 청구권에 관한 소를 제기하여 승소 확정판결을 받았다고 하더라도 아직 채권의 만족을 얻지 못한 경우에는 다른 나머지 청구권에 관한 이행판결을 얻기 위하여 그에 관한 이행의 소를 제기할 수 있다.
	부당이득반환청구권과 계약해제로 인한 원상회복청구권 (동일소송물)	계약해제의 효과로서의 원상회복은 부당이득에 관한 특별 규정의 성격을 가지는 것이고, 부당이득반환청구에서 법률상의 원인 없는 사유를 계약의 불성립, 취소, 무효, 해제 등으로 주장하는 것은 공격방법에 지나지 아니하므로 그중 어느 사유를 주장하여 패소한 경우에 다른 사유를 주장하여 청구하는 것은 기판력에 저촉되어 허용할 수 없다.

(2) 일부청구의 허용 여부(명시설)

원고가 일부청구임을 명시한 경우에는 일부청구 부분만이 독립의 소송물로 되지만, 그렇지 않은 경우에는 전부를 소송물로 보아야 한다.

(3) 손해배상청구의 소송물(손해3분설)

① 불법행위로 인한 손해배상을 청구할 경우 ㉠ 적극적 손해와 ㉡ 소극적 손해 및 ㉢ 정신적 손해(위자료)의 3가지로 나뉜다.

② 불법행위로 인한 적극적 손해의 배상을 명한 전 소송의 변론종결 후에 새로운 적극적 손해가 발생한 경우에 그 소송의 변론종결 당시 그 손해의 발생을 예견할 수 없었고 또 그 부분의 청구를 포기한 것으로 볼 수 없는 사정이 있다면 전 소송에서 그 부분에 대한 청구가 유보되어 있지 않았더라도 이는 전 소송의 소송물과는 별개의 소송물이므로 전 소송의 기판력에 저촉되는 것이 아니다.

2. 확인의 소

소유권확인의 청구원인으로 매매, 시효취득, 상속 등을 주장하는 경우 확인의 소의 기판력의 범위에 대해서는 특정토지에 대한 소유권확인의 본안판결이 확정되면 그에 대한 권리 또는 법률관계가 그대로 확정되는 것이므로 변론종결 전에 그 확인 원인이 되는 다른 사실이 있었다 하더라도 그 확정판결의 기판력은 거기까지도 미치는 것이다(청구취지만으로 특정됨).

3. 형성의 소

① 기존 법률관계의 변동 형성의 효과를 발생함을 목적으로 하는 형성의 소는 법률에 명문의 규정이 있는 경우에 한하여 인정되는 것이고, 법률상의 근거가 없는 경우에는 허용될 수 없다.

② 각 이혼사유 및 각 재심사유는 개개의 사유마다 독립된 소송물이 된다.

③ 채권자취소소송의 소송물은 '채권자 자신의 채권자취소권'이며, 채권자가 사해행위취소를 청구하면서 그 피보전채권을 추가하거나 교환하는 것은 그 사해행위취소권(소송물)을 이유 있게 하는 공격방법을 변경하는 것일 뿐이지 소송물 자체를 변경하는 것이 아니므로 소의 변경이라 할 수 없다.

01

동일 부동산에 대하여 이전등기를 구하면서 그 등기청구권의 발생원인을 처음에는 매매로 하였다가 후에 취득시효의 완성을 선택적으로 추가하는 것은 별개의 청구를 추가시킨 것이다. O | X

> **해설** 이전등기청구사건에서 등기원인으로 전소에서는 매매(민법 제563조)를, 후소에서는 취득시효의 완성(민법 제245조)을 주장하는 경우와 같이 등기원인을 서로 달리하면 공격방법의 차이가 아니라 등기청구권의 발생원인의 차이라 하여 소송물이 별개라는 전제에 서 있다(대판 1997.4.25. 96다32133).

02

소유권이전등기의 말소등기청구의 청구원인은 등기원인의 무효에 국한되고 개개의 무효원인은 공격방법의 차이에 지나지 않는다. O | X

> **해설** 판례는 말소등기청구사건에서 전소와 후소 사이에 등기의 무효사유를 달리하는 경우에도 이는 공격방어방법의 차이에 불과하다 하여 전소의 기판력은 후소에 미친다고 본다(대판 1993.6.29. 93다11050).

03

매매계약 무효를 원인으로 한 말소등기청구와 매매계약 해제를 원인으로 하는 말소등기청구는 소송물이 동일하다. O | X

> **해설** 말소등기청구사건의 소송물은 당해 등기의 말소등기청구권이고, 그 동일성 식별의 표준이 되는 청구원인, 즉 말소등기청구권의 발생원인은 당해 '등기원인의 무효'라 할 것이며, 등기원인의 무효를 뒷받침하는 개개의 사유는 독립된 공격방어방법에 불과하여 별개의 청구원인을 구성한다고 볼 수 없다(대판 1999.9.17. 97다54024).

04

소유권에 기한 말소등기청구와 진정명의회복을 위한 소유권이전등기청구는 다른 소송물이다. O | X

> **해설** 판례는 후소인 진정한 소유자명의 회복의 이전등기청구나 전소인 말소등기청구 모두 소유자의 등기명의회복을 위한 것으로 목적이 같고 소유권에 기한 방해배제청구권으로서 법적 근거 등이 같아 소송물이 동일하므로 후소는 전소의 기판력에 저촉된다고 보았다(대판 (全) 2001.9.20. 99다37894).

05

부당이득반환청구권과 불법행위로 인한 손해배상청구권은 서로 소송물을 달리하므로 채권자로서는 어느 하나의 청구권에 관한 소를 제기하여 승소 확정판결을 받았다고 하더라도 아직 채권의 만족을 얻지 못한 경우에는 다른 나머지 청구권에 관한 이행판결을 얻기 위하여 그에 관한 이행의 소를 제기할 수 있다.　　　　　　　　　　　　　　　　　　　　　　○ | X

해설 부당이득반환청구권과 불법행위로 인한 손해배상청구권은 서로 실체법상 별개의 청구권으로 존재하고 그 각 청구권에 기초하여 이행을 구하는 소는 소송법적으로도 소송물을 달리하므로, 채권자로서는 어느 하나의 청구권에 관한 소를 제기하여 승소 확정판결을 받았다고 하더라도 아직 채권의 만족을 얻지 못한 경우에는 다른 나머지 청구권에 관한 이행판결을 얻기 위하여 그에 관한 이행의 소를 제기할 수 있다(대판 2013.9.13. 2013다45457).

06

어음채권에 기한 청구와 원인채권에 기한 청구는 별개의 소송물이다.　　　　　　　　　○ | X

해설 어음·수표채권에 기한 청구와 원인채권에 기한 청구는 별개의 소송물임을 전제로 이를 동시에 주장하면 청구의 병합이 되고, 그중 어느 하나를 주장하다가 다른 것으로 바꾸는 것은 소의 변경이라 했다(대판 1965.11.30. 65다2028).

07

원고가 10억 원의 대여금 중 1억 원만 청구한다는 취지를 밝혀 승소한 뒤 다시 9억 원을 청구하는 소를 제기하는 것도 가능하다.　　　　　　　　　　　　　　　　　　　　　　　　　　○ | X

해설 가분채권의 일부에 대한 이행청구의 소를 제기하면서 나머지를 유보하고 일부만을 청구한다는 취지를 명시하지 아니한 이상 확정판결의 기판력은 청구하고 남은 잔부청구에까지 미치는 것이므로, 나머지 부분을 별도로 다시 청구할 수는 없다(대판 2016.7.27. 2013다96165). 사안의 경우는 일부청구임을 명시하였으므로 잔부청구가 가능하게 된다.

08

불법행위로 인해 치료비 손해를 청구했다가 패소한 경우 다시 같은 불법행위를 원인으로 위자료를 청구하는 소를 제기하는 것은 기판력에 반한다.　　　　　　　　　　　　　　　　　○ | X

해설 생명 또는 신체에 대한 불법행위로 인하여 입게 된 적극적 손해와 소극적 손해 및 정신적 손해는 서로 소송물을 달리하므로 그 손해배상의무의 존부나 범위에 관하여 항쟁함이 상당한지의 여부는 각 손해마다 따로 판단하여야 한다(대판 2006.10.13. 2006다32446).

정답 | **01** ○ **02** ○ **03** ○ **04** × **05** ○ **06** ○ **07** ○ **08** ×

09

불법행위로 인한 적극적 손해의 배상을 명한 전소의 변론종결 후에 새로운 적극적 손해가 발생한 경우 전소의 변론종결 당시 그 손해의 발생을 예견할 수 없었고 또 그 부분 청구를 포기하였다고 볼 수 없는 등 특별한 사정이 있다면 그 부분에 대한 손해배상의 청구는 전소의 소송물과는 별개의 소송물이다.　　　　O | X

> **해설** 불법행위로 인한 적극적 손해의 배상을 명한 전 소송의 변론종결 후에 새로운 적극적 손해가 발생한 경우에 그 소송의 변론종결 당시 그 손해의 발생을 예견할 수 없었고 또 그 부분의 청구를 포기한 것으로 볼 수 없는 사정이 있다면 전 소송에서 그 부분에 대한 청구가 유보되어 있지 않았더라도 이는 전 소송의 소송물과는 별개의 소송물이므로 전 소송의 기판력에 저촉되는 것이 아니다(대판 2007.4.13. 2006다78640).

10

재심사건에서 재심원고가 민사소송법 제451조에 규정된 재심사유 중 어느 한 가지 사유를 주장하였다가 다른 재심사유를 추가로 주장하는 것은 공격방법의 추가에 불과하다.　　　　O | X

> **해설** 재심사유는 그 하나하나의 사유가 별개의 청구원인을 이루는 것이므로, 여러 개의 유죄판결이 재심대상판결의 기초가 되었는데 이후 각 유죄판결이 재심을 통하여 효력을 잃고 무죄판결이 확정된 경우, 어느 한 유죄판결이 효력을 잃고 무죄판결이 확정되었다는 사정은 특별한 사정이 없는 한 별개의 독립된 재심사유라고 보아야 한다(대판 2019.10.17. 2018다300470).

11

이 사건 재해사망특약 약관의 해석상 동일한 재해를 원인으로 하는 '제1급 장해상태에 따른 보험금 청구' 와 '사망에 따른 보험금 청구'가 동일한 청구로써, 후행소송이 선행소송의 기판력에 저촉된다.　　　　O | X

> **해설** [1] 약관의 해석은, 신의성실의 원칙에 따라 당해 약관의 목적과 취지를 고려하여 공정하고 합리적으로 해석하되, 개개 계약 당사자가 기도한 목적이나 의사를 참작함이 없이 평균적 고객의 이해가능성을 기준으로 보험단체 전체의 이해관계를 고려하여 객관적·획일적으로 해석하여야 하며, 위와 같은 해석을 거친 후에도 약관 조항이 객관적으로 다의적으로 해석되고 그 각각의 해석이 합리성이 있는 등 당해 약관의 뜻이 명백하지 아니한 경우에는 고객에게 유리하게 해석하여야 한다.
> [2] 이 사건 재해사망특약 약관은 제9조에서 '피보험자가 재해를 직접적인 원인으로 사망하였을 때(제1호)', '피보험자가 재해를 직접적인 원인으로 장해등급분류표 중 제1급의 장해상태가 되었을 때(제2호)' 중 어느 한 가지의 경우에 해당되는 사유가 발생하면 보험금을 지급하도록 정하고 있다. <u>이 사건 재해사망특약 약관의 해석상 제1급 장해상태에 따른 보험금 청구와 사망에 따른 보험금 청구는, 설령 동일한 재해를 원인으로 하고 있더라도 별개의 청구라고 봄이 타당하므로, 사망에 따른 이 사건 보험금 청구가 선행소송 확정판결의 기판력에 저촉된다고 볼 수는 없다</u>(대판 2022.10.27. 2019다249305).

12

소장에서 청구의 대상으로 삼은 채권 중 일부만을 청구하면서 소송의 진행경과에 따라 장차 청구금액을 확장할 뜻을 표시하였으나 당해 소송이 종료될 때까지 실제로 청구금액을 확장하지 않은 경우에는 소송의 경과에 비추어 볼 때 채권 전부에 관하여 판결을 구한 것으로 볼 수 없으므로, 나머지 부분에 대하여는 재판상 청구로 인한 시효중단의 효력이 발생하지 아니한다. O | X

> **해설** 소장에서 청구의 대상으로 삼은 채권 중 일부만을 청구하면서 소송의 진행경과에 따라 장차 청구금액을 확장할 뜻을 표시하였으나 당해 소송이 종료될 때까지 실제로 청구금액을 확장하지 않은 경우에는 소송의 경과에 비추어 볼 때 채권 전부에 관하여 판결을 구한 것으로 볼 수 없으므로, 나머지 부분에 대하여는 재판상 청구로 인한 시효중단의 효력이 발생하지 아니한다.
> 그러나 이와 같은 경우에도 소를 제기하면서 장차 청구금액을 확장할 뜻을 표시한 채권자로서는 장래에 나머지 부분을 청구할 의사를 가지고 있는 것이 일반적이라고 할 것이므로, 다른 특별한 사정이 없는 한 당해 소송이 계속 중인 동안에는 나머지 부분에 대하여 권리를 행사하겠다는 의사가 표명되어 최고에 의해 권리를 행사하고 있는 상태가 지속되고 있는 것으로 보아야 하고, 채권자는 당해 소송이 종료된 때부터 6월 내에 「민법」 제174조에서 정한 조치를 취함으로써 나머지 부분에 대한 소멸시효를 중단시킬 수 있다(대판 2020.2.6. 2019다223723).

13

형성의 소는 법률에 규정이 있는 경우에 한하여 제기할 수 있고, 법률의 규정에 따라 제기가 되었다면 소의 이익도 인정됨이 원칙이다. O | X

> **해설** 기존 법률관계의 변동 형성의 효과를 발생함을 목적으로 하는 형성의 소는 법률에 명문의 규정이 있는 경우에 한하여 인정되는 것이고, 법률상의 근거가 없는 경우에는 허용될 수 없다(대판 1993.9.14. 92다35462).

정답 | **09** O **10** X **11** X **12** O **13** O

01 다음 중 소송물이 동일한 것은? (다툼이 있는 경우 판례에 의함)   11법원직

① 매매를 원인으로 하는 소유권이전등기청구와 취득시효 완성을 원인으로 하는 소유권이전등기청구
② 기망으로 인한 매매계약의 취소를 원인으로 하는 소유권이전등기말소청구와 매매계약의 부존재를 원인으로 하는 소유권이전등기말소청구
③ 민사소송법 제451조 제1항 각 호에 규정된 재심사유를 달리하여 구하는 각 재심의 소
④ 해상운송인의 운송계약상의 채무불이행책임을 원인으로 하는 손해배상청구와 화물소유자에 대한 불법행위책임을 원인으로 하는 손해배상청구

해설   ① [×] 소유권이전등기청구사건에 있어서 등기원인을 달리하는 경우에는 그것이 단순히 공격방어방법의 차이에 불과한 것이 아니고 등기원인별로 별개의 소송물로 인정된다(대판 1996.8.23. 94다49922).

② [○] 판례는 말소등기청구사건에서 전소와 후소 사이에 등기의 무효사유를 달리하는 경우에도 이는 공격방어방법의 차이에 불과하다 하여 전소의 기판력은 후소에 미친다고 본다(대판 1993.6.29. 93다11050).

③ [×] 민사소송법 제451조 제1항 각 호 소정의 재심사유는 각각 별개의 청구원인에 해당한다(대판 1992.10.9. 92므266).

④ [×] 해상운송인이 운송 도중 운송인이나 그 사용인 등의 고의 또는 과실로 인하여 운송물을 감실 훼손시킨 경우, 선하증권 소지인은 운송인에 대하여 운송계약상의 채무불이행으로 인한 손해배상청구권과 아울러 소유권 침해의 불법행위로 인한 손해배상청구권을 취득하며 그중 어느 쪽의 손해배상청구권이라도 선택적으로 행사할 수 있다(대판(全) 1983.3.22. 82다카1533).

정답 ②

제3절 소송구조

Ⅰ 의의

① 소송구조는 소송비용을 지출할 자금능력이 부족한 사람에 대하여 법원이 신청 또는 직권으로 재판에 필요한 일정한 비용의 납입을 유예 또는 면제시킴으로써 그 비용을 내지 않고 재판을 받을 수 있도록 하는 제도이다.

② 민사소송의 본안사건이 기본적인 소송구조의 대상이고, 가압류·가처분절차, 독촉절차 및 강제집행사건도 모두 구조대상이 된다. 행정사건, 가사사건 및 도산사건은 각 민사소송법이 준용되므로 소송구조의 대상이 되지만, 비송사건은 소송사건과 그 목적 및 절차구조를 달리하며 「비송사건절차법」에서 민사소송법상 소송구조에 관한 규정을 준용하지 않고 있으므로 소송구조대상이 아니다.

Ⅱ 요건

소송비용	「민사소송비용법」 소정의 법정비용뿐만 아니라 소송을 수행하면서 당연히 지출을 필요로 하는 경비, 나아가 조사연구비나 변호사 비용도 포함된다.
자금능력이 부족한 사람	반드시 무자력자나 극빈자에 한하지 않고 소송비용을 전부 지출하게 되면 그 동거가족이 통상의 경제활동에 위협을 받게 될 경우를 말한다.
패소할 것이 분명한 경우가 아닐 것	패소할 것이 명백하지 않다는 것은 소송상 구조신청의 소극적 요건이므로 신청인이 승소의 가능성을 적극적으로 진술하고 소명하여야 하는 것은 아니고 법원이 소송구조신청 당시까지의 재판절차에서 나온 자료를 기초로 하여 패소할 것이 명백하다고 판단할 수 있는 경우가 아니면 구조요건을 구비한 것으로 보아야 한다.

Ⅲ 소송구조절차

신청인	① 소송을 제기하려는 당사자와 소송계속 중의 당사자는 소송구조를 신청할 수 있다(원고·피고·참가인·소송승계인 등). ② 외국인, 법인, 제3자의 소송담당에 의하여 소송당사자가 되는 자도 소송구조를 신청할 수 있다.
관할	① 소송구조에 대한 재판은 소송기록을 보관하고 있는 법원이 한다. ② 단독사건으로 소송계속 중 사물관할의 변동을 가져오는 소변경 신청을 하면서 소송구조신청을 한 경우 이송 전의 단독판사가 관할한다.
신청방식	① 구조신청은 서면으로 하여야 하고, 그 신청서에는 신청인 및 그와 같이 사는 가족의 자금능력을 적은 서면을 붙여야 한다. ② 다만, 자금능력에 대한 서면의 제출은 신청인이 소송비용을 지출할 자금능력이 부족한 사람이라는 점을 소명하기 위한 하나의 방법으로 예시된 것이므로 다른 방법으로 자금능력의 부족에 대한 소명을 하는 것도 가능하고, 법원은 자유심증에 따라 그 소명 여부를 판단하여야 한다.

소송구조의 재판	소송구조결정 및 불복	① 구조결정은 당사자의 신청에 따라 또는 직권으로 할 수 있다. 소송구조의 신청이 적법하고 이유 있는 때에는 소송구조결정을 한다. ② 소송구조결정의 상대방은 소송비용의 담보면제의 소송구조결정에 대하여만 즉시항고할 수 있다. 위 즉시항고는 집행정지의 효력이 있으므로 법원은 피고의 담보제공신청에 따라 원고에게 담보제공명령을 내릴 수 있다. ③ 소송구조신청을 기각하는 결정에 대하여 신청인은 즉시항고를 할 수 있다. ④ 소송구조를 받은 사람이 소송비용을 납입할 자금능력이 있다는 것이 판명되거나, 자금능력이 있게 된 때에는 소송기록을 보관하고 있는 법원은 직권으로 또는 이해관계인의 신청에 따라 언제든지 구조를 취소하고, 납입을 미루어 둔 소송비용을 지급하도록 명할 수 있다.
	기각결정	① 소장에 인지를 첨부하지 않고 소송상 구조신청을 한 경우에, 즉시항고기간 경과 등의 사유로 기각결정이 확정되기 전에는 인지첨부의무의 발생이 저지되어 인지첨부의무 이행이 정지·유예된다고 할 것이므로, 인지보정명령을 발하거나 인지 미보정을 이유로 소장을 각하할 수 없다. ② 소송구조신청 후 그에 대한 기각결정 확정 전에 발한 인지보정명령의 위법성은 소송구조신청 기각결정이 확정되더라도 치유되지 아니하므로 소송구조신청 기각결정 확정 후에 그 인지보정명령에서 정한 보정기간이 경과하였다고 하더라도 이를 이유로 소장을 각하할 수 없고 다시 인지보정명령을 하여야 한다. ③ 소송구조신청이 있었다고 하여 종전에 이루어진 인지보정명령의 효력이 상실된다고 볼 근거는 없으므로, 종전의 인지보정명령에 따른 보정기간 중에 제기된 소송구조신청에 대하여 기각결정이 확정되면 재판장으로서는 다시 인지보정명령을 할 필요는 없지만 종전의 인지보정명령에 따른 보정기간 전체가 다시 진행되어 그 기간이 경과한 때에 비로소 소장 등에 대한 각하명령을 할 수 있다.

Ⅳ 소송구조의 효과

1. 객관적 범위

> **제129조 【구조의 객관적 범위】**
> ① 소송과 강제집행에 대한 소송구조의 범위는 다음 각 호와 같다. 다만, 법원은 상당한 이유가 있는 때에는 다음 각 호 가운데 일부에 대한 소송구조를 할 수 있다.
> 1. 재판비용의 납입유예
> 2. 변호사 및 집행관의 보수와 체당금의 지급유예
> 3. 소송비용의 담보면제
> 4. 대법원규칙이 정하는 그 밖의 비용의 유예나 면제

[판례] 소송구조의 대상인 변호사의 보수는 변호사가 소송구조결정에 따라 소송구조를 받을 사람을 위하여 소송을 수행한 대가를 의미하고, 소송구조를 받을 사람의 상대방을 위한 변호사 보수는 포함되지 않는다.

2. 주관적 범위

① 소송구조는 이를 받은 사람에게만 효력이 미친다.
② 법원은 소송승계인에게 미루어 둔 비용의 납입을 명할 수 있다.

3. 추심 등

① 만약 구조받은 자가 승소하여 상대방이 소송비용을 부담하는 재판을 받은 경우에는 국가가 상대방에 대해 직접 추심권을 갖는다. 변호사나 집행관도 추심권이 인정된다.

② 이들이 보수를 받지 못하는 때에는 국고에서 상당한 금액을 지급한다. 지급시기는 이들의 신청에 따라 그 심급의 소송절차가 완결된 때 또는 강제집행절차가 종료된 때에 지급한다.

⚖️ OX 확인

01

17법원직, 19주사보

비송사건은 소송구조의 대상이 되지 아니하므로 비송사건을 대상으로 하는 소송구조신청은 부적법하다.

○ | X

> **해설** 민사소송의 본안사건이 기본적인 소송구조의 대상이고, 가압류·가처분절차, 독촉절차 및 강제집행사건도 모두 구조대상이 된다. 행정사건 및 가사사건은 각 민사소송법이 준용되므로 소송구조의 대상이 되지만, <u>비송사건은 소송사건과 그 목적 및 절차구조를 달리하며 「비송사건절차법」에서 민사소송법상 소송구조에 관한 규정을 준용하지 않고 있으므로 소송구조대상이 아니다</u>(대결 2009.9.10. 2009스89).

02

11/18법원직

법원은 소송비용을 지출할 자금능력이 부족한 사람에 대하여 직권으로 소송구조를 할 경우에는 패소할 것이 분명하더라도 할 수 있다.

○ | X

> **해설** 법원은 소송비용을 지출할 자금능력이 부족한 사람의 신청에 따라 또는 직권으로 소송구조를 할 수 있다. 다만, 패소할 것이 분명한 경우에는 그러하지 아니하다(제128조 제1항).

03

12/16법원직

소송구조를 받으려면 '패소할 것이 분명한 경우가 아닐 것'을 요하는데, 이 요건에 대해서는 신청인이 적극적으로 진술하고 소명해야 한다.

○ | X

> **해설** 민사소송법 제118조 제1항(현 제128조 제1항)의 규정에서 패소할 것이 명백하지 않다는 것은 소송상 구조신청의 소극적 요건이므로 신청인이 승소의 가능성을 적극적으로 진술하고 소명하여야 하는 것은 아니고, 법원이 당시까지의 재판절차에서 나온 자료를 기초로 패소할 것이 명백하다고 판단할 수 있는 경우가 아니라면 그 요건은 구비되었다고 할 것이다(대결 2001.6.9. 2001마1044).

04

외국인, 법인, 제3자의 소송담당에 의하여 소송당사자가 되는 자도 소송구조를 신청할 수 있다. O | X

> **해설** 소송을 제기하려는 당사자와 소송계속 중의 당사자는 소송구조를 신청할 수 있다. 소송계속 중의 당사자에는 원고·피고·참가인·소송승계인 등이 포함된다. 외국인도 소송구조의 요건을 구비하면 소송구조를 받을 수 있고(소송구조예규 제3조 제3항), 법인도 공법인·사법인, 영리법인·비영리법인을 구분하지 않고 소송구조가 허용된다. 제3자의 소송담당에 의하여 소송당사자가 되는 자도 소송구조를 신청할 수 있다.

05

소송구조에 대한 재판은 소송기록을 보관하고 있는 법원이 한다. O | X

> **해설** 제128조 제3항, 따라서 소를 제기하기 전에는 소를 제기하려는 법원, 소제기 후에는 수소법원이 관할한다.

06

소송구조를 신청하는 사람은 그 구조의 사유를 소명하여야 한다. O | X

> **해설** 제128조 제2항

07

소송구조신청은 서면으로 하여야 하고, 그 신청서에는 신청인뿐만 아니라 그와 같이 사는 가족의 자금능력을 적은 서면을 붙여야 한다. O | X

> **해설** 소송구조신청은 서면으로 하여야 하고, 그 신청서에는 신청인 및 그와 같이 사는 가족의 자금능력을 적은 서면을 붙여야 한다(제128조 제4항, 민사소송규칙 제24조). 다만, 자금능력에 대한 서면의 제출은 신청인이 소송비용을 지출할 자금능력이 부족한 사람이라는 점을 소명하기 위한 하나의 방법으로 예시된 것이므로 다른 방법으로 자금능력의 부족에 대한 소명을 하는 것도 가능하고, 법원은 자유심증에 따라 그 소명 여부를 판단하여야 한다(대결 2003.5.23. 2003마89).

정답 | **01** O **02** × **03** × **04** O **05** O **06** O **07** O

08

소송구조는 당사자의 신청에 의해서만 할 수 있다.　　　　　○ | ✕

해설 법원은 소송비용을 지출할 자금능력이 부족한 사람의 신청에 따라 또는 직권으로 소송구조를 할 수 있다. 다만, 패소할 것이 분명한 경우에는 그러하지 아니하다(제128조 제1항).

09

소송구조결정의 상대방은 소송비용의 담보를 면제하는 소송구조결정에 대해서만 즉시항고를 할 수 있다.
　　　　　　　　　　　　　　　　　　　　　　　　　　　　　　○ | ✕

해설 제133조 단서

10

소송구조신청을 기각하는 결정에 대하여 신청인은 즉시항고를 할 수 있다.　　　○ | ✕

해설 제133조 본문

11

소송구조를 받은 사람이 소송비용을 납입할 자금능력이 있다는 것이 판명되거나, 자금능력이 있게 된 때에는 법원은 직권으로 또는 이해관계인의 신청에 따라 구조를 취소할 수 있다.　　　　　○ | ✕

해설 소송구조를 받은 사람이 소송비용을 납입할 자금능력이 있다는 것이 판명되거나, 자금능력이 있게 된 때에는 소송기록을 보관하고 있는 법원은 직권으로 또는 이해관계인의 신청에 따라 언제든지 구조를 취소하고, 납입을 미루어 둔 소송비용을 지급하도록 명할 수 있다(제131조).

12

소송구조신청 후 그에 대한 기각결정 확정 전에 인지보정명령을 한 경우에는 소송구조신청 기각결정 확정 후에 그 인지보정명령에서 정한 보정기간이 경과하였다면 이를 이유로 소장을 각하할 수 있다.

O | X

> **해설** 소송구조신청 후 그에 대한 기각결정 확정 전에 발한 인지보정명령의 위법성은 소송구조신청 기각결정이 확정되더라도 치유되지 아니하므로, 소송구조신청 기각결정 확정 후에 그 인지보정명령에서 정한 보정기간이 경과하였다고 하더라도 이를 이유로 소장을 각하할 수 없고 다시 인지보정명령을 하여야 한다(대결 2009.5.19. 2009마558).

13

종전의 인지보정명령에 따른 보정기간 중에 제기된 소송구조신청에 대하여 기각결정이 확정되면 재판장으로서는 다시 인지보정명령을 할 필요는 없지만 종전의 인지보정명령에 따른 보정기간이 경과한 때에 비로소 소장 등에 대한 각하명령을 할 수 있으므로 "명령 송달일로부터 7일 이내에 인지 등을 보정하라." 는 보정명령이 2017.1.5. 원고에게 송달되었고, 원고가 2017.1.10. 소송구조신청을 하여 소송구조기각결정이 2017.2.15. 확정되었다면 2017.2.20. 무렵에는 적법하게 소장각하명령을 할 수 있다. O | X

> **해설** 소장에 인지를 첨부하지 않고 소송상 구조신청을 한 경우에, 비록 소송구조신청이 기각되었다고 하더라도, 민사소송법에서 정하고 있는 소송구조는 「민사소송 등 인지법」 제1조에서 정하고 있는 인지를 붙임에 관한 예외사유에 해당하며, 구조신청 기각결정에 대하여 즉시항고를 할 수 있으므로 즉시항고기간 경과 등의 사유로 기각결정이 확정되기 전에는 인지첨부의무의 발생이 저지되어 인지첨부의무 이행이 정지·유예된다고 할 것이므로, 인지보정명령을 발하거나 인지 미보정을 이유로 소장을 각하할 수 없다(대결 2008.6.2. 2007무77). 소송구조신청에 대한 기각결정이 확정되면 종전의 인지보정명령에 따른 보정기간 전체가 다시 진행되어 그 기간이 경과한 때 각하명령을 할 수 있다. 따라서 2017.2.15.부터 다시 7일이 경과한 때 각하명령을 할 수 있다.

14

법원은 상당한 이유가 있는 때에는 재판비용의 납입유예, 변호사 보수의 지급유예 등 가운데 일부에 대하여만 소송구조를 할 수 있다.

O | X

> **해설** 제129조(구조의 객관적 범위) ① 소송과 강제집행에 대한 소송구조의 범위는 다음 각 호와 같다. 다만, 법원은 상당한 이유가 있는 때에는 다음 각 호 가운데 일부에 대한 소송구조를 할 수 있다.
> 1. 재판비용의 납입유예
> 2. 변호사 및 집행관의 보수와 체당금의 지급유예
> 3. 소송비용의 담보면제
> 4. 대법원규칙이 정하는 그 밖의 비용의 유예나 면제
> ② 제1항 제2호의 경우에는 변호사나 집행관이 보수를 받지 못하면 국고에서 상당한 금액을 지급한다.

정답 | **08** × **09** ○ **10** ○ **11** ○ **12** × **13** × **14** ○

15

소송구조의 대상인 변호사의 보수는 변호사가 소송구조결정에 따라 소송구조를 받을 사람을 위하여 소송을 수행한 대가를 의미하고, 소송구조를 받을 사람의 상대방을 위한 변호사 보수는 포함되지 않는다.

○ | X

해설 변호사의 보수에 대한 소송구조는 쟁점이 복잡하거나 당사자의 소송수행능력이 현저히 부족한 경우 또는 소송의 내용이 공익적 성격을 지니고 있는 경우에 소송수행과정에서 변호사의 조력이 필요한 사건을 위해 마련된 것이다. 여기에서 말하는 '변호사의 보수'는 변호사가 소송구조결정에 따라 소송구조를 받을 사람을 위하여 소송을 수행한 대가를 의미하고, 소송구조를 받을 사람의 상대방을 위한 변호사 보수까지 포함된다고 볼 수는 없다(대판 2017.4.7. 2016다251994).

16

소송구조는 이를 받은 사람에게만 효력이 미치므로 법원은 소송승계인에게 미루어 둔 비용의 납입을 명할 수 있다.

○ | X

해설 소송구조는 이를 받은 사람에 한하여 효력이 있다(제130조 제1항). 즉, 일신전속적인 것이므로 일반승계·특정승계를 불문하고 소송승계인에 대하여는 그 효력이 미치지 않는다. 따라서 법원은 소송승계인에게 미루어 둔 비용의 납입을 명할 수 있다(제130조 제2항).

17

소송구조를 받은 사람에게 납입을 미루어 둔 비용은 그 소송비용 부담의 재판을 받은 상대방으로부터 직접 지급받을 수 있다.

○ | X

해설 소송구조를 받은 사람에게 납입을 유예한 비용은 그 소송비용부담의 재판을 받은 상대방으로부터 직접 추심할 수 있다(제132조 제1항).

18

판결선고 후에 상대방이 소송비용을 부담하는 재판이 있는 경우, 소송구조에 의하여 선임된 변호사는 소송비용액 확정결정을 받은 다음 강제집행을 하여 변호사 보수를 지급받을 수 있다.

○ | X

해설 소송구조에 의하여 선임된 변호사는 의뢰인으로부터 보수를 지급받지 못하고 국가로부터 보수를 지급받고 판결선고 후에 상대방이 소송비용을 부담하는 재판이 있으면 소송비용액 확정결정을 받아 추심할 수 있다(제132조 제2항).

정답 | **15** ○ **16** ○ **17** ○ **18** ○

gosi.Hackers.com

제3편
병합소송

제1장 | 병합청구소송
제2장 | 다수당사자 소송

제1장 | 병합청구소송

제1절 청구의 병합(소의 객관적 병합)

Ⅰ 의의

① 청구의 병합이라 함은 원고가 하나의 소송절차에서 여러 개의 청구를 하는 경우를 말한다.
② 소유권확인청구에서 권리의 발생원인을 여러 개 주장하는 경우, 말소등기청구에서 원인무효사유를 여러 개 주장하는 경우 등은 공격방법이 복수로서 1개의 소송물(청구)을 뒷받침하는 법적 근거가 여러 개일 뿐 소송물(청구)이 여러 개는 아니라고 본다.

Ⅱ 병합요건

동종 소송절차	① 재심의 소에 통상의 민사상 청구의 병합이 허용되지 않는다. ② 부작위채무를 명하는 판결의 실효성 있는 집행을 보장하기 위하여는, 부작위채무에 관한 소송절차의 변론종결 당시에서 보아 집행권원이 성립하더라도 채무자가 이를 단기간 내에 위반할 개연성이 있고, 또한 그 판결절차에서 적정한 배상액을 산정할 수 있는 경우에는, 그 부작위채무에 관한 판결절차에서도 장차 채무자가 그 채무를 불이행할 경우에 일정한 배상을 할 것을 명할 수 있다.
공통의 관할권	병합된 청구 가운데 어느 하나의 청구에 대하여 토지관할권을 갖고 있으면 다른 청구에 대하여도 관련재판적에 의하여 관할권을 갖게 되므로 관할의 공통이 이루어져 이 요건은 크게 문제되지 아니한다. 그러나 전속관할은 병합이 허용되지 않는다.
관련성 유무	① 단순병합의 경우에는 청구 사이에 관련성을 요하지 않는다. 다만, 선택적·예비적 병합의 경우는 병합된 청구 사이에 관련성이 있어야 한다. ② 논리적으로 전혀 관계가 없어 순수하게 단순병합으로 구하여야 할 수개의 청구를 선택적 또는 예비적 청구로 병합하여 청구한 경우, 법원이 본안판결을 하면서 그중 하나의 청구에 대하여만 심리·판단하여 이를 인용하고 나머지 청구에 대한 심리·판단을 모두 생략하는 내용의 판결을 하였다 하더라도 그로 인하여 청구의 병합 형태가 선택적 또는 예비적 병합 관계로 바뀔 수는 없으므로, 이러한 판결에 대하여 피고만이 항소한 경우 제1심 법원이 심리·판단하여 인용한 청구만이 항소심으로 이심될 뿐, 나머지 심리·판단하지 않은 청구는 여전히 제1심에 남아 있게 된다.

1. 단순병합

의의	원고가 여러 개의 청구에 대하여 차례로 심판을 구하는 형태의 병합이다. 병합된 모든 청구에 대하여 법원의 심판을 필요로 한다.
부진정 예비적 병합	매매계약의 무효확인청구와 그 매매계약이 무효이므로 넘어간 목적물의 반환청구를 병합한 경우에는 매매계약의 무효확인청구가 인용될 때를 대비하여 목적물 반환청구에 대해서도 심판을 구하는 것이므로 원고가 두 개의 승소판결을 구하는 것이어서 단순병합에 해당한다.
대상청구	① 소유권이전등기청구와 함께 대상청구는 본래의 급부청구권의 현존을 전제로 판결확정 후에 집행불능이 되는 경우를 대비하여 전보배상을 미리 청구하는 것으로 현재이행의 소와 장래이행의 소의 단순병합이다. ② 본래의 급부청구가 인용된다는 이유만으로 대상청구에 대한 판단을 생략할 수 없다. 본래의 급부청구의 인용, 대상청구의 기각의 사안에서 예비적 병합의 경우처럼 원고에게 항소의 이익이 없다고 할 수 없다.

2. 선택적 병합

의의	① 양립할 수 있는 여러 개의 청구를 하면서 그중에 어느 하나가 인용되면 원고의 소의 목적을 달할 수 있기 때문에 다른 청구에 대해서는 심판을 바라지 않는 형태의 병합이다. 법원은 이유 있는 청구 어느 하나를 선택하여 원고청구를 인용하면 된다. ② 선택적 병합인지 예비적 병합인지는 당사자의 의사가 아닌 병합청구의 성질을 기준으로 판단하여야 한다. 손해배상청구가 주위적으로는 채무불이행, 예비적으로는 불법행위를 원인으로 하는 청구는, 모두 동일목적을 달성하기 위한 것으로 하나의 채권이 변제소멸되면 나머지 채권도 목적달성이 되기 때문에 선택적 병합관계에 있다고 할 것이다.
소송물이론	① 선택적 병합은 청구취지는 하나이고, 이를 뒷받침하는 권리발생규정(청구원인)이 여러 개인 경우이다. ② 예컨대, 손해배상청구를 불법행위와 계약불이행에 기하여 구하거나, 이혼소송을 부정행위와 혼인을 계속하기 어려운 중대한 사유에 기하여 구하는 경우 등 청구권의 경합이 존재할 때가 전형적으로 이에 해당한다.

3. 예비적 병합

의의	양립될 수 없는 여러 개의 청구를 하면서 제1차적 청구가 기각·각하될 때를 대비하여 제2차적 청구에 대하여 심판을 구하는 경우이다. 제1차적 청구를 먼저 심리하여 보고 인용되면 제2차적 청구에 대해서는 더 나아가 심판할 필요가 없다.
요건	① 예비적 청구는 주위적 청구와 사이에서 양립할 수 없는 관계가 있어야 한다. 따라서 주위적 청구의 수량만을 감축한 예비적 청구, 소유권이전등기청구 중 주위적으로 무조건의 청구, 예비적으로 상환이행청구로 하는 것은 예비적 병합이 아니므로 나누어 판단할 필요 없다. ② 다만, 최근 판례는 논리적으로 양립할 수 있는 수개의 청구라 하더라도 당사자가 심판의 순위를 붙여 청구를 할 합리적 필요성이 있는 경우에는 당사자가 붙인 순위에 따라서 당사자가 먼저 구하는 청구를 심리하여 이유가 없으면 다음 청구를 심리하여야 한다고 하였다. ③ 주위적 청구와 예비적 청구는 기초되는 사실관계가 관련성이 있어야 한다(법률적·경제적으로 동일 목적의 추구일 것).

Ⅳ 병합청구의 절차와 심판

1. 소가의 산정과 병합요건의 조사

① 단순병합의 경우에는 병합된 청구의 가액을 합산함이 원칙이며, 선택적·예비적 병합의 경우는 중복청구의 흡수의 법리를 따른다.

② 병합요건은 소송요건이므로, 법원의 직권조사사항이다. 병합요건의 흠이 있을 때에는 변론을 분리하여 별도의 소로 분리 심판하여야 하며, 병합된 청구 중 어느 하나가 다른 법원의 전속관할에 속하는 때에는 결정으로 이송하여야 한다.

2. 심리의 공통

변론·증거조사·판결은 같은 기일에 여러 개의 청구에 대하여 공통으로 행하며, 여기에서 나타난 증거자료나 사실자료는 모든 청구에 대한 판단의 자료가 된다.

3. 종국판결

(1) 단순병합의 경우

① 모든 청구에 대하여 판단하여야 하기 때문에 어느 하나의 청구에 대한 재판누락을 하면 추가판결의 대상이 된다. 그러나 병합청구 중 어느 하나의 청구가 판결하기에 성숙하면 일부판결을 할 수 있다.

② 일부판결에 대하여 상소한 때에는 나머지 부분과 별도로 이심의 효력이 생긴다. 그러나 전부판결의 일부에 대하여 상소하면 모든 청구에 대해 이심과 확정차단의 효력이 생긴다.

(2) 선택적·예비적 병합의 경우

변론의 분리 가부		선택적·예비적 병합의 경우에는 여러 개의 청구가 하나의 소송절차에 불가분적으로 결합되기 때문에 변론의 분리·일부판결을 할 수 없다.
판단방법	선택적 병합	원고승소판결에 있어서는 어느 하나를 선택하여 판단하면 되며, 나머지 청구에 관하여는 심판을 요하지 않는다. 그러나 원고패소판결을 할 때에는 병합된 청구 전부에 대하여 배척하는 판단을 요한다. 청구의 선택적 병합에서 선택적 청구 중 하나의 청구만 기각하고, 다른 선택적 청구는 남겨놓으면 안 된다.
	예비적 병합	주위적 청구가 인용될 때에는 예비적 청구에 대하여 심판할 필요가 없지만, 그것이 기각되는 때에는 예비적 청구에 대하여 심판하여야 한다. 주된 청구를 배척하고 예비적 청구를 인용한 때에는, 판결의 주문에 주된 청구를 기각한다는 뜻과 예비적 청구를 인용한다는 뜻을 다 같이 표시하지 않으면 안 된다.
판단누락	선택적 병합	판례는 선택적 병합의 경우는 판단누락을 전제로 원고가 이와 같은 판결에 항소한 이상 누락된 부분까지 선택적 청구 전부가 항소심으로 이심하는 것이고 재판누락은 아니라고 본다.
	예비적 병합	종전에는 재판누락으로 보아 추가판결의 대상이 된다고 보았으나, "주위적 청구를 배척하면서 예비적 청구에 대하여 판단하지 아니하는 판결을 한 경우에는 그 판결에 대한 상소가 제기되면 판단이 누락된 예비적 청구 부분도 상소심으로 이심이 되고 그 부분이 재판의 누락에 해당하여 원심에 계속 중이라고 볼 것은 아니다."라고 변경되었다.

	〈원고승소판결의 경우〉
항소심의 심판대상	① 선택적 병합 수개의 청구가 제1심에서 선택적으로 병합되고 그중 어느 하나의 청구에 대한 인용판결이 선고되어 피고가 항소를 제기한 때에는 제1심이 판단하지 아니한 나머지 청구까지도 항소심으로 이심되어 항소심의 심판범위가 되므로, 항소심이 원고의 청구를 인용할 경우에는 선택적으로 병합된 수개의 청구 중 어느 하나를 임의로 선택하여 심판할 수 있으나, 원고의 청구를 기각할 경우에는 청구 전부에 대하여 판단하여야 한다. ② 예비적 병합에서 주위적 청구가 인정된 경우 원심에서 주위적 청구를 인용한 때에는 다음 순위인 예비적 청구에 대하여 심판할 필요가 없으므로, 이에 대하여 피고가 항소하면 제1심에서 심판을 받지 않은 다음 순위의 예비적 청구도 모두 이심되고 항소심이 제1심에서 인용되었던 주위적 청구를 배척할 때에는 다음 순위의 예비적 청구에 관하여 심판을 하여야 한다. 또한 실질적으로 선택적 병합관계의 두 청구를 순위를 매겨 예비적 병합으로 청구하였는데, 제1심 법원의 주위적 청구기각, 예비적 청구인용의 판결에 피고만이 항소한 경우에도 항소심으로서는 두 청구 모두 심판의 대상으로 삼아야 한다.
	① 예비적 병합의 경우에 주위적 청구의 기각, 예비적 청구의 인용의 원판결에 대하여 피고만이 그 패소부분에 상소한 때에, 불복하지 않은 주위적 청구에 관한 부분도 이심은 되지만, 상소심의 심판의 대상이 되지 아니한다. ② 이 경우 피고의 항소에 이유가 있는 때에는 항소심은 제1심판결 가운데 예비적 청구에 관한 피고 패소 부분만 취소하여야 하고, 취소의 대상이 되지 아니한 주위적 청구 부분은 예비적 청구에 관한 판결의 선고와 동시에 확정된다.
	원고 패소의 제1심판결에 대하여 원고가 항소한 후 항소심에서 예비적 청구를 추가하면 항소심이 종래의 주위적 청구에 대한 항소가 이유 없다고 판단한 경우에는 예비적 청구에 대하여 제1심으로 판단하여야 한다.
	독립당사자참가 중 권리주장참가는 참가하려는 소송에 여러 개의 청구가 병합된 경우 그중 어느 하나의 청구라도 독립당사자참가인의 주장과 양립하지 않는 관계에 있으면 그 본소청구에 대한 참가가 허용된다.

01

병합된 여러 개의 청구는 같은 종류의 소송절차에 따라 심판될 수 있어야 하므로, 통상의 민사사건과 가처분에 대한 이의사건은 병합할 수 없고 재심의 소에 일반 민사상 청구를 병합할 수 없다. ○ | ✕

해설 병합된 여러 개의 청구가 같은 종류의 소송절차에 따라 심판될 수 있어야 하므로, 서로 다른 소송절차에 따라 심판될 청구는 병합하지 못하는 것이 원칙이다(제253조). 판례도 통상의 민사사건과 가처분에 대한 이의사건은 병합할 수 없다고 한다(대판 2003.8.22. 2001다23225). 재심의 소에 일반 민사상 청구를 병합할 수 있는가에 관하여, 판례는 이를 부정하여 병합한 일반 민사상 청구를 각하하여야 한다고 한다(대판 2009.9.10. 2009다41977).

02

부작위채무를 명하는 판결과 그 불이행시의 간접강제는 같은 종류의 소송절차라고 할 수 없으므로 양자를 병합하여 부작위채무에 관한 판결절차에서 장차 채무자가 그 채무를 불이행할 경우에 일정한 배상을 할 것을 명할 수는 없다. ○ | ✕

해설 부작위채무를 명하는 판결의 실효성 있는 집행을 보장하기 위하여는, 부작위채무에 관한 소송절차의 변론종결 당시에서 보아 집행권원이 성립하더라도 채무자가 이를 단기간 내에 위반할 개연성이 있고, 또한 그 판결절차에서 민사소송법 제693조에 의하여 명할 적정한 배상액을 산정할 수 있는 경우에는, 그 부작위채무에 관한 판결절차에서도 위 법조에 의하여 장차 채무자가 그 채무를 불이행할 경우에 일정한 배상을 할 것을 명할 수 있다(대판 1996.4.12. 93다40614·40621).

03

판례는 논리적으로 전혀 관계가 없어 순수하게 단순병합으로 구하여야 할 수개의 청구를 선택적 또는 예비적 청구로 병합하여 청구하는 것은 부적법하여 허용되지 않는다고 보고 있다. ○ | ✕

해설 논리적으로 전혀 관계가 없어 순수하게 단순병합으로 구하여야 할 수개의 청구를 선택적 또는 예비적 청구로 병합하여 청구하는 것은 부적법하여 허용되지 않는다(대판 2008.12.11. 2005다51495).

04

원고가 논리적으로 전혀 관계가 없어 순수하게 단순병합으로 구하여야 할 수개의 청구를 주위적·예비적 청구 형태로 소를 제기한 경우 제1심 법원이 그 모든 청구의 본안에 대하여 심리한 다음 그중 하나의 청구만을 인용하고 나머지 청구를 기각하는 내용의 판결을 선고하였고 피고만이 인용된 청구에 대하여 항소를 제기한 때에는 피고가 불복한 청구에 한정하여 항소심으로 이심되어 항소심 심판범위의 대상이 된다.

○ | X

해설 논리적으로 전혀 관계가 없어 순수하게 단순병합으로 구하여야 할 수개의 청구를 선택적 또는 예비적 청구로 병합하여 청구하는 것은 부적법하여 허용되지 않는다. 따라서 원고가 그와 같은 형태로 소를 제기한 경우 제1심 법원이 본안에 관하여 심리·판단하기 위해서는 소송지휘권을 적절히 행사하여 이를 단순병합 청구로 보정하게 하는 등의 조치를 취하여야 하는바, 법원이 이러한 조치를 취함이 없이 본안판결을 하면서 그중 하나의 청구에 대하여만 심리·판단하여 이를 인용하고 나머지 청구에 대한 심리·판단을 모두 생략하는 내용의 판결을 하였다 하더라도 그로 인하여 청구의 병합 형태가 선택적 또는 예비적 병합 관계로 바뀔 수는 없으므로, 이러한 판결에 대하여 피고만이 항소한 경우 제1심 법원이 심리·판단하여 인용한 청구만이 항소심으로 이심될 뿐, 나머지 심리·판단하지 않은 청구는 여전히 제1심에 남아 있게 된다(대판 2008.12.11. 2005다51495).

05

채권자가 본래적 급부청구에다가 이에 부가하여 이것이 판결확정 후에 이행불능 또는 집행불능이 된 경우에 대비한 대상청구를 병합하여 소구한 경우, 양자의 경합은 현재의 급부청구와 장래의 급부청구의 단순병합에 속한다.

○ | X

해설 채권자가 본래적 급부청구인 부동산소유권이전등기청구에다가 이에 대신할 전보배상을 부가하여 대상청구를 병합하여 소구한 경우의 대상청구는 본래적 급부청구의 현존함을 전제로 하여 이것이 판결확정 전에 이행불능되거나 또는 판결확정 후에 집행불능이 되는 경우에 대비하여 전보배상을 미리 청구하는 경우로서 양자의 병합은 현재의 급부청구와 장래의 급부청구의 단순병합에 속하는 것으로 허용된다(대판 2011.1.27. 2010다77781).

06

예비적 병합이란 양립할 수 없는 여러 개의 청구를 하면서 주위적 청구가 기각되거나 각하될 경우에 대비하여 예비적 청구에 대하여 심판을 구하는 형태의 병합이다.

○ | X

해설 '예비적 병합'이란 양립할 수 없는 여러 개의 청구를 하면서 주위적 청구(제1차적 청구)가 기각되거나 각하될 경우에 대비하여 예비적 청구(제2차적 청구)에 대하여 심판을 구하는 형태의 병합을 말한다.

정답 | **01** ○ **02** × **03** ○ **04** × **05** ○ **06** ○

07

예비적 병합이 허용되기 위한 요건으로, 예비적 청구는 주위적 청구와 논리적으로 양립될 수 없는 모순관계에 있어야 하고, 두 청구의 기초가 되는 사실관계가 서로 관련성이 있어야 한다. ○ | X

해설 예비적 병합이 허용되기 위한 요건으로서는, ① 예비적 청구는 주위적 청구와 서로 논리적으로 양립될 수 없는 모순관계에 있어야 하고, ② 두 청구의 기초가 되는 사실관계가 서로 관련성이 있어야 한다.

08

주위적 청구와 동일한 목적물에 관하여 동일한 청구원인을 내용으로 하면서 주위적 청구를 양적이나 질적으로 일부 감축하여 하는 청구는 주위적 청구에 흡수되는 것일 뿐 소송상의 예비적 청구라고 할 수 없다. ○ | X

해설 예비적 청구는 주위적 청구와 사이에 양립될 수 없는 관계이어야 하므로, 전자가 후자를 흡수 포함하는 관계일 때에는 예비적 병합이라 할 수 없다. 같은 청구원인을 내용으로 하면서 주위적 청구의 수량만을 감축하여 하는 예비적 청구는 소송상의 예비적 청구라고 할 수 없으므로 따로 나누어 판단할 필요가 없고(대판 1972.2.29. 71다1313), 주위적 청구로 무조건의 소유권이전등기청구, 예비적 청구로 금전지급을 받음과 상환으로 소유권이전등기청구를 하는 것은, 후자가 전자를 질적으로 일부 감축청구한 것에 불과하다 하여 예비적 청구라고 할 수 없다(대판 1999.4.23. 98다61463).

09

주위적 청구가 전부 인용되지 않을 경우에는 주위적 청구에서 인용되지 아니한 금액 범위 내에서의 예비적 청구에 대해서도 판단하여 주기를 바라는 취지로 성질상 선택적 관계에 있는 양 청구를 불가분적으로 결합하여 제소할 수 있다. ○ | X

해설 판례는 논리적으로 양립할 수 있는 수개의 청구라 하더라도 당사자가 심판의 순위를 붙여 청구를 할 합리적 필요성이 있는 경우에는 당사자가 붙인 순위에 따라서 당사자가 먼저 구하는 청구를 심리하여 이유가 없으면 다음 청구를 심리하여야 한다고 하였다(대판 2002.2.8. 2001다17633).

10

단순병합에서는 모든 청구에 대하여 판단하여야 하기 때문에 어느 하나의 청구에 대하여 재판을 누락하면 추가판결의 대상이 된다. ○ | ×

> **해설** 제212조

11

판례는 청구의 예비적 병합에서 주위적 청구를 배척하고 예비적 청구를 인용하는 경우에는 판결의 주문에 주위적 청구를 기각한다는 뜻과 예비적 청구를 인용한다는 뜻을 다 같이 표시하지 않으면 안 된다고 하고 있다. ○ | ×

> **해설** 청구의 예비적 병합의 경우에 주된 청구를 배척하고 예비적 청구를 인용한 때에는, 판결의 주문에 주된 청구를 기각한다는 뜻과 예비적 청구를 인용한다는 뜻을 다 같이 표시하지 않으면 안 된다(대판 1974.5.28. 73다1942).

12

제1심 법원이 원고의 선택적 청구 중 하나만을 판단하여 기각하고 나머지 청구에 대하여는 아무런 판단을 하지 아니하였고, 원고가 제1심판결에 대하여 항소를 제기한 경우 선택적 청구 중 판단되지 않은 청구 부분은 재판의 탈루로서 제1심 법원에 그대로 계속되고 있다고 보아야 한다. ○ | ×

> **해설** 제1심 법원이 원고의 선택적 청구 중 하나만을 판단하여 기각하고 나머지 청구에 대하여는 아무런 판단을 하지 아니한 조치는 위법한 것이고, 원고가 이와 같이 위법한 제1심판결에 대하여 항소한 이상 원고의 선택적 청구 전부가 항소심으로 이심되었다고 할 것이므로, 선택적 청구 중 판단되지 않은 청구 부분이 재판의 탈루로서 제1심 법원에 그대로 계속되어 있다고 볼 것은 아니다(대판 1998.7.24. 96다99).

13

원심이 주위적 청구를 배척하였음에도 예비적 청구에 대한 판단을 누락하였다면 누락된 예비적 청구 부분은 아직 원심에 소송이 계속 중이라 할 것이므로 이 부분에 대한 상고는 그 대상이 없어 부적법하다. ○ | X

해설 제1심 법원이 주위적 청구를 배척하면서 예비적 청구에 대하여 판단하지 아니하는 판결을 한 경우, 재판의 누락(제212조)으로 볼 것인지 아니면 판단누락(제451조 제1항 제9호)으로 볼 것인지 문제된다. 판례는 이에 대하여 그러한 판결에 대한 상소가 제기되면 판단이 누락된 예비적 청구 부분도 상소심으로 이심이 되는 것이지, 그 부분이 재판의 누락에 해당하여 원심에 계속 중이라고 볼 것은 아니라고 하였다(대판 (全) 2000.11.16. 98다22253).

14

주위적 청구를 배척하면서 예비적 청구에 대하여 판단하지 아니한 경우 상소가 제기되면 판단이 누락된 예비적 청구 부분도 상소심으로 이심된다. 그리고 이러한 법리는 부진정 예비적 병합의 경우에도 마찬가지이다. ○ | X

해설 [1] 청구의 예비적 병합은 논리적으로 양립할 수 없는 수개의 청구에 관하여 주위적 청구의 인용을 해제조건으로 예비적 청구에 대하여 심판을 구하는 형태의 병합이다. 그러나 논리적으로 양립할 수 있는 수개의 청구라고 하더라도, 주위적으로 재산상 손해배상을 청구하면서 그 손해가 인정되지 않을 경우에 예비적으로 같은 액수의 정신적 손해배상을 청구하는 것과 같이 수개의 청구 사이에 논리적 관계가 밀접하고, 심판의 순위를 붙여 청구를 할 합리적 필요성이 있다고 인정되는 경우에는, 당사자가 붙인 순위에 따라서 당사자가 먼저 구하는 청구를 심리하여 이유가 없으면 다음 청구를 심리하는 이른바 부진정 예비적 병합청구의 소도 허용된다.
[2] 예비적 병합의 경우에는 수개의 청구가 하나의 소송절차에 불가분적으로 결합되어 있기 때문에 주위적 청구를 먼저 판단하지 않고 예비적 청구만을 인용하거나 주위적 청구만을 배척하고 예비적 청구에 대하여 판단하지 않는 등의 일부판결은 예비적 병합의 성질에 반하는 것으로서 법률상 허용되지 않는다. 그런데도 주위적 청구를 배척하면서 예비적 청구에 대하여 판단하지 않은 판결을 한 경우에는 그 판결에 대한 상소가 제기되면 판단이 누락된 예비적 청구 부분도 상소심으로 이심이 되고 그 부분이 재판의 누락에 해당하여 원심에 계속 중이라고 볼 것은 아니다. 이러한 법리는 부진정 예비적 병합의 경우에도 달리 볼 이유가 없다(대판 2021.5.7. 2020다292411).

15

판례는 선택적 병합의 경우 그중 하나의 청구를 받아들여 청구를 인용한 판결에 대하여 피고가 항소한 경우 제1심이 판단하지 않은 나머지 청구도 항소심으로 이심되어 항소심의 심판대상이 된다고 보고 있다.

○ | ×

> **해설** 수개의 청구가 제1심에서 선택적으로 병합되고 그중 어느 하나의 청구에 대한 인용판결이 선고되어 피고가 항소를 제기한 때에는 제1심이 판단하지 아니한 나머지 청구까지도 항소심으로 이심되어 항소심의 심판범위가 되므로, 항소심이 원고의 청구를 인용할 경우에는 선택적으로 병합된 수개의 청구 중 어느 하나를 임의로 선택하여 심판할 수 있으나, 원고의 청구를 모두 기각할 경우에는 원고의 선택적 청구 전부에 대하여 판단하여야 한다(대판 2010.5.27, 2009다12580).

16

항소심 법원은 선택적으로 병합된 수개의 청구 중 제1심에서 심판되지 아니한 청구를 임의로 선택하여 심판할 수 있으며 심리 결과 그 청구가 이유 있다고 인정하는 경우, 그 결론이 제1심판결의 주문과 동일하여도 제1심판결을 취소한 다음 새로이 청구를 인용하는 주문을 선고하여야 한다.

○ | ×

> **해설** 수개의 청구가 제1심에서 처음부터 선택적으로 병합되고 그중 어느 한 개의 청구에 대한 인용판결이 선고되어 피고가 항소를 제기한 경우는 물론, 원고의 청구를 인용한 판결에 대하여 피고가 항소를 제기하여 항소심에 이심된 후 청구가 선택적으로 병합된 경우에 있어서도 항소심은 제1심에서 인용된 청구를 먼저 심리하여 판단할 필요는 없고, 원심이 한 것처럼 선택적으로 병합된 수개의 청구 중 제1심에서 심판되지 아니한 청구를 임의로 선택하여 심판할 수 있다고 할 것이나, 심리한 결과 그 청구가 이유 있다고 인정되고 그 결론이 제1심판결의 주문과 동일한 경우에도 피고의 항소를 기각하여서는 안 되며 제1심판결을 취소한 다음 새로이 청구를 인용하는 주문을 선고하여야 한다(대판 2006.4.27. 2006다7587·7594).

정답 | **13** × **14** ○ **15** ○ **16** ○

17

주위적·예비적 병합 사건에서 주위적 청구를 인용하는 제1심판결에 대하여 항소하면 제1심에서 심판을 받지 않은 예비적 청구도 모두 이심된다.   ○ | X

해설 청구의 예비적 병합이란 병합된 수개의 청구 중 주위적 청구(제1차 청구)가 인용되지 않을 것에 대비하여 그 인용을 해제조건으로 예비적 청구(제2차 청구)에 관하여 심판을 구하는 병합형태로서, 이와 같은 예비적 병합의 경우에는 원고가 붙인 순위에 따라 심판하여야 하며 주위적 청구를 배척할 때에는 예비적 청구에 대하여 심판하여야 하나 주위적 청구를 인용할 때에는 다음 순위인 예비적 청구에 대하여 심판할 필요가 없는 것이므로, 주위적 청구를 인용하는 판결은 전부판결로서 이러한 판결에 대하여 피고가 항소하면 제1심에서 심판을 받지 않은 다음 순위의 예비적 청구도 모두 이심되고 항소심이 제1심에서 인용되었던 주위적 청구를 배척할 때에는 다음 순위의 예비적 청구에 관하여 심판을 하여야 하는 것이다(대판 (全) 2000.11.16. 98다22253).

18

실질적으로 선택적 병합관계에 있는 두 청구에 관하여 당사자가 주위적·예비적으로 순위를 붙여 청구하였고, 그에 대하여 제1심 법원이 주위적 청구를 기각하고 예비적 청구만을 인용하는 판결을 선고하여 피고만이 항소를 제기한 경우에도 항소심으로서는 두 청구 모두를 심판의 대상으로 삼아 판단하여야 한다.   ○ | X

해설 병합의 형태가 선택적 병합인지 예비적 병합인지는 당사자의 의사가 아닌 병합청구의 성질을 기준으로 판단하여야 하고, 항소심에서의 심판범위도 그러한 병합청구의 성질을 기준으로 결정하여야 한다. 따라서 실질적으로 선택적 병합관계에 있는 두 청구에 관하여 당사자가 주위적·예비적으로 순위를 붙여 청구하였고, 그에 대하여 제1심 법원이 주위적 청구를 기각하고 예비적 청구만을 인용하는 판결을 선고하여 피고만이 항소를 제기한 경우에도, 항소심으로서는 두 청구 모두를 심판의 대상으로 삼아 판단하여야 한다(대판 2014.5.29. 2013다96868).

19

판례는 예비적 병합의 경우에 주위적 청구기각·예비적 청구인용의 제1심판결에 대하여 피고만이 항소한 경우 불복하지 아니한 주위적 청구도 항소심으로 이심되어 항소심의 심판대상이 된다고 보고 있다.   ○ | X

해설 제1심 법원이 원고들의 주위적 청구와 예비적 청구를 병합심리한 끝에 주위적 청구는 기각하고 예비적 청구만을 인용하는 판결을 선고한 데 대하여 피고만이 항소한 경우, 항소제기에 의한 이심의 효력은 당연히 사건 전체에 미쳐 주위적 청구에 관한 부분도 항소심에 이심되는 것이지만, 항소심의 심판범위는 이에 관계없이 피고의 불복신청의 범위에 한하는 것으로서 예비적 청구를 인용한 제1심판결의 당부에 그치고 원고들의 부대항소가 없는 한 주위적 청구는 심판대상이 될 수 없다(대판 1995.2.10. 94다31624).

20

예비적 병합의 경우에 주위적 청구기각·예비적 청구인용의 제1심판결에 대하여 피고만이 항소한 경우 항소심에서 피고는 주위적 청구를 인낙할 수 있다. ○ | X

> **해설** 제1심 법원이 원고의 주위적 청구와 예비적 청구를 병합심리한 끝에 주위적 청구는 기각하고 예비적 청구만을 인용하는 판결을 선고한 데 대하여 피고만 항소를 하더라도, 항소의 제기에 의한 이심의 효력은 피고의 불복신청의 범위와는 관계없이 사건 전부에 미쳐 주위적 청구에 관한 부분도 항소심에 이심되는 것이므로, 피고가 항소심의 변론에서 원고의 주위적 청구를 인낙하여 그 인낙이 조서에 기재되면 그 조서는 확정판결과 동일한 효력이 있는 것이고, 따라서 그 인낙으로 인하여 주위적 청구의 인용을 해제조건으로 병합심판을 구한 예비적 청구에 관하여는 심판할 필요가 없어 사건이 그대로 종결되는 것이다(대판 1992.6.9. 92다12032).

21

원고 패소의 제1심판결에 대하여 원고가 항소한 후 항소심에서 예비적 청구를 추가하면 항소심이 종래의 주위적 청구에 대한 항소가 이유 없다고 판단한 경우에는 예비적 청구에 대하여 제1심으로 판단하여야 한다. ○ | X

> **해설** 대판 2017.3.30. 2016다253297

22

항소심에 이르러 새로운 청구가 추가된 경우 항소심은 추가된 청구에 대해서는 실질상 제1심으로서 재판하여야 한다. 제1심이 기존의 청구를 기각한 데 대하여 원고가 항소하였고 항소심이 기존의 청구와 항소심에서 추가된 청구를 모두 배척할 경우 단순히 "원고의 항소를 기각한다."라는 주문 표시만 해서는 안 되고, 이와 함께 항소심에서 추가된 청구에 대하여 "원고의 청구를 기각한다."라는 주문 표시를 해야 한다. ○ | X

> **해설** 대판 2021.5.7. 2020다292411

23

선택적으로 병합된 수개의 청구를 모두 기각한 항소심 판결에 대하여 원고가 상고한 경우에 상고심 법원이 선택적 청구 중 어느 하나의 청구에 관한 상고가 이유 있다고 인정할 때에는 원심판결을 전부 파기하여야 한다. ○ | ✕

해설 대판 2018.6.15. 2016다229478

실전 확인

01 甲이 乙에 대하여 주위적 청구로서 매매계약이 유효함을 전제로 매매대금의 지급을 청구하고, 예비적 청구로서 매매계약이 무효인 경우 이미 인도한 매매목적물의 반환을 청구하였다. 다음 설명 중 가장 옳지 않은 것은? 15법원직

① 매매대금의 지급을 구하는 청구를 인용한 판결에 대하여 乙이 항소하면 매매목적물의 반환을 구하는 청구도 항소심에 이심되고 심판의 대상이 된다.

② 법원은 매매대금의 지급을 구하는 청구에 대하여 먼저 심리하여 보고 인용되면 매매목적물의 반환을 구하는 청구를 심판할 필요가 없다.

③ 매매대금의 지급을 구하는 청구를 배척하면서 매매목적물의 반환을 구하는 청구에 대하여 판단하지 아니하는 경우에 그 판결에 대한 상소가 제기되면 매매목적물의 반환을 구하는 청구는 재판누락이므로 추가판결의 대상이 된다.

④ 매매대금의 지급을 구하는 청구를 기각하면서 매매목적물의 반환을 구하는 청구를 인용한 항소심 판결에 대하여 피고만이 상고하고 원고는 상고도 부대상고도 하지 않은 경우에, 매매대금의 지급을 구하는 청구는 상고심 판결선고시에 확정된다.

해설 ① [○] 청구의 예비적 병합이란 병합된 수개의 청구 중 주위적 청구(제1차 청구)가 인용되지 않을 것에 대비하여 그 인용을 해제조건으로 예비적 청구(제2차 청구)에 관하여 심판을 구하는 병합형태로서, 이와 같은 예비적 병합의 경우에는 원고가 붙인 순위에 따라 심판하여야 하며 주위적 청구를 배척할 때에는 예비적 청구에 대하여 심판하여야 하나 주위적 청구를 인용할 때에는 다음 순위인 예비적 청구에 대하여 심판할 필요가 없는 것이므로, 주위적 청구를 인용하는 판결은 전부판결로서 이러한 판결에 대하여 피고가 항소하면 제1심에서 심판을 받지 않은 다음 순위의 예비적 청구도 모두 이심되고 항소심이 제1심에서 인용되었던 주위적 청구를 배척할 때에는 다음 순위의 예비적 청구에 관하여 심판을 하여야 하는 것이다(대판 (全) 2000.11.16. 98다22253).

② [○] 예비적 병합의 경우에 주위적 청구가 인용될 때에는 예비적 청구에 대하여 심판할 필요가 없지만, 그것이 기각되는 때에는 예비적 청구에 대하여 심판하여야 한다.

③ [×] 판례는 "주위적 청구를 배척하면서 예비적 청구에 대하여 판단하지 아니하는 판결을 한 경우에는 그 판결에 대한 상소가 제기되면 판단이 누락된 예비적 청구 부분도 상소심으로 이심이 되고 그 부분이 재판의 누락에 해당하여 원심에 계속 중이라고 볼 것은 아니다."라고 판시하였다(대판 (全) 2000.11.16. 98다22253).

④ [○] 피고가 수개의 청구를 인용한 제1심판결 중 일부에 대하여만 항소를 제기한 경우, 항소되지 않은 나머지 부분도 확정이 차단되고 항소심에 이심은 되나, 피고가 변론종결시까지 항소취지를 확장하지 않는 한 나머지 부분에 관하여는 불복한 적이 없어 항소심의 심판대상이 되지 않고 항소심의 판결선고와 동시에 확정되어 소송이 종료된다(대판 2011.7.28. 2009다35842).

정답 ③

제2절 | 청구의 변경

Ⅰ 의의

청구의 변경은 소송물의 변경을 말하는데, 법원과 당사자의 동일성을 유지하면서 오로지 청구가 변경되는 경우만을 가리킨다. 이와 같이 청구의 변경은 청구, 즉 소송물의 변경을 뜻하기 때문에 청구의 취지와 원인의 변경에 의하여 이루어진다.

Ⅱ 청구변경의 범위

청구취지의 변경	① 상환이행청구에서 단순이행청구로 바꾸는 경우와 같은 질적 확장과, 금전채권 중 일부를 청구하다가 나머지 부분까지 전부청구하는 양적 확장이 있다. ② 청구의 감축이 소의 변경은 아니나, 감축된 한도에서 일부취하로 볼 것인지 일부포기로 볼 것인지 불분명하면 원고에게 유리한 소의 일부취하로 본다. 따라서 상대방이 본소에 응소한 경우에는 상대방의 동의를 얻어야 한다.
청구원인의 변경	청구취지를 그대로 두고 청구원인의 실체법상의 권리, 즉 법률적 관점만을 변경한 경우, 구이론은 청구의 변경으로 본다.
공격방어방법의 변경	① 사해행위취소청구의 채권자가 그 보전하고자 하는 채권의 추가·교환은 공격방법의 변경에 해당한다. ② 가등기에 기한 본등기청구를 하면서 그 등기원인을 매매예약완결이라고 주장하는 한편 위 가등기의 피담보채권을 처음에는 대여금채권이라고 주장하였다가 나중에는 손해배상채권이라고 주장한 경우 등기원인에 변경이 없어 청구의 변경에 해당하지 아니하고, 위 가등기로 담보되는 채권이 무엇인지는 공격방어방법에 불과하다.

Ⅲ 청구변경의 모습

교환적 변경	① 신청구 추가와 구청구 취하의 결합형태이다. ② 판례는 청구기초의 동일성에 영향이 없다 하여 피고의 동의가 없어도 취하의 효력이 생기는 것으로 본다.
추가적 변경	구청구를 유지하면서 신청구를 추가 제기하는 경우이다.
불분명한 경우	① 청구변경의 취지가 불분명한 경우 교환적인가 추가적인가 석명할 의무가 있다. ② 판례는 신청구가 부적법한 경우까지 구청구가 취하되는 교환적 변경이라 할 수 없다고 판시하였다.

Ⅳ 요건

1. 청구의 기초가 바뀌지 아니할 것(청구기초의 동일성)

성질	청구기초의 동일성은 피고의 방어 목표가 예상 밖으로 변경되어 입는 불이익을 보호하기 위한 요건이므로 사익적 요건이라 할 것이다. 따라서 피고가 소변경에 동의하거나 이의 없이 응소하는 때에는 이 요건을 갖추지 않아도 소의 변경을 허용할 것이다.
동일성이 인정되는 경우	① 매매계약에 의한 이전등기청구에서 매매계약해제에 의한 계약금반환청구로 변경한 경우 ② 채권자대위권에 기해 청구를 하다가 피대위채권 자체를 양수하여 양수금청구로 변경한 경우 ③ 매매를 원인으로 한 소유권이전등기청구에서 대물변제를 원인으로 한 소유권이전등기청구로의 변경 등

2. 소송절차를 현저히 지연시키지 않을 것(공익적 요건, 직권조사)

3. 소병합의 일반요건을 갖출 것

4. 사실심에 계속되고 변론종결 전일 것

소장부본 송달 전	소송계속 전이기 때문에 원고는 자유롭게 보충·정정할 수 있다.
항소심에서 소의 교환적 변경	① 상고심에서는 소의 변경이 허용되지 않지만, 항소심에서는 상대방 동의 없이 소의 변경을 할 수 있다. 다만, 소의 교환적 변경은 신청구의 추가적 병합과 구청구의 취하의 결합형태로 볼 것이므로 본안에 대한 종국판결이 있은 후 구청구를 신청구로 교환적 변경을 한 다음 다시 본래의 구청구로 교환적 변경을 한 경우에는 종국판결이 있은 후 소를 취하하였다가 동일한 소를 다시 제기한 경우에 해당하여 부적법하다. ② 항소심에서 청구가 교환적으로 변경된 경우 구청구의 취하의 효력이 발생하면 그 부분에 대하여는 소가 처음부터 계속되지 아니한 것으로 보므로 항소심에서는 구청구에 대한 제1심판결을 취소할 필요 없이 신청구에 대하여만 제1심으로서 판결을 하게 된다. ③ 피고의 항소로 인한 항소심에서 소의 교환적 변경이 적법하게 이루어졌다면 제1심판결은 소의 교환적 변경에 의한 소취하로 실효되고, 항소심의 심판대상은 새로운 소송으로 바뀌고 항소심이 사실상 제1심으로 재판하는 것이 되므로, 그 뒤에 피고가 항소를 취하한다 하더라도 항소취하는 그 대상이 없어 아무런 효력을 발생할 수 없다. ④ 항소심에 이르러 소가 추가적으로 변경된 경우와 소가 교환적으로 변경된 경우에는 항소심은 신청구에 대하여 재판하여야 하고, 위 두 경우에 제1심이 원고의 청구를 기각하였고, 항소심이 추가된 신소와 교환적으로 변경된 신청구를 기각할 경우라 하더라도 "<u>원고의 청구를 기각한다.</u>"는 주문 표시를 하여야 하고, "항소를 기각한다."는 주문 표시를 하여서는 아니 된다.
전부승소 후 소변경만을 목적으로 한 항소	원칙적으로 항소의 이익이 없어 허용되지 않는다. 그러나 명시하지 않은 일부청구에 있어서 전부승소한 원고가 잔부에 대해 확장청구하기 위해 독립항소를 하는 것은 예외적으로 허용된다.

Ⅴ 절차

신청	소의 변경은 원고의 신청에 의한다. 소를 변경할 것인가의 여부는 원고의 자유이며, 법원이 이를 강제할 수 없다.
방식	① 청구취지를 변경하는 경우에는 서면으로 신청하여야 한다. 다만, 청구취지의 변경을 서면으로 하지 않았다고 하더라도 상대방이 지체 없이 이의를 하지 않으면 소송절차에 관한 이의권의 상실로 그 잘못은 치유된다. ② 청구원인의 변경은 반드시 서면에 의할 필요가 없고 말로 해도 된다.
송달	① 소변경서는 상대방에게 바로 송달하여야 한다. 그 서면송달을 한 때 신청구에 대해 소송계속의 효력이 발생하며, 소의 변경에 의한 시효중단·기간준수효과는 소변경의 서면을 법원에 제출하였을 때에 발생한다. ② 다만, 채권자대위권에 기해 청구를 하다가 피대위채권 자체를 양수하여 양수금청구로 변경한 경우에는 당초의 채권자대위소송으로 인한 시효중단의 효력이 소멸하지 않는다.

Ⅵ 심판

소변경의 부적법		① 변경요건을 갖추지 못하여 부적법하다고 인정할 때에는 법원은 상대방의 신청 또는 직권으로 소의 변경을 허용하지 않는다는 불허결정을 하여야 한다. 불허결정은 중간적 재판인바, 독립하여 항고할 수 없고, 종국판결에 대한 상소로서만 다툴 수 있다. ② 항소심이 제1심의 소변경불허결정이 부당하다고 보면 원결정을 명시적·묵시적으로 취소하고 변경을 허용하여 신청구에 대해 심리를 개시할 수 있다.
소변경의 적법		① 소의 변경이 적법하다고 인정할 때에는 법원은 따로 소변경을 허가한다는 뜻의 명시적 재판은 요하지 않으나, 상대방이 다툴 때에는 제263조를 준용하여 결정으로 변경의 적법성을 중간적 재판이나 종국판결의 이유 속에서 판단할 수 있다. ② 적법한 소의 변경으로 인정되면 신청구에 대해 심판하여야 한다. 교환적 변경의 경우는 구청구의 소송계속이 소멸되므로 신청구만이 심판의 대상이 되고, 추가적 변경의 경우는 구청구와 함께 신청구가 그 대상이 된다.
소변경의 간과	교환적 변경의 간과	교환적 변경을 간과하여 신청구에 대한 심판을 누락하고 구청구만을 심판한 경우에는 이를 발견한 상급심으로서는 없어진 구청구에 대해서는 소송종료선언을 하고, 누락된 신청구는 원심에 계속 중이므로 원심법원이 추가판결하여야 한다.
	추가적 변경의 간과	① 단순병합의 경우 　누락된 신청구에 대하여 원심법원 자신이 추가판결로써 정리하여야 할 것이다. ② 선택적·예비적 병합의 경우 　판단누락에 준하는 것으로 보아 항소에 의해 선택적·예비적 청구 전부가 항소심으로 이심되어 항소심의 심판대상이 된다.

01

상환이행청구에서 단순이행청구로 바꾸는 것과 같은 질적 확장도 청구의 변경이다.　　O | X

해설　청구의 확장은 상환이행청구에서 단순이행청구로 바꾸는 경우와 같은 질적 확장이 있고, 금전채권 중 일부를 청구하다가 나머지 부분까지 전부청구하는 양적 확장이 있다.

02

청구의 감축은 원칙적으로 소의 일부취하에 해당하므로 반드시 서면에 의할 필요가 없고 말로써 할 수도 있으나, 통상의 소취하와 달리 상대방의 동의는 필요하지 않다.　　O | X

해설　청구의 감축은 원칙적으로 소의 일부취하에 해당하므로 반드시 서면에 의할 필요가 없고 말로써 할 수도 있으며, 다만 통상의 소취하의 경우와 마찬가지로 상대방의 동의가 있어야 하나, 이러한 동의는 묵시적으로 하여도 무방하다(대판 2005.7.14. 2005다19477).

03

채권자가 사해행위의 취소를 청구하면서 그 보전하고자 하는 채권을 추가하거나 교환하는 것은 소의 변경이라 할 수 없다.　　O | X

해설　사해행위취소청구의 채권자가 그 보전하고자 하는 채권의 추가·교환은 공격방법의 변경에 해당한다(대판 2003.5.27. 2001다13532).

04

가등기에 기한 본등기청구를 하면서 위 가등기의 피담보채권을 처음에는 대여금채권이라고 주장하였다가 나중에는 손해배상채권이라고 주장한 경우 이는 공격방법의 변경이 아닌 청구의 변경에 해당한다.

O | X

해설　가등기에 기한 본등기청구를 하면서 그 등기원인을 매매예약완결이라고 주장하는 한편 위 가등기의 피담보채권을 처음에는 대여금채권이라고 주장하였다가 나중에는 손해배상채권이라고 주장한 경우 가등기에 기한 본등기청구의 등기원인은 위 주장의 변경에 관계없이 매매예약완결이므로 등기원인에 변경이 없어 청구의 변경에 해당하지 아니하고, 위 가등기로 담보되는 채권이 무엇인지는 공격방어방법에 불과하다(대판 1992.6.12. 92다11848).

정답 | **01** ○ **02** × **03** ○ **04** ×

05

교환적 변경은 신청구 추가와 구청구 취하의 결합형태이므로 피고가 본안에 응소한 때에는 피고의 동의를 얻어야 구청구 취하의 효력이 생긴다. ○ | X

> **해설** 판례는 청구기초의 동일성에 영향이 없다 하여 피고의 동의가 없어도 취하의 효력이 생기는 것으로 본다(대판 1970.2.24. 69다2172).

06

당사자가 구청구를 취하한다는 명백한 의사표시 없이 새로운 청구로 변경하는 등으로 그 변경형태가 불분명한 경우에는 사실심 법원으로서는 과연 청구변경의 취지가 교환적인가 추가적인가 또는 선택적인가의 점을 석명할 의무가 있다. ○ | X

> **해설** 재판장은 소송관계를 명료하게 하기 위하여 당사자에게 사실상과 법률상의 사항에 관하여 질문하거나 입증을 촉구할 수 있다고 규정하고 있는바, 당사자가 구청구를 취하한다는 명백한 의사표시 없이 새로운 청구로 변경하는 등으로 그 변경형태가 불명할 경우에는 사실심 법원으로서는 과연 청구변경의 취지가 무엇인가, 즉 교환적인가 또는 추가적인가의 점에 대하여 석명으로 이를 밝혀 볼 의무가 있다(대판 2003.1.10. 2002다41435).

07

청구기초의 동일성을 요구하는 이유는 피고의 방어의 이익을 보호하려는 것이므로 피고의 이의가 없으면 청구의 기초가 동일하지 않은 변경도 허용된다. ○ | X

> **해설** 청구기초의 동일성은 피고의 방어 목표가 예상 밖으로 변경되어 입는 불이익을 보호하기 위한 요건이므로 사익적 요건이라 할 것이다. 따라서 피고가 소변경에 동의하거나 이의 없이 응소하는 때에는 이 요건을 갖추지 않아도 소의 변경을 허용할 것이다(대판 2011.2.24. 2009다33655).

08

상고심에서는 청구의 변경이 허용되지 않는다. ○ | X

> **해설** 상고심에서는 사실에 관한 주장을 전제로 하는 청구취지 및 청구원인의 정정이나 변경은 허용되지 아니한다(대판 1997.12.12. 97누12235).

09

본안에 대한 종국판결이 있은 후 구청구를 신청구로 교환적 변경을 한 다음 다시 본래의 구청구로 교환적 변경을 하는 것은 종국판결이 있은 후 소를 취하하였다가 동일한 소를 다시 제기한 경우에 해당하여 부적법하다. ○ | X

> **해설** 소의 교환적 변경은 신청구의 추가적 병합과 구청구의 취하의 결합형태로 볼 것이므로 본안에 대한 종국판결이 있은 후 구청구를 신청구로 교환적 변경을 한 다음 다시 본래의 구청구로 교환적 변경을 한 경우에는 종국판결이 있은 후 소를 취하하였다가 동일한 소를 다시 제기한 경우에 해당하여 부적법하다(대판 1987.11.10. 87다카1405).

10

피고만이 항소한 항소심에서 소의 교환적 변경이 적법하게 이루어진 후에 피고가 항소를 취하한 경우 제1심판결은 소의 교환적 변경에 의한 소취하로 실효되고, 항소심은 교환된 새로운 소송을 사실상 제1심으로 재판하는 것이 되므로 항소취하는 그 대상이 없어 아무런 효력을 발생할 수 없다. ○ | X

> **해설** 대판 1995.1.24. 93다25875

11

제1심이 원고의 청구를 기각한 판결에 대하여 원고가 항소한 후 항소심에서 청구가 교환적으로 변경된 경우, 항소심이 교환적으로 변경된 신청구를 기각할 때에는 "항소를 기각한다."는 주문 표시를 하여야 한다. ○ | X

> **해설** 항소심에 이르러 소가 추가적으로 변경된 경우와 소가 교환적으로 변경된 경우에는 항소심은 신청구에 대하여 재판하여야 하고, 위 두 경우에 제1심이 원고의 청구를 기각하였고, 항소심이 추가된 신소와 교환적으로 변경된 신청구를 기각할 경우라 하더라도 "원고의 청구를 기각한다."는 주문 표시를 하여야 하고, "항소를 기각한다."는 주문 표시를 하여서는 아니 된다(대판 1997.6.10. 96다25449·25456).

12

원고는 청구의 기초가 바뀌지 아니하는 한도 안에서 변론을 종결할 때까지 청구의 취지 또는 원인을 바꿀 수 있고, 이 경우 서면으로 신청하여야 한다. ○ | X

> **해설** 청구원인의 변경은 반드시 서면에 의할 필요가 없고 말로 해도 된다.

정답 | **05** × **06** ○ **07** ○ **08** ○ **09** ○ **10** ○ **11** × **12** ×

13

서면에 의하지 아니한 청구취지의 변경은 잘못이지만 이에 대하여 상대방이 지체 없이 이의를 하지 않았다면 이의권의 상실로 그 잘못은 치유된다.　　　　　　　　　　　　　　　　　　　　　○ | X

> **해설** 청구취지를 변경하는 경우에는 서면으로 신청하여야 한다(제262조 제2항). 다만, 청구취지의 변경을 서면으로 하지 않았다고 하더라도 상대방이 지체 없이 이의를 하지 않으면 소송절차에 관한 이의권의 상실로 그 잘못은 치유된다(대판 1993.3.23. 92다51204).

14

소의 추가적 변경이 있는 경우 추가된 소의 소송계속의 효력은 그 서면을 상대방에게 송달하거나 변론기일에 이를 교부한 때에 생긴다.　　　　　　　　　　　　　　　　　　　　　　　○ | X

> **해설** 대판 1992.5.22. 91다41187

15

소의 추가적 변경이 있는 경우 추가된 소의 소송계속은 그 서면을 상대방에게 송달한 때에 생기므로, 시효중단이나 법률상 기간준수의 효력도 소변경신청서의 부본을 송달한 때에 발생한다.　　　○ | X

> **해설** 소의 변경에 의한 시효중단·기간준수효과는 소변경의 서면을 법원에 제출하였을 때에 발생한다(제265조).

16

원고가 채권자대위권에 기해 청구를 하다가 당해 피대위채권 자체를 양수하여 양수금청구로 소를 변경한 경우 이는 청구원인의 교환적 변경으로서 채권자대위권에 기한 구청구는 취하된 것으로 보아야 하므로 당초의 채권자대위소송으로 인한 시효중단의 효력은 소멸한다.　　　　　　　　　　　　　　　○ | X

> **해설** 원고가 채권자대위권에 기해 청구를 하다가 당해 피대위채권 자체를 양수하여 양수금청구로 소를 변경한 경우 당초의 채권자대위소송으로 인한 시효중단의 효력이 소멸하지 않는다(대판 2010.6.24. 2010다17284).

192 해커스공무원 학원·인강 gosi.Hackers.com

17

법원이 청구의 변경이 옳지 아니하다고 인정한 때에는 소각하판결을 한다.　　　○ | X

> **해설** 법원이 청구의 취지 또는 원인의 변경이 옳지 아니하다고 인정한 때에는 직권으로 또는 상대방의 신청에 따라 변경을 허가하지 아니하는 결정을 하여야 한다(제263조).

18

소의 교환적 변경으로 구청구는 취하되고 신청구가 심판의 대상이 되었음에도 신청구에 대하여는 아무런 판단도 하지 아니한 채 구청구에 대하여 심리·판단한 제1심판결에 대하여 항소한 경우 항소심 법원은 제1심판결을 취소하고 구청구에 대하여는 소송종료선언을 하여야 한다.　　　○ | X

> **해설** 대판 2003.1.24. 2002다56987

제3절 중간확인의 소

① 중간확인의 소라 함은 소송계속 중에 본소청구의 판단에 대해 선결적 법률관계의 존부에 기판력이 생기는 판단을 받기 위하여 추가적으로 본소법원에 제기하는 소이다.
② 예컨대, 원고의 가옥명도소송에서 피고가 먼저 짚고 넘어갈 선결적 법률관계인 소유권이 원고에게 없다고 다툴 때에, 원고가 이 가옥명도소송에 편승하여 소유권확인의 소를 병합 제기하는 따위이다.
③ 중간확인의 소를 원고가 제기하는 것은 청구의 추가적 변경에 해당하며, 피고가 제기하는 경우에는 일종의 반소이다.

01

재심의 소송절차에서 중간확인의 소를 제기하는 것은 재심청구가 인용될 것을 전제로 하여 재심대상소송의 본안청구에 대하여 선결관계에 있는 법률관계의 존부의 확인을 구하는 것이므로, 재심사유가 인정되지 않아서 재심청구를 기각하는 경우에는 중간확인의 소의 심판대상인 선결적 법률관계의 존부에 관하여 심리할 필요가 없다. ○ | X

> **해설** 재심의 소송절차에서 중간확인의 소를 제기하는 것은 재심청구가 인용될 것을 전제로 하여 재심대상소송의 본안청구에 대하여 선결관계에 있는 법률관계의 존부의 확인을 구하는 것이므로, 재심사유가 인정되지 않아서 재심청구를 기각하는 경우에는 중간확인의 소의 심판대상인 선결적 법률관계의 존부에 관하여 나아가 심리할 필요가 없다(대판 2008.11.27. 2007다69834 · 69841).

02

중간확인의 소에 대한 판단은 종국판결의 주문이 아닌 판결의 이유에 기재하여도 무방하다. ○ | X

> **해설** 중간확인의 소는 단순한 공격방어방법이 아니라 독립된 소이므로 이에 대한 판단은 판결의 이유에 기재할 것이 아니라 종국판결의 주문에 기재하여야 할 것이므로 재심사유가 인정되지 않아서 재심청구를 기각하는 경우에는 중간확인의 소를 각하하고 이를 판결 주문에 기재하여야 한다(대판 2008.11.27. 2007다69834 · 69841).

03

중간확인의 소는 항소심에서도 제기할 수 있다. ○ | X

> **해설** 상고심에서는 제기할 수 없으나, 항소심에서는 상대방의 동의가 없어도 중간확인의 소를 제기할 수 있다.

04

중간확인의 소를 제기할 때에는 서면으로 하여야 하고, 해당 서면은 상대방에게 송달하여야 한다. ○ | X

> **해설** 중간확인의 소는 소송계속중의 소의 제기이기 때문에 소에 준하는 서면을 제출하여야 하며, 그 서면은 바로 상대방에 송달하여야 한다(제264조 제2항 · 제3항).

정답 | **01** ○ **02** × **03** ○ **04** ○

Ⅰ 의의

반소라 함은 소송계속 중에 피고가 그 소송절차를 이용하여 원고에 대하여 제기하는 소이다. 피고가 제기하는 소송 중의 소로서 이에 의하여 청구의 추가적 병합으로 된다.

Ⅱ 법적 성질

반소는 독립의 소이고 방어방법이 아니다	① 반소는 피고가 자기의 신청에 대하여 판결을 구하는 소의 일종이며, 본소를 기각시키기 위한 방어방법과는 다르다. ② ㉠ 반소에는 본소의 방어방법 이상의 적극적 내용이 포함되어야 한다. 반소청구의 내용이 실질적으로 본소청구의 기각을 구하는 것과 다를 바 없다면, 반소청구로서의 이익이 없다. ㉡ 그러나 원고가 피고에 대하여 교통사고로 인한 손해배상채무의 부존재확인을 구할 이익이 있어 먼저 본소로 그 부존재확인을 청구한 뒤에 피고가 그 후에 그 손해배상채무의 이행을 구하는 반소를 제기한 경우에는, 일단 소송요건을 구비하여 적법하게 제기된 본소가 그 후에 상대방이 제기한 반소로 인하여 본소청구에 대한 확인의 이익이 소멸하여 소송요건에 흠이 생김으로써 다시 부적법하게 된다고 볼 수는 없다.
반소의 당사자	① 본소의 당사자가 아닌 자 사이의 반소, 예를 들면 보조참가인의 또는 보조참가인에 대한 반소제기는 부적법하다. ② 제3자 반소, 즉 피고가 원고 이외의 제3자를 추가하여 반소피고로 하는 반소는 원칙적으로 허용되지 아니하고, 다만 피고가 제기하려는 반소가 필수적 공동소송이 될 때에는 민사소송법 제68조의 필수적 공동소송인 추가의 요건을 갖추면 허용될 수 있다.

Ⅲ 모습

단순반소와 예비적 반소	① 예비적 반소는 본소청구가 인용될 때를 대비하여 조건부로 반소청구에 대하여 심판을 구하는 경우이다. 이 경우 본소청구가 각하·취하되면 반소청구는 소멸되며, 본소청구가 기각되면 반소청구에 아무런 판단을 요하지 않는다. ② 피고의 예비적 반소는 본소청구가 인용될 것을 조건으로 심판을 구하는 것으로서 제1심이 원고의 본소청구를 배척한 이상 피고의 예비적 반소는 제1심의 심판대상이 될 수 없는 것이고, 이와 같이 심판대상이 될 수 없는 소에 대하여 제1심이 판단하였다고 하더라도 그 효력이 없다고 할 것이므로, 피고가 제1심에서 각하된 반소에 대하여 항소를 하지 아니하였다는 사유만으로 이 사건 예비적 반소가 원심의 심판대상으로 될 수 없는 것은 아니라고 할 것이고, 따라서 원심으로서는 원고의 항소를 받아들여 원고의 본소청구를 인용한 이상 피고의 예비적 반소청구를 심판대상으로 삼아 이를 판단하였어야 한다.
재반소	원고가 본소의 이혼청구에 병합하여 재산분할청구를 제기한 후 피고가 반소로서 이혼청구를 한 경우, 원고가 반대의 의사를 표시하였다는 등의 특별한 사정이 없는 한, 원고의 재산분할청구 중에는 본소의 이혼청구가 받아들여지지 않고 피고의 반소청구에 의하여 이혼이 명하여지는 경우에도 재산을 분할해 달라는 취지의 청구가 포함된 것으로 봄이 상당하다고 할 것이므로(이때 원고의 재산분할청구는 피고의 반소청구에 대한 재반소로서의 실질을 가지게 된다), 이러한 경우 사실심으로서는 원고의 본소 이혼청구를 기각하고 피고의 반소청구를 받아들여 원·피고의 이혼을 명하게 되었다고 하더라도, 마땅히 원고의 재산분할청구에 대한 심리에 들어가 원·피고가 협력하여 이룩한 재산의 액수와 당시지 쌍방이 그 재산의 형성에 기여한 정도 등 일체의 사정을 참작하여 원고에게 재산분할을 할 액수와 방법을 정하여야 한다.

IV 요건

상호관련성	반소청구는 본소의 청구 또는 본소의 방어방법과 서로 관련성이 있어야 한다. 상호관련성 요건은 원고가 동의하거나 이의 없이 응소한 경우에는 상호관련성이 없어도 반소는 적법한 것으로 보아야 할 것이므로 (사익적 요건) 이의권 상실의 대상이 된다.
사실심에 계속되고 변론종결 전일 것	① 본소의 소송계속은 반소제기의 요건이고 그 존속요건은 아니다. 따라서 반소제기 후에 본소가 각하·취하되어 소멸되어도 예비적 반소가 아닌 한 반소에 영향이 없다. ② 그러나 본소가 취하되면 피고는 원고의 응소 후라도 그의 동의 없이 반소를 취하할 수 있다. 다만, 본소가 각하된 경우까지 이 규정이 유추적용되지는 아니한다. ③ 피고가 본소에 대한 추완항소를 하면서 항소심에서 비로소 반소를 제기한 경우에 항소가 부적법 각하되면 반소도 소멸한다.
	① 반소는 사실심인 항소심의 변론종결시까지 제기할 수 있다. 항소심에서 반소의 제기는 상대방의 심급의 이익을 해할 우려가 없는 경우 또는 상대방의 동의를 얻은 경우라야 한다. 상대방이 이의 없이 반소에 대해 본안변론을 한 때는 반소제기에 동의한 것으로 본다. ② 항소심에서 피고가 반소장을 진술한 데 대하여 원고가 '반소기각 답변'을 한 것만으로는 이의 없이 반소의 본안에 관하여 변론을 한 때에 해당한다고 볼 수 없다.
	원고의 심급의 이익을 해할 우려가 없는 경우에는 ① 중간확인의 반소, ② 본소와 청구원인을 같이하는 반소, ③ 제1심에서 이미 충분히 심리한 쟁점과 관련된 반소, ④ 제1심에서 제기한 반소를 주위적 청구로 하고 항소심에서 추가된 예비적 반소 등이 해당될 것으로, 이때는 원고의 동의 없이 제기할 수 있다고 볼 것이다.
	제1심에서 적법하게 반소를 제기하였던 당사자가 항소심에서 반소를 교환적으로 변경하는 경우에 변경된 청구와 종전 청구가 실질적인 쟁점이 동일하여 청구의 기초에 변경이 없으면 그와 같은 청구의 변경도 허용된다.
기타	① 본소절차를 현저히 지연시키지 않을 것(공익적 요건, 직권조사사항) ② 본소와 같은 종류의 소송절차에 의할 것(소송절차의 공통) ③ 반소가 다른 법원의 전속관할에 속하지 아니할 것(관할의 공통) 　㉠ 지방법원 단독판사는 본소 심리 중에 피고가 합의사건에 속하는 청구를 반소로 제기한 경우에는 본소와 반소를 모두 합의부로 이송하여야 한다. 　㉡ 다만, 원고가 반소에 대해 변론하면 단독판사에게 변론관할이 생겨 이송할 필요가 없다.

V 절차와 심판

① 반소는 본소에 관한 규정을 따른다. 따라서 반소를 제기함에 있어서는 반소장을 제출하지 않으면 안 된다. 반소장에는 소장의 필요적 기재사항과 인지를 붙여야 한다.

② 항소심에서 상대방의 동의 없이 제기한 반소는 그 반소 자체가 부적법한 것이어서 단순히 관할법원을 잘못한 소제기와는 다른 것이므로 이를 각하하여야 한다.

01

19법원직, 19주사보, 20사무관

어떤 채권에 기한 이행의 소에 대하여 동일 채권에 관한 채무부존재확인의 반소를 제기하는 것은 그 청구의 내용이 실질적으로 본소청구의 기각을 구하는 데 그치는 것이므로 부적법하다. ○ | X

해설 반소청구에 본소청구의 기각을 구하는 것 이상의 적극적 내용이 포함되어 있지 않다면 반소청구로서의 이익이 없고, 어떤 채권에 기한 이행의 소에 대하여 동일 채권에 관한 채무부존재확인의 반소를 제기하는 것은 그 청구의 내용이 실질적으로 본소청구의 기각을 구하는 데 그치는 것이므로 부적법하다(대판 2007.4.13. 2005다40709 · 40716).

02

14/19법원직, 18/22사무관

원고가 피고에 대하여 손해배상채무의 부존재확인을 구할 이익이 있어 본소로 그 확인을 구하였다 하더라도, 피고가 그 후에 그 손해배상채무의 이행을 구하는 반소를 제기하였다면 본소청구에 대한 확인의 이익이 소멸하여 본소는 부적법하게 된다. ○ | X

해설 원고가 피고에 대하여 교통사고로 인한 손해배상채무의 부존재확인을 구할 이익이 있어 먼저 본소로 그 부존재확인을 청구한 뒤에 피고가 그 후에 그 손해배상채무의 이행을 구하는 반소를 제기한 경우에는, 일단 소송요건을 구비하여 적법하게 제기된 본소가 그 후에 상대방이 제기한 반소로 인하여 본소청구에 대한 확인의 이익이 소멸하여 소송요건에 흠이 생김으로써 다시 부적법하게 된다고 볼 수는 없다(대판 1999.6.8. 99다17401).

03

16/19법원직, 20사무관

피고가 원고 이외의 제3자를 추가하여 반소피고로 하는 반소는 허용되지 아니하고, 피고가 제기하려는 반소가 필수적 공동소송이 될 때에도 마찬가지이다. ○ | X

해설 피고가 원고 이외의 제3자를 추가하여 반소피고로 하는 반소는 원칙적으로 허용되지 아니하고, 다만 피고가 제기하려는 반소가 필수적 공동소송이 될 때에는 민사소송법 제68조의 필수적 공동소송인 추가의 요건을 갖추면 허용될 수 있다(대판 2015.5.29. 2014다235042 · 235059 · 235066).

04

본소청구가 인용될 것을 정지조건으로 심판을 구하는 예비적 반소의 경우, 본소청구를 기각하는 때에는 반소청구에 대하여 각하판결을 해야 한다. ○ | X

해설 예비적 반소는 본소청구가 인용될 때를 대비하여 조건부로 반소청구에 대하여 심판을 구하는 경우이다. 이 경우 본소청구가 각하·취하되면 반소청구는 소멸되며, 본소청구가 기각되면 반소청구에 아무런 판단을 요하지 않는다(대판 1991.6.25. 91다1615·91다1622).

05

원고의 본소청구를 배척하면서 피고의 예비적 반소에 대하여도 판단한 제1심판결에 대하여 원고만이 항소하고 피고는 제1심에서 각하된 반소에 대하여 항소를 하지 아니하였는데 항소심이 원고의 항소를 받아들여 원고의 본소청구를 인용하는 경우, 항소심은 피고의 예비적 반소청구를 심판대상으로 삼아 판단할 필요가 없다. ○ | X

해설 피고의 예비적 반소는 본소청구가 인용될 것을 조건으로 심판을 구하는 것으로서 제1심이 원고의 본소청구를 배척한 이상 피고의 예비적 반소는 제1심의 심판대상이 될 수 없는 것이고, 이와 같이 심판대상이 될 수 없는 소에 대하여 제1심이 판단하였다고 하더라도 그 효력이 없다고 할 것이므로, 피고가 제1심에서 각하된 반소에 대하여 항소를 하지 아니하였다는 사유만으로 이 사건 예비적 반소가 원심의 심판대상으로 될 수 없는 것은 아니라고 할 것이고, 따라서 원심으로서는 원고의 항소를 받아들여 원고의 본소청구를 인용한 이상 피고의 예비적 반소청구를 심판대상으로 삼아 이를 판단하였어야 한다(대판 2006.6.29. 2006다19061·19078).

06

점유권을 기초로 한 본소에 대하여 본권자가 본소청구의 인용에 대비하여 본권에 기초한 장래이행의 소로서 예비적 반소를 제기하고 양 청구가 모두 이유 있는 경우 법원은 점유권에 기초한 본소를 본권에 관한 이유로 배척할 수 있다. ○ | X

해설 점유권을 기초로 한 본소에 대하여 본권자가 본소청구의 인용에 대비하여 본권에 기초한 장래이행의 소로서 예비적 반소를 제기하고 양 청구가 모두 이유 있는 경우, 법원은 점유권에 기초한 본소와 본권에 기초한 예비적 반소를 모두 인용해야 하고 점유권에 기초한 본소를 본권에 관한 이유로 배척할 수 없다. 이러한 법리는 점유를 침탈당한 자가 점유권에 기한 점유회수의 소를 제기하고, 본권자가 그 점유회수의 소가 인용될 것에 대비하여 본권에 기초한 장래이행의 소로서 별소를 제기한 경우에도 마찬가지로 적용된다(대판 2021.3.25. 2019다208441).

정답 | **01** ○ **02** × **03** × **04** × **05** × **06** ×

07

20법원직, 22사무관, 22변호사

원고가 본소의 이혼청구에 병합하여 재산분할청구를 제기한 후 피고가 반소로서 이혼청구를 하였는데, 본소의 이혼청구가 받아들여지지 않고 피고의 반소청구에 의하여 이혼이 명하여지는 경우에는 원고의 재산분할청구에 대해서는 판단할 필요가 없다. ○ | X

해설 원고가 본소의 이혼청구에 병합하여 재산분할청구를 제기한 후 피고가 반소로서 이혼청구를 한 경우, 특별한 사정이 없는 한, 원고의 재산분할청구 중에는 본소의 이혼청구가 받아들여지지 않고 피고의 반소청구에 의하여 이혼이 명하여지는 경우에도 재산을 분할해 달라는 취지의 청구가 포함된 것으로 봄이 상당하므로(이때 원고의 재산분할청구는 피고의 반소청구에 대한 재반소로서의 실질을 가지게 된다), 이러한 경우 사실심으로서는 원고의 본소 이혼청구를 기각하고 피고의 반소청구를 받아들여 원·피고의 이혼을 명하게 되었다고 하더라도, 마땅히 원고의 재산분할청구에 대한 심리에 들어가 원·피고가 협력하여 이룩한 재산의 액수와 당사자 쌍방이 그 재산의 형성에 기여한 정도 등 일체의 사정을 참작하여 원고에게 재산분할을 할 액수와 방법을 정하여야 한다(대판 2001.6.15. 2001므626·633).

08

11법원직

반소는 방어방법이 아니므로 소송절차를 현저하게 지연시킨다는 이유로 불허할 수는 없다. ○ | X

해설 피고는 소송절차를 현저히 지연시키지 아니하는 경우에만 변론을 종결할 때까지 본소가 계속된 법원에 반소를 제기할 수 있다(제269조 제1항).

09

15주사보, 20법원직

단순반소가 적법히 제기된 이상 그 후 본소가 취하되더라도 반소의 소송계속에는 아무런 영향이 없다. ○ | X

해설 대판 1970.9.22. 69다446

10

11/22법원직, 17주사보

본소가 취하된 경우 피고는 원고의 동의 없이 반소를 취하할 수 있다. ○ | X

해설 제271조

11

반소를 취하할 때에는 원칙적으로 원고의 동의가 필요하지만, 본소가 취하되거나 부적법하여 각하된 때에는 원고의 동의를 얻을 필요 없이 반소를 취하할 수 있다. ○ | X

> **해설** 본소가 원고의 의사와 관계없이 부적법하여 각하된 경우에는 원고의 동의가 있어야 반소를 취하할 수 있다(대판 1984.7.10. 84다카298).

12

피고가 본소에 대한 추완항소를 하면서 항소심에서 비로소 반소를 제기한 경우에 항소가 부적법 각하되면 반소도 소멸한다. ○ | X

> **해설** 대판 2003.6.13. 2003다16962 · 16979

13

피고는 사실심 변론종결 전까지만 반소를 제기할 수 있다. ○ | X

> **해설** 반소는 사실심인 항소심의 변론종결시까지 제기할 수 있다.

14

항소심에서의 반소제기는 상대방의 심급의 이익을 해할 우려가 없더라도 상대방이 동의하지 않는 한 허용되지 않는다. ○ | X

> **해설** 항소심에서의 반소제기는 상대방의 심급의 이익을 해할 우려가 없는 경우이거나, 또는 상대방의 동의를 받은 경우에만 가능하며, 상대방이 이의를 제기하지 아니하고 반소의 본안에 관하여 변론을 한 때에는 반소제기에 동의한 것으로 본다(제412조).

정답 | **07** × **08** × **09** ○ **10** ○ **11** × **12** ○ **13** ○ **14** ×

항소심에서 피고가 반소장을 진술한 데 대하여 원고가 '반소기각 답변'을 한 것만으로는 민사소송법 제
412조 제2항 소정의 '이의를 제기하지 아니하고 반소의 본안에 관하여 변론을 한 때'에 해당하지 않는다.

○ | X

> **해설** 대판 1991.3.27. 91다1783·1790(반소)

반소청구의 기초를 이루는 실질적인 쟁점에 관하여 제1심에서 본소의 청구원인 또는 방어방법과 관련하
여 충분히 심리되어 항소심에서의 반소제기를 상대방의 동의 없이 허용하더라도 상대방에게 제1심에서의
심급의 이익을 잃게 하거나 소송절차를 현저하게 지연시킬 염려가 없는 경우에는 상대방의 동의 여부와
관계없이 항소심에서의 반소제기를 허용하여야 한다.

○ | X

> **해설** 형식적으로 확정된 제1심판결에 대한 피고의 항소추완신청이 적법하여 해당 사건이 항소심에 계속된 경우 그 항소
> 심은 다른 일반적인 항소심과 다를 바 없다. 따라서 원고와 피고는 형식적으로 확정된 제1심판결에도 불구하고 실기한
> 공격방어방법에 해당하지 아니하는 한 자유로이 공격 또는 방어방법을 행사할 수 있고, 나아가 피고는 상대방의 심급의
> 이익을 해할 우려가 없는 경우 또는 상대방의 동의를 받은 경우에는 반소를 제기할 수도 있다. 여기서 '상대방의 심급의
> 이익을 해할 우려가 없는 경우'라고 함은 반소청구의 기초를 이루는 실질적인 쟁점이 제1심에서 본소의 청구원인 또는 방
> 어방법과 관련하여 충분히 심리되어 상대방에게 제1심에서의 심급의 이익을 잃게 할 염려가 없는 경우를 말한다(대판
> 2013.1.10. 2010다75044·75051).

제1심에서 적법하게 반소를 제기하였던 당사자가 항소심에서 반소를 교환적으로 변경하는 경우에 변경된
청구와 종전 청구가 그 실질적인 쟁점이 동일하여 청구의 기초에 변경이 없으면 그와 같은 청구의 변경도
허용된다.

○ | X

> **해설** 대판 2012.3.29. 2010다28338·28345

18

본소가 단독사건인 경우에 피고가 반소로 합의사건에 속하는 청구를 한 때에는 법원은 직권 또는 당사자의 신청에 따른 결정으로 본소와 반소를 합의부에 이송하여야 하나, 반소에 관하여 변론관할권을 가지는 경우에는 그러하지 아니하다.　　　　　　　　　　　　　　　　　　　　　　　　　　　　　　　　　　　　O | X

해설　제269조

19

반소로 제기된 사해행위취소소송에서 사해행위의 취소를 명하는 판결을 선고하는 경우, 그 판결이 확정되기 전에 사해행위인 법률행위가 취소되었음을 전제로 본소청구를 심리하여 판단할 수 있다.　　O | X

해설　사해행위취소소송은 형성의 소로서 그 판결이 확정됨으로써 비로소 권리변동의 효력이 발생하나, 「민법」 제406조 제1항은 채권자가 사해행위의 취소와 원상회복을 법원에 청구할 수 있다고 규정함으로써 사해행위취소청구에는 그 취소판결이 미확정인 상태에서도 그 취소의 효력을 전제로 하는 원상회복청구를 병합하여 제기할 수 있도록 허용하고 있다. 또한 원고가 매매계약 등 법률행위에 기하여 소유권을 취득하였음을 전제로 피고를 상대로 일정한 청구를 할 때, 피고는 원고의 소유권 취득의 원인이 된 법률행위가 사해행위로서 취소되어야 한다고 다투면서, 동시에 반소로써 그 소유권 취득의 원인이 된 법률행위가 사해행위임을 이유로 법률행위의 취소와 원상회복으로 원고의 소유권이전등기의 말소절차 등의 이행을 구하는 것도 가능하다.

위와 같이 원고의 본소청구에 대하여 피고가 본소청구를 다투면서 사해행위의 취소 및 원상회복을 구하는 반소를 적법하게 제기한 경우, 사해행위의 취소 여부는 반소의 청구원인임과 동시에 본소청구에 대한 방어방법이자, 본소청구 인용 여부의 선결문제가 될 수 있다. 그 경우 법원이 반소청구가 이유 있다고 판단하여, 사해행위의 취소 및 원상회복을 명하는 판결을 선고하는 경우, 비록 반소청구에 대한 판결이 확정되지 않았다고 하더라도, 원고의 소유권 취득의 원인이 된 법률행위가 취소되었음을 전제로 원고의 본소청구를 심리하여 판단할 수 있다고 봄이 타당하다. 그때에는 반소 사해행위취소 판결의 확정을 기다리지 않고, 반소 사해행위취소 판결을 이유로 원고의 본소청구를 기각할 수 있다(대판 2019.3.14. 2018다 277785·277792). → 차량 소유자가 본소로 저당권의 말소를 청구하자 저당권자가 차량 소유권 취득의 원인이 된 매매계약이 사해행위라고 주장하면서 반소로 그 취소를 청구한 사건에서 사해행위의 취소를 명하는 한편 이를 이유로 본소청구를 기각한 원심의 판단을 수긍한 사안

정답 |　**15**　O　**16**　O　**17**　O　**18**　O　**19**　O

제2장 | 다수당사자 소송

제1절 공동소송

제1관 | 통상공동소송

I 통상공동소송의 의의

통상공동소송이란 공동소송인 사이에 합일확정이 필수적이 아닌 공동소송으로서, 공동소송인 사이에서 승패가 일률적으로 될 필요가 없는 공동소송의 형태를 말한다.

II 공동소송인 독립의 원칙

소송요건의 개별처리	소송요건의 존부는 각 공동소송인마다 개별 심사 처리하여야 한다. 따라서 일부 공동소송인에 대해서는 소송요건이 존재하나 나머지 공동소송인에 대해서는 그 흠이 있으면, 흠이 있는 공동소송인에 한하여만 소를 각하하여야 한다.
소송자료의 불통일	① 공동소송인의 한 사람의 소송행위는 유리·불리를 가리지 않고 원칙적으로 다른 공동소송인에게 영향을 미치지 않는다. ② 따라서 각 공동소송인은 각자 청구의 포기·인낙, 자백, 화해, 소 또는 상소의 취하, 상소의 제기 등의 소송행위를 할 수 있으며, 그 행위를 한 자에 대해서만 효력이 미치고 다른 공동소송인에 대하여는 영향이 없다.
소송진행의 불통일	① 공동소송인의 한 사람에 관한 사항은 다른 공동소송인에게 영향이 없다. 한 사람에 대해 생긴 사망 등 중단이나 중지의 사유는 그자의 소송관계에 대해서만 절차를 정지하게 하고, 기일에 불출석한 공동소송인만이 자백간주·소취하간주의 불이익을 입게 된다. ② 공동소송인에 대한 판결의 상소기간도 개별적으로 진행된다.
당사자지위의 독립	다른 공동소송인의 대리인·보조참가인이 될 수 있고 또 그에게 소송고지를 할 수 있다. 또 자기의 주장 사실에는 관계가 없고 다른 공동소송인의 이해에만 관계있는 사항에 대해서는 증인능력이 있다.
재판의 불통일	① 공동소송인의 한 사람에 대해 판결하기에 성숙한 때에는 변론의 분리·일부판결을 할 수 있다. 공동소송인 간에 재판통일이 필요 없으며, 판결내용이 공동소송인마다 구구하게 되어도 상관없다. ② 공동소송인의 상소기간은 개별적으로 진행되며, 상소의 효력은 상소한 자에게만 미친다. 즉, 상소불가분 원칙이 적용되지 않는다. 따라서 통상의 공동소송에 있어 공동당사자 일부만이 상고를 제기한 때에는 피상고인은 상고인인 공동소송인 이외의 다른 공동소송인을 상대방으로 하거나 상대방으로 보태어 부대상고를 제기할 수는 없다.

증거공통의 원칙	**의의**	한 사람의 공동소송인이 제출한 증거는 다른 공동소송인의 원용이 없어도 그를 위한 유리한 사실인정의 자료로 사용할 수 있는데, 이를 공동소송인 간의 증거공통의 원칙이라 한다.
	예외	① 공동소송인 간에 이해상반의 경우에는 다른 공동소송인의 명시적인 원용을 요한다. ② 자백한 공동소송인에 대하여는 증거조사결과 얻은 심증에도 불구하고 자백한 대로 사실 확정을 해야 하며, 1인의 자백은 다른 공동소송인에 대하여 변론 전체의 취지로 평가될 수 있을 뿐이다.
주장공통의 원칙		① 공동소송인 가운데 한 사람이 상대방의 주장사실을 다투며 항변하는 등 다른 공동소송인에게 유리한 행위를 한 경우라도 다른 공동소송인이 이를 원용하지 않는 한 그에 대한 효력이 미치지 않는다. ② 예컨대, 주채무자와 그 보증인을 공동피고로 하여 대여금청구를 한 경우에, 주채무자의 변제항변을 받아들여 주채무자에 대한 청구를 기각하더라도 보증인이 변제항변을 하지 아니하면 그로 인한 혜택을 받을 수 없어 보증인에 대하여는 원고의 청구를 인용하게 된다.

01

통상의 공동소송에서 공동소송인 가운데 한 사람의 소송행위는 다른 공동소송인에게 영향을 미치지 아니한다. ○ | ×

> **해설** 통상공동소송은 원래 개별적·상대적으로 해결하여야 할 여러 개의 사건이 편의상 하나의 소송절차에 병합된 소송형태이기 때문에, ① 공동소송인 가운데 한 사람의 소송행위 또는 이에 대한 상대방의 소송행위(**예** 청구의 포기·인낙, 화해, 자백, 상소, 소 또는 상소 취하, 공격방어방법 제출 등), ② 공동소송인 가운데 한 사람에 관한 사항(**예** 중단·중지사유 발생, 기일에 출석하지 아니한 효과의 발생, 상소기간 등) 등은 다른 공동소송인에게 영향을 미치지 아니한다(제66조).

02

채권자 A가 주채무자 B와 보증인 C를 공동피고로 하여 대여금 내지 보증금의 지급을 구하는 소를 제기하여 전부승소한 경우, C만이 항소하였다면 C에 대한 청구만이 항소심의 심판대상이 되고, 항소하지 않은 B에 대한 제1심판결은 분리 확정된다. ○ | ×

> **해설** 통상공동소송에 있어서는 공동소송인 독립의 원칙(제66조) 때문에 공동소송인 중 한 사람의 또는 한 사람에 대한 상소는 다른 공동소송인에 관한 청구에 상소의 효력이 미치지 않으므로 그 부분은 확정된다.

03

통상공동소송에서는 공동소송인 가운데 한 사람이 상대방의 주장사실을 다투며 항변하는 등 다른 공동소송인에게 유리한 행위를 한 경우라도 다른 공동소송인이 이를 원용하지 않는 한 그에 대한 효력이 미치지 않는다. ○ | ×

> **해설** 판례는 공동소송인 가운데 한 사람이 상대방의 주장사실을 다투며 항변하는 등 다른 공동소송인에게 유리한 행위를 한 경우라도 다른 공동소송인이 이를 원용하지 않는 한 그에 대한 효력이 미치지 않는다고 하여 공동소송인 간의 주장공통의 원칙을 부정하고 있다(대판 1994.5.10. 93다47196).

정답 | **01** ○ **02** ○ **03** ○

I 의의

필수적 공동소송이란 공동소송인 사이에 합일확정을 필수적으로 하는 공동소송이다.

II 고유필수적 공동소송

1. 의의

소송공동이 법률상 강제되고, 또 합일확정의 필요가 있는 공동소송이다. 즉, 여러 사람이 공동으로 원고 또는 피고가 되지 않으면 당사자적격을 잃어 부적법해지는 경우이다.

2. 형성권이 여러 사람에 의하여 또는 여러 사람에 대하여 행사되어야 할 경우

① 공유물분할청구는 분할을 구하는 공유자가 다른 공유자 모두를 공동피고로 하여야 한다.
② 제3자가 제기하는 혼인무효·취소의 소는 부부를 모두 공동피고로 하여야 한다.

3. 합유 또는 총유관계소송

	합유물을 처분·변경함에 있어서는 합유자 전원의 동의가 있어야 하며, 전원의 동의가 있어야 지분처분권을 갖게 되므로, 합유물에 관한 소송은 원칙적으로 고유필수적 공동소송이 된다.
재산권이 합유인 경우	① 합유인 조합재산에 관한 소송, 예컨대 조합재산으로 매수한 부동산에 관한 소유권이전등기청구의 소, 조합재산에 속하는 채권에 관한 소송 ② 공동광업권에 관한 소송 ③ 지식재산권이 공유일 때 이에 관한 심판청구는 형식은 공유이나 지분양도가 불가능하여 실질은 합유로서 고유필수적 공동소송이다. 다만, 상표권의 공유자가 그 상표권의 효력에 관한 심판에서 패소한 경우에 제기할 심결취소소송은 고유필수적 공동소송이 아니다. ④ 여러 사람의 공동명의로 얻은 허가권이나 면허권(예 주류 공동제조면허의 경우 공동명의자의 상호관계는 민법상 조합)에 관한 소송
	그러나 ① 합유물에 관하여 경료된 원인무효의 소유권이전등기의 말소를 구하는 소송과 같이 보존행위에 관한 소송, ② 조합의 채권자가 조합원에 대하여 조합재산에 의한 공동책임을 묻는 것이 아니라 각 조합원의 개인적 책임에 기하여 당해 채권을 행사하는 소송은 고유필수적 공동소송이 아니다.
관리처분권 또는 소송수행권이 합유인 경우	① 파산관재인(회생채무자 관리인)이 여러 사람인 경우에는 관리처분권이 파산관재인(회생채무자 관리인) 모두에게 합유적으로 귀속되므로, 파산재단(회생채무자 재산)에 관한 소송은 고유필수적 공동소송이 된다. ② 같은 선정자단에서 여러 선정당사자를 선임하였을 때에는 선정당사자 모두가 소송수행권을 합유하는 관계에 있기 때문에 필수적 공동소송이 된다
총유관계	총유물의 보존행위에 해당하는 소송이라도 구성원이 개별적으로 제소할 수는 없고 사원총회의 결의를 거쳐 사단 명의로 제소하거나 또는 그 구성원 전원이 당사자가 되어 필수적 공동소송의 형태로 제소하여야 한다.

4. 공유관계

능동소송	원칙 (통상공동소송)	① 공동상속재산은 상속인들의 공유이고, 또 부동산의 공유자인 한 사람은 그 공유물에 대한 보존행위로서 그 공유물에 관한 원인무효의 등기 전부의 말소를 구할 수 있다. 또한 각 공유자에게 해당 지분별로 진정명의회복을 원인으로 한 소유권이전등기를 이행할 것을 단독으로 청구할 수 있다. ② 공동상속재산의 지분에 관한 지분권존재확인을 구하는 소송은 통상의 공동소송이다. ③ 공유자의 1인은 단독 명의로 등기를 경료하고 있는 공유자에 대하여 그 공유자의 공유지분을 제외한 나머지 공유지분 전부에 관하여만 소유권이전등기 말소등기절차의 이행을 구할 수 있다(전부 말소 ×).
	예외 (필수적 공동소송)	① 공유물 전체에 대한 소유관계 확인은 이를 다투는 제3자를 상대로 공유자 전원이 하여야 하는 것이므로, 다른 공유자의 지분의 확인을 구하는 것은 확인의 이익이 없다. ② 공동상속인이 다른 공동상속인을 상대로 어떤 재산이 상속재산임의 확인을 구하는 소는 고유필수적 공동소송이라고 할 것이다. ③ 인접하는 토지의 한편 또는 양편이 여러 사람의 공유에 속하는 경우에, 그 경계의 확정을 구하는 소송은, 관련된 공유자 전원이 공동하여서만 제소하고 상대방도 관련된 공유자 전원이 공동으로서만 제소될 것을 요건으로 하는 고유필수적 공동소송이다.
수동소송		① 타인 소유의 토지 위에 설치되어 있는 공작물을 철거할 의무가 있는 수인을 상대로 그 공작물의 철거를 청구하는 소송은 필수적 공동소송이 아니다. ② 공유건물의 철거청구는 공유자 각자에 대하여 그 지분권의 한도 내에서 철거를 구할 수 있다. ③ 공동점유물의 인도를 청구하는 경우 상반된 판결이 나는 때에는 사실상 인도청구의 목적을 달성할 수 없을 때가 있을 수 있으나 그와 같은 사실상 필요가 있다는 것만으로 그것을 필수적 공동소송이라고는 할 수 없다.

Ⅲ 유사필수적 공동소송

의의	여러 사람이 공동으로 원고 또는 피고가 되어야 하는 것은 아니고 개별적으로 소송을 할 수 있지만, 일단 공동소송인으로 된 이상 합일확정이 요청되어 승패를 일률적으로 하여야 할 공동소송을 의미한다.
인정되는 경우	① 수인의 채권자에 의한 채권자대위소송 ② 여러 사람의 주주에 의한 대표소송 ③ 수인의 추심채권자에 의한 추심소송 등

소송요건의 조사	① 소송요건은 각 공동소송인별로 독립하여 조사하여야 한다.
	② 소송공동이 강제되는 고유필수적 공동소송은 공동소송인으로 될 자를 한 사람이라도 누락한 때는 소는 당사자적격의 흠으로 부적법하게 된다. 이 경우 누락된 자를 보정하는 방법에는 ㉠ 별도의 소를 제기하고 계속 중인 소송에 변론병합, ㉡ 필수적 공동소송인의 추가, ㉢ 공동소송참가 등이 있다.
소송자료의 통일	① 공동소송인 중 한 사람의 소송행위 가운데 유리한 것은 전원에 대하여 효력이 생긴다.
	② 불리한 것은 공동소송인 전원이 함께 하지 않으면 안 되며, 그 한 사람이 하여도 전원을 위하여 효력이 없다.
	공동소송인 중 한 사람에 대한 상대방의 소송행위는 이익 불이익을 불구하고 다른 공동소송인 전원에 대해 효력이 발생한다.
소송진행의 통일	① 변론 및 변론의 준비, 증거조사, 판결은 공동소송인 전체를 상대로 진행하여야 하므로 변론을 분리하거나 일부판결을 할 수 없다.
	② 공동소송인 중 한 사람에 대하여 중단·중지의 원인이 발생하면 다른 공동소송인 전원에 대하여 중단·중지의 효과가 생겨 전 소송절차의 진행이 정지된다.
	① 상소기간은 각 공동소송인에게 판결정본의 송달이 있은 때부터 개별적으로 진행되나, 공동소송인 전원에 대하여 상소기간이 만료되기까지는 판결은 확정되지 않는다. 공동소송인 중 한 사람이 상소를 제기하면 전원에 대하여 판결의 확정이 막혀 차단되고 전 소송이 상급심으로 이심이 된다.
	② 패소한 공동소송인 중 한 사람만이 상소를 제기한 경우에 상소의 효력을 받는 다른 공동소송인의 지위에 대해서는 합일확정의 요청 때문에 소송관계가 상소심으로 이심되는 특수지위라고 보는 단순한 상소심당사자설이 타당하다.
	③ 실제 상소를 제기한 공동소송인만이 상소인지를 붙여야 하고, 패소한 경우에 상소비용을 부담하게 되며, 상소심의 심판범위는 그에 의하여 특정 변경되고, 상소 취하 여부도 그에 의하여 결정된다.
본안재판의 통일	① 본안판결을 할 때에는 공동소송인 모두에 대한 하나의 전부판결을 선고하여야 하고, 그 판결결과가 모순 없이 합일되게 하여야 한다.
	② 착오로 일부판결을 하여도 추가판결을 할 수 없고, 전부판결을 한 것으로 보아 상소로써 시정하여야 한다.

01

공유물분할청구는 분할을 구하는 공유자가 다른 공유자 전부를 공동피고로 하여야 한다. O | X

> **해설** 공유물분할청구의 소는 분할을 청구하는 공유자가 원고가 되어 다른 공유자 전부를 공동피고로 하여야 하는 고유
> 필수적 공동소송이다(대판 2003.12.12. 2003다44615·44622).

02

공유물분할의 소송절차에서 공유자 사이에 공유토지에 관한 현물분할 협의가 성립하여 그 합의사항을 조서에 기재함으로써 조정이 성립하였더라도 그 즉시 공유관계가 소멸하고 각 공유자에게 그 협의에 따른 새로운 법률관계가 창설되는 것은 아니다. O | X

> **해설** 공유물분할의 소송절차 또는 조정절차에서 공유자 사이에 공유토지에 관한 현물분할의 협의가 성립하여 그 합의사
> 항을 조서에 기재함으로써 조정이 성립하였다고 하더라도, 그와 같은 사정만으로 재판에 의한 공유물분할의 경우와 마찬
> 가지로 그 즉시 공유관계가 소멸하고 각 공유자에게 그 협의에 따른 새로운 법률관계가 창설되는 것은 아니라고 할 것이
> 고, 공유자들이 협의한 바에 따라 토지의 분필절차를 마친 후 각 단독소유로 하기로 한 부분에 관하여 다른 공유자의 공유
> 지분을 이전받아 등기를 마침으로써 비로소 그 부분에 대한 대세적 권리로서의 소유권을 취득하게 된다(대판 2013.11.21.,
> 2011두1917).

03

동업약정에 따라 동업자 공동으로 토지를 매수하였다면 그 토지는 동업자들을 조합원으로 하는 동업체에서 토지를 매수한 것이므로, 그 매매계약에 기하여 소유권이전등기의 이행을 구하는 소를 제기하려면 동업자들이 공동으로 하여야 한다. O | X

> **해설** 합유인 조합재산에 관한 소송, 예컨대 조합재산으로 매수한 부동산에 관한 소유권이전등기청구의 소는 고유필수적
> 공동소송이다(대판 1994.10.25. 93다54064).

04

조합재산에 속하는 채권에 관한 소송은 합유물에 관한 소송으로서 특별한 사정이 없는 한 조합원 전원이 공동으로 제기하여야 한다.　　　　　　　　　　　　　　　　　　　　　　　　　　　O | X

해설 대판 1967.8.29, 66다2200

05

「민법」상 조합인 공동수급체가 경쟁입찰에 참가하였다가 다른 경쟁업체가 낙찰자로 선정된 경우, 그 공동수급체의 구성원 중 1인이 그 낙찰자 선정이 무효임을 주장하며 단독으로 무효확인의 소를 제기하는 것은 부적법하다.　　　　　　　　　　　　　　　　　　　　　　　　　　　　　　　　　O | X

해설 「민법」상 조합인 공동수급체가 경쟁입찰에 참가하였다가 다른 경쟁업체가 낙찰자로 선정된 경우, 그 공동수급체의 구성원 중 1인이 그 낙찰자 선정이 무효임을 주장하며 무효확인의 소를 제기하는 것은 그 공동수급체가 경쟁입찰과 관련하여 갖는 법적 지위 내지 법률상 보호받는 이익이 침해될 우려가 있어 그 현상을 유지하기 위하여 하는 소송행위이므로 이는 합유재산의 보존행위에 해당한다(대판 2013.11.28, 2011다80449).

06

파산재단에 관한 소송에서 파산관재인이 여러 사람인 경우에는 모든 파산관재인에 의하여 또는 모든 파산관재인을 상대로 소를 제기하여야 한다.　　　　　　　　　　　　　　　　　　　　　O | X

해설 파산관재인(회생채무자 관리인)이 여러 사람인 경우에는 관리처분권이 파산관재인(회생채무자 관리인) 모두에게 합유적으로 귀속되므로, 파산재단(회생채무자 재산)에 관한 소송은 고유필수적 공동소송이 된다(대판 2014.4.10, 2013다95995).

07

주주총회결의의 부존재 또는 무효확인을 구하는 소를 여러 사람이 공동으로 제기한 경우, 민사소송법 제67조가 적용되는 필수적 공동소송에 해당한다. ○|X

해설 이 사건 소는 주주총회결의의 부존재 또는 무효확인을 구하는 소로서, 「상법」 제380조에 의해 준용되는 「상법」 제190조 본문에 따라 청구를 인용하는 판결은 제3자에 대하여도 효력이 있다. 이러한 소를 여러 사람이 공동으로 제기한 경우 당사자 1인이 받은 승소 판결의 효력이 다른 공동소송인에게 미치므로 공동소송인 사이에 소송법상 합일확정의 필요성이 인정되고, 「상법」상 회사관계소송에 관한 전속관할이나 병합심리 규정도 당사자 간 합일확정을 전제로 하는 점 및 당사자의 의사와 소송경제 등을 함께 고려하면, 이는 민사소송법 제67조가 적용되는 필수적 공동소송에 해당한다(대판 (全) 2021.7.22. 2020다284977).

08

같은 선정자단에서 여러 선정당사자를 선임하였을 때에는 선정당사자 모두가 소송수행권을 합유하는 관계에 있기 때문에 그 소송은 고유필수적 공동소송이 된다. ○|X

해설 같은 선정자단에서 여러 선정당사자를 선임하였을 때에는 선정당사자 모두가 소송수행권을 합유하는 관계에 있기 때문에 그 소송은 필수적 공동소송이 된다. 그러나 별개의 선정자단에서 각기 선정된 여러 사람의 선정당사자 간의 소송관계는 원래의 소송이 필수적 공동소송의 형태가 아니면 통상공동소송관계라고 할 것이다.

09

비법인사단의 총유재산에 관한 소송을 사단 자체의 명의로 하지 않고 그 구성원 전원의 명의로 하는 경우 필요적 공동소송이 되나, 총유물의 보존행위에 관한 소송은 구성원 개인이 제기할 수 있다. ○|X

해설 총유물의 보존행위에 해당하는 소송이라도 공유·합유의 경우와 달리 비법인사단의 구성원이 개별적으로 제소할 수는 없고 사원총회의 결의를 거쳐 사단 명의로 제소하거나 또는 그 구성원 전원이 당사자가 되어 필수적 공동소송의 형태로 제소하여야 한다(대판 (全) 2005.9.15. 2004다44971).

10

부동산 공유자의 1인은 당해 부동산에 관하여 제3자 명의로 원인무효의 소유권이전등기가 경료되어 있는 경우 공유물에 관한 보존행위로서 제3자에 대하여 그 등기 전부의 말소를 구할 수 있다.　　○ㅣ×

> **해설** 대판 1993.5.11. 92다52870

11

공유물의 소수지분권자인 피고가 다른 공유자와 협의하지 않고 공유물의 전부 또는 일부를 독점적으로 점유하는 경우, 다른 소수지분권자인 원고는 피고를 상대로 공유물의 인도를 청구할 수 없다.　　○ㅣ×

> **해설** 공유물의 소수지분권자인 피고가 다른 공유자와 협의하지 않고 공유물의 전부 또는 일부를 독점적으로 점유하는 경우 다른 소수지분권자인 원고가 피고를 상대로 공유물의 인도를 청구할 수는 없다고 보아야 한다(대판 (全) 2020.5.21. 2018다287522).

12

공유자의 1인은 단독 명의로 등기를 경료하고 있는 공유자에 대하여 공유물의 보존행위로서 공유지분 전부에 관하여 소유권이전등기 말소등기절차의 이행을 구할 수 있다.　　○ㅣ×

> **해설** 부동산 공유자의 1인은 당해 부동산에 관하여 제3자 명의로 원인무효의 소유권이전등기가 경료되어 있는 경우 공유물에 관한 보존행위로서 제3자에 대하여 그 등기 전부의 말소를 구할 수 있다고 할 것이나, 그 제3자가 당해 부동산의 공유자 중의 1인인 경우에는 그 소유권이전등기는 동인의 공유지분에 관하여는 실체관계에 부합하는 등기라고 할 것이므로, 이러한 경우 공유자의 1인은 단독 명의로 등기를 경료하고 있는 공유자에 대하여 그 공유자의 공유지분을 제외한 나머지 공유지분 전부에 관하여만 소유권이전등기 말소등기절차의 이행을 구할 수 있다(대판 2015.4.9. 2012다2408).

13

공동상속인이 다른 공동상속인을 상대로 어떤 재산이 상속재산임의 확인을 구하는 소는 고유필수적 공동소송이므로 원고들 일부의 소취하 또는 피고들 일부에 대한 소취하는 특별한 사정이 없는 한 그 효력이 생기지 않는다. ○ | X

> **해설** 공동상속인이 다른 공동상속인을 상대로 어떤 재산이 상속재산임의 확인을 구하는 소는 이른바 고유필수적 공동소송이라고 할 것이고, 고유필수적 공동소송에서는 원고들 일부의 소취하 또는 피고들 일부에 대한 소취하는 특별한 사정이 없는 한 그 효력이 생기지 않는다(대판 2007.8.24. 2006다40980).

14

인접하는 토지의 한편 또는 양편이 여러 사람의 공유에 속하는 경우에 그 경계의 확정을 구하는 소송은 관련된 공유자 전원이 공동하여서만 제소하고 상대방도 관련된 공유자 전원이 공동으로서만 제소될 것을 요건으로 하는 고유필수적 공동소송이다. ○ | X

> **해설** 토지의 경계는 토지 소유권의 범위와 한계를 정하는 중요한 사항으로서, 그 경계와 관련되는 인접 토지의 소유자 전원 사이에서 합일적으로 확정될 필요가 있으므로, 인접하는 토지의 한편 또는 양편이 여러 사람의 공유에 속하는 경우에, 그 경계의 확정을 구하는 소송은, 관련된 공유자 전원이 공동하여서만 제소하고 상대방도 관련된 공유자 전원이 공동소송으로서만 제소될 것을 요건으로 하는 고유필수적 공동소송이다(대판 2001.6.26. 2000다24207).

15

공유건물의 철거청구는 공유자 각자에 대하여 그 지분권의 한도 내에서 철거를 구할 수 있다. ○ | X

> **해설** 공동점유물의 인도청구나 공유건물의 철거청구도 공동점유자나 공유자 전원을 공동피고로 하여야 하는 필수적 공동소송이라 할 수 없고, 각자에 대하여 그 지분권의 한도 내에서 인도 또는 철거를 구할 수 있다(대판 1993.2.23. 92다49218).

16

제3자가 공유자에 대해서 하는 이전등기청구는 공유자 전원을 피고로 하는 필수적 공동소송이다.

O | X

> **해설** 토지를 수인이 공유하는 경우에 공유자들의 소유권이 지분의 형식으로 공존하는 것뿐이고, 그 처분권이 공동에 속하는 것은 아니므로 공유토지의 일부에 대하여 취득시효 완성을 원인으로 공유자들을 상대로 그 시효취득 부분에 대한 소유권이전등기절차의 이행을 청구하는 소송은 필수적 공동소송이라고 할 수 없다(대판 1994.12.27. 93다32880).

17

고유필수적 공동소송인 중 일부가 누락된 경우에는 항소심 변론종결시까지 추가할 수 있다. O | X

> **해설** 법원은 필수적 공동소송인 가운데 일부가 누락된 경우에는 <u>제1심의 변론종결시까지</u> 원고의 신청에 따라 결정으로 원고 또는 피고를 추가하도록 허가할 수 있다. 다만, 원고의 추가는 추가될 사람의 동의를 받은 경우에만 허가할 수 있다(제68조).

18

고유필수적 공동소송인의 추가신청은 원고와 피고 모두에게 신청권이 있다. O | X

> **해설** 법원은 고유필수적 공동소송인 가운데 일부가 누락된 경우에는 제1심의 변론을 종결할 때까지 <u>원고의 신청에 따라</u> 결정으로 원고 또는 피고를 추가하도록 허가할 수 있다(제68조 제1항 본문).

19

필수적 공동소송인의 추가를 허가하는 결정을 한 때에는 허가결정의 정본을 당사자 모두에게 송달하여야 하며, 추가될 당사자에게는 소장부본도 송달하여야 한다. O | X

> **해설** 법원이 필수적 공동소송인의 추가를 허가하는 결정을 한 때에는 허가결정의 정본을 당사자 모두에게 송달하여야 하며, 추가될 당사자에게는 소장부본도 송달하여야 한다(제68조 제2항).

정답 | **13** ○ **14** ○ **15** ○ **16** × **17** × **18** × **19** ○

20

고유필수적 공동소송에 있어서는 공동소송인 중 한 사람에게 소송요건의 흠이 있으면 전 소송을 부적법 각하한다.　　　　　　　　　　　　　　　　　　　　　　　　　　　　　　　　　○ | ×

> **해설** 소송요건은 각 공동소송인별로 독립하여 조사하여야 한다. 고유필수적 공동소송에 있어서는 공동소송인 중 한 사람에게 소송요건의 흠이 있으면 전 소송을 부적법 각하하여야 한다.

21

공유물분할청구의 소는 분할을 청구하는 공유자가 원고가 되어 다른 공유자 전부를 공동피고로 하여야 하는 필수적 공동소송으로서 공유자 전원에 대하여 판결이 합일적으로 확정되어야 하므로, 공동소송인 중 1인에게 소송요건의 흠이 있으면 전 소송이 부적법하게 된다.　　　　　　　　　　　○ | ×

> **해설** 대판 2012.6.14. 2010다105310

22

소송목적이 공동소송인 모두에게 합일적으로 확정되어야 할 공동소송의 경우에 공동소송인 가운데 한 사람의 소송행위는 모두에게 효력을 미친다.　　　　　　　　　　　　　　　　　　　○ | ×

> **해설** 공동소송인 가운데 한 사람이 한 유리한 소송행위는 모두를 위하여 효력이 생기지만, 불리한 소송행위는 모두 함께 하지 아니하면 효력이 생기지 아니한다(제67조 제1항).

23

고유필수적 공동소송에서 자백, 청구의 포기·인낙, 화해, 소취하 등은 공동소송인 모두가 함께하지 않으면 효력이 없다.　　　　　　　　　　　　　　　　　　　　　　　　　　　　　　○ | ×

> **해설** 불리한 것은 공동소송인 전원이 함께하지 않으면 안 되며, 그 한 사람이 하여도 전원을 위하여 효력이 없다. 따라서 자백, 청구의 포기·인낙 또는 재판상 화해는 불리한 소송행위이기 때문에 전원이 함께하지 않으면 그 효력이 생기지 않는다.

24

필수적 공동소송인 중 1인에 대한 상대방의 행위는 유리·불리를 묻지 않고 공동소송인 모두에게 효력이
있다.   ○ | X

> **해설** 공동소송인 중 한 사람에 대한 상대방의 소송행위는 이익·불이익을 불구하고 다른 공동소송인 전원에 대해 효력이
> 발생한다(제67조 제2항).

25

필수적 공동소송에서는 변론의 분리나 일부판결을 할 수 없다.   ○ | X

> **해설** 변론 및 변론의 준비, 증거조사, 판결은 공동소송인 전체를 상대로 진행하여야 하므로 변론을 분리하거나 일부판결
> 을 할 수 없다.

26

공유물분할판결에서 상소기간은 각 공동소송인 개별로 진행되는 것이므로, 일부 공유자에 대하여 상소기
간이 만료된 경우 그 공유자에 대한 판결 부분이 분리·확정된다.   ○ | X

> **해설** 공유물분할청구의 소는 분할을 청구하는 공유자가 원고가 되어 다른 공유자 전부를 공동피고로 하여야 하는 고유
> 필수적 공동소송이고, 공동소송인과 상대방 사이에 판결의 합일확정을 필요로 하는 고유필수적 공동소송에서는 공동소송
> 인 중 일부가 제기한 상소는 다른 공동소송인에게도 효력이 미치므로 공동소송인 전원에 대한 관계에서 판결의 확정이
> 차단되고 소송은 전체로서 상소심에 이심된다(대판 2017.9.21. 2017다233931).

27

필수적 공동소송인 중 일부가 제기한 상소는 다른 공동소송인에게도 그 효력이 미치는 것이므로 공동소
송인 전원에 대한 관계에서 판결의 확정이 차단되고 그 소송은 전체로서 상소심에 이심된다.   ○ | X

> **해설** 공동소송인 중 한 사람이 상소를 제기하면 전원에 대하여 판결의 확정이 막혀 차단되고 전 소송이 상급심으로 이심
> 이 된다.

28

고유필수적 공동소송에 대하여 본안판결을 할 때에는 공동소송인 전원에 대한 하나의 종국판결을 선고하여야 하는 것이지 공동소송인 일부에 대해서만 판결하거나 남은 공동소송인에 대해 추가판결을 하는 것은 모두 허용될 수 없다. ○ | X

> **해설** 대판 2011.6.24. 2011다1323

실전 확인

01 甲, 乙, 丙, 丁은 X토지에 관하여 각 지분별로 등기를 마친 공유자이다. 다음 설명 중 옳은 것은?
(다툼이 있는 경우에는 판례에 의함)   12변호사

① 甲이 乙, 丙만을 상대로 공유물분할청구의 소를 제기한 경우, 甲은 丁을 상대로 별도의 공유물분할청구의 소를 제기하여 乙, 丙을 상대로 이미 제기한 공유물분할청구소송에 변론병합을 신청할 수 있으나, 乙, 丙을 상대로 이미 제기한 위 소송에 丁을 피고로 추가할 수는 없다.

② 제3자는 X토지에 대한 소유권확인청구의 소를 제기함에 있어 甲, 乙, 丙, 丁 전원을 피고로 하지 않으면 그 소는 부적법하다.

③ 제3자가 X토지를 불법으로 점유하는 경우, 甲은 단독으로 제3자를 상대로 X토지에 대한 인도청구의 소를 제기할 수 없다.

④ 甲, 乙, 丙, 丁이 X토지를 戊에게 매도하고 소유권이전등기를 마쳐준 후에도 여전히 X토지를 공동점유하고 있는 경우, 공동점유자 각자는 그 점유물의 일부분씩만을 반환할 수 없기 때문에 戊는 甲, 乙, 丙, 丁 전원을 피고로 하여 토지인도청구의 소를 제기하여야 한다.

⑤ X토지에 대해서 甲, 乙, 丙, 丁으로부터 제3자 앞으로 원인무효의 등기가 마쳐진 경우, 甲은 그 제3자에 대하여 원인무효인 등기 전부의 말소를 구할 수 있을 뿐만 아니라, 각 공유자 앞으로 해당 지분별로 진정명의회복을 원인으로 한 소유권이전등기절차 이행을 단독으로 청구할 수 있다.

해설 ① [×] 공유물분할청구는 고유필수적 공동소송으로서 공동소송인의 추가가 가능하다(제68조).
공유물분할청구의 소는 분할을 청구하는 공유자가 원고가 되어 다른 공유자 전부를 공동피고로 하여야 하는 고유필수적 공동소송이고, 공동소송인과 상대방 사이에 판결의 합일확정을 필요로 하는 고유필수적 공동소송에 있어서는 공동소송인 중 일부가 제기한 상소는 다른 공동소송인에게도 그 효력이 미치는 것이므로 공동소송인 전원에 대한 관계에서 판결의 확정이 차단되고 그 소송은 전체로서 상소심에 이심되며, 상소심 판결의 효력은 상소를 하지 아니한 공동소송인에게 미치므로 상소심으로서는 공동소송인 전원에 대하여 심리·판단하여야 한다(대판 2003.12.12. 2003다44615·44622).

② [×] ④ [×] 공유는 각 지분별 처분이 가능하므로 공유등기자들을 대상으로 하는 소유권확인의 소 내지 소유권이전등기청구의 소는 필수적 공동소송이 아니다.
부동산의 공유자인 공동상속인들을 상대로 한 소유권보존등기말소 및 소유권확정청구소송은 권리관계가 합일확정되어야 할 필수적 공동소송이 아니다(대판 1972.6.27. 72다555). 공동점유물의 인도를 청구하는 경우 상반된 판결이 나는 때에는 사실상 인도청구의 목적을 달성할 수 없을 때가 있을 수 있으나 그와 같은 사실상 필요가 있다는 것만으로 그것을 필요적 공동소송이라고는 할 수 없는 것이다(대판 1966.3.15. 65다2455).

③ [×] 공유지분은 공유물의 전체에 미치므로 공유의 대외적 효력으로서 보존행위는 각자 가능하다(민법 제265조 단서).
따라서 甲은 단독으로 제3자를 상대로 X토지에 대한 인도청구의 소를 제기할 수 있다.
건물의 공유지분권자는 동 건물 전부에 대하여 보존행위로서 방해배제청구를 할 수 있다(대판 1968.9.17. 68다1142·68다1143).

⑤ [○] 제3자 앞으로 원인무효의 등기가 마쳐져 있는 경우, 지분권자는 공유물에 관한 보존행위로서 '자기의 지분에 관하여서는 물론 그 등기 전부'의 말소를 청구할 수 있다(대판 1993.5.11. 92다52870). 이 경우 공유자 중 한 사람이 '공유물에 관하여 마쳐진 원인무효의 등기'에 각 공유자에게 해당 지분별로 진정명의회복을 원인으로 한 소유권이전등기를 이행할 것을 단독으로 청구하는 것도 가능하다(대판 2005.9.29. 2003다40651).

정답 ⑤

제3관 | 예비적·선택적 공동소송

I 의의

공동소송인의 청구나 공동소송인에 대한 청구가 법률상 양립할 수 없는 관계에 있고, 어느 것이 인용될 것인가 쉽게 판정할 수 없을 때에 필수적 공동소송의 규정을 준용하여 서로 모순 없는 통일적인 재판을 구하는 공동소송의 형태를 말한다.

II 허용요건

법률상 양립 불가능할 것	① 어느 하나가 인용되면 법률상 다른 청구는 기각될 관계에 있어야 하며, 두 청구 모두 인용될 수 있는 경우이면 안 된다. 부진정연대채무관계는 일방의 채무가 변제 등에 의하여 소멸되면 타방의 채무도 소멸되는 관계이므로 이러한 관계의 채무자 A, B를 공동피고로 한 각 청구는 법률상 양립할 수 없는 경우가 아니므로 예비적 공동소송이 될 수 없다. ② 예비적 피고에 대한 청구가 주위적 피고에 대한 청구와 전부가 아니라 일부와 양립하지 아니하는 관계라도 된다.
	양립하지 않는 관계이면 소송물이 동일하지 않아도 무방하다. 주위적으로는 B가 A에게 차량대금을 지급하였음을 전제로 주위적 피고 A에 대하여 차량 미인도로 인한 채무불이행책임을 묻는 청구 등을 하고, 예비적으로는 B가 A에게 차량대금 불지급을 전제로 예비적 피고 B에 대하여 채무 없음의 부존재확인·납입대금반환청구를 구하는 사안에서 서로 간에 법률상 양립할 수 없는 경우로 보고 예비적 공동소송에 해당된다.
	① 민사소송법 제70조 제1항에 있어서 "법률상 양립할 수 없다."는 것은, 실체법적으로 서로 양립할 수 없는 경우뿐 아니라 소송법상으로 서로 양립할 수 없는 경우를 포함한다. 즉, 단체의 대표자 또는 구성원의 지위에 관한 확인소송에서 그 대표자 또는 구성원 개인뿐 아니라 그가 소속된 단체를 공동피고로 하여 소가 제기된 경우에 있어서는, 누가 피고적격을 가지는지에 관한 법률적 평가에 따라 어느 한쪽에 대한 청구는 부적법하고 다른 쪽의 청구만이 적법하게 될 수 있으므로, 이는 서로 법률상 양립할 수 없는 관계에 해당한다. ② 주위적 피고에 대하여는 통정허위표시 또는 반사회질서의 법률행위임을 이유로 소유권이전등기말소청구를, 예비적 피고에 대하여는 그것이 인정되지 않으면 이행불능을 이유로 전보배상청구가 허용된다.
공동소송의 요건을 갖출 것	① 공동소송의 주관적·객관적 요건을 갖출 것을 요한다. ② 예비적 공동소송인의 추가는 제1심 변론종결시까지 제기할 수 있으며, 원고의 추가는 추가될 사람의 동의를 받은 경우에만 허가할 수 있다.

소송자료의 통일	① 공동소송인 중 한 사람의 소송행위는 전원의 이익을 위하여서만 효력이 발생한다. ② 제70조 제1항 단서에서는 소송당사자가 각자 청구의 포기·인낙, 화해 및 소의 취하를 할 수 있도록 하였다.	
소송진행의 통일	원칙	변론·증거조사·판결은 같은 기일에 함께하여야 하며, 변론의 분리·일부판결은 할 수 없다. 따라서 주위적 피고·예비적 피고 중 한 사람에 대하여 중단·중지의 원인이 발생하면 다른 사람에게도 영향을 미쳐 전체 소송절차의 진행이 정지된다.
	예외	① 공동소송인 중 일부가 소를 취하하거나 일부 공동소송인에 대한 소를 취하할 수 있고, 이 경우 소를 취하하지 않은 나머지 공동소송인에 관한 청구 부분은 여전히 심판의 대상이 된다. ② 조정을 갈음하는 결정이 확정된 경우에는 재판상 화해와 동일한 효력이 있으므로 그 결정에 대하여 일부 공동소송인이 이의하지 않았다면 원칙적으로 그 공동소송인에 대한 관계에서는 조정을 갈음하는 결정이 확정될 수 있다. 그리고 이러한 법리는 이의신청 기간 내에 이의신청이 없으면 재판상 화해와 동일한 효력을 가지는 화해권고결정의 경우에도 마찬가지로 적용된다.
본안재판의 통일	① 법원은 모든 공동소송인에 관한 청구에 대하여 판결하여야 한다. 따라서 예비적 공동소송에서는 주위적 피고에 대한 청구가 이유 있고, 예비적 피고에 대한 청구가 이유 없을 때에 주위적 피고에 대한 인용판결과 함께 예비적 피고에 대한 기각판결의 주문을 내야 한다. ② 일부 공동소송인에 대해서만 판결하거나 남겨진 공동소송인을 위한 추가판결은 허용되지 아니한다. 착오로 일부 공동소송인에 대하여서만 일부판결을 하더라도 전부판결을 한 것으로 취급하여 상소로써 다투어야 하고, 누락된 예비적·선택적 공동소송인은 착오로 인한 일부판결을 시정하기 위하여 상소를 제기할 이익이 있다.	
상소심	공동소송인 중 한 사람이 상소를 제기하면 전원에 대하여 판결확정이 차단되고 상급심으로 이심되는 효과가 생긴다. 또 불이익변경금지 원칙이 적용되지 않으므로 모든 청구가 심판대상이 된다.	

01

부진정연대채무의 관계에 있는 채무자들을 공동피고로 하는 이행의 소는 민사소송법 제70조 제1항 소정의 예비적·선택적 공동소송이라고 할 수 없다. ○ | X

해설 어떤 물건에 대한 점유·사용으로 인한 직접점유자와 간접점유자의 부당이득반환의무는 동일한 경제적 목적을 가진 채무로서 서로 중첩되는 부분에 관하여는 일방의 채무가 변제 등으로 소멸하면 타방의 채무도 소멸하는 이른바 부진정연대채무의 관계에 있고 이들을 공동피고로 하여 이행의 소가 제기된 경우 공동피고에 대한 각 청구는 법률상 양립할 수 없는 것이 아니므로 예비적·선택적 공동소송이라고 할 수 없다(대판 2012.9.27. 2011다76747).

02

처음에는 주위적 피고에 대한 주위적·예비적 청구만을 하였다가 청구 중 주위적 청구 부분이 받아들여지지 아니할 경우 그와 법률상 양립할 수 없는 관계에 있는 예비적 피고에 대한 청구를 받아들여 달라는 취지로 예비적 피고에 대한 청구를 결합하기 위하여 예비적 피고를 추가하는 것도 가능하다. ○ | X

해설 예비적 피고에 대한 청구가 주위적 피고에 대한 청구와 전부가 아니라 일부와 양립하지 아니하는 관계라도 된다. 판례는 주위적 피고에 대한 주위적·예비적 청구 두 가지 중 하나인 주위적 청구 부분만이 인용되지 아니할 경우 그와 법률상 양립할 수 없는 관계에 있는 예비적 피고에 대한 청구를 인용해 달라는 취지로 결합하여 소를 제기할 수 있다고 본다(대판 2014.3.27. 2009다104960·104977).

03

아파트 입주자대표회의 구성원 개인을 피고로 삼아 제기한 동대표지위 부존재확인의 소의 계속 중에 아파트 입주자대표회의를 피고로 추가하는 예비적 추가는 실체법적으로 서로 양립할 수 없는 경우가 아니므로 허용되지 않는다. ○ | X

해설 법인 또는 비법인 등 당사자능력이 있는 단체의 대표자 또는 구성원의 지위에 관한 확인소송에서 그 대표자 또는 구성원 개인뿐 아니라 그가 소속된 단체를 공동피고로 하여 소가 제기된 경우에 있어서는, 누가 피고적격을 가지는지에 관한 법률적 평가에 따라 어느 한쪽에 대한 청구는 부적법하고 다른 쪽의 청구만이 적법하게 될 수 있으므로 이는 민사소송법 제70조 제1항 소정의 예비적·선택적 공동소송의 요건인 각 청구가 서로 법률상 양립할 수 없는 관계에 해당한다. 따라서 아파트 입주자대표회의 구성원 개인을 피고로 삼아 제기한 동대표지위 부존재확인의 소의 계속 중에 아파트 입주자대표회의를 피고로 추가하는 주관적·예비적 추가가 허용된다(대결 2007.6.26. 2007마515).

04

예비적 공동소송인의 추가는 제1심의 변론을 종결할 때까지 가능하다. ○ | X

> **해설** 제70조의 규정에서는 공동소송인의 추가에 관한 규정(제68조)을 준용하여 예비적 공동소송인도 추가할 수 있다.

05

16법원직

예비적 원고의 추가에는 원고로 추가될 사람의 동의가 필요하다. ○ | X

> **해설** 법원은 고유필수적 공동소송인 가운데 일부가 누락된 경우에는 제1심의 변론을 종결할 때까지 원고의 신청에 따라 결정으로 원고 또는 피고를 추가하도록 허가할 수 있다. 다만, 원고의 추가는 추가될 사람의 동의를 받은 경우에만 허가할 수 있다(제68조).

06

18사무관

민사소송법은 예비적·선택적 공동소송에 관하여 원칙적으로 필수적 공동소송의 특칙을 준용하면서도 청구의 포기·인낙, 화해 또는 소의 취하의 경우에는 그 예외를 인정하여 공동소송인 각자가 할 수 있도록 규정하고 있다. ○ | X

> **해설** 민사소송법 제70조 제1항은 예비적·선택적 공동소송에 있어서 필수적 공동소송에 관한 제67조의 특칙을 원칙적으로 준용하여 소송자료 및 소송진행의 통일을 기하고 있다. 다만, 민사소송법 제70조 제1항 단서는 예외적으로 청구의 포기·인낙, 화해 또는 소취하는 공동소송인 각자가 할 수 있도록 규정하고 있다.

07

23변호사

민사소송법은 주관적·예비적 공동소송에 대하여 필수적 공동소송에 관한 규정인 제67조 내지 제69조를 준용하도록 하면서도 소의 취하의 경우에는 예외를 인정하고 있다(제70조 제1항 단서). 따라서 공동소송인 중 일부가 소를 취하하거나 일부 공동소송인에 대한 소를 취하할 수 있고, 이 경우 소를 취하하지 않은 나머지 공동소송인에 관한 청구 부분은 여전히 심판의 대상이 된다. ○ | X

> **해설** 대판 2018.2.13. 2015다242429

정답 | **01** ○ **02** ○ **03** × **04** ○ **05** ○ **06** ○ **07** ○

08

민사소송법 제70조에서 정한 주관적·예비적 공동소송에는 조정을 갈음하는 결정이 확정된 경우에는 재판상 화해와 동일한 효력이 있으므로 그 결정에 대하여 일부 공동소송인이 이의하지 않았다면 원칙적으로 그 공동소송인에 대한 관계에서는 조정을 갈음하는 결정이 확정될 수 있다. O | X

> **해설** 민사소송법 제70조에서 정한 주관적·예비적 공동소송에는 민사소송법 제67조 내지 제69조가 준용되어 소송자료 및 소송진행의 통일이 요구되지만, 청구의 포기·인낙, 화해 및 소의 취하는 공동소송인 각자가 할 수 있는데, 이에 비추어 보면, 조정을 갈음하는 결정이 확정된 경우에는 재판상 화해와 동일한 효력이 있으므로 그 결정에 대하여 일부 공동소송인이 이의하지 않았다면 원칙적으로 그 공동소송인에 대한 관계에서는 조정을 갈음하는 결정이 확정될 수 있다. 다만, 조정을 갈음하는 결정에서 분리 확정을 불허하고 있거나, 그렇지 않더라도 그 결정에서 정한 사항이 공동소송인들에게 공통되는 법률관계를 형성함을 전제로 하여 이해관계를 조절하는 경우 등과 같이 결정 사항의 취지에 비추어 볼 때 분리 확정을 허용할 경우 형평에 반하고 또한 이해관계가 상반된 공동소송인들 사이에서의 소송진행 통일을 목적으로 하는 민사소송법 제70조 제1항 본문의 입법 취지에 반하는 결과가 초래되는 경우에는 분리 확정이 허용되지 않는다. 이러한 법리는 이의신청기간 내에 이의신청이 없으면 재판상 화해와 동일한 효력을 가지는 화해권고결정의 경우에도 마찬가지로 적용된다(대판 2015.3.20. 2014다75202).

09

예비적 공동소송의 경우 주위적 공동소송인에 대한 청구를 받아들이면 예비적 공동소송인에 대한 청구에 대하여는 판단하지 않아도 된다. O | X

> **해설** 예비적·선택적 공동소송은 동일한 법률관계에 관하여 모든 공동소송인이 서로 간의 다툼을 하나의 소송절차로 한꺼번에 모순 없이 해결하는 소송형태로서 모든 공동소송인에 대한 청구에 관하여 판결을 하여야 한다(제70조 제2항). 즉, 예비적·선택적 공동소송의 경우 반드시 어느 한 청구를 인용하여야 하는 것은 아니지만, 예비적 공동소송의 경우 주위적 공동소송인에 대한 청구를 받아들이면 예비적 공동소송인에 대하여 청구를 기각하는 판결을 하여야 하고, 선택적 공동소송의 경우 어느 청구를 받아들여 인용판결을 하면 나머지 공동소송인에 대하여 청구를 기각하는 판결을 하여야 한다.

10

주관적·예비적 공동소송에서는 모든 공동소송인에 관한 청구에 관하여 판결을 하여야 하고, 그중 일부 공동소송인에 대하여만 판결을 하거나, 남겨진 자를 위한 추가판결을 하는 것은 허용되지 않으며, 일부 공동소송인에 대하여만 판결을 한 경우의 위법은 소송요건에 준하여 직권으로 조사하여야 할 사항에 해당한다. O | X

> **해설** 대판 2022.4.14. 2020다224975

11

예비적 공동소송의 경우, 주위적 피고에 대한 청구를 받아들이면 예비적 피고에 대한 청구를 기각하는 판결을 하여야 하고, 법원이 착오로 예비적 피고에 대한 판결을 누락한 경우에는 그 예비적 피고에 대하여 추가판결을 하여야 한다.　　　　　　　　　　　　　　　　　　　　　　　　　　　○ | X

해설　민사소송법 제70조 제2항은 같은 조 제1항의 예비적·선택적 공동소송에서는 모든 공동소송인에 관한 청구에 대하여 판결을 하도록 규정하고 있으므로, 이러한 공동소송에서 일부 공동소송인에 관한 청구에 대하여만 판결을 하는 경우 이는 일부판결이 아닌 흠이 있는 전부판결에 해당하여 상소로써 이를 다투어야 하고, 그 판결에서 누락된 공동소송인은 이를 시정하기 위하여 상소를 제기할 이익이 있다(대판 2021.7.8. 2020다292756).

12

예비적 공동소송에서 주위적 공동소송인과 예비적 공동소송인 중 어느 한 사람이 상소를 제기하면 다른 공동소송인에 관한 청구 부분도 확정이 차단되고 상소심에 이심되어 심판대상이 된다.　　　　　　○ | X

해설　주관적·예비적 공동소송에서 공동소송인 가운데 한 사람에 대한 상대방의 소송행위는 공동소송인 모두에게 효력이 미치므로, 주위적 공동소송인과 예비적 공동소송인 중 어느 한 사람에 대하여 상소가 제기되면 다른 공동소송인에 대한 청구 부분도 상소심에 이심되어 상소심의 심판대상이 되고, 이러한 경우 상소심의 심판대상은 주위적·예비적 공동소송인들 및 그 상대방 당사자 사이의 결론의 합일확정의 필요성을 고려하여 그 심판의 범위를 판단하여야 한다(대판 2018.2.13. 2015다242429).

정답 | 08 ○ 09 × 10 ○ 11 × 12 ○

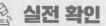

01 甲이 乙에게 丙에 대한 채권을 양도하였으나 채권양도의 효력발생이 분명하지 않아 주위적 원고인 甲은 丙을 상대로 본래의 채권에 따른 청구를 하고 예비적 원고인 乙은 丙을 상대로 양수금 청구를 하는 소를 함께 제기하였다. 공동소송에 관한 다음 설명 중 가장 옳지 않은 것은?　　20사무관

① 甲과 乙이 丙을 상대로 제기한 이 사건 소는 공동소송인 가운데 일부의 청구가 다른 공동소송인의 청구와 법률상 양립할 수 없는 관계에 있으므로 예비적 공동소송에 해당한다.

② 甲이 한 항변이나 증거제출은 이익이 되는 소송행위이므로 乙에게도 효력이 있으나, 甲이 한 청구의 포기, 화해 및 소의 취하는 불리한 소송행위이므로 乙과 함께 하지 아니하면 효력이 없다.

③ 甲이 상소를 제기하면 乙의 청구 부분도 확정이 차단되고 상소심에 이심되어 심판대상이 된다.

④ 법원은 주위적 원고인 甲의 청구를 받아들이더라도 예비적 원고인 乙에 대하여도 청구를 기각하는 판결을 하여야 한다.

해설 ① [○] 예비적·선택적 공동소송인의 청구 또는 이들에 대한 청구가 법률상 양립할 수 없어야 하는데(제70조 제1항), 법률상 양립할 수 없다는 것은 공동소송인 가운데 일부가 권리자나 의무자이면 나머지 공동소송인은 권리자나 의무자가 될 수 없음을 뜻한다.

② [×] 민사소송법은 주관적·예비적 공동소송에 대하여 필수적 공동소송에 관한 규정인 제67조 내지 제69조를 준용하도록 하면서도 소의 취하의 경우에는 예외를 인정하고 있다(제70조 제1항 단서). 따라서 공동소송인 중 일부가 소를 취하하거나 일부 공동소송인에 대한 소를 취하할 수 있고, 이 경우 소를 취하하지 않은 나머지 공동소송인에 관한 청구 부분은 여전히 심판의 대상이 된다(대판 2018.2.13. 2015다242429).

③ [○] 공동소송인 중 어느 한 사람이 상소를 제기하면 다른 공동소송인에 관한 청구 부분도 확정이 차단되고 상소심에 이심되어 심판대상이 된다(대판 2008.3.27. 2006두17765).

④ [○] 예비적·선택적 공동소송의 경우 반드시 어느 한 청구를 인용하여야 하는 것은 아니지만, 예비적 공동소송의 경우 주위적 청구를 받아들이면 예비적 공동소송인에 대하여 청구를 기각하는 판결을 하여야 하고, 선택적 공동소송의 경우 어느 청구를 받아들여 인용판결을 하면 나머지 공동소송인에 대하여 청구를 기각하는 판결을 하여야 한다.

정답 ②

제4관 | 선정당사자

Ⅰ 의의

① 선정당사자란 공동의 이해관계 있는 여러 사람이 공동소송인이 되어 소송을 하여야 할 경우에, 그 가운데서 모두를 위해 소송을 수행할 당사자로 선출된 자를 말한다. 선정당사자를 선출한 자를 선정자라고 한다.
② 선정당사자와 선정자의 관계는 임의적 소송담당의 일종이다.

Ⅱ 요건

공동소송을 할 여러 사람이 있을 것		① 여기의 여러 사람은 원고 측에 한하지 아니하며, 피고 측이라도 무방하다. ② 「민법」상 조합과 같이 그 자체에 당사자능력이 인정되지 않는 경우 선정당사자제도를 활용할 수 있다.
공동의 이해관계가 있을 것	원칙	여러 사람이 제65조 전문의 '권리·의무가 공통되거나 같은 원인으로 생긴' 관계에 있을 때에는 이에 해당된다.
	예외	① 임차인들이 甲을 임대차계약상의 임대인이라고 주장하면서 甲에게 그 각 보증금의 전부 내지 일부의 반환을 청구하는 경우, 그 사건의 쟁점은 甲이 임대차계약상의 임대인으로서 계약당사자인지 여부에 있으므로, 공동의 이해관계가 있어 선정당사자를 선정할 수 있다. 여러 사람 사이의 쟁점공통의 경우도 공동의 이해관계가 있는 경우로 보았다. ② 그러나 여러 사람이 제65조 후문의 '권리·의무가 같은 종류이며 그 발생원인이 같은 종류'인 관계인 때에는 특별히 쟁점에 공통성이 없으면 선정이 허용되지 않는다.
공동의 이해관계 있는 사람 중에서 선정할 것		제3자도 선정할 수 있게 하면 변호사대리의 원칙을 잠탈할 수 있기 때문이다.

Ⅲ 선정의 방법

선정의 성질	단독소송행위	선정당사자를 뽑는 선정은 소송수행권을 수여하는 단독소송행위이다. 소송능력이 필요하며, 선정에 조건을 붙여서는 안 된다.
	제1심 한정의 선정 인정 여부	① 당사자 선정은 총원의 합의로써 장래를 향하여 이를 취소·변경할 수 있는 만큼 당초부터 어떠한 심급을 한정해 당사자인 자격을 보유하게 할 목적으로 선정하는 것도 허용된다. ② 제1심에서 제출된 선정서에 사건명을 기재한 다음에 '제1심 소송절차에 관하여' 또는 "제1심 소송절차를 수행하게 한다."라는 문언이 기재되어 있는 경우라 하더라도 특단의 사정이 없는 한, 그 기재는 사건명 등과 더불어 선정당사자를 선정하는 사건을 특정하기 위한 것으로 보아야 하고, 따라서 그 선정의 효력은 제1심의 소송에 한정하는 것이 아니라 소송의 종료에 이르기까지 계속하는 것으로 해석함이 상당하다.

선정의 시기	선정의 시기는 소송계속 전이거나 계속 후이거나 불문한다. 소송계속 후 선정하면 선정자는 당연히 소송에서 탈퇴하게 되고, 선정당사자가 그 지위를 승계하게 된다.
선정의 방법	선정은 각 선정자가 개별적으로 하여야 하며, 다수결로 정할 수 없다. 따라서 전원이 공동으로 같은 사람을 선정할 필요는 없다.
서면증명	선정당사자의 자격은 대리인의 경우와 같이 서면증명이 필요하기 때문에 선정서를 작성·제출하는 것이 보통이며, 이를 소송기록에 붙여야 한다.

Ⅳ 선정의 효과

1. 선정당사자의 지위

당사자 본인으로서의 지위	① 선정당사자는 당사자 본인이므로 소송수행에 있어서 소송대리인에 관한 제90조 제2항과 같은 제한을 받지 않는다. 따라서 선정당사자는 일체의 소송행위에 대하여 포괄적 수권을 받은 자이므로, 예컨대 소의 취하, 화해 청구의 포기·인낙, 상소의 제기를 할 수 있으며, 소송수행에 필요한 모든 사법상의 행위를 할 수 있다. ② 선정자와의 사이에 선정당사자가 권한행사에 관한 내부적인 제한계약을 맺었다 하더라도 그와 같은 제한으로써 법원이나 상대방에게 대항할 수 없다.
	① 甲 등의 선정당사자 丙이 乙 등을 상대로 소송수행 중에 乙 등으로부터 소송을 취하하고 민·형사상 책임을 묻지 않겠다는 취지로 금원을 지급받고 소취하 합의를 하여 취하한 경우, 이는 선정당사자가 소송수행에 필요한 사법상의 행위에 해당하고 선정자 甲 등으로부터 개별적 동의 여부에 관계없이 甲 등에게 그 효력이 미친다. ② 가처분신청 절차에서 이루어진 선정행위의 효력은 그에 기한 제소명령신청 사건에는 미친다고 할 것이나, 가처분결정취소신청 사건에서는 그 선정의 효력이 미치지 아니한다.
	선정당사자는 선정자들로부터 소송수행을 위한 포괄적인 수권을 받은 것으로서 일체의 소송행위는 물론 소송수행에 필요한 사법상의 행위도 할 수 있는 것이고 개개의 소송행위를 함에 있어서 선정자의 개별적인 동의가 필요한 것은 아니라 할 것이므로, 자신과 선정자들을 위한 공격이나 방어를 위하여 필요한 범위에서 특정한 법률관계에 실체법적 효과를 발생시키는 행위나 변제의 수령 등을 할 수 있다고 할 것이지만, 변호사 소송대리인과 사이에 체결하는 보수약정은 소송위임에 필수적으로 수반되어야 하는 것은 아니므로 선정당사자가 그 자격에 기한 독자적인 권한으로 행할 수 있는 소송수행에 필요한 사법상의 행위라고 할 수 없다.
복수의 선정당사자 지위	① 같은 선정자단에서 여러 사람의 선정당사자가 선정되었을 때에는 그 여러 사람이 소송수행권을 합유하는 관계에 있기 때문에 그 소송은 필수적 공동소송으로 된다. ② 그러나 별개의 선정자단에서 각기 선정된 여러 사람의 선정당사자 간의 소송관계는 원래의 소송이 필수적 공동소송의 형태가 아니면 통상공동소송관계라고 할 것이다.

2. 선정자의 지위

① 소송계속 후에 선정을 하면 선정자는 당연히 소송에서 탈퇴한다.
② 선정당사자가 받은 판결을 선정자에 대해서도 그 효력이 미친다. 선정당사자가 이행판결을 받았으면 이에 의하여 선정자를 위해 또는 선정자에 대해 강제집행을 할 수 있다. 집행을 위하여 선정자와의 관계에서는 승계집행문이 필요하다.

3. 선정당사자의 자격상실

사망, 선정의 취소	① 선정당사자의 자격은 선정당사자의 사망, 선정의 취소에 의하여 상실된다. 선정자는 어느 때나 취소할 수 있다. ② 선정당사자자격의 상실은 대리권의 소멸의 경우처럼 상대방에게 통지를 요하며, 그렇지 않으면 그 효력이 발생하지 않는다.
수인의 선정당사자	여러 사람의 선정당사자 중 일부가 그 자격을 상실하는 경우라도 소송절차는 중단되지 않으며, 다른 선정당사자가 소송을 속행한다. 선정당사자 전원이 그 자격을 상실한 경우에는, 소송절차는 중단된다. 그러나 소송대리인이 있으면 그러하지 아니하다.
공동의 이해관계 소멸	선정당사자 본인에 대한 부분의 소가 취하되거나 판결이 확정되는 등으로 공동의 이해관계가 소멸하는 경우에는 선정당사자는 선정당사자의 자격을 당연히 상실한다.

V 선정당사자의 자격 없을 때의 효과

직권조사사항	선정당사자의 자격의 유무는 당사자적격의 문제이므로 직권조사사항이다.
흠결시	적법하게 선정되지 아니한 선정당사자나 자격증명이 없는 자의 소송행위에 의하여 선고된 판결은 무효이며, 선정자에게 그 효력이 미치지 않는다. 그러나 뒤에 자격증명을 보정하거나 선정자가 추인하면 소급하여 유효하게 될 수 있다. 만일 보정이나 추인을 얻지 못하면 판결로써 소를 각하하지 않으면 안 된다.
간과판결	간과하고 본안판결을 하였을 때에는 상소와 재심사유로는 되지 아니한다. 이러한 판결은 판결로서 무효이며 선정자에게 그 효력이 미치지 아니한다.

01

선정당사자는 공동의 이해관계가 있는 자 중에서 선정하여야 하고, 선정당사자가 선정되면 선정자는 소송에서 탈퇴한다. ○│X

> **해설** 선정당사자는 ① 공동소송을 할 '여러 사람'이 있을 것, ② '공동의 이해관계'가 있을 것, ③ '공동의 이해관계 있는 사람' 중에서 선정할 것을 요건으로 한다. 소송계속 후 선정하면 선정자는 당연히 소송에서 탈퇴하게 된다(제53조 제2항).

02

선정당사자는 공동의 이해관계에 있는 여러 사람이 공동소송인이 되어 소송을 하여야 할 경우에 선정할 수 있는데, 여러 사람 상호 간에 공동소송인이 될 관계에 있더라도 주요한 공격방어방법을 공통으로 하지 않는 경우에는 공동의 이해관계가 있다고 할 수 없다. ○│X

> **해설** 공동의 이해관계가 있는 다수자는 선정당사자를 선정할 수 있는바, 이 경우 공동의 이해관계란 다수자 상호 간에 공동소송인이 될 관계에 있고 또 주요한 공격방어방법을 공통으로 하는 것을 의미하므로, 다수자의 권리·의무가 동종이며 그 발생원인이 동종인 관계에 있는 것만으로는 공동의 이해관계가 있다고 할 수 없어 선정당사자의 선정을 허용할 것이 아니다(대판 2007.7.12. 2005다10470).

03

판례는 선정당사자의 선정행위시 심급을 한정하여 선정하는 것도 허용되나, 심급의 제한에 관한 약정 등이 없는 한 선정의 효력은 소송이 종료에 이르기까지 계속된다고 보고 있다. ○│X

> **해설** 대판 2003.11.14. 2003다34038

04

당초부터 특히 어떠한 심급을 한정하여 당사자인 자격을 보유하게끔 할 목적으로 선정을 할 수 있으므로, 제1심에서 제출된 당사자선정서에 사건명을 기재한 다음에 '제1심 소송절차에 관하여'라는 문언이 기재되어 있는 경우에는 특단의 사정이 없는 한 선정의 효력은 제1심에 한정된다. ○ | X

해설 선정당사자의 제도가 당사자 다수의 소송에 있어서 소송절차를 간소화·단순화하여 소송의 효율적인 진행을 도모하는 것을 목적으로 하고, 선정된 자가 당사자로서 소송의 종료에 이르기까지 소송을 수행하는 것이 그 본래의 취지임에 비추어 보면, 제1심에서 제출된 선정서에 사건명을 기재한 다음에 '제1심 소송절차에 관하여' 또는 "제1심 소송절차를 수행하게 한다."라는 문언이 기재되어 있는 경우라 하더라도 특단의 사정이 없는 한, 그 기재는 사건명 등과 더불어 선정당사자를 선정하는 사건을 특정하기 위한 것으로 보아야 하고, 따라서 그 선정의 효력은 제1심의 소송에 한정하는 것이 아니라 소송의 종료에 이르기까지 계속하는 것으로 해석함이 상당하다고 판시하였다(대판 2003.11.14. 2003다34038).

05

선정당사자의 자격은 서면이나 구술로 증명할 수 있다. ○ | X

해설 선정당사자의 자격은 대리인의 경우와 같이 서면증명이 필요하기 때문에 선정서를 작성·제출하는 것이 보통이며, 이를 소송기록에 붙여야 한다(제58조).

06

선정당사자는 당사자 본인이므로 소송대리권의 범위에 관한 민사소송법 제90조 제2항과 같은 제한을 받지 않는다. ○ | X

해설 선정당사자는 당사자 본인이므로 소송대리권의 범위에 관한 민사소송법 제90조 제2항과 같은 제한을 받지 않는다.

07

선정당사자는 선정자들로부터 소송수행을 위한 포괄적인 수권을 받은 것이므로 선정자들의 개별적인 동의 없이 체결한 변호사와 소송대리인과의 보수에 관한 약정은 선정자들에게 그 효력이 미친다. ○ | X

해설 선정당사자가 선정자로부터 별도의 수권 없이 한 변호사 보수에 관한 약정은 소송위임에 필수적으로 수반되는 것이 아니므로 여기의 사법상의 행위라고 할 수 없어 선정자에게 효력이 미치지 않는다(대판 2010.5.13. 2009다105246).

정답 | **01** ○ **02** ○ **03** ○ **04** × **05** × **06** ○ **07** ×

08

등기말소소송의 원고 선정당사자가 피고 측으로부터 돈을 받는 것으로 합의하고 당해 소송의 소취하 및 부제소 합의까지 한 경우, 그러한 합의에 대해 선정자들의 개별적인 동의를 받지 아니한 이상, 그 합의의 효력은 선정자들에게 미치지 아니한다.　　　　　　　　　　　　　　　　　　　　　　　　○ | X

> **해설** 선정당사자는 선정자들로부터 소송수행을 위한 포괄적인 수권을 받은 것으로서 일체의 소송행위는 물론 소송수행에 필요한 사법상의 행위도 할 수 있는 것이고 개개의 소송행위를 함에 있어서 선정자의 개별적인 동의가 필요한 것은 아니라 할 것이므로, 자신과 선정자들을 위한 공격이나 방어를 위하여 필요한 범위에서 특정한 법률관계에 실체법적 효과를 발생시키는 행위나 변제의 수령 등을 할 수 있다고 할 것이지만, 변호사인 소송대리인과 사이에 체결하는 보수약정은 소송위임에 필수적으로 수반되어야 하는 것은 아니므로 선정당사자가 그 자격에 기한 독자적인 권한으로 행할 수 있는 소송수행에 필요한 사법상의 행위라고 할 수 없다(대판 2010.5.13. 2009다105246).

09

가처분신청 절차에서 이루어진 선정행위의 효력은 그에 기한 제소명령신청 사건에는 미친다고 할 것이나 가처분결정취소신청 사건에는 그 선정의 효력이 미치지 아니한다.　　　　　　　　　　　　　○ | X

> **해설** 대판 2001.4.10. 99다49170

10

선정행위가 있은 후에 선정자는 당연히 소송에서 탈퇴하여 당사자로서의 지위를 상실하므로 증인이 될 수 있으나, 선정을 취소하지 않는 한 보조참가를 할 수는 없다.　　　　　　　　　　　　　　　○ | X

> **해설** 선정자는 당연히 소송에서 탈퇴하므로 증인이 될 수 있고, 당사자로서의 지위를 상실한다. 선정자가 소송절차에 관여하려면 ① 선정당사자 선정을 취소하여 직접 소송을 수행하는 방안, ② 선정당사자는 유지하되 보조참가를 신청하여 소송에 관여하는 방안이 있을 수 있다.

11

선정당사자가 받은 판결은 선정자에 대해서도 그 효력이 미친다.　　　　　　　　　　　　　　○ | X

> **해설** 제218조 제3항

12

당사자 선정은 언제든지 장래를 위하여 이를 취소·변경할 수 있으나, 선정을 철회한 경우 선정자 또는 당사자가 상대방에게 선정 철회사실을 통지하지 아니하면 철회의 효력을 주장하지 못한다. ○ | ×

해설 선정당사자의 자격은 선정당사자의 사망·선정의 취소에 의해 상실된다. 선정당사자자격의 변경상실은 대리권의 소멸의 경우처럼 상대방에게 통지를 요하며, 그렇지 않으면 그 효력이 발생하지 않는다(제63조 제2항).

13

선정당사자 일부에 관하여 사망 또는 자격상실의 사유가 생긴 때에는 소송절차는 중단된다. ○ | ×

해설 여러 사람의 선정당사자 중 일부가 그 자격을 상실하는 경우라도 소송절차는 중단되지 않으며, 다른 선정당사자가 소송을 속행한다(제54조).

14

판례는 선정당사자 본인에 대한 부분의 소가 취하된 경우에도 선정자가 선정을 취소하지 않는 한 선정당사자의 자격이 당연히 상실되는 것은 아니라고 하고 있다. ○ | ×

해설 민사소송법 제53조의 선정당사자는 공동의 이해관계를 가진 여러 사람 중에서 선정되어야 하므로, 선정당사자 본인에 대한 부분의 소가 취하되거나 판결이 확정되는 등으로 공동의 이해관계가 소멸하는 경우에는 선정당사자는 선정당사자의 자격을 당연히 상실한다(대판 2006.9.28. 2006다28775).

정답 | 08 × 09 ○ 10 × 11 ○ 12 ○ 13 × 14 ×

제1관 | 보조참가

I 의의

보조참가란 타인 간의 소송계속 중 소송결과에 이해관계가 있는 제3자가 한쪽 당사자의 승소를 돕기 위하여 그 소송에 참가하는 것을 말한다.

II 요건

다른 사람 사이의 소송이 계속 중일 것		① 보조참가는 타인 간의 소송에 한하여 허용되며, 한쪽 당사자는 자기소송의 상대방에는 참가할 수 없다. ② 상고심에서도 허용되지만, 상고심에서 참가하면 제76조 제1항 단서에 의한 제약 때문에 사실상의 주장, 증거의 제출이 허용되지 않는다. ③ 대립당사자 구조가 아닌 결정절차에 있어서 보조참가가 허용되지 않는다.
소송결과에 대하여 이해관계가 있을 것	소송결과	① 판결의 결과가 참가인 자신의 법적 지위, 즉 권리·의무에 영향을 미칠 경우라야 한다. ② 참가인의 법적 지위가 본소송의 승패에 논리적으로 의존관계에 있을 때, 즉 판결주문에서 판단되는 소송물인 권리관계의 존부에 의하여 직접적으로 영향을 받는 관계에 있을 때라고 할 것이다. 구체적으로는 피참가인이 패소할 경우 참가인이 구상당하거나 손해배상을 청구당할 가능성이 있는 때이다.
	법률상 이해관계일 것	① 법률상 이해관계라면 재산법상의 관계, 가족법상의 관계, 공법상의 관계도 포함된다. ② 법률상의 이해관계이기 때문에 단지 사실상·경제상 또는 감정상의 이해관계만으로는 참가할 수 없다.
기타 요건		소송절차를 현저히 지연시키지 않을 것, 소송행위로서 유효요건을 갖출 것

III 참가절차

참가신청	① 보조참가신청은 서면 또는 말로 할 수 있다. 참가의 취지와 이유를 명시하여 현재 소송이 계속된 법원에 신청하여야 한다. 참가신청서는 양쪽 당사자에게 송달하여야 한다. ② 참가신청은 참가인으로서 할 수 있는 소송행위와 동시에 할 수 있다. ③ 보조참가신청의 취하는 소송의 어느 단계에서도 허용된다. 다만, 보조참가인은 참가신청의 취하 후에도 참가적 효력을 받게 되므로 어느 당사자의 동의도 필요하지 않다.
참가의 허부	① 신청의 방식, 참가이유의 유무에 대해서는 당사자의 이의가 있는 경우에 조사함이 원칙이다. 참가신청에 대하여 피참가인의 상대방은 물론 피참가인 자신도 이의신청을 할 수 있다. 다만, 이의신청 없이 변론하거나 변론준비기일에서 진술한 때에는 이의신청권을 상실한다. ② 이의신청이 있으면 참가인은 참가의 이유를 소명하여야 하며, 법원은 참가를 허가하거나 허가하지 않는 결정을 하여야 한다. 이 결정에 대하여는 즉시항고를 할 수 있다. ③ 이의신청이 있더라도 본 소송의 절차는 징지되지 않으며, 불허결정이 있어도 그 확정시까지는 참가인으로서의 소송행위를 제한 없이 할 수 있다. 참가불허의 결정이 확정되면 그때까지 참가인이 한 소송행위는 효력을 잃게 되지만, 피참가인이 원용하면 그 효력이 유지된다.

Ⅳ 참가인의 소송상 지위

1. 종속적 지위

참가인의 이름으로 판결을 받지 아니하며, 제3자로서의 증인·감정인능력을 갖는다.

2. 독립적 지위

① 보조참가신청이 있으면 기각하는 결정이 있기 전에는 보조참가인에게도 기일통지나 송달을 빠짐없이 행하여야 한다.

② 그러나 기일통지서를 송달받지 못한 보조참가인이 변론기일에 직접 출석하여 변론할 기회를 가졌고, 위 변론 당시 기일통지서를 송달받지 못한 점에 관하여 이의를 하지 아니하였다면, 기일통지를 하지 않은 절차진행상의 흠이 치유된다.

3. 참가인이 할 수 있는 소송행위

원칙		참가인은 피참가인의 승소를 위하여 필요한 공격·방어·이의·상소, 그 밖의 모든 소송행위를 할 수 있다.
예외	참가 당시의 소송정도에 따라 피참가인도 할 수 없는 행위	① 피참가인이 한 자백의 취소, 실기한 공격방어방법의 제출 등을 할 수 없다. ② 보조참가인의 상소기간은 피참가인의 상소제기 기간에 한한다. 따라서 보조참가인이 판결송달을 받은 날로부터 기산하면 상소기간 내의 상소라 하더라도 피참가인이 상소기간을 어긴 때에는 보조참가인의 상소 역시 상소기간 경과 후의 것으로서 그 상소는 부적법하다. ③ 판결확정 후 재심사유가 있을 때에는 보조참가인이 피참가인을 보조하기 위하여 보조참가신청과 함께 재심의 소를 제기할 수 있다. 그러나 보조참가인의 재심청구 당시 피참가인인 재심청구인이 이미 사망하여 당사자능력이 없다면, 이를 허용하는 규정 등이 없는 한 보조참가인의 재심청구는 허용되지 않는다.
	피참가인의 행위와 어긋나는 행위	① 피참가인이 이미 행한 행위와 모순되는 행위를 할 수 없다. 예컨대, 피참가인이 자백한 뒤에 참가인이 이의 부인, 피참가인이 상소포기한 뒤에 참가인의 상소제기는 할 수 없다. 다만, 참가인의 소송행위가 피참가인의 행위에 명백히 어긋나지 않고 소극적으로만 어긋나는 때에는 무효로 되지 않는다. 즉, 피참가인이 명백히 다투지 아니하여 민사소송법 제150조에 의하여 그 사실을 자백한 것으로 보게 될 경우라도 참가인이 보조참가를 신청하면서 그 사실을 다툴 수 있다. ② 참가인의 행위와 어긋나는 행위를 피참가인이 뒤에 한 경우에도 참가인의 행위는 무효로 된다. 따라서 참가인이 제기한 항소를 피참가인이 포기 또는 취하를 할 수 있다.
	피참가인에게 불이익한 행위	① 참가인은 피참가인의 승소보조자이므로 소의 취하, 청구의 포기·인낙, 화해, 상소의 포기와 취하 등은 허용되지 아니한다. ② 그러나 보조참가인의 증거신청행위가 피참가인의 소송행위와 어긋나지 아니하고 그 증거들이 적법한 증거조사절차를 거쳐 법원에 현출되었다면 법원이 이들 증거에 터 잡아 피참가인에게 불이익한 사실을 인정하였다 하여 그것이 제76조 제2항에 위배된다고 할 수 없다.
	소를 변경하거나 확장하는 행위	참가인은 소의 변경, 반소, 중간확인의 소를 제기할 수 없다.
	사법상의 권리행사	피참가인의 채권을 가지고 상계권을 행사해서는 안 되며, 피참가인의 계약상의 취소권, 해제·해지권 등을 행사할 수 없다.

Ⅴ 판결의 참가인에 대한 효력

1. 효력의 성질

① 보조참가가 있는 경우의 판결은 특별한 경우를 제외하고는 참가인에게도 그 효력이 미치는바, 이때의 판결의 효력은 기판력이 아니라 피참가인이 패소한 경우 보조참가인과 피참가인 사이에 서로 그 판결이 부당하다고 주장할 수 없는 구속을 받게 되는 구속력(판결의 참가적 효력)일 뿐이다.

② 보조참가신청이 취하되어도 참가적 효력의 발생에는 영향이 없으나, 신청각하결정을 한 때에는 참가적 효력이 미치지 않는다.

③ 전소가 확정판결이 아닌 화해권고결정에 의하여 종료된 경우에는 확정판결에서와 같은 법원의 사실상 및 법률상의 판단이 이루어졌다고 할 수 없으므로 참가적 효력이 인정되지 아니한다.

2. 범위

(1) 주관적 범위

① 참가적 효력은 피참가인과 참가인 사이에만 미치고, 피참가인의 상대방과 참가인 사이에는 미치지 아니한다.

② 피참가인이 패소하고 난 뒤에 피참가인과 참가인 사이에 소송이 된 때, 참가인은 피참가인에 대한 관계에서 이전의 판결의 내용이 부당하다고 다툴 수 없다.

(2) 객관적 범위

참가적 효력은 판결주문에 대해서만 아니라 판결이유 중 패소이유가 되었던 사실상·법률상의 판단에 미친다. 따라서 피참가인이 패소하고 나서 참가인을 상대로 다시 소송을 하였을 때에, 전 소송의 판결의 기초가 되었던 사실인정이나 법률판단에 법관은 구속을 받게 되고, 참가인도 전 소송의 사실인정이나 법률판단이 부당하다고 다툴 수 없게 된다.

3. 기판력과의 차이점

구별기준	기판력	참가적 효력
성질	직권조사사항	항변사항
주관적 범위	당사자 간	참가인과 피참가인 간
객관적 범위	주문 (판결주문의 판단에만 미침)	주문 + 이유 (판결이유 중의 판단에도 미침)
발생원인	승소 + 패소 (승소·패소를 묻지 않고 일률적으로 발생)	패소 (피참가인이 패소하고 피참가인이 참가인을 상대로 후소를 제기하는 경우에만 발생)
배제 예	예외 × (법적 안정성을 위한 제도이므로 배제되는 경우 없음)	예외 ○ (참가적 효력은 판결기초의 공동형성에 대한 참가인의 자기책임에 그 근거를 두고 있기 때문에 그러한 책임이 없는 경우에는 참가적 효력 배제가능)

4. 참가적 효력의 배제

① 참가할 때의 소송진행 정도에 따라 참가인이 소송행위를 할 수 없거나, 그 소송행위가 효력을 가지지 아니하는 경우

② 피참가인이 참가인의 소송행위를 방해한 경우. 참가인이 부인한 사실을 피참가인이 자백한 경우, 참가인이 제기한 상소를 취하하거나 참가인이 신청한 증인을 철회한 경우 등에는 참가인은 이와 같은 소송행위를 할 수 있었다면 판결결과가 달라졌을 것이라는 것을 주장하여 참가적 효력에서 면제될 수 있다.

③ 피참가인이 참가인이 할 수 없는 소송행위를 고의 또는 과실로 하지 않은 경우

⚖️ OX 확인

01

21사무관

소송결과에 이해관계가 있는 제3자는 한쪽 당사자를 돕기 위하여 법원에 계속 중인 소송에 참가할 수 있다. 다만, 소송절차를 현저하게 지연시키는 경우에는 그러하지 아니하다. ○|X

> **해설** 제71조

02
18주사보

채권자가 연대보증인을 상대로 보증채무이행청구소송을 제기한 경우 주채무자는 연대보증인이 위 소송에서 패소하면 구상금청구소송을 당하게 될 처지에 있기 때문에 주채무자는 연대보증인의 보조참가인이 될 수 있다. ○|X

> **해설** 채권자가 연대보증인을 상대로 보증채무이행청구소송을 제기한 경우 주채무자는 연대보증인이 소송에서 패소하면 구상금청구소송을 당하게 될 처지에 있기 때문에 이러한 경우 주채무자는 연대보증인의 보조참가인이 될 수 있다.

03
18주사보

보조참가인은 피참가인인 당사자의 승소를 위한 보조자일 뿐 당사자가 아니다. ○|X

> **해설** 보조참가는 소가 아니며, 보조참가인은 피참가인인 당사자의 승소를 위한 보조자일 뿐 당사자가 아니다.

04
12법원직, 19사무관

대립하는 당사자구조를 갖지 못한 결정절차나 법률심인 상고심에서는 보조참가를 할 수 없다. ○|X

> **해설** 판례는 대립당사자 구조가 아닌 결정절차에 있어서 보조참가가 허용되지 않는다고 한다(대결 1994.1.20. 93마1710). 그러나 상고심에서도 참가를 할 수 있다.

05

보조참가를 하려면 당해 소송의 결과에 대하여 이해관계가 있어야 하고, 여기서 말하는 이해관계라 함은 사실상, 경제상 또는 감정상의 이해관계가 아니라 법률상의 이해관계를 가리킨다. ○ | ×

> **해설** '이해관계'란 법률상의 이해관계를 말하는 것으로, 당해 소송의 판결의 기판력이나 집행력을 당연히 받는 경우(이때 는 공동소송적 보조참가가 됨) 또는 적어도 그 판결을 전제로 하여 보조참가를 하려는 자의 법률상의 지위가 결정되는 관계에 있는 경우를 의미한다(대판 2007.4.26. 2005다19156).

06

특정 소송사건에서 당사자 일방을 보조하기 위하여 보조참가를 하려면 당해 소송의 결과에 대하여 이해 관계가 있어야 하고, 여기서 말하는 이해관계라 함은 사실상, 경제상 또는 감정상의 이해관계가 아니라 법률상의 이해관계를 가리킨다. ○ | ×

> **해설** 대판 2000.9.8. 99다26924

07

보조참가신청은 서면으로만 가능하다. ○ | ×

> **해설** 보조참가신청은 서면 또는 말로 할 수 있다(제161조). 따라서 변론기일에 말로 보조참가신청을 한 경우에는 그 기 일에 불출석한 당사자에게만 조서등본을 송달하면 될 것이다.

08

참가신청의 취하는 소송의 어느 단계에서도 허용되며, 참가신청의 취하에 있어서는 어느 당사자의 동의 도 필요하지 않다. ○ | ×

> **해설** 보조참가신청의 취하에 관하여는 아무런 규정이 없지만 소의 취하의 규정(제266조)을 유추하여 참가신청의 취하 는 소송의 어느 단계에서도 허용된다. 다만, 보조참가인은 참가신청의 취하 후에도 참가적 효력을 받게 되므로 어느 당사 자의 동의도 필요하지 않다.

정답 | **01** ○ **02** ○ **03** ○ **04** × **05** ○ **06** ○ **07** × **08** ○

보조참가인의 참가신청에 대하여 피참가인의 상대방은 이의신청을 할 수 있으나 피참가인은 이의신청을
할 수 없다.   ○ | X

> **해설** 참가신청에 대하여는 피참가인의 상대방은 물론 피참가인 자신도 이의신청을 할 수 있다. 다만, 이의신청 없이 변
> 론하거나 변론준비기일에서 진술한 때에는 이의신청권을 상실한다(제74조).

당사자가 보조참가에 대하여 이의를 신청한 때에는 참가인은 참가의 이유를 소명하여야 하며, 법원은 참
가를 허가할 것인지 아닌지를 결정하여야 한다.   ○ | X

> **해설** 당사자가 참가에 대하여 이의를 신청한 때에는 참가인은 참가의 이유를 소명하여야 하며, 법원은 참가를 허가할
> 것인지 아닌지를 결정하여야 한다(제73조 제1항). 이 결정에 대하여는 즉시항고를 할 수 있다(제73조 제3항).

당사자가 통상의 보조참가신청에 대하여 이의를 신청하지 아니한 채 변론하거나 변론준비기일에서 진술
을 한 경우에는 이의를 신청할 권리를 잃는다.   ○ | X

> **해설** 당사자가 참가에 대하여 이의를 신청하지 아니한 채 변론하거나 변론준비기일에서 진술을 한 경우에는 이의를
> 신청할 권리를 잃는다(제74조).

보조참가에 대한 불허결정이 있어도 그 확정시까지 참가인은 참가인으로서의 소송행위를 제한 없이 할
수 있고, 그 불허결정이 확정되더라도 참가인이 한 소송행위를 피참가인이 원용하면 그 소송행위는 효력
을 가진다.   ○ | X

> **해설** 이의신청이 있더라도 본 소송의 절차는 정지되지 않으며, 불허결정이 있어도 그 확정시까지는 참가인으로서의 소
> 송행위를 제한 없이 할 수 있다(제75조 제1항). 참가불허의 결정이 확정되면 그때까지 참가인이 한 소송행위는 효력을
> 잃게 되지만, 피참가인이 원용하면 그 효력이 유지된다(제75조 제2항).

13

13/17주사보

보조참가인은 증인이나 감정인이 될 수 없다. ○|X

> **해설** 보조참가인은 당사자가 아니라 보조자에 불과하므로 증인이나 감정인이 될 수 있다.

14

12사무관, 12/16/17/18주사보

보조참가신청에 대한 허가결정이 있은 후부터 보조참가인에게 기일통지와 송달을 하면 된다. ○|X

> **해설** 보조참가신청이 있으면 이를 기각하는 결정이 있기 전에는 보조참가인에게도 기일통지나 송달을 빠짐없이 행하여야 한다.

15

17법원직

보조참가인에게 기일통지서 또는 출석요구서를 송달하지 아니함으로써 변론의 기회를 부여하지 아니한 채 행하여진 기일의 진행은 적법한 것으로 볼 수 없으나, 기일통지서를 송달받지 못한 보조참가인이 변론기일에 직접 출석하여 변론할 기회를 가졌고 위 변론 당시 기일통지서를 송달받지 못한 점에 관하여 이의를 하지 아니하였다면 기일통지를 하지 않은 절차진행상의 흠이 치유된다. ○|X

> **해설** 보조참가인의 소송수행권능은 피참가인으로부터 유래된 것이 아니라 독립의 권능이라고 할 것이므로 피참가인과는 별도로 보조참가인에 대하여도 기일의 통지, 소송서류의 송달 등을 행하여야 하고, 보조참가인에게 기일통지서 또는 출석요구서를 송달하지 아니함으로써 변론의 기회를 부여하지 아니한 채 행하여진 기일의 진행은 적법한 것으로 볼 수 없다. 그러나 기일통지서를 송달받지 못한 보조참가인이 변론기일에 직접 출석하여 변론할 기회를 가졌고, 위 변론 당시 기일통지서를 송달받지 못한 점에 관하여 이의를 하지 아니하였다면, 기일통지를 하지 않은 절차진행상의 흠이 치유된다 (대판 2007.2.22. 2006다75641).

16

12/16/17주사보, 13/18법원직

피참가인이 이미 항소를 제기한 경우 보조참가인은 피참가인과 별도로 항소를 제기할 수 없다. ○|X

> **해설** 참가인은 소송에 관하여 공격·방어·이의·상소, 그 밖의 모든 소송행위를 할 수 있다. 다만, 참가할 때의 소송의 진행정도에 따라 할 수 없는 소송행위는 그러하지 아니하다(제76조 제1항).

정답 | **09** × **10** ○ **11** ○ **12** ○ **13** × **14** × **15** ○ **16** ×

17

보조참가인은 사실을 주장하거나 다툴 수 있고 증거신청·상소제기·이의신청 등에 제한이 없는 것이 원칙이므로 보조참가인의 상소기간은 피참가인의 상고기간과 별도로 진행한다. O | X

> **해설** 보조참가인의 상소기간은 피참가인의 상소제기 기간에 한한다. 따라서 보조참가인이 판결송달을 받은 날로부터 기산하면 상소기간 내의 상소라 하더라도 피참가인이 상소기간을 어긴 때에는 보조참가인의 상소 역시 상소기간 경과 후의 것으로서 그 상소는 부적법하다(대판 1969.8.19. 69다949).

18

판결확정 후 재심사유가 있을 때에는 보조참가인이 피참가인을 보조하기 위하여 보조참가신청과 함께 재심의 소를 제기할 수 있다. 그러나 보조참가인의 재심청구 당시 피참가인인 재심청구인이 이미 사망하여 당사자능력이 없다면, 이를 허용하는 규정 등이 없는 한 보조참가인의 재심청구는 허용되지 않는다. O | X

> **해설** 대판 2018.11.29. 2018므14210

19

보조참가인의 소송행위가 피참가인의 소송행위에 어긋나는 경우에는 보조참가인의 소송행위는 효력을 가지지 않는다. O | X

> **해설** 참가인의 소송행위가 피참가인의 소송행위에 어긋나는 경우에는 그 참가인의 소송행위는 효력을 가지지 아니한다(제76조 제2항).

20

피참가인이 명백히 다투지 아니하여 민사소송법 제150조(자백간주)에 의하여 그 사실을 자백한 것으로 보게 될 경우라도 참가인이 보조참가신청을 하면서 그 사실을 다툴 수 있다. O | X

> **해설** 참가인의 소송행위가 피참가인의 행위에 명백히 어긋나지 않고 소극적으로만 어긋나는 때에는 무효로 되지 않는다. 예를 들어, 피참가인의 상소의 의사가 없더라도 상소권을 포기하지 않는 한 참가인이 상소할 수 있고, 피참가인이 명백히 다투지 아니하여 민사소송법 제150조에 의하여 그 사실을 자백한 것으로 보게 될 경우라도 참가인이 보조참가를 신청하면서 그 사실을 다툴 수 있다(대판 2007.11.29. 2007다53310).

21

원고와 피고 사이의 제1심 원고패소판결에 대하여 Z가 보조참가신청을 하며 항소장을 제출한 경우 원고는 보조참가인 Z가 제기한 항소를 임의로 포기하거나 취하할 수 없다. ○ | X

> **해설** 피참가인의 소송행위와 보조참가인의 소송행위가 서로 어긋나는 경우에는 피참가인의 의사가 우선된다. 그러므로 피참가인은 참가인이 제기한 상소를 포기 또는 취하할 수 있으나(대판 2010.10.14. 2010다38168), 참가인이 피참가인의 자백을 부인하거나 피참가인이 상소권을 포기하거나 상소를 취하한 뒤 상소를 제기하는 것은 효력이 없다.

22

보조참가인의 증거신청행위가 피참가인의 소송행위와 저촉되지 아니하고, 그 증거들이 적법한 증거조사절차를 거쳐 법원에 현출되었더라도, 보조참가인은 피참가인에게 불리한 행위를 할 수 없으므로 법원이 이들 증거에 터 잡아 피참가인에게 불이익한 사실을 인정할 수 없다. ○ | X

> **해설** 보조참가인의 증거신청행위가 피참가인의 소송행위와 어긋나지 아니하고 그 증거들이 적법한 증거조사절차를 거쳐 법원에 현출되었다면 법원이 이들 증거에 터 잡아 피참가인에게 불이익한 사실을 인정하였다 하여 그것이 민사소송법 제76조 제2항에 위배된다고 할 수 없다(대판 1994.4.29. 94다3629).

23

보조참가인은 소송수행상 필요하고 적절한 경우라면 피참가인이 가진 상계권, 취소권, 해지·해제권 등을 행사할 수 있다. ○ | X

> **해설** 참가인은 소송수행상 필요하고 적절하다고 하여도 피참가인이 가진 사법상의 권리, 예를 들어 상계권, 취소권, 해지·해제권 등을 행사할 수 없다.

24

보조참가인이 피고를 보조하여 소송을 수행하였으나 피고가 소송에서 패소하여 그 판결이 확정된 경우에는 피고 보조참가인이 피고에게 패소판결이 부당하다고 주장할 수 없도록 하는 참가적 효력이 생긴다.

◯ | X

해설 보조참가가 있는 경우의 판결은 특별한 경우를 제외하고는 참가인에게도 그 효력이 미치는바(제77조), 이때의 판결의 효력은 기판력이 아니라 피참가인이 패소한 경우 보조참가인과 피참가인 사이에 서로 그 판결이 부당하다고 주장할 수 없는 구속을 받게 되는 구속력(판결의 참가적 효력)일 뿐이다(대판 1988.12.13. 86다카2289).

25

A와 B 사이의 소송에 C가 보조참가인으로 참가한 후 A와 B 사이의 소송이 화해권고결정에 의하여 종료된 경우에는 참가적 효력이 인정되지 아니한다.

◯ | X

해설 전소가 확정판결이 아닌 화해권고결정에 의하여 종료된 경우에는 확정판결에서와 같은 법원의 사실상 및 법률상의 판단이 이루어졌다고 할 수 없으므로 참가적 효력이 인정되지 아니한다(대판 2015.5.28. 2012다78184).

26

보조참가인에 대한 전소 확정판결의 참가적 효력은 피참가인과 참가인 사이뿐만 아니라 피참가인의 상대방과 참가인 사이에도 미친다.

◯ | X

해설 참가적 효력은 피참가인과 참가인 사이에만 미치고, 피참가인과 상대방과 참가인 사이에는 미치지 아니한다(대판 1971.1.26. 70다2596).

27

보조참가인에 대한 전소 확정판결의 참가적 효력은 전소 확정판결의 결론의 기초가 된 사실상 및 법률상의 판단으로서 보조참가인이 피참가인과 공동이익으로 주장하거나 다툴 수 있었던 사항에 한하여 미친다.

◯ | X

해설 참가적 효력은 판결주문 중의 소송물에 대한 판단만이 아니라, 전소 확정판결의 결론의 기초가 된 사실상 및 법률상의 판단으로서 보조참가인이 피참가인과 공동이익으로 주장하거나 다툴 수 있었던 사항에 대한 판단에도 미치지만, 전소 확정판결에 필수적인 유소가 아니어서 결론에 영향을 미칠 수 없는 부가적 또는 보충적인 판단이나 방론 등에까지 미치는 것은 아니다(대판 1997.9.5. 95다42133).

28

피참가인이 참가인이 할 수 없는 소송행위를 고의로 하지 아니한 때에는 이를 과실로 하지 아니한 때와는 달리 재판의 효력이 참가인에게 미치지 않는다. ○ | X

해설 참가인은 다음 경우 중 어느 하나에 해당하면 참가적 효력을 면하게 된다. ① 참가 당시의 소송정도로 보아 필요한 행위를 유효하게 할 수 없었을 경우, ② 피참가인의 행위와 어긋나게 되어 효력을 잃은 경우, ③ 피참가인이 참가인의 행위를 방해한 경우, ④ 참가인이 할 수 없는 행위를 피참가인이 고의나 과실로 하지 아니한 경우 등이다.

정답 | **24** ○ **25** ○ **26** × **27** ○ **28** ×

제2관 | 소송고지

Ⅰ 의의

소송계속 중에 당사자가 소송참가를 할 이해관계 있는 제3자에 대하여 일정한 방식에 따라서 소송계속의 사실을 통지하는 것이다.

Ⅱ 소송고지의 요건

소송계속 중일 것	① 소송이 법원에 계속된 때에는 당사자는 참가할 수 있는 제3자에게 소송고지를 할 수 있다. ② 대립당사자 구조를 가지지 않는 제소 전 화해절차, 조정절차, 중재절차, 가압류·가처분절차는 소송고지가 허용되지 않는다.
고지자	고지를 할 수 있는 사람은 당사자인 원·피고, 보조참가인 및 이들로부터 고지받은 피고지자이다.
피고지자	당사자 이외에 그 소송에 참가할 수 있는 제3자이다. 여기서 제3자란 주로 보조참가할 이해관계인이라고 할 것이다.

Ⅲ 소송고지의 방식

소송고지서	고지서에는 고지이유 및 소송의 진행정도를 기재하지 않으면 안 된다.
고지서 송달	소송고지서는 피고지자만이 아니고 상대방 당사자에 대하여도 송달하지 않으면 안 된다. 소송고지의 효력은 피고지자에게 적법하게 송달된 때에 비로소 생기고, 소송고지서가 송달불능이면 소송고지의 효력이 발생하지 않는다.

Ⅳ 소송고지의 효과

소송법상의 효과	피고지자의 지위	① 소송고지를 받은 자가 참가하느냐의 여부는 피고지자의 자유이다. 피고지자가 참가신청을 한 경우에 고지자는 참가에 대하여 이의를 진술할 수는 없으나, 상대방은 이의를 진술할 수 있다. ② 피고지자가 고지를 받고도 소송에 참가하지 아니한 이상, 당사자가 아님은 물론 보조참가인도 아니기 때문에 피고지자에게 변론기일을 통지하거나 판결문에 피고지자의 이름을 표시할 필요가 없다.
	참가적 효력	① 피고지자가 고지자에게 보조참가할 이해관계가 있는 한 고지자가 패소한 경우에는 소송고지에 의하여 참가할 수 있을 때에 참가한 것과 마찬가지로 제77조의 참가적 효력을 받는다. 피고지자가 소송에 참가하지 아니하거나 늦게 참가한 경우도 마찬가지이다. 참가적 효력 때문에 피고지자는 뒤에 고지자와의 소송에서 본소판결의 결론의 기초가 된 사실상·법률상의 판단과 상반하는 주장을 할 수 없다. ② 주장할 수 없는 것은 피고지자가 참가하였다면 고지자와 공동이익으로 주장할 수 있었던 사항에 한할 뿐이므로, 고지자와 피고지자 사이에서 이해가 대립되는 사항에 대하여는 참가적 효력이 생기지 않는다.
실체법상의 효과		① 소송고지에 시효중단의 효력은 「민법」 제174조에 정한 최고의 효력이 인정된다. ② 소송고지에 의한 최고의 경우에 시효중단효력의 발생시기는 소송고지서를 법원에 제출한 때이나. ③ 당해 소송이 계속되는 동안은 최고에 의한 권리행사의 상태가 지속되는 것으로 보아 「민법」 제174조에 규정된 6월의 기산점은 당해 소송이 종료된 때로부터 기산되어야 한다.

01

소송고지의 효력은 소송고지서가 피고지자에게 적법하게 송달된 때에 발생한다. O | X

> 해설 소송고지의 효력은 피고지자에게 적법하게 송달된 때에 비로소 생기고, 소송고지서가 송달불능이면 소송고지의 효
> 력이 발생하지 않는다.

02

피고지자가 소송에 참가하지 않았더라도 판결에는 피고지자의 이름을 표시하여야 한다. O | X

> 해설 피고지자가 고지를 받고도 소송에 참가하지 아니한 이상, 당사자가 아님은 물론 보조참가인도 아니기 때문에 피고
> 지자에게 변론기일을 통지하거나 판결문에 피고지자의 이름을 표시할 필요가 없다.

03

소송고지를 받은 사람이 소송에 참가하지 않은 경우에는 판결의 참가적 효력이 미치지 않는다.

O | X

> 해설 소송고지를 받은 사람이 참가하지 않은 경우라도 민사소송법 제77조(참가인에 대한 재판의 효력)의 적용에 있어서
> 는 그가 참가할 수 있었을 때에 참가한 것으로 본다. 즉, 참가하지 않았더라도 판결의 참가적 효력이 미치게 된다.

04

소송고지의 피고지자는 후일 고지자와의 소송에서 전소 확정판결에서의 결론의 기초가 된 사실상·법률
상의 판단에 반하는 것을 주장할 수 없게 된다. O | X

> 해설 소송고지를 한 경우에 그 피고지자는 그가 실제로 그 소송에 참가하였는지 여부와 관계없이 후일 고지자와의 소송
> 에서 전소 확정판결에서의 결론의 기초가 된 사실상·법률상의 판단에 반하는 것을 주장할 수 없게 된다(대판 2009.7.9.
> 2009다14340).

정답 | **01** ○ **02** × **03** × **04** ○

05

22모의

전소가 확정판결이 아닌 조정에 갈음하는 결정에 의하여 종료된 경우 소송고지에 의한 참가적 효력이 인정되지 않는다. ○ | X

> **해설** 소송고지제도는 소송의 결과에 대하여 이해관계를 가지는 제3자로 하여금 보조참가를 하여 그 이익을 옹호할 기회를 부여함과 아울러 한편으로는 고지자가 패소한 경우의 책임을 제3자에게 분담시켜 후일에 고지자와 피고지자 간의 소송에서 피고지자가 패소의 결과를 무시하고 전소 확정판결에서의 인정과 판단에 반하는 주장을 하지 못하게 하기 위해 둔 제도이므로 피고지자가 후일의 소송에서 주장할 수 없는 것은 전소 확정판결의 결론의 기초가 된 사실상, 법률상의 판단에 반하는 것으로서 피고지자가 보조참가를 하여 상대방에 대하여 고지자와의 공동이익으로 주장하거나 다툴 수 있었던 사항에 한한다. 이러한 법리에 비추어 보면 전소가 확정판결이 아닌 조정에 갈음하는 결정에 의하여 종료된 경우에는 확정판결에서와 같은 법원의 사실상, 법률상의 판단이 이루어졌다고 할 수 없으므로 참가적 효력이 인정되지 아니한다(대판 2019.6.13. 2016다221085).

06

15/17주사보

소송고지의 요건이 갖추어진 경우에 그 소송고지서에 고지자가 피고지자에 대하여 채무의 이행을 청구하는 의사가 표명되어 있으면 시효중단사유로서의 최고의 효력이 인정된다. ○ | X

> **해설** 소송고지의 요건이 갖추어진 경우에 그 소송고지서에 고지자가 피고지자에 대하여 채무의 이행을 청구하는 의사가 표명되어 있으면 「민법」 제174조에 정한 시효중단사유로서의 최고의 효력이 인정된다.

07

17주사보

최고의 효력이 인정되는 6월의 기간은 소송고지서가 피고지자에게 적법하게 송달된 때로부터 기산되므로, 그때로부터 6월이 지나면 최고의 효력이 소멸한다. ○ | X

> **해설** 당해 소송이 계속 중인 동안은 최고에 의하여 권리를 행사하고 있는 상태가 지속되는 것으로 보아 「민법」 제174조에 규정된 6월의 기간은 당해 소송이 종료된 때로부터 기산되는 것으로 해석하여야 한다(대판 2009.7.9. 2009다14340).

08

18법원직, 19사무관

소송고지에 의한 최고의 경우에는 소송고지서가 송달된 때에 시효중단의 효력이 발생한다. ○ | X

> **해설** 소송고지에 의한 최고의 경우에 시효중단효력의 발생시기는 소송고지서를 법원에 제출한 때이다(대판 2015.5.14. 2014다16494).

소송고지의 요건이 갖추어진 경우, 그 소송고지서에 고지자가 피고지자에 대하여 채무의 이행을 청구하는 의사가 표명되어 있으면 시효중단사유로서의 최고의 효력이 인정되고, 이 경우 고지자가 6월 내에 재판상의 청구 등을 하면 시효중단의 효력이 생기는데, 위 6월의 기간의 기산점은 소송고지서가 피고지자에게 송달된 때이다.　　　　　　　　　　　　　　　　　　　　　　　　　　　　○ | X

해설　소송고지의 요건이 갖추어진 경우에 그 소송고지서에 고지자가 피고지자에 대하여 채무의 이행을 청구하는 의사가 표명되어 있으면 「민법」 제174조에 정한 시효중단사유로서의 최고의 효력이 인정된다. 또한 당해 소송이 계속 중인 동안은 최고에 의하여 권리를 행사하고 있는 상태가 지속되는 것으로 보아 「민법」 제174조에 규정된 6월의 기간은 당해 소송이 종료된 때로부터 기산되는 것으로 해석하여야 한다(대판 2009.7.9. 2009다14340).

⚖ OX 확인

01

재심의 소에 공동소송적 보조참가인이 참가한 후에도 피참가인이 재심의 소를 취하하면 공동소송적 보조참가인의 동의가 없어도 효력이 있다.　　　　　　　　　　　　　　　　　　　　O | X

> **해설** 재심의 소를 취하하는 것은 통상의 소를 취하하는 것과는 달리 확정된 종국판결에 대한 불복의 기회를 상실하게 하여 더 이상 확정판결의 효력을 배제할 수 없게 하는 행위이므로, 이는 재판의 효력과 직접적인 관련이 있는 소송행위로서 확정판결의 효력이 미치는 공동소송적 보조참가인에 대하여는 불리한 행위이다. 따라서 재심의 소에 공동소송적 보조참가인이 참가한 후에는 피참가인이 재심의 소를 취하하더라도 공동소송적 보조참가인의 동의가 없는 한 효력이 없다. 이는 재심의 소를 피참가인이 제기한 경우나 통상의 보조참가인이 제기한 경우에도 마찬가지이다. 특히 통상의 보조참가인이 재심의 소를 제기한 경우에는 피참가인이 통상의 보조참가인에 대한 관계에서 재심의 소를 취하할 권능이 있더라도 이를 통하여 공동소송적 보조참가인에게 불리한 영향을 미칠 수는 없으므로 피참가인의 재심의 소취하로 재심의 소제기가 무효로 된다거나 부적법하게 된다고 볼 것도 아니다(대판 2015.10.29. 2014다13044).

02

공동소송적 보조참가인은 참가할 때의 소송의 진행 정도에 따라 피참가인이 할 수 없는 행위를 할 수 없다.　　　　　　　　　　　　　　　　　　　　　　　　　　　　　　　O | X

> **해설** 통상의 보조참가인은 참가 당시의 소송상태를 전제로 하여 피참가인을 보조하기 위하여 참가하는 것이므로 참가할 때의 소송의 진행 정도에 따라 피참가인이 할 수 없는 행위를 할 수 없다(민사소송법 제76조 제1항 단서 참조). 공동소송적 보조참가인 또한 판결의 효력을 받는 점에서 민사소송법 제78조, 제67조에 따라 필수적 공동소송인에 준하는 지위를 부여받기는 하였지만 원래 당사자가 아니라 보조참가인의 성질을 가지므로 위와 같은 점에서는 통상의 보조참가인과 마찬가지이다(대판 2015.10.29. 2014다13044).

03

소의 취하의 경우 공동소송적 보조참가인에 불이익한 행위에 해당하지 않으므로 피참가인이 공동소송적 보조참가인의 동의 없이 소를 취하하였다 하더라도 유효하다. ○ | ×

해설 소취하는 판결이 확정될 때까지 할 수 있고 취하된 부분에 대해서는 소가 처음부터 계속되지 아니한 것으로 간주되며(민사소송법 제267조) 본안에 관한 종국판결이 선고된 경우에도 그 판결 역시 처음부터 존재하지 아니한 것으로 간주되므로, 이는 재판의 효력과는 직접적인 관련이 없는 소송행위로서 공동소송적 보조참가인에게 불이익이 된다고 할 것도 아니다. 따라서 피참가인이 공동소송적 보조참가인의 동의 없이 소를 취하하였다 하더라도 이는 유효하다. 그리고 이러한 법리는 피참가인이 제기한 행정소송에 민사소송법의 준용에 의한 공동소송적 보조참가를 한 경우에도 마찬가지로 적용된다(대결 2013.3.28. 2012아43).

정답 | **01** × **02** ○ **03** ○

제4관 | 독립당사자참가

Ⅰ 의의

타인 간의 소송계속 중에 원·피고 양쪽 또는 한쪽을 상대방으로 하여 원·피고 간의 청구와 관련된 자기의 청구에 대하여 함께 심판을 구하기 위하여 그 소송절차에 참가하는 것을 말한다.

Ⅱ 요건

1. 타인 간 소송계속 중일 것

① 타인 간의 소송은 항소심에서도 가능하나, 독립당사자참가는 실질에 있어서 소송제기의 성질을 가지고 있으므로 상고심에서는 독립당사자참가를 할 수 없다.

② 타인 간의 재심의 소에서는 참가인에게 재심사유가 있음이 인정되어 본안사건이 부활되기 전에는 참가이유를 주장할 여지가 없으므로 본안소송이 부활되는 단계를 위한 조건부로 참가할 수 있다.

2. 참가이유가 있을 것

(1) 권리주장참가

의의	제3자가 '소송목적의 전부나 일부가 자기의 권리임을 주장하는' 경우이다. 참가인이 원고의 본소청구와 양립되지 않는 권리 또는 우선할 법률관계를 주장할 것을 요한다.
양립불가능의 의미	① 본소청구와 참가인의 청구가 주장 자체에서 양립하지 않는 관계에 있으면 그것만으로 참가가 허용된다. 따라서 본안심리 결과 본소청구와 참가인의 청구가 실제로 양립된다 하여도 그것 때문에 독립참가가 부적법하게 되지 않는다 할 것이다. 예컨대, 원고가 건물의 증축부분의 소유권에 터 잡아 명도를 구하는 소송에서 참가인이 증축부분이 자기 소유임을 이유로 독립당사자참가신청을 한 경우 주장 자체에 의해서는 원고가 주장하는 권리와 참가인이 주장하는 권리가 양립할 수 없는 관계에 있다 할 것이므로, 비록 본안에 들어가 심리한 결과 증축부분이 기존건물에 부합하여 원고의 소유로 되었고 참가인의 소유로 된 것이 아니라고 판단되더라도 이는 참가인의 청구가 이유 없는 사유가 될 뿐 참가신청이 부적법한 것은 아니므로 이를 각하하여서는 아니 된다. ② 독립당사자참가 중 권리주장참가는 소송목적의 전부나 일부가 자기의 권리임을 주장하면 되는 것이므로 참가하려는 소송에 여러 개의 청구가 병합된 경우 그중 어느 하나의 청구라도 독립당사자참가인의 주장과 양립하지 않는 관계에 있으면 그 본소청구에 대한 참가가 허용된다고 할 것이고, 따라서 주위적 청구와 예비적 청구 병합의 본소청구 중 어느 하나의 청구와 참가인의 청구가 양립되지 아니하는 관계이면 된다. ③ 독립당사자참가인의 권리 또는 법률상의 지위가 원고로부터 부인당하거나 또는 그와 저촉되는 주장을 당함으로써 위협을 받거나 방해를 받는 경우에는 독립당사자참가인은 원고를 상대로 자기의 권리 또는 법률관계의 확인을 구하여야 하고, 원고 주장의 그 제3자에 대한 권리 또는 법률관계가 부존재한다는 것만의 확인을 구하는 것은 확인의 이익이 없다.
적법하다고 본 판례	① **소유권에 기한 인도청구** 원고가 피고에 대해 소유권에 기한 건물인도를 구하고 있는 소송에 참가인이 자기가 소유자라고 주장하며 원고에 대해서는 소유권확인청구를, 피고에 대해서는 소유권에 기한 건물인도청구를 하는 경우, 원고의 본소청구와 참가인의 참가는 '양립할 수 없는 관계'이므로 참가는 적법하다.

② 매매사실이 1개인 경우

원고의 피고에 대한 소유권이전등기청구권과 참가인의 피고에 대한 소유권이전등기청구권은, 당사자참가가 인정되지 아니하는 이중매매 등 통상의 경우와는 달리 하나의 계약에 기초한 것으로서 어느 한쪽의 이전등기청구권이 인정되면 다른 한쪽의 이전등기청구권은 인정될 수 없는 것이므로 그 각 청구가 서로 양립할 수 없는 관계에 있음은 참가인이 주장하는 권리가 등기청구권 같은 채권적 권리라 하여도 하나의 매매사실로부터 진정한 매수인은 1인이라는 점에서 양립할 수 없는 관계에 있어 참가는 적법하다.

(2) 사해방지참가

의의	제3자가 소송결과에 따라 권리가 침해된다고 주장하는 경우이다. 참가인의 청구가 본소청구와 양립할 수 있더라도 상관없고, 또 권리주장참가를 하여 각하된 뒤에 사해방지참가를 해도 기판력을 받지 아니한다.
권리침해의 의미	① 판례는 원·피고가 당해 소송을 통해 사해의사를 갖고 있다고 객관적으로 인정되고, 그 소송의 결과로 참가인의 권리가 침해될 염려가 있다고 인정될 경우라고 판시하여 사해의사설 입장을 취하고 있다. ② 다만, 원고의 피고에 대한 청구의 원인행위가 사해행위라는 이유로 원고에 대하여 사해행위취소를 구하면서 독립참가신청을 한 경우, 독립참가인의 청구가 그대로 받아진다 하여도 원·피고 사이의 법률관계에는 영향이 없어 참가신청은 사해방지의 목적을 달성할 수 없어 부적법하다.

Ⅲ 참가절차

① 참가신청은 실질적 신소제기이므로 서면에 의하여야 한다.
② 편면적 참가인지 여부에 관계없이 양쪽 당사자에게 지체 없이 신청서 부본을 송달하여야 한다.
③ 보조참가와 달리 종전 당사자는 참가자에게 이의할 수 없다.

Ⅳ 심판

본안심판	소송자료의 통일	원고·피고, 참가인 3자 중 어느 한 사람의 유리한 소송행위는 나머지 1인에 대해서도 효력이 생긴다. 그러나 두 당사자 간 사이의 소송행위는 나머지 1인에게 불이익이 되는 한 두 당사자 간에도 효력이 발생하지 않는다. 원고의 청구에 대해 피고가 자백을 하더라도 참가인에게는 효력이 없고, 원·피고 사이에만 재판상 화해를 하는 것은 3자 간의 합일확정의 목적에 반하기 때문에 허용되지 않는다.
	소송진행의 통일	기일은 공통으로 정하여야 하며, 1인에 대하여 중단·중지사유가 발생하면 전 소송절차가 정지된다. 다만, 상소기간과 같은 소송행위를 위한 기간은 개별적으로 진행한다.
	본안판결	모순 없는 해결을 위해 변론의 분리가 허용되지 않고 1개의 전부판결을 하여야 하며, 일부판결을 한 경우 추가판결로 보충할 수 없다.
상소		① 독립당사자참가인의 청구와 원고의 청구가 모두 기각되고 원고만이 항소한 경우에 제1심판결 전체의 확정이 차단되고 사건 전부에 관하여 이심의 효력이 생기는 것이라고 할 것이다. ② 상소제기하지 않은 자는 ㉠ 상소취하권이 없고, ㉡ 인지첩부의무도 없으며, ㉢ 상소심의 심판범위는 합일확정의 필요성이 있는 경우가 아니라면 실제로 상소를 제기한 당사자의 불복범위에 국한되고, ㉣ 상소비용을 부담하지 않는다. ③ 원고 甲, 피고 乙, 참가인 丙 3자 간에 누가 소유권자인가를 가리는 3면소송에서 甲의 소유라고 하여 甲 승소, 乙·丙 패소의 제1심판결이 났을 때에, 본안 패소자 중 乙만이 불복항소하였다 하여도 항소심이 丙의 소유라고 판단하면 불복항소하지도 아니한 丙에게 유리하게 丙의 소유라는 판결을 할 수 있다.

Ⅴ 단일 또는 공동소송으로 환원

본소의 취하·각하	① 독립당사자참가 소송에 있어 원고의 본소 취하에는 피고의 동의 외에 당사자참가인의 동의를 필요로 한다. ② 본소가 취하·각하된 경우 참가소송은 원·피고 쌍방에 대한 공동소송으로 변경된다.
참가의 취하·각하	① 참가신청의 취하는 소취하에 준하므로 본소의 원고나 피고가 본안에 관하여 응소한 경우 쌍방의 동 의를 필요로 한다. ② 참가신청이 취하·각하된 경우 본소만이 남는다.

Ⅵ 소송탈퇴

의의		제3자가 참가함으로써 종전의 원고 또는 피고가 소송에 머물 필요가 없게 된 때에는 상대방의 승낙을 얻어 소송에서 탈퇴할 수 있다.
요건	상대방 당사자의 승낙	① 법정대리인이나 소송대리인이 탈퇴하려면 특별수권이 있어야 하며, 참가 전의 당사 자가 탈퇴하는 경우 탈퇴로 인하여 상대방의 권리나 이익을 침해할 우려가 있기 때 문에 상대방의 승낙을 필요로 한다. ② 다만, 소의 취하에 있어서와 같은 동의간주는 인정되지 아니하므로 명시적인 승낙이 없으면 탈퇴의 효력이 발생하지 않는다.
	참가인의 동의	상대방의 승낙만을 요하도록 한 제80조의 법문으로 보아 탈퇴에 의하여 참가인의 이익 을 해치지 않는다는 점에서 참가인의 동의는 불필요하다.
효과		① 참가승계와 인수승계의 경우는 원칙적으로 새로운 당사자가 탈퇴자의 지위를 승계하나, 독립당사자참가의 경우에는 참가인은 원고·피고 쌍방과 대립하게 되므로 참가인은 탈퇴자의 소송상 지위를 승계할 수 없다. ② 참가인과 상대방의 판결의 효력은 탈퇴자에게 미친다.

⚖️ OX 확인

01

소송목적의 전부나 일부가 자기의 권리라고 주장하거나, 소송결과에 따라 권리가 침해된다고 주장하는 제3자는 당사자의 양쪽 또는 한쪽을 상대방으로 하여 당사자로서 소송에 참가할 수 있다.　　　　○ | ×

> **해설** '독립당사자참가'란 타인 간의 소송계속 중에 당사자의 양쪽 또는 어느 한 쪽을 상대방으로 하여 그 소송과 관련된 자기의 청구에 대하여 동시에 심판을 구하기 위하여 하는 소송참가를 말한다(제79조 제1항).

02

독립당사자참가는 실질에 있어서 소송제기의 성질을 가지고 있으므로 상고심에서는 독립당사자참가를 할 수 없다.　　　　○ | ×

> **해설** 대판 1994.2.22. 93다43682·51309

03

권리주장참가의 경우 원고가 본소에서 주장하는 권리와 독립당사자참가인이 주장하는 권리가 논리적으로 양립할 수 없는 관계에 있어야 한다.　　　　○ | ×

> **해설** 원고가 본소에서 주장하는 권리와 참가인이 주장하는 권리가 논리적으로 양립할 수 없는 관계에 있어야 한다. 예컨대, 원고의 소유권에 기한 인도청구에 대하여 참가인도 소유권을 주장하는 경우가 전형적인 예일 것이나, 배타성과 대세적 효력이 있는 물권뿐만 아니라 채권의 경우에도 논리적으로 양립할 수 없는 경우에는 독립당사자참가가 가능하다.

정답 | **01** ○　**02** ○　**03** ○

04

甲이 건물의 증축부분의 소유권에 터 잡아 증축부분을 점유하고 있는 乙을 상대로 그 명도를 구하는 소송에서 丙이 그 증축부분이 자신의 소유임을 이유로 독립당사자참가신청을 한 것은 적법하다. ○ | X

> **해설** 원고가 건물의 증축부분의 소유권에 터 잡아 명도를 구하는 소송에서 참가인이 증축부분이 자기 소유임을 이유로 독립당사자참가신청을 한 경우 주장 자체에 의해서는 원고가 주장하는 권리와 참가인이 주장하는 권리가 양립할 수 없는 관계에 있다 할 것이므로, 비록 본안에 들어가 심리한 결과 증축부분이 기존건물에 부합하여 원고의 소유로 되었고 참가인의 소유로 된 것이 아니라고 판단되더라도 이는 참가인의 청구가 이유 없는 사유가 될 뿐 참가신청이 부적법한 것은 아니므로 이를 각하하여서는 아니 된다(대판 1992.12.8. 92다26772·26789).

05

참가하려는 소송에 수개의 청구가 병합된 경우 그중 어느 하나의 청구라도 독립당사자참가인의 주장과 양립하지 않는 관계에 있으면 그 본소청구에 대한 참가가 허용된다. ○ | X

> **해설** 독립당사자참가 중 권리주장참가는 소송목적의 전부나 일부가 자기의 권리임을 주장하면 되는 것이므로 참가하려는 소송에 여러 개의 청구가 병합된 경우 그중 어느 하나의 청구라도 독립당사자참가인의 주장과 양립하지 않는 관계에 있으면 그 본소청구에 대한 참가가 허용된다고 할 것이고, 양립할 수 없는 본소청구에 관하여 본안에 들어가 심리한 결과 이유가 없는 것으로 판단된다고 하더라도 참가신청이 부적법하게 되는 것은 아니라고 본다(대판 2007.6.15. 2006다80322·80339).

06

독립당사자참가인이 수개의 청구를 병합하여 독립당사자참가를 하는 경우에는 각 청구별로 독립당사자참가의 요건을 갖추어야 하고, 편면적 독립당사자참가가 허용된다고 하여, 참가인이 독립당사자참가의 요건을 갖추지 못한 청구를 추가하는 것을 허용하는 것은 아니다. ○ | X

> **해설** 독립당사자참가 중 민사소송법 제79조 제1항 전단의 권리주장참가를 하기 위해서는, 독립당사자참가인은 우선 참가하려는 소송의 당사자 양쪽 또는 한쪽을 상대방으로 하여 원고의 본소 청구와 양립할 수 없는 청구를 하여야 하고 그 청구는 소의 이익을 갖추는 외에 그 주장 자체에 의하여 성립할 수 있음을 요하며, 민사소송법 제79조 제1항 후단의 사해방지참가는 본소의 원고와 피고가 당해 소송을 통하여 독립당사자참가인을 해할 의사를 가지고 있다고 객관적으로 인정되고 그 소송의 결과 독립당사자참가인의 권리 또는 법률상 지위가 침해될 우려가 있다고 인정되는 경우에 허용된다. 독립당사자참가인이 수 개의 청구를 병합하여 독립당사자참가를 하는 경우에는 각 청구별로 독립당사자참가의 요건을 갖추어야 하고, 편면적 독립당사자참가가 허용된다고 하여, 참가인이 독립당사자참가의 요건을 갖추지 못한 청구를 추가하는 것을 허용하는 것은 아니다(대판 2022.10.14. 2022다241608,241615).

(주 – 원고가 피고를 상대로 주위적으로 약속어음금 지급을 구하고, 예비적으로 피고와 체결한 사업양수도계약의 해제에 따른 원상회복의무 불능에 의한 가액배상을 구함에 대하여, 독립당사자참가인이 원고의 피고에 대한 위 양수도계약에 따른 채권이 독립당사자참가인에게 양도되었다고 주장하면서 피고를 상대로는 양수금의 지급을, 원고를 상대로는 원고가 피고의 양수금 채무를 연대보증하였다고 주장하면서 연대보증채무의 이행을 구한 사안임. 대법원은 위와 같은 법리에 따라, 독립당사자참가신청 중 원고에 대한 참가신청 부분(연대보증채무의 이행청구 부분)은 독립당사자참가의 요건을 갖추지 못하였다고 판단하고, 이와 달리 이 부분의 참가신청도 적법 요건을 갖추었다는 전제에서 이를 인용한 원심판결 부분을 파기하고 이 부분의 참가신청을 각하(자판)함)

07

21사무관

독립당사자참가인의 권리 또는 법률상 지위가 원고로부터 부인당하거나 또는 그와 저촉되는 주장을 당함으로써 위협을 받거나 방해를 받는 경우에는 독립당사자참가인은 원고를 상대로 자기의 권리 또는 법률관계의 확인을 구하여야 하며, 그렇지 않고 원고가 자신의 주장과 양립할 수 없는 제3자에 대한 권리 또는 법률관계를 주장한다고 하여 원고에 대하여 원고의 그 제3자에 대한 권리 또는 법률관계가 부존재한다는 확인을 구하는 것은 확인의 이익이 있다고 할 수 없다. O | X

해설 독립당사자참가인의 권리 또는 법률상의 지위가 원고로부터 부인당하거나 또는 그와 저촉되는 주장을 당함으로써 위협을 받거나 방해를 받는 경우에는 독립당사자참가인은 원고를 상대로 자기의 권리 또는 법률관계의 확인을 구하여야 하고, 원고 주장의 그 제3자에 대한 권리 또는 법률관계가 부존재한다는 것만의 확인을 구하는 것은 확인의 이익이 없다 (대판 2014.11.13. 2009다71312).

08

20법원직

甲이 乙을 상대로 매매를 원인으로 한 소유권이전등기를 구하는 본소가 계속 중, 위 매매 이후 점유취득시효가 완성되었음을 원인으로 丙이 乙을 상대로 소유권이전등기를 구하는 독립당사자참가는 적법하다. O | X

해설 원고의 피고에 대한 본소청구인 1975.7.4. 매매를 원인으로 한 소유권이전등기절차 이행청구와 참가인의 피고에 대한 청구인 1977.9.10. 취득시효 완성을 원인으로 한 소유권이전등기절차 이행청구는 합일확정을 요하는 동일한 권리관계에 관한 것이 아니어서 서로 양립될 수 있으므로 독립당사자참가는 부적법하다(대판 1982.12.14. 80다1872·1873).

정답 | **04** O **05** O **06** O **07** O **08** ×

09

독립당사자참가 중 권리주장참가는 원고의 본소청구와 참가인의 청구가 주장 자체에서 양립할 수 없는 관계라고 볼 수 있는 경우에 허용될 수 있고, 사해방지참가는 본소의 원고와 피고가 소송을 통하여 참가인의 권리를 침해할 의사가 있다고 객관적으로 인정되고 소송의 결과 참가인의 권리 또는 법률상 지위가 침해될 우려가 있다고 인정되는 경우에 허용될 수 있다.　　　　　　　　　　　　　　　　　　　　　　　　　　O | X

> **해설** 대판 2017.4.26. 2014다221777·221784

10

원고의 피고에 대한 청구의 원인행위가 사해행위라는 이유로 원고에 대하여 사해행위취소를 청구하면서 독립당사자참가신청을 하는 경우, 그러한 참가신청은 부적법하다.　　　　　　　　　　　　　　　　　　O | X

> **해설** 채권자가 사해행위의 취소와 함께 수익자 또는 전득자로부터 책임재산의 회복을 명하는 사해행위취소의 판결을 받은 경우 취소의 효과는 채권자와 수익자 또는 전득자 사이에만 미치므로, 수익자 또는 전득자가 채권자에 대하여 사해행위의 취소로 인한 원상회복의무를 부담하게 될 뿐, 채권자와 채무자 사이에서 취소로 인한 법률관계가 형성되거나 취소의 효력이 소급하여 채무자의 책임재산으로 복구되는 것은 아니다.
> 이러한 사해행위취소의 상대적 효력에 의하면, 원고의 피고에 대한 청구의 원인행위가 사해행위라는 이유로 원고에 대하여 사해행위취소를 청구하면서 독립당사자참가신청을 하는 경우, 독립당사자참가인의 청구가 그대로 받아들여진다 하더라도 원고와 피고 사이의 법률관계에는 아무런 영향이 없고, 따라서 그러한 참가신청은 사해방지참가의 목적을 달성할 수 없으므로 부적법하다(대판 2014.6.12. 2012다47548·47555).

11

편면적 참가인지 여부에 관계없이 양쪽 당사자에게 지체 없이 독립당사자신청서 부본을 송달하여야 한다.　　　　　　　　　　　　　　　　　　　　　　　　　　　　　　　　　　　　　　O | X

> **해설** 편면적 참가인지 여부에 관계없이 양쪽 당사자에게 지체 없이 신청서 부본을 송달하여야 한다(제79조 제2항, 제72조 제2항, 민사소송규칙 제64조 제2항).

12

독립당사자참가소송의 본안심리에 있어서 당사자 3인 중 2인 간의 소송행위가 다른 1인에게 불이익이 될 때에는 효력이 발생하지 않으므로 어느 2인 간의 상소취하는 무효가 된다. ○ | ×

> **해설** 독립당사자참가소송의 본안심리에 있어서 당사자 3인 중 2인 간의 소송행위가 다른 1인에게 불이익이 될 때에는 효력이 발생하지 않는다(제79조 제2항, 제67조 제1항). 예를 들면, 어느 2인 간의 청구의 포기·인낙, 화해, 상소취하, 자백 등은 타인에게 불이익한 한 무효가 된다.

13

독립당사자참가에 의한 소송에서 원·피고 사이에만 재판상 화해를 하는 것은 허용되지 않는다. ○ | ×

> **해설** 민사소송법 제79조에 의한 소송은 동일한 권리관계에 관하여 원고, 피고 및 참가인 상호 간의 다툼을 하나의 소송 절차로 한꺼번에 모순 없이 해결하려는 소송형태로서 두 당사자 사이의 소송행위는 나머지 1인에게 불이익이 되는 한 두 당사자 간에도 효력이 발생하지 않는다고 할 것이므로, 원·피고 사이에만 재판상 화해를 하는 것은 3자 간의 합일확정의 목적에 반하기 때문에 허용되지 않는다(대판 2005.5.26. 2004다25901·25918).

14

제1심에서 원고 및 독립당사자참가인 패소, 피고 승소의 본안판결이 선고된 데 대하여 원고만이 항소한 경우, 실제로 상소를 제기하지도 당하지도 않은 독립당사자참가인에 대한 판결부분도 확정이 차단되고 그에 관한 소송관계가 항소심으로 이심되나, 위 독립당사자참가인에 대한 판결부분은 항소심의 심판대상이 되지 않는다. ○ | ×

> **해설** 제1심에서 원고 및 참가인 패소, 피고 승소의 본안판결이 선고된 데 대하여 원고만이 항소한 경우, 실제로 상소를 제기하지도 당하지도 않은 참가인에 대한 판결부분도 확정이 차단되고 그에 관한 소송관계가 이심되어 항소심의 심판대상이 되므로 항소심으로서는 참가인의 원고·피고에 대한 청구에 대하여도 같은 판결로 판단하여야 한다(대판 1991.3.22. 90다19329).

정답 | **09** ○ **10** ○ **11** ○ **12** ○ **13** ○ **14** ×

15

22법원직

제1심판결에서 참가인의 독립당사자참가신청을 각하하고 원고의 청구를 기각한 데 대하여 참가인은 항소기간 내에 항소를 제기하지 아니하였고 원고만이 항소한 경우, 위 독립당사자참가신청을 각하한 부분도 항소심으로 이심된다. ○ | X

> **해설** 제1심판결에서 참가인의 독립당사자참가신청을 각하하고 원고의 청구를 기각한 데 대하여 참가인은 항소기간 내에 항소를 제기하지 아니하였고, 원고만이 항소한 경우 위 독립당사자참가신청을 각하한 부분은 원고의 항소에도 불구하고 피고에 대한 본소청구와는 별도로 이미 확정되었다 할 것이다(대판 1992.5.26. 91다4669·91다4676).

16

15법원직

독립당사자참가인이 화해권고결정에 대하여 이의한 경우, 이의의 효력은 독립당사자참가인과 원고, 독립당사자참가인과 피고 사이에는 미치지만, 원·피고 사이에는 미치지 않는다. ○ | X

> **해설** 독립당사자참가인이 화해권고결정에 대하여 이의한 경우, 이의의 효력이 원·피고 사이에도 미친다(대판 2005.5.26. 2004다25901·25918).

17

15법원직

독립당사자참가소송에서 패소하였으나 상소나 부대상소를 하지 아니한 당사자에게 합일확정의 필요를 위하여 유리하게 원심판결이 변경될 수 있다. ○ | X

> **해설** 민사소송법 제79조에 의한 독립당사자참가소송은 동일한 권리관계에 관하여 원고, 피고, 참가인이 서로 간의 다툼을 하나의 소송절차로 한꺼번에 모순 없이 해결하는 소송형태로서, 독립당사자참가가 적법하다고 인정되어 원고, 피고, 참가인 간의 소송에 대하여 본안판결을 할 때에는 위 세 당사자를 판결의 명의인으로 하는 하나의 종국판결을 선고함으로써 위 세 당사자들 사이에서 합일확정적인 결론을 내려야 하고, 이러한 본안판결에 대하여 일방이 항소한 경우에는 제1심판결 전체의 확정이 차단되고 사건 전부에 관하여 이심의 효력이 생긴다. 그리고 이러한 경우 항소심의 심판대상은 실제 항소를 제기한 자의 항소 취지에 나타난 불복범위에 한정하되 위 세 당사자 사이의 결론의 합일확정의 필요성을 고려하여 그 심판의 범위를 판단하여야 하고, 이에 따라 항소심에서 심리·판단을 거쳐 결론을 내림에 있어 위 세 당사자 사이의 결론의 합일확정을 위하여 필요한 경우에는 그 한도 내에서 항소 또는 부대항소를 제기한 바 없는 당사자에게 결과적으로 제1심판결보다 유리한 내용으로 판결이 변경되는 것도 배제할 수는 없다(대판 2007.10.26. 2006다86573·86580).

판결 결론의 합일확정을 위하여 항소 또는 부대항소를 제기한 적이 없는 당사자의 청구에 대한 제1심 판결을 취소하거나 변경할 필요가 없다면, 항소 또는 부대항소를 제기한 적이 없는 당사자의 청구가 항소심의 심판대상이 되어 항소심이 그 청구에 관하여 심리·판단해야 하더라도 그 청구에 대한 당부를 반드시 판결 주문에서 선고할 필요가 있는 것은 아니다.　　　　　　　　　　　　　　O | X

해설　[1] 민사소송법 제79조에 따른 독립당사자참가소송은 동일한 권리관계에 관하여 원고, 피고와 독립당사자참가인이 서로 간의 다툼을 하나의 소송절차로 한꺼번에 모순 없이 해결하는 소송형태이다. 독립당사자참가가 적법하다고 인정되어 원고, 피고와 독립당사자참가인 간의 소송에 대하여 본안판결을 할 때에는 세 당사자를 판결의 명의인으로 하는 하나의 종국판결을 선고함으로써 세 당사자들 사이에서 합일확정적인 결론을 내려야 한다. 이러한 본안판결에 대하여 일방이 항소한 경우에는 제1심판결 전체의 확정이 차단되고 사건 전부에 관하여 이심의 효력이 생긴다. 그리고 이러한 경우 항소심의 심판대상은 실제 항소를 제기한 자의 항소 취지에 나타난 불복범위에 한정하되 세 당사자 사이의 결론의 합일확정 필요성을 고려하여 그 심판 범위를 판단해야 한다. 이에 따라 항소심에서 심리·판단을 거쳐 결론을 내릴 때 세 당사자 사이의 결론의 합일확정을 위하여 필요한 경우에는 그 한도에서 항소 또는 부대항소를 제기하지 않은 당사자에게 결과적으로 제1심판결보다 유리한 내용으로 판결이 변경되는 것도 배제할 수는 없다.

그러나 판결 결론의 합일확정을 위하여 항소 또는 부대항소를 제기한 적이 없는 당사자의 청구에 대한 제1심판결을 취소하거나 변경할 필요가 없다면, 항소 또는 부대항소를 제기한 적이 없는 당사자의 청구가 항소심의 심판대상이 되어 항소심이 그 청구에 관하여 심리·판단해야 하더라도 그 청구에 대한 당부를 반드시 판결 주문에서 선고할 필요가 있는 것은 아니다. 그리고 이와 같이 항소 또는 부대항소를 제기하지 않은 당사자의 청구에 관하여 항소심에서 판결 주문이 선고되지 않고 독립당사자참가소송이 그대로 확정된다면, 취소되거나 변경되지 않은 제1심판결의 주문에 대하여 기판력이 발생한다.

[2] 부당이득반환청구에서 법률상의 원인 없는 사유를 계약의 불성립, 취소, 무효, 해제 등으로 주장하는 것은 공격방법에 지나지 않으므로, 그중 어느 사유를 주장하여 패소한 경우에 다른 사유를 주장하여 청구하는 것은 기판력에 저촉되어 허용할 수 없다. 또한 판결의 기판력은 그 소송의 변론종결 전에 주장할 수 있었던 모든 공격방어방법에 미치는 것이므로, 그 당시 당사자가 알 수 있었거나 또는 알고서 이를 주장하지 않았던 사항에 한해서만 기판력이 미친다고 볼 수 없다(대판 2022.7.28. 2020다231928).

독립당사자참가 후에 원고가 본소를 취하함에는 피고의 동의 외에 참가인의 동의를 필요로 한다.　　　　　　　　　　　　　　O | X

해설　대결 1972.11.30. 72마787

정답 |　**15**　×　**16**　×　**17**　○　**18**　○　**19**　○

20

독립당사자참가소송에서, 본소가 피고 및 당사자참가인의 동의를 얻어 적법하게 취하되면 그 경우 3면소송관계는 소멸하고, 당사자참가인의 원·피고에 대한 소가 독립의 소로서 소송요건을 갖춘 이상 그 소송계속은 적법하며, 이때 당사자참가인의 신청이 비록 참가신청 당시 당사자참가의 요건을 갖추지 못하였다고 하더라도 이미 본소가 소멸되어 3면소송관계가 해소된 이상 종래의 3면소송 당시에 필요하였던 당사자참가요건의 구비 여부는 더 이상 가려볼 필요가 없다.　　　　　　　　　　ㅇ | X

> **해설** 독립당사자참가소송에서 본소가 적법하게 취하된 경우에는 삼면소송관계는 소멸하고, 그 이후부터는 당사자참가인의 원·피고들에 대한 청구가 일반 공동소송으로 남아 있게 되므로, 당사자참가인의 원·피고에 대한 소가 독립의 소로서의 소송요건을 갖춘 이상, 그 소송계속은 적법하며, 종래의 삼면소송 당시에 필요하였던 당사자 참가요건의 구비 여부는 가려 볼 필요가 없다(대판 1991.1.25. 90다4723).

21

독립당사자참가로 인해 종래의 원고 또는 피고가 더 이상 소송을 계속할 필요가 없게 된 때에는 상대방(즉, 피고 또는 원고)의 승낙을 얻어 탈퇴할 수 있다. 다만, 소의 취하에 있어서와 같은 동의간주는 인정되지 아니하므로 명시적인 승낙이 없으면 탈퇴의 효력이 발생하지 않는다.　　　　　　ㅇ | X

> **해설** 독립당사자참가로 인해 종래의 원고 또는 피고가 더 이상 소송을 계속할 필요가 없게 된 때에는 상대방(즉, 피고 또는 원고)의 승낙을 얻어 탈퇴할 수 있다. 다만, 소의 취하에 있어서와 같은 동의간주는 인정되지 아니하므로(제266조 제6항) 명시적인 승낙이 없으면 탈퇴의 효력이 발생하지 않는다.

정답 | **20** ㅇ **21** ㅇ

01 甲과 乙 사이의 소송에 丙이 독립당사자참가를 하려는 경우, 다음 중 가장 옳지 않은 것은? (다툼이 있는 경우 판례에 의함) 13법원직

① 甲, 乙 사이의 소송이 상고심에 계속 중이라도 丙의 독립당사자참가는 가능하다.

② 丙이 민사소송법 제79조 제1항 전단의 권리주장참가를 함에 있어서 甲의 청구와 양립되지 않은 권리 또는 甲에 우선할 수 있는 권리를 주장해야 한다.

③ 丙이 민사소송법 제79조 제1항 후단의 사해방지참가를 함에 있어서 甲의 청구와 양립할 수 있는 권리를 주장해도 상관없다.

④ 법원은 반드시 甲, 乙, 丙 전원에 대하여 하나의 종국판결을 하여야 하고, 그중 일부에 관해서만 판결할 수는 없다.

해설 ① [×] 타인 간의 소송은 항소심에서도 가능하나, 독립당사자참가는 실질에 있어서 소송제기의 성질을 가지고 있으므로 상고심에서는 독립당사자참가를 할 수 없다(대판 1994.2.22. 93다43682).

② [○] 권리주장참가의 경우 원고가 본소에서 주장하는 권리와 독립당사자참가인이 주장하는 권리가 논리적으로 양립할 수 없는 관계에 있어야 한다.

③ [○] 참가인의 청구가 본소청구와 양립할 수 있더라도 상관없고, 또 권리주장참가를 하여 각하된 뒤에 사해방지참가를 해도 기판력을 받지 아니한다(대판 1992.5.26. 91다4669·4679).

④ [○] 모순 없는 해결을 위해 변론의 분리가 허용되지 않고 1개의 전부판결을 하여야 하며 일부판결을 한 경우 추가판결로 보충할 수 없다.

정답 ①

제5관 | 공동소송참가

의의		공동소송참가란 소송계속 중에 당사자 간의 판결의 효력을 받는 제3자가 원고 또는 피고의 공동소송인으로서 참가하는 것을 말한다.
요건	소송계속 중일 것	공동소송참가가 신소제기의 실질을 갖기 때문에 법률심인 상고심에서는 허용되지 않는다.
	당사자적격이 있을 것	① 추심명령을 받은 압류채권자가 제3채무자에 대하여 추심소송을 제기하고 있는 때에는 소송을 제기하지 않은 경합채권자는 그 소송에 공동소송참가를 할 수 있다. ② 「상법」 제404조 제1항에서 규정하고 있는 주주의 대표소송에 있어서 회사의 참가는 공동소송참가를 의미하는 것으로 해석함이 타당하고, 나아가 이러한 해석이 중복제소를 금지하고 있는 민사소송법의 규정에 반하는 것도 아니다(판례).
	합일확정의 경우일 것	① 본소송의 판결의 효력이 제3자에게 확장되는 유사필수적 공동소송이 여기에 해당될 것이다. 판례는 채권자대위소송의 계속 중 다른 채권자가 동일채무자를 대위하여 채권자대위권을 행사하면서 공동소송참가신청을 할 경우, 양 청구의 소송물이 동일하다면 제83조 제1항의 합일확정의 경우에 해당하여 적법하다고 하였다. ② 고유필수적 공동소송도 합일확정소송인 점, 제68조에서 고유필수적 공동소송의 경우에 일부 누락된 공동소송인을 추가하는 제도가 마련되었지만, 제1심에서만 허용하므로 항소심에서까지 허용되는 공동소송참가는 허용함이 타당하다. 판례도 필수적 공동소송인 공유물분할청구소송이 항소심 계속 중 당사자인 공유자의 일부지분이 제3자에게 이전되었고 그 제3자가 당사자로 참가하지 않은 상태에 변론종결하였으면 공유물분할소송이 적법하다 볼 수 없다 하며, 항소심에서 소송참가로 소를 적법하게 할 수 있다.
절차		① 참가신청은 소장 또는 답변서에 준하여 서면으로 하지 않으면 안 된다. ② 참가신청은 일종의 소의 제기이기 때문에, 당사자가 이의를 신청할 수 없다.

01

소송목적이 한쪽 당사자와 제3자에게 합일적으로 확정되어야 할 경우 그 제3자는 공동소송인으로 소송에 참가할 수 없다. ○ | X

> **해설** '공동소송참가'란 소송목적이 한쪽 당사자와 제3자에게 합일적으로 확정되어야 할 경우에 그 제3자가 계속 중의 소송에 공동소송인으로서 참가하는 것을 말한다(제83조).

02

주주의 1인이 주주총회결의취소의 소를 제기하고 그 소의 판결의 효력을 받을 다른 주주가 공동원고로서 소송에 참가하는 경우, 「상법」 제404조 제1항 소정의 회사가 주주대표소송에 참가하는 경우 등은 공동소송참가에 해당하고, 공동소송참가는 항소심에서도 할 수 있다. ○ | X

> **해설** 주주의 대표소송에 있어서 원고 주주가 원고로서 제대로 소송수행을 하지 못하거나 혹은 상대방이 된 이사와 결탁함으로써 회사의 권리 보호에 미흡하여 회사의 이익이 침해될 염려가 있는 경우 그 판결의 효력을 받는 권리귀속주체인 회사가 이를 막거나 자신의 권리를 보호하기 위하여 소송수행권한을 가진 정당한 당사자로서 그 소송에 참가할 필요가 있으며, 회사가 대표소송에 당사자로서 참가하는 경우 소송경제가 도모될 뿐만 아니라 판결의 모순·저촉을 유발할 가능성도 없다는 사정과, 「상법」 제404조 제1항에서 특별히 참가에 관한 규정을 두어 주주의 대표소송의 특성을 살려 회사의 권익을 보호하려 한 입법취지를 함께 고려할 때, 「상법」 제404조 제1항에서 규정하고 있는 회사의 참가는 공동소송참가를 의미하는 것으로 해석함이 타당하고, 나아가 이러한 해석이 중복제소를 금지하고 있는 민사소송법의 규정에 반하는 것도 아니다(대판 2002.3.15. 2000다9086).

03

공동소송참가는 참가인과 피참가인 간에는 필수적 공동소송의 관계가 생기므로 민사소송법 제68조의 필수적 공동소송인의 추가와 같이 제1심의 변론종결시까지 허용된다. ○ | X

> **해설** 고유필수적 공동소송의 경우 일부 탈락된 공동소송인을 추가하는 제도가 따로 마련되어 있지만(제68조), 공동소송참가는 민사소송법 제68조에 의한 추가와는 달리 항소심에서 허용되고(대판 2002.3.15. 2000다9080), 제3자가 이 방식에 의하여 스스로 소송에 참가하여 당사자적격의 흠을 보정할 수 있게 된다는 점에서 이 제도의 독자적 의의가 있다.

정답 | **01** × **02** ○ **03** ×

04

채권자가 자신의 채권을 보전하기 위하여 채무자의 금전채권을 대위행사하는 채권자대위소송의 계속 중에 다른 채권자도 자신의 채권을 보전하기 위하여 채무자의 동일한 금전채권을 대위행사하면서 공동소송참가신청을 한 경우에는 소송목적이 채권자들인 원고와 참가인에게 합일적으로 확정되어야 할 필요성이 있음을 인정하기 어려우므로 공동소송참가신청은 부적법하다. ○ | X

해설 채권자대위소송이 계속 중인 상황에서 다른 채권자가 동일한 채무자를 대위하여 채권자대위권을 행사하면서 공동소송참가신청을 할 경우, 양 청구의 소송물이 동일하다면 민사소송법 제83조 제1항이 요구하는 '소송목적이 한쪽 당사자와 제3자에게 합일적으로 확정되어야 할 경우'에 해당하므로 참가신청은 적법하다(대판 2015.7.23. 2013다30301·30325).

05

학교법인의 이사회결의무효확인의 소에 제3자는 공동소송참가를 할 수 없다. ○ | X

해설 공동소송참가는 타인 간의 소송의 목적이 당사자 일방과 제3자에 대하여 합일적으로 확정될 경우, 즉 타인 간의 소송의 판결의 효력이 제3자에게도 미치게 되는 경우에 한하여 그 제3자에게 허용되는바, 학교법인의 이사회의 결의에 하자가 있는 경우에 관하여 법률에 별도의 규정이 없으므로 그 결의에 무효사유가 있는 경우에는 이해관계인은 언제든지 또 어떤 방법에 의하든지 그 무효를 주장할 수 있고, 이와 같은 무효주장의 방법으로서 이사회결의무효확인소송이 제기되어 승소확정판결이 난 경우, 그 판결의 효력은 위 소송의 당사자 사이에서만 발생하는 것이지 대세적 효력이 있다고 볼 수는 없으므로, 이사회결의무효확인의 소는 그 소송의 목적이 당사자 일방과 제3자에 대하여 합일적으로 확정될 경우가 아니어서 제3자는 공동소송참가를 할 수 없다(대판 2001.7.13. 2001다13013).

06

원고 측에 공동소송참가신청을 할 때는 서면에 의하여야 하고, 소장 또는 항소장에 준하는 액수의 인지를 붙여야 한다. ○ | X

해설 공동소송참가신청은 원고 측에 참가하는 경우에는 소의 제기에 해당하는 것이기 때문에 반드시 서면에 의할 것이 필요하고, 피고 측에 참가하는 경우에도 원고의 경우와의 균형상 서면에 의할 것이 필요하다고 함이 통설이다. 신청서에는 물론 참가의 취지와 이유를 명시하여야 하고(제72조 제1항), 원고 측 공동소송참가신청서에는 심급에 따라 소장 또는 항소장에 준하는 액수의 인지를 붙여야 한다(민사소송 등 인지법 제2조, 제6조).

제3절 | 당사자의 변경

제1관 | 임의적 당사자변경

임의적 당사자변경 (당사자적격 승계 ×)	피고의 경정(제260조)	
	고유필수적 공동소송인의 추가(제68조)	
	예비적·선택적 공동소송인의 추가(제70조, 제68조)	
소송승계 (당사자적격 승계 O)	특정승계	승계인의 소송참가(제81조 참가승계)
		승계인의 소송인수(제82조 인수승계)
	당연승계(중단·수계의 규정 제233조 이하)	

I 총설

피고의 경정과 필수적 공동소송인의 추가의 요건상 특색은 다음과 같다.

① 원고의 신청에 의하여만 당사자를 변경하도록 되어 있다. 제1심에 계속 중이고 변론종결 전까지만 허용된다.

② 경정은 피고나 피신청인의 경정만이 가능하며, 소제기자인 원고나 신청인의 경정은 허용되지 아니한다. 따라서 회사의 대표이사가 개인 명의로 소를 제기한 후 회사를 당사자로 추가하고 그 개인 명의의 소를 취하함으로써 당사자의 변경을 가져오는 당사자추가 신청은 허용되지 않는다.

II 피고의 경정

요건	(1) 원고가 피고를 잘못 지정한 것이 분명한 경우일 것	① 피고의 경정은 피고의 동일성을 바꾸는 것이므로 그 동일성의 유지를 전제로 피고표시를 바로잡는 당사자표시정정과는 다르다. ② 청구취지나 청구원인의 기재내용 자체로 보아 원고가 법률평가를 그르치거나 또는 법인격의 유무에 착오를 일으킨 것이 명백하여 피고를 잘못 지정한 때가 이에 해당된다고 보고, 뒤에 증거조사결과 판명된 사실관계로 미루어 피고의 지정이 잘못된 경우는 포함되지 않는다.
	(2) 변경 전후의 소송상 청구가 같을 것	
	(3) 피고의 동의	피고가 본안에 관하여 준비서면을 제출하거나, 변론준비기일에서 진술하거나 변론을 한 뒤에는 피고의 동의를 요한다. 피고가 경정신청서를 송달받은 날로부터 2주 이내에 이의하지 않으면 동의한 것으로 본다.
	(4) 제1심 변론종결 전에 신청할 것	① 항소심에서의 피고의 경정은 허용되지 않는다. ② 다만, 「가사소송법」 및 「행정소송법」에서는 사실심의 변론종결시까지 피고의 경정이 가능하다.

신청 및 허가 여부의 결정	① 피고의 경정은 신소제기와 구소취하의 실질을 가지므로, 제1심 변론종결시까지 원고가 서면으로 신청할 것을 요한다. ② 경정신청에 대한 허부결정은 피고에게 소장부본을 송달하지 않은 경우를 제외하고는 피고에게 송달하여야 한다. ③ 신청을 허가하는 결정에 대하여는 동의권을 가진 종전의 피고가 이에 대한 동의가 없었다는 사유로만 즉시항고를 할 수 있을 뿐이고 그 밖의 사유로는 불복할 수 없으며, 더욱이 피고경정신청을 한 원고가 그 허가결정의 부당함을 내세워 불복하는 것은 허용될 수 없다. ④ 피고경정신청을 기각하는 결정에 대하여 불복이 있는 원고는 제439조의 규정에 의한 통상항고를 제기할 수 있으므로 그 결정에 대하여 특별항고를 제기할 수는 없다.
효과	① 경정허가결정이 있는 때에는 종전의 피고에 대한 소는 취하된 것으로 본다. ② 시효중단·기간준수의 효과는 경정신청서의 제출시에 발생한다. ③ 종전 피고의 소송진행의 결과는 새로운 피고가 원용하지 않는 한 새로운 피고에게 효력이 없다.

Ⅲ 필수적 공동소송인의 추가

요건	① 고유필수적 공동소송에서 공동소송인으로 될 자를 일부 빠뜨림으로써 당사자적격에 흠이 생긴 경우이다. ② 추가된 신당사자가 종전의 당사자와의 관계에서 공동소송인이 되므로 공동소송의 요건을 갖추어야 한다. ③ 원고 측이든 피고 측이든 추가가 허용되지만, 원고 측을 추가하는 경우에는 추가될 신당사자의 동의가 있어야 한다.
신청 및 허가 여부의 결정	① 추가신청은 서면에 의하여야 한다. ② 법원이 필수적 공동소송인의 추가를 허가하는 결정을 한 때에는 허가결정의 정본을 당사자 모두에게 송달하여야 하며, 추가될 당사자에게는 소장부본도 송달하여야 한다. ③ 허가결정에 대하여는 원칙적으로 불복을 할 수 없으나, 추가될 원고의 부동의는 이해관계인의 즉시항고 사유가 된다. 피고경정신청의 기각결정과 달리, 추가신청의 기각결정에 대하여는 즉시항고할 수 있다.
효과	① 처음 소가 제기된 때에 추가된 당사자와의 사이에 소가 제기된 것으로 보기 때문에, 시효중단·기간준수의 효과는 처음 제소시에 소급한다. ② 필수적 공동소송인의 추가이므로 종전의 공동소송인의 소송수행의 결과는 유리한 소송행위인 범위 내에서 신당사자에게도 효력이 미친다.

Ⅳ 예비적·선택적 공동소송인의 추가

원·피고 간의 단일소송이 계속 중에 제68조의 규정에 맞추어 새로운 당사자를 예비적 당사자 또는 선택적 당사자로 추가함으로써, 소송형태를 예비적·선택적 공동소송으로 바꿀 수 있다.

01

소송계속 중 실체법상 분쟁주체의 지위가 이전된 경우에는 임의적 당사자의 변경을 인정할 실익이 생기게 된다. ○ | X

> **해설** 널리 소송계속 중에 소송의 목적인 권리관계의 변동으로 새 사람이 종전 당사자가 하던 소송을 인계인수받게 되는 것을 소송승계라 한다. 당사자적격의 이전으로 당사자가 변동되는 점에서 당사자적격의 혼동·누락의 경우에 허용하는 임의적 당사자의 변경과 구별된다.

02

민사소송법은 당사자의 표시정정과 관련한 명문의 규정을 두고 있지 않고, 당사자의 경정에 관해서는 피고의 경정에 대하여만 명문의 규정을 두고 있다. ○ | X

> **해설** 제260조

03

회사의 대표이사가 개인 명의로 소를 제기한 후 회사를 당사자로 변경하는 원고경정은 허용된다. ○ | X

> **해설** 회사의 대표이사가 개인 명의로 소를 제기한 후 회사를 당사자로 추가하고 그 개인 명의의 소를 취하함으로써 당사자의 변경을 가져오는 당사자추가 신청은 허용되지 않는다(대판 1998.1.23. 96다41496).

04

피고경정은 원고 또는 피고의 신청에 의하여 가능하다. ○ | X

> **해설** 피고를 경정하기 위하여는 ① 원고의 신청에 의하여만 가능하고, ② 원고가 피고를 잘못 지정한 것이 분명한 경우라야 하며, ③ 교체 전후를 통하여 소송물이 동일하여야 하고, ④ 피고가 본안에 관하여 응소한 때, 즉 본안에 관하여 준비서면을 제출하거나 변론준비기일에서 진술하거나 변론을 한 뒤에는 피고의 동의를 요한다(제260조 제1항 단서). 피고가 경정신청서를 송달받은 날부터 2주일 내에 이의하지 않으면 동의한 것으로 본다(같은 조 제4항). ⑤ 또한 피고의 경정은 제1심 법원이 변론을 종결할 때까지만 가능하다.

정답 | **01** × **02** ○ **03** × **04** ×

05

16법원직, 19사무관

판례는 청구취지나 청구원인의 기재내용 자체로 보아 원고가 법률적 평가를 그르치는 등의 이유로 피고의 지정이 잘못된 것이 명백한 경우, 증거조사결과 판명된 사실관계로 미루어 피고의 지정이 잘못된 경우임이 분명한 경우에 피고의 경정이 허용된다는 입장이다. O | X

> **해설** 판례는 청구취지나 청구원인의 기재내용 자체로 보아 원고가 법률평가를 그르치거나 또는 법인격의 유무에 착오를 일으킨 것이 명백하여 피고를 잘못 지정한 때가 이에 해당된다고 보고, 뒤에 증거조사결과 판명된 사실관계로 미루어 피고의 지정이 잘못된 경우는 포함되지 않는 취지로서 경정요건을 좁히고 있다(대판 1997.10.17. 97마1632).

06

17주사보, 17/19사무관

피고를 경정하기 위하여는 피고에게 소장부본 송달 이후라면 피고의 동의를 요한다. O | X

> **해설** 피고가 본안에 관하여 응소한 때, 즉 본안에 관하여 준비서면을 제출하거나 변론준비기일에서 진술하거나 변론을 한 뒤에는 피고의 동의를 요한다(제260조 제1항 단서). 피고가 경정신청서를 송달받은 날부터 2주 이내에 이의하지 않으면 동의한 것으로 본다(같은 조 제4항).

07

13/16법원직, 13주사보

피고의 경정은 상급심에서도 허용된다. O | X

> **해설** 피고의 경정은 제1심 변론종결시까지만 가능하다(제260조).

08

16사무관

「가사소송법」상 피고의 경정은 제1심 법원이 변론을 종결할 때까지만 가능하다. O | X

> **해설** 피고의 경정은 제1심 법원이 변론을 종결할 때까지만 가능하다. 반면에 「가사소송법」에서는 사실심의 변론종결시까지 피고의 경정이 가능하도록 완화하고 있다(가사소송법 제15조 제1항).

09

피고경정은 신청권자인 원고가 서면으로 신청하여야 한다. ○ | X

> **해설** 피고의 경정은 신소의 제기와 구소의 취하의 실질을 가지므로, 신청권자인 원고가 서면으로 신청하여야 한다(제 260조 제2항).

10

원고의 피고경정신청에 대하여 법원은 결정으로 허부의 재판을 하여야 하며, 그 허부의 결정은 종전의 피고에게 소장부본을 송달하지 아니한 경우에도 종전의 피고에게 송달해야 한다. ○ | X

> **해설** 원고의 피고경정신청에 대하여 법원은 결정으로 허부의 재판을 하여야 하며, 그 허부의 결정은 종전의 피고에게 소장부본을 송달하지 아니한 경우를 제외하고는 종전 피고에게 송달할 것을 요한다(제261조 제1항).

11

피고경정을 허가하는 결정에 대하여는 동의권을 가진 종전 피고가 경정에 부동의하였음을 사유로 하는 경우에 한하여 즉시항고할 수 있을 뿐이다. ○ | X

> **해설** 경정을 허가하는 결정에 대하여는 동의권을 가진 종전 피고가 경정에 부동의하였음을 사유로 하는 경우에 한하여 즉시항고할 수 있을 뿐이고(제261조 제3항), 그 밖의 사유로는 불복할 수 없다.

12

피고경정신청을 기각하는 결정에 대하여 불복이 있는 원고는 통상항고를 제기할 수 없으므로 그 결정에 대하여 특별항고를 제기해야 한다. ○ | X

> **해설** 피고경정신청을 기각하는 결정에 대하여 불복이 있는 원고는 민사소송법 제439조의 규정에 의한 통상항고를 제기할 수 있으므로 그 결정에 대하여 특별항고를 제기할 수는 없다(대결 1997.3.3. 97으1).

정답 | **05** × **06** × **07** × **08** × **09** ○ **10** × **11** ○ **12** ×

13

피고경정은 그 경정신청서의 제출시에 시효중단·기간준수의 효과가 생기지만, 표시정정은 당초의 소제기시의 효과가 유지된다. ○ | X

> **해설** 제265조

14

필수적 공동소송인 중 일부가 누락되어 필수적 공동소송인의 추가결정이 있는 경우, 시효중단의 효과는 처음 제소시로 소급한다. ○ | X

> **해설** 필수적 공동소송인이 추가된 경우에는 처음 소가 제기된 때에 추가된 당사자와의 사이에 소가 제기된 것으로 보기 때문에, 시효중단·기간준수의 효과는 처음 제소시에 소급한다(제68조 제3항).

15

원고가 A를 피고로 하여 소송을 하다가 B를 공동소송인으로 추가하는 것은 원칙적으로 허용되지 않으나, B가 필수적 공동소송 또는 예비적·선택적 공동소송의 피고가 된다면 공동소송인으로 B를 추가하는 것이 허용될 수 있다. ○ | X

> **해설** 필수적 공동소송인의 추가에 관한 규정이 예비적·선택적 공동소송의 경우에도 준용됨으로써(제70조 제1항, 제68조) 예외적으로 당사자의 추가가 가능하게 되었다.

제2관 | 소송승계

Ⅰ 소송승계의 의의

소송승계란 소송의 계속 중에 소송의 목적물인 권리관계의 변동으로 당사자적격이 종래의 당사자로부터 제3자로 이전되는 경우에 새로운 승계인이 종전의 당사자의 지위를 이어받는 것을 의미한다.

Ⅱ 당연승계

의의	당연승계란 소송계속 중 당사자의 지위가 제3자에게 포괄적으로 승계되는 것이다.
인정 여부	판례는 소송 도중 어느 일방의 당사자가 사망함으로 인해서 그 당사자로서의 자격을 상실하게 된 때에는 그때부터 그 소송은 그의 지위를 당연히 이어 받게 되는 상속인들과의 관계에서 대립당사자 구조를 형성하여 존재하게 되는 것이라고 판시하여 당연승계를 긍정한다.
당연승계사유	① 당사자의 사망·소멸, ② 법인 등의 합병에 의한 소멸, ③ 수탁자의 임무 종료, ④ 당사자의 자격 상실, ⑤ 선정당사자의 소송 중 선정당사자 전원의 사망 또는 자격의 상실, ⑥ 파산 또는 파산절차 해지 등
당연승계의 효과(중단 + 수계신청)	승계하여야 할 자가 수계신청을 하거나 상대방으로부터 신청이 있으면, 법원은 그 적격을 조사하여 적격이 인정될 때에는 승계인에 의한 소송승계를 허용하거나 승계하지 않는 경우에는 직권으로 그 속행을 명할 수 있고, 승계이유가 없을 때에는 신청기각의 결정을 한다. **수계를 인정하고 절차를 진행하다가 승계인이 아님이 밝혀진 경우 법원의 처리** 당사자의 사망으로 인한 소송수계신청이 이유 있다고 하여 소송절차를 진행시켰으나 그 후에 신청이 그 자격 없음이 판명된 경우에는 수계재판을 취소하고 신청을 각하하여야 한다(참가승계의 청구기각판결과 구별).

Ⅲ 특정승계(소송물의 양도)

1. 참가승계·인수승계의 요건

타인 간의 소송계속 중일 것	① 참가승계(인수)신청은 사실심의 변론종결 전에 한하며, 상고심에서 허용되지 않는다. 사실심 변론종결 후의 승계인은 제218조에 의하여 판결의 효력이 미치므로 소송승계를 인정할 이익이 없기 때문이다. ② 청구 이의의 소의 계속 중 그 소송에서 집행력배제를 구하고 있는 집행권원에 표시된 청구권을 양수한 자는 소송의 목적이 된 채무를 승계한 것이므로 승계집행문을 부여받은 여부에 관계없이 위 청구 이의의 소에 민사소송법 제81조에 의한 승계참가를 할 수 있으나, 다만 <u>위 소송이 제기되기 전에 그 집행권원에 표시된 청구권을 양수한 경우에는</u> 특단의 사정이 없는 한 승계참가의 요건이 결여된 것으로서 그 참가인정은 부적법한 것이라고 볼 수밖에 없다.
소송목적인 권리·의무의 전부나 일부의 승계가 있을 것	① 인수승계가 인정되려면 소송의 목적인 권리·의무의 승계, 즉 소송물의 양도가 있을 것을 요한다. 이에는 소송물인 권리관계 자체가 제3자에게 특정승계된 경우뿐만 아니라 소송물인 권리관계의 목적물건, 즉 계쟁물의 양도도 포함된다. ② 계쟁물의 양도에 있어서 승계인의 범위는 제218조 제1항의 변론종결한 뒤의 승계인에 준하여 취급하여야 한다는 것이 판례이다.

	① 변론종결 후의 승계인의 경우처럼 구이론은 채권적 청구권에 기한 소송 중 계쟁물을 취득한 자, 예를 들면 매매계약의 매수인이 매도인에게 소유권이전등기청구를 한 경우에 소송 도중에 매도인으로부터 목적물에 대해 등기이전을 받은 제3자는 여기의 승계인에 포함되지 아니한다고 본다. ② 그러나 물권적 청구권에 기한 소송 중 계쟁물을 양수한 자, 예를 들면 소유권에 기한 이전등기말소소송의 계속 중에 당해 부동산을 매수하여 등기이전을 받은 제3자는 승계인에 포함시키고 있다.

2. 참가승계

의의	소송계속 중 소송의 목적인 권리·의무의 전부나 일부의 승계인이 독립당사자참가신청의 방식으로 스스로 참가하여 새로운 당사자가 되는 것을 의미한다(예 甲이 乙을 상대로 소유권에 기한 건물인도청구소송 중 甲이 그 건물을 丙에게 양도한 경우 丙이 승계를 신청하여 새로운 원고가 되는 경우).
신청절차	① 참가신청은 소제기에 해당하고 참가요건은 소송요건에 해당하므로, 이 신청에 대하여는 피참가인과 그 상대방은 이의를 제기하지 못하며 참가요건에 흠이 있는 때에는 변론을 거쳐 판결로 참가신청을 각하하여야 하고, 이때 승계참가인의 부적법한 참가신청을 각하하는 판결을 반드시 원래의 당사자 사이의 소송에 대한 판결과 함께하여야 하는 것은 아니다. ② 소송계속 중에 소송목적인 의무의 승계가 있다는 이유로 하는 소송인수신청이 있는 경우 신청의 이유로서 주장하는 사실관계 자체에서 그 승계적격의 흠결이 명백하지 않는 한 결정으로 그 신청을 인용하여야 하는 것이고, 그 승계인에 해당하는가의 여부는 피인수신청인에 대한 청구의 당부와 관련하여 판단할 사항으로 심리한 결과 승계사실이 인정되지 않으면 청구기각의 본안판결을 하면 되는 것이지 인수참가신청 자체가 부적법하게 되는 것은 아니다.
효과	① 참가승계를 하면 소송이 법원에 <u>처음 계속된 때에 소급하여</u> 시효의 중단 또는 법률상 기간준수의 효력이 생긴다. ② 고유의 독립당사자참가와 달리 전주의 소송상 지위를 승계하므로, 참가시까지 전주가 한 소송수행의 결과에 구속된다.

3. 인수승계

의의	인수승계란 소송의 목적인 권리·의무의 전부나 일부의 승계가 있는 때에 종전 당사자의 인수신청에 의하여 승계인인 제3자를 새로운 당사자로 소송에 강제로 끌어들이는 것을 의미한다(예 甲이 乙을 상대로 소유권에 기한 건물인도청구소송 중에 乙이 丙에게 건물의 점유를 승계시킨 것이 밝혀져 甲의 신청에 의하여 丙을 새로운 피고로 소송에 끌어들이는 경우).
신청절차	① 법원은 신청인과 제3자를 심문하고 결정으로 그 허가 여부를 재판한다. ② <u>인수를 명하는 결정</u>에 대하여는 독립하여 항고할 수 없고, 종국판결에 대한 상소로 다툴 수 있을 뿐이다. 다만, 인수신청을 <u>기각하는 결정</u>에 대하여는 민사소송법 제439조에 의하여 통상의 항고를 할 수 있다. ③ 인수참가인이 인수참가요건인 채무승계사실에 관한 상대방 당사자의 주장을 모두 인정하여 이를 자백하고 소송을 인수하여 이를 수행하였다면, 위 자백이 진실에 반한 것으로서 착오에 인한 것이 아닌 한 인수참가인은 위 자백에 반하여 인수참가의 전제가 된 채무승계사실을 다툴 수는 없다.
효과	① 인수한 신당사자는 유리·불리를 불문하고 전주의 소송상의 지위를 그대로 승계한다. ② 인수승계를 하면 참가시기에 관계없이 그 참가는 소송이 법원에 처음 계속된 때에 소급하여 시효의 중단 또는 법률상 기간준수의 효력이 생긴다.

4. 전주의 지위와 소송탈퇴

탈퇴의 경우	① 원칙적으로 전주는 당사자적격이 없어지므로 상대방의 승낙을 얻어 탈퇴할 수 있다. 그러나 탈퇴에도 불구하고 판결의 효력은 탈퇴한 당사자에게 미친다. ② 제1심에서 원고가 승소하였으나 항소심에서 승계참가인이 승계참가신청을 하고 원고가 적법하게 탈퇴한 경우 항소심으로서는 제1심판결을 변경하여 승계참가인의 청구에 대한 판단을 하여야 하고 단순히 피고의 항소를 기각하는 것은 위법하다.
불탈퇴의 경우	① 종전 당사자가 승계의 효력을 다투거나, 권리·의무의 일부승계, 추가적 인수의 경우, 상대방이 승낙하지 않는 경우에는 전주가 소송을 탈퇴하지 않는다. ② 소송이 법원에 계속되어 있는 동안에 제3자가 소송목적인 권리의 전부나 일부를 승계하였다고 주장하며 소송에 참가한 경우, 원고가 승계참가인의 승계 여부에 대해 다투지 않으면서도 소송탈퇴, 소취하 등을 하지 않거나 이에 대하여 피고가 부동의하여 원고가 소송에 남아 있다면 승계로 인해 중첩된 원고와 승계참가인의 청구 사이에는 필수적 공동소송에 관한 민사소송법 제67조가 적용된다.

01

19주사보

소송의 승계란 소송계속 중에 당사자의 사망이나 소송목적물의 양도 등으로 소송물인 권리 또는 법률관계의 변동이 생긴 결과 당사자적격이 제3자에게 이전되는 경우 그 제3자가 새 당사자로서 전 당사자의 소송상 지위를 승계하는 것을 말한다.　　　　　　　　　　　　　　　　　　　　　　　　　　○ | ✕

> **해설** 소송의 승계란 소송계속 중에 당사자의 사망이나 소송목적물의 양도 등으로 소송물인 권리 또는 법률관계의 변동이 생긴 결과 당사자적격이 제3자에게 이전되는 경우 그 제3자가 새 당사자로서 전 당사자의 소송상 지위를 승계하는 것을 말한다. 소송승계에는 종전 당사자의 사망 등으로 그 지위가 포괄적으로 제3자에게 승계되는 '당연승계'와 양도된 특정 소송물에 관하여 당사자의 신청에 의하여 승계되는 '소송물 양도에 따른 승계(특정승계)'가 있다.

02

13법원직

당연승계가 있어도 피승계인에게 소송대리인이 있으면 소송절차는 중단되지 않는다.　　　　○ | ✕

> **해설** 중단사유가 있는 당사자 측에 소송대리인이 있는 경우, 소송절차는 중단되지 않는다(제238조).

03

13법원직

상고심에서는 참가승계·인수승계를 할 수 없다.　　　　　　　　　　　　　　　　　　　○ | ✕

> **해설** 참가승계(인수)신청은 사실심의 변론종결 전에 한하며, 상고심에서 허용되지 않는다(대판 2002.12.10. 2002다48399).

04

19법원직, 23변호사

승계참가인이 소송당사자로부터 계쟁 부동산에 대한 지분 중 일부를 양도받은 권리승계인이라 하여 상고심에 이르러 승계참가신청을 한 경우, 이러한 참가신청은 허용되지 아니한다.　　　　　　○ | ✕

> **해설** 승계참가인이 소송당사자로부터 계쟁 부동산에 대한 지분 중 일부를 양도받은 권리승계인이라 하여 상고심에 이르러 승계참가신청을 한 경우, 이러한 참가신청은 법률심인 상고심에서는 허용되지 아니한다(대판 2001.3.9. 98다51169).

공유물분할청구소송은 분할을 청구하는 공유자가 원고가 되어 다른 공유자 전부를 공동피고로 삼아야 하는 고유필수적 공동소송이다. 따라서 소송계속 중 원심 변론종결일 전에 공유자의 지분이 이전된 경우에는 원심 변론종결 시까지 민사소송법 제81조에서 정한 승계참가나 민사소송법 제82조에서 정한 소송인수 등의 방식으로 그 일부 지분권을 이전받은 자가 소송당사자가 되어야 한다. 그렇지 못할 경우에는 소송 전부가 부적법하게 된다.

O | X

해설 [1] 공유물분할청구소송은 분할을 청구하는 공유자가 원고가 되어 다른 공유자 전부를 공동피고로 삼아야 하는 고유필수적 공동소송이다. 따라서 소송계속 중 변론종결일 전에 공유자의 지분이 이전된 경우에는 변론종결 시까지 민사소송법 제81조에서 정한 승계참가나 민사소송법 제82조에서 정한 소송인수 등의 방식으로 일부 지분권을 이전받은 자가 소송당사자가 되어야 한다. 그렇지 못할 경우에는 소송 전부가 부적법하게 된다.

[2] 무권리자에 의한 처분행위를 권리자가 추인한 경우에 권리자는 무권리자에 대하여 무권리자가 처분행위로 인하여 얻은 이득의 반환을 청구할 수 있다.

[3] 부동산 공유자 甲이 다른 공유자 乙 등을 상대로 제기한 공유물분할의 소에서 제1심법원이 공시송달 방법으로 소장부본 등을 송달한 다음 '乙 등은 甲으로부터 가액보상금을 지급받음과 동시에 각 지분에 관하여 소유권이전등기절차를 이행하라.'는 판결을 선고하였고, 그 후 甲은 丙 유한회사에 부동산을 매도한 후 제1심판결에서 정한 가액보상금을 공탁하고 乙 등의 지분에 관한 소유권이전등기를 마친 다음 丙 회사에 부동산에 관한 소유권이전등기를 해 주었는데, 乙 등이 제1심판결에 대하여 추완항소를 제기하고, 甲에 대하여 부동산 매매대금 중 乙 등의 지분에 상응하는 금액의 지급을 구하는 반소를 제기한 사안에서, 제1심판결이 취소되더라도 甲이 丙 회사에 부동산을 처분한 행위가 소급하여 소멸하거나 그 전부가 무효로 된다고 볼 수 없으며, 甲이 부동산 중 자기 지분을 처분한 것은 자신의 권리를 처분한 것으로서 유효하고, 乙 등의 지분을 처분한 것은 무권리자가 타인의 권리를 처분한 경우로서 무효라고 볼 여지가 있으나, 乙 등은 甲의 처분행위가 유효함을 전제로 부동산 매매대금 중 자신들의 지분에 해당하는 금액의 반환을 구하고 있어 甲의 처분행위를 묵시적으로 추인한 것이라고 볼 수 있으므로, 丙 회사는 乙 등의 지분에 대해서도 소유권을 적법하게 취득하게 되는바, 결국 제1심판결의 취소 여부와 상관없이 위 부동산 처분행위는 유효하고, 원심 변론종결 시를 기준으로 甲과 乙 등은 부동산의 지분을 소유하고 있지 않으므로 공유물분할청구의 소는 당사자적격을 갖추지 못한 것이어서 부적법하며, 한편 부동산 중 乙 등의 지분에 대하여 권리자인 乙 등이 무권리자인 甲의 처분행위를 추인하였으므로 甲은 처분행위로 얻은 이득을 乙 등에게 반환할 의무가 있는데, 甲이 乙 등 앞으로 공탁한 금액은 부동산의 분할을 전제로 한 제1심판결의 변론종결 무렵 乙 등의 지분의 가액일 뿐이고, 甲이 乙 등의 지분을 처분하고 얻은 이익은 甲이 부동산을 丙 회사에 매도하고 받은 매매대금 중 乙 등의 지분에 상응하는 금액인데도, 이와 달리 본 원심판결에 법리오해의 잘못이 있다고 한 사례(대판 2022.6.30. 2020다210686·210693)

06

청구이의의 소가 제기되기 전에 그 집행권원에 표시된 청구권을 양수한 사람이 한 승계참가신청은 허용된다. ○│X

> **해설** 민사소송법 제74조의 권리승계참가는 소송의 목적이 된 권리를 승계한 경우뿐만 아니라 채무를 승계한 경우에도 이를 할 수 있으나 다만 그 채무승계는 소송의 계속 중에 이루어진 것임을 요함은 위 법조의 규정상 명백하다. 그러므로 청구이의의 소의 계속 중 그 소송에서 집행력배제를 구하고 있는 채무명의에 표시된 청구권을 양수한 자는 소송의 목적이 된 채무를 승계한 것이므로 승계집행문을 부여받은 여부에 관계없이 위 청구이의의 소에 민사소송법 제74조에 의한 승계참가를 할 수 있으나, 다만 위 소송이 제기되기 전에 그 채무명의에 표시된 청구권을 양수한 경우에는 특단의 사정이 없는 한 승계참가의 요건이 결여된 것으로서 그 참가인정은 부적법한 것이라고 볼 수밖에 없다(대판 1983.9.27. 83다카1027).

07

부동산의 매수인이 매도인을 상대로 제기한 소유권이전등기청구의 소송 중에 매도인으로부터 목적부동산에 대해 등기이전을 받은 제3자는 특정승계인에 포함된다. ○│X

> **해설** 부동산 소유권이전등기청구소송 계속 중 그 소송목적이 된 부동산에 대한 이전등기이행채무 자체를 승계함이 없이 단순히 같은 부동산에 대한 소유권이전등기(또는 근저당설정등기)가 제3자 앞으로 경료되었다 하여도 이는 민사소송법 제82조 제1항 소정의 '그 소송의 목적이 된 채무를 승계한 때'에 해당한다고 할 수 없으므로 위 제3자에 대하여 등기말소를 구하기 위한 소송의 인수는 허용되지 않는다(대결 1983.3.22. 80마283).

08

승계참가는 소송의 목적이 된 권리를 승계한 경우뿐만 아니라 채무를 승계한 경우에도 이를 할 수 있다. ○│X

> **해설** 민사소송법 제74조의 권리승계참가는 소송의 목적이 된 권리를 승계한 경우뿐만 아니라 채무를 승계한 경우에도 이를 할 수 있으나 다만 그 채무승계는 소송의 계속 중에 이루어진 것임을 요함은 위 법조의 규정상 명백하다(대판 1983.9.27. 83다카1027).

09

A가 원고가 되어 B를 상대로 한 소송이 계속 중에 C가 A의 승계인이라고 주장하면서 참가신청을 할 경우, A가 승계를 다투지 않는다면 C는 B에 대해서만 청구를 하면 된다. ○│X

> **해설** 참가승계의 경우에 참가방식은 고유의 독립당사자참가의 경우와 같지만, 원칙적으로 전주(피승계인)와 참가인 간에 이해대립이 되는 관계가 아니므로 소송의 구조는 그것과 근본적인 차이가 있다. 따라서 전주가 승계사실을 다투지 않는 한, 고유의 독립당사자참가의 경우와 같이 대립견제의 소송관계가 성립하지 않는다.

10

19주사보, 20사무관

승계참가의 신청은 소제기에 해당하고 참가요건은 소송요건에 해당하므로, 이러한 신청에 대해서는 피참가인과 그 상대방이 이의를 제기할 수 있고, 이러한 이의신청에 따라 심리한 결과 참가요건에 흠이 있는 때에는 변론 없이 판결로 참가신청을 각하할 수 있다. ○ | ×

> **해설** 참가신청은 소제기에 해당하고 참가요건은 소송요건에 해당하므로, 이 신청에 대하여는 피참가인과 그 상대방은 이의를 제기하지 못하며 참가요건에 흠이 있는 때에는 변론을 거쳐 판결로 참가신청을 각하하여야 하고, 이때 승계참가인의 부적법한 참가신청을 각하하는 판결을 반드시 원래의 당사자 사이의 소송에 대한 판결과 함께하여야 하는 것은 아니다 (대판 2012.4.26. 2011다85789).

11

20사무관

승계참가인의 부적법한 참가신청을 각하하는 판결을 반드시 원래의 당사자 사이의 소송에 대한 판결과 함께하여야 하는 것은 아니다. ○ | ×

> **해설** 대판 2012.4.26. 2011다85789

12

21법원직, 23변호사

소송계속 중에 소송목적인 의무의 승계가 있다는 이유로 하는 소송인수신청이 있는 경우 신청의 이유로서 주장하는 사실관계 자체에서 그 승계적격의 흠결이 명백하지 않는 한 결정으로 그 신청을 인용하여야 하나, 피인수신청인에 대한 청구의 당부를 판단하여 심리한 결과 승계사실이 인정되지 않으면 인수참가신청 자체가 부적법하게 되어 인수참가신청을 각하하는 판결을 하여야 한다. ○ | ×

> **해설** 소송계속 중에 소송목적인 의무의 승계가 있다는 이유로 하는 소송인수신청이 있는 경우 신청의 이유로서 주장하는 사실관계 자체에서 그 승계적격의 흠결이 명백하지 않는 한 결정으로 그 신청을 인용하여야 하는 것이고, 그 승계인에 해당하는가의 여부는 피인수신청인에 대한 청구의 당부와 관련하여 판단할 사항으로 심리한 결과 승계사실이 인정되지 않으면 청구기각의 본안판결을 하면 되는 것이지 인수참가신청 자체가 부적법하게 되는 것은 아니다(대판 2005.10.27. 2003다66691).

정답 | **06** × **07** × **08** ○ **09** ○ **10** × **11** ○ **12** ×

13

참가승계를 하면 당초의 소제기시에 소급하여 시효중단·기간준수의 효력이 생긴다. ○ | X

> **해설** 참가승계를 하면 참가시기에 관계없이 그 참가는 소송이 법원에 처음 계속된 때에 소급하여 시효의 중단 또는 법률상 기간준수의 효력이 생긴다(제81조).

14

A가 원고가 되어 B를 상대로 한 소송이 계속 중에 A가 "C가 B의 승계인이다."라고 주장하면서 C를 상대로 인수신청을 하였는데, 법원이 C에 대한 심문을 하지 않고 C에 대하여 인수를 명하는 결정을 하였다면 이는 위법하다. ○ | X

> **해설** 인수신청이 있는 때에는 법원은 신청인과 제3자를 심문하고 결정으로 그 허가 여부를 재판한다(제82조 제2항).

15

인수참가를 명하는 결정에 대하여는 독립하여 항고할 수 없고, 종국판결에 대한 상소로 다툴 수 있을 뿐이지만, 인수신청을 기각하는 결정에 대하여는 민사소송법 제439조에 의하여 통상의 항고를 할 수 있다. ○ | X

> **해설** 인수를 명하는 결정에 대하여는 독립하여 항고할 수 없고(대판 1990.9.26. 90그30), 종국판결에 대한 상소로 다툴 수 있을 뿐이다(제392조). 다만, 인수신청을 기각하는 결정에 대하여는 민사소송법 제439조에 의하여 통상의 항고를 할 수 있다.

16

인수참가인이 인수참가요건인 채무승계사실에 관한 상대방 당사자의 주장을 모두 인정하여 이를 자백하고 소송을 인수하여 이를 수행하였다면, 위 자백이 진실에 반한 것으로서 착오에 인한 것이 아닌 한 인수참가인은 위 자백에 반하여 인수참가의 전제가 된 채무승계사실을 다툴 수는 없다. ○ | X

> **해설** 대판 1987.11.10. 87다카473

17

A가 원고가 되어 B를 상대로 한 소송이 계속 중에 A가 "C가 B의 승계인이다."라고 주장하면서 인수신청을 하여 C에 대하여 인수를 명하는 결정이 있었고 그 후 A의 동의하에 B가 소송에서 탈퇴하였다면 판결의 효력은 A, C 사이에만 미치고 B에게는 미치지 않는다.   O | X

> **해설** 종전 당사자는 상대방의 동의를 얻어 소송탈퇴를 할 수 있다. 이 경우 승계인과 상대방 간의 대립당사자 소송구조로 된다. 그러나 탈퇴에도 불구하고 판결의 효력은 탈퇴한 당사자에게 미친다(제82조 제3항, 제81조, 제80조).

18

제1심에서 원고가 승소하였으나 항소심에서 승계참가인이 승계참가신청을 하고 원고가 적법하게 탈퇴한 경우 항소심으로서는 제1심판결을 변경하여 승계참가인의 청구에 대한 판단을 하여야 하고 단순히 피고의 항소를 기각하는 것은 위법하다.   O | X

> **해설** 제1심에서 원고가 승소하였으나 항소심에서 원고에 대한 승계참가가 이루어졌고 원고가 적법하게 탈퇴한 경우에 있어서 원심으로서는 제1심판결을 변경하여 승계참가인의 청구에 대하여 판단을 하였어야 할 것임에도, 원심은 단순히 피고의 항소를 기각함으로써 원고의 청구를 전부 인용한 제1심판결을 그대로 유지하고 말았으니, 원심판결에는 소송탈퇴 및 승계참가에 관한 법리를 오해하여 판결에 영향을 미친 위법이 있다(대판 2004.1.27. 2000다63639).

19

A가 원고가 되어 B를 상대로 한 소송이 계속 중에 C가 A의 승계인이라고 주장하면서 참가신청을 하였고, A가 탈퇴를 신청하였으나 B가 동의를 하지 않은 경우, A의 청구와 C의 청구는 통상의 공동소송으로서 모두 유효하게 존속하게 되므로 법원은 양 청구 모두에 대하여 판단을 하여야 한다.   O | X

> **해설** 승계참가에 관한 민사소송법 규정과 2002년 민사소송법 개정에 따른 다른 다수당사자 소송제도와의 정합성, 원고 승계참가인(이하 '승계참가인'이라 한다)과 피참가인인 원고의 중첩된 청구를 모순 없이 합일적으로 확정할 필요성 등을 종합적으로 고려하면, 소송이 법원에 계속되어 있는 동안에 제3자가 소송목적인 권리의 전부나 일부를 승계하였다고 주장하며 민사소송법 제81조에 따라 소송에 참가한 경우, 원고가 승계참가인의 승계 여부에 대해 다투지 않으면서도 소송탈퇴, 소취하 등을 하지 않거나 이에 대하여 피고가 부동의하여 원고가 소송에 남아 있다면 승계로 인해 중첩된 원고와 승계참가인의 청구 사이에는 필수적 공동소송에 관한 민사소송법 제67조가 적용된다(대판 (全) 2019.10.23. 2012다46170).

01 A가 B를 상대로 대여금청구소송을 하던 중에 C가 A로부터 대여금채권을 양수하여 위 소송에 승계참가를 하였다. 다음 설명 중 가장 옳지 않은 것은? 21법원직

① C에 대하여도 A가 소를 제기한 때에 소급하여 대여금채권의 시효가 중단된다.

② A는 B가 동의하지 않으면 소송에서 탈퇴할 수 없다.

③ A가 소송에서 탈퇴하여도 A는 판결의 효력을 받는다.

④ A가 소송에서 탈퇴하지 않으면 A의 청구에 대해서도 판결을 해야 하고, C가 일부 승소하여 B, C만 항소하면 A의 B에 대한 청구는 분리하여 확정된다.

해설 ① [O] 참가에 의한 실체법상의 효과로서, 참가가 있으면 참가시기에 불구하고 소가 제기된 시점으로 소급하여 시효중단, 법률상의 기간준수의 효력이 생긴다(제81조, 제82조 제3항).

② [O] 전주(A)는 상대방(B)의 승낙을 얻어 탈퇴할 수 있다.

③ [O] 소송탈퇴는 소취하와는 성질이 다르며, 탈퇴 후 잔존하는 소송에서 내린 판결은 탈퇴자에 대하여도 효력이 미친다(제82조 제3항, 제80조 단서).

④ [X] 승계참가에 관한 민사소송법 규정과 2002년 민사소송법 개정에 따른 다른 다수당사자 소송제도와의 정합성, 원고승계참가인(이하 '승계참가인'이라 한다)과 피참가인인 원고의 중첩된 청구를 모순 없이 합일적으로 확정할 필요성 등을 종합적으로 고려하면, 소송이 법원에 계속되어 있는 동안에 제3자가 소송목적인 권리의 전부나 일부를 승계하였다고 주장하며 민사소송법 제81조에 따라 소송에 참가한 경우, 원고가 승계참가인의 승계 여부에 대해 다투지 않으면서도 소송탈퇴, 소취하 등을 하지 않거나 이에 대하여 피고가 부동의하여 원고가 소송에 남아 있다면 승계로 인해 중첩된 원고와 승계참가인의 청구 사이에는 필수적 공동소송에 관한 민사소송법 제67조가 적용된다고 할 것이다(대판 (全) 2019.10.23. 2012다46170).

정답 ④

gosi.Hackers.com

제4편
제1심의 소송절차

제1장 | 소제기의 효과

제1절 총설

개념		① 재판상 청구란 자기 권리를 재판상 주장하는 것을 말한다. 민사소송이기만 하면, 그것이 본소이든 반소이든, 이행·형성·확인의 소이든, 재심의 소이든 이를 묻지 않는다. ② 지급명령 사건이 채무자의 이의신청으로 소송으로 이행되는 경우에 지급명령에 의한 시효중단의 효과는 소송으로 이행된 때가 아니라 지급명령을 신청한 때에 발생한다.
중단의 대상	**원인채권과 어음금채권의 청구**	원인채권에 기하여 청구를 한 것만으로는 어음채권 그 자체를 행사한 것으로 볼 수 없어 어음채권의 소멸시효를 중단시키지 못한다. 반대로, 채권자가 어음채권에 기하여 청구를 하는 경우에는 원인채권의 소멸시효를 중단시키는 효력이 있다.
	행정소송과 시효중단	행정소송은 시효중단사유가 되지 못한다. 다만, 판례는 '과세처분의 취소 또는 무효확인을 구하는 소'는 비록 행정소송일지라도 그것은 부당이득반환청구권에 관한 재판상 청구에 해당한다고 한다.
	채권양도와 시효중단	① 채권의 양수인이 채권양도의 대항요건을 갖추지 못한 상태에서 채무자를 상대로 소를 제기한 경우에도 소멸시효중단사유인 재판상 청구에 해당한다. ② 채권양도 후 대항요건이 구비되기 전의 양도인이 제기한 소송 중에 채무자가 채권양도의 효력을 인정하는 등의 사정으로 인하여 양도인의 청구가 기각됨으로써 시효중단의 효과가 소멸된다고 하더라도, 양수인이 그로부터 6월 내에 채무자를 상대로 재판상의 청구 등을 하였다면, 양도인의 최초의 재판상 청구로 인하여 시효가 중단된다.
	채권자대위청구	① 채권자대위권 행사의 효과는 채무자에게 귀속되는 것이므로 채권자대위소송의 제기로 인한 소멸시효의 중단의 효과 역시 채무자에게 생긴다. 즉, 피대위채권이 시효중단됨은 물론이다. ② 원고가 채권자대위권에 기해 청구를 하다가 당해 피대위채권 자체를 양수하여 양수금청구로 소를 변경한 경우 당초의 채권자대위소송으로 인한 시효중단의 효력이 소멸하지 않는다.
	기본적 법률관계에 관한 청구와 그에 포함되는 권리	① 기본적 법률관계에 관한 확인청구의 소의 제기는 그 법률관계로부터 생기는 개개의 권리에 대한 소멸시효의 중단사유가 된다. 예컨대, 파면처분무효확인의 소는 파면 후의 임금채권에 대한 재판상 청구에 해당하여 시효중단의 효력이 있다. ② 근저당권설정등기청구의 소에는 그 피담보채권에 관한 주장이 당연히 포함되어 있으므로, 근저당권설정등기청구의 소의 제기는 그 피담보채권의 재판상의 청구에 해당한다.
	추심채권자	채무자가 제3채무자를 상대로 금전채권의 이행을 구하는 소를 제기한 후 채권자가 위 금전채권에 대하여 압류 및 추심명령을 받으면 채무자와 제3채무자 간의 소송은 당사자적격을 상실하여 각하되지만, 추심채권자가 채무자와 제3채무자 간의 소송이 각하되어 확정된 날로부터 6개월 내에 추심의 소를 제기하였다면 시효중단의 효력이 유지된다.

	복수의 채권	채권자가 동일한 목적을 달성하기 위하여 복수의 채권을 갖고 있는 경우, 채권자로서는 그 선택에 따라 권리를 행사할 수 있되, 그중 어느 하나의 청구를 한 것만으로는 다른 채권 그 자체를 행사한 것으로 볼 수는 없으므로, 특별한 사정이 없는 한 그 다른 채권에 대한 소멸시효 중단의 효력은 없는 것이다.
	응소	① 판례는 권리자가 피고로서 응소하여 적극적으로 권리를 주장하고 그것이 받아들여진 경우 시효중단사유인 재판상의 청구에 해당한다고 보고 있다. ② 그러나 물상보증인이 제기한 저당권설정등기 말소청구소송에서 채권자가 청구기각을 구하면서 피담보채권의 존재를 적극 주장하더라도 그 피담보채권에 관하여 소멸시효 중단의 효력이 생기지 않는다. ③ 점유자가 소유자를 상대로 소유권이전등기청구소송을 제기하면서 그 청구원인으로 '취득시효 완성'이 아닌 '매매'를 주장함에 대하여, 소유자가 이에 응소하여 원고 청구기각의 판결을 구하면서 원고의 주장 사실을 부인하는 경우에는, 이는 매매로 인한 소유권이전등기청구권이 없음을 주장함에 불과한 것이고 소유자가 자신의 소유권을 적극적으로 주장한 것이라 볼 수 없으므로 시효중단사유의 하나인 재판상의 청구에 해당한다고 할 수 없다. ④ 권리자인 피고가 응소하여 권리를 주장하였으나 그 소가 각하되거나 취하되는 등의 사유로 본안에서 그 권리주장에 관한 판단 없이 소송이 종료된 경우에도 그때부터 6월 이내에 재판상의 청구 등 다른 시효중단조치를 취하면 응소시에 소급하여 시효중단의 효력이 있다. ⑤ 변론주의 원칙상 피고가 응소행위를 하였다고 하여 바로 시효중단의 효과가 발생하는 것은 아니고 시효중단의 주장을 하여야 그 효력이 생기는 것이지만, 시효중단의 주장은 반드시 응소시에 할 필요는 없고 소멸시효기간이 만료된 후라도 사실심 변론종결 전에는 언제든지 할 수 있다.
효력발생 및 소멸시기		① 시효중단·법률상의 기간준수의 효력은 소의 제기시, 즉 소장을 법원에 제출한 때에 발생한다. ② 시효중단·기간준수의 효력의 소의 취하·각하로 소급하여 소멸한다. 다만, 소의 취하·각하에 의하여 소멸되어도 6월 내에 소의 제기, 압류 또는 가압류·가처분을 하면 최초의 소제기시에 중단된 것으로 본다.
효과가 미치는 범위		인수참가인의 소송목적 양수 효력이 부정되어 인수참가인에 대한 청구기각 또는 소각하 판결이 확정된 날부터 6개월 내에 탈퇴한 원고가 다시 탈퇴 전과 같은 재판상의 청구 등을 한 때에는, 탈퇴 전에 원고가 제기한 재판상의 청구로 인하여 발생한 시효중단의 효력은 그대로 유지된다.

01   18법원직

지급명령 사건이 채무자의 이의신청으로 소송으로 이행되는 경우에 그 지급명령에 의한 시효중단의 효과는 소송으로 이행된 때가 아니라 지급명령을 신청한 때에 발생한다.   O | X

> **해설** 민사소송법 제472조 제2항은 "채무자가 지급명령에 대하여 적법한 이의신청을 한 경우에는 지급명령을 신청한 때에 이의신청된 청구목적의 값에 관하여 소가 제기된 것으로 본다."라고 규정하고 있는바, 지급명령 사건이 채무자의 이의신청으로 소송으로 이행되는 경우에 지급명령에 의한 시효중단의 효과는 소송으로 이행된 때가 아니라 <u>지급명령을 신청한 때에 발생한다</u>(대판 2015.2.12. 2014다228440).

02   17법원직

甲이 乙에게 금전을 대여함과 동시에 대여금채권의 지급을 확보하기 위한 방법으로 약속어음을 교부받은 경우 甲이 乙을 상대로 약속어음금의 지급을 구하는 소를 제기한 때에 위 대여금채권의 소멸시효도 중단된다.   O | X

> **해설** 원인채권의 지급을 확보하기 위한 방법으로 어음이 수수된 경우에 원인채권에 기하여 청구를 한 것만으로는 어음채권 그 자체를 행사한 것으로 볼 수 없어 어음채권의 소멸시효를 중단시키지 못한다. 반대로, 채권자가 어음채권에 기하여 청구를 하는 경우에는 원인채권의 소멸시효를 중단시키는 효력이 있다(대판 1999.6.11. 99다16378).

03   17법원직

원고가 채권자대위권에 기해 청구를 하다가 당해 피대위채권 자체를 양수하여 양수금청구로 소를 변경한 경우 채권자대위권에 기한 구청구는 취하된 것으로 보아야 하므로 당초의 채권자대위소송으로 인한 시효중단의 효력은 소멸한다.   O | X

> **해설** 원고가 채권자대위권에 기해 청구를 하다가 당해 피대위채권 자체를 양수하여 양수금청구로 소를 변경한 경우 당초의 채권자대위소송으로 인한 시효중단의 효력이 소멸하지 않는다(대판 2010.6.24. 2010다17284).

04   16법원직

해고무효확인의 소의 제기는 그 고용관계에서 파생하는 보수채권의 시효중단사유가 되지 않는다.
                                                                            O | X

해설 파면처분무효확인의 소는 보수금채권을 실현하는 수단이라는 성질을 가지고 있으므로 보수금채권 자체에 관한 이행소송을 제기하지 않았다 하더라도 위 소의 제기에 의하여 보수금채권에 대한 시효는 중단된다(대판 1978.4.11. 77다2509).

05 14법원직

판례는 근저당권설정등기청구의 소제기가 그 피담보채권이 될 채권에 대한 소멸시효 중단사유가 될 수 있다고 보고 있다. ○ | ×

해설 대판 2004.2.13. 2002다7213

06 22모의

채무자가 제3채무자를 상대로 제기한 금전채권의 이행소송이 압류 및 추심명령에 따른 당사자적격의 상실로 각하되었으나 이행소송 계속 중 피압류채권에 대하여 당사자적격을 취득한 추심채권자가 각하판결이 확정된 날로부터 6개월 내에 제3채무자를 상대로 추심의 소를 제기한 경우, 채무자의 재판상 청구에 따른 시효중단의 효력이 추심채권자의 추심소송에서 그대로 유지된다. ○ | ×

해설 채무자가 제3채무자를 상대로 금전채권의 이행을 구하는 소를 제기한 후 채권자가 위 금전채권에 대하여 압류 및 추심명령을 받으면 채무자와 제3채무자 간의 소송은 당사자적격을 상실하여 각하되지만, 이 경우 채무자가 권리주체의 지위에서 한 시효중단의 효력은 추심권능을 부여받아 채권을 추심하는 추심채권자에게도 미치며, 추심채권자가 채무자와 제3채무자 간의 소송이 각하되어 확정된 날로부터 6개월 내에 추심의 소를 제기하였다면 시효중단의 효력이 유지된다(대판 2019.7.25. 2019다212945).

07 14법원직

채권자가 동일한 목적을 달성하기 위하여 복수의 채권을 갖고 있는 경우 특별한 사정이 없는 한 그중 어느 하나의 채권을 행사하는 것이 다른 채권에 대한 소멸시효 중단의 효력이 있다고 할 수 없다는 것이 판례의 기본입장이다. ○ | ×

해설 채권자가 동일한 목적을 달성하기 위하여 복수의 채권을 갖고 있는 경우, 채권자로서는 그 선택에 따라 권리를 행사할 수 있되, 그중 어느 하나의 청구를 한 것만으로는 다른 채권 그 자체를 행사한 것으로 볼 수는 없다(대판 2001.3.23. 2001다6145).

정답 | **01** ○ **02** ○ **03** × **04** × **05** ○ **06** ○ **07** ○

08

판례는 권리자가 피고로서 응소하여 적극적으로 권리를 주장하고 그것이 받아들여진 경우 시효중단사유
인 재판상의 청구에 해당한다고 보고 있다. ○ | X

> **해설** 「민법」 제168조 제1호, 제170조 제1항에서 시효중단사유의 하나로 규정하고 있는 재판상의 청구라 함은, 통상적으
> 로는 권리자가 원고로서 시효를 주장하는 자를 피고로 하여 소송물인 권리를 소의 형식으로 주장하는 경우를 가리키지만,
> 이와 반대로 시효를 주장하는 자가 원고가 되어 소를 제기한 데 대하여 피고로서 응소하여 그 소송에서 적극적으로 권리를
> 주장하고 그것이 받아들여진 경우도 마찬가지로 이에 포함되는 것으로 해석함이 타당하다(대판 (全) 1993.12.21. 92다
> 47861).

09

물상보증인이 제기한 저당권설정등기 말소청구소송에서 채권자가 청구기각을 구하면서 피담보채권의 존
재를 적극 주장하더라도 그 피담보채권에 관하여 소멸시효 중단의 효력이 생기지 않는다. ○ | X

> **해설** '물상보증인'이 그 피담보채무의 부존재 또는 소멸을 이유로 제기한 저당권설정등기 말소등기절차이행청구소송에
> 서 채권자 겸 저당권자가 청구기각의 판결을 구하고 피담보채권의 존재를 주장하면서 응소하였더라도, 이로써 직접 채무
> 자에 대하여 재판상 청구를 한 것으로 볼 수 없으므로, 피담보채권에 관해 소멸시효 중단사유인 재판상 청구에 해당하지
> 않는다(대판 2004.1.16. 2003다30890).

10

시효를 주장하는 자가 원고가 되어 소를 제기한 경우에 있어서, 피고가 시효중단사유가 되는 응소행위를
한 경우에는 응소행위로서 시효가 중단되었다고 주장하지 않더라도 바로 시효중단의 효과가 발생한다.
○ | X

> **해설** 응소행위에 대하여 소멸시효 중단의 효력을 인정하려면 변론주의 원칙상 피고가 응소행위를 하였다고 하여 바로
> 시효중단의 효과가 발생하는 것은 아니고 시효중단의 주장을 하여야 그 효력이 생기는 것이지만, 시효중단의 주장은 반드
> 시 응소시에 할 필요는 없고 소멸시효기간이 만료된 후라도 사실심 변론종결 전에는 언제든지 할 수 있다(대판 2010.8.26.
> 2008다42416 · 42423).

11

소제기에 의한 시효중단의 효력은 소를 제기한 때에 발생한다. ○ | X

> **해설** 제265조

12

소송목적인 권리를 양도한 원고는 법원이 소송인수결정을 한 후 피고의 승낙을 받아 소송에서 탈퇴할 수 있는데, 그 후 인수참가인의 소송목적 양수 효력이 부정되어 인수참가인에 대한 청구기각 또는 소각하 판결이 확정되면, 그날부터 6개월 내에 탈퇴한 원고가 다시 탈퇴 전과 같은 재판상의 청구 등을 한 때에는, 탈퇴 전에 원고가 제기한 재판상의 청구로 인하여 발생한 시효중단의 효력은 그대로 유지된다.

O | X

해설 소송목적인 권리를 양도한 원고는 법원이 소송인수결정을 한 후 피고의 승낙을 받아 소송에서 탈퇴할 수 있는데(제82조 제3항, 제80조), 그 후 법원이 인수참가인의 청구의 당부에 관하여 심리한 결과 인수참가인의 청구를 기각하거나 소를 각하하는 판결을 선고하여 판결이 확정된 경우에는 원고가 제기한 최초의 재판상 청구로 인한 시효중단의 효력은 소멸한다. 다만, 소송탈퇴는 소취하와는 성질이 다르며, 탈퇴 후 잔존하는 소송에서 내린 판결은 탈퇴자에 대하여도 효력이 미친다(제82조 제3항, 제80조 단서). 이에 비추어 보면 인수참가인의 소송목적 양수 효력이 부정되어 인수참가인에 대한 청구기각 또는 소각하 판결이 확정된 날부터 6개월 내에 탈퇴한 원고가 다시 탈퇴 전과 같은 재판상의 청구 등을 한 때에는, 탈퇴 전에 원고가 제기한 재판상의 청구로 인하여 발생한 시효중단의 효력은 그대로 유지된다(대판 2017.7.18. 2016다35789).

13

금전채무에 관하여 채무자가 채권자를 상대로 채무부존재확인소송을 제기하였을 뿐 이에 대한 채권자의 이행소송이 없는 경우에는, 사실심의 심리 결과 채무의 존재가 일부 인정되어 이에 대한 확인판결을 선고하더라도 이는 금전채무의 전부 또는 일부의 이행을 명하는 판결을 선고한 것은 아니므로, 이 경우 지연손해금 산정에 대하여 소송촉진법 제3조의 법정이율을 적용할 수 없다.

O | X

해설 「소송촉진 등에 관한 특례법」(이하 '소송촉진법'이라 한다) 제3조는 금전채권자의 소제기 후에도 상당한 이유 없이 채무를 이행하지 아니하는 채무자에게 지연이자에 관하여 불이익을 가함으로써 채무불이행 상태의 유지 및 소송의 불필요한 지연을 막고자 하는 것을 그 중요한 취지로 한다. 또한 소송촉진법 제3조의 문언상으로도 '금전채무의 전부 또는 일부의 이행을 명하는 판결을 선고할 경우'에 금전채무 불이행으로 인한 손해배상액 산정의 기준이 되는 법정이율에 관하여 정하고 있다(또한 같은 조 제2항도 '채무자에게 그 이행의무가 있음을 선언하는 사실심 판결'이 선고'되는 것을 전제로 하여 규정한다). 따라서 금전채무에 관하여 채무자가 채권자를 상대로 채무부존재확인소송을 제기하였을 뿐 이에 대한 채권자의 이행소송이 없는 경우에는, 사실심의 심리 결과 채무의 존재가 일부 인정되어 이에 대한 확인판결을 선고하더라도 이는 금전채무의 전부 또는 일부의 이행을 명하는 판결을 선고한 것은 아니므로, 이 경우 지연손해금 산정에 대하여 소송촉진법 제3조의 법정이율을 적용할 수 없다(대판 2021.6.3. 2018다276768).

14

신체의 훼손으로 인한 손해의 배상을 청구하면서 신체감정절차를 거친 후 그 결과에 따라 청구금액을 확장하겠다는 뜻을 소장에 명백히 표시하였더라도 그 소제기에 따른 시효중단의 효력은 소장에 기재된 일부청구액에만 미친다. ○ | X

해설 신체의 훼손으로 인한 손해의 배상을 청구하는 사건에서는 그 손해액을 확정하기 위하여 통상 법원의 신체감정을 필요로 하기 때문에, 앞으로 그러한 절차를 거친 후 그 결과에 따라 청구금액을 확장하겠다는 뜻을 소장에 객관적으로 명백히 표시한 경우에는, 그 소제기에 따른 시효중단의 효력은 소장에 기재된 일부 청구액뿐만 아니라 그 손해배상청구권 전부에 대하여 미친다(대판 1992.4.10. 91다43695).

15

소장에서 청구의 대상으로 삼은 채권 중 일부만을 청구하면서 소송의 진행경과에 따라 장차 청구금액을 확장할 뜻을 표시하였다면, 그 후 채권의 특정부분을 청구범위에서 명시적으로 제외한 경우에도 그 부분에 대하여 재판상 청구로 인한 시효중단의 효력이 발생한다. ○ | X

해설 하나의 채권 중 일부에 관하여만 판결을 구한다는 취지를 명백히 하여 소송을 제기한 경우에는 소 제기에 의한 소멸시효중단의 효력이 그 일부에 관하여만 발생하고, 나머지 부분에는 발생하지 않는다. 다만 소장에서 청구의 대상으로 삼은 채권 중 일부만을 청구하면서 소송의 진행경과에 따라 장차 청구금액을 확장할 뜻을 표시하고 해당 소송이 종료될 때까지 실제로 청구금액을 확장한 경우에는 소 제기 당시부터 채권 전부에 관하여 재판상 청구로 인한 시효중단의 효력이 발생하나, 소장에서 청구의 대상으로 삼은 채권 중 일부만을 청구하면서 소송의 진행경과에 따라 장차 청구금액을 확장할 뜻을 표시하였더라도 그 후 채권의 특정 부분을 청구범위에서 명시적으로 제외하였다면, 그 부분에 대하여는 애초부터 소의 제기가 없었던 것과 마찬가지이므로 재판상 청구로 인한 시효중단의 효력이 발생하지 않는다(대판 2021.6.10. 2018다44114).

정답 | **14** × **15** ×

제2절 중복된 소제기의 금지

Ⅰ 의의

이미 사건이 계속되어 있을 때는 그와 동일한 사건에 대하여 당사자는 다시 소를 제기하지 못한다.

Ⅱ 요건

당사자의 동일	원칙	당사자가 동일하면 원고와 피고가 전소와 후소에서 서로 바뀌어도 무방하다.
	예외	전후 양소의 당사자가 동일하지 아니할지라도 후소의 당사자가 기판력의 확장으로 전소의 판결의 효력을 받게 될 경우에는 동일사건이라 할 수 있다(선정당사자가 소제기한 뒤에 선정자가 별도로 소를 제기한 경우).
청구(소송물)의 동일	청구취지가 같은 경우	청구취지가 같아도 청구원인을 이루는 실체법상의 권리가 다르면 동일사건이 아니라는 것이 구소송물이론이나, 실체법상의 권리를 소송물의 요소로 보지 않는 신소송물이론에서는 청구의 동일성에는 아무런 변함이 없다 하여 중복소송에 해당되는 것으로 본다.
	청구취지가 다른 경우	① 상계항변 상계의 항변을 제출할 당시 이미 자동채권과 동일한 채권에 기한 소송을 별도로 제기하여 계속 중인 경우, 사실심의 담당재판부로서는 전소와 후소를 같은 기회에 심리·판단하기 위하여 이부, 이송 또는 변론병합 등을 시도함으로써 기판력의 저촉·모순을 방지함과 아울러 소송경제를 도모함이 바람직하였다고 할 것이나, 그렇다고 하여 특별한 사정이 없는 한 별소로 계속 중인 채권을 자동채권으로 하는 소송상 상계의 주장이 허용되지 않는다고 볼 수는 없다. ② 일부청구와 잔부청구 전소에서 일부청구임을 명시하지 않는 경우는 중복소송이지만, 명시적 일부청구의 소송계속 중 유보된 나머지 청구의 후소 제기는 중복소송이 아니라는 입장이다.
전소의 계속 중에 후소를 제기하였을 것		소송계속의 발생시기는 소장부본의 송달시 ① 후소가 단일한 독립의 소일 것에 한하지 아니하며, 다른 청구와 병합되어 있든지 다른 소송에서 소의 변경·반소 또는 소송참가의 방법으로 제기되었든지 문제되지 않는다. ② 전소가 소송요건을 구비하지 못한 부적법한 소라도 무방하다. 후소의 변론종결시까지 전소가 취하·각하 등에 의하여 그 계속이 소멸되지 아니하면 후소는 중복제소에 해당되어 각하를 면치 못한다.

Ⅲ 효과

소의 부적법 각하판결	중복소제기금지는 소극적 소송요건으로 직권조사사항이기 때문에, 이에 해당하면 피고의 항변을 기다릴 필요 없이 소각하판결을 한다.
간과한 판결	확정 전에는 상소로 다툴 수 있다. 그러나 판결이 확정되었을 때에는 당연히 재심사유가 되는 것은 아니며, 그렇다고 당연무효의 판결도 아니다. 다만, 전후 양소의 판결이 모두 확정되었으나 서로 모순저촉이 되는 때에는 어느 것이 먼저 제소되었는가에 관계없이 뒤의 확정판결이 재심사유가 될 뿐이다.

[채권자대위소송과 채권자취소소송]

채권자대위소송	채권자대위소송의 계속 중 채무자가 같은 내용의 후소 제기	채권자가 채무자를 대위하여 제3채무자를 상대로 제기한 채권자대위소송은 법원에 계속 중 채무자와 제3채무자 사이에 채권자대위소송과 소송물을 같이하는 내용의 소송이 제기된 경우, 양 소송은 동일소송이므로 후소는 중복소송금지원칙에 위배되어 제기된 부적법한 소송이라 할 것이다.
	채무자 자신이 자기 권리에 관한 소송계속 중에 채권자대위소송의 제기	① 양 소송은 비록 당사자는 다를지라도 실질상으로는 동일소송이라 할 것이므로 후소는 중복소송금지규정에 위배되어 제기된 부적법한 소송이다. ② 또한 채권자가 대위권을 행사할 당시에 이미 채무자가 그 권리를 재판상 행사하였을 때에는 채권자는 채무자를 대위하여 채무자의 권리를 행사할 수 없다. ③ 비법인사단인 채무자 명의로 제3채무자를 상대로 한 소가 제기되었으나 사원총회의 결의 없이 총유재산에 관한 소가 제기되었다는 이유로 각하판결을 받고 그 판결이 확정된 경우에는 채무자가 스스로 제3채무자에 대한 권리를 행사한 것으로 볼 수 없다.
	채무자 자신의 소송계속 중 압류채권자의 추심금청구소송	채무자의 제3채무자 상대의 소송계속 중 압류채권자가 제3채무자 상대의 추심금청구소송의 제기는 이를 본안심리한다 하여 제3채무자에게 과도한 이중응소의 부담, 심리중복으로 당사자·법원에 소송경제에 반하지 않고 판결의 모순저촉의 위험이 크지 않다고 하여 중복소송에 해당하지 않는다.
	채권자대위소송의 계속 중 다시 다른 채권자의 소송 제기	채권자대위소송이 이미 법원에 계속 중에 있을 때 같은 채무자의 다른 채권자가 동일한 소송물에 대하여 채권자대위권에 기한 소를 제기한 경우 시간적으로 나중에 계속하게 된 소송은 중복제소금지의 원칙에 위배하여 제기된 부적법한 소송이 된다.
채권자취소소송		① 판례는 채권자취소소송의 계속 중 다른 채권자가 동일한 사해행위에 대하여 채권자취소소송을 제기한 경우에 중복제소가 아니라고 본다. 각 채권자는 고유권리로서 채권자취소권을 행사한다는 이유에서이다. ② 채권자가 보전하고자 하는 채권을 달리하여 동일한 법률행위의 취소 및 원상회복을 구하는 채권자취소의 소를 이중으로 제기하는 경우 전소와 후소는 소송물이 동일하다고 보아야 하고, 중복소송에 해당한다.

01

채권자가 채무자를 대위하여 제3채무자를 상대로 제기한 채권자대위소송이 계속 중 채무자가 제3채무자를 상대로 채권자대위소송과 소송물이 같은 소를 제기하여 소송이 계속된 경우, 후소는 중복된 소제기에 해당한다. ○ | X

> 해설 채권자가 채무자를 대위하여 제3채무자를 상대로 제기한 채권자대위소송은 법원에 계속 중 채무자와 제3채무자 사이에 채권자대위소송과 소송물을 같이하는 내용의 소송이 제기된 경우, 양 소송은 동일소송이므로 후소는 중복소송금지 원칙에 위배되어 제기된 부적법한 소송이라 할 것이다(대판 1992.5.22. 91다41187).

02

비법인사단인 채무자 명의로 제3채무자를 상대로 한 소가 제기되었으나 사원총회의 결의 없이 총유재산에 관한 소가 제기되었다는 이유로 각하판결을 받고 그 판결이 확정된 경우에는 채무자가 스스로 제3채무자에 대한 권리를 행사한 것으로 볼 수 없다. ○ | X

> 해설 비법인사단이 사원총회의 결의 없이 제기한 소는 소제기에 관한 특별수권을 결하여 부적법하고, 그 경우 소제기에 관한 비법인사단의 의사결정이 있었다고 할 수 없다. 따라서 비법인사단인 채무자 명의로 제3채무자를 상대로 한 소가 제기되었으나 사원총회의 결의 없이 총유재산에 관한 소가 제기되었다는 이유로 각하판결을 받고 그 판결이 확정된 경우에는 채무자가 스스로 제3채무자에 대한 권리를 행사한 것으로 볼 수 없다(대판 2018.10.25. 2018다210539).

03

채무자가 제3채무자를 상대로 제기한 이행의 소가 법원에 계속되어 있는 상태에서 압류채권자가 제3채무자를 상대로 추심의 소를 제기하는 것은 중복제소에 해당한다. ○ | X

> 해설 채무자가 제3채무자를 상대로 제기한 이행의 소가 법원에 계속되어 있는 경우에도 압류채권자는 제3채무자를 상대로 압류된 채권의 이행을 청구하는 추심의 소를 제기할 수 있고, 제3채무자를 상대로 압류채권자가 제기한 추심의 소는 채무자가 제기한 이행의 소에 대한 관계에서 민사소송법 제259조가 금지하는 중복된 소제기에 해당하지 않는다고 봄이 타당하다(대판 (全) 2013.12.18. 2013다202120).

04

채권자대위소송의 계속 중에 같은 채무자의 다른 채권자가 채권자대위소송을 제기하는 것은 그 채권자의 고유한 권리행사이므로 중복제소가 아니다. O | X

> **해설** 채권자대위소송이 이미 법원에 계속 중에 있을 때 같은 채무자의 다른 채권자가 동일한 소송물에 대하여 채권자대위권에 기한 소를 제기한 경우 시간적으로 나중에 계속하게 된 소송은 중복제소금지의 원칙에 위배하여 제기된 부적법한 소송이 된다(대판 1994.2.8. 93다53092).

05

채권자취소권의 요건을 갖춘 각 채권자는 고유의 권리로서 채무자의 재산처분 행위를 취소하고 그 원상회복을 구할 수 있는 것이므로 여러 명의 채권자가 동시에 또는 시기를 달리하여 사해행위취소 및 원상회복청구의 소를 제기한 경우 이들 소가 중복제소에 해당하지 아니한다. O | X

> **해설** 채권자취소권의 요건을 갖춘 각 채권자는 고유의 권리로서 채무자의 재산처분행위를 취소하고 그 원상회복을 구할 수 있는 것이므로 각 채권자가 동시 또는 이시에 사해행위의 취소 및 원상회복을 구하는 소송을 제기하였다 하여도 그 중 어느 소송에서 승소판결이 선고·확정되고 그에 기하여 재산이나 가액의 회복을 마치기 전에는 각 소송이 중복제소에 해당한다거나 권리보호의 이익이 없게 되는 것은 아니다(대판 2005.5.27. 2004다67806).

06

채무자의 재산이 채무의 전부를 변제하기에 부족한 경우에 채무자가 그의 유일한 재산을 어느 특정 채권자에게 대물변제로 제공하여 양도한 행위는 다른 특별한 사정이 없는 한 다른 채권자들에 대한 관계에서 사해행위가 된다. O | X

> **해설** 채무자의 재산이 채무의 전부를 변제하기에 부족한 경우에 채무자가 그의 유일한 재산인 부동산을 어느 특정 채권자에게 대물변제로 제공하여 소유권이전등기를 경료하였다면 그 채권자는 다른 채권자에 우선하여 채권의 만족을 얻는 반면 그 범위 내에서 공동담보가 감소됨에 따라 다른 채권자는 종전보다 더 불리한 지위에 놓이게 되므로 이는 곧 다른 채권자의 이익을 해하는 것이라고 보아야 하고, 따라서 이미 채무초과의 상태에 빠져 있는 채무자가 그의 유일한 재산인 부동산을 채권자들 가운데 어느 한 사람에게 대물변제로 제공하는 행위는 다른 특별한 사정이 없는 한 다른 채권자들에 대한 관계에서 사해행위가 된다(대판 1996.10.29. 96다23207).

07

사해행위 당시 수익자가 선의였음을 인정함에 있어서는 객관적이고도 납득할 만한 증거자료 등이 뒷받침되어야 할 것이고, 채무자의 일방적인 진술이나 제3자의 추측에 불과한 진술 등에만 터 잡아 그 사해행위 당시 수익자가 선의였다고 선뜻 단정하여서는 아니 된다. O | X

> **해설** 사해행위취소소송에 있어서 수익자가 사해행위임을 몰랐다는 사실은 그 수익자 자신에게 입증책임이 있는 것이고, 이때 그 사해행위 당시 수익자가 선의였음을 인정함에 있어서는 객관적이고도 납득할 만한 증거자료 등이 뒷받침되어야 할 것이고, 채무자의 일방적인 진술이나 제3자의 추측에 불과한 진술 등에만 터 잡아 그 사해행위 당시 수익자가 선의였다고 선뜻 단정하여서는 안 된다(대판 2010.7.22. 2009다60466).

08

여러 명의 채권자가 사해행위취소 및 원상회복청구의 소를 제기하여 여러 개의 소송이 계속 중이고, 수익자(전득자를 포함한다)가 가액배상을 하여야 할 경우에도 수익자가 반환하여야 할 가액을 채권자의 채권액에 비례하여 채권자별로 안분한 범위 내에서 반환을 명하면 된다. O | X

> **해설** 여러 명의 채권자가 사해행위취소 및 원상회복청구의 소를 제기하여 여러 개의 소송이 계속 중인 경우에는 각 소송에서 채권자의 청구에 따라 사해행위의 취소 및 원상회복을 명하는 판결을 선고하여야 하고, 수익자(전득자를 포함한다)가 가액배상을 하여야 할 경우에도 수익자가 반환하여야 할 가액을 채권자의 채권액에 비례하여 채권자별로 안분한 범위 내에서 반환을 명할 것이 아니라, 수익자가 반환하여야 할 가액 범위 내에서 각 채권자의 피보전채권액 전액의 반환을 명하여야 한다(대판 2008.4.24. 2007다84352).

09

별소로 계속 중인 채권을 자동채권으로 하는 소송상 상계의 주장은 허용되지 아니한다. O | X

> **해설** 상계의 항변을 제출할 당시 이미 자동채권과 동일한 채권에 기한 소송을 별도로 제기하여 계속 중인 경우, 사실심의 담당재판부로서는 전소와 후소를 같은 기회에 심리·판단하기 위하여 이부, 이송 또는 변론병합 등을 시도함으로써 기판력의 저촉·모순을 방지함과 아울러 소송경제를 도모함이 바람직하였다고 할 것이나, 그렇다고 하여 특별한 사정이 없는 한 별소로 계속 중인 채권을 자동채권으로 하는 소송상 상계의 주장이 허용되지 않는다고 볼 수는 없다(대판 2001.4.27. 2000다4050).

정답 | **04** × **05** ○ **06** ○ **07** ○ **08** × **09** ×

10

일부만을 특정하여 청구하고 그 이외의 부분은 별도소송으로 청구하겠다는 취지를 명시적으로 유보한 때에는 그 명시적 일부청구 소송의 계속 중 유보한 나머지 청구를 별도소송으로 제기하더라도 중복제소에 해당하지 아니한다. O | X

> **해설** 전 소송에서 불법행위를 원인으로 치료비청구를 하면서 일부만을 특정하여 청구하고 그 이외의 부분은 별도소송으로 청구하겠다는 취지를 명시적으로 유보한 때에는 그 전 소송의 소송물은 그 청구한 일부의 치료비에 한정되는 것이고 전 소송에서 한 판결의 기판력은 유보한 나머지 부분의 치료비에까지는 미치지 아니한다 할 것이므로 전 소송의 계속 중에 동일한 불법행위를 원인으로 유보한 나머지 치료비청구를 별도소송으로 제기하였다 하더라도 중복제소에 해당하지 아니한다(대판 1985.4.9. 84다552).

11

채권자가 채무인수자를 상대로 한 채무이행청구소송이 계속 중, 채무인수자가 별소로 그 채무의 부존재확인을 구하는 소를 제기하는 것은 중복제소에 해당하여 부적법하다. O | X

> **해설** 채권자가 채무인수자를 상대로 제기한 채무이행청구소송(전소)과 채무인수자가 채권자를 상대로 제기한 원래 채무자의 채권자에 대한 채무부존재확인소송(후소)은 그 청구취지와 청구원인이 서로 다르므로 중복제소에 해당하지 않는다(대판 2001.7.24. 2001다22246).

12

중복제소에 있어서 전소와 후소의 판별기준은 소장이 법원에 제출된 때의 선후에 의한다. O | X

> **해설** 전소와 후소의 판별기준은 소송계속의 발생시기, 즉 소장이 피고에게 송달된 때의 선후에 의할 것이며, 비록 소제기에 앞서 가압류·가처분 등의 보전절차가 선행되어 있다 하더라도 이를 기준으로 가릴 것은 아니다(대판 1994.11.25. 94다12517·94다12524).

13

A소의 소장 제출일은 2012.11.5.이고 소장부본 송달일은 2012.12.26.이며, B소의 소장 제출일은 2012.11.7.이고 소장부본 송달일은 2012.12.24.인 경우 중복된 소제기에 해당하는 소는 B소이다(단, A소와 B소는 당사자 및 소송물이 동일함). O | X

> **해설** 전소와 후소의 판별기준은 소송계속의 발생시기, 즉 소장이 피고에게 송달된 때의 선후에 의하므로, A소의 소장부본 송달일이 2012.12.26.이고 B소의 소장부본 송달일이 2012.12.24.인 이상 중복된 소제기에 해당하는 소는 A소이다.

14

동일한 소송물에 관하여 전소가 제기되었다고 하더라도 그 전소가 소송요건을 흠결하여 부적법하다면 후소는 중복제소금지의 원칙에 위배되지 아니한다. ○ | X

> **해설** 전소가 소송요건을 구비하지 못한 부적법한 소라도 무방하다. 당사자와 소송물이 동일한 소송이 시간을 달리하여 제기된 경우 전소가 후소의 변론종결까지 취하·각하 등에 의하여 소송계속이 소멸되지 않으면 후소는 중복제소금지에 위반하여 제기된 소송으로서 부적법하다(대판 2017.11.14. 2017다23066).

15

당사자와 소송물이 동일한 소송이 시간을 달리하여 제기된 경우 전소가 후소의 변론종결시까지 취하·각하 등에 의하여 소송계속이 소멸되지 않으면 후소는 중복제소금지에 위반하여 제기된 소송으로서 부적법하다. ○ | X

> **해설** 대판 2017.11.14. 2017다23066

16

중복제소금지는 소송계속으로 인하여 당연히 발생하는 소송요건의 하나이지만, 이미 동일한 사건에 관하여 제기된 전소가 소송요건을 흠결하여 부적법하다면, 후소의 변론종결시까지 전소의 소송계속이 소멸되지 않았더라도 후소는 각하되지 않는다. ○ | X

> **해설** 중복제소금지는 소송계속으로 인하여 당연히 발생하는 소송요건의 하나로서, 이미 동일한 사건에 관하여 전소가 제기되었다면 설령 그 전소가 소송요건을 흠결하여 부적법하다고 할지라도 후소의 변론종결시까지 취하·각하 등에 의하여 소송계속이 소멸되지 아니하는 한 후소는 중복제소금지에 위배하여 각하된다(대판 1998.2.27. 97다45532).

17

중복소제기에 해당하면 법원은 이를 직권으로 조사하여 후소를 각하하는 것이 원칙이다. ○ | X

> **해설** 중복소제기금지는 소극적 소송요건으로 직권조사사항이기 때문에, 이에 해당하면 피고의 항변을 기다릴 필요 없이 판결로써 후소를 부적법 각하하지 않으면 안 된다.

정답 | **10** ○ **11** × **12** × **13** × **14** × **15** ○ **16** × **17** ○

18

소가 중복제소에 해당하지 아니한다는 당사자의 주장에 관하여 판단하지 않더라도 판단누락에 해당하지 않는다. O | X

> **해설** 소가 중복제소에 해당하지 아니한다는 것은 소극적 소송요건으로서 법원의 직권조사사항이므로 이에 관한 당사자의 주장은 직권발동을 촉구하는 의미밖에 없어 위 주장에 대하여 판단하지 아니하였다 하더라도 판단유탈의 상고이유로 삼을 수 있는 흠이 될 수 없다(대판 1990.4.27, 88다카25274·25281).

19

A소가 제기되어 그 소송계속 중 A소와 당사자 및 소송물이 동일한 B소가 제기되고 양소에 대한 판결이 선고되어 확정된 경우, 양 판결의 내용이 서로 모순·저촉될 때에는 뒤에 확정된 판결은 무효가 된다. O | X

> **해설** 법원이 간과하고 본안판결을 하였을 때에는 상소로 다툴 수 있다. 그러나 판결이 확정되었을 때에는 당연히 재심사유가 되는 것은 아니며, 그렇다고 당연무효의 판결도 아니다. 다만, 전후 양소의 판결이 모두 확정되었으나 서로 모순·저촉이 되는 때에는 어느 것이 먼저 제소되었는가에 관계없이 뒤의 확정판결이 재심사유가 될 뿐이다(제451조 제1항 제10호). 그러나 재심판결에 의하여 취소되기까지는 뒤의 판결이 새로운 것이기 때문에 존중되어야 할 것이다(대판 1997.1.24. 96다32706).

정답 | **18** O **19** ×

제3절 | 일부청구

⚖️ OX 확인

01 23변호사

불법행위의 피해자가 손해의 일부만을 청구할 때에는, 그 손해의 범위를 잔부청구와 구별하여 그 심리의 범위를 특정할 수 있는 정도의 표시를 하여 전체손해의 일부로서 우선 청구하고 있는 것임을 밝히는 것으로 충분하다. ○ | X

> **해설** 일부청구의 명시방법으로 전체 손해액을 특정하여 그중 일부만을 청구하고 나머지 손해액 청구를 유보하는 취지임을 밝혀야 할 필요는 없고 일부청구부분을 잔부청구와 구별하여 그 심리범위를 특정할 수 있는 정도로 표시하여 전체액의 일부로서 우선 청구하고 있다는 것임을 밝히는 것으로 충분하다(대판 1989.6.27. 87다카2478).

02 20법원직

청구의 대상으로 삼은 채권 중 일부만을 청구한 경우에도 그 취지로 보아 채권 전부에 관하여 판결을 구하는 것으로 해석되는 경우에는 그 동일성의 범위 내에서 그 전부에 관하여 시효중단의 효력이 발생하고, 이러한 법리는 특정 불법행위로 인한 손해배상채권에 대한 지연손해금청구의 경우에도 마찬가지로 적용된다. ○ | X

> **해설** 대판 2001.9.28. 99다72521

03 20법원직, 23변호사

전소에서 불법행위를 원인으로 치료비청구를 하면서 일부만을 특정하여 청구하고 그 이외의 부분은 별도소송으로 청구하겠다는 취지를 명시적으로 유보한 때에는 전소의 계속 중에 동일한 불법행위를 원인으로 유보한 나머지 치료비청구를 별도소송으로 제기하였다 하더라도 중복제소에 해당하지 아니한다. ○ | X

> **해설** 대판 1985.4.9. 84다552

정답 | **01** ○ **02** ○ **03** ○

04

1개의 손해배상청구권 중 일부를 소송상 청구하는 경우 과실상계를 함에 있어서는 일부청구금액을 기준으로 과실비율에 따른 감액을 한다. ○ | X

> **해설** 1개의 손해배상청구권 중 일부가 소송상 청구되어 있는 경우에 과실상계를 함에 있어서는 손해의 전액에서 과실비율에 의한 감액을 하고, 그 잔액이 청구액을 초과하지 않을 경우에는 그 잔액을 인용할 것이고 잔액이 청구액을 초과할 경우에는 청구의 전액을 인용하는 것으로 풀이하는 것이 일부청구를 하는 당사자의 통상적 의사라고 할 것이다(대판 1976.6.22. 75다819).

05

일부청구에서 상대방이 자동채권으로 상계하는 경우에는 수동채권의 전액에서 상계를 하고, 그 잔액이 청구액을 초과하지 않는 경우에는 그 잔액을 인용하고, 그 잔액이 청구액을 초과할 경우에는 청구액을 인용하여야 한다. ○ | X

> **해설** 원고가 피고에게 금전채권 중 그 일부를 소송상 청구하는 경우에 이를 피고의 반대채권으로써 상계함에 있어서는 위 금전채권 전액에서 상계를 하고 그 잔액이 청구액을 초과하지 아니할 경우에는 그 잔액을 인용할 것이고 그 잔액이 청구액을 초과할 경우에는 청구의 전액을 인용하는 것으로 해석하는 것이 일부청구를 하는 당사자의 통상적인 의사이고 원고의 청구액을 기초로 하여 피고의 반대채권으로 상계하여 그 잔액만을 인용한 원심판결은 상계에 관한 법리를 오해한 위법이 있다 할 것이다(대판 1984.3.27. 83다323·83다카1037).

06

가분채권의 일부에 관한 이행의 소를 제기하면서 나머지를 유보하고 일부만을 청구한다는 취지를 명시하지 아니하면 그 확정판결의 기판력은 청구하고 남은 잔부청구에까지 미친다. ○ | X

> **해설** 전소에서 일부청구를 명시하지 않았다면 잔액이 남아 있다는 이유로 후소를 청구함은 기판력에 저촉된다(대판 2008.12.24. 2008다6083·6090).

07

가분채권의 일부청구를 한 채권자가 전부 승소한 경우에는 항소의 이익이 없으므로 나머지 부분에 관하여 청구를 확장하기 위하여 항소할 수 없다. ○ | ✕

해설 가분채권에 대한 이행청구의 소를 제기하면서 그것이 나머지 부분을 유보하고 일부만 청구하는 것이라는 취지를 명시하지 아니한 경우에는 그 기판력은 나머지 부분에까지 미치는 것이어서 별소로써 나머지 부분에 관하여 다시 청구할 수는 없으므로, 일부청구에 관하여 전부 승소한 채권자는 나머지 부분을 소구할 기회를 상실하는 불이익을 입게 되고, 따라서 이러한 경우에는 예외적으로 전부 승소한 판결에 대해서도 나머지 부분에 관하여 청구를 확장하기 위한 항소의 이익을 인정함이 상당하다(대판 1997.10.24. 96다12276).

제4절 | 배상명령

제2장 | 변론

제1절 변론의 의의와 종류

⚖ OX 확인

01
14법원직

결정으로 완결할 사건은 변론이 아니라 심문을 열어 심리를 해야 한다.　　　O | X

> **해설** 결정으로 완결할 사건에 있어서는 임의적 변론에 의하므로(제134조 제1항) 반드시 쌍방심리주의에 의하지 아니하며, 당사자가 대등하게 맞서지 않는 강제집행절차도 같다.

02
22모의

사건의 적정하고 공정한 해결에 영향을 미칠 수 있는 소송절차상의 위법이 드러난 경우에는, 사건을 적정하고 공정하게 심리·판단할 책무가 있는 법원으로서는 그와 같은 소송절차상의 위법을 치유하고 그 책무를 다하기 위하여 변론을 재개하고 심리를 속행할 의무가 있다.　　　O | X

> **해설** 당사자가 변론종결 후 주장·증명을 제출하기 위하여 변론재개신청을 한 경우 당사자의 변론재개신청을 받아들일지 여부는 원칙적으로 법원의 재량에 속한다. 그러나 변론재개신청을 한 당사자가 변론종결 전에 그에게 책임을 지우기 어려운 사정으로 주장·증명을 제출할 기회를 제대로 갖지 못하였고, 그 주장·증명의 대상이 판결의 결과를 좌우할 수 있는 관건적 요증사실에 해당하는 경우 등과 같이, 당사자에게 변론을 재개하여 그 주장·증명을 제출할 기회를 주지 않은 채 패소의 판결을 하는 것이 민사소송법이 추구하는 절차적 정의에 반하는 경우에는 법원은 변론을 재개하고 심리를 속행할 의무가 있다. 또한 법원이 사실상 또는 법률상 사항에 관한 석명의무나 지적의무 등을 위반한 채 변론을 종결하였는데 당사자가 그에 관한 주장·증명을 제출하기 위하여 변론재개신청을 한 경우 등과 같이 사건의 적정하고 공정한 해결에 영향을 미칠 수 있는 소송절차상의 위법이 드러난 경우에는, 사건을 적정하고 공정하게 심리·판단할 책무가 있는 법원으로서는 그와 같은 소송절차상의 위법을 치유하고 그 책무를 다하기 위하여 변론을 재개하고 심리를 속행할 의무가 있다(대판 2021.3.25. 2020다277641).

정답 | **01** ✕　**02** ○

제2절 | 심리에 관한 제원칙

제1관 | 공개심리주의

제2관 | 쌍방심리주의

제3관 | 구술심리주의

제4관 | 직접심리주의

01

당사자는 소송에 있어서 법관의 면전에서 말로 변론을 하여야 하고, 말로 진술을 확인한 소송자료만이 판결의 기초가 되어야 한다는 원칙을 직접주의라고 부른다. O | X

> **해설** 당사자는 소송에 있어서 법관의 면전에서 말로 변론을 하여야 함은 물론 법원은 말로 쟁점확인을 하여야 하고(제134조 제1항, 민사소송규칙 제28조), 말로 진술 확인한 소송자료만이 판결의 기초로 되는 원칙은 구술심리주의라 한다. 이에 반하여 직접심리주의는 판결을 하는 법관이 직접 변론을 듣고 증거조사를 행하여야 하는 주의를 말한다.

I 의의

처분권주의란 절차의 개시, 심판의 대상과 범위 그리고 절차의 종결에 대하여 당사자에게 주도권을 주어 그의 처분에 맡기는 입장이다. 처분권주의는 사적 자치의 소송법적인 측면이라 할 수 있다.

II 절차의 개시

① 민사소송절차는 당사자의 소의 제기에 의하여 비로소 개시되는 것이 원칙이다.
② 예외적으로 판결의 경정, 소송비용재판, 가집행선고, 배상명령, 추가판결 등은 직권으로 가능하다.

III 심판의 대상과 범위

1. 개설

법원은 당사자가 특정하여 판결신청한 사항에 대하여 그 신청의 범위 내에서만 판단하여야 한다. 따라서 당사자가 신청한 것보다 적게 판결하는 것은 허용되나, 신청한 사항과 별개의 사항에 대해서나, 신청의 범위를 넘어서 판결하여서는 안 된다.

2. 질적 동일

소송물	① 원고가 심판을 구한 소송물과 별개의 소송물에 대한 판단을 해서는 안 된다. ② ㉠ 합의약정이 불공정한 법률행위로서 무효라는 취지의 주장에 대하여 착오에 기한 의사표시로서 취소를 구하는 취지로 해석하거나, ㉡ 매매를 원인으로 한 소유권이전등기를 청구한 데 대하여 양도담보약정을 원인으로 한 소유권이전등기를 명한 것은 당사자가 신청하지 아니한 사항에 대하여 판결한 것으로서 처분권주의에 반하여 위법하다.
소의 종류·순서	① 원고가 특정한 이행·확인·형성 등 소의 종류에 법원은 구속이 된다. 따라서 원고가 확인청구를 한 경우에 같은 금액의 이행판결을 할 수 없다. ② 당사자의 권리구제의 순서에도 법원은 구속된다. 따라서 예비적 병합에서 순서대로 주위적 청구에 대하여 먼저 심판함이 없이 예비적 청구를 받아들이는 판결은 제203조에 위반된다.
제203조의 예외	① 형식적 형성의 소에는 제203조가 적용되지 아니한다(예 경계확정의 소). ② 공유물분할청구의 소에서도 분할방법에 대한 당사자의 신청은 법원을 구속할 수 없다. 원고가 현물분할을 청구하여도 경매에 의한 가격분할을 명할 수 있다.

3. 양적 동일

(1) 양적 상한

인명사고에 의한 손해배상청구	판례처럼 적극적 손해·소극적 손해·위자료로 소송물이 3개라는 3분설에 의하면, 법원은 각 손해 항목의 청구액에 구속되어 각 항목의 청구액을 초과하여 인용하는 것은 허용되지 아니한다.
이자채권	① 원금청구와 이자(지연손해금)청구는 별개의 소송물이므로 전체청구금액의 범위 내라도 원금청구액을 넘어선 원금의 인용은 허용되지 아니한다. ② 이 경우에 소송물은 원금·이율·기간 등 3개의 인자에 의하여 정해진다고 보고, 비록 원고의 이자청구액을 초과하지 않았지만 3개의 기준 중 어느 것에서나 원고 주장의 기준보다 넘어서면 처분권주의에 반한다.
일부청구와 과실상계	한 개의 손해배상청구권 중 일부가 소송상 청구되어 있는 경우에 과실상계를 함에 있어서는 손해의 전액에서 과실비율에 의한 감액을 하고, 그 잔액이 청구액을 초과하지 않을 경우에는 그 잔액을 인용할 것이고 잔액이 청구액을 초과할 경우에는 청구의 전액을 인용하는 것으로 해석하여야 할 것이다.
채무부존재 확인청구	① 채무의 상한이 청구취지에 표시된 경우 채무부존재확인청구의 경우에는 부존재하는 채무 부분이 소송물이 된다. 따라서 예컨대, 1,000만 원에 대한 부존재확인을 구하는 데 대하여 법원이 채무의 일부인 100만 원의 채무의 존재를 인정하는 때에는 1,000만 원의 채무 중 100만 원을 초과하는 채무의 부존재를 확인하고, 나머지 청구를 기각한다. ② 채무의 상한이 청구취지에 표시되지 않은 경우 원고가 채무의 상한을 표시하지 않은 채 채무가 없음을 확인해 달라고 청구하거나 100만 원을 자인하고 이를 초과하는 채무의 부존재확인을 구하는 경우에 법원은 부존재확인을 구하는 채무의 총액을 청구원인 등으로부터 명확히 하여 상한이 표시된 소라고 해석하여 채무가 존재하는 것으로 인정된다면 일부인용·일부기각판결을 하여야 한다. 즉, 이 경우에 심리결과 원고가 자인하는 채무금액을 초과한다고 해서 바로 청구 전체를 기각하면 안 된다.

(2) 일부인용

분량적 일부인용	① 분량적으로 가분인 채무부존재확인의 소에서 일부인용의 판결이 가능하며, 전부의 소유권확인 청구에는 지분에 대한 소유권확인의 취지가 포함되어 있으므로 그 범위에서 원고청구를 일부 인용할 수 있다. ② 채무불이행으로 인한 손해배상 예정액의 청구와 채무불이행으로 인한 손해배상액의 청구는 그 청구원인을 달리하는 별개의 청구이므로 손해배상 예정액의 청구 가운데 채무불이행으로 인한 손해배상액의 청구가 포함되어 있다고 볼 수 없다.
단순이행청구에 대한 상환이행판결	① 매매계약 체결과 대금완납을 청구원인으로 하여 (무조건) 소유권이전등기를 구하는 청구취지에는 대금 중 미지급금이 있을 때에는 위 금원의 수령과 상환으로 소유권이전등기를 구하는 취지도 포함되어 있다. ② 건물철거 및 토지인도청구 속에 건물의 매수대금 지급과 상환으로 건물의 명도를 구하는 청구가 포함되어 있다고 볼 수 없으므로, 원고의 건물매수대금 지급과 상환으로 피고에게 건물명도를 명하는 판결은 허용될 수 없다. 다만, 법원으로서는 임대인이 종전의 청구를 계속 유지할 것인지 아니면 대금지급과 상환으로 지상물의 명도를 청구할 의사가 있는 것인지를 석명하고 임대인이 그 석명에 응하여 소를 변경한 때에는 지상물 명도의 판결을 함으로써 분쟁의 1회적 해결을 꾀하여야 한다.
채권자취소소송	판례는 채권자취소소송에서 사해행위의 전부취소와 원상회복청구의 주장에는 사해행위의 일부취소와 가액배상청구의 주장도 포함되어 있으므로, 원상회복으로 물건인도만 구하여도 가액배상을 명할 수 있다고 했다.

장래의 이행판결	① 저당권설정등기말소의 경우에 심리결과 원고에게 아직 채무가 남아 있는 것으로 밝혀졌을 때 원고의 남은 채무의 변제를 조건으로 등기말소를 하도록 판결하는 것이 상당하다. ② 다만, 피담보채무가 발생하지 아니한 것을 전제로 한 근저당권설정등기의 밀소등기절차이행청구 중에 피담보채무의 변제를 조건으로 장래의 이행을 청구하는 취지가 포함된 것으로는 볼 수 없으므로 선이행판결을 할 수 없다.
정기금 지급판결	원고가 계속적으로 필요로 하는 향후 치료비 상당 손해를 일시금 지급으로 청구한 데 대하여 법원이 그 치료비를 정기금으로 지급하여야 한다고 판단하더라도 위법하지 않다.
상속채무	부동산을 단독으로 상속하기로 협의하였다는 이유로 그 부동산 전부가 자기 소유임의 확인을 구하는 청구에는 그와 같은 사실이 인정되지 아니하는 경우 자신의 상속받은 지분에 대한 소유권의 확인을 구하는 취지가 포함되어 있다고 보아야 하므로, 이러한 경우 법원은 특단의 사정이 없는 한 그 청구의 전부를 기각할 것이 아니라 그 소유로 인정되는 지분에 관하여 일부 승소의 판결을 하여야 한다.

Ⅳ 절차의 종결

원칙	당사자는 어느 때나 소의 취하, 청구의 포기·인낙 또는 화해에 의하여 절차를 종결시킬 수 있다.
예외 (직권탐지주의)	① 당사자가 행정처분을 임의처분 내지 임의변경하는 것이 허용되지 않으므로, 청구의 포기·재판상 화해도 불가하다. ② 다만, 이러한 절차에서도 절차의 개시·소송물의 특정은 당사자의 의사에 일임되며, 원고의 소취하의 자유도 인정된다.

Ⅴ 처분권주의 위배의 효과

① 처분권주의에 위배된 판결은 상소 등으로 불복하여 취소를 구할 수 있을 뿐이고 당연무효라고는 할 수 없다.
② 처분권주의 위배는 판결의 내용에 관한 것이고 소송절차에 관한 것이 아니므로 이의권의 대상이 아니다.

01   13법원직

법원의 심판의 한계는 소송물에 한하므로 그 소송물과 다른 소송물이나 그 소송물의 범위를 벗어난 사항에 대하여는 심판할 수 없다.   O | X

> **해설** 제203조의 신청사항이란 좁게는 소송물을 뜻하기 때문에, 원고가 심판을 구한 소송물과 별개의 소송물에 대한 판단을 해서는 안 된다.

02   22법원직

불법행위를 원인으로 한 손해배상청구에 대하여 채무불이행을 인정하여 손해배상을 명한 것은 위법하다.   O | X

> **해설** 대판 1989.11.28, 88다카9982

03   11법원직

형식적 형성의 소에는 처분권주의가 적용되지 않는다.   O | X

> **해설** 형식적 형성의 소에는 제203조가 적용되지 아니한다. 즉, 경계확정의 소에 있어서 원고의 A · B 양 토지의 경계를 구한다는 신청에는 구속되나, A · B 양 토지의 경계선은 X선이라는 신청에는 구속되지 아니하며, 그 경계선을 Y선 또는 Z선 등으로 자유로이 정할 수 있다(대판 1993.11.23, 93다41792 · 41808).

04   11법원직

손해배상소송에 있어 원고가 구하는 적극적 손해, 소극적 손해, 위자료의 각 항목의 청구액을 초과하여 인용하는 것은 허용되지 아니하며, 비록 일부 항목의 청구액을 초과하여 인용하였지만 청구총액을 벗어나지 않는 경우에도 처분권주의를 위배한 것이다.   O | X

> **해설** 판례처럼 적극적 손해 · 소극적 손해 · 위자료로 소송물이 3개라는 3분설에 의하면, 법원은 각 손해항목의 청구액에 구속되어 각 항목의 청구액을 초과하여 인용하는 것은 허용되지 아니하며, 비록 초과하여 인용하였지만 청구총액을 벗어나지 않는 경우까지도 처분권주의의 위배로 본다(대판 2001.2.23, 2000다63752).

05

이자청구소송의 경우 소송물은 원금·이율·기간 등 3개의 요소에 의하여 정하여지는데 그 가운데 원고가 주장하는 기준을 넘는 것이 있다고 하더라도 원고가 구하는 이자액의 범위 내의 금액을 인용하는 경우에는 처분권주의를 위반한 것으로 볼 수 없다. ○ | X

> **해설** 판례는 이 경우에 소송물은 원금·이율·기간 등 3개의 인자에 의하여 정해진다고 보고, 비록 원고의 이자청구액을 초과하지 않았지만 3개의 기준 중 어느 것에서나 원고 주장의 기준보다 넘어서면 처분권주의에 반한다는 입장이다(대판 1960.9.29. 4293민상18).

06

한 개의 손해배상청구권 중 일부가 소송상 청구되어 있는 경우에 과실상계를 함에 있어서는 손해의 전액에서 과실비율에 의한 감액을 하고, 그 잔액이 청구액을 초과하지 않을 경우에는 그 잔액을 인용할 것이고 잔액이 청구액을 초과할 경우에는 청구의 전액을 인용하는 것으로 해석하여야 할 것이며, 이와 같이 풀이하는 것이 일부청구를 하는 당사자의 통상적 의사라고 할 것이므로 이에 따라 원고의 청구를 인용하는 것이 당사자 처분권주의에 위배되는 것이라고 할 수는 없다. ○ | X

> **해설** 1개의 손해배상청구권 중 일부가 소송상 청구되어 있는 경우에 과실상계를 함에 있어서는 손해의 전액에서 과실비율에 의한 감액을 하고, 그 잔액이 청구액을 초과하지 않을 경우에는 그 잔액을 인용할 것이고 잔액이 청구액을 초과할 경우에는 청구의 전액을 인용하는 것으로 풀이하는 것이 일부청구를 하는 당사자의 통상적 의사라고 할 것이다(대판 1976.6.22. 75다819).

07

원고가 상한을 표시하지 않고 일정액을 초과하는 채무의 부존재의 확인을 청구하는 사건에 있어서 일정액을 초과하는 채무의 존재가 인정되는 경우에는, 특단의 사정이 없는 한, 법원은 그 청구의 전부를 기각하여야 한다. ○ | X

> **해설** 원고가 상한을 표시하지 않고 일정액을 초과하는 채무의 부존재의 확인을 청구하는 사건에 있어서 일정액을 초과하는 채무의 존재가 인정되는 경우에는, 특단의 사정이 없는 한, 법원은 그 청구의 전부를 기각할 것이 아니라 존재하는 채무부분에 대하여 일부패소의 판결을 하여야 한다(대판 1994.1.25. 93다9422).

정답 | **01** ○ **02** ○ **03** ○ **04** ○ **05** × **06** ○ **07** ×

08

채무불이행으로 인한 손해배상 예정액의 청구와 채무불이행으로 인한 손해배상액의 청구는 그 청구원인을 달리하는 별개의 청구이므로 손해배상 예정액의 청구 가운데 채무불이행으로 인한 손해배상액의 청구가 포함되어 있다고 볼 수 없다.　　　　　　　　　　　　　　　　　　　　　　　　　　　　　　　　　ㅇ | ×

해설 채무불이행으로 인한 손해배상 예정액의 청구와 채무불이행으로 인한 손해배상액의 청구는 그 청구원인을 달리하는 별개의 청구이므로 손해배상 예정액의 청구 가운데 채무불이행으로 인한 손해배상액의 청구가 포함되어 있다고 볼 수 없고, 채무불이행으로 인한 손해배상액의 청구에 있어서 손해의 발생 사실과 그 손해를 금전적으로 평가한 배상액에 관하여는 손해배상을 구하는 채권자가 주장·입증하여야 하는 것이므로, 채권자가 손해배상책임의 발생원인 사실에 관하여는 주장·입증을 하였더라도 손해의 발생 사실에 관한 주장·입증을 하지 아니하였다면 변론주의의 원칙상 법원은 당사자가 주장하지 아니한 손해의 발생 사실을 기초로 하여 손해액을 산정할 수는 없다(대판 2000.2.11. 99다49644).

09

원고가 매매계약 체결과 대금완납을 청구원인으로 하여 소유권이전등기를 구하는 청구취지에는 대금 중 미지급금이 있을 때에는 위 금원의 수령과 상환으로 소유권이전등기를 구하는 취지도 포함되어 있다.　　　　　　　　　　　　　　　　　　　　　　　　　　　　　　　　　ㅇ | ×

해설 매매계약 체결과 대금완납을 청구원인으로 하여 (무조건) 소유권이전등기를 구하는 청구취지에는 대금 중 미지급금이 있을 때에는 위 금원의 수령과 상환으로 소유권이전등기를 구하는 취지도 포함되어 있다고 할 것이다(대판 1979. 10.10. 79다1508).

10

매수인이 단순히 소유권이전등기청구만을 하고 매도인이 동시이행의 항변을 한 경우 법원이 대금수령과 상환으로 소유권이전등기절차를 이행할 것을 명하는 것은 그 청구 중에 대금지급과 상환으로 소유권이전등기를 받겠다는 취지가 포함된 경우에 한하므로, 그 청구가 반대급부 의무가 없다는 취지임이 분명한 경우에는 청구를 기각하여야 한다.　　　　　　　　　　　　　　　　　　　　　　　　　　ㅇ | ×

해설 매수인이 단순히 소유권이전등기청구만을 하고 매도인이 동시이행의 항변을 한 경우 법원이 대금수령과 상환으로 소유권이전등기절차를 이행할 것을 명하는 것은 그 청구 중에 대금지급과 상환으로 소유권이전등기를 받겠다는 취지가 포함된 경우에 한하므로 그 청구가 반대급부 의무가 없다는 취지임이 분명한 경우에는 청구를 기각하여야 한다(대판 1980.2.26. 80다56).

11

대지임대차 종료시 대지임대인이 그 임차인에 대하여 건물철거 및 그 대지의 인도를 청구한 데 대하여 임차인이 적법하게 건물매수청구권을 행사한 경우, 대지임대인의 건물철거와 그 대지인도청구에는 건물 매수대금 지급과 동시에 건물명도를 구하는 청구가 포함되어 있다고 볼 수 없다. ○ | X

> **해설** 판례는 건물철거 및 토지인도청구 속에 건물의 매수대금 지급과 상환으로 건물의 명도를 구하는 청구가 포함되어 있다고 볼 수 없으므로, 원고의 건물매수대금 지급과 상환으로 피고에게 건물명도를 명하는 판결은 허용될 수 없다는 입장이다. 다만, 법원으로서는 임대인이 종전의 청구를 계속 유지할 것인지 아니면 대금지급과 상환으로 지상물의 명도를 청구할 의사가 있는 것인지를 석명하고 임대인이 그 석명에 응하여 소를 변경한 때에는 지상물 명도의 판결을 함으로써 분쟁의 1회적 해결을 꾀하여야 한다는 입장이다(대판 (全) 1995.7.11. 94다34265).

12

임대인이 임차인을 상대로 제기한 지상물철거 및 토지인도청구소송에서 임차인이 지상물매수청구권을 행사한 경우에 법원은 임대인에게 대금지급과 상환으로 지상물의 인도청구로 소변경의 의사가 있는지 여부에 대한 석명의무가 있다. ○ | X

> **해설** 판례는 건물철거 및 토지인도청구 속에 건물의 매수대금 지급과 상환으로 건물의 명도를 구하는 청구가 포함되어 있다고 볼 수 없으므로, 원고의 건물매수대금 지급과 상환으로 피고에게 건물명도를 명하는 판결은 허용될 수 없다는 입장이다. 다만, 법원으로서는 임대인이 종전의 청구를 계속 유지할 것인지 아니면 대금지급과 상환으로 지상물의 명도를 청구할 의사가 있는 것인지를 석명하고 임대인이 그 석명에 응하여 소를 변경한 때에는 지상물 명도의 판결을 함으로써 분쟁의 1회적 해결을 꾀하여야 한다는 입장이다(대판 (全) 1995.7.11. 94다34265).

13

채권자취소소송에서 사해행위를 전부취소하고 원상회복을 구하는 채권자의 주장 속에는 사해행위를 일부 취소하고 가액의 배상을 구하는 취지도 포함되어 있으므로, 채권자가 원상회복만을 구하는 경우에도 법원은 가액의 배상을 명할 수 있다. ○ | X

> **해설** 판례는 채권자취소소송에서 사해행위의 전부취소와 원상회복청구의 주장에는 사해행위의 일부취소와 가액배상청구의 주장도 포함되어 있으므로, 원상회복으로 물건인도만 구하여도 가액배상을 명할 수 있다고 했다(대판 2001.9.4. 2000다66416).

정답 | **08** ○ **09** ○ **10** ○ **11** ○ **12** ○ **13** ○

14

채무자인 원고가 피담보채무 전액을 변제하였다고 주장하면서 근저당권설정등기에 대한 말소등기절차의 이행을 청구하였으나 피담보채무의 범위 등에 관한 다툼으로 잔존채무가 있는 것으로 밝혀진 경우에는, 원고의 청구 중에는 확정된 잔존채무를 변제한 후에 위 등기의 말소를 구한다는 취지까지 포함되어 있다고 볼 수 없다. ○ | X

> **해설** 채무자가 피담보채무 전액을 변제하였다고 하거나, 피담보채무의 일부가 남아 있음을 시인하면서 그 변제와 상환으로 담보목적으로 경료된 소유권이전등기의 회복을 구함에 대하여 채권자는 그 소유권이전등기가 담보목적으로 경료된 것임을 다투고 있는 경우, 채무자의 청구 중에는 만약 그 소유권이전등기가 담보목적으로 경료된 것이라면 소송 과정에서 밝혀진 잔존 피담보채무의 지급을 조건으로 그 소유권이전등기의 회복을 구한다는 취지까지 포함되어 있는 것으로 해석하여야 하고, 그러한 경우에는 장래이행의 소로서 미리 청구할 필요도 있다(대판 1996.11.12. 96다33938).

15

피담보채무가 발생하지 아니한 것을 전제로 한 근저당권설정등기의 말소등기절차이행청구 중에는 피담보채무의 변제를 조건으로 장래의 이행을 청구하는 취지가 포함된 것으로 보아야 한다. ○ | X

> **해설** 피담보채무가 발생하지 아니한 것을 전제로 한 근저당권설정등기의 말소등기절차이행청구 중에 피담보채무의 변제를 조건으로 장래의 이행을 청구하는 취지가 포함된 것으로는 보여지지 않는다(대판 1991.4.23. 91다6009).

16

원고가 계속적으로 필요로 하는 향후 치료비 상당 손해를 일시금 지급으로 청구한 데 대하여 법원이 그 치료비를 정기금으로 지급하여야 한다고 판단하더라도 위법하지 않다. ○ | X

> **해설** 연차적으로 발생할 손해에 대하여 당사자가 치료비 등을 일시적으로 청구한 경우 법원이 그 연차적(정기금) 지급을 명했다고 해도 손해배상의 범위와 한계에 관한 법리를 위반했다거나 당사자가 청구하지 아니한 사항에 대하여 판결한 위법이 있다고 할 수 없다(대판 1970.7.24. 70다621).

17

상속채권자가 상속인을 상대로 상속채무의 이행을 청구하였는데, 상속인의 한정승인의 항변이 이유가 있으면 상속채무 전부를 이행할 것을 명해야 한다. O | X

> **해설** 상속의 한정승인은 채무의 존재를 한정하는 것이 아니라 단순히 그 책임의 범위를 한정하는 것에 불과하기 때문에, 상속의 한정승인이 인정되는 경우에도 상속채무가 존재하는 것으로 인정되는 이상, 법원으로서는 상속재산이 없거나 그 상속재산이 상속채무의 변제에 부족하다고 하더라도 상속채무 전부에 대한 이행판결을 선고하여야 한다(대판 2003.11. 14. 2003다30968).

18

부동산을 단독으로 상속하기로 분할협의하였다는 이유로 그 부동산 전부가 자기 소유임의 확인을 구하는 청구에는 그와 같은 사실이 인정되지 아니하는 경우 자신의 상속받은 지분에 대한 소유권의 확인을 구하는 취지가 포함되어 있다고 보아야 한다. O | X

> **해설** 부동산을 단독으로 상속하기로 분할협의하였다는 이유로 그 부동산 전부가 자기 소유임의 확인을 구하는 청구에는 그와 같은 사실이 인정되지 아니하는 경우 자신의 상속받은 지분에 대한 소유권의 확인을 구하는 취지가 포함되어 있다고 보아야 하므로, 이러한 경우 법원은 특단의 사정이 없는 한 그 청구의 전부를 기각할 것이 아니라 그 소유로 인정되는 지분에 관하여 일부승소의 판결을 하여야 한다(대판 1995.9.29. 95다22849·22856).

19

당사자가 주장하지 않더라도 「자동차손해배상 보장법」의 규정을 「민법」상의 손해배상의 규정에 우선하여 적용해도 처분권주의 위반이 아니다. O | X

> **해설** 「자동차손해배상 보장법」의 규정은 「민법」 제750조의 특별규정이므로 당사자가 주장을 하지 않더라도 「민법」상의 손해배상의 규정에 우선하여 적용하여야 한다(대판 1970.11.24. 70다1501).

제6관 | 변론주의

I 의의

변론주의란 소송자료, 즉 사실과 증거의 수집·제출의 책임을 당사자에게 맡기고, 당사자가 수집하여 변론에서 제출한 소송자료만을 재판의 기초로 삼아야 한다는 원칙을 말한다.

II 변론주의의 내용

1. 사실의 주장책임

주장책임의 원칙		주요사실은 당사자가 변론에서 주장하여야 하며, 당사자에 의하여 주장되지 않은 사실은 법원은 판결의 기초로 삼을 수 없다. 따라서 당사자가 자기에게 유리한 사실을 주장하지 아니하면 그 사실은 없는 것으로 취급되어 불이익한 판단을 받게 되는데, 이를 주장책임이라 한다.
주요사실과 간접사실의 구별	**의의**	변론주의는 주요사실에 대해서만 인정되고, 간접사실과 보조사실에는 그 적용이 없다. 따라서 간접사실 등은 변론에서 당사자의 주장이 없어도 또 주장과는 달리 증거로써 이를 인정할 수 있으며, 자백이 되어도 구속력이 없다.
	주요사실과 간접사실의 구별 효과	① 주요사실과 달리 간접사실·보조사실은 당사자의 주장이 없이도 법원은 증거로 인정할 수 있다. ② 간접사실·보조사실의 자백은 법원도 당사자도 구속할 수 없다. ③ 유일한 증거가 주요사실에 관한 것일 때는 조사거부할 수 없지만, 간접·보조사실에 관한 것일 때는 그러하지 아니하다. ④ 상고이유, 재심사유에 해당되는 판단누락이 되는 사실은 주요사실뿐이고 간접사실·보조사실은 해당되지 아니한다.
주요사실의 범위	**일반조항**	신의칙위반 또는 권리남용은 강행규정에 위반되므로 당사자의 주장이 없어도 판단할 수 있다.
	주요사실에 대한 경위·내력	주요사실의 경위나 내력 등은 간접사실이므로 법원이 증거에 의하여 자유로이 인정할 수 있다(중도금을 직접 지급하였느냐 또는 그 수령권한 수임자로 인정되는 자를 통하여 지급하였느냐는 결국 변제사실에 대한 간접사실에 지나지 않는 것이어서 반드시 당사자의 구체적인 주장을 요하는 것은 아님).
	과실상계	채무불이행 또는 손해발생 및 확대에 관하여 채권자의 과실이 있는 때에는 법원이 손해배상의 범위를 정함에 있어서 이를 참작하도록 명하고 있어, 법원은 채무자의 과실상계항변이 없더라도 직권으로 채권자의 과실을 참작하여야 하는 것이다.
	소멸시효와 취득시효의 기산점	① 본래의 소멸시효 기산일과 당사자가 주장하는 기산일이 서로 다른 경우에는 변론주의의 원칙상 법원은 당사자가 주장하는 기산일을 기준으로 소멸시효를 계산하여야 하는데, 이는 당사자가 본래의 기산일보다 뒤의 날짜를 기산일로 하여 주장하는 경우는 물론이고, 특별한 사정이 없는 한 그 반대의 경우에 있어서도 마찬가지라고 보아야 할 것이다. ② 어떤 시효기간이 적용되는지에 관한 주장은 권리의 소멸이라는 법률효과를 발생시키는 요건을 구성하는 사실에 관한 주장이 아니라 단순히 법률의 해석이나 적용에 관한 의견을 표명한 것이다. 당사자가 「민법」에 따른 소멸시효기간을 주장한 경우에도 법원은 직권으로 「상법」에 따른 소멸시효기간을 적용할 수 있다.

		③ 취득시효의 기산점은 간접사실에 불과하므로 법원으로서는 이에 관한 당사자의 주장에 구속되지 아니하고 소송자료에 의하여 점유의 시기를 인정할 수 있다.
	유권대리와 표현대리	유권대리에 있어서는 본인이 대리인에게 수여한 대리권의 효력에 의하여 법률효과가 발생하는 반면 표현대리에 있어서는 대리권이 없음에도 불구하고 법률이 특히 거래상대방 보호와 거래안전유지를 위하여 본래 무효인 무권대리행위의 효과를 본인에게 미치게 한 것으로서 표현대리가 성립된다고 하여 무권대리의 성질이 유권대리로 전환되는 것은 아니므로, 양자의 구성요건해당사실, 즉 주요사실은 다르다고 볼 수밖에 없으니 유권대리에 관한 주장 속에 무권대리에 속하는 표현대리의 주장이 포함되어 있다고 볼 수 없다.
소송자료와 증거자료의 준별	원칙	법원이 증거에 의하여 주요사실을 알았다고 하더라도 당사자가 법정변론에서 주장한 바 없으면 이를 기초로 심판할 수 없으며 또한 당사자의 주장과 달리 심판할 수도 없다.
	간접적 주장을 인정한 경우	① 당사자가 법원에 서증을 제출하며 그 증명취지를 진술함으로써 서증에 기재된 사실을 '주장'한 경우 ② 당사자의 변론을 전체적으로 관찰하여 간접적으로 주장한 것으로 볼 수 있는 경우 ③ 감정서나 서증을 이익으로 원용한 경우에 주요사실의 주장이 있는 것으로 볼 수 있다. ④ 금원을 변제공탁하였다는 취지의 공탁서를 증거로 제출하면서 그 금액 상당의 변제 주장을 명시적으로 하지 않은 경우, 비록 당사자가 공탁서를 제출하였을 뿐 그에 기재된 금액 상당에 대한 변제 주장을 명시적으로 하지 않았다고 하더라도 공탁서를 증거로 제출한 것은 그 금액에 해당하는 만큼 변제되었음을 주장하는 취지임이 명백하므로, 법원으로서는 그와 같은 주장이 있는 것으로 보고 그 당부를 판단하거나 아니면 그렇게 주장하는 취지인지 석명을 구하여 당사자의 진의를 밝히고 그에 대한 판단을 하여야 한다. ⑤ 피고가 본안 전 항변으로 채권양도사실을 내세워 당사자적격이 없다고 주장하는 경우 그와 같은 주장 속에는 원고가 채권을 양도하였기 때문에 채권자임을 전제로 한 청구는 이유가 없는 것이라는 취지의 본안에 관한 항변이 포함되어 있다.
	간접적 주장을 부정한 경우	① 증여를 원인으로 한 소유권이전등기청구에 대하여 피고가 시효취득을 주장하였다고 하여도 그 주장 속에 원고의 위 이전등기청구권이 시효소멸하였다는 주장까지 포함되었다고 할 수 없다. ② 변제로 채무가 소멸했다는 주장에 상계의 주장이 포함된다고 할 수 없다. ③ 채무불이행으로 인한 손해배상청구권에 대한 소멸시효 항변이 불법행위로 인한 손해배상청구권에 대한 소멸시효 항변을 포함한 것으로 볼 수는 없다. ④ 의사표시가 강박에 의한 것이어서 당연무효라는 주장 속에 강박에 의한 의사표시이므로 취소한다는 주장이 당연히 포함되어 있다고는 볼 수 없다.

2. 자백의 구속력

① 당사자 간에 다툼이 없는 주요사실은 증거조사 없이 그대로 판결의 기초로 해야 하는 구속력이 인정된다. 그러나 현저한 사실에 반하는 자백은 구속력이 없다.

② 피고와 제3자 사이에 있었던 민사소송의 확정판결의 존재를 넘어서 그 판결의 이유를 구성하는 사실관계들까지 법원에 현저한 사실로 볼 수는 없다.

3. 증거의 제출책임

① 증거도 당사자가 세워야 하기 때문에 당사자가 신청한 증거에 대해서만 증거조사하며, 원칙적으로 법원은 직권으로 증거조사해서는 안 된다.

② 직권증거조사는 당사자가 신청한 증거에 의하여 심증을 얻을 수 없을 때에 보충적으로 할 수 있을 뿐이다.

III 변론주의의 한계

변론주의의 지배는 사실과 증거방법에만 국한되고 그 주장된 사실관계에 관한 법적 판단과 제출된 증거의 가치 평가는 법원의 직책에 속한다. 또한 사실판단의 전제가 되는 경험법칙도 변론주의의 적용범위 밖이다.

IV 변론주의의 예외(제한)

1. 직권탐지주의

의의	소송자료, 즉 사실과 증거의 수집, 제출책임을 당사자가 아닌 법원에 일임하는 입장을 말한다.
내용	① 사실의 직권탐지 ② 자백의 구속력 배제 ③ 직권증거조사 ④ 공격방어방법의 제출시기 무제한 ⑤ 처분권주의의 제한
적용범위	재판권·재심사유의 존재는 고도의 공익성 때문에, 알려지지 않은 경험법칙·외국법규·관습법 따위는 법관이 직책상 규명해야 할 사항이기 때문에 직권탐지가 필요하다.

2. 직권조사사항

의의	당사자의 신청 또는 이의에 관계없이 법원이 반드시 직권으로 조사하여 판단을 하여야 할 사항을 말한다. 항변사항과 대립된다.
내용	① 직권조사사항은 공익에 관한 것이기 때문에 항변이 없어도 법원이 직권으로 문제삼아 판단한다는 것을 뜻하는 것이지, 판단의 기초될 사실과 증거에 관한 직권탐지의무는 없다. ② 직권조사사항은 이의권의 포기는 허용되지 아니한다. ③ 그 존부 자체는 재판상의 자백이나 자백간주의 대상이 될 수 없다. ④ 피고의 답변서 제출이 없어도 무변론판결을 할 수 없다. 공격방어방법과 상고이유서의 제출에 시기적 제한이 없다.
적용범위	① 소송법적 요소로서 소송요건, 상소요건, 상고심의 심리 불속행사유 ② 실체법적 요소로서 소송계속의 유무, 과실상계, 손익상계, 신의칙·권리남용 ③ 절차적 강행법규의 준수, 실체법의 해석적용은 직권조사사항이다.

01

판례는 민사소송에 있어서 변론주의는 주요사실에 대하여서만 인정될 뿐 주요사실의 존부를 추인케 하는 간접사실에 대하여는 그 적용이 없다고 보고 있다.　　　　　　　　　　　　　　　　　　　　　　ОⅠХ

> **해설**　변론주의에서 일컫는 사실이라 함은, 권리의 발생·소멸이라는 법률효과의 판단에 직접 필요한 주요사실만을 가리키는 것이고 그 존부를 확인하는 데 있어 도움이 됨에 그치는 간접사실은 포함하지 않는 것이다(대판 1994.11.4. 94다37868).

02

중도금을 직접 지급하였느냐 또는 그 수령권한 수임자로 인정되는 자를 통하여 지급하였느냐는 결국 변제사실에 대한 간접사실에 지나지 않는 것이어서 반드시 당사자의 구체적인 주장을 요하는 것은 아니다.　　　　　　　　　　　　　　　　　　　　　　　　　　　　　　　ОⅠХ

> **해설**　변론주의는 주요사실에 대하여만 적용되고 그 경위, 내력 등 간접사실에 대하여는 적용이 없는 것이므로 甲이 중도금을 乙에게 직접 지급하였느냐 또는 그 수령권한 수임자로 인정되는 자를 통하여 지급하였느냐는 결국 변제사실에 대한 간접사실에 지나지 않는 것이어서 반드시 당사자의 구체적인 주장을 요하는 것은 아니다(대판 1993.9.14. 93다28379).

03

민사소송절차에서 변론주의 원칙은 권리의 발생·변경·소멸이라는 법률효과 판단의 요건이 되는 주요사실에 관한 주장·증명에 적용되므로, 권리를 소멸시키는 소멸시효 항변은 변론주의 원칙에 따라 당사자의 주장이 있어야만 법원의 판단대상이 된다.　　　　　　　　　　　　　　　　　　　　　ОⅠХ

> **해설**　대판 2017.3.22. 2016다258124

04

당사자가 「민법」에 따른 소멸시효기간을 주장한 경우 변론주의 원칙상 법원이 직권으로 「상법」에 따른
소멸시효기간을 적용할 수는 없다.　　　　　　　　　　　　　　　　　　　　　　　　　　○ | X

해설　민사소송절차에서 변론주의 원칙은 권리의 발생·변경·소멸이라는 법률효과 판단의 요건이 되는 주요사실에 관한
주장·증명에 적용된다. 따라서 권리를 소멸시키는 소멸시효 항변은 변론주의 원칙에 따라 당사자의 주장이 있어야만 법원
의 판단대상이 된다. 그러나 이 경우 어떤 시효기간이 적용되는지에 관한 주장은 권리의 소멸이라는 법률효과를 발생시키
는 요건을 구성하는 사실에 관한 주장이 아니라 단순히 법률의 해석이나 적용에 관한 의견을 표명한 것이다. 이러한 주장
에는 변론주의가 적용되지 않으므로 법원이 당사자의 주장에 구속되지 않고 직권으로 판단할 수 있다. 당사자가 「민법」에
따른 소멸시효기간을 주장한 경우에도 법원은 직권으로 「상법」에 따른 소멸시효기간을 적용할 수 있다(대판 2017.3.22.
2016다258124).

05

본래의 소멸시효 기산일과 당사자가 주장하는 기산일이 서로 다른 경우에는 변론주의의 원칙상 법원은
당사자가 주장하는 기산일을 기준으로 소멸시효를 계산하여야 한다.　　　　　　　　　　　　○ | X

해설　소멸시효의 기산일은 채무의 소멸이라고 하는 법률효과 발생의 요건에 해당하는 소멸시효 기간 계산의 시발점으로
서 소멸시효 항변의 법률요건을 구성하는 구체적인 사실에 해당하므로 이는 변론주의의 적용대상이고, 따라서 본래의 소
멸시효 기산일과 당사자가 주장하는 기산일이 서로 다른 경우에는 변론주의의 원칙상 법원은 당사자가 주장하는 기산일을
기준으로 소멸시효를 계산하여야 하는데, 이는 당사자가 본래의 기산일보다 뒤의 날짜를 기산일로 하여 주장하는 경우는
물론이고 특별한 사정이 없는 한 그 반대의 경우에 있어서도 마찬가지이다(대판 1995.8.25. 94다35886).

06

취득시효의 기산점은 간접사실에 불과하므로 법원으로서는 이에 관한 당사자의 주장에 구속되지 아니하
고 소송상 나타난 자료에 의하여 점유의 시기를 인정할 수 있다.　　　　　　　　　　　　　　○ | X

해설　취득시효의 기산점은 법률효과의 판단에 관하여 직접 필요한 주요사실이 아니고 간접사실에 불과하여 법원으로서
는 이에 관한 당사자의 주장에 구속되지 아니하고 소송자료에 의하여 진정한 점유의 시기를 인정하여야 하는 것이므로,
그러한 점유권원, 점유개시 시점과 그로 인한 취득시효 완성일을 달리 주장한다고 하더라도, 그러한 주장의 차이를 가지고
별개의 소송물을 구성한다고 할 수 없다(대판 1994.4.15. 93다60120).

07

의사표시가 강박에 의한 것이어서 당연무효라는 주장 속에 강박에 의한 의사표시이므로 취소한다는 주장이 당연히 포함되어 있다고는 볼 수 없다. ○ | X

해설 대판 1996.12.23. 95다40038

08

금원을 변제공탁하였다는 취지의 공탁서를 증거로 제출하면서 그 금액 상당의 변제 주장을 명시적으로 하지 않은 경우, 비록 당사자가 공탁서를 제출하였을 뿐 그에 기재된 금액 상당에 대한 변제 주장을 명시적으로 하지 않았다고 하더라도 공탁서를 증거로 제출한 것은 그 금액에 해당하는 만큼 변제되었음을 주장하는 취지임이 명백하므로, 법원으로서는 그와 같은 주장이 있는 것으로 보고 그 당부를 판단하거나 아니면 그렇게 주장하는 취지인지 석명을 하여야 한다. ○ | X

해설 금원을 변제공탁하였다는 취지의 공탁서를 증거로 제출하면서 그 금액 상당의 변제 주장을 명시적으로 하지 않은 경우, 비록 당사자가 공탁서를 제출하였을 뿐 그에 기재된 금액 상당에 대한 변제 주장을 명시적으로 하지 않았다고 하더라도 공탁서를 증거로 제출한 것은 그 금액에 해당하는 만큼 변제되었음을 주장하는 취지임이 명백하므로, 법원으로서는 그와 같은 주장이 있는 것으로 보고 그 당부를 판단하거나 아니면 그렇게 주장하는 취지인지 석명을 구하여 당사자의 진의를 밝히고 그에 대한 판단을 하여야 한다(대판 2002.5.31. 2001다42080).

09

피고가 본안 전 항변으로 채권양도사실을 내세워 당사자적격이 없다고 주장하는 경우 그와 같은 주장 속에는 원고가 채권을 양도하였기 때문에 채권자임을 전제로 한 청구는 이유가 없는 것이라는 취지의 본안에 관한 항변이 포함되어 있다. ○ | X

해설 대판 1992.10.27. 92다18597

10

증여를 원인으로 한 부동산소유권이전등기청구에 대하여 피고가 시효취득을 주장하였다고 하여도 그 주장 속에 원고의 위 이전등기청구권이 시효소멸하였다는 주장까지 포함되었다고 할 수 없다. O I X

> **해설** 대판 1982.2.9. 81다534

11

판례는 변론주의 원칙상 당사자가 주장하지 않은 사실을 기초로 법원이 판단할 수는 없지만, 법원은 청구의 객관적 실체가 동일하다고 보여지는 한 청구원인으로 주장된 실체적 권리관계에 대한 정당한 법률해석에 의하여 판결할 수 있다고 보고 있다. O I X

> **해설** 변론주의의 원칙상 당사자가 주장하지 아니한 사실을 기초로 법원이 판단할 수 없는 것이지만 소송물의 전제가 되는 권리관계나 법률효과를 인정하는 진술은 권리자백으로서 법원을 기속하는 게 아니므로 청구의 객관적 실체가 동일하다고 보여지는 한 법원은 원고가 청구원인으로 주장하는 실체적 권리관계에 대한 정당한 법률해석에 의하여 판결할 수 있다(대판 1992.2.14. 91다31494).

12

법원은 당사자의 주장에 구애됨이 없이 소송자료에 의하여 부동산 취득시효의 요건인 진정한 점유의 권원을 인정할 수 없다. O I X

> **해설** 부동산의 시효취득에 있어서 그 점유가 자주점유인지의 여부를 가리는 기준이 되는 점유의 권원은 간접사실에 지나지 아니하는 것이므로, 법원은 당사자의 주장에 구애됨이 없이 소송자료에 의하여 인정되는 바에 따라 진정한 점유의 권원을 심리하여 취득시효의 완성 여부를 판단할 수 있다(대판 1997.2.28. 96다53789).

13

유권대리에 관한 주장 가운데 무권대리에 속하는 표현대리의 주장이 포함되어 있다고 볼 수 없고, 별도로 표현대리에 관한 주장이 있어야 법원은 표현대리의 성립 여부를 심리·판단할 수 있다. O I X

> **해설** 유권대리에 있어서는 본인이 대리인에게 수여한 대리권의 효력에 의하여 법률효과가 발생하는 반면 표현대리에 있어서는 대리권이 없음에도 불구하고 법률이 특히 거래상대방 보호와 거래안전유지를 위하여 본래 무효인 무권대리행위의 효과를 본인에게 미치게 한 것으로서 표현대리가 성립된다고 하여 무권대리의 성질이 유권대리로 전환되는 것은 아니므로, 양자의 구성요건해당사실, 즉 주요사실은 다르다고 볼 수밖에 없으니 유권대리에 관한 주장 속에 무권대리에 속하는 표현대리의 주장이 포함되어 있다고 볼 수 없다(대판 (全) 1983.12.13. 83다카1489).

14

피고와 제3자 사이에 있었던 민사소송의 확정판결의 존재를 넘어서 그 판결의 이유를 구성하는 사실관계들까지 법원에 현저한 사실로 볼 수는 없다. 민사재판에 있어서 이미 확정된 관련 민사사건의 판결에서 인정된 사실은 특별한 사정이 없는 한 유력한 증거가 되지만, 당해 민사재판에서 제출된 다른 증거 내용에 비추어 확정된 관련 민사사건 판결의 사실인정을 그대로 채용하기 어려운 경우에는 합리적인 이유를 설시하여 이를 배척할 수 있다는 법리도 그와 같이 확정된 민사판결 이유 중의 사실관계가 현저한 사실에 해당하지 않음을 전제로 한 것이다. ○ | X

> **해설** 대판 2019.8.9. 2019다222140

15

15변호사, 21사무관

원고가 청구원인을 대여금 청구라고 밝히면서 그에 대한 증거로 약속어음을 제출한 데 대하여 피고가 소멸시효 항변을 하면서 「어음법」상 3년의 소멸시효가 적용된다고 주장한 경우, 법원은 직권으로 「민법」 등이 정하는 소멸시효기간을 살펴 소멸시효 완성 여부를 판단할 수 없다. ○ | X

> **해설** 어떤 권리의 소멸시효기간이 얼마나 되는지에 관한 주장은 단순한 법률상의 주장에 불과하므로 변론주의의 적용대상이 되지 않고 법원이 직권으로 판단할 수 있다 할 것이다(대판 2013.2.15. 2012다68217).

16

14법원직

판례는 재심사유의 존부에 대하여도 변론주의가 적용되어 자백이 허용된다고 보고 있다. ○ | X

> **해설** 재심의 소는 확정판결에 대하여 그 판결의 효력을 인정할 수 없는 흠결이 있는 경우에 구체적 정의를 위하여 법적 안정성을 희생시키면서 확정판결의 취소를 허용하는 비상수단으로서, 소송제도의 기본목적인 분쟁해결의 실효성과 정의 실현의 조화를 도모하여야 하는 것이므로 재심사유의 존부에 관하여는 당사자의 처분권을 인정할 수 없고, 재심법원은 직권으로 당사자가 주장하는 재심사유 해당 사실의 존부에 관한 자료를 탐지하여 판단할 필요가 있고, 따라서 재심사유에 대하여는 당사자의 자백이 허용되지 아니하며 자백간주는 적용되지 아니한다고 할 것이다(대판 1992.7.24. 91다45691).

정답 | 10 ○ 11 ○ 12 × 13 ○ 14 ○ 15 × 16 ×

17

당사자가 주장하였거나 그 조사를 촉구하지 아니한 직권조사사항은 이를 판단하지 아니하였다고 하여도 민사소송법 제451조 제1항 제9호에서 정한 재심사유(판결에 영향을 미칠 중요한 사항에 관하여 판단을 누락한 때)에 해당하지 않는다. ○ | X

> **해설** 민사소송법 제451조 제1항 제9호의 판결에 영향을 미칠 중요한 사항이라 함은 직권조사사항이건 아니건 불문하나, 다만 당사자가 주장하였거나 그 조사를 촉구하지 아니한 직권조사 사항은 이를 판단하지 아니하였다고 하여도 위 법조항 소정의 재심사유에 해당하지 않는다(대결 1983.12.29. 82사19).

18

채권자취소권의 행사기간은 제소기간이므로 법원은 그 기간의 준수 여부에 관하여 직권으로 조사하여 그 기간이 도과된 후에 제기된 채권자취소의 소는 부적법한 것으로 각하하여야 한다. ○ | X

> **해설** 채권자취소의 소는 채권자가 취소원인을 안 때로부터 1년 이내에 제기하여야 하고, 위 채권자취소권의 행사기간은 제소기간이므로 법원은 그 기간의 준수 여부에 관하여 직권으로 조사하여 그 기간이 도과된 후에 제기된 채권자취소의 소는 부적법한 것으로 각하하여야 하므로 그 기간준수 여부에 대하여 의심이 있는 경우에는 법원이 필요한 정도에 따라 직권으로 증거조사를 할 수 있으나, 법원에 현출된 모든 소송자료를 통하여 살펴보았을 때 그 기간이 도과되었다고 의심할 만한 사정이 발견되지 않는 경우까지 법원이 직권으로 추가적인 증거조사를 하여 기간준수 여부를 확인하여야 할 의무는 없다(대판 2005.4.28. 2004다71201).

19

전소 확정판결의 존부는 당사자 주장이 없더라도 법원이 직권으로 조사하여 판단해야 하나, 당사자가 확정판결의 존재를 사실심 변론종결시까지 주장하지 않은 경우에는 상고심에서 새로이 주장·증명할 수는 없다. ○ | X

> **해설** 전소 확정판결의 존부는 당사자 주장이 없더라도 법원이 직권으로 조사하여 판단하지 않으면 안 되고, 더 나아가 당사자가 확정판결의 존재를 사실심 변론종결시까지 주장하지 아니하였더라도 상고심에서 새로이 주장·증명할 수 있다 (대판 2011.5.13. 2009다94384·94391·94407).

정답 | **17** ○ **18** ○ **19** ✕

Ⅰ 의의

소송관계(신청, 주장, 증명)를 분명하게 하기 위하여 사실상·법률상 사항에 대하여 당사자에게 질문하고 증명촉구를 할 뿐만 아니라, 당사자가 간과한 법률상 사항을 지적하여 의견진술의 기회를 주는 법원의 권능이다.

Ⅱ 석명권의 범위(한계)

소극적 석명	석명권의 행사는 당사자가 밝힌 소송관계의 테두리를 벗어날 수 없으며, 이 한도 내에서 당사자의 신청이나 주장에 불분명·불완전·모순 있는 점을 제거하는 방향으로 행사하여야 한다.
적극적 석명	소극적 석명은 허용되지만, 새로운 신청이나 주장 또는 공격방어방법을 시사하여 그 제출을 권유하는 적극적 석명은 변론주의에 위반되며 석명권의 범위를 넘어선 것이다. 다만, ① 손해배상책임이 인정되는 경우 법원은 손해액에 관한 당사자의 주장과 증명이 미흡하더라도 적극적으로 석명권을 행사하여 증명을 촉구하여야 하고, 경우에 따라서는 직권으로 손해액을 심리·판단하여야 한다. ② 토지임대인의 임차인 상대의 지상물철거 및 토지인도청구소송에서, 임차인이 지상물매수청구권을 적법하게 행사한 경우에 그대로는 원고청구기각을 당할 수밖에 없을 때 법원은 임대인이 종전의 청구를 계속 유지할 것인지, 아니면 대금지급과 상환으로 지상물의 명도청구로 소변경의 의사가 있는 것인지의 여부에 대해 석명의무가 있다고 하였다.

Ⅲ 석명의 대상

1. 청구취지의 석명

긍정되는 경우	① 청구변경의 취지가 불분명한 경우 교환적인가 추가적인가 석명할 의무가 있다. ② 재산적 손해로 인한 배상청구와 정신적 손해로 인한 배상청구는 각각 소송물을 달리하는 별개의 청구이므로 소송당사자로서는 그 금액을 각각 특정하여 청구하여야 하고, 법원으로서도 그 내역을 밝혀 각 청구의 당부에 관하여 판단하여야 한다.
부정되는 경우	① 등기부취득시효에 의한 소유권이전등기를 청구하는 것이 분명한 경우에 점유취득시효 주장이 들어가 있는지 석명할 의무가 없다. ② 소유권에 기하여 미등기 무허가건물의 반환을 구하는 청구취지 속에는 점유권에 기한 반환청구권을 행사한다는 취지가 당연히 포함되어 있다고 볼 수는 없고, 소유권에 기한 반환청구만을 하고 있음이 명백한 이상 법원에 점유권에 기한 반환청구도 구하는지의 여부를 석명할 의무가 있는 것은 아니다. ③ 소유권확인을 구하는 사건에서 소유권이전등기청구를 하는 것인지 석명할 의무가 없다.

2. 소송물의 특정을 위한 석명

예를 들면, 여러 개의 손해배상 채권자가 총 손해액 중 일부청구의 경우에 어느 채권에 대한 것인지 특정되지 아니한 때에도 석명의 대상이다.

3. 주장의 석명

긍정되는 경우	① 손해배상의 법률적 근거가 불법행위인지 계약책임인지 불분명한 경우 ② 문서가 위조되었다는 취지로 다투다가 서증의 인부절차에서 갑자기 진정성립을 인정한 경우 ③ 피고 명의의 등기말소를 청구취지에서는 직접이행으로 구하고 청구원인에서는 채권자대위권의 행사로 청구하는 경우 등이다. ④ 당사자가 어떠한 법률효과를 주장하면서 미처 깨닫지 못하고 그 요건사실 일부를 빠뜨린 경우에는 법원은 그 누락사실을 지적하고, 당사자가 이 점에 관하여 변론을 하지 아니하는 취지가 무엇인지를 밝혀 당사자에게 그에 대한 변론을 할 기회를 주어야 할 의무가 있다.
부정되는 경우	① 피고가 매매계약이 체결된 바 없다고 주장하고 있는데 변제에 대하여 석명할 의무가 없다. ② 시효완성에 의하여 이익을 받을 자가 구태여 시효완성의 항변을 하고 있지 않은 경우 석명할 의무가 없다. ③ 피고가 원고인 채권자의 수령지체책임을 주장한 것에 상계항변주장이 포함되어 있는지에 대해 석명할 의무가 없다.

4. 증명촉구

① 다툼이 있는 사실에 대하여 증명이 안 된 경우에는 법원은 증명촉구의무를 진다. 다만, 소송정도로 보아 증명책임 있는 당사자의 무지·부주의·오해로 인하여 증명하지 않음이 명백한 경우에 한한다.
② 증명촉구는 어디까지나 증명책임을 진 당사자에게 주의를 환기시키는 것이며, 법원은 구체적으로 증명방법까지 지시하면서 증거신청을 종용할 필요는 없다.

Ⅳ 지적의무

의의	법원은 당사자가 간과하였음이 분명하다고 인정되는 법률상 사항에 관하여 당사자에게 의견을 진술할 기회를 주어야 한다.
요건	① 당사자가 간과하였음이 분명할 것 ② 당사자가 간과한 법률상 사항일 것 ③ 판결의 결과에 영향이 있는 것일 것
판례	① 원고가 소유권에 기하여 건물의 인도를 구하는 경우에 채권자대위권에 기하여 건물인도청구를 인용할 것인가 여부를 판단함에 있어서는 그에 관한 피고의 견해를 듣고 반대주장을 할 수 있는 기회를 부여하여야 한다. ② 부제소 합의한 경우 이에 위배되어 제기된 소는 권리보호의 이익이 없고, 또한 당사자와 소송관계인은 신의에 따라 성실하게 소송을 수행하여야 한다는 신의성실의 원칙에도 어긋나는 것이므로, 소가 부제소 합의에 위배되어 제기된 경우 법원은 직권으로 소의 적법 여부를 판단할 수 있으나, 당사자들이 부제소 합의의 효력·범위에 관하여 다투지 아니하는데, 법원이 직권으로 부제소 합의의 위배를 이유로 소각하하는 것은 예상 외의 재판으로 당사자 일방에게 불의의 타격이 되므로 석명의무 위반으로 보았다. ③ 채권자대위소송에서 보전의 필요성이 없다는 이유로 소각하하고자 할 때에도 지적석명을 필요로 한다. ④ 당사자가 부주의한 나머지 자신에게 유리한 주장을 제대로 주장하지 않은 탓에 더 많은 돈을 물어주게 되었다면 석명권을 행사하여 주장과 증명을 다할 수 있도록 하여야 한다고 했다. ⑤ 당사자가 부주의 또는 오해로 인하여 청구취지가 특정되지 아니한 것을 명백히 간과한 채 본안에 관하여 공방을 하고 있는데도 보정의 기회를 부여하지 아니한 채 당사자가 전혀 예상하지 못하였던 청구취지 불특정을 이유로 소를 각하하는 것은 석명의무를 다하지 아니하여 심리를 제대로 하지 아니한 것으로서 위법하다.
지적의무의 위반	지적의무를 어기고 판결한 경우에는 당연히 절차위배로 상고이유가 된다. 다만, 절대적 상고이유가 되는 것이 아니고 일반상고이유가 된다. 따라서 의무위반이 판결에 영향을 미칠 것을 요한다.

⚖ OX 확인

01

법원의 석명권 행사는 당사자의 주장에 모순된 점이 있거나 불완전·불명료한 점이 있을 때에 이를 지적하여 정정·보충할 수 있는 기회를 주고, 계쟁 사실에 대한 증거의 제출을 촉구하는 것을 그 내용으로 한다.

O | X

해설 석명권의 행사는 당사자가 밝힌 소송관계의 테두리를 벗어날 수 없으며, 이 한도 내에서 사실적·법률적 측면에서 당사자의 신청이나 주장에 불분명·불완전·모순 있는 점을 제거하는 방향으로 행사하여야 한다. 이를 소극적 석명이라 하며, 이 경우는 석명권의 과도한 행사가 문제되지 않는다.

02

다툼이 있는 사실을 증명하기 위하여 제출한 증거가 당사자의 부주의 또는 오해로 인하여 불완전·불명료한 경우, 법원이 석명권을 행사하여야 한다.

O | X

해설 민사소송법 제136조 제1항은 재판장은 소송관계를 명료하게 하기 위하여 당사자에게 사실상 또는 법률상 사항에 관하여 질문하거나 증명을 하도록 촉구할 수 있다고 규정하고 있고, 같은 조 제4항은 법원은 당사자가 간과하였음이 분명하다고 인정되는 법률상 사항에 관하여 당사자에게 의견을 진술할 기회를 주어야 한다고 규정하고 있으므로, 법원으로서는 다툼 있는 사실을 증명하기 위하여 제출한 증거가 당사자의 부주의 또는 오해로 인하여 불완전·불명료한 경우에는 당사자에게 그 제출된 증거를 명확·명료하게 할 것을 촉구하거나 보충할 수 있는 기회를 주어야 하고, 만약 이를 게을리한 채 제출된 증거가 불완전·불명료하다는 이유로 그 주장을 배척하는 것은 석명의무 또는 심리를 다하지 아니한 것으로서 위법하다(대판 2021.3.11. 2020다273045).

03

법원은 석명권의 행사로서 당사자가 주장하지 아니한 법률효과에 관한 요건사실이나 독립된 공격방어방법을 시사하여 그 제출을 권유할 수 있다.

O | X

해설 법원의 석명권 행사는 당사자의 주장에 모순된 점이 있거나 불완전·불명료한 점이 있을 때에 이를 지적하여 정정·보충할 수 있는 기회를 주고, 계쟁 사실에 대한 증거의 제출을 촉구하는 것을 그 내용으로 하는 것으로 당사자가 주장하지도 아니한 법률효과에 관한 요건사실이나 독립된 공격방어방법을 시사하여 그 제출을 권유함과 같은 행위를 하는 것은 변론주의의 원칙에 위배되는 것으로 석명권 행사의 한계를 일탈하는 것이다(대판 2001.10.9. 2001다15576).

정답 | **01** O **02** O **03** ×

04

채무불이행으로 인한 손해배상책임이 인정되는 경우 배상액은 적극적 석명사항이다. O | X

> **해설** 대판 2020.3.26. 2018다301336

05

새로운 신청, 주장, 공격방어방법의 제출을 권유하거나 시사하는 적극적 석명은 변론주의에 위반되므로 일체 허용될 수 없다. O | X

> **해설** 적극적 석명은 변론주의에 위반되며 석명권의 범위를 넘어선 것이라고 하였다. 다만, 손해배상책임이 인정되는 경우 법원은 손해액에 관한 당사자의 주장과 증명이 미흡하더라도 적극적으로 석명권을 행사하여 증명을 촉구하여야 하고, 경우에 따라서는 직권으로 손해액을 심리·판단하여야 한다(대판 2020.3.26. 2018다301336).

06

손해배상책임이 인정되는 경우 법원은 손해액에 관한 당사자의 주장과 증명이 미흡하더라도 적극적으로 석명권을 행사하여 증명을 촉구하여야 하고, 경우에 따라서는 직권으로 손해액을 심리·판단하여야 한다. O | X

> **해설** 대판 2020.3.26. 2018다301336

07

토지임대차 종료시 임대인의 건물철거와 그 토지인도청구에는 건물매수대금 지급과 상환으로 건물명도를 구하는 청구가 포함되어 있다고 볼 수 없다. O | X

> **해설** 판례는 건물철거 및 토지인도청구 속에 건물의 매수대금 지급과 상환으로 건물의 명도를 구하는 청구가 포함되어 있다고 볼 수 없으므로, 원고의 건물매수대금 지급과 상환으로 피고에게 건물명도를 명하는 판결은 허용될 수 없다는 입장이다. 다만, 법원으로서는 임대인이 종전의 청구를 계속 유지할 것인지 아니면 대금지급과 상환으로 지상물의 명도를 청구할 의사가 있는 것인지를 석명하고 임대인이 그 석명에 응하여 소를 변경한 때에는 지상물 명도의 판결을 함으로써 분쟁의 1회적 해결을 꾀하여야 한다는 입장이다(대판 (全) 1995.7.11. 94다34265).

08

소의 변경이 교환적인가 추가적인가 또는 선택적인가의 여부는 기본적으로 당사자의 의사해석에 의할 것이므로 당사자가 구청구를 취하한다는 명백한 표시 없이 새로운 청구로 변경하는 등으로 그 변경형태가 불분명한 경우에는 사실심 법원으로서는 과연 청구변경의 취지가 교환적인가 추가적인가 또는 선택적인가의 점을 석명할 의무가 있다. O | X

> **해설** 대판 2014.6.12. 2014다11376 · 11383

09

소유권에 기하여 미등기 무허가건물의 반환을 구하는 청구취지 속에 점유권에 기한 반환청구권을 행사한다는 취지가 당연히 포함되어 있다고 볼 수는 없다. O | X

> **해설** 소유권에 기하여 미등기 무허가건물의 반환을 구하는 청구취지 속에는 점유권에 기한 반환청구권을 행사한다는 취지가 당연히 포함되어 있다고 볼 수는 없고, 소유권에 기한 반환청구만을 하고 있음이 명백한 이상 법원에 점유권에 기한 반환청구도 구하는지의 여부를 석명할 의무가 있는 것은 아니다(대판 1996.6.14. 94다53006).

10

당사자가 어떠한 법률효과를 주장하면서 미처 깨닫지 못하고 그 요건사실 일부를 빠뜨린 경우 법원이 그 누락사실을 지적하는 것은 변론주의의 원칙에 위배되는 것으로서 석명권 행사의 한계를 일탈하는 것이다. O | X

> **해설** 법원의 석명권 행사는 당사자의 주장에 모순된 점이 있거나 불완전·불명료한 점이 있을 때에 이를 지적하여 정정·보충할 수 있는 기회를 주고 계쟁 사실에 대한 증거의 제출을 촉구하는 것을 그 내용으로 하는 것으로서 당사자가 주장하지도 아니한 법률효과에 관한 요건사실이나 독립된 공격방어방법을 시사하여 그 제출을 권유함과 같은 행위를 하는 것은 변론주의의 원칙에 위배되는 것으로서 석명권 행사의 한계를 일탈하는 것이지만, 당사자가 어떠한 법률효과를 주장하면서 미처 깨닫지 못하고 그 요건사실 일부를 빠뜨린 경우에는 법원은 그 누락사실을 지적하고, 당사자가 이 점에 관하여 변론을 하지 아니하는 취지가 무엇인지를 밝혀 당사자에게 그에 대한 변론을 할 기회를 주어야 할 의무가 있다(대판 2005.3.11. 2002다60207).

정답 | **04** ○ **05** × **06** ○ **07** ○ **08** ○ **09** ○ **10** ×

11

당사자들이 부제소 합의의 효력이나 그 범위에 관하여 쟁점으로 삼아 소의 적법 여부를 다투지 아니하는 데도 법원이 직권으로 부제소 합의에 위배되었다는 이유로 소가 부적법하다고 판단하기 위해서는 그와 같은 법률적 관점에 대하여 당사자에게 의견을 진술할 기회를 주어야 한다. ○ | X

> **해설** 당사자들이 부제소 합의의 효력이나 그 범위에 관하여 쟁점으로 삼아 소의 적법 여부를 다투지 아니하는데도 법원이 직권으로 부제소 합의에 위배되었다는 이유로 소가 부적법하다고 판단하기 위해서는 그와 같은 법률적 관점에 대하여 당사자에게 의견을 진술할 기회를 주어야 하고, 부제소 합의를 하게 된 동기 및 경위, 그 합의에 의하여 달성하려는 목적, 당사자의 진정한 의사 등에 관하여도 충분히 심리할 필요가 있다. 법원이 그와 같이 하지 않고 직권으로 부제소 합의를 인정하여 소를 각하하는 것은 예상 외의 재판으로 당사자 일방에게 불의의 타격을 가하는 것으로서 석명의무를 위반하여 필요한 심리를 제대로 하지 아니하는 것이다(대판 2013.11.28. 2011다80449).

12

청구취지가 특정되지 않았는데도 당사자가 부주의 또는 오해로 인하여 이를 명백히 간과한 채 본안에 관하여 공방을 하고 있는 경우 보정의 기회를 부여하지 아니한 채 청구취지 불특정을 이유로 소를 각하하는 것은 석명의무를 다하지 아니한 것으로서 위법하다. ○ | X

> **해설** 민사소송에서 청구의 취지는 내용 및 범위를 명확히 알아볼 수 있도록 구체적으로 특정되어야 하고 청구취지의 특정 여부는 직권조사사항이므로, 청구취지가 특정되지 않은 경우에는 법원은 직권으로 보정을 명하고 보정명령에 응하지 않을 때에는 소를 각하하여야 한다. 이 경우 당사자가 부주의 또는 오해로 인하여 청구취지가 특정되지 아니한 것을 명백히 간과한 채 본안에 관하여 공방을 하고 있는데도 보정의 기회를 부여하지 아니한 채 당사자가 전혀 예상하지 못하였던 청구취지 불특정을 이유로 소를 각하하는 것은 석명의무를 다하지 아니하여 심리를 제대로 하지 아니한 것으로서 위법하다(대판 2014.3.13. 2011다111459).

甲 종중이 '정기 대의원회의가 총회를 갈음한다.'고 정한 규약에 따라 대의원회의의 의결을 거쳐 乙 주식회사 등을 상대로 불법행위에 기한 손해배상을 구하였는데, 항소심에서 위 소가 총유재산의 관리·처분에 관하여 적법한 사원총회의 결의 없이 이루어진 것이고 이는 단시일 안에 보정될 수 없는 것으로서 부적법하다고 한 사안에서, '정기 대의원회의가 총회를 갈음한다.'고 규정한 규약이 무효인지, 위 소가 총유재산의 관리·처분에 관하여 적법한 사원총회의 결의 없이 이루어진 것으로 부적법한 소인지는 당사자 사이에 전혀 쟁점이 된 바가 없었고, 항소심도 그에 대하여 甲 종중에 의견진술의 기회를 주거나 석명권을 행사하였던 사실은 없었던 것으로 보이는데, 항소심이 직권으로 위 소가 총유재산의 관리·처분에 관하여 적법한 사원총회의 결의 없이 이루어진 것이고 이는 단시일 안에 보정될 수 없는 것으로서 부적법하다고 한 것은, 당사자가 전혀 예상하지 못한 법률적인 관점에 기한 뜻밖의 재판으로서 당사자에게 미처 생각하지 못한 불이익을 주었을 뿐 아니라 석명의무를 위반하여 필요한 심리를 다하지 아니함으로써 판결에 영향을 미친 잘못이 있고, 위 규약이 종원이 가지는 고유하고 기본적인 권리의 본질적인 내용을 침해하는 등 甲 종중의 본질이나 설립 목적에 크게 위배된다고 보기 어렵다. ○|X

> **해설** [1] 민사소송법 제136조 제1항은 "재판장은 소송관계를 분명하게 하기 위하여 당사자에게 사실상 또는 법률상 사항에 대하여 질문할 수 있고, 증명을 하도록 촉구할 수 있다."라고 정하고, 제4항은 "법원은 당사자가 간과하였음이 분명하다고 인정되는 법률상 사항에 관하여 당사자에게 의견을 진술할 기회를 주어야 한다."라고 정하고 있다. 당사자가 부주의 또는 오해로 증명하지 않은 것이 분명하거나 쟁점으로 될 사항에 관하여 당사자 사이에 명시적인 다툼이 없는 경우에는 법원은 석명을 구하면서 증명을 촉구하여야 하고, 만일 당사자가 전혀 의식하지 못하거나 예상하지 못하였던 법률적 관점을 이유로 법원이 청구의 당부를 판단하려는 경우에는 그러한 관점에 대하여 당사자에게 의견진술의 기회를 주어야 한다. 그와 같이 하지 않고 예상 외의 재판으로 당사자 일방에게 뜻밖의 판결을 내리는 것은 석명의무를 다하지 않아 심리를 제대로 하지 않은 잘못을 저지른 것이 된다.
> [2] 종중은 공동선조의 분묘수호와 제사, 그리고 종원 상호 사이의 친목도모 등을 목적으로 자연발생적으로 성립한 종족집단체로서, 종중이 규약이나 관습에 따라 선출된 대표자 등에 의하여 대표되는 정도로 조직을 갖추고 지속적인 활동을 하고 있다면 비법인사단으로서 단체성이 인정된다. 이와 같은 종중의 성격과 법적 성질에 비추어 보면, 종중에 대하여는 가급적 그 독자성과 자율성을 존중해 주는 것이 바람직하고, 따라서 원칙적으로 종중규약은 그것이 종원이 가지는 고유하고 기본적인 권리의 본질적인 내용을 침해하는 등 종중의 본질이나 설립 목적에 크게 위배되지 않는 한 그 유효성을 인정하여야 한다(대판 2022.8.25. 2018다261605).

14

甲 종중이 乙을 상대로 소를 제기하면서 소장에 대표자 표시를 누락하였다가 제1심법원의 석명준비명령에 따라 대표자를 丙으로 기재한 서면을 제출하였으나, 소제기 당시 甲 종중의 대표자는 丙이 아니라 丁이었고, 그 후 甲 종중이 원심법원에 대표자를 丙에서 丁으로 정정하는 당사자표시정정신청서를 제출하면서 丙의 기존 소송행위를 추인하는 취지라고 주장한 사안에서, 丁에게 적법한 대표권이 있는지는 소송요건에 해당하므로 원심이 이를 의심할 만한 사정이 있다면 당사자들이 특별히 다투지 않더라도 이를 심리·조사할 의무가 있고, 원심 변론종결 당시까지 당사자 사이에 丁의 대표자 지위에 관해서 쟁점이 되지 않았으므로, 원심으로서는 당사자에게 이 부분에 관하여 증명이 필요함을 지적하고 적극적으로 석명권을 행사하여 당사자에게 의견진술의 기회를 부여할 의무가 있는데도, 이러한 조치를 전혀 취하지 않은 채 당사자표시정정신청서 제출 당시 丁에게 추인을 할 수 있는 적법한 대표권이 있다고 볼 증거가 부족하다는 이유로 소를 각하한 원심의 판단은 예상 외의 재판으로 당사자 일방에게 뜻밖의 판결을 한 것으로서 석명의무를 다하지 않아 심리를 제대로 하지 않은 잘못이 있다.   ○ | ✕

해설 [1] 종중이 당사자인 사건에서 종중의 대표자에게 적법한 대표권이 있는지는 소송요건에 관한 것으로서 법원의 직권조사사항이다. 법원으로서는 판단의 기초자료인 사실과 증거를 직권으로 탐지할 의무까지는 없더라도, 이미 제출된 자료에 따라 대표권의 적법성을 의심할 만한 사정이 엿보인다면 상대방이 이를 구체적으로 지적하여 다투지 않더라도 이에 관하여 심리·조사할 의무가 있다.
[2] 민사소송법 제136조 제1항은 "재판장은 소송관계를 분명하게 하기 위하여 당사자에게 사실상 또는 법률상 사항에 대하여 질문할 수 있고, 증명을 하도록 촉구할 수 있다."라고 정하고, 제4항은 "법원은 당사자가 간과하였음이 분명하다고 인정되는 법률상 사항에 관하여 당사자에게 의견을 진술할 기회를 주어야 한다."라고 정하고 있다. 당사자가 부주의 또는 오해로 증명하지 않은 것이 분명하거나 쟁점으로 될 사항에 관하여 당사자 사이에 명시적인 다툼이 없는 경우에는 법원은 석명을 구하고 증명을 촉구하여야 하고, 만일 당사자가 전혀 의식하지 못하거나 예상하지 못하였던 법률적 관점을 이유로 법원이 청구의 당부를 판단하려는 경우에는 그러한 관점에 대하여 당사자에게 의견진술의 기회를 주어야 한다. 그와 같이 하지 않고 예상 외의 재판으로 당사자 일방에게 뜻밖의 판결을 내리는 것은 석명의무를 다하지 않아 심리를 제대로 하지 않은 잘못을 저지른 것이 된다(대판 2022.4.14. 2021다276973).

15

지적의무를 게을리한 채 판결을 한 경우에는 소송절차의 위반으로 절대적 상고이유가 된다.   ○ | ✕

해설 지적의무를 어기고 판결한 경우에는 당연히 절차위배로 상고이유가 된다. 다만, 절대적 상고이유가 되는 것이 아니고 일반상고이유(제423조)가 된다. 따라서 의무위반이 판결에 영향을 미칠 것을 요한다.

01 다음 사례 중 판례에 의하면 석명의무가 인정되지 않는 것은?   15법원직

① 원고가 손해배상청구의 법률적 근거가 계약책임인지 불법행위책임인지 이를 명시하지 아니하였는데 불법행위책임을 묻는 것으로 단정하여 재판하였다.

② 당사자들이 부제소 합의의 효력이나 그 범위에 관하여 쟁점으로 삼아 소의 적법 여부를 다투지 아니하는데도 법원이 직권으로 부제소 합의에 위배되었다는 이유로 소가 부적법하다고 판단하였다.

③ 청구변경의 형태가 교환적인지 추가적인지 불분명한 경우임에도 교환적 변경으로 단정하여 재판하였다.

④ 원고의 매매대금청구에 대하여 피고가 주장하지 아니하는 변제의 항변에 관한 석명을 하지 않고 재판하였다.

해설 ① [O] 손해배상청구의 법률적 근거는 이를 계약책임으로 구성하느냐 불법행위책임으로 구성하느냐에 따라 요건사실에 대한 증명책임이 달라지는 중대한 법률적 사항에 해당하므로, 당사자가 이를 명시하지 않은 경우 석명권을 행사하여 당사자에게 의견 진술의 기회를 부여함으로써 당사자로 하여금 그 주장을 법률적으로 명쾌하게 정리할 기회를 주어야 함에도, 이러한 조치를 취하지 않은 채 손해배상청구의 법률적 근거를 불법행위책임을 묻는 것으로 단정한 뒤 증명이 부족하다는 이유로 청구를 받아들이지 않은 원심판결을 파기한 사례(대판 2009.11.12. 2009다42765)

② [O] 당사자들이 부제소 합의의 효력이나 그 범위에 관하여 쟁점으로 삼아 소의 적법 여부를 다투지 아니하는데도 법원이 직권으로 부제소 합의에 위배되었다는 이유로 소가 부적법하다고 판단하기 위해서는 그와 같은 법률적 관점에 대하여 당사자에게 의견을 진술할 기회를 주어야 하고, 부제소 합의를 하게 된 동기 및 경위, 그 합의에 의하여 달성하려는 목적, 당사자의 진정한 의사 등에 관하여도 충분히 심리할 필요가 있다. 법원이 그와 같이 하지 않고 직권으로 부제소 합의를 인정하여 소를 각하하는 것은 예상 외의 재판으로 당사자 일방에게 불의의 타격을 가하는 것으로서 석명의무를 위반하여 필요한 심리를 제대로 하지 아니하는 것이다(대판 2013.11.28. 2011다80449).

③ [O] 소의 변경이 교환적인가 추가적인가 또는 선택적인가의 여부는 기본적으로 당사자의 의사해석에 의할 것이므로 당사자가 구청구를 취하한다는 명백한 표시 없이 새로운 청구로 변경하는 등으로 그 변경형태가 불분명한 경우에는 사실심 법원으로서는 과연 청구변경의 취지가 교환적인가 추가적인가 또는 선택적인가의 점을 석명할 의무가 있다(대판 2014.6.12. 2014다11376·11383).

④ [×] 법원의 석명권 행사는 당사자의 주장에 모순된 점이 있거나 불완전·불명료한 점이 있을 때에 이를 지적하여 정정·보충할 수 있는 기회를 주고, 계쟁 사실에 대한 증거의 제출을 촉구하는 것을 그 내용으로 하는 것으로, 당사자가 주장하지도 아니한 법률효과에 관한 요건사실이나 독립된 공격방어방법을 시사하여 그 제출을 권유함과 같은 행위를 하는 것은 변론주의의 원칙에 위배되는 것으로 석명권 행사의 한계를 일탈하는 것이다(대판 2001.10.9. 2001다15576).

정답 ④

제8관 | 적시제출주의

Ⅰ 의의

적시제출주의란 당사자가 공격방어방법을 소송의 정도에 따라 적절한 시기에 제출하여야 한다는 입장을 말한다.

Ⅱ 적시제출주의의 실효성 확보를 위한 제도 - 실권효

1. 재정기간제도(공격방어방법의 제출기간 제한)

> **제147조 【제출기간의 제한】**
> ① 재판장은 당사자의 의견을 들어 한쪽 또는 양쪽 당사자에 대하여 특정한 사항에 관하여 주장을 제출하거나 증거를 신청할 기간을 정할 수 있다.
> ② 당사자가 제1항의 기간을 넘긴 때에는 주장을 제출하거나 증거를 신청할 수 없다. 다만, 당사자가 정당한 사유로 그 기간 이내에 제출 또는 신청하지 못하였다는 것을 소명한 경우에는 그러하지 아니하다.

2. 실기한 공격방어방법의 각하

의의		당사자의 고의 또는 중과실로 공격방어방법이 시기에 늦게 제출된 경우 소송의 완결을 지연시킬 것으로 인정되는 때 법원이 직권 또는 상대방의 신청에 의하여 그 공격방어방법을 각하시키는 것을 의미한다.
각하요건	시기에 늦은 공격방어방법의 제출일 것	① 판례는 제1심에서도 주장할 수 있었던 유치권의 항변을 항소심 제4회 기일에 비로소 제출한 경우를 실기한 공격방어방법이라고 보았다. ② 항소심에서 새로운 공격방어방법이 제출되었을 때, 시기에 늦었느냐의 여부는 항소심이 속심이므로 1, 2심 전체를 살펴 판단한다.
	당사자에게 고의 또는 중과실이 있을 것	고의나 중과실의 유무를 판단함에 있어서는 법률지식의 정도를 고려하여야 하며, 공격방어방법의 종류도 고려하여야 할 것이다.
	당해 공격방어방법을 심리하면 각하할 때보다 소송의 완결이 지연될 것	별도의 증거조사가 불필요한 항변과 같이 그 내용이 이미 심리를 마친 소송자료의 범위 안에 포함되어 있는 경우나 당해 기일에 즉시 조사할 수 있는 증거의 신청은 소송의 완결을 지연시킨다고 할 수 없다.
	각하의 대상은 공격방어방법, 즉 주장·부인·항변·증거신청 등이고, 반소·소의 변경·참가신청 등 판결신청은 해당되지 않는다.	
각하절차		① 각하는 직권 또는 상대방의 신청에 따라 한다. 각하 여부는 법원의 재량적 사항으로 볼 것이다. ② 각하당한 당사자는 독립하여 항고할 수 없고, 종국판결에 대한 상소와 함께 불복하여야 한다. 그러나 각하신청이 배척된 경우에는 법원의 소송지휘에 관한 사항이기 때문에 불복신청이 허용되지 않는다.

3. 변론준비기일을 거친 경우의 새로운 주장의 제한

변론준비기일까지 거친 경우에 그 기일에서 미처 제출하지 않은 공격방어방법은 적절한 시기를 놓친 것이므로 원칙적으로 변론에서 제출할 수 없는 실권을 당하게 된다.

4. 기타

(1) 석명에 불응하는 공격방어방법의 각하

당사자가 제출한 공격방어방법의 취지가 분명하지 아니한 경우 법원의 석명권 행사나 석명처분에도 불구하고 당사자가 필요한 설명을 하지 않거나 설명할 기일에 출석하지 않은 때에는 법원은 실기한 공격방어방법과 같은 절차에 의하여 당해 공격방어방법을 각하할 수 있다.

(2) 중간판결의 내용과 저촉되는 주장의 제한

(3) 상고이유서 제출기간이 지난 뒤의 새로운 상고이유의 제한

(4) 답변서제출의무와 방소항변

신법은 피고에게 소장부본을 송달받은 날부터 30일 이내에 답변서를 제출할 의무를 지우고 있다. 임의관할 위반, 소송비용의 담보제공 등의 방소항변을 본안에 관한 변론 전까지 제출케 한 것도 적시제출주의를 실현하기 위한 것이다.

Ⅲ 적시제출주의의 예외

적시제출주의는 변론주의가 적용되는 범위에 한정되며, 직권탐지주의나 직권조사사항에 관하여는 그 적용이 배제된다.

01

민사소송법은 공격방어방법을 변론종결 전까지 자유롭게 제출할 수 있는 수시제출주의를 채택하지 않고, 제출순서를 엄격하게 법으로 정하고 그 순서를 놓치면 실권하게 함으로써 소송지연을 방지하고 있다. ○ | X

> **해설** 현행 민사소송법은 종래 수시제출주의에서 당사자가 소송을 지연시키지 않도록 소송의 정도에 따라 공격방어방법을 적절한 시기에 제출하여야 한다는 적시제출주의를 채택하고 있다(제146조). 제출순서를 엄격하게 법으로 정하고 그 순서를 놓치면 실권하게 하는 것은 법정순서주의에 관한 설명이다.

02

재판장은 공격방어방법의 제출에 관하여 한쪽 또는 양쪽 당사자에 대하여 특정한 사항에 관하여 주장제출, 증거신청의 기간을 정할 수 있는데, 이를 위해서는 반드시 당사자의 의견을 들어야 한다. ○ | X

> **해설** 재판장은 당사자의 의견을 들어 한쪽 또는 양쪽 당사자에 대하여 특정한 사항에 관하여 주장제출·증거신청의 기간을 정할 수 있다(제147조 제1항).

03

당사자가 정해진 기간을 지키지 못하고 넘긴 때에는 정당한 사유가 있는 경우에도 재정기간에서 정한 특정한 사항에 관하여 주장을 제출하거나 증거를 신청할 수 없다. ○ | X

> **해설** 당사자가 정해진 기간을 지키지 못하고 넘긴 때에는 이후에 재정기간에서 정한 특정한 사항에 관하여 주장을 제출하거나 증거를 신청할 수 없다(제147조 제2항 본문). 다만, 당사자가 정당한 사유로 제출기간 이내에 제출·신청하지 못하였음을 소명한 경우에는 면책받게 되는 길을 열어 놓았다(제147조 제2항 단서).

04

항소심에서 새로운 공격방어방법이 제출되었을 때, 제1심의 경과까지 전체를 살펴 시기에 늦었는가를 판단하여야 한다. ○ | X

> **해설** 항소심에서 새로운 공격방어방법이 제출된 경우에는 특별한 사정이 없는 한 항소심뿐만 아니라 제1심까지 통틀어 시기에 늦었는지를 판단해야 한다(대판 2017.5.17. 2017다1097).

05

실기한 공격방어방법을 각하하려면 당사자에게 고의 또는 중과실이 있어야 하지만, 반드시 상대방의 신청이 필요한 것은 아니다. ○ | X

해설 실기한 공격방어방법의 각하란 당사자의 고의 또는 중과실로 공격방어방법이 시기에 늦게 제출된 경우 소송의 완결을 지연시킬 것으로 인정되는 때 법원이 직권 또는 상대방의 신청에 의하여 그 공격방어방법을 각하시키는 것을 의미한다(제149조 제1항).

06

적시제출주의에 위반한 경우 각하의 대상은 공격방어방법, 즉 주장·부인·항변·증거신청 등이고, 반소·소의 변경 등은 해당되지 않는다. ○ | X

해설 각하의 대상은 공격방어방법, 즉 주장·부인·항변·증거신청 등이고, 반소·소의 변경·참가신청 등 판결신청은 해당되지 않는다.

07

당사자가 제출한 공격방어방법의 취지가 분명하지 아니하여 법원이 석명권을 행사하였음에도 당사자가 필요한 설명을 하지 않으면 법원은 당해 공격방어방법을 각하할 수 있다. ○ | X

해설 당사자가 제출한 공격방어방법의 취지가 분명하지 아니한 경우 법원의 석명권 행사나 석명처분에도 불구하고 당사자가 필요한 설명을 하지 않거나 설명할 기일에 출석하지 않은 때에는 법원은 실기한 공격방어방법과 같은 절차에 의하여 당해 공격방어방법을 각하할 수 있다(제149조 제2항).

08

임의관할 위반과 소송비용의 담보제공 위반의 주장, 중재 합의의 항변은 본안에 관한 사실심 변론종결시까지 제출하여야 한다. ○ | X

해설 임의관할 위반(제30조), 소송비용의 담보제공 등의 방소항변을 본안에 관한 변론 전까지 제출하여야 한다.

정답 | **01** × **02** ○ **03** × **04** ○ **05** ○ **06** ○ **07** ○ **08** ×

제9관 | 집중심리주의

제10관 | 직권진행주의

제3절 변론의 준비(기일 전의 절차)

Ⅰ 준비서면의 교환

① 지방법원합의부 이상의 절차에서는 준비서면의 제출이 반드시 필요하지만, 단독판사의 심판사건에서는 제출하지 아니할 수 있다. 다만, 단독사건이라도 상대방이 준비하지 않으면 답변 진술할 수 없는 사항은 예외로 한다(제272조 제2항).

② 준비서면을 법원에 제출하면 법원은 그 부본을 상대방에게 송달함으로써 교환하게 되는데, 새로운 공격방어방법을 포함한 준비서면은 상대방이 이에 대하여 준비할 기간이 필요하므로 변론기일 또는 변론준비기일의 7일 전까지 상대방에게 송달될 수 있도록 제출하여야 한다(규칙 제69조의3).

③ 준비서면에 취득시효완성에 관한 주장사실이 기재되어 있다 하더라도 그 준비서면이 변론기일에서 진술된 흔적이 없다면 취득시효완성의 주장에 대한 판단누락의 위법이 있다 할 수 없다.

Ⅱ 준비서면의 부제출·제출의 효과

1. 부제출의 효과

무변론 패소판결의 위험	준비서면의 일종인 답변서를 피고가 소장부본을 송달받은 날부터 30일 이내에 제출하지 아니한 때에는 원고의 청구원인 사실에 대하여 자백한 것으로 보고 변론 없이 피고패소판결을 선고할 수 있다.
예고 없는 사실주장의 금지	출석한 당사자가 준비서면에 적지 아니한 사실은 상대방이 출석하지 아니한 때에는 변론에서 주장하지 못한다.
변론준비절차의 종결	변론준비절차가 열렸을 때에 법원이 기간을 정하여 당사자로 하여금 준비서면을 제출하게 하였는데, 당사자가 그 기간 내에 준비서면을 제출하지 아니한 때에는 상당한 이유가 없는 한 변론준비절차를 종결하여야 한다.
소송비용의 부담	미리 예고하지 아니하여 상대방이 즉시 답변할 수 없고 그 결과 기일을 속행할 수밖에 없는 경우에는 당사자는 승소에 불구하고 소송비용부담의 재판을 받을 수 있다.

2. 제출의 효과

자백간주의 이익	미리 준비서면을 제출하였으면 상대방이 이를 받고 불출석한 경우우라도 주장할 수 있으며, 그 기재부분에 대해서는 상대방이 명백히 다투지 않은 것으로 되어 자백간주의 이익을 얻을 수 있다.
진술간주의 이익	준비서면을 제출하였으면 그 제출자가 불출석하여도 그 사항에 관하여 진술간주의 이익을 얻을 수 있다.
실권효의 배제	변론준비절차가 열리기 전에 준비서면을 제출하였으면 변론준비기일에서 제출하지 아니하였다 하더라도 그 사항에 관하여 변론에서 주장할 수 있다.
소의 취하 등에 대한 동의권	피고가 본안에 관한 사항을 기재한 준비서면을 제출하였으면 그 뒤에는 소의 취하에 있어서 피고의 동의를 얻어야 한다. 피고의 경정 때에도 같은 경우에 구피고의 동의를 요한다.

01

단독사건의 변론은 서면으로 준비하지 아니할 수 있으나, 상대방이 준비하지 아니하면 진술할 수 없는 사항은 서면으로 준비하여야 한다. O | X

해설 단독사건의 변론은 서면으로 준비하지 아니할 수 있다. 다만, 상대방이 준비하지 아니하면 진술할 수 없는 사항은 그러하지 아니하다(제272조 제2항).

02

준비서면에 취득시효완성에 관한 주장사실이 기재되어 있다 하더라도 그 준비서면이 변론기일에서 진술된 흔적이 없다면 취득시효완성의 주장에 대한 판단누락의 위법이 있다 할 수 없다. O | X

해설 준비서면에 취득시효완성에 관한 주장사실이 기재되어 있다 하더라도 그 준비서면이 변론기일에서 진술된 흔적이 없다면 취득시효완성의 주장에 대한 판단유탈의 위법이 있다 할 수 없다(대판 1983.12.27. 80다1302).

03

변론에 상대방이 출석하지 않았다면 준비서면에 기재하지 않은 사실을 주장할 수 없는 것이 원칙이다. O | X

해설 출석한 당사자가 준비서면에 적지 아니한 사실은 상대방이 출석하지 아니한 때에는 변론에서 주장하지 못한다(제276조).

04

출석한 당사자는 상대방의 출석 없이도 변론과 증거신청을 할 수 있으나, 이 경우 할 수 있는 변론과 증거조사의 범위는 그가 미리 준비서면에 적은 사실의 주장과 증거신청 및 증거조사에 한정되는 것이 원칙이다. O | X

해설 제276조

05

단독사건에서는 미리 준비서면에 기재하지 아니한 증인을 상대방이 변론기일에 출석하지 아니한 채 재정 증인으로 증거조사를 하고 증거로 채택하면 위법하다.　　　　　　　　　　　　　　　　　O | X

> **해설** 단독사건에서는 민사소송법 제251조 단서와 제246조의 규정에 의하여 미리 준비서면에 기재하지 아니한 증인을 상대방이 변론기일에 출석하지 아니한 채 재정증인으로 증거조사를 하고 증거로 채택하였을 경우 위법이 아니다(대판 1975.1.28. 74다1721).

01 甲은 乙을 상대로 3억 원의 지급을 구하는 대여금청구의 소를 제기하였다. 다음 설명 중 옳은 것을 모두 고른 것은?   13변호사

> ㄱ. 법원은 乙이 소장부본을 송달받은 날부터 30일 이내에 답변서를 제출하지 아니한 때에는 직권으로 조사할 사항이 있더라도 청구의 원인이 된 사실을 자백한 것으로 보고 변론 없이 판결할 수 있다.
> ㄴ. 乙이 소장부본을 송달받은 날부터 30일이 지난 뒤라도 판결이 선고되기까지 甲의 청구를 다투는 취지의 답변서를 제출하면 법원은 더 이상 무변론 판결을 할 수 없다.
> ㄷ. 乙이 청구의 원인이 된 사실을 모두 자백하는 취지의 답변서를 제출하고 따로 항변을 하지 아니한 때에도 특별한 사정이 없는 한 법원은 무변론 판결을 할 수 있다.
> ㄹ. 甲이 출석하지 아니한 변론기일에 乙은 자신의 준비서면에 적지 않았다고 하더라도 상계항변을 할 수 있다.
> ㅁ. 乙이 준비서면을 제출한 후 변론기일에 불출석하여도 법원은 乙이 그 준비서면에 적혀 있는 사항을 진술한 것으로 보고 출석한 甲에게 변론을 명할 수 있다.

① ㄱ, ㄷ   ② ㄴ, ㅁ
③ ㄷ, ㄹ   ④ ㄱ, ㄴ, ㄹ
⑤ ㄴ, ㄷ, ㅁ

해설 ㄱ. [×] ㄴ. [○] 법원은 피고가 소장부본을 송달받은 날부터 30일 이내에 답변서를 제출하지 아니한 때에는 청구의 원인이 된 사실을 자백한 것으로 보고 변론 없이 판결할 수 있다. 다만, ㉠ 직권으로 조사할 사항이 있거나, ㉡ 판결이 선고되기까지 피고가 원고의 청구를 다투는 취지의 답변서를 제출한 경우에는 그러하지 아니하다(제257조 제1항).

ㄷ. [○] 피고가 청구의 원인이 된 사실을 모두 자백하는 취지의 답변서를 제출하고 따로 항변을 하지 아니한 때에는 제257조 제1항의 규정을 준용한다(제257조 제2항).

ㄹ. [×] 준비서면에 적지 아니한 사실은 상대방이 출석하지 아니한 때에는 변론에서 주장하지 못한다(제276조 본문).

ㅁ. [○] 원고 또는 피고가 변론기일에 출석하지 아니하거나, 출석하고서도 본안에 관하여 변론하지 아니한 때에는 그가 제출한 소장, 답변서, 그 밖의 준비서면에 적혀 있는 사항을 진술한 것으로 보고 출석한 상대방에게 변론을 명할 수 있다(제148조 제1항).

정답 ⑤

변론의 내용

I 변론에 있어서 당사자의 소송행위

1. 부인

① 직접부인(단순부인)은 단순히 상대방의 주장사실이 진실이 아니라고 부정하는 경우이다.

② 간접부인(이유부부인)은 상대방의 주장사실과 양립되지 않는 사실을 적극적으로 진술하며 상대방의 주장을 부정하는 경우이다. 「민사소송규칙」 제116조는 문서의 진정성립을 부인하는 때에는 그 이유를 구체적으로 밝혀야 한다고 하였다.

2. 항변

소송상의 항변 (실체법상 효과와 관계없는 항변)	본안 전 항변	① 원고가 제기한 소에 소송요건의 흠결이 있어 소가 부적법하다는 피고의 주장이다. 그러나 소송요건의 대부분은 법원의 직권조사사항이므로 이러한 항변은 법원의 직권발동을 촉구하는 의미가 있을 뿐이다. ② 다만, 임의관할 위반, 소송비용담보제공 등의 항변은 피고의 주장을 기다려 고려하는 것이므로 진정한 의미의 항변이 된다.
	증거항변	상대방의 증거신청에 대하여 부적법·불필요·증거능력 흠결 등의 이유로 각하를 구하거나 증거력이 없다는 이유로 증거조사 결과를 채용하지 말아달라는 진술이다. 그러나 증거신청채부는 법원의 직권사항이고, 증거력 존부도 법관의 자유심증에 의해 결정되므로 진정한 의미의 항변이 아니다.
본안의 항변 (실체법상 효과와 관계있는 항변)	의의	원고의 청구를 배척하기 위하여 원고의 주장사실이 진실임을 전제로 하여 이와 양립 가능한 별개의 사항에 대한 피고의 사실상의 진술이다.
	종류	① 권리장애사실(의사능력흠결, 강행법규 위반, 불법원인급여 등) ② 권리소멸사실(변제, 공탁 등 채권의 소멸원인이나 소멸시효 완성, 계약의 해제, 상계 등) ③ 권리저지사실(정지조건부 법률행위, 유치권, 동시이행항변권, 최고검색의 항변권 등)

3. 부인과 항변의 구별

간접부인과의 구별	간접부인은 원고의 주장사실과 양립되지 않는 별개의 사실을 진술하는 것임에 대하여, 항변은 원고의 주장사실이 진실임을 전제로 이와 논리적으로 양립할 수 있는 진술을 하는 점에서 차이가 있다.	
구별실익	**증명책임**	① 예를 들어, 소비대차로 인한 대여금청구소송에서 대주인 원고가 금전 대여사실을 주장한 데 대하여, 차주인 피고가 그와 같은 금원의 수령은 인정하면서 증여를 주장하였을 경우에 피고의 증여의 주장은 양립할 수 없으므로 부인이며, 원·피고 사이에 소비대차계약이 성립된 사실은 원고에게 증명책임이 있는 것이다. ② 그러나 이 경우에 피고가 소비대차계약의 성립을 모두 인정하면서 그 변제(또는 면제 등)를 주장하는 때에는 그 주장은 양립할 수 있는 진술이므로 항변이며, 그것은 피고에게 증명책임이 있는 것이다(⑩ 피고가 영수증을 내놓아야 함).
	판결이유의 설시	원고의 청구가 인용될 때 항변의 경우는 판결이유의 설시에 있어 항변을 배척하는 판단을 필요로 하며 그렇지 않으면 판단누락의 위법을 면치 못하나, 간접부인의 경우는 원고 주장사실의 인정 외 간접부인 사실을 배척하는 판단은 필요하지 않다.
	원고의 추가적 증명부담의 문제	원고의 청구원인이 피고로부터 부인당한 경우에는 원고가 청구원인 사실을 구체적으로 밝혀야 할 부담이 따른다. 그러나 피고의 항변제출의 경우는 원고에게 이러한 부담이 없다.
재항변	① 재항변은 상대방이 '항변'으로 주장하는 요건사실 자체는 인정한 다음 이와 반대효과를 생기게 하는 별개의 요건사실을 주장함으로써 상대방의 주장을 배척하게 하려는 공격방어방법을 말하며, 증명책임은 항변에 준하여 재항변을 주장하는 자가 부담한다. ② 어떠한 법률행위가 조건의 성취시 법률행위의 효력이 발생하는 소위 정지조건부 법률행위에 해당한다는 사실은 그 법률행위로 인한 법률효과의 발생을 저지하는 사유로서 그 법률효과의 발생을 다투려는 자에게 주장·입증책임이 있다. 따라서 피고의 정지조건부 법률행위의 주장에 대해 원고의 정지조건부가 아니라는 주장은 부인, 정지조건성취의 주장은 재항변이 된다.	

01

변론주의 원칙에 따라 당사자는 신청(당사자가 법원에 대해 재판, 증거조사, 송달 등의 일정한 소송행위를 요구하는 것)을 뒷받침하기 위한 소송자료를 제출하여야 하는데, 이를 공격방어방법이라고 한다.

○ | ×

해설 변론에서 소송당사자는 이미 제출된 소장이나 준비서면을 진술하여 소송자료화하는데, 이 경우 본안의 신청과 이를 뒷받침하기 위해 공격방어방법을 진술한다. 여기서 신청이란 당사자가 법원에 대해 재판, 증거조사, 송달 등의 일정한 소송행위를 요구하는 것을 말하고, 특히 소장의 청구취지나 소송물과 관련 있는 것을 '본안의 신청'이라 한다. 또한 변론주의 원칙에 따라 당사자는 신청을 뒷받침하기 위해 소송자료를 제출해야 하며, 이를 공격방어방법이라 한다.

02

공격방어방법은 주장과 증거신청으로 나뉘는데, 이 중 주장에는 법규의 존부·내용·해석에 관한 의견진술을 포함하는 법률상 주장과 구체적인 사실의 존부에 관한 당사자의 인식에 관한 진술인 사실상 주장으로 구분된다.

○ | ×

해설 공격방어방법은 '주장'과 '증거신청'으로 나뉘는데, 그중 '주장'에는 법규의 존부·내용·해석에 관한 의견진술을 포함하는 법률상 주장과 구체적인 사실의 존부에 관한 당사자의 인식에 관한 진술인 사실상 주장으로 구분된다.

03

사실상 주장에 대한 상대방의 태도는 부인, 부지, 자백, 침묵으로 나눌 수 있는데, 이 중 부지는 상대방의 주장사실을 알지 못한다는 진술로서 침묵과 마찬가지로 부인으로 추정된다.

○ | ×

해설 부인이란 상대방이 증명책임을 지는 주장사실을 부정하는 태도이고, 부지는 상대방의 주장사실을 알지 못한다는 진술로서 일반적으로 부인으로 추정한다(제150조 제2항). 자백은 자기에게 불리한 상대방의 주장사실을 시인하는 진술로 변론주의 원칙에 따라 자백에 의해 다툼 없는 사실이 된다(제288조). 침묵은 상대방의 주장사실을 명백히 다투지 않는 것을 말하며 자백이 간주된다(제150조 제1항).

정답 | **01** ○ **02** ○ **03** ×

04

피고가 원고의 주장사실과 양립 불가능한 별도의 사실을 들어 부인할 경우 피고는 이 사실에 대한 증명책임이 있다. ○ | X

해설 피고가 원고의 주장사실과 양립 불가능한 별도의 사실을 들어 부인할 경우(이유부부인, 적극부인, 간접부인) 피고는 이 사실에 대하여 입증책임이 없고, 원고가 자기의 주장사실에 대하여 입증책임을 진다.

05

원고의 대여금청구에 대하여 피고가 "甲이 자금을 필요로 해서 甲에게 원고를 소개해 주었고 원고가 甲에게 돈을 대여하겠다고 하여 중간에서 자금을 받아 甲에게 전달하는 심부름을 하였다."고 다투는 것은 항변에 해당한다. ○ | X

해설 피고는 甲이 자금을 필요로 하기 때문에 甲에게 원고를 소개하여 주었고, 원고가 甲에게 돈을 대여하겠다고 하여 중간에서 자금을 받아 甲에게 전달하는 심부름을 하였다고 다투는 것은 적극부인에 해당한다.

01 대여금반환청구소송에서 대주인 원고의 금전대여사실 주장에 대하여 다음 중 피고의 항변에 해당하지 않는 것은?
12법원직

① 매매대금으로 돈을 받은 것이라는 주장
② 대여금을 이미 변제하였다는 주장
③ 불공정한 법률행위였다는 주장
④ 소멸시효의 완성 주장

해설 ① [×] 원고의 금전대여사실 주장에 대하여 피고가 매매대금으로 돈을 받은 것이라는 주장은 간접부인에 해당한다.
② [○] 권리멸각사실에 해당한다.
③ [○] 권리장애사실에 해당한다.
④ [○] 권리멸각사실에 해당한다.

정답 ①

[참고] 항변과 부인의 사례

사례(대여금 항변과 부인)
【항　　변】 원고의 대여금채권은 시효로 소멸하였다.
【단순부인】 피고는 원고로부터 돈을 대여받은 적이 없다.
【적극부인】 피고는 甲이 자금을 필요로 하기 때문에 甲에게 원고를 소개하여 주었고, 원고가 甲에게 돈을 대여하겠다고 하여 중간에서 자금을 받아 甲에게 전달하는 심부름을 하였다.

🔨 OX 확인

01

공정증서가 채무명의로서 집행력을 가질 수 있도록 하는 집행인낙 표시는 공증인에 대한 소송행위로서 이러한 소송행위에는 「민법」상의 표현대리 규정이 적용 또는 준용될 수 없다. ○ⅼ×

> **해설** 판례는 집행증서를 작성할 때에 강제집행인낙의 의사표시는 공증인에 대한 소송행위이고, 이러한 소송행위에는 「민법」상의 표현대리 규정은 적용 또는 유추적용될 수 없다고 한다(대판 2006.3.24. 2006다2803).

02

민사소송법상의 소송행위에는 특별한 규정이나 특별한 사정이 없는 한 「민법」상의 법률행위에 관한 규정이 적용될 수 없다. ○ⅼ×

> **해설** 「민법」상의 법률행위에 관한 규정은 민사소송법상의 소송행위에는 특별한 규정 또는 특별한 사정이 없는 한 적용이 없으므로 사기 또는 착오를 원인으로 하여 소취하 등 소송행위를 취소할 수 없다(대판 1964.9.15. 64다92).

03

제3자가 행한 사기에 의하여 소송상의 화해를 한 경우 상대방이 그 사실을 알았거나 알 수 있었을 경우에 한하여 그 화해를 취소할 수 있다. ○ⅼ×

> **해설** 소송상의 화해는 소송행위로서 사법상의 화해와는 달리 사기나 착오를 이유로 취소할 수는 없다(대판 1979.5.15. 78다1094).

04

소송행위에는 조건을 붙일 수 없으므로, 재판상 화해에서 제3자의 이의가 있을 때에 화해의 효력을 실효시키기로 하는 약정은 허용되지 않는다. ○ | X

해설 재판상의 화해가 성립되면 그것은 확정판결과 같은 효력이 있는 것이므로 그것을 취소변경하려면 재심의 소에 의해서만 가능하다 할 것이나 재판상의 화해의 내용은 당사자의 합의에 따라 자유로 정할 수 있는 것이므로 화해조항 자체로서 특정한 제3자의 이의가 있을 때에는 화해의 효력을 실효시키기로 하는 내용의 재판상의 화해가 성립되었다면 그 조건의 성취로써 화해의 효력은 당연히 소멸된다 할 것이고 그 실효의 효력은 언제라도 주장할 수 있다(대판 1988.8.9. 88다카2332).

05

소송행위의 해석은 일반 실체법상의 법률행위와는 달리 내심의 의사가 아닌 그 표시를 기준으로 하여야 하고, 표시된 내용과 저촉되거나 모순되어서는 안 된다. ○ | X

해설 일반적으로 소송행위의 해석은 실체법상의 법률행위와는 달리 철저한 표시주의와 외관주의에 따르도록 되어 있고 표시된 내용과 저촉되거나 모순되는 해석을 할 수 없는 것이지만, 표시된 어구에 지나치게 구애되어 획일적으로 형식적인 해석에만 집착한다면 도리어 당사자의 권리구제를 위한 소송제도의 목적과 소송경제에 반하는 부당한 결과를 초래할 수 있으므로 그 소송행위에 관한 당사자의 주장 전체를 고찰하고 그 소송행위를 하는 당사자의 의사를 참작하여 객관적이고 합리적으로 소송행위를 해석할 필요가 있는 것이다(대판 (全) 1984.2.28. 83다카1981).

정답 | **01** ○ **02** ○ **03** × **04** × **05** ○

의의	소송상의 합의란 현재 계속 중이거나 또는 장래 계속될 특정의 소송에 대해 직접 또는 간접으로 어떠한 영향을 미치는 법적 효과의 발생을 목적으로 한 당사자 간의 합의를 말한다(합의관할, 불항소 합의 등).
인정 여부	전속관할에 관한 합의 등과 같이 공익에 직결되는 강행법규를 변경하거나 배제하려는 합의는 무효로 보더라도, 당사자의 의사결정의 자유가 확보된 소송행위에 관한 계약은 적법하다고 본다.
법적 성질	① 강제집행취하계약의 경우에 그 취하이행의 소송상 청구는 허용되지 않는다고 하여 사법계약설 중 의무이행소구설을 배척하였다. ② 소취하계약을 어긴 경우에 권리보호이익이 없다고 하여 소각하를 구하는 본안 전 항변권이 발생한다고 본다(항변권발생설). ③ 부제소 합의는 직권조사사항이라 하면서, 당사자들이 부제소 합의 효력·범위에 관하여 다투지 아니하는데도, 법원이 직권으로 부제소 합의의 위배를 이유로 소각하하는 것은 예상 외의 재판으로 당사자 일방에게 불의의 타격이 되므로 석명의무 위반으로 보았다.
소송상 합의의 유효요건	① 특약 자체가 불공정한 방법으로 이루어져서는 아니 되며, 또 합의시에 예상할 수 있는 상황에 관한 것이어야 한다. ② 당사자가 자유로이 처분할 수 있는 권리관계, 즉 처분권주의에 의하는 경우이어야 한다. 공법적 권리관계나 강행법규에 관한 경우이면 안 된다. ③ 특정한 권리관계에 관한 것이어야 한다. 당사자 간에 앞으로 민사상의 일체의 소송을 제기하지 않는다는 포괄적 합의조항은 헌법상 보장된 '재판을 받을 권리'를 미리 일률적으로 박탈하는 것이 되어 무효가 된다. ④ 부제소 합의는 헌법상 보장된 재판청구권의 포기라는 중대한 효과를 발생시키므로 합의의 존부에 관한 당사자의 의사가 불분명하다면 가급적 소극적 입장에서 그러한 합의의 존재를 부정할 수밖에 없다.
방식	소송상 합의는 원칙적으로 말 또는 서면으로 할 수 있으나, 관할합의와 불항소 합의는 서면으로 하여야 한다.
묵시적 해제 여부	환송판결 전에 소취하 합의가 있었지만, 환송 후 원심의 변론기일에서 이를 주장하지 않은 채 본안에 관하여 변론하는 등 계속 응소한 피고가 환송 후 판결에 대한 상고심에 이르러서야 위 소취하 합의 사실을 주장하는 경우에 위 소취하 합의가 묵시적으로 해제되었다고 봄이 상당하다.

01

강제집행 당사자 사이에 그 신청을 취하하기로 하는 약정은 사법상으로는 유효하다 할지라도 이를 위배하였다 하여 직접 소송으로서 그 취하를 청구하는 것은 허용되지 않는다. ○ | ×

> **해설** 강제집행 당사자 사이에 그 신청을 취하하기로 하는 약정은 사법상으로는 유효하다 할지라도 이를 위배하였다 하여 직접 소송으로서 그 취하를 청구하는 것은 공법상의 권리의 처분을 구하는 것이어서 할 수 없는 것이다(대판 1966. 5.31. 66다564).

02

구체적인 어느 특정 법률관계에 관하여 당사자 쌍방이 제1심판결 선고 전에 미리 항소하지 아니하기로 합의하였다면, 그 판결선고 후에는 당사자의 합의에 의하더라도 그 불항소 합의를 해제하고 소송계속을 부활시킬 수 없다. ○ | ×

> **해설** 구체적인 어느 특정 법률관계에 관하여 당사자 쌍방이 제1심판결 선고 전에 미리 항소하지 아니하기로 합의하였다면, 제1심판결은 선고와 동시에 확정되는 것이므로 그 판결선고 후에는 당사자의 합의에 의하더라도 그 불항소 합의를 해제하고 소송계속을 부활시킬 수 없다(대판 1987.6.23. 86다카2728).

03

불항소의 합의는 당사자의 의사를 존중하여 인정되는 제도이므로, 당사자의 일방만이 항소를 하지 아니하기로 약정하는 것도 유효하다. ○ | ×

> **해설** 불항소의 합의는 심급제도의 이용을 배제하여 간이신속하게 분쟁을 해결하고자 하는 당사자의 의사를 존중하여 인정되는 제도이므로 당사자의 일방만이 항소를 하지 아니하기로 약정하는 합의는 공평에 어긋나 불항소 합의로서의 효력이 없다(대판 1987.6.23. 86다카2728).

04

구체적인 사건의 소송계속 중 그 소송당사자 쌍방이 판결선고 전에 미리 상소하지 아니하기로 합의하는 경우 반드시 서면에 의하여야 한다.　　　　　　　　　　　　　　　　　　　　　　　　○ | X

> **해설** 불상소의 합의의 요건은 관할의 합의에 준한다(제390조 제2항). 따라서 서면에 의하여야 하고, 특히 판결선고 전의 합의일 때에는 서면의 문언에 의하여 당사자 양쪽이 상소를 하지 아니한다는 취지가 명백하게 표현되어 있을 것을 요한다.

05

환송판결 전에 소취하 합의가 있었지만, 환송 후 원심의 변론기일에서 이를 주장하지 않은 채 본안에 관하여 변론하는 등 계속 응소한 피고가 환송 후 판결에 대한 상고심에 이르러서야 위 소취하 합의 사실을 주장하는 경우에 위 소취하 합의가 묵시적으로 해제되었다고 봄이 상당하다.　　　　　　　　　　○ | X

> **해설** 대판 2007.5.11. 2005후1202

제5절 | 변론의 개시

I 변론조서

1. 의의

> **제152조【변론조서의 작성】**
> ① 법원사무관등은 변론기일에 참여하여 기일마다 조서를 작성하여야 한다. 다만, 변론을 녹음하거나 속기하는 경우 그 밖에 이에 준하는 특별한 사정이 있는 경우에는 법원사무관등을 참여시키지 아니하고 변론기일을 열 수 있다.
> ② 재판장은 필요하다고 인정하는 경우 법원사무관등을 참여시키지 아니하고 변론기일 및 변론준비기일 외의 기일을 열 수 있다.
> ③ 제1항 단서 및 제2항의 경우에는 법원사무관등은 그 기일이 끝난 뒤에 재판장의 설명에 따라 조서를 작성하고, 그 취지를 덧붙여 적어야 한다.

2. 조서의 기재방식

> **제159조【변론의 속기와 녹음】**
> ① 법원은 필요하다고 인정하는 경우에는 변론의 전부 또는 일부를 녹음하거나, 속기자로 하여금 받아 적도록 명할 수 있으며, 당사자가 녹음 또는 속기를 신청하면 특별한 사유가 없는 한 이를 명하여야 한다.
> ② 제1항의 녹음테이프와 속기록은 조서의 일부로 삼는다.
> ③ 제1항 및 제2항의 규정에 따라 녹음테이프 또는 속기록으로 조서의 기재를 대신한 경우에, 소송이 완결되기 전까지 당사자가 신청하거나 그 밖에 대법원규칙이 정하는 때에는 녹음테이프나 속기록의 요지를 정리하여 조서를 작성하여야 한다.
> ④ 제3항의 규정에 따라 조서가 작성된 경우에는 재판이 확정되거나, 양쪽 당사자의 동의가 있으면 법원은 녹음테이프와 속기록을 폐기할 수 있다. 이 경우 당사자가 녹음테이프와 속기록을 폐기한다는 통지를 받은 날부터 2주 이내에 이의를 제기하지 아니하면 폐기에 대하여 동의한 것으로 본다.
>
> **「민사소송규칙」제36조【조서의 작성 등】**
> ① 법원사무관등이 법 제152조 제3항에 따라 조서를 작성하는 때에는 재판장의 허가를 받아 녹음테이프 또는 속기록을 조서의 일부로 삼을 수 있다. 이 경우 녹음테이프와 속기록의 보관 등에 관하여는 제34조 제1항·제2항을 준용한다.
> ② 제1항 전문 및 법 제159조 제1항·제2항에 따라 녹음테이프 또는 속기록을 조서의 일부로 삼은 경우라도 재판장은 법원사무관등으로 하여금 당사자, 증인, 그 밖의 소송관계인의 진술 중 중요한 사항을 요약하여 조서의 일부로 기재하게 할 수 있다.
> ③ 제1항 전문 및 법 제159조 제1항·제2항에 따라 녹음테이프를 조서의 일부로 삼은 경우 다음 각 호 가운데 어느 하나에 해당하면 녹음테이프의 요지를 정리하여 조서를 작성하여야 한다. 다만, 제2항의 조서 기재가 있거나 속기록 또는 제35조에 따른 녹취서가 작성된 경우에는 그러하지 아니하다.
> 　1. 상소가 제기된 때
> 　2. 법관이 바뀐 때
> ④ 제3항 및 법 제159조 제3항에 따라 조서를 작성하는 때에는, 재판장의 허가를 받아, 속기록 또는 제35조에 따른 녹취서 가운데 필요한 부분을 그 조서에 인용할 수 있다.
> ⑤ 제3항 및 법 제159조 제3항에 따른 조서는 변론 당시의 법원사무관등이 조서를 작성할 수 없는 특별한 사정이 있는 때에는 당해 사건에 관여한 다른 법원사무관등이 작성할 수 있다.

3. 조서의 공개

(1) 사건관계인에 대한 공개
당사자나 이해관계를 소명한 제3자는 대법원규칙이 정하는 바에 따라, 소송기록의 열람·복사신청권, 재판서·조서의 정본·등본·초본의 교부신청권과 소송에 관한 사항의 증명서의 교부를 법원사무관등에게 신청할 수 있다.

(2) 일반에 대한 공개
일반인도 권리구제·학술연구 또는 공익적 목적이 있으면 확정된 소송기록의 열람을 신청할 수 있다. 그러나 심리가 비공개로 진행된 사건이나 당해 소송관계인이 동의하지 아니하는 경우에는 열람이 제한된다.

(3) 비밀보호를 위한 열람권의 제한
① 법원은 당사자의 신청으로 소송기록 중 비밀기재 부분의 열람·복사, 재판서·조서 중 비밀기재 부분의 정본·등본·초본의 교부의 신청자를 당사자로 한정하는 결정을 할 수 있도록 하였다.
② 이러한 조치는 당사자의 신청에 따른 재판에 의해 이루어지며, 신청한 당사자는 그 사유가 존재하고 있다는 점을 소명하여야 한다. 당사자의 신청이 있으면 그 신청에 관한 재판이 확정될 때까지 제3자는 비밀기재 부분의 열람 등을 신청할 수 없다.

4. 확정판결서의 열람·복사

> **제163조의2 【판결서의 열람·복사】***
> ① 제162조에도 불구하고 누구든지 판결이 선고된 사건의 판결서(확정되지 아니한 사건에 대한 판결서를 포함하며, 「소액사건심판법」이 적용되는 사건의 판결서와 「상고심절차에 관한 특례법」 제4조 및 이 법 제429조 본문에 따른 판결서는 제외한다. 이하 이 조에서 같다)를 인터넷, 그 밖의 전산정보처리시스템을 통한 전자적 방법 등으로 열람 및 복사할 수 있다. 다만, 변론의 공개를 금지한 사건의 판결서로서 대법원규칙으로 정하는 경우에는 열람 및 복사를 전부 또는 일부 제한할 수 있다. 〈개정 2020.12.8.〉
> ② 제1항에 따라 열람 및 복사의 대상이 되는 판결서는 대법원규칙으로 정하는 바에 따라 판결서에 기재된 문자열 또는 숫자열이 검색어로 기능할 수 있도록 제공되어야 한다. 〈신설 2020.12.8.〉
> ③ 법원사무관등이나 그 밖의 법원공무원은 제1항에 따른 열람 및 복사에 앞서 판결서에 기재된 성명 등 개인정보가 공개되지 아니하도록 대법원규칙으로 정하는 보호조치를 하여야 한다. 〈개정 2020.12.8.〉
> ④ 제3항에 따라 개인정보 보호조치를 한 법원사무관등이나 그 밖의 법원공무원은 고의 또는 중대한 과실로 인한 것이 아니면 제1항에 따른 열람 및 복사와 관련하여 민사상·형사상 책임을 지지 아니한다. 〈개정 2020.12.8.〉
> ⑤ 제1항의 열람 및 복사에는 제162조제4항·제5항 및 제163조를 준용한다. 〈개정 2020.12.8.〉
> ⑥ 판결서의 열람 및 복사의 방법과 절차, 개인정보 보호조치의 방법과 절차, 그 밖에 필요한 사항은 대법원규칙으로 정한다. 〈개정 2020.12.8.〉

*재판부로 하여금 판결이 선고된 사건의 판결서 공개를 용이하게 하고, 열람 및 복사의 대상이 되는 판결서는 컴퓨터 등을 통해 검색 가능한 형태로 제공하도록 함으로써 재판 공개라는 헌법적 요청을 충족시키고, 판결의 공정성과 투명성을 확보하며, 사법부에 대한 국민의 신뢰를 회복할 수 있도록 하려는 것임.

5. 조서의 정정

① 조서에 적힌 사항에 관하여 관계인이 이의를 제기하였으나 이유 없다고 인정될 경우에는 조서에 그 취지를 적어야 한다. 이의가 없어도 조서의 기재에 명백한 오류가 있을 때에는 판결의 경정에 준하여 정정할 수 있다.

② 관계인이 변론조서에 잘못된 기재가 있다는 이유로 법원사무관등의 처분에 대한 이의신청을 하는 것은 허용되지 않는다.

6. 조서의 증명력

① 변론방식에 관한 규정이 지켜졌다는 것은 조서로만 증명할 수 있다. 다만, 조서가 없어진 때에는 그러하지 아니하다.

② 이때 변론의 방식이란 변론의 일시 및 장소, 변론의 공개 유무, 관여법관, 당사자와 대리인의 출석 여부, 판결의 선고일자와 선고사실 등 변론의 외형적 형식을 말하는 것으로서 주로 민사소송법 제153조의 형식적 기재사항에 대응한다.

③ 판례는 변론의 내용에 대하여도 조서에 기재되어 있다면 특별한 사정이 없는 한 그 내용이 진실하다는 데에 강한 증명력을 부여한다.

01　　　　　　　　　　　　　　　　　　　　　　　　　　　　　　　　　　　　　21법원직

법원사무관등은 변론기일에 참여하여 기일마다 조서를 작성하여야 한다. 변론을 녹음하거나 속기하는 경우에도 법원사무관등을 참여시키지 아니하고 변론기일을 여는 것은 위법하다.　　○│×

> 해설　법원사무관등은 변론기일에 참여하여 기일마다 조서를 작성하여야 한다. 다만, 변론을 녹음하거나 속기하는 경우 그 밖에 이에 준하는 특별한 사정이 있는 경우에는 법원사무관등을 참여시키지 아니하고 변론기일을 열 수 있다(제152조 제1항).

02　　　　　　　　　　　　　　　　　　　　　　　　　　　　　　　　　　　　　21법원직

법원은 필요하다고 인정하는 경우에는 변론의 전부 또는 일부를 녹음하거나, 속기자로 하여금 받아 적도록 명할 수 있으며, 당사자가 녹음 또는 속기를 신청하면 특별한 사유가 없는 한 이를 명하여야 한다. 이 경우 녹음테이프와 속기록은 조서의 일부로 삼는다.　　○│×

> 해설　제159조 제1항·제2항

03　　　　　　　　　　　　　　　　　　　　　　　　　　　　　　　　　　　　　21법원직

변론방식에 관한 규정이 지켜졌다는 것은 조서로만 증명할 수 있다. 다만, 조서가 없어진 때에는 그러하지 아니하다.　　○│×

> 해설　제158조

04　　　　　　　　　　　　　　　　　　　　　　　　　　　　　　　　　　　　　21법원직

변론의 내용이 조서에 기재되어 있을 때에는 다른 특별한 사정이 없는 한 그 내용이 진실한 것이라는 점에 관한 강한 증명력을 갖는다.　　○│×

> 해설　대판 2002.6.28. 2000다62254

정답 │ **01** × **02** ○ **03** ○ **04** ○

1. 당사자의 결석(기일해태의 요건)

필요적 변론기일에 한정	① 임의적 변론에 있어서의 기일 불출석은 문제되지 않는다. 판결선고기일에는 당사자 쌍방이 결석해도 문제되지 않는다. ② 법정 외에서 한다는 특별한 사정이 없는 한 증거조사기일은 필요적 변론기일에 포함된다.
적법한 기일통지를 받고 불출석	① 당사자가 적법한 기일통지를 받고 불출석한 경우라야 한다. 기일통지서의 송달불능·송달무효이면 기일해태가 아니다. ② 공시송달에 의한 기일통지를 받고 불출석한 경우에는 자백간주의 기일해태효과가 생기지 않는다. ③ 제1심에서 피고에 대하여 공시송달로 재판이 진행되어 피고에 대한 청구가 기각되었다고 하여도 피고가 원고 청구원인을 다툰 것으로 볼 수 없으므로, 원고가 항소한 항소심에서 피고가 공시송달이 아닌 방법으로 송달받고도 다투지 아니한 경우에는 민사소송법 제150조의 자백간주가 성립된다. ④ 법인인 소송당사자가 법인이나 그 대표자의 주소가 변경되었는데도 이를 법원에 신고하지 아니하여 2차에 걸친 변론기일소환장이 송달불능이 되자 법원이 공시송달의 방법으로 재판을 진행한 결과 쌍방 불출석으로 취하간주되었다면, 이는 그 변론기일에 출석하지 못한 것이 소송당사자의 책임으로 돌릴 수 없는 사유로 인하여 기일을 해태한 경우라고는 볼 수 없다.
사건의 호명을 받고 변론이 끝날 때까지 불출석·무변론	① 당사자도 대리인도 모두 법정에 나오지 않은 경우이다. 비록 당사자가 출석하였으나, 진술금지의 재판, 퇴정명령, 임의퇴정의 경우에도 불출석으로 된다. ② 출석하여도 변론하지 아니하면 기일의 해태로 된다. 단지, 피고가 청구기각의 판결만을 구하고 사실상의 진술을 하지 아니한 경우는 변론하였다고 할 수 없다.

2. 양쪽 당사자의 결석 – 소의 취하간주

(1) 의의

양쪽 당사자가 총 2회 결석하고 1월 이내에 기일지정신청을 하지 않거나 총 3회 결석한 경우 소취하간주의 효력이 생긴다. 상소심에서는 상소를 취하한 것으로 간주한다.

(2) 취하간주의 요건

양쪽 당사자의 1회 결석	양쪽 당사자가 변론기일에 1회 불출석이거나 출석무변론이었을 것을 요한다. 이 경우 재판장은 반드시 속행기일을 정하여 양쪽 당사자에게 통지하여야 하며, 판결하기에 성숙하였다 하여도 변론을 종결하고 소송기록에 의하여 판결할 수 없다.
양쪽 당사자의 2회 결석	① 2회 내지 3회 결석은 반드시 연속적이어야 하지 않고, 단속적이어도 무방하다. ② 같은 심급의 같은 종류의 기일에 2회 내지 3회 불출석일 것을 요한다. 따라서 제1심에서 1회, 제2심에서 1회와 같이 전 소송과정을 통해 2회 불출석하였을 때에는 기일지정신청이 없어도 취하의 효과가 생기지 않는다. 같은 심급이라도 환송 전의 항소심에서 1회, 환송 후의 항소심에서 1회의 쌍방 기일해태가 있는 경우에는 이에 해당되지 않는다. 변론기일과 변론준비기일은 같은 종류의 기일이 아니므로 변론준비기일 1회, 변론기일 1회 분출석하고 기일지정신청을 하지 아니하여도 소취하간주의 효과가 생기지 아니한다. ③ 같은 소가 유지되는 상태에서 2회 내지 3회 결석일 것을 요한다. 따라서 소의 교환적 변경에 앞서 한 차례, 변경 후 한 차례 불출석한 때에는 2회 결석이 아니다. ④ 배당이의의 소 원고가 '첫 변론기일'에 출석하지 아니한 경우에는 소를 취하한 것으로 간주되는데, 변론준비기일의 제도적 취지, 그 진행방법과 효과, 규정의 형식 등에 비추어 볼 때, 여기서의 '첫 변론기일'에 '첫 변론준비기일'은 포함되지 않는다.

기일지정신청이 없거나 또는 기일지정신청 후의 양쪽 결석	① 양쪽 당사자가 2회 결석 후 그로부터 1월 내에 당사자가 기일지정신청을 하지 아니하면 소의 취하가 있는 것으로 본다. 이 기간은 2회 결석한 기일로부터 기산하며, 불변기간은 아니므로 기일지정신청의 추후보완은 허용될 수 없다. ② 기일지정신청에 의하여 정한 기일 또는 그 후의 기일에 양쪽 당사자가 결석한 때에도 소의 취하가 있는 것으로 본다.

(3) 취하간주의 효과

제1심에서의 효과	① 취하간주의 효과는 법률상 당연히 발생하는 효과이며, 당사자나 법원의 의사로 그 효과를 좌우할 수는 없다. ② 소의 취하간주는 원고의 의사표시에 의한 소의 취하와 그 효과가 같다. 따라서 소송계속의 효과는 소급적으로 소멸하며 소송은 종결된다. 소의 취하간주가 있음에도 이를 간과한 채 본안판결을 한 경우에는 상급법원은 소송종료선언을 하여야 한다. ③ 본래의 소의 계속 중 1회 결석한 뒤에 추가적 변경·반소·중간확인의 소·당사자참가 등 소송 중의 소가 제기되었는데, 다시 1회 결석 후에 기일지정신청이 없을 때 취하의 효과가 미치는 것은 본래의 소 부분뿐이고 소송 중의 소 부분은 해당되지 아니한다. 이 경우는 가분적인 일부취하간주가 된다.
상소심에서의 효과	① 상소심에서 기일해태의 경우에는 상소의 취하로 본다. 이로써 상소심절차가 종결되고, 원판결이 그대로 확정된다. ② 항소취하 간주의 효력을 다투려면 「민사소송규칙」 제67조, 제68조에서 정한 절차에 따라 항소심 법원에 기일지정신청을 할 수는 있으나 상고를 제기할 수는 없다.

3. 한쪽 당사자의 결석

(1) 진술간주

의의	한쪽 당사자가 변론기일에 불출석이거나 출석무변론인 경우에는 그가 제출한 소장·답변서, 그 밖의 준비서면에 기재한 사항을 진술한 것으로 간주하고 출석한 상대방에 대하여 변론을 명할 수 있도록 하였는데, 이를 진술간주라 한다.
요건	① 제148조의 변론기일은 첫 기일뿐만 아니라, 속행기일을 포함한다. 항소심기일은 물론 파기환송 후의 항소심기일에도 적용된다. 또한 단독사건이든 합의사건이든 불문하며, 원·피고에게 공평하게 적용된다. ② 진술한 것으로 간주되는 서면은 소장·답변서, 그 밖의 준비서면이다.
효과	① 제148조의 적용 여부는 법원의 재량이다. 법원은 변론을 진행할 수도 있고 기일을 연기할 수도 있다. 다만, 출석한 당사자만으로 변론을 진행할 때에는 반드시 불출석한 당사자가 그때까지 제출한 준비서면에 기재한 사항을 진술한 것으로 보아야 한다. ② 서면에서 원고의 주장사실을 자백한 경우 재판상 자백이 성립하고, 명백히 다투지 않은 경우 자백간주가 되어 증거조사 없이 변론을 종결할 수 있다.
확대적용과 한계	① **서면청구의 포기·인낙과 서면화해** 신법은 당사자의 법원출석의 불편을 덜기 위해 진술간주제도의 적용범위를 확대하였다. 불출석한 당사자가 진술한 것으로 보는 서면에 청구의 포기·인낙의 의사표시가 적혀 있고 공증사무소의 인증까지 받은 때에는 청구의 포기·인낙이 성립된 것으로 본다. 또한 불출석한 당사자가 제출한 서면에 화해의사표시가 적혀 있고 인증까지 받은 경우에 상대방 당사자가 출석하여 그 화해의 의사표시를 받아들인 때에는 재판상의 화해가 성립되는 것으로 보도록 했다. ② 다만, 판례는 ㉠ 원고가 관할권 없는 법원에 제소한 때에 피고가 본안에 관한 사실을 기재한 답변서만을 제출한 채 불출석한 경우 그것이 진술간주가 되어도 변론관할은 발생하지 않고, ㉡ 준비시면에 증거를 첨부하여 제출한 경우에 그 서면이 진술간주되어도 증거신청의 효과는 생기지 않는다고 판시하고 있다.

(2) 자백간주

의의	당사자가 상대방의 주장사실을 자진하여 자백하지 아니하여도, 명백히 다투지 아니하거나 또는 당사자 일방이 기일에 불출석한 경우에는 그 사실을 자백한 것으로 본다.
요건	한쪽 당사자의 불출석으로 자백간주가 되려면, ① 불출석한 당사자가 상대방의 주장사실을 다투는 답변서 그 밖의 준비서면을 제출하지 않은 경우라야 하며, ② 당사자가 공시송달에 의하지 않은 기일통지를 받았음에도 불구하고 불출석한 경우라야 한다.
효과	① 자백간주가 성립되면 법원에 대한 구속력이 생기며, 법원은 그 사실을 판결의 기초로 삼지 않으면 안 된다. ② 다만, 자백간주는 당사자에 대한 구속력이 생기지 않는다. 따라서 제1심에서 자백간주가 있었다 하여도 항소심의 변론종결 당시까지 이를 다투는 한 그 효과가 배제된다.

01

변론준비기일과 판결선고기일에도 기일해태의 효과가 발생한다. O | X

> **해설** 판결선고기일에는 당사자 쌍방이 결석해도 문제되지 않는다(제207조 제2항).

02

법정 외에서 한다는 특별한 사정이 없는 한 증거조사기일에도 기일해태의 효과가 발생한다. O | X

> **해설** 판례는 법정 외에서 한다는 특별한 사정이 없는 한 증거조사기일은 필요적 변론기일에 포함된다고 한다(대판 1966.1.31. 65다2296).

03

공시송달에 의한 기일통지를 받고 불출석한 경우는 자백간주의 효과가 발생하지 않는다. O | X

> **해설** 공시송달에 의한 기일통지를 받고 불출석한 경우에는 자백간주(제150조 제3항)의 기일해태효과가 생기지 않는다.

04

법인인 소송당사자가 법인이나 그 대표자의 주소가 변경되었는데도 이를 법원에 신고하지 아니하여 2차에 걸친 변론기일소환장이 송달불능이 되자 법원이 공시송달의 방법으로 재판을 진행한 결과 쌍방 불출석으로 취하간주되었다면, 이는 그 변론기일에 출석하지 못한 것이 소송당사자의 책임으로 돌릴 수 없는 사유로 인하여 기일을 해태한 경우라고는 볼 수 없다. O | X

> **해설** 대판 1987.2.24. 86누509

05

23변호사

'변론기일에 양쪽 당사자가 출석하지 아니한 때'란 양쪽 당사자가 적법한 절차에 의한 송달을 받고도 변론기일에 출석하지 않는 것을 가리키므로, 변론기일의 송달절차가 적법하지 아니한 이상 비록 그 변론기일에 양쪽 당사자가 출석하지 아니하였다고 하더라도, 소 또는 상소를 취하한 것으로 보는 효과는 발생하지 않는다. ○ | ×

해설 대판 2022.3.17. 2020다216462

06

11법원직

당사자가 출석하였으나 진술금지의 재판을 받은 경우 불출석으로 된다. ○ | ×

해설 비록 당사자가 출석하였으나, ① 진술금지의 재판(제144조), 퇴정명령, ② 임의퇴정의 경우에도 불출석으로 된다.

07

12법원직

당사자의 일방 또는 쌍방이 출석한 경우에 기일을 연기하는 것은 출석한 당사자에게 기일해태의 효력이 생기지 않는다. ○ | ×

해설 변론조서에 연기라는 기재가 있다 하더라도 그 기재는 기일을 실시할 수 없는 당사자의 관계에서만 기일을 연기한다는 것일 뿐, 기일을 해태한 당사자들에 대한 관계에 있어서는 사건 호명으로 불출석의 효과가 발생하는 것이고 연기의 기재는 무의미한 것이다(대판 1982.6.22. 81다791). 즉, 출석한 당사자에게는 불출석 효과가 발생하지 않는다.

08

12법원직

양쪽 당사자가 변론기일에 출석하지 않았더라도 변론의 정도가 판결하기에 충분할 정도로 성숙되었다면, 재판장은 변론을 종결할 수 있다. ○ | ×

해설 양쪽 당사자가 변론기일에 1회 불출석이거나 출석무변론이었을 것을 요한다. 이 경우 재판장은 반드시 속행기일을 정하여 양쪽 당사자에게 통지하여야 하며, 판결하기에 성숙하였다 하여도 변론을 종결하고 소송기록에 의하여 판결될 수 없다.

정답 | 01 × 02 ○ 03 ○ 04 ○ 05 ○ 06 ○ 07 ○ 08 ×

09

양쪽 당사자가 변론기일에 2회 불출석한 후 1월 내에 기일지정신청을 하지 아니하거나 그 기일지정신청에 의하여 정한 변론기일이나 또는 그 뒤에 변론기일에 다시 양쪽 당사자가 불출석하면 소를 취하한 것으로 본다. ○ | X

> **해설** 제268조

10

제1심에서 1회, 항소심에서 1회의 쌍방 기일해태가 있는 경우에는 2회 기일해태의 효과가 발생하지 않는다. ○ | X

> **해설** 기일해태는 반드시 연속하여 2회 계속될 필요는 없고 단속적이어도 상관없으나, 적어도 동일 심급의 동종의 기일에서 2회 있어야 한다. 따라서 제1심에서 1회, 항소심에서 1회의 쌍방 기일해태가 있는 경우에는 2회 기일해태의 효과가 발생하지 않는다.

11

같은 심급이라도 환송 전의 항소심에서 1회, 환송 후의 항소심에서 1회의 쌍방 기일해태가 있는 경우에는 2회의 기일해태에 해당되지 않는다. ○ | X

> **해설** 같은 심급이라도 환송 전의 항소심에서 1회, 환송 후의 항소심에서 1회의 쌍방 기일해태가 있는 경우에는 이에 해당되지 않는다고 보는 것이 판례이다(대판 1963.6.20. 63다166).

12

변론준비기일에서 이미 1차례 모두 불출석한 양쪽 당사자가 변론기일에 이르러 다시 모두 불출석하였다면, 변론준비기일에서의 불출석 효과가 변론기일에 승계되므로 1개월 이내에 기일지정신청을 하지 않으면 소를 취하한 것으로 본다. ○ | X

> **해설** 변론준비절차는 원칙적으로 변론기일에 앞서 주장과 증거를 정리하기 위하여 진행되는 변론 전 절차에 불과할 뿐이어서 변론준비기일을 변론기일의 일부라고 볼 수 없고 변론준비기일과 그 이후에 진행되는 변론기일이 일체성을 갖는다고 볼 수도 없는 점, 변론준비기일이 수소법원 아닌 재판장 등에 의하여 진행되며 변론기일과 달리 비공개로 진행될 수 있어서 직접주의와 공개주의가 후퇴하는 점 등을 고려할 때 변론준비기일에서 양쪽 당사자 불출석의 효과는 변론기일에 승계되지 않는다. 따라서 양쪽 당사자가 변론준비기일에 한 번, 변론기일에 두 번 불출석하였다고 하더라도 변론준비기일에서 불출석의 효과가 변론기일에 승계되지 아니하므로 소를 취하한 것으로 볼 수 없다(대판 2006.10.27. 2004다69581).

13

원고가 채권자대위권에 기해 청구를 하다가 당해 피대위채권 자체를 양수하여 양수금청구로 소를 변경한 경우, 양쪽 당사자가 변경 전에 1회, 변경 후에 불출석한 경우에는 2회 기일해태의 효과가 발생한다.

○ | ×

해설 같은 소가 유지되는 상태에서 2회 내지 3회 불출석하여야 하며, 만일 중간에 소의 교환적 변경이 있고 그 전후에 걸쳐 한 차례씩 불출석한 경우에는 2회 불출석에 해당하지 않는다. 왜냐하면 교환적 변경에 의하여 구청구는 이미 취하되어 떨어져 나갔기 때문이다.

14

배당이의소송에서는 첫 변론준비기일에 출석한 원고라고 하더라도 첫 변론기일에 출석하지 않으면, 곧바로 배당이의의 소를 취하한 것으로 본다.

○ | ×

해설 「민사집행법」 제158조의 문언이 '첫 변론기일'이라고 명시하고 있으므로 '첫 변론기일'에 '첫 변론준비기일'은 포함되지 않는다. 따라서 배당이의의 소송에서 첫 변론준비기일에 출석한 원고라고 하더라도 첫 변론기일에 불출석하면 「민사집행법」 제158조에 따라서 소를 취하한 것으로 볼 수밖에 없다(대판 2007.10.25. 2007다34876).

15

양쪽 당사자가 2회에 걸쳐 변론기일에 출석하지 아니하거나 출석하더라도 변론을 하지 아니한 때에는 법원은 당사자의 기일지정신청에 의하여 기일을 지정하여야 할 것이나, 법원이 두 번째 불출석 기일에 직권으로 신기일을 지정한 때에는 당사자의 기일지정신청에 의한 기일지정이 있는 경우와 마찬가지로 보아야 한다.

○ | ×

해설 법원이 두 번째 불출석의 기일에 직권으로 신기일을 지정한 때에는 당사자의 기일지정신청에 의한 기일지정이 있는 경우와 마찬가지로 보아야 한다(대판 1994.2.22. 93다56442).

정답 | 09 ○ 10 ○ 11 ○ 12 × 13 × 14 ○ 15 ○

16

제268조에서 기일지정신청은 쌍방 불출석 변론기일로부터 1월 내에 하여야 하는 것이지 신청인이 그 사실을 안 때로부터 그 기간을 기산할 수는 없다.　　　　　　　　　　　　　　　　　　　　　　　　　　O | X

> **해설** 양쪽 당사자가 2회 결석 후 그로부터 1월 내에 당사자가 기일지정신청을 하지 아니하면 소의 취하가 있는 것으로 본다(제268조 제2항). 1개월은 양쪽 당사자가 불출석한 변론기일 다음 날부터 기산된다고 할 것이고, 기일지정 신청인이 그 사실을 안 때부터 그 기간을 기산할 수 없다(대판 1992.4.14. 92다3441).

17

양쪽 당사자가 2회 불출석한 후 1월 내에 기일지정신청을 하지 아니하면 소를 취하한 것으로 보는데, 위 기간은 불변기간이므로 기일지정신청의 추후보완이 허용된다.　　　　　　　　　　　　　　　　　O | X

> **해설** 이 기간은 불변기간이 아니므로 기일지정신청의 추후보완은 허용될 수 없다(대판 1992.4.21. 92마175). 또 법원은 그 기간을 연장할 수 없다.

18

항소심에서 양쪽 당사자의 2회 기일해태 후 기일지정신청이 없거나 그 기일지정신청에 의해 정해진 변론기일에 양쪽 당사자가 불출석하면 소의 취하가 있는 것으로 본다.　　　　　　　　　　　　　　　　O | X

> **해설** 양쪽 당사자의 2회 기일해태 후 기일지정신청이 없거나 그 기일지정신청에 의하여 정해진 변론기일에 양쪽 당사자가 불출석하면 소의 취하가 있는 것으로 본다(제268조 제2항·제3항). 다만, 상소심에서는 소의 취하가 아니라 상소의 취하로 간주되어(같은 조 제4항), 원판결이 그대로 확정된다.

19

항소취하 간주는 그 규정상 요건의 성취로 법률에 의하여 당연히 발생하는 효과이고 법원의 재판이 아니므로 상고의 대상이 되는 종국판결에 해당하지 아니하고, 항소취하 간주의 효력을 다투려면 항소심 법원에 기일지정신청을 할 수는 있으나 상고를 제기할 수는 없다.　　　　　　　　　　　　　　　O | X

> **해설** 민사소송법 제268조 제4항에서 정한 항소취하 간주는 그 규정상 요건의 성취로 법률에 의하여 당연히 발생하는 효과이고 법원의 재판이 아니므로 상고의 대상이 되는 종국판결에 해당하지 아니한다. 항소취하 간주의 효력을 다투려면 「민사소송규칙」 제67조, 제68조에서 정한 절차에 따라 항소심 법원에 기일지정신청을 할 수는 있으나 상고를 제기할 수는 없다(대판 2019.8.30. 2018다259541).

20

한쪽 당사자가 변론기일에 출석하지 아니하거나, 출석하여도 본안에 관하여 변론하지 아니한 때에는 그가 제출한 소장·답변서, 그 밖의 준비서면에 적혀 있는 사항을 진술한 것으로 보고 출석한 상대방에게 변론을 명할 수 있다. ○ | ✕

해설 한쪽 당사자가 변론기일(최초의 기일이든 그 후의 기일이든 불문하고 제1심 기일은 물론 항소심 기일과 변론준비기일도 포함한다)에 출석하지 아니하거나 출석하여도 본안에 관하여 변론을 하지 아니한 때에는, 그가 제출한 소장·답변서 그 밖의 준비서면에 적혀 있는 사항을 진술한 것으로 보고 출석한 상대방에게 변론을 명할 수 있다(제148조 제1항).

21

최초 변론기일에 원고가 특별한 사정이 없음에도 불출석하였고, 반면 피고는 출석해서 원고의 주장을 부인했다면 법원은 원고의 청구를 기각해야 한다. ○ | ✕

해설 민사소송법 제148조 제1항에 의하면, 변론기일에 한쪽 당사자가 불출석한 경우에 변론을 진행하느냐 기일을 연기하느냐는 법원의 재량에 속한다고 할 것이나, 출석한 당사자만으로 변론을 진행할 때에는 반드시 불출석한 당사자가 그때까지 제출한 소장·답변서, 그 밖의 준비서면에 적혀 있는 사항을 진술한 것으로 보아야 한다(대판 2008.5.8. 2008다2890).

22

당사자가 제출한 소장·답변서, 그 밖의 준비서면에 청구의 포기 또는 인낙의 의사표시가 적혀 있다면 공증사무소의 인증이 없더라도 그 취지에 따라 청구의 포기 또는 인낙이 성립된 것으로 본다. ○ | ✕

해설 불출석한 당사자가 진술한 것으로 보는 서면에 청구의 포기·인낙의 의사표시가 적혀 있고 공증사무소의 인증까지 받은 때에는 청구의 포기·인낙이 성립된 것으로 본다(제148조 제2항).

23

당사자가 준비서면에 서증의 사본을 첨부하여 제출한 채 불출석한 경우, 그 준비서면이 진술간주되면 서증의 제출이 있는 것으로 본다. O I X

> **해설** 서증은 법원 외에서 조사하는 경우 이외에는 당사자가 변론기일 또는 준비절차기일에 출석하여 현실적으로 제출하여야 하고, 그 서면이 진술간주되어도 증거신청의 효과는 생기지 않는다(대판 1991.11.8. 91다15775).

24

원고가 관할권 없는 법원에 제소한 때에 피고가 본안에 관한 사실을 기재한 답변서를 제출한 채 불출석한 경우, 그 답변서가 진술간주되면 변론관할이 생긴다. O I X

> **해설** 원고가 관할권 없는 법원에 제소한 때에 피고가 본안에 관한 사실을 기재한 답변서만을 제출한 채 불출석한 경우 그것이 진술간주가 되어도 변론관할은 발생하지 않는다(대판 1980.9.26. 80마403).

25

소장, 답변서 그 밖의 준비서면에 기재한 사실에 관하여 불출석한 당사자가 답변서 또는 준비서면조차 제출하지 아니하였거나 제출하였더라도 그 기재에 의하여 이를 명백히 다투고 있지 않은 경우에는 이를 자백한 것으로 간주된다. O I X

> **해설** 소장·답변서 그 밖의 준비서면에 기재한 사실에 관하여 불출석한 당사자가 답변서 또는 준비서면조차 제출하지 아니하였거나 제출하였더라도 그 기재에 의하여 이를 명백히 다투고 있지 않은 경우에는, 마치 출석하여 상대방의 주장을 명백히 다투지 않은 경우처럼 이를 자백한 것으로 간주된다(제150조 제1항·제3항).

26

일단 제1심에서 자백간주가 있었다면 항소심에서 이를 다투었다 하더라도 자백간주의 효력이 유지된다. O I X

> **해설** 제1심에서 자백간주가 있었다 하여도 항소심의 변론종결 당시까지 이를 다투는 한 그 효과가 배제된다(대판 1987. 12.8. 87다368).

정답 | **23** × **24** × **25** ○ **26** ×

Ⅰ 소송행위 추후보완

1. 추후보완의 대상인 기간

① 법률로 불변기간으로 정해진 것에 한하며, 통상기간은 추후보완의 대상이 되지 않는다.

② 상고이유서 제출기간, 취하간주의 경우의 기일지정신청기간도 불변기간에 속하지 않으므로 추후보완신청의 대상이 되지 않는다.

③ 소송행위의 추후보완은 송달이 유효한 경우에 비로소 문제되는 것이므로, 제1심판결을 허위주소에서 다른 사람이 송달받은 경우와 같이 그 송달 자체가 무효인 경우에는 불변기간인 항소기간이 처음부터 진행될 수 없어 항소행위의 추후보완이라는 문제는 생기지 않고, 당사자는 언제라도 항소를 제기할 수 있다.

④ 추후보완 소송행위를 하는 것만으로는 확정판결로서의 효력이 배제되는 것은 아니다.

2. 추후보완사유(불귀책사유)

부정 예	① 서울에서 수원으로 배달증명우편으로 발송한 항소장이 4일 만에 배달된 점이나, 자신이 구속되었다는 사정은 추후보완사유가 아니다. ② 소송대리인이 판결정본의 송달을 받고도 당사자에게 그 사실을 알려 주지 아니하여 기간을 지키지 못한 경우처럼 그 책임이 소송대리인에게 있는 이상 본인에게 과실이 없다 하더라도 추후보완사유에 해당되지 않는다.
긍정 예	제1심 판결정본을 수령한 당사자가 그 판결정본 말미에 기재된 문구에 따라 실제 수령한 날부터 14일째 되는 날에 항소장을 제출한 경우에는 추후보완을 할 수 있다.

3. 공시송달로 인하여 항소기간을 준수하지 못한 경우

당사자가 소송계속 여부를 알고 있는 경우	① 적법한 송달이 이루어져 당사자가 소송계속 여부를 알고 있는 경우에는, 그 후 공시송달로 진행되어 판결이 송달되었더라도 항소기간을 지킬 수 없었던 것에 당사자의 책임을 인정한다. ② 법인인 소송당사자가 법인이나 그 대표자의 주소가 변경되었는데도 이를 법원에 신고하지 아니한 경우나, 당사자가 주소변경신고를 하지 않아 결과적으로 공시송달의 방법으로 판결 등이 송달된 경우에도 추후보완을 인정하지 아니한다. ③ 다만, 조정이 성립되지 아니한 것으로 사건이 종결된 후 피신청인의 주소가 변경되었음에도 주소변경신고를 하지 않은 상태에서 조정이 소송으로 이행되어 변론기일통지서 등 소송서류를 송달할 수 없게 되어 발송송달이나 공시송달의 방법으로 송달한 경우에는 처음부터 소장부본이 적법하게 송달된 경우와 달리 피신청인에게 소송 진행상황을 조사할 의무가 있다고 할 수 없으므로, 피신청인이 소송 진행상황을 조사하지 않아 상소제기의 불변기간을 지키지 못하였다면, 이는 당사자가 책임질 수 없는 사유로 말미암은 것에 해당하여 추후보완을 인정한다.

법원의 잘못이 개재된 경우의 예외	① 법원의 부주의로 주소를 잘못 기재하여 송달한 탓으로 송달불능이 되자 공시송달을 한 경우, 당사자가 변론기일에 빠짐없이 출석하였는데 법원이 직권으로 선고기일을 연기하면서 그 통지를 누락하고 판결정본을 한여름 휴가철에 연속 송달하였다가 폐문부재로 송달불능되자 이를 공시송달한 경우에는 추후보완을 인정한다. ② 나아가 원고의 주소가 정확하고 변동이 없음에도 우편집배원의 경솔하고 불성실한 업무처리로 인하여 주소불명이라는 이유로 송달불능으로 반려하거나, 불성실한 우편집배원이 '이사 간 곳 불명'이라는 이유로 기일통지서를 반려한 까닭에 공시송달의 방법으로 진행된 경우에도, 모두 당사자가 그 책임 없는 사유로 인하여 기일에 출석하지 못한 경우에 해당한다.
처음부터 공시송달로 진행	① 처음 소장부본 송달부터 공시송달의 방법으로 소송이 진행된 경우, 그것이 원고가 허위의 주소를 신고한 때문인 경우는 물론 그렇지 않다 하더라도 당사자의 책임질 수 없는 사유로 인한 것이어서 추후보완이 인정된다. ② 판례는 원고가 피고의 주소를 알고 있으면서도 허위의 주소 또는 소재불명으로 표시하여 공시송달명령을 얻어내어 판결을 받아 확정시킨 경우 재심청구까지 허용한다. 이 경우에는 추후보완과 재심청구 중 어느 쪽을 택하여도 무방하므로, 추완상소기간이 도과하더라도 재심 제기가 가능하다.

4. 추후보완의 절차

신청	① 상소기간을 지키지 못한 데 과실이 없다는 사정은 상소를 추후보완하고자 하는 당사자 측에서 주장·입증하여야 한다. ② 피고가 책임질 수 없는 사유로 항소기간을 준수하지 못한 경우에 피고의 보조참가인은 그 판결이 있는 사실을 안 후로부터 2주 이내에 보조참가신청과 동시에 추후보완항소를 할 수 있다.
기간	① 불변기간을 지킬 수 없었던 사유가 없어진 후부터 2주. 다만, 외국에 있던 당사자에 대하여는 추후보완기간을 30일. 위 기간은 줄이거나 늘일 수 없으며, 불변기간이 아니므로 부가기간을 정할 수도 없다. ② 여기서 '그 사유가 없어진 때'라 함은 판결의 송달사실을 과실 없이 알지 못한 경우에는 당사자나 소송대리인이 단순히 판결이 있었던 사실을 안 때가 아니라 나아가 <u>그 판결이 공시송달의 방법으로 송달된 사실을 안 때를 가리키는 것으로서</u>, 당사자나 소송대리인이 그 사건기록의 열람을 하거나 또는 새로이 판결정본을 영수한 때에 비로소 그 판결이 공시송달의 방법으로 송달된 사실을 알게 되었다고 보아야 한다.

OX 확인

01

16사무관, 18주사보

추후보완은 당사자가 그 책임으로 돌릴 수 없는 사유로 인하여 불변기간을 준수할 수 없었던 경우에 인정되므로 불변기간이 아닌 다른 통상기간에는 추후보완이 인정되지 않는다. ○ | X

> **해설** 추후보완은 당사자가 그 책임으로 돌릴 수 없는 사유로 인하여 불변기간을 준수할 수 없었던 경우에 인정된다. 따라서 불변기간이 아닌 다른 통상기간에는 추후보완이 인정되지 않는다.

02

13법원직, 14/18사무관, 16주사보

허위주소로 소송서류가 송달되어 피고 아닌 원고가 그 서류를 받아 의제자백의 형식으로 원고승소판결이 선고되고 그 판결정본 역시 허위주소로 보내어져 송달된 것으로 처리된 경우에도, 그 판결에 대한 항소기간은 진행되고 단지 소송행위 추완의 문제가 생긴다. ○ | X

> **해설** 소송행위의 추후보완은 불변기간 기산의 기초가 되는 송달이 유효한 경우에 비로소 문제되는 것이므로, 제1심판결을 허위주소에서 다른 사람이 송달받은 경우와 같이 그 송달 자체가 무효인 경우에는 불변기간인 항소기간이 처음부터 진행될 수 없어 항소행위의 추후보완이라는 문제는 생기지 않고, 당사자는 언제라도 항소를 제기할 수 있다(대판 1994. 12.22. 94다45449).

03

13/17법원직

불변기간의 준수에 있어 '당사자가 그 책임을 질 수 없는 사유'라고 함은 당사자가 그 소송행위를 하기 위하여 일반적으로 하여야 할 주의를 다하였음에도 불구하고 그 기간을 준수할 수 없었던 사유를 가리키고, 그 당사자에는 당사자 본인뿐만 아니라 그 소송대리인 및 대리인의 보조인도 포함된다. ○ | X

> **해설** 당사자에는 당사자 본인뿐만 아니라 그 소송대리인 및 대리인의 보조인도 포함된다(대판 2016.1.28. 2013다51933).

정답 | **01** ○ **02** × **03** ○

04

서울에서 수원으로 배달증명우편으로 발송한 항소장이 4일 만에 배달되어 항소기간을 준수할 수 없었다는 것은 당사자가 책임질 수 없는 사유가 아니다. ○ | X

> **해설** 판례에 의하면 서울에서 수원으로 배달증명우편으로 발송한 항소장이 4일 만에 배달된 점(대판 1991.12.13. 91다34509)이나 자신이 구속되었다는 사정(대판 1992.4.14. 92다3441)은 기간을 준수하지 못함에 책임질 수 없는 사유에 해당하지 않아서 추후보완이 허용되지 않는다고 하였다.

05

소송대리인이 판결정본의 송달을 받고도 당사자에게 그 사실을 알려 주지 아니하여 당사자가 그 판결정본의 송달사실을 모르고 있다가 상고제기기간이 경과된 후에 비로소 그 사실을 알게 된 것은 당사자가 책임질 수 없는 사유가 아니다. ○ | X

> **해설** 만일 소송대리인이 있는 경우에는 예컨대, 소송대리인이 판결정본의 송달을 받고도 당사자에게 그 사실을 알려 주지 아니하여 기간을 지키지 못한 경우처럼 그 책임이 소송대리인에게 있는 이상 본인에게 과실이 없다 하더라도 추후보완사유에 해당되지 않고(대결 1984.6.14. 84다카744), 그 대리인의 보조인에게 과실이 있는 경우에도 마찬가지이다(대판 1999.6.11. 99다9622).

06

소송의 진행 도중 통상의 방법으로 소송서류를 송달할 수 없게 되어 공시송달의 방법으로 송달한 경우에는 처음 소장부본의 송달부터 공시송달의 방법으로 소송이 진행된 경우와 달라서 당사자에게 소송의 진행상황을 조사할 의무가 있으므로 당사자가 이러한 소송의 진행상황을 조사하지 않아 불변기간을 지키지 못하였다면 이를 당사자가 책임질 수 없는 사유로 말미암은 것이라고 할 수 없다. ○ | X

> **해설** 판례는 일단 통상의 방식에 따라 적법한 송달이 이루어져 당사자가 소송계속 여부를 알고 있는 경우에는 소송의 진행상태를 조사하여 그 결과까지도 알아보아야 할 의무가 있으므로, 그 후 공시송달로 진행되어 판결이 송달되었더라도 항소기간을 지킬 수 없었던 것에 당사자의 책임을 인정한다(대판 2001.7.27. 2001다30339; 대판 1998.10.2. 97다50152; 대판 1994.6.14. 93다62607).

07

조정이 성립되지 아니한 것으로 사건이 종결된 후 피신청인 주소가 변경되었는데도 주소변경신고를 하지 않은 상태에서 조정이 소송으로 이행되어 변론기일통지서 등 소송서류가 발송송달이나 공시송달의 방법으로 송달된 경우 피신청인이 소송의 진행상황을 조사하지 않아 상소제기의 불변기간을 지키지 못하였다면 이를 당사자가 책임질 수 없는 사유로 말미암은 것이라고 할 수 없다. O | X

> **해설** 조정이 성립되지 아니한 것으로 사건이 종결된 후 피신청인의 주소가 변경되었음에도 피신청인이 조정법원에 주소변경신고를 하지 않은 상태에서 「민사조정법」에 따라 조정이 소송으로 이행되었는데, 통상의 방법으로 변론기일통지서 등 소송서류를 송달할 수 없게 되어 발송송달이나 공시송달의 방법으로 송달한 경우에는 처음부터 소장부본이 적법하게 송달된 경우와 달리 피신청인에게 소송 진행상황을 조사할 의무가 있다고 할 수 없으므로, 피신청인이 소송 진행상황을 조사하지 않아 상소제기의 불변기간을 지키지 못하였다면, 이는 당사자가 책임질 수 없는 사유로 말미암은 것에 해당하여 추후보완을 인정한다(대판 2015.8.13. 2015다213322).

08

원고가 피고의 주소를 알고 있으면서도 허위의 주소 또는 소재불명으로 표시하여 법원으로부터 공시송달명령을 얻어내어 판결을 받아 형식적으로 확정시킨 경우라도 그 판결의 송달 자체가 무효이므로 피고는 언제든지 통상의 방법에 의하여 상소를 제기할 수 있다. O | X

> **해설** 판례는 원고가 피고의 주소를 알고 있으면서도 허위의 주소 또는 소재불명으로 표시하여 법원으로부터 공시송달명령을 얻어내어 판결을 받아 확정시킨 경우에는 그 판결이 일단 확정된 것으로 보고 재심청구(제451조 제1항 제11호)까지 허용하고 있다(대판 1974.6.25. 73다1471). 즉, 송달 자체는 유효하고 추후보완이나 재심으로 구제받을 수 있다.

09

판결의 선고 및 송달 사실을 알지 못하여 상소기간을 지키지 못한 데 과실이 없다는 사정은 상소를 추후보완하고자 하는 당사자 측에서 주장·입증하여야 한다. O | X

> **해설** 민사소송법 제186조 제1항에 의하면 근무장소 외의 송달할 장소에서 송달받을 사람을 만나지 못한 때에는 동거인 등으로서 사리를 분별할 지능이 있는 사람에게 서류를 교부하는 방법으로 송달할 수 있고, 여기에서 말하는 '송달할 장소'가 반드시 송달을 받을 사람의 주민등록상의 주소지에 한정되는 것은 아니며, '동거인' 역시 송달을 받을 사람과 사실상 동일한 세대에 속하여 생활을 같이하는 사람이기만 하면 되는데, 판결의 선고 및 송달 사실을 알지 못하여 상소기간을 지키지 못한 데 과실이 없다는 사정은 상소를 추후보완하고자 하는 당사자 측에서 주장·입증하여야 한다(대판 2012.10.11. 2012다44730).

정답 | 04 ○ 05 ○ 06 ○ 07 × 08 × 09 ○

10

직권조사사항에 관하여도 그 사실의 존부가 불명한 경우에는 증명책임의 원칙이 적용되어야 할 것인바, 법원의 석명에도 불구하고 피고가 그 주장한 추후보완사유의 증명을 하지 않는다면 그 불이익은 피고에게 돌아간다.　　　　　　　　　　　　　　　　　　　　　　　　　　　　　　　　O | X

> **해설** 소장부본과 판결정본 등이 공시송달의 방법에 의하여 송달되었다면 특별한 사정이 없는 한 피고는 과실 없이 그 판결의 송달을 알지 못한 것이고, 이러한 경우 피고는 그 책임을 질 수 없는 사유로 인하여 불변기간을 준수할 수 없었던 때에 해당하여 그 사유가 없어진 후 2주일 내에 추후보완항소를 할 수 있다. 통상적으로 피고가 사건 기록을 열람하거나 판결정본을 발급받은 때에는 판결이 공시송달의 방법으로 송달된 사실을 알게 되었다고 볼 수 있고, 다만 피고가 당해 판결이 있었던 사실을 알았고 사회통념상 그 경위에 대하여 당연히 알아볼 만한 특별한 사정이 있었다고 인정되는 경우에는 그 경위에 대하여 알아보는 데 통상 소요되는 시간이 경과한 때에 그 판결이 공시송달의 방법으로 송달된 사실을 알게 된 것으로 추인할 수 있다.
> 그러나 이를 판단하기 위하여는 위 사정들이 주장되고 위 사정들에 관한 소송자료나 증거들이 현출되어 심리되어야 한다. 추후보완항소를 제기하는 당사자는 위 사정을 주장·증명하여야 하고, 이는 소송요건에 해당하므로 법원은 직권으로라도 심리하여야 한다. 당사자의 주장이 분명하지 아니한 경우 법원은 석명권을 행사하여 이를 명확히 하여야 할 것이다. 직권 조사사항에 관하여도 그 사실의 존부가 불명한 경우에는 증명책임의 원칙이 적용되어야 할 것인바, 법원의 석명에도 불구하고 피고가 그 주장한 추후보완사유의 증명을 하지 않는다면 그 불이익은 피고에게 돌아간다(대판 2022.10.14. 2022다 247538).

11

제1심판결이 공시송달로 확정된 경우, 피고에게 귀책될 수 없는 사유로 피고가 항소기간을 준수하지 못한 경우, 피고의 보조참가인은 그 판결이 있는 사실을 안 후로부터 2주 이내에 보조참가신청과 동시에 추후 보완항소를 할 수 있다.　　　　　　　　　　　　　　　　　　　　　　　　　　　　　　　　O | X

> **해설** 제1심판결이 공시송달로 확정된 경우 피고의 보조참가인이 추후보완항소를 제기할 수 있는지의 여부에 대하여 판례는 피고가 공시송달의 방법에 의하여 소장 기타의 소송서류 및 판결의 송달을 받았던 관계로 패소판결이 있은 사실을 모르고 상소기간을 넘긴 경우에는 피고에게 귀책시킬 만한 사정이 없는 한 과실 없이 판결의 송달을 받지 못한 것이라고 할 것이고, 피고에게 귀책될 수 없는 사유로 피고가 항소기간을 준수하지 못한 경우에 피고 보조참가인이 동 판결이 있은 사실을 비로소 알아 그로부터 2주일 이내에 보조참가신청과 동시에 제기한 추후보완항소는 적법하다고 판시하였다(대판 1981.9.22. 81다334).

12

14사무관

소송행위를 추후보완할 수 있는 기간은 불변기간을 지킬 수 없는 사유가 없어진 후부터 2주 이내이나, 그 사유가 없어질 당시 외국에 있던 당사자에 대하여는 이 기간을 20일로 한다. ○|X

> **해설** 추후보완을 하여야 할 시기는 해태의 원인이 된 사유가 없어진 후부터 2주 이내이다(제173조 제1항 본문). 다만, 그 사유가 없어질 당시 외국에 있던 당사자에 대하여는 이 기간을 30일로 함으로써, 외국 거주자의 경우 국제우편으로 소송서류를 송달하는 데 소요되는 기간으로 인한 불이익을 구제하기 위하여 소송행위 추후보완기간을 30일로 연장하였다 (같은 조 제1항 단서).

13

16주사보

추후보완의 기간은 불변기간이 아니므로, 부가기간을 정할 수도 없으나 그 기간을 줄이거나 늘일 수는 있다. ○|X

> **해설** 추후보완기간은 그 기간을 줄이거나 늘일 수 없으며, 불변기간이 아니므로 부가기간을 정할 수도 없다(제173조 제 2항).

14

16사무관, 16주사보

특별한 사정이 없는 한 당사자나 소송대리인이 그 사건기록을 열람하거나 새로이 판결정본을 영수하였다는 사정만으로 그 판결이 공시송달의 방법으로 송달된 사실을 알았다고 볼 수 없다. ○|X

> **해설** 여기서 '그 사유가 없어진 때'라 함은 천재지변 기타 이에 유사한 사실의 경우에는 그 재난이 없어진 때이고, 판결의 송달사실을 과실 없이 알지 못한 경우에는 당사자나 소송대리인이 단순히 판결이 있었던 사실을 안 때가 아니라 나아가 그 판결이 공시송달의 방법으로 송달된 사실을 안 때를 가리키는 것으로서, 다른 특별한 사정이 없는 한 통상의 경우에는 당사자나 소송대리인이 그 사건기록의 열람을 하거나 또는 새로이 판결정본을 영수한 때에 비로소 그 판결이 공시송달의 방법으로 송달된 사실을 알게 되었다고 보아야 한다(대판 2000.9.5. 2000므87; 대판 1997.8.22. 96다30427; 대판 1994.10.21. 94다27922).

정답 | 10 ○ 11 ○ 12 × 13 × 14 ×

15

제1심 법원이 2009.12.경 소장부본과 판결정본 등을 공시송달의 방법으로 피고 甲에게 송달하였고, 그후 원고 乙주식회사가 제1심판결에 기하여 甲의 예금채권 등을 압류·추심하여 甲이 제3채무자인 丙신용협동조합으로부터 2019.7.2. "법원의 요청으로 계좌가 압류되었습니다."는 내용과 채권압류 및 추심명령의 사건번호와 채권자가 기재된 문자메시지를 받았는데, 그로부터 2달이 지난 2019.9.30.에 甲이 제1심판결정본을 영수한 후 2019.10.1. 추완항소를 제기하였다면, 위 항소는 적법하다. ○ | X

해설 소장부본과 판결정본 등이 공시송달의 방법에 의하여 송달되었다면 특별한 사정이 없는 한 피고는 과실 없이 판결의 송달을 알지 못한 것이고, 이러한 경우 피고는 책임을 질 수 없는 사유로 인하여 불변기간을 준수할 수 없었던 때에 해당하여 그 사유가 없어진 후 2주일 내에 추완항소를 할 수 있다. 여기에서 '사유가 없어진 후'라고 함은 당사자나 소송대리인이 단순히 판결이 있었던 사실을 안 때가 아니고 나아가 판결이 공시송달의 방법으로 송달된 사실을 안 때를 가리키는 것이다. 그리고 다른 특별한 사정이 없는 한 통상의 경우에는 당사자나 소송대리인이 사건 기록을 열람하거나 또는 새로이 판결정본을 영수한 때에 비로소 판결이 공시송달의 방법으로 송달된 사실을 알게 되었다고 보아야 한다.

다만, 피고가 당해 판결이 있었던 사실을 알았고 사회통념상 그 경위에 대하여 당연히 알아볼 만한 특별한 사정이 있었다고 인정되는 경우에는 그 경위에 대하여 알아보는 데 통상 소요되는 시간이 경과한 때에 판결이 공시송달의 방법으로 송달된 사실을 알게 된 것으로 추인하여 책임질 수 없는 사유가 소멸하였다고 봄이 상당하다고 할 것이지만, 이 경우 '당해 판결이 있었던 사실을 알게 된 것'과 더불어 '판결의 경위에 대하여 알아볼 만한 특별한 사정'이 인정되어야 한다.

당사자가 다른 소송의 재판절차에서 송달받은 준비서면 등에 당해 사건의 제1심 판결문과 확정증명원 등이 첨부된 경우에는 위의 특별한 사정을 인정할 수 있고, 제1심판결이 있었던 사실을 알게 된 후 대처방안에 관하여 변호사와 상담을 하거나 추완항소 제기에 필요한 해외거주증명서 등을 발급받은 경우에도 마찬가지이다. 그러나 유체동산 압류집행을 당하였다는 등의 사정만으로는 위의 특별한 사정을 인정하기 어렵고, 나아가 채권추심회사 직원과의 통화 과정에서 사건번호 등을 특정하지 않고 단지 "판결문에 기하여 채권추심을 할 것이다."라는 이야기를 들은 경우에도 당해 제1심판결이 있었던 사실을 알았다거나 위의 특별한 사정이 인정된다고 볼 수 없다(대판 2021.3.25. 2020다46601).

16

피고가 다른 사건의 소송절차에서 송달받은 준비서면 등에 당해 사건의 제1심 판결문과 확정증명원 등이 첨부된 경우에는 그 시점에 제1심판결의 존재 등을 알았다고 할 것이나, 다른 사건에서 선임된 피고의 소송대리인이 그 소송절차에서 위와 같은 준비서면 등을 송달받았다는 사정만으로 이를 피고가 직접 송달받은 경우와 동일하게 평가할 수 없다. ○ | X

해설 소장부본과 판결정본 등이 공시송달의 방법에 의하여 송달되었다면 특별한 사정이 없는 한 피고는 과실 없이 그 판결의 송달을 알지 못한 것이고, 이러한 경우 피고는 그 책임을 질 수 없는 사유로 인하여 불변기간을 준수할 수 없었던 때에 해당하여 그 사유가 없어진 후 2주 내에 추완항소를 할 수 있다. 통상의 경우 피고나 당해 사건에서의 소송대리인이 사건 기록을 열람하거나 또는 새로이 판결정본을 영수한 때에 비로소 그 판결이 공시송달의 방법으로 송달된 사실을 알게 되었다고 보아야 한다.

한편 피고가 다른 사건의 소송절차에서 송달받은 준비서면 등에 당해 사건의 제1심 판결문과 확정증명원 등이 첨부된 경우에는 그 시점에 제1심판결의 존재 등을 알았다고 할 것이나, 다른 사건에서 선임된 피고의 소송대리인이 그 소송절차에서 위와 같은 준비서면 등을 송달받았다는 사정만으로 이를 피고가 직접 송달받은 경우와 동일하게 평가할 수 없다. 이는 소송행위의 추후보완과 관련하여 민사소송법 제173조 제1항이 정한 '당사자가 책임질 수 없는 사유로 불변기간을 지킬 수 없었던 경우'에서의 당사자에는 당사자 본인과 당해 사건의 소송대리인 내지 대리인의 보조인 등이 포함될 뿐, 다른 사건의 소송대리인까지 포함된다고 볼 수는 없기 때문이다(대판 2022.9.7. 2022다231038).

17

추후보완항소에서 피고에게 과실이 있다고 할 수 있는 특별한 사정이란, 피고가 소송을 회피하거나 이를 곤란하게 할 목적으로 의도적으로 송달을 받지 아니하였다거나 피고가 소 제기 사실을 알고 주소신고까지 해 두고서도 그 주소로 송달되는 소송서류가 송달불능되도록 장기간 방치하였다는 등의 사정을 말한다.

○ | X

해설 [1] 소장부본과 판결정본 등이 공시송달의 방법에 의하여 송달되었다면 특별한 사정이 없는 한 피고는 과실 없이 판결의 송달을 알지 못한 것이고, 이러한 경우 피고는 책임질 수 없는 사유로 말미암아 불변기간을 지킬 수 없었다 하여 그 사유가 없어진 후 2주일 이내에 추후보완항소를 할 수 있다. 피고에게 과실이 있다고 할 수 있는 특별한 사정이란, 피고가 소송을 회피하거나 이를 곤란하게 할 목적으로 의도적으로 송달을 받지 아니하였다거나 피고가 소 제기 사실을 알고 주소신고까지 해 두고서도 그 주소로 송달되는 소송서류가 송달불능되도록 장기간 방치하였다는 등의 사정을 말한다. [2] 제1심 법원이 소장부본과 변론기일통지서를 공시송달의 방법으로 피고에게 송달한 후 피고의 휴대전화번호로 전화하여 '소장부본을 피고의 주소지로 송달하겠다.'고 고지하고 변론기일과 장소를 알려주었는데, 이후 피고가 출석하지 않은 상태에서 소송절차를 진행하여 원고 승소판결을 선고한 다음 피고에게 판결정본을 공시송달의 방법으로 송달하였고, 그 후 피고가 판결정본을 발급받아 추후보완항소를 제기한 사안에서, 특별한 사정이 없는 한 피고는 판결정본을 발급받은 날에야 비로소 판결이 공시송달의 방법으로 송달된 사실을 알게 되었다고 보아야 하는데, 피고가 소송을 회피하거나 이를 곤란하게 할 목적으로 의도적으로 송달을 받지 아니하였다고 볼 만한 특별한 사정을 찾을 수 없고, 소장부본 등이 이미 공시송달의 방법으로 송달된 상태에서 제1심 법원이 피고에게 전화로 연락하여 소장부본 송달에 관한 내용과 변론기일 등을 안내해 주었다는 정도의 사정만으로는 제1심판결이 공시송달의 방법으로 송달된 사실을 피고가 모른 데 대하여 피고에게 책임을 돌릴 수 있는 사유가 있다고 섣불리 단정하기 어려우므로, 피고는 책임질 수 없는 사유로 말미암아 불변기간인 항소기간을 지킬 수 없었다고 볼 여지가 큰데도, 피고의 추후보완항소를 각하한 원심판단에 법리오해 등의 잘못이 있다고 한 사례(대판 2021.8.19. 2021다228745).

18

확정판결에 대하여 추완항소의 제기가 있는 경우 추완항소만으로는 불복항소의 대상이 된 판결이 취소될 때까지는 확정판결로서의 효력이 배제되는 것이 아니다.

○ | X

해설 판결은 상소기간이 도과되면 바로 확정되어 집행력이 발생하므로, 추후보완 소송행위를 하는 것만으로는 불복항소의 대상이 된 판결이 취소될 때까지는 확정판결로서의 효력이 배제되는 것은 아니다(대판 1978.9.12. 76다2400).

정답 | **15** ○ **16** ○ **17** ○ **18** ○

01 다음 중 소송행위 추후보완이 인정되지 않는 경우는? (다툼이 있는 경우 판례에 의함) 15주사보

① 법원의 부주의로 주소를 잘못 기재하여 송달한 탓으로 송달불능이 되자 공시송달을 한 경우

② 등기우편에 의하여 발송송달된 제1심 판결정본을 수령한 당사자가 그 판결정본 말미에 기재된 문구에 따라 실제 수령한 날부터 14일째 되는 날에 항소장을 제출한 경우

③ 원고의 주소가 정확하고 변동이 없음에도 우편집배원의 경솔하고 불성실한 업무처리로 인하여 주소불명이라는 이유로 송달불능으로 반려한 까닭에 공시송달의 방법으로 진행된 경우

④ 소송대리인이 판결정본의 송달을 받고도 당사자에게 그 사실을 알려 주지 아니하여 기간을 지키지 못한 경우

해설 ① [O] 당사자가 소송계속 여부를 안 경우라 하더라도 법원의 잘못이 개재되어 공시송달이 이루어지게 된 경우에는 추후보완을 인정한다. 예컨대, 법원의 부주의로 주소를 잘못 기재하여 송달한 탓으로 송달불능이 되자 공시송달을 한 경우(대판 2000.10.13. 2000다31410; 대결 1990.8.28. 90마606), 당사자가 변론기일에 빠짐없이 출석하였는데 법원이 직권으로 선고기일을 연기하면서 그 통지를 누락하고 판결정본을 한여름 휴가철에 연속 송달하였다가 폐문부재로 송달불능되자 이를 공시송달한 경우(대판 2001.2.23. 2000다19069)가 이에 해당한다.

② [O] 판례에 의하면 등기우편에 의하여 발송송달된 제1심 판결정본을 수령한 당사자가 그 판결정본 말미에 기재된 문구에 실제 수령한 날부터 14일째 되는 날에 항소장을 제출한 경우에는 당사자가 책임질 수 없는 사유로서 추후보완이 가능하다고 하였다(대판 2007.10.26. 2007다37219).

③ [O] 원고의 주소가 정확하고 변동이 없음에도 우편집배원의 경솔하고 불성실한 업무처리로 인하여 주소불명이라는 이유로 송달불능으로 반려하거나(대판 1982.12.28. 82누486), 불성실한 우편집배원이 '이사 간 곳 불명'이라는 이유로 기일통지서를 반려(대판 1977.1.11. 76다1656)한 까닭에 공시송달의 방법으로 진행된 경우에도, 모두 당사자가 그 책임 없는 사유로 인하여 기일에 출석하지 못한 경우에 해당한다.

④ [×] 소송대리인이 판결정본의 송달을 받고도 당사자에게 그 사실을 알려 주지 아니하여 기간을 지키지 못한 경우처럼 그 책임이 소송대리인에게 있는 이상 본인에게 과실이 없다 하더라도 추후보완은 허용되지 않으며(대판 1984.6.14. 84다카744), 그 대리인의 보조인에게 과실이 있는 경우에도 마찬가지이다(대판 1999.6.11. 99다9622).

정답 ④

Ⅰ 총설

1. 송달제도 개관

원칙	송달은 법원이 직권으로 하는 것이 원칙이다. 공휴일 또는 해뜨기 전이나 해진 뒤에 집행관에 의하여 송달하는 경우에는 당사자의 신청으로 가능하다.
송달의 흠	① 소송서류가 송달수령권한이 없는 사람에게 송달되었다 하더라도 그 후 그 사람이 송달수령권한이 있는 사람에게 이를 전달한 경우에는 그 전달한 때에 적법한 송달이 된다. ② 송달의 흠은 원칙적으로 이의권 행사의 대상이 되며 그 포기나 상실, 추인에 의해 치유된다. ③ 다만, 항소 제기기간 계산의 기산점이 되는 판결정본의 송달의 흠은 이의권의 포기나 상실로 인하여 치유될 수 없다.

2. 송달서류

> **제178조 【교부송달의 원칙】**
> ① 송달은 특별한 규정이 없으면 송달받을 사람에게 서류의 등본 또는 부본을 교부하여야 한다.
> ② 송달할 서류의 제출에 갈음하여 조서, 그 밖의 서면을 작성한 때에는 그 등본이나 초본을 교부하여야 한다.

3. 송달받을 사람

본인	사망한 사람에 대한 송달은 원칙적으로 무효이나, 상속인이 현실적으로 송달서류를 수령한 경우에는 흠이 치유되어 송달로서 효력을 발생한다.
법정대리인	① 소송무능력자일 때에 송달받을 사람은 법정대리인이다. 법인 그 밖의 단체에 대한 송달은 대표자 또는 관리인에게 하여야 하는 것이 원칙이다. ② 국가에 대한 송달은 수소법원에 대응하는 검찰청의 장에게 하여야 한다(법무부장관 ×).
소송대리인	① 여러 사람이 공동으로 대리권을 행사하는 경우 그 가운데 한 사람에게 송달하면 된다. ② 당사자에게 여러 소송대리인이 있는 때에는 각각 송달을 하여야 하지만, 판결정본 송달의 효력은 소송대리인 중 1인에게 최초로 판결정본이 송달되었을 때 발생한다. 따라서 항소기간은 소송대리인 중 1인에게 최초로 판결정본이 송달되었을 때부터 기산된다.
기타	① 교도소·구치소 또는 국가경찰관서의 유치장에 체포·구속 또는 유치된 사람에게 할 송달은 교도소·구치소 또는 국가경찰관서의 장에게 한다. ② 수감사실을 모르고 피수감자 본인의 주소(거소)에 송달하였더라도 이는 무효이다.

4. 송달장소

법인	① 대표자의 주소·거소·영업소·사무소에서 함이 원칙이다. ② 법인에 대한 송달장소로서의 '영업소·사무소'는 송달받을 사람, 즉 대표자 자신이 경영하는 당해 법인의 영업소 또는 사무소를 의미하는 것이다(그와 별도의 법인격을 가지는 회사의 사무실은 영업소나 사무소 ×). ③ 법인의 주소지로 소장부본을 송달하였으나 송달불능되었다는 이유만으로 그 주소보정을 명한 것은 잘못이므로 그 주소보정을 하지 아니하였다는 이유로 한 소장각하명령은 위법하다(대표자 주소지로 송달하였어야 함).
근무장소	송달받을 사람의 주소 등의 장소를 알지 못하거나 그 장소에서 송달할 수 없는 때에 한하여 할 수 있다(보충성).
흠결	① 송달장소가 아닌 곳에서 가족 등 제3자에게 한 송달은 송달절차에 위배된 것으로서 무효이다(송달받을 사람이 항소 후 주거지를 변경하고 주민등록까지 옮긴 뒤 종전 주거지로 소송기록접수통지서를 송달하여 그 사람의 어머니가 수령한 경우에도 송달은 무효). ② 보충송달은 적법한 송달장소에서 하는 경우에만 허용된다(우체국 창구에서 송달받을 사람의 동거인을 만나 그에게 송달서류를 교부한 것은 보충송달로서 부적법함). ③ 송달장소가 잘못되어 송달의 효력이 발생할 수 없는 경우에는 설사 피고가 그 판결 있는 사실을 알았다 하더라도 그 판결의 항소기간은 진행되지 않는다.

⚖ OX 확인

01

송달은 원칙적으로 법원이 직권으로 하지만, 공휴일 또는 해뜨기 전이나 해진 뒤에 하는 송달은 당사자의 신청에 따라 행한다. O | X

> **해설** 송달은 이 법에 특별한 규정이 없으면 법원이 직권으로 한다(제174조). 당사자의 신청이 있는 때에는 공휴일 또는 해뜨기 전이나 해진 뒤에 집행관 또는 대법원규칙이 정하는 사람에 의하여 송달할 수 있다(제190조).

02

항소 제기기간 계산의 기산점이 되는 판결정본 송달상의 하자는 이에 대한 이의권(책문권)의 상실로 인하여 치유된다고 볼 수 있다. O | X

> **해설** 불변기간에 영향이 있는 송달, 예컨대 항소 제기기간에 관한 규정은 성질상 강행규정이므로, 그 기간 계산의 기산점이 되는 판결정본의 송달의 흠은 이에 대한 이의권의 포기나 상실로 인하여 치유될 수 없다(대판 2002.11.8. 2001다84497; 대판 1979.9.25. 78다2448).

03

송달사무를 담당하여 처리하는 기관은 법원사무관등이고 원칙적인 송달실시기관은 집행관과 우편집배원이다. O | X

> **해설** 송달에 관한 사무는 법원사무관등이 처리한다(제175조 제1항). 원칙적인 송달실시기관은 우편집배원과 집행관이다. 그 밖에 예외적으로 대법원규칙이 정하는 바에 따라 변호사가 송달실시기관이 되는 경우가 있고(민사소송규칙 제47조), 법원사무관등이나 법원경위가 송달실시기관이 되는 경우도 있다(제177조, 법조 제64조).

정답 | **01** ○ **02** × **03** ○

04

송달은 특별한 규정이 없으면 송달받을 사람에게 서류의 등본 또는 부본을 교부하여야 한다. 송달할 서류의 제출에 갈음하여 조서, 그 밖의 서면을 작성한 때에는 그 등본이나 초본을 교부하여야 한다. ○ | X

> **해설** 제178조

05

사망한 자에 대하여 실시된 송달은 원칙적으로 무효이나, 그 사망자의 상속인이 현실적으로 그 송달서류를 수령한 경우에는 하자가 치유되어 그 송달은 그때에 상속인에 대한 송달로서 효력을 발생한다. ○ | X

> **해설** 대판 1998.2.13. 95다15667

06

법인의 대표자가 여러 사람 있는 경우 각자대표의 경우에는 그 가운데 한 사람에게만 송달하면 족하지만, 공동대표의 경우에는 공동대표 모두에게 송달하여야 한다. ○ | X

> **해설** 대표자가 여러 사람 있는 경우에는 그것이 각자대표의 경우이건 공동대표의 경우이건 불문하고 그 가운데 한 사람에게만 송달하면 족하고(제180조), 설사 당사자가 공동대표로 한다는 특약을 하더라도 효력이 없다.

07

소송무능력자에게 할 송달은 그의 법정대리인에게 한다. 여러 사람이 공동으로 대리권을 행사하는 경우의 송달은 그 가운데 한 사람에게 하면 된다. 다만, 소송대리인이 여러 사람 있는 경우에는 각자가 당사자를 대리하게 되므로 여러 소송대리인에게 각각 송달하여야 한다. ○ | X

> **해설** 제179조, 제180조, 당사자에게 여러 소송대리인이 있는 때에는 민사소송법 제93조에 의하여 각자가 당사자를 대리하게 되므로, 여러 사람이 공동으로 대리권을 행사하는 경우 그중 한 사람에게 송달을 하도록 한 민사소송법 제180조가 적용될 여지가 없어 법원으로서는 판결정본을 송달함에 있어 여러 소송대리인에게 각각 송달을 하여야 하지만, 그와 같은 경우에도 소송대리인 모두 당사자 본인을 위하여 소송서류를 송달받을 지위에 있으므로 당사자에 대한 판결정본 송달의 효력은 결국 소송대리인 중 1인에게 최초로 판결정본이 송달되었을 때 발생한다(대결 2011.9.29. 2011마1335).

08

국가를 당사자로 하는 소송에 있어서는 법무부장관이 국가를 대표하므로 국가에 대한 송달은 법무부장관에게 하여야 한다. O | X

해설 국가를 당사자 또는 참가인으로 하는 소송에 있어서는 법무부장관이 국가를 대표한다. 그러나 국가를 당사자로 하는 소송에 있어서 국가에 대한 송달은 수소법원에 대응하는 검찰청(수소법원이 지방법원의 지원인 경우에는 지방검찰청)의 장에게 하여야 하고, 다만 고등검찰청 소재지의 지방법원이나 산하 지원에 소가 제기된 경우에는 그 소재지 고등검찰청의 장에게 송달하여야 한다.

09

국가경찰관서의 유치장에 체포 또는 유치된 사람에게 할 송달은 국가경찰관서의 장에게 한다. O | X

해설 교도소·구치소 또는 국가경찰관서의 유치장에 체포·구속 또는 유치된 사람에 대한 송달은 수감자에 대한 일종의 법정대리인이라 할 그 관서의 장에게 하여야 한다(제182조).

10

법정대리인에 대한 송달은 본인의 영업소나 사무소에서도 할 수 있다. O | X

해설 법정대리인에 대한 송달은 본인의 영업소나 사무소에서도 할 수 있다(제183조 제1항 단서).

11

법인 그 밖의 단체에 대한 송달은 그 대표자의 주소·거소·영업소 또는 사무소에 하여야 한다. O | X

해설 법인이 당사자인 경우 송달받을 사람은 그 대표자이므로 그 송달도 대표자의 주소·거소·영업소·사무소에서 함이 원칙이다(제183조 제1항, 대결 1965.1.29. 64마88).

12

송달은 송달받을 사람의 주소·거소·영업소 또는 사무소에서 해야 함이 원칙인데, 여기에서 '영업소 또는 사무소'란 송달받을 사람 자신이 경영하는 사무소 또는 영업소를 의미하고, 법인에 대한 송달에 있어서는 당해 법인의 영업소 또는 사무소뿐만 아니라 그 대표자가 경영하는 별도의 법인격을 가진 다른 법인의 영업소 또는 사무소도 포함한다.　　　　　　　　　　　　　　　　　　　　　　　　　　　　　　　○ | X

해설 송달장소에 해당하는 사무소 또는 영업소라 함은 송달받을 사람 자신이 경영하는 사무소 또는 영업소를 의미하므로, 송달받을 사람이 회사를 경영하고 있다고 하더라도 별도의 법인격을 가지는 회사의 사무실은 송달받을 사람의 근무장소에 불과하여 송달받을 사람의 사무소나 영업소로 볼 수 없다(대판 2004.11.26. 2003다58959).

13

법인의 주소지로 소장부본 등을 송달하였으나 송달불능된 경우, 제1심 재판장은 원고에게 그 주소보정을 명할 수 있고, 주소보정을 하지 않으면 곧바로 소장각하명령을 할 수 있다.　　　　　　　　　　○ | X

해설 법인인 피고의 대표자 주소지가 아닌 소장에 기재된 피고의 주소지로 발송하였으나 이사불명으로 송달불능된 경우에는, 원칙으로 되돌아가 소제기시에 제출된 법인등기사항증명서 등에 나타나 있는 피고의 대표자 주소지로 소장부본 등을 송달하여 보고, 그곳으로도 송달되지 않을 때에 주소보정을 명하여야 할 것이므로, 제1심 재판장이 단지 법인의 주소지로 소장부본 등을 송달하였으나 송달불능되었다는 이유만으로 그 주소보정을 명한 것은 잘못이고, 결국 피고의 주소보정을 하지 않았다는 이유로 한 소장각하명령도 위법하다(송달예규 제8조, 대결 1997.5.19. 97마600).

14

소장, 지급명령신청서 등에 기재된 주소 등의 장소에 대한 송달을 시도하지 않은 채 근무장소로 한 송달은 위법하다.　　○ | X

해설 근무장소에서의 송달을 규정한 민사소송법 제183조 제2항에 의하면, 근무장소에서의 송달은 송달받을 자의 주소 등의 장소를 알지 못하거나 그 장소에서 송달할 수 없는 때에 한하여 할 수 있는 것이므로 소장, 지급명령신청서 등에 기재된 주소 등의 장소에 대한 송달을 시도하지 않은 채 근무장소로 한 송달은 위법하다(대결 2004.7.21. 2004마535).

15

송달받을 사람이 항소를 제기한 후 주거지를 변경하고 주민등록까지 옮긴 뒤 법원이 종전의 주거지로 소송기록접수통지서를 송달하여 그 사람의 어머니가 이를 수령한 경우 그 송달은 무효이다. ○ | ×

> **해설** 송달받을 사람이 항소 후 주거지를 변경하고 주민등록까지 옮긴 뒤 종전 주거지로 소송기록접수통지서를 송달하여 그 사람의 어머니가 수령한 경우에도 송달은 무효이다(대판 1997.6.10. 96도2814).

16

보충송달은 민사소송법이 규정한 송달장소에서 하는 경우에만 허용되고, 송달장소가 아닌 곳에서 사무원, 피용자 또는 동거인을 만난 경우에는 그 사무원 등이 송달받기를 거부하지 아니한다 하더라도 그곳에서 그 사무원 등에게 서류를 교부하는 것은 보충송달의 방법으로서 부적법하다. ○ | ×

> **해설** 보충송달은 위 법 조항에서 정하는 '송달장소'에서 하는 경우에만 허용되고 송달장소가 아닌 곳에서 사무원, 고용인 또는 동거자를 만난 경우에는 그 사무원 등이 송달받기를 거부하지 아니한다 하더라도 그곳에서 그 사무원 등에게 서류를 교부하는 것은 보충송달의 방법으로서 부적법하다. 따라서 우체국 창구에서 송달받을 자의 동거자에게 송달서류를 교부한 것은 부적법한 보충송달이다(대결 2001.8.31. 2001마3790).

17

당사자가 송달장소로 신고한 장소 이외의 장소에서 송달받을 자가 송달받았다 하더라도 그 장소가 송달받을 자의 실제의 주소, 거소, 영업소 또는 사무소가 맞다면 그 송달은 적법하다. ○ | ×

> **해설** 당사자가 소장 기타 서면으로 별도의 송달장소를 신고한 경우에 그 신고장소 이외의 장소에서 송달받았다 하더라도, 그 장소가 당사자의 실제 주소·거소·영업소 또는 사무소가 틀림없다면 그 송달은 적법하다(대판 1980.4.23. 80마93).

정답 | **12** × **13** × **14** ○ **15** ○ **16** ○ **17** ○

Ⅱ 송달방법

1. 교부송달의 원칙

① 해당 사건에 관하여 출석한 사람에게 직접 송달하는 경우도 교부송달에 해당하며, 영수증을 받은 때에 송달의 효력 ○. 송달받을 사람이 수령을 거부하는 때에는 유치송달 ○

② 여기서 '법원 안'이란 법정과 법원사무관등의 사무실을 가리키는 것(법원 안의 복도나 변호사대기실 등은 ×)

2. 조우송달

의의	① 송달장소 이외의 곳에서 송달받을 사람을 만난 때에 송달서류를 교부하여 행하는 송달 ② 송달받을 사람 본인을 만난 때에 하는 송달(수령대행인 ×)
요건	① 송달받을 사람의 주소 등을 알 수 없는 때. 이 경우엔 수령을 거부하면 항상 유치송달 ○ ② 송달받을 사람의 주소 등이 알려져 있는 경우에는, 그가 송달받기를 거부하지 아니하면 그 장소에서 조우송달 가능(유치송달 ×)

3. 보충송달

근무장소 이외 (주소 등)	동거인	① 반드시 법률상 친족관계가 있거나 주민등록상 동일 세대에 속할 필요는 없으며, 이혼한 처라도 사정에 의하여 생활을 같이하고 있다면 동거인이 될 수 있다. ② 그러나 송달받을 사람과 같은 건물 내에 거주하더라도 세대를 달리하는 건물주와 임차인 사이, 동일한 아파트의 세대가 다른 거주자 상호 간 또는 집주인과 하숙생 사이에서는 보충송달 × ③ 부부는 동거인에 해당되지만, 그 일방이 이혼소송을 제기한 경우에는 비록 같은 건물 내에 거주하고 있더라도 동거인으로 볼 수 없다(이해의 대립 내지 상반된 이해관계가 있는 경우는 보충송달 ×).
	사리를 분별할 지능	영수한 서류를 송달받을 사람에게 교부하는 것을 기대할 수 있는 정도의 판단능력이 있는 사람(반드시 성년자이어야 할 필요는 ×)
근무장소		① 주소 등을 알지 못하거나 그 장소에서 송달할 수 없는 경우, ② 서류를 교부받을 사람이 송달받을 사람의 고용주나 그의 법정대리인, 피용자, 그 밖의 종업원에 해당하는 사람이어야 하며, ③ 그 사람은 사리를 분별할 지능이 있어야 하고, ④ <u>그 수령대행인이 서류의 수령을 거부하지 않아야 한다.</u> 따라서 근무장소에서의 수령대행인에 대한 유치송달은 허용되지 않는다.
효력발생		수령대행인에게 교부한 때에 송달의 효력발생(본인에게 전달되었는가의 여부는 불문)

4. 등기우편 등에 의한 발송송달

기본기		① 화해권고결정 또는 결정조서, 조정을 갈음하는 결정 또는 결정조서, 이행권고결정, 지급명령 등은 발송송달을 할 수 없다. ② 발송한 때에 송달된 것으로 본다(제189조).
보충송달· 유치송달 불가능	**보충송달과 유치 송달의 불가능 (보충성)**	① 주소에 가 보았으나 집 전체가 폐문부재로 아무도 만날 수 없어 송달을 할 수 없게 된 경우에는 발송송달을 할 수 있다. ② 그러나 소송대리인 사무실로 송달하였다가 '수취인 불명'으로 송달불능되자 기록에 드러나 있고 종전에 송달이 이루어지기도 하였던 본인의 주소지에 대한 송달을 시도하여 보지도 아니한 채 곧바로 위 소송대리인 주소지를 송달장소로 하여 발송송달을 하였다면 부적법하다.
	발송송달을 할 수 있는 서류 (제한성, 일회성)	위 요건에 의한 발송송달은 당해 서류의 송달에 한하여 할 수 있을 뿐이므로, 그에 이은 별개의 서류의 송달에 관하여는 그 요건이 따로 구비되지 않는 한 당연히 발송송달을 할 수 있는 것은 아니다.
	발송송달을 할 장소	① 송달받을 자가 소송서류를 받아 볼 가능성이 있는 적법한 송달장소여야 하므로, 소장과 항소장에 원고의 주소지로 기재되어 있기는 하나 당시 원고의 실제 생활근거지가 아닌 곳으로서 당사자에 대한 송달이 이루어진 적도 없는 곳으로 우편송달한 경우라면 발송송달로서의 효력이 없다. ② 종전에 한 번이라도 적법한 송달이 된 주소로 발송송달을 하면 된다.
변경신고의무 해태	**송달장소 변경신고의무의 발생**	당사자·법정대리인·소송대리인은 송달장소를 바꿀 때에는 바로 그 취지를 법원에 신고하여야 한다. 원고 등 적극적 당사자뿐만 아니라, 법원으로부터 한 차례 이상 적법한 송달을 받은 뒤에는 피고 등 소극적 당사자도 송달장소가 변경되면 신고할 의무가 발생한다.
	변경신고의무 불이행으로 인한 송달장소 불명	① 단순히 송달장소 변경신고 불이행만으로는 부족하고, '달리 송달할 장소를 알 수 없는 때'에 한하여 비로소 발송송달을 할 수 있다(보충성). 판례는 '달리 송달할 장소를 알 수 없는 때'란 상대방에게 주소보정을 명하거나 직권으로 주민등록표 등을 조사할 필요까지는 없지만 적어도 기록에 나타나 있는 자료에 의하더라도 송달할 장소를 알 수 없는 경우를 말한다고 판시하였다. ② 법인이 송달장소를 신고하여 그곳으로 송달이 실시되어 오다가 송달불능된 경우에는 곧바로 발송송달을 실시하여서는 아니 되며, 법인등기사항증명서 등에 나타난 법인 대표자의 주소지 및 법인의 주소지로 송달을 실시하여 보아야 한다. ③ 원고의 주소보정서에 기재된 피고의 송달장소가 아닌 곳에서 피고가 소장부본을 수령하였고 피고가 제출한 답변서들을 담은 편지봉투들의 발신인 주소란에 또 다른 주소가 기재되어 있는 경우에는, 피고가 송달장소 변경신고의무를 해태한 경우라도 기록에 현출되어 있는 소장부본의 송달장소나 답변서 봉투의 주소지에 송달하여 보고 그곳으로도 송달되지 않을 때에 비로소 종전에 송달받던 장소로 발송송달할 수 있다. ④ 비록 당시지기 송달장소로 신고한 바 있다고 하더라도 그 송달장소에 송달된 바가 없다면 그 곳을 민사소송법 제185조 제2항에서 정하는 '종전에 송달받던 장소'라고 볼 수 없다.
	발송송달을 할 서류 및 송달장소 (계속성)	변경신고를 하지 아니한 당사자 등에 대하여 일단 발송송달의 요건이 갖추어지면, 그 뒤에 그 당사자에게 송달할 모든 서류를 발송송달을 할 수 있다고 할 것이다.

01

해당 사건에 출석한 사람에게는 법원사무관등이 직접 송달할 수 있다.　　　　　　　　○│✕

> **해설** 제177조 제1항

02

법원사무관이 법원 내 변호사대기실에서 변호사인 소송대리인을 만나 서류를 교부하려고 하였으나 변호사가 그 수령을 거부한 경우, 법원사무관은 유치송달을 할 수 있다.　　　　　　○│✕

> **해설** 법원사무관등이 해당 사건에 관하여 출석한 사람에게 직접 송달하는 경우(제177조 제1항)도 교부송달에 해당하며, 이 경우 법원 안에서 송달받을 사람에게 서류를 교부하고 영수증을 받은 때에 송달의 효력이 있다(같은 조 제2항). 해당 사건에 관하여 출석한 이상 그 사유를 묻지 아니하며 송달받을 사람이 수령을 거부하는 때에는 유치송달을 할 수 있다. 여기서 '법원 안'이라 함은 법정과 법원사무관등의 사무실을 가리키는 것이고, 법원 안의 복도나 변호사대기실 등은 이에 해당하지 않으며, 그러한 곳에서는 조우송달만이 가능하고 유치송달은 원칙적으로 불가능하다.

03

송달받을 사람의 주소·거소·영업소 또는 사무소나 근무장소가 국내에 없거나 알 수 없는 때에는 그를 만나는 장소에서 송달할 수 있다.　　　　　　　　　　　　　　　　　　○│✕

> **해설** 제183조 제3항

송달받을 사람의 주소·거소·영업소·사무소 또는 근무장소가 알려져 있는 경우, 이러한 송달장소가 아닌 곳에서 송달받을 사람을 만났을 때 그 장소에서 조우송달을 실시할 수 있으며, 만일 그가 송달받기를 거부하는 경우에는 유치송달을 할 수 있다. ○ | X

> **해설** 송달받을 사람의 주소·거소·영업소·사무소 또는 근무장소가 알려져 있는 경우에는, 그러한 송달장소가 아닌 곳에서 송달받을 사람을 만났을 때 그가 송달받기를 거부하지 아니하면 그 장소에서 조우송달을 실시할 수 있다(제183조 제4항). 예를 들면, 송달받을 사람이 당해 사건 이외의 일로 법원에 출석한 기회에 법원사무관등이 송달서류를 교부하고 영수증을 받거나, 우체국 직원이 수취인부재로 반송되어 있는 송달서류를 우체국창구로 찾아온 송달받을 사람에게 교부하는 경우(이른바 창구송달)가 이에 해당한다. 다만, 이러한 조우송달은 반드시 송달받을 사람 본인(또는 경우에 따라 변호사사무원 등 그 사자)에게 교부해야지 그 밖의 동거인 등 수령대행인에게는 실시할 수 없음을 주의하여야 한다. 나아가 위와 같은 조우송달은 송달받을 사람 본인이 임의로 수령하는 경우에만 가능하고, 만일 그가 송달받기를 거부하는 경우에는 조우송달은 물론 유치송달도 허용될 수 없다(제183조 제4항, 제186조 제3항).

근무장소 외의 송달할 장소에서 송달받을 사람을 만나지 못한 때에는 그 사무원, 피용자 또는 동거인으로서 사리를 분별할 지능이 있는 사람에게 서류를 교부할 수 있다. 서류를 송달받을 사람이 정당한 사유 없이 송달받기를 거부하더라도 송달할 장소에 서류를 놓아두는 방식으로는 송달의 효력이 발생하지 않는다. ○ | X

> **해설** 근무장소 외의 송달할 장소에서 송달받을 사람을 만나지 못한 때에는 그 사무원, 피용자 또는 동거인으로서 사리를 분별할 지능이 있는 사람에게 서류를 교부할 수 있다(제186조 제1항). 서류를 송달받을 사람 또는 제1항의 규정에 의하여 서류를 넘겨받을 사람이 정당한 사유 없이 송달받기를 거부하는 때에는 송달할 장소에 서류를 놓아둘 수 있다(같은 조 제3항).

수령대행인이 될 수 있는 사무원·피용자란 반드시 고용관계에 있어야 하는 것은 아니고, 평소 본인을 위해 사무, 사업의 보조, 가사를 계속 돕는 사람을 말한다. ○ | X

> **해설** 수령대행인이 될 수 있는 사무원·피용자란 반드시 고용관계가 있어야 하는 것은 아니고, 평소 본인을 위하여 사무, 사업의 보조, 가사를 계속 돕는 사람을 말한다.

07

송달영수인의 지정, 신고가 있는 경우 송달영수인의 사무원에게 한 송달은 적법한 보충송달이 된다.

○ | X

해설 송달영수인의 신고가 있으면 송달은 신고된 장소 및 영수인에게 하여야 하며, 송달영수인이 송달받은 때에 송달의 효력이 발생한다. 송달영수인의 사무원에게 한 보충송달도 유효하다(대판 2001.5.29. 2000재다186).

08

동일한 주택의 일부를 임차한 임차인 상호 간 또는 집주인과 하숙생 사이에서는, 인장을 교부하거나 우편물 수령의 위임을 받는 등 특별한 경우가 아니라면 동거인으로서 보충송달을 할 수 없다.

○ | X

해설 송달받을 사람과 같은 건물 내에 거주하더라도 세대를 달리하는 건물주와 임차인 사이(대결 1983.12.30. 83모53), 임차인 및 그 피용자 등(대판 1981.4.14. 80다1662), 세대를 달리하는 반대 당사자의 이들(대판 1982.9.14. 81다카864), 동일한 주택의 일부를 임차한 임차인 상호 간, 동일한 아파트의 세대가 다른 거주자 상호 간 또는 집주인과 하숙생 사이에서는, 인장을 교부하거나 우편물 수령의 위임을 받는 등 특별한 경우가 아니라면 동거인으로서 보충송달을 할 수 없다.

09

근무장소 이외의 송달장소에서의 보충송달에서 부부는 일방이 이혼소송을 제기한 경우라도 같은 건물 내에 거주하고 있다면 보충송달을 받을 동거인으로 보아야 한다.

○ | X

해설 부부는 서로 위 동거인에 해당되지만, 그 일방이 이혼소송을 제기한 경우에는 비록 같은 건물 내에 거주하고 있더라도 보충송달을 받을 동거인으로 볼 수는 없다.

10

법률상 배우자라고 하더라도 별거와 혼인공동체의 실체 소멸 등으로 소송당사자인 상대방 배우자의 '동거인'으로서 민사소송법 제186조 제1항에 정해진 보충송달을 받을 수 있는 지위를 인정할 수 없는 특별한 경우에는 송달의 효력에 관하여 심리하여 판단할 필요가 있다. O | X

해설 [1] 송달의 효력 문제는 법원의 직권조사사항이므로 당사자의 주장·증명에도 불구하고 그 효력에 의심할 만한 사정이 있다면 법원은 이를 직권으로 심리하여 판단하여야 한다.
[2] 송달은 원칙적으로 송달받을 사람의 주소·거소·영업소 또는 사무소에서 송달받을 사람 본인에게 교부하는 교부송달이 원칙이고(민사소송법 제178조 제1항, 제183조 제1항), 송달기관이 위와 같은 장소에서 송달받을 사람을 만나지 못한 때에는 그 사무원, 피용자 또는 동거인으로서 사리를 분별할 지능이 있는 사람에게 하는 보충송달에 의할 수도 있는데(같은 법 제186조 제1항), 여기에서 '동거인'이란 송달을 받을 사람과 동일한 세대에 속하여 생활을 같이 하는 사람을 말한다.
[3] 법률상 부부는 동거의무가 있고(민법 제826조 제1항), 사회통념상 통상적으로 법률상 배우자라면 '동거인'으로서 송달을 받을 사람과 동일한 세대에 속하여 생활을 같이 하는 사람으로 인정할 수 있다. 그러나 법률상 배우자라고 하더라도 별거와 혼인공동체의 실체 소멸 등으로 소송당사자인 상대방 배우자의 '동거인'으로서 민사소송법 제186조 제1항에 정해진 보충송달을 받을 수 있는 지위를 인정할 수 없는 특별한 경우에는 송달의 효력에 관하여 심리하여 판단할 필요가 있다(대판 2022.10.14. 2022다229936).

11

본인과 당해 소송에 관하여 이해의 대립 내지 상반된 이해관계가 있는 수령대행인에 대해서는 보충송달을 할 수 없다. O | X

해설 본인과 수령대행인 사이에 당해 소송에 관하여 이해의 대립 내지 상반된 이해관계가 있는 때에는 수령대행인이 소송서류를 본인에게 전달할 것이라고 합리적으로 기대하기 어렵고, 이해가 대립하는 수령대행인이 본인을 대신하여 소송서류를 송달받는 것은 쌍방대리금지의 원칙에도 반하므로, 본인과 당해 소송에 관하여 이해의 대립 내지 상반된 이해관계가 있는 수령대행인에 대하여는 보충송달을 할 수 없다(대판 2016.11.10. 2014다54366).

정답 | 07 ○ 08 ○ 09 × 10 ○ 11 ○

12

동일한 수령대행인이 이해가 대립하는 소송당사자 쌍방을 대신하여 소송서류를 동시에 수령하는 경우 '소송당사자의 허락이 있다는 등의 특별한 사정이 없는 한' 그러한 보충송달은 무효이다.　　　　　　○ | X

> **해설** 보충송달제도는 본인 아닌 그의 사무원, 피용자 또는 동거인, 즉 수령대행인이 소송서류를 수령하여도 그의 지능과 객관적인 지위, 본인과의 관계 등에 비추어 사회통념상 본인에게 소송서류를 전달할 것이라는 합리적인 기대를 전제로 한다. 동일한 수령대행인이 이해가 대립하는 소송당사자 쌍방을 대신하여 소송서류를 동시에 수령하는 경우가 있을 수 있다. 이런 경우 수령대행인이 원고나 피고 중 한 명과도 이해관계의 상충 없이 중립적인 지위에 있기는 쉽지 않으므로 소송당사자 쌍방 모두에게 소송서류가 제대로 전달될 것이라고 합리적으로 기대하기 어렵다. 또한 이익충돌의 위험을 회피하여 본인의 이익을 보호하려는 데 취지가 있는 「민법」 제124조 본문에서의 쌍방대리금지원칙에도 반한다. 따라서 소송당사자의 허락이 있다는 등의 특별한 사정이 없는 한, 동일한 수령대행인이 소송당사자 쌍방의 소송서류를 동시에 송달받을 수 없고, 그러한 보충송달은 무효라고 봄이 타당하다(대판 2021.3.11. 2020므11658).

13

근무장소에서 송달받을 사람의 피용자로서 사리를 분별할 지능이 있는 사람이 서류의 수령을 거부하면 유치송달이 가능하다.　　　　　　○ | X

> **해설** 근무장소에서의 보충송달의 요건을 보면, 먼저 ① 근무장소에서의 송달은 원칙적인 송달장소인 주소 등을 알지 못하거나 그 장소에서 송달할 수 없는 경우에 비로소 가능하고(보충성, 제183조 제2항), 나아가 ② 근무장소에서의 보충송달을 위해서는 서류를 교부받을 사람이 송달받을 사람의 고용주나 그의 법정대리인, 피용자, 그 밖의 종업원에 해당하는 사람이어야 하며, ③ 그 사람은 사리를 분별할 지능이 있어야 하고, ④ 무엇보다도 그 수령대행인이 서류의 수령을 거부하지 않아야 한다(제186조 제2항). 따라서 근무장소에서의 수령대행인에 대한 유치송달은 허용되지 않는다(같은 조 제2항·제3항).

14

민사소송법에서 규정한 송달장소가 아닌 곳에서 사무원, 고용인 또는 동거자를 만난 경우에도 사무원 등이 송달받기를 거부하지 아니하면 그곳에서 사무원 등에게 서류를 교부하는 것은 보충송달의 방법으로서 적법하다.　　　　　　○ | X

> **해설** 보충송달은 법률이 정한 '송달장소'에서 송달받을 사람을 만나지 못한 경우에만 허용되고, 송달장소가 아닌 곳에서 사무원·피용자·동거인을 만난 경우에는 설사 그들이 송달받기를 거부하지 아니한다 하더라도 그곳에서 그 사무원 등에게 서류를 교부하는 것은 보충송달로서 부적법하고, 나아가 조우송달로서도 부적법하다.

15

교도소에 구속된 재감자에 대한 송달을 교도소의 장에게 하지 아니하고 수감되기 전의 종전 주·거소에다 하였다면 무효이고, 이는 수소법원이 송달을 실시함에 있어 당사자 또는 소송관계인의 수감사실을 모르고 종전의 주·거소에 하였다고 하더라도 마찬가지이다.   ○│X

> **해설** 재감자 등에 대한 송달은 반드시 그 시설의 장에게 하여야 하며, 설사 수소법원이 수감사실을 모르고 피수감자 본인의 주소 또는 거소에 송달하였더라도 이는 무효이고(대판 1995.6.14. 95모14; 대판 (全) 1982.12.28. 82다카349), 일단 그 교도소 등의 장에게 송달서류가 교부되면 수감된 자에게 실제로 전달되었는지 여부와 관계없이 송달은 완료되고 효력이 발생한다.

16

화해권고결정, 조정을 갈음하는 결정, 소액사건에 대한 이행권고결정의 송달은 모두 발송송달에 의하여 할 수 없다.   ○│X

> **해설** 화해권고결정 또는 결정조서, 조정을 갈음하는 결정 또는 결정조서, 이행권고결정, 지급명령 등은 발송송달을 할 수 없음에 유의하여야 한다.

17

보충송달·유치송달이 불가능한 경우의 발송송달은, 해당 서류에 관하여 교부송달, 보충송달 또는 유치송달이 불가능함을 요건으로 하는 것이어서 해당 서류의 송달에 한하여 할 수 있을 뿐이므로, 그에 이은 별개의 서류의 송달에 관하여는 그 요건이 따로 구비되지 않는 한 당연히 발송송달을 할 수 있는 것은 아니다.   ○│X

> **해설** 대결 1990.1.25. 89마939. 즉, 발송송달은 그 요건이 매번 송달할 서류마다 구비되어야 하므로(대판 1994.11.11. 94다36278), 변론기일마다 각 기일통지서를 교부송달하여 본 후 보충송달·유치송달이 안 되었을 때에 비로소 각각 발송송달을 할 수 있다.

정답 | **12** ○ **13** X **14** X **15** ○ **16** ○ **17** ○

18

피고가 소장부본을 송달받기 전에 소송위임장을 제출하여 소송대리인에게 소장부본을 송달하고 절차를 진행하다가 소송대리인이 사임하고 피고에게 그 이후 서류들이 송달불능될 경우에는 피고에게 송달장소 변경신고의무가 있으므로 발송송달이 가능하다.　　　　　　　　　　　　　　　　　　　　　　O | X

> **해설** 피고가 소장부본을 송달받기 전에 소송위임장을 제출하여 소송대리인에게 소장부본을 송달하고 절차를 진행하다가 소송대리인이 사임하고 피고에게 그 이후 서류들이 송달불능될 경우에는 피고에게 송달장소 변경신고의무가 있다고 인정되어야 발송송달이 가능하다. 피고에게 적어도 한 번 이상 적법한 송달장소에서 유효하게 송달이 이루어진 경우에만 송달장소 변경신고의무를 인정할 수 있다(제185조 제2항). 피고의 소송대리인에 대하여만 적법한 송달이 이루어졌을 뿐 피고에 대하여는 적법한 송달장소에서 송달된 적이 없으면 피고의 주지로 바로 발송송달을 할 수 없다.

19

19주사보

발송송달을 하는 주소는 종전에 적법하게 송달이 이루어진 곳이다. 종전 주소로 송달되었다가 주소변경 신고된 주소로 송달불능된 경우, 법인의 본점으로 송달되었다가 송달불능되었고 대표이사 주소지로도 송달불능된 경우에는 종전에 한 번이라도 적법한 송달이 된 주소로 발송송달을 하면 된다.　　　O | X

> **해설** 제185조 제2항

20

19주사보, 22사무관

당사자, 법정대리인, 소송대리인은 송달장소를 바꿀 때에는 그 취지를 바로 법원에 신고하여야 하는데, 이러한 송달장소 변경신고의무는 원고, 참가인 등 적극적 당사자뿐만 아니라 법원으로부터 한 차례 이상 적법한 송달을 받은 피고 등 소극적 당사자에게도 발생한다.　　　　　　　　　　　　　　　　　O | X

> **해설** 당사자·법정대리인·소송대리인은 송달장소를 바꿀 때에는 바로 그 취지를 법원에 신고하여야 한다(제185조 제1항). 원고·참가인 등 적극적 당사자뿐만 아니라, 법원으로부터 한 차례 이상 적법한 송달을 받은 뒤에는 피고 등 소극적 당사자도 송달장소가 변경되면 신고할 의무가 발생한다.

21

변경신고의무 불이행으로 인한 발송송달은 '달리 송달할 장소를 알 수 없는 때'에 한하는 것이므로, 기록에 나타나 있는 자료는 물론 상대방에게 주소보정을 명하거나 직권으로 주민등록표 등을 조사한 후에야 발송송달을 할 수 있다. ○ | X

> **해설** 판례는 '달리 송달할 장소를 알 수 없는 때'란 상대방에게 주소보정을 명하거나 직권으로 주민등록표 등을 조사할 필요까지는 없지만 적어도 기록에 나타나 있는 자료에 의하더라도 송달할 장소를 알 수 없는 경우를 말한다고 판시하였다 (대판 2001.8.24. 2001다31592).

22

민사소송법 제185조 제2항은 종전에 송달받던 장소에 대법원규칙이 정하는 방법으로 발송할 수 있다고 규정하고 있을 뿐이므로, 비록 당사자가 송달장소로 신고한 바 있다고 하더라도 그 송달장소에 송달된 바가 없다면 그 곳을 민사소송법 제185조 제2항에서 정하는 '종전에 송달받던 장소'라고 볼 수 없다. ○ | X

> **해설** 민사소송법 제185조 제2항은 이 경우에 종전에 송달받던 장소에 대법원규칙이 정하는 방법으로 발송할 수 있다고 규정하고 있을 뿐이므로, 비록 당사자가 송달장소로 신고한 바 있다고 하더라도 그 송달장소에 송달된 바가 없다면 그 곳을 민사소송법 제185조 제2항에서 정하는 '종전에 송달받던 장소'라고 볼 수 없다. 또한 민사소송법 제185조 제2항에서 말하는 '달리 송달할 장소를 알 수 없는 경우'라 함은 상대방에게 주소보정을 명하거나 직권으로 주민등록표 등을 조사할 필요까지는 없지만, 적어도 기록에 현출되어 있는 자료로 송달할 장소를 알 수 없는 경우에 한하여 등기우편에 의한 발송송달을 할 수 있음을 뜻한다(대판 2022.3.17. 2020다216462).

23

회사가 송달장소 변경사실을 신고하지 아니하여 종전 송달장소로의 송달이 불능된 경우 기록에 있는 법인등기사항증명서상의 본점 소재지나 대표이사의 주소지로 송달해 보지 않고 바로 발송송달을 할 수 있다. ○ | X

> **해설** 가처분신청 사건의 채권자인 회사가 송달장소 변경사실을 신고하지 아니하여 종전 송달장소로 송달이 불능된 경우, 기록에 있는 법인등기사항증명서상의 본점 소재지나 대표이사의 주소지로 송달해 보지 아니한 채 곧바로 발송송달을 하는 것은 잘못이다(대판 2001.8.24. 2001다31592)

정답 | 18 × 19 ○ 20 ○ 21 × 22 ○ 23 ×

24

송달장소 변경신고를 하지 아니한 당사자 등에 대한 발송송달은 당해 서류의 송달에 한하고 그에 이은 별개의 서류의 송달은 그 요건이 따로 구비되지 않는 한 당연히 발송송달을 할 수 있는 것은 아니다.

O | X

해설 변경신고를 하지 아니한 당사자 등에 대하여 일단 발송송달의 요건이 갖추어지면, 그 뒤에 그 당사자에게 송달할 모든 서류를 발송송달을 할 수 있다고 할 것이다. 왜냐하면 이 경우의 발송송달은 신고를 게을리한 당사자에게 불이익을 주는 제재적 의미가 있으므로, 그가 송달이 가능한 장소를 자발적으로 신고하여 불이익 상태에서 벗어날 때까지 발송송달의 요건이 계속 유지된다고 보아야 하기 때문이다.

실전 확인

01 다음 설명 중 송달의 효력이 발생하는 것은? 15법원직

① 재감자에 대한 송달을 교도소 등의 소장에게 하지 않고 수감되기 전의 종전 주소에 하였다.

② 소장에 기재된 주소 등의 장소에 대한 송달을 시도하지 않은 채 근무장소로 송달을 하였다.

③ 법원사무관등이 당해 사건 때문에 출석한 사람으로부터 영수증을 받고 송달서류를 직접 교부하였다.

④ 소송대리인 사무실로 송달하였다가 '수취인 불명'으로 송달불능되자 기록에 드러나 있고 종전에 송달이 이루어지기도 하였던 본인의 주소지에 대한 송달을 시도하여 보지도 아니한 채 곧바로 위 소송대리인 주소지를 송달장소로 하여 발송송달을 하였다.

해설 ① [×] 재감자 등에 대한 송달은 반드시 그 시설의 장에게 하여야 하며, 설사 수소법원이 수감사실을 모르고 피수감자 본인의 주소 또는 거소에 송달하였더라도 이는 무효이고(대판 1995.6.14. 95모14; 대판 (全) 1982.12.28. 82다카349), 일단 그 교도소 등의 장에게 송달서류가 교부되면 수감된 자에게 실제로 전달되었는지 여부와 관계없이 송달은 완료되고 효력이 발생한다.

② [×] 소장이나 지급명령신청서 등에 기재된 주소 등의 장소에 대한 송달을 시도하지 않은 채 먼저 근무장소로 한 송달은 위법하다(대판 2004.7.21. 2004마535). 근무장소에서의 송달은 송달받을 사람의 주소 등의 장소를 알지 못하거나 그 장소에서 송달할 수 없는 때에 한하여 할 수 있으므로(제183조 제2항), 송달받을 사람의 주소·거소·영업소·사무소가 있는 경우에는 먼저 그 주소 등의 장소에 송달하여 보아야 하고, 그 주소 등의 장소에서 송달이 불가능하거나 또는 주소 등의 송달장소를 알 수 없을 경우에 한하여 비로소 보충적으로 근무장소에서 송달할 수 있게 됨을 주의하여야 한다.

③ [○] 법원사무관등이 해당 사건에 관하여 출석한 사람에게 직접 송달하는 경우(제177조 제1항)도 교부송달에 해당하며, 이 경우 법원 안에서 송달받을 사람에게 서류를 교부하고 영수증을 받은 때에 송달의 효력이 있다(같은 조 제2항).

④ [×] 제1심 법원 법원사무관등이 판결정본을 피고 소송대리인 사무실로 송달하였다가 '수취인 불명'으로 송달불능되자 위 주소지로 등기우편에 의한 발송송달을 하였고, 이후 피고 주소지로 위 판결정본을 다시 송달한 사안에서, 기록에 드러나 있고 종전에 송달이 이루어지기도 하였던 피고 본인의 주소지에 대한 송달을 시도하여 보지도 아니한 채 곧바로 위 소송대리인 주소지를 송달장소로 하여 발송송달을 한 것은 적법한 송달이라고 볼 수 없으므로, 원심이 위 발송송달의 효력을 부인하고 피고에게 판결정본이 송달된 날 적법한 송달이 있었던 것으로 보아 그 다음 날부터 항소제기기간을 기산한 것이 정당하다(대판 2011.5.13. 2010다84956).

정답 ③

기본기	① 당사자의 주소 등 또는 근무장소를 알 수 없는 경우와 외국에서 하여야 할 송달에 관하여 촉탁송달을 하기가 어려운 것으로 인정되는 경우일 것 ② 다른 송달방법이 불가능한 경우에 한하여 인정되는 보충적·최후적인 송달방법이다. ③ 공시송달받은 당사자에게는 자백간주, 무변론판결규정이 적용되지 아니하며, 화해권고결정·조정에 갈음하는 결정·이행권고결정·지급명령의 송달은 공시송달에 의할 수 없다.
요건상 쟁점	① 송달할 장소를 알 수 없는 경우이어야 하므로, 송달장소는 알고 있으나 단순히 폐문부재이거나 장기출타로 인한 수취인부재로 송달되지 못하는 경우에는 공시송달을 할 수 없다. ② 법인의 경우 사실상 해산된 상태에 있거나 기타의 이유로 영업소·사무소가 폐쇄되거나 이전해 버렸을 뿐 아니라, 그 대표자의 주소·거소·근무장소 등 어느 것도 알 수 없는 경우에는 공시송달의 요건이 충족된다. ③ 법인의 대표자가 사망하였고 달리 법인을 대표할 사람이 정하여지지도 아니하여서 그 법인에 대하여 송달 자체를 할 수 없는 경우에는 공시송달의 여지가 없다(이 경우 특별대리인 선임신청을 촉구하여 선임된 특별대리인에게 송달하여야 함).
절차상 쟁점	① 공시송달 요건에 해당한다고 볼 여지가 충분한데도 불구하고 공시송달신청에 대한 허부재판을 도외시한 채 주소보정의 흠을 이유로 소장각하명령을 하면 위법하다. ② 송달이 이루어지던 당사자가 이사 등의 이유로 송달불능이 된 경우에는 바로 직권에 의한 공시송달을 할 수는 없고, 먼저 발송송달의 요건(송달장소 변경신고)을 갖추었는지를 심사하여 발송송달을 실시하여 보아야 한다. ③ 법원사무관등이 소명의 부족이나 소재의 판명 등으로 당사자의 신청을 불허하는 처분을 하면 신청인은 민사소송법 제223조(법원사무관등의 처분에 대한 이의)에 의해 이의를 제기할 수 있다.
효력발생시기	① 최초의 공시송달은 게시한 날부터 2주. 그러나 같은 당사자에 대한 그 뒤의 공시송달은 게시한 다음 날부터 그 효력이 생긴다. 다만, 외국거주자에 대한 최초의 공시송달은 2월 ② 만일 공시송달의 효력이 발생되기 전에 본인이 찾아와 송달서류를 교부받으면, 영수증을 받은 때에 그 송달의 효력이 발생한다. ③ 그러나 이미 공시송달의 효력이 발생한 뒤에는 당사자에게 서류를 교부하였다 하더라도 이미 발생한 송달의 효력을 좌우할 수는 없다(항소기간 등 불변기간도 공시송달의 효력이 발생한 날부터 진행).
요건흠결의 경우	① 공시송달의 요건에 흠이 있어도 재판장이 공시송달을 명하여 절차를 취한 경우에는 유효한 송달이라 보는 것이 판례이다. 따라서 공시송달이 무효임을 전제로 한 재송달은 있을 수 없으며, 또 공시송달명령에 대해 불복할 수 없다. ② 다만, 공시송달의 요건을 갖추지 못한 채 이루어진 공시송달은 그 효력이 있다고 하더라도, 변론기일에 당사자가 출석하지 아니하였다고 하여 쌍방 불출석의 효과가 발생한다고 볼 수 없다. ③ 법원이 송달장소를 알고 있으나 단순히 폐문부재로 송달이 되지 아니하는 경우인데도 공시송달을 하는 등 잘못된 공시송달로 심리가 진행된 끝에 패소된 경우 송달받을 사람은 선택에 따라 추후보완항소 또는 재심을 제기하여 구제를 받을 수 있을 뿐이다. ④ 재판장의 공시송달명령에 대하여는 그 요건에 흠결이 있다 하더라도 불복할 수 없고, 그 소명자료로 위조된 확인서 등이 첨부되었다 하더라도 그것만으로는 재심사유가 되지 않는다.

01

당사자의 주소 등 또는 근무장소를 알 수 없는 경우에는 법원사무관등은 직권으로 또는 당사자의 신청에 따라 공시송달을 할 수 있다. 공시송달은 법원사무관등이 송달할 서류를 보관하고 그 사유를 법원게시판에 게시하거나, 그 밖에 대법원규칙이 정하는 방법에 따라서 하여야 한다. ○ | X

해설 당사자의 주소 등 또는 근무장소를 알 수 없는 경우 또는 외국에서 하여야 할 송달에 관하여 제191조(외국에서 하는 송달의 방법)의 규정에 따를 수 없거나 이에 따라도 효력이 없을 것으로 인정되는 경우에는 법원사무관등은 직권으로 또는 당사자의 신청에 따라 공시송달을 할 수 있다(제194조 제1항). 공시송달은 법원사무관등이 송달할 서류를 보관하고 그 사유를 법원게시판에 게시하거나, 그 밖에 대법원규칙이 정하는 방법에 따라서 하여야 한다(제195조).

02

지급명령이나 이행권고결정의 경우에도 공시송달을 할 수 있다. ○ | X

해설 지급명령, 화해권고결정, 이행권고결정, 조정에 갈음하는 결정의 경우와 같이 공시송달을 허용하면 송달받을 사람에게 형평에 어긋나는 불이익을 야기하게 되는 때에는 공시송달을 할 수 없다(제462조 단서, 소송촉진 등에 관한 특례법 제20조의2에 따른 예외 있음).

03

법인의 경우에도 사실상 해산된 상태에 있거나 기타의 이유로 영업소·사무소가 폐쇄되거나 이전해 버렸을 뿐만 아니라, 그 대표자의 주소·거소·근무장소 등 어느 것도 알 수 없는 경우에는 공시송달의 요건이 충족된다. ○ | X

해설 제194조, 대판 2007.1.25. 2004후3508 참조

04

법인의 대표자가 사망하였고 달리 법인을 대표할 사람이 정하여지지도 아니하여서 그 법인에 대하여 송달을 할 수 없는 경우에는 공시송달의 방법에 의할 수밖에 없다. ○ | ×

> **해설** 법인의 대표자가 사망하였고 달리 법인을 대표할 사람이 정하여지지도 아니하여서 그 법인에 대하여 송달 자체를 할 수 없는 경우에는 공시송달의 여지가 없다(대판 1991.10.22. 91다9985). 이 경우 특별대리인 선임신청을 촉구하여 선임된 특별대리인에게 송달하여야 한다.

05

소명자료를 첨부하여 공시송달을 신청하였는데도, 그에 대한 허부재판을 도외시하고 주소보정의 흠을 이유로 소장각하명령을 하는 것은 위법하다. ○ | ×

> **해설** 대결 2003.12.12. 2003마1694

06

첫 공시송달은 실시한 날부터 2주가 지나야 효력이 생긴다. 다만, 같은 당사자에게 하는 그 뒤의 공시송달은 실시한 다음 날부터 효력이 생긴다. ○ | ×

> **해설** 최초의 공시송달은 대법원규칙으로 정한 위 세 가지 방법 중 하나로 실시한 날부터 2주가 지나야 송달의 효력이 생기고(제196조 제1항 본문), 외국에서 할 송달에 대한 공시송달의 경우에는 2월이 지나야 효력이 생긴다(같은 조 제2항). 같은 당사자에 대한 그 뒤의 송달은 실시한 다음 날부터 바로 그 효력이 생긴다(같은 조 제1항 단서).

07

외국에서 할 송달에 대한 공시송달의 경우 최초의 공시송달은 2월이 지나야 효력이 생기며, 같은 당사자에 대한 그 뒤의 공시송달은 실시한 다음 날부터 바로 그 효력이 생긴다. ○ | ×

> **해설** 외국에서 할 송달에 대한 공시송달의 경우에는 2월이 지나야 효력이 생긴다(제196조 제2항). 같은 당사자에 대한 그 뒤의 송달은 실시한 다음 날부터 바로 그 효력이 생긴다(같은 조 제1항 단서).

08

공시송달의 효력이 발생한 후에 법원은 방문한 당사자에게 서류를 교부하고 영수증을 받은 경우에는 항소기간 등 불변기간은 영수증에 기재된 수령일자로부터 기산한다.　　　　　　　　　　○|×

> **해설** 공시송달의 효력이 발생되기 전에 본인이 찾아와 송달서류를 교부받으면 이는 해당 사건에 관하여 출석한 사람에게 직접 송달한 것으로 되어, 영수증을 받은 때에 그 송달의 효력이 발생하게 된다(제177조 제2항). 그러나 이미 공시송달의 효력이 발생한 뒤에는 당사자에게 서류를 교부하였다 하더라도 이는 사실행위임에 불과하여 이미 발생한 송달의 효력을 좌우할 수는 없다. 따라서 이 경우 항소기간 등 불변기간도 공시송달의 효력이 발생한 날부터 진행되는 것이고, 영수증에 기재된 수령일자로부터 기산하는 것이 아님을 유의하여야 한다.

09

재판장의 공시송달명령에 의하여 공시송달을 한 이상 공시송달의 요건을 구비하지 아니한 흠결이 있다 하더라도 송달의 효력에는 영향이 없다.　　　　　　　　　　　　　　　　　　○|×

> **해설** 공시송달의 요건에 흠이 있어도 재판장이 공시송달을 명하여 절차를 취한 경우에는 유효한 송달이라 보는 것이 판례이다(대결 (全) 1984.3.15. 84마20).

10

재판장의 공시송달명령에 대하여는 그 요건에 흠결이 있다 하더라도 불복할 수 없으나, 그 소명자료로 위조된 확인서 등이 첨부되었다면 그것만으로 독립하여 재심사유에 해당한다.　　　　　　○|×

> **해설** 재판장의 공시송달명령에 대하여는 그 요건에 흠결이 있다 하더라도 불복할 수 없고, 그 소명자료로 위조된 확인서 등이 첨부되었다 하더라도 그것만으로는 독립하여 재심사유가 되지 않는다(대판 1992.10.9. 92다12131 참조).

11

공시송달의 요건이 불비되었음에도 불구하고 판결정본이 공시송달된 경우에는 당사자가 상소기간 내에 상소를 하지 않아도 판결은 확정되지 않고 기판력도 발생하지 않는다.　　　　　　　　○|×

> **해설** 판결정본이 공시송달의 방법에 의하여 피고에게 송달되었다면 비록 피고의 주소가 허위이거나 그 요건에 미비가 있다 할지라도 그 송달은 유효한 것이므로 항소기간의 도과로 위 판결은 형식적으로 확정되어 기판력이 발생한다 할 것이다(대판 2008.2.28. 2007다41560).

12

당사자의 주소, 거소 기타 송달할 장소를 알 수 없는 경우가 아님이 명백함에도 재판장이 당사자에 대한 변론기일 통지서를 공시송달에 의할 것으로 명함으로써 당사자에 대한 변론기일 통지서가 공시송달된 경우, 그 당사자는 각 변론기일에 적법한 절차에 의한 송달을 받았다고 볼 수 없으므로, 위 공시송달의 효력이 있다 하더라도 각 변론기일에 그 당사자가 출석하지 아니하였다고 하여 쌍방 불출석의 효과가 발생한다고 볼 수 없다. ○ | X

> **해설** 당사자의 주소, 거소 기타 송달할 장소를 알 수 없는 경우가 아님이 명백함에도 재판장이 당사자에 대한 변론기일 소환장을 공시송달에 의할 것으로 명함으로써 당사자에 대한 변론기일 소환장이 공시송달된 경우 그 당사자는 각 변론기일에 적법한 절차에 의한 송달을 받았다고 볼 수 없으므로, 위 공시송달의 효력이 있다 하더라도 각 변론기일에 그 당사자가 출석하지 아니하였다고 하여 쌍방 불출석의 효과가 발생한다고 볼 수 없다(대판 1997.7.11. 96므1380).

13

당사자가 소송 계속 중에 수감된 경우 법원이 판결정본을 민사소송법 제182조에 따라 교도소장 등에게 송달하지 않고 당사자 주소 등에 공시송달 방법으로 송달하였다면, 공시송달의 요건을 갖추지 못한 하자가 있다고 하더라도 재판장의 명령에 따라 공시송달을 한 이상 송달의 효력은 있다. ○ | X

> **해설** [1] 당사자가 소송 계속 중에 수감된 경우 법원이 판결정본을 민사소송법 제182조에 따라 교도소장 등에게 송달하지 않고 당사자 주소 등에 공시송달 방법으로 송달하였다면, 공시송달의 요건을 갖추지 못한 하자가 있다고 하더라도 재판장의 명령에 따라 공시송달을 한 이상 송달의 효력은 있다.
> [2] 수감된 당사자는 민사소송법 제185조에서 정한 송달장소 변경의 신고의무를 부담하지 않고 요건을 갖추지 못한 공시송달로 상소기간을 지키지 못하게 되었으므로 특별한 사정이 없는 한 과실 없이 판결의 송달을 알지 못한 것이고, 이러한 경우 책임을 질 수 없는 사유로 불변기간을 준수할 수 없었던 때에 해당하여 그 사유가 없어진 후 2주일 내에 추완 상소를 할 수 있다. 여기에서 '사유가 없어진 때'란 당사자나 소송대리인이 판결이 있었고 판결이 공시송달 방법으로 송달된 사실을 안 때를 가리킨다. 통상의 경우에는 당사자나 소송대리인이 그 사건 기록을 열람하거나 새로 판결정본을 영수한 때에 비로소 판결이 공시송달 방법으로 송달된 사실을 알게 되었다고 보아야 한다(대판 2022.1.13. 2019다220618).

소송절차의 정지

I 의의

사망시기	보완방법	법적 효과
제소 당시 이미 사망한 경우	당사자표시정정신청	① 당사자표시정정신청을 하지 않으면 소각하사유에 해당한다. ② 이를 간과한 판결의 효력은 당연무효이다.
소송계속 중 사망한 경우	소송수계신청	① 소송절차는 법원이 이를 알건 모르건 당연 중단되고, 상속인은 당사자의 지위를 당연 승계한다. ② 이를 간과한 판결의 효력은 당연무효는 아니고, 대리권 흠결에 준하여 상소 및 재심사유가 된다(위법설·판례).
변론종결 이후 사망한 경우	승계집행문 부여신청	판결을 선고할 수 있으며, 그 기판력이 상속인들에게 미친다.

II 소송절차의 중단

1. 중단사유(당사자의 사망)

소송 중 사망	① 당사자가 '소제기 전'에 이미 사망한 경우 그것이 후에 판명되었다 하더라도 중단사유가 되지 않으며, 이 경우 상속인으로의 소송수계신청은 당사자표시정정신청으로 볼 여지가 있을 뿐이다. ② 다만, 당사자가 소송대리인에게 소송위임을 한 다음 소제기 전에 사망하였는데 소송대리인이 당사자가 사망한 것을 모르고 당사자를 원고로 표시하여 소를 제기하였다면 소의 제기는 적법하고, 시효중단 등 소제기의 효력은 상속인들에게 귀속된다. 이 경우 민사소송법 제233조 제1항이 유추적용되어 사망한 사람의 상속인들은 소송절차를 수계하여야 한다.
상속대상일 것	① 이혼소송 중 한쪽 당사자가 사망한 경우, 이사가 주주총회결의 취소의 소를 제기하였다가 소송계속 중이나 사실심 변론종결 후에 사망한 경우 등에는 소송절차가 중단됨이 없이 종료된다. ② 실종선고로 인한 중단시기는 실종기간이 만료된 때가 아니라, 실종선고가 확정된 때이다.
범위	① 통상공동소송에서는 일부 당사자에게만 중단사유가 생긴 경우 그 당사자의 절차만 중단되는 데 반하여, 필수적 공동소송의 경우에는 모든 당사자의 절차가 중단된다. ② 소송계속 중 보조참가인이 사망하더라도 본소의 소송절차는 중단되지 아니한다.

2. 중단의 예외

소송대리인이 있는 경우	① 제233조 내지 제237조에 규정된 중단사유 중의 하나가 발생하더라도 소송대리인이 있는 경우, 소송절차는 중단되지 않는다. ② 다만, 파산선고를 받은 때에는 소송대리인이 있더라도 소송절차는 중단됨을 주의한다.
심급대리원칙	① 소송대리인의 권한에 관하여는 심급대리의 원칙이 적용되기 때문에 그 심급의 판결정본이 그 소송대리인에게 송달됨과 동시에 소송절차 중단의 효과가 발생하게 된다. 소송대리인에게 상소제기에 관한 특별수권이 있어 상소를 제기하였다면, 그 상소제기시부터 소송절차가 중단되므로, 이 때에는 상소심에서 적법한 소송수계절차를 거쳐야 소송중단이 해소된다. ② 대표이사의 변경이 있어 중단사유가 발생하여도 소송대리인이 있는 경우 소송절차가 중단되지 아니하므로, 이러한 경우 대표이사의 변경이 있음을 이유로 제출한 소송절차 수계신청은 당사자표시정정신청으로 보아야 한다. ③ 당사자가 사망하였으나 소송대리인이 있어 소송절차가 중단되지 아니한 경우, 원칙적으로 소송수계의 문제는 발생하지 아니하고 소송대리인은 상속인들 전원을 위하여 소송을 수행하게 되는 것이며, 그 사건의 판결의 당사자표시가 망인 명의로 되어 있다 하더라도 그 판결은 상속인들 전원에 대하여 효력이 있다. 망인의 공동상속인 중 소송수계절차를 밟은 일부만을 당사자로 표시한 판결 역시 수계하지 아니한 나머지 공동상속인들에게도 그 효력이 미친다. 당사자가 사망하였으나 소송대리인이 있기 때문에 소송절차가 중단되지 않은 경우라도 소송수계신청은 가능하다. ④ 소송대리인에게 상소에 관한 특별한 수권이 있다면 판결정본이 송달되어도 중단되지 않는데, 따라서 이 경우에 소송대리인이 패소한 당사자를 위하여 상소를 제기하지 아니하면, 상소기간의 도과로 당해 판결은 확정된다.

3. 중단의 해소(수계신청 + 법원의 속행명령)

수계신청권자	① 중단사유가 있는 당사자 측의 신수행자뿐만 아니라 상대방 당사자도 가능하다. ② 공동상속재산은 상속인들의 공유로서 공동소송관계가 아니므로 상속인 각자가 개별적으로 수계하여도 무방하다. 이 경우 수계되지 아니한 상속인들에 대한 소송은 중단된 상태 그대로 피상속인이 사망한 당시의 심급법원에 계속되어 있게 된다.
신청할 법원	① 종국판결이 선고된 경우에는 원심법원 또는 상소심 법원에 선택적으로 가능하다. ② 상속인들에게서 항소심소송을 위임받은 소송대리인이 소송수계절차를 취하지 아니한 채 사망한 당사자 명의로 항소장 및 항소이유서를 제출하였더라도, 상속인들이 항소심에서 수계신청을 하고 소송대리인의 소송행위를 추인하면 하자는 치유되고, 추인은 묵시적으로도 가능하다.
수계신청절차	① 당사자표시정정신청의 형식을 취하였다 하더라도 그 취지가 수계신청에 해당할 때에는 수계신청으로 보아 처리하여야 한다. ② 사망의 경우에 상속인은 상속의 포기기간인 3월 내에는 수계신청을 하지 못하나, 그 후 상속의 포기 없이 상속개시 있음을 안 날로부터 3월을 경과한 때에는 그 전까지의 소송행위에 관한 하자는 치유된다. ③ 신청이 있는 때에는 법원이 이를 상대방에게 통지하여야 하는데, 상대방에 대한 관계에서는 통지시에 중단이 해소된다.

수계신청에 대한 재판	① 수계신청의 적법 여부는 법원의 직권조사사항으로 이유가 없으면 결정으로 기각하고, 수계신청이 이유 있으면 별도의 재판할 필요 없이 그대로 소송행위를 진행시키면 된다. 수계신청을 기각한 결정에 대하여는 통상항고를 할 수 있다.
	② 당사자의 사망으로 인한 소송수계신청이 이유 있다고 하여 소송절차를 진행시켰으나 그 후에 신청인이 그 자격 없음이 판명된 경우에는 수계재판을 취소하고 신청을 각하하여야 하며, 이 경우에 법원이 수계재판을 취소하지 아니하고 수계인이 진정한 재산상속인이 아니어서 청구권이 없다는 이유로 본안에 관한 실체판결을 하였다면 진정수계인에 대한 관계에서는 소송은 아직도 중단상태에 있다고 할 것이지만, 참칭수계인에 대한 관계에서는 판결이 확정된 이상 기판력을 가진다.

Ⅲ 소송절차 정지의 효과

원칙적 무효	① 정지 중의 당사자의 행위는 원칙적으로 무효이나, 상대방이 아무런 이의를 하지 아니하여 이의권이 상실되면 유효하게 된다.
	② 판례는 소송계속 중 일방 당사자의 사망에 의한 소송절차 중단을 간과하고 변론이 종결되어 판결이 선고된 경우에는 그 판결은 소송에 관여할 수 있는 적법한 수계인의 권한을 배제한 결과가 되는 절차상 위법은 있지만 그 판결이 당연무효라 할 수는 없고, 다만 그 판결은 대리인에 의하여 적법하게 대리되지 않았던 경우와 마찬가지로 보아 대리권 흠결을 이유로 상소 또는 재심에 의하여 그 취소를 구할 수 있을 뿐이라는 입장이다. 따라서 사망자의 승계인에 관한 승계집행문의 부여도 가능하다.
	③ 중단사유를 간과한 판결선고 후 그 상속인들이 수계신청을 하여 판결을 송달받아 상고하거나 또는 적법한 상속인들이 사실상 송달을 받아 상고장을 제출하고 상고심에서 수계절차를 밟은 경우에는 그 수계와 상고는 적법한 것이라고 보아야 하며 또한 당사자가 판결 후 명시적 또는 묵시적으로 원심의 절차를 적법한 것으로 추인하면 그 상소사유 또는 재심사유는 소멸한다.
판결선고	① 소송절차의 정지 중에도 판결의 선고는 할 수 있다.
	② 변론종결 후에 중단사유가 생긴 때에는 소송수계절차 없이 판결을 선고할 수 있으며, 종전의 당사자를 그대로 표시하면 된다.
기간의 진행	① 소송절차가 정지된 때에는 기간의 진행이 정지되고, 정지상태가 해소된 때, 즉 소송절차의 수계사실을 통지한 때 또는 소송절차를 다시 진행한 때부터 전체기간이 새로이 진행된다.
	② 지급명령이 송달된 후 이의신청기간 내에 회생절차개시결정 등과 같은 소송중단사유가 생긴 경우에는 민사소송법 제247조 제2항이 준용되어 이의신청기간의 진행이 정지된다.

01 15사무관

피고가 소제기 전에 이미 사망한 경우에는 그것이 후에 판명되었다 하여도 중단사유가 되지 않으며, 이러한 경우 상속인으로의 소송수계신청은 당사자표시정정신청으로 볼 여지가 있다. O | X

> **해설** 당사자가 '소제기 전'에 이미 사망한 경우에는 그것이 후에 판명되었다 하더라도 중단사유가 되지 않으며, 이러한 경우 상속인으로의 소송수계신청은 당사자표시정정신청으로 볼 여지가 있을 뿐이다(대판 1962.8.30. 62다275).

02 22법원직

당사자가 죽은 때에는 소송대리인의 유무와 무관하게 소송절차가 중단된다. O | X

> **해설** 당사자가 죽은 때에 소송절차는 중단되지만, 그 사유가 생긴 당사자측에 소송대리인이 있는 경우, 소송절차는 중단되지 않는다(제238조).
> * 문제가 소송절차의 정지에 관한 문제였으므로, 이를 전제로 풀면 됩니다.

03 20법원직, 20사무관, 22변호사

당사자가 소송대리인에게 소송위임을 한 다음 소제기 전에 사망하였는데 소송대리인이 당사자가 사망한 것을 모르고 당사자를 원고로 표시하여 소를 제기하였다면 소의 제기는 적법하고, 시효중단 등 소제기의 효력은 상속인들에게 귀속되므로, 사망한 사람의 상속인들은 소송절차를 수계하여야 한다. O | X

> **해설** 당사자가 사망하더라도 소송대리인의 소송대리권은 소멸하지 아니하므로(제95조 제1호), 당사자가 소송대리인에게 소송위임을 한 다음 소제기 전에 사망하였는데 소송대리인이 당사자가 사망한 것을 모르고 당사자를 원고로 표시하여 소를 제기하였다면 소의 제기는 적법하고, 시효중단 등 소제기의 효력은 상속인들에게 귀속된다. 이 경우 민사소송법 제233조 제1항이 유추적용되어 사망한 사람의 상속인들은 소송절차를 수계하여야 한다(대판 2016.4.29. 2014다210449).

당사자가 사망하였으나 그를 위한 소송대리인이 있어 소송절차가 중단되지 않은 경우, 망인의 공동상속인 중 소송수계절차를 밟은 일부만을 당사자로 표시한 판결의 효력은 나머지 공동상속인에게는 미치지 않는다. ○ | X

해설 [1] 민사소송법 제95조 제1호, 제238조에 따라 소송대리인이 있는 경우에는 당사자가 사망하더라도 소송절차가 중단되지 않고 소송대리인의 소송대리권도 소멸하지 아니하는바, 이때 망인의 소송대리인은 당사자 지위의 당연승계로 인하여 상속인으로부터 새로이 수권을 받을 필요 없이 법률상 당연히 상속인의 소송대리인으로 취급되어 상속인들 모두를 위하여 소송을 수행하게 되는 것이고, 당사자가 사망하였으나 그를 위한 소송대리인이 있어 소송절차가 중단되지 않는 경우에 비록 상속인으로 당사자의 표시를 정정하지 아니한 채 망인을 그대로 당사자로 표시하여 판결하였다고 하더라도 그 판결의 효력은 망인의 소송상 지위를 당연승계한 상속인들 모두에게 미치는 것이므로, 망인의 공동상속인 중 소송수계절차를 밟은 일부만을 당사자로 표시한 판결 역시 수계하지 아니한 나머지 공동상속인들에게도 그 효력이 미친다.

[2] 망인의 소송대리인에게 상소제기에 관한 특별수권이 부여되어 있는 경우에는, 그에게 판결이 송달되더라도 소송절차가 중단되지 아니하고 상소기간은 진행하는 것이므로 상소제기 없이 상소기간이 지나가면 그 판결은 확정되는 것이지만, 한편 망인의 소송대리인이나 상속인 또는 상대방 당사자에 의하여 적법하게 상소가 제기되면 그 판결이 확정되지 않는 것 또한 당연하다. 그런데 당사자 표시가 잘못되었음에도 망인의 소송상 지위를 당연승계한 정당한 상속인들 모두에게 효력이 미치는 판결에 대하여 그 잘못된 당사자 표시를 신뢰한 망인의 소송대리인이나 상대방 당사자가 그 잘못 기재된 당사자 모두를 상소인 또는 피상소인으로 표시하여 상소를 제기한 경우에는, 상소를 제기한 자의 합리적 의사에 비추어 특별한 사정이 없는 한 정당한 상속인들 모두에게 효력이 미치는 위 판결 전부에 대하여 상소가 제기된 것으로 보는 것이 타당하다.

[3] 제1심 소송 계속 중 원고가 사망하자 공동상속인 중 甲만이 수계절차를 밟았을 뿐 나머지 공동상속인들은 수계신청을 하지 아니하여 甲만을 망인의 소송수계인으로 표시하여 원고 패소 판결을 선고한 제1심판결에 대하여 상소제기의 특별수권을 부여받은 망인의 소송대리인이 항소인을 제1심판결문의 원고 기재와 같이 "망인의 소송수계인 甲"으로 기재하여 항소를 제기하였고, 항소심 소송 계속 중에 망인의 공동상속인 중 乙 등이 소송수계신청을 한 사안에서, 수계적격자인 망인의 공동상속인들 전원이 아니라 제1심에서 실제로 수계절차를 밟은 甲만을 원고로 표시한 제1심판결의 효력은 그 당사자 표시의 잘못에도 불구하고 당연승계에 따른 수계적격자인 망인의 상속인들 모두에게 미치는 것인데, 위와 같은 제1심판결의 잘못된 당사자 표시를 신뢰한 망인의 소송대리인이 판결에 표시된 소송수계인을 그대로 항소인으로 표시하여 그 판결에 전부 불복하는 위 항소를 제기한 이상, 그 항소 역시 소송수계인으로 표시되지 아니한 나머지 상속인들 모두에게 효력이 미치는 위 제1심판결 전부에 대하여 제기된 것으로 보아야 할 것이므로, 위 항소로 인하여 제1심판결 전부에 대하여 확정이 차단되고 항소심절차가 개시되었으며, 다만 제1심에서 이미 수계한 甲 외에 망인의 나머지 상속인들 모두의 청구 부분과 관련하여서는 항소제기 이후로 소송대리인의 소송대리권이 소멸함에 따라 민사소송법 제233조에 의하여 그 소송절차는 중단된 상태에 있었다고 보아야 할 것이고, 따라서 원심으로서는 망인의 정당한 상속인인 乙 등의 위 소송수계신청을 받아들여 그 부분 청구에 대하여도 심리 판단하였어야 함에도, 乙 등이 망인의 당사자 지위를 당연승계한 부분의 제1심판결이 이미 확정된 것으로 오인하여 위 소송수계신청을 기각한 원심판결을 파기한 사례(대판 2010.12.23. 2007다22859)

05

이혼소송 계속 중 배우자의 일방이 사망한 때에는 상속인이 그 절차를 수계할 수 없으므로 원칙적으로 이혼소송은 종료되고, 이혼의 성립을 전제로 한 재산분할청구 역시 함께 종료된다.   O | X

> **해설** 이혼소송과 재산분할청구가 병합된 경우, 배우자 일방이 사망하면 이혼의 성립을 전제로 하여 이혼소송에 부대한 재산분할청구 역시 이를 유지할 이익이 상실되어 이혼소송의 종료와 동시에 종료된다(대판 1994.10.28. 94므246·94므253).

06

법률에 법인의 지위를 승계하거나 법인의 권리의무가 새로 설립된 법인에 포괄적으로 승계된다는 명문의 규정이 없는 경우, 새로 설립된 법인이 계속 중인 소송절차를 수계할 수 없다.   O | X

> **해설** 민사소송법 제233조부터 제237조, 제239조에서 정하고 있는 사유가 발생하면 소송절차가 중단되고, 위 각 조에서 규정하고 있는 수계신청인에 의한 적법한 소송수계절차가 있어야 소송중단이 해소된다. 다만 위에서 정하고 있는 사유가 발생하더라도 소송대리인이 있는 경우에는 소송이 중단되지 않는다(민사소송법 제238조). 그중 민사소송법 제234조에 따르면, 소송계속 중 당사자인 법인이 합병에 의하여 소멸된 때에는 소송절차가 중단되고 이 경우 합병에 의하여 설립된 법인 또는 합병한 뒤의 존속법인이 소송절차를 수계하여야 한다. 또한 법인의 권리의무가 법률의 규정에 의하여 새로 설립된 법인에 승계되는 경우에는 특별한 사유가 없는 한 계속 중인 소송에서 그 법인의 법률상 지위도 새로 설립된 법인에 승계되므로 새로 설립된 법인이 소송절차를 수계하여야 하나, 법률에 법인의 지위를 승계하거나 법인의 권리의무가 새로 설립된 법인에 포괄적으로 승계된다는 명문의 규정이 없는 이상 새로 설립된 법인이 소송절차를 수계할 근거는 없다고 보아야 한다. 이와 같은 법리는 당사자가 법인격 없는 단체인 경우에도 마찬가지이다(대판 2022.1.27. 2020다39719).

07

이사가 주주총회결의 취소의 소를 제기하였다가 소송계속 중이나 사실심 변론종결 후에 사망한 경우 소송절차는 중단된다.   O | X

> **해설** 소송물인 권리·의무가 '상속의 대상이 되는 때'에만 소송절차가 중단된다. 이사가 주주총회결의 취소의 소를 제기하였다가 소송계속 중이나 사실심 변론종결 후에 사망한 경우(대판 2019.2.14. 2015다255258) 등에는 소송절차가 중단됨이 없이 종료된다.

08

보조참가인에게는 피참가인의 승소를 위하여 독자적인 소송관여권이 인정되므로, 소송계속 중 보조참가인이 사망한 경우에는 본소의 소송절차가 중단된다. O I X

해설 보조참가인은 피참가인인 당사자의 승소를 위한 보조자일 뿐 자신이 당사자가 되는 것이 아니므로 소송계속 중 보조참가인이 사망하더라도 본소의 소송절차는 중단되지 아니한다(대판 1995.8.25. 94다27373).

09

당사자인 법인이 합병에 의하여 소멸된 때에 소송절차가 중단되지만, 소송대리인이 있는 경우에는 그러하지 아니하다. O I X

해설 제234조, 제238조

10

법인이 합병 이외의 사유로 해산된 때에는 청산법인으로 존속하기 때문에 소송절차는 중단되지 않지만, 청산절차를 밟지 않고 소멸된 경우는 중단된다. O I X

해설 법인이 합병 이외의 사유로 해산된 때에는 청산법인으로 존속하기 때문에 중단되지 않지만, 청산절차를 밟지 않고 법인이 소멸된 경우에는 중단된다.

11

법인의 대표자가 법원의 결정에 의하여 그 직무집행이 정지된 경우에도 소송대리인이 있는 경우에는 소송절차는 중단되지 아니하지만 종국판결이 소송대리인에게 송달됨으로써 그 소송절차는 중단된다. O I X

해설 대판 1980.10.14. 80다623·624

정답 | **05** O **06** O **07** × **08** × **09** O **10** O **11** O

12

신탁으로 인한 수탁자의 위탁임무가 끝난 때에 소송절차는 중단되고, 이 경우 새로운 수탁자가 소송절차를 수계하여야 하지만, 소송대리인이 있는 경우에는 소송절차가 중단되지 아니하고, 그 소송대리권도 소멸하지 아니한다. ○ | X

> 해설 제236조, 제238조

13

선정당사자 일부가 사망하거나 자격을 상실한 경우에 소송절차는 중단된다. ○ | X

> 해설 여러 사람의 선정당사자 중 일부가 그 자격을 상실하는 경우라도 소송절차는 중단되지 않으며, 다른 선정당사자가 소송을 속행한다(제54조). 선정당사자 전원이 그 자격을 상실한 경우에는, 소송절차는 중단된다(제237조 제2항). 그러나 소송대리인이 있으면 그러하지 아니하다(제238조).

14

공동파산관재인 중 일부가 파산관재인의 자격을 상실한 때에는 남아 있는 파산관재인에게 관리처분권이 귀속되고 소송절차는 중단되지 아니하므로, 남아 있는 파산관재인은 자격을 상실한 파산관재인을 수계하기 위한 절차를 따로 거칠 필요가 없이 혼자서 소송행위를 할 수 있다. ○ | X

> 해설 민사소송법 제54조가 여러 선정당사자 가운데 죽거나 그 자격을 잃은 사람이 있는 경우에는 다른 당사자가 모두를 위하여 소송행위를 한다고 규정하고 있음에 비추어 볼 때, 공동파산관재인 중 일부가 파산관재인의 자격을 상실한 때에는 남아 있는 파산관재인에게 관리처분권이 귀속되고 소송절차는 중단되지 아니하므로, 남아 있는 파산관재인은 자격을 상실한 파산관재인을 수계하기 위한 절차를 따로 거칠 필요가 없이 혼자서 소송행위를 할 수 있다(대판 2008.4.24. 2006다14363).

15

소송계속 중 당사자가 소송능력을 상실한 때에도 그 당사자 쪽에 소송대리인이 있는 경우에는 소송절차가 중단되지 아니하나, 그 당사자가 파산선고를 받은 때에는 소송대리인이 있더라도 파산재단에 관한 소송절차는 중단된다. ○ | X

> 해설 당사자가 파산선고를 받은 때에 파산재단에 관한 소송절차는 중단되고(제239조), 채무자에 대하여 파산선고 전의 원인으로 생긴 재산상의 청구권인 파산채권은 파산절차에 의하지 아니하고는 행사할 수 없다.

16

소송대리인은 수계절차를 밟지 않아도 신당사자의 소송대리인이 되며 판결의 효력은 신당사자에게 미친다. ○ | X

> **해설** 소송대리인은 수계절차를 밟지 아니하여도 신당사자의 소송대리인이 되며 판결의 효력은 신당사자에게 미친다.

17

당사자가 사망하였으나 그를 위한 소송대리인이 있는 경우에는 소송절차가 중단되지 아니하고, 그 사건의 판결은 상속인들 전원에 대하여 효력이 있다고 할 것이나, 심급대리의 원칙상 그 판결정본이 소송대리인에게 송달된 때에는 소송절차가 중단된다. ○ | X

> **해설** 소송대리인이 있는 경우에는 소송절차는 중단되지 아니하나 심급대리의 원칙상 그 판결정본이 소송대리인에게 송달된 때에는 소송절차는 중단된다(대판 1996.2.9. 94다61649).

18

소송계속 중 법인 아닌 사단 대표자의 대표권이 소멸한 경우 이는 소송절차 중단사유에 해당하지만 소송대리인이 선임되어 있으면 소송절차가 곧바로 중단되지 아니하므로 이러한 경우 대표자의 변경이 있음을 이유로 제출한 소송절차 수계신청은 당사자표시정정신청으로 보면 된다. ○ | X

> **해설** 소송계속 중 법인 아닌 사단 대표자의 대표권이 소멸한 경우 이는 소송절차 중단사유에 해당하지만(제64조, 제235조) 소송대리인이 선임되어 있으면 소송절차가 곧바로 중단되지 아니하고(제238조), 심급대리의 원칙상 그 심급의 판결정본이 소송대리인에게 송달됨으로써 소송절차가 중단된다. 이 경우 상소는 소송수계절차를 밟은 다음에 제기하는 것이 원칙이나, 소송대리인이 상소제기에 관한 특별수권이 있어 상소를 제기하였다면 상소제기시부터 소송절차가 중단되므로 이 때는 상소심에서 적법한 소송수계절차를 거쳐야 소송중단이 해소된다(대판 2016.9.8. 2015다39357).

정답 | **12** ○ **13** × **14** ○ **15** ○ **16** ○ **17** ○ **18** ○

19

당사자가 사망하였으나 소송대리인이 있어 소송절차가 중단되지 아니한 경우, 원칙적으로 소송수계의 문제는 발생하지 아니하고 소송대리인은 상속인들 전원을 위하여 소송을 수행하게 되는 것이며, 그 사건의 판결의 당사자표시가 망인 명의로 되어 있다 하더라도 그 판결은 상속인들 전원에 대하여 효력이 있다.

O | X

해설 대판 1995.9.26. 94다54160

20

중단사유가 생긴 당사자의 새로운 당사자 또는 새로운 소송수행자가 수계신청을 할 수 있으며 상대방 당사자는 수계신청을 할 수 없다.

O | X

해설 중단사유가 있는 당사자 측의 신수행자뿐만 아니라 상대방 당사자도 할 수 있다(제241조).

21

소송계속 중 소송대리인이 없는 상태에서 당사자인 피상속인이 사망하여 소송절차가 중단된 경우, 상속인 각자가 개별적으로 수계하여도 무방하므로, 수계되지 아니한 상속인들에 대한 소송은 중단된 상태 그대로 피상속인이 사망한 당시의 심급법원에 계속되어 있게 된다.

O | X

해설 소송계속 중 당사자인 피상속인이 사망한 경우 공동상속재산은 상속인들의 공유로서 공동소송관계가 아니므로 상속인 각자가 개별적으로 수계하여도 무방하다. 이 경우 수계되지 아니한 상속인들에 대한 소송은 중단된 상태 그대로 피상속인이 사망한 당시의 심급법원에 계속되어 있게 된다(대판 1994.11.4. 93다31993).

22

소송절차 수계신청이 있는 경우 법원은 신청 상대방에게 이를 통지하여야 한다.

O | X

해설 제242조

23

수계신청은 중단 당시 소송이 계속된 법원에 하여야 한다. 종국판결의 송달과 동시에 또는 그 후에 중단이 된 때는 그 판결을 한 법원에 신청해야 한다고 해석되나, 판례는 상소심 법원에 신청할 수도 있다고 해석한다. O | X

해설 수계신청은 중단 당시 소송이 계속된 법원에 하여야 한다. 종국판결의 송달과 동시에 또는 그 후에 중단이 된 때는 그 판결을 한 법원(원심법원)에 신청해야 한다고 해석되나(제243조 제2항), 판례는 상소심 법원에 신청할 수도 있다고 해석하고 있다(대판 1963.5.30. 63다123).

24

상속인들로부터 항소심소송을 위임받은 소송대리인이 소송수계절차를 취하지 아니한 채 사망한 당사자 명의로 항소장 및 항소이유서를 제출하였더라도, 상속인들이 항소심에서 수계신청을 하고 소송대리인의 소송행위를 적법한 것으로 추인하면 그 하자는 치유된다. O | X

해설 판례는 소송절차 중단 중에 제기된 상소는 부적법하지만 상소심 법원에 수계신청을 하여 하자를 치유시킬 수 있으므로, 상속인들에게서 항소심소송을 위임받은 소송대리인이 소송수계절차를 취하지 아니한 채 사망한 당사자 명의로 항소장 및 항소이유서를 제출하였더라도, 상속인들이 항소심에서 수계신청을 하고 소송대리인의 소송행위를 적법한 것으로 추인하면 하자는 치유되고, 추인은 묵시적으로도 가능하다는 입장이다(대판 2016.4.2. 2014다210449).

25

소송수계신청의 적법 여부는 법원의 직권조사사항으로서 조사결과 수계가 이유 없다고 인정한 경우에는 이를 기각하여야 하고, 이유 있을 때에는 별도의 재판으로 수계의 허가결정을 한 다음 소송절차를 진행하여야 한다. O | X

해설 소송수계신청의 적법 여부는 법원의 직권조사사항으로서 조사결과 수계가 이유 없다고 인정한 경우에는 이를 기각하여야 하나(제243조 제1항), 이유 있을 때에는 별도의 재판을 할 필요 없이 그대로 소송절차를 진행할 수 있는 것이다(대판 1984.6.12. 83다카1409).

정답 | **19** ○ **20** × **21** ○ **22** ○ **23** ○ **24** ○ **25** ×

26

천재지변으로 법원이 직무를 수행할 수 없는 때에 소송절차는 그 사고가 소멸될 때까지 중지된다.

O | X

> **해설** 제245조

27

소송계속 중 어느 일방 당사자의 사망에 의한 소송절차 중단을 간과하고 변론이 종결되어 판결이 선고된 경우 적법한 상속인들이 수계신청을 하여 판결을 송달받아 상고하거나 또는 사실상 송달을 받아 상고장을 제출하고 상고심에서 수계절차를 밟은 경우에 그 수계와 상고는 적법한 것이다.

O | X

> **해설** 중단사유를 간과하고 소송절차가 진행되어 종국판결이 선고되었다면 그 판결을 함부로 무효라고 할 수 없다. 판례는 이러한 경우에 그 판결은 당연무효라 할 수 없고, 그 판결은 대리인에 의하여 적법하게 대리되지 않았던 경우와 마찬가지로 보아 대리권 흠결을 이유로 상소(확정 전) 또는 재심(확정 후)에 의하여 그 취소를 구할 수 있을 뿐이다. 따라서 사망자의 승계인에 관한 승계집행문의 부여도 가능하다. 한편, 위와 같은 중단사유를 간과한 판결선고 후 그 상속들이 수계신청을 하여 판결을 송달받아 상고하거나 또는 적법한 상속인들이 사실상 송달을 받아 상고장을 제출하고 상고심에서 수계절차를 밟은 경우에는 그 수계와 상고는 적법한 것이라고 보아야 하며 또한 당사자가 판결 후 명시적 또는 묵시적으로 원심의 절차를 적법한 것으로 추인하면 그 상소사유 또는 재심사유는 소멸한다고 하였다(대판 (全) 1995.5.23. 94다28444; 대결 1998.5.30. 98그7).

28

변론종결 후에 중단사유가 생긴 때에는 소송절차의 수계신청이 없으면 판결을 선고할 수 없고, 이를 간과하고 종국판결이 선고되었다면 무효이다.

O | X

> **해설** 변론종결 후에 중단사유가 생긴 때에는 소송수계절차 없이 판결을 선고할 수 있으며 소송대리인의 유무에 관계없이 종전의 당사자를 그대로 표시하면 된다(대판 1989.9.26. 87므13).

29

소송절차가 중단되었다가 다시 소송절차를 진행할 수 있게 되면 그때부터 전체기간이 새로이 진행되나, 소송절차가 중지되었던 경우에는 다시 소송절차를 진행할 수 있게 된 때부터 남은 기간만 새로이 진행된다.

O | X

해설 소송절차의 중단 또는 중지는 기간의 진행을 정지시키며, 소송절차의 수계사실을 통지한 때 또는 소송절차를 다시 진행한 때부터 전체기간이 새로이 진행된다(제247조 제2항).

정답 | 26 ○ 27 ○ 28 × 29 ×

01 원고 甲과 피고 乙 사이의 소송계속 중에 피고 乙이 사망하였고, 乙의 상속인으로 丙, 丁, 戊가 있다. 다음 기술 중 가장 옳지 않은 것은? (다툼이 있는 경우 판례에 의함)   14법원직

① 乙에게 소송대리인이 있으면 중단사유에 불구하고 소송절차는 중단되지 않는다.

② 乙에게 소송대리인이 있어 소송절차가 중단되지 않는 경우에 비록 상속인으로 당사자의 표시를 정정하지 아니한 채 乙을 그대로 당사자로 표시하여 판결하였다고 하더라도 그 판결의 효력은 丙, 丁, 戊에게 미친다.

③ 乙의 사망에 의한 소송절차 중단을 간과하고 변론이 종결되어 판결이 선고된 경우에 그 판결은 사망자를 당사자로 한 판결이므로 당연무효이다.

④ 원고 甲도 乙의 상속인 丙, 丁, 戊를 위하여 중단된 소송절차의 수계신청을 할 수 있다.

해설 ① [○] 제238조

② [○] 당사자가 사망하였으나 소송대리인이 있어 소송절차가 중단되지 아니한 경우, 원칙적으로 소송수계의 문제는 발생하지 아니하고 소송대리인은 상속인들 전원을 위하여 소송을 수행하게 되는 것이며, 그 사건의 판결의 당사자 표시가 망인 명의로 되어 있다 하더라도 그 판결은 상속인들 전원에 대하여 효력이 있다(대판 1995.9.26. 94다54160).

③ [×] 중단사유를 간과하고 소송절차가 진행되어 종국판결이 선고되었다면 그 판결을 함부로 무효라고 할 수 없다. 판례는 이러한 경우에 그 판결은 당연무효라 할 수 없고, 그 판결은 대리인에 의하여 적법하게 대리되지 않았던 경우와 마찬가지로 보아 대리권 흠결을 이유로 상소(확정 전) 또는 재심(확정 후)에 의하여 그 취소를 구할 수 있을 뿐이다(대판 (全) 1995.5.23. 94다28444; 대결 1998.5.30. 98그7).

④ [○] 소송절차의 수계신청은 상대방도 할 수 있다(제241조).

정답 ③

02 당사자 A가 제1심 소송계속 중 변론종결 전에 사망하였다. 다음 설명 중 가장 옳은 것은?

19법원직

① A에게 소송대리인이 없는 경우에는 소송절차가 중단되는데, 소송절차 중단을 간과하고 변론이 종결되어 판결이 선고된 경우에 그 판결은 절차상 위법하므로, 사망한 A가 당사자로 표시된 판결에 기하여 A의 승계인을 위한 또는 A의 승계인에 대한 강제집행을 실시하기 위하여 승계집행문을 부여할 수 없다.

② A에게 소송대리인이 있는 경우에는 소송절차가 중단되지 않고 소송대리인의 소송대리권도 소멸하지 않는다.

③ A에게 소송대리인이 있는 경우에 제1심판결이 선고되었는데, 그 판결에서 A의 공동상속인 중 소송수계절차를 밟은 일부만을 당사자로 표시하였다면 수계하지 않은 나머지 공동상속인들에게는 그 판결의 효력이 미치지 않는다.

④ 사망한 A의 소송대리인이 상소제기에 관한 특별수권을 부여받은 경우, 그 소송대리인에게 판결정본이 송달되더라도 소송절차는 중단되지 않아 항소기간이 진행되고, 그 소송대리인이 항소를 제기하였다면 항소심은 중단 없이 진행된다.

해설 ① [×] 소송계속 중 어느 일방 당사자의 사망에 의한 소송절차 중단을 간과하고 변론이 종결되어 판결이 선고된 경우에는 그 판결은 소송에 관여할 수 있는 적법한 수계인의 권한을 배제한 결과가 되는 절차상 위법은 있지만 그 판결이 당연무효라 할 수는 없고, 다만 그 판결은 대리인에 의하여 적법하게 대리되지 않았던 경우와 마찬가지로 보아 대리권 흠결을 이유로 상소 또는 재심에 의하여 그 취소를 구할 수 있을 뿐이므로, 이와 같이 사망한 자가 당사자로 표시된 판결에 기하여 사망자의 승계인을 위한 또는 사망자의 승계인에 대한 강제집행을 실시하기 위하여는 민사소송법 제481조를 준용하여 승계집행문을 부여함이 상당하다(대결 1998.5.30. 98그7).

② [○] 소송대리인이 있는 경우에는 제233조 제1항, 제234조 내지 제237조의 규정을 적용하지 아니한다(제238조).

③ [×] 민사소송법 제95조 제1호, 제238조에 따라 소송대리인이 있는 경우에는 당사자가 사망하더라도 소송절차가 중단되지 않고 소송대리인의 소송대리권도 소멸하지 아니하는바, 이때 망인의 소송대리인은 당사자 지위의 당연승계로 인하여 상속인으로부터 새로이 수권을 받을 필요 없이 법률상 당연히 상속인의 소송대리인으로 취급되어 상속인들 모두를 위하여 소송을 수행하게 되는 것이고, 당사자가 사망하였으나 그를 위한 소송대리인이 있어 소송절차가 중단되지 않는 경우에 비록 상속인으로 당사자의 표시를 정정하지 아니한 채 망인을 그대로 당사자로 표시하여 판결하였다고 하더라도 그 판결의 효력은 망인의 소송상 지위를 당연승계한 상속인들 모두에게 미치는 것이므로, 망인의 공동상속인 중 소송수계절차를 밟은 일부만을 당사자로 표시한 판결 역시 수계하지 아니한 나머지 공동상속인들에게도 그 효력이 미친다(대판 2010.12.23. 2007다22859).

④ [×] 소송대리인에게 ⊙ 상소의 특별수권이 없는 경우는 심급대리원칙상 판결정본이 소송대리인에게 송달되면 소송대리권이 소멸되어 그때부터 절차가 중단된다. 그러나 ⓒ 상소의 특별수권이 있으면 소송대리인에게 판결정본이 송달되더라도 소송절차가 중단되지 않고 상소기간이 진행된다. 이 경우 소송대리인이 상소기간 내에 상소를 한 때 소송대리권이 소멸되며 그때 소송절차도 중단된다. 따라서 항소를 제기했다고 항소심이 중단 없이 진행되는 것은 아니다. 상속인들은 상소심에서 소송수계신청을 해야 소송절차에 참여할 수 있다.

정답 ②

03 甲은 乙을 상대로 매매를 원인으로 한 소유권이전등기청구의 소를 제기하기 위하여 변호사 A를 소송대리인으로 선임하였는데, A가 법원에 소장을 제출하기 전에 甲이 사망하였고, A는 그러한 사실을 모르고 소장에 甲을 원고로 기재하여 위 소를 제기하였다. 甲에게는 상속인으로 丙, 丁이 있다. 제1심 법원은 원고의 청구를 기각하는 판결을 선고하였다. 이에 관한 설명 중 옳지 않은 것은? (다툼이 있는 경우 판례에 의함) 19변호사

① 제1심 법원이 판결서에 甲을 원고로 기재한 경우에도 위 판결의 효력이 丙과 丁에게 미친다.

② 甲이 A에게 상소를 제기할 권한을 수여한 경우 丙과 丁이 직접 항소하지 않고 A도 항소하지 않은 때에는, A가 제1심 판결정본을 송달받은 날부터 2주가 경과하면 위 판결이 확정된다.

③ 甲이 A에게 상소를 제기할 권한을 수여한 경우 A가 丙만이 甲의 상속인인 줄 알고 丙에 대해서만 소송수계절차를 밟고 丙만을 항소인으로 표시하여 제1심판결 전부에 대하여 항소를 제기한 때에는 丁에 대해서도 항소 제기의 효력이 미치므로, 丁은 항소심에서 소송수계를 하지 않더라도 항소인으로서 소송을 수행할 수 있다.

④ 甲이 A에게 제1심에 한하여 소송대리권을 수여한 경우 A에게 제1심 판결정본이 송달된 때에 소송절차가 중단되지만, 丙과 丁의 소송수계에 의하여 소송절차가 다시 진행되면 그때부터 항소기간이 진행된다.

⑤ 甲이 A에게 제1심에 한하여 소송대리권을 수여한 경우 A에게 제1심 판결정본이 송달된 후 丙과 丁이 소송수계절차를 밟지 않고 변호사 B에게 항소심에 대한 소송대리권을 수여하여 B가 甲 명의로 항소장을 제출한 때에는, 丙과 丁은 항소심에서 수계신청을 하고 B가 한 소송행위를 추인할 수 있다.

해설 ① [○] 민사소송법 제95조 제1호, 제238조에 따라 소송대리인이 있는 경우에는 당사자가 사망하더라도 소송절차가 중단되지 않고 소송대리인의 소송대리권도 소멸하지 아니하는바, 이때 망인의 소송대리인은 당사자지위의 당연승계로 인하여 상속인으로부터 새로이 수권을 받을 필요 없이 법률상 당연히 상속인의 소송대리인으로 취급되어 상속인들 모두를 위하여 소송을 수행하게 되는 것이고, 당사자가 사망하였으나 그를 위한 소송대리인이 있어 소송절차가 중단되지 않는 경우에 비록 상속인으로 당사자의 표시를 정정하지 아니한 채 망인을 그대로 당사자로 표시하여 판결하였다고 하더라도 그 판결의 효력은 망인의 소송상 지위를 당연승계한 상속인들 모두에게 미치는 것이므로, 망인의 공동상속인 중 소송수계절차를 밟은 일부만을 당사자로 표시한 판결 역시 수계하지 아니한 나머지 공동상속인들에게도 그 효력이 미친다(대판 2010.12.23. 2007다22859).

② [○] 망인의 소송대리인에게 상소제기에 관한 특별수권이 부여되어 있는 경우에는, 그에게 판결이 송달되더라도 소송절차가 중단되지 아니하고 상소기간은 진행하는 것이므로 상소제기 없이 상소기간이 지나가면 그 판결은 확정되는 것이지만, 한편 망인의 소송대리인이나 상속인 또는 상대방 당사자에 의하여 적법하게 상소가 제기되면 그 판결이 확정되지 않는 것 또한 당연하다. 그런데 당사자 표시가 잘못되었음에도 망인의 소송상 지위를 당연승계한 정당한 상속인들 모두에게 효력이 미치는 판결에 대하여 그 잘못된 당사자 표시를 신뢰한 망인의 소송대리인이나 상대방 당사자가 그 잘못 기재된 당사자 모두를 상소인 또는 피상소인으로 표시하여 상소를 제기한 경우에는, 상소를 제기한 자의 합리적 의사에 비추어 특별한 사정이 없는 한 정당한 상속인들 모두에게 효력이 미치는 위 판결 전부에 대하여 상소가 제기된 것으로 보는 것이 타당하다(대판 2010.12.23. 2007다22859).

③ [×] 당사자가 사망하더라도 소송대리인의 소송대리권은 소멸하지 아니하므로(제95조 제1호), 당사자가 소송대리인에게 소송위임을 한 다음 소제기 전에 사망하였는데 소송대리인이 당사자가 사망한 것을 모르고 당사자를 원고로 표시하여 소를 제기하였다면 소의 제기는 적법하고, 시효중단 등 소제기의 효력은 상속인들에게 귀속된다. 이 경우 제233조 제1항이 유추적용되어 사망한 사람의 상속인들은 소송절차를 수계하여야 한다(대판 2016.4.29. 2014다210449).

④ [O] ⑤ [O] 당사자가 사망하였으나 소송대리인이 있는 경우에는 소송절차가 중단되지 아니하고(제238조, 제233조 제1항), 그 소송대리인은 상속인들 전원을 위하여 소송을 수행하게 되며, 판결은 상속인들 전원에 대하여 효력이 있다. 이 경우 심급대리의 원칙상 판결정본이 소송대리인에게 송달되면 소송절차가 중단되므로 항소는 소송수계 절차를 밟은 다음에 제기하는 것이 원칙이다(④ 해설). 다만, 제1심 소송대리인이 상소제기에 관한 특별수권이 있어 상소를 제기하였다면 그 상소제기시부터 소송절차가 중단되므로 항소심에서 소송수계절차를 거치면 된다. 그리고 소송절차 중단 중에 제기된 상소는 부적법하지만 상소심 법원에 수계신청을 하여 그 하자를 치유시킬 수 있으므로, 상속인들로부터 항소심소송을 위임받은 소송대리인이 소송수계절차를 취하지 아니한 채 사망한 당사자 명의로 항소장 및 항소이유서를 제출하였더라도, 상속인들이 항소심에서 수계신청을 하고 소송대리인의 소송행위 를 적법한 것으로 추인하면 그 하자는 치유된다(⑤ 해설) 할 것이고, 추인은 묵시적으로도 가능하다(대판 2016. 4.29. 2014다210449).

정답 ③

제3장 | 증거

제1절 총설

제2절 증명의 필요가 없는 사실

Ⅰ 재판상 자백

1. 의의
① 변론 또는 변론준비기일에서 한 상대방 주장과 일치하고 자기에게 불리한 사실의 진술을 말한다.
② 재판상 자백은 변론주의에 의한 소송절차에만 적용되고, 직권탐지주의·직권조사사항(소송요건 등)에 대해서는 적용되지 아니한다.

2. 요건(대, 내, 모, 형)

(1) 구체적인 사실을 대상으로 하였을 것(자백의 대상적격)
① 자백의 대상이 되는 사실은 주요사실에 한하며, 간접사실과 보조사실에 대해서는 자백이 성립하지 않는다.
② 다만, 문서의 진정성립에 관한 자백은 보조사실에 관한 자백이지만 주요사실에 대한 자백과 동일하게 당사자를 구속하므로 자유롭게 취소할 수 없다(문서의 인영의 진정함을 인정한 경우에도 동일).

(2) 자기에게 불리한 사실상의 진술(자백의 내용)
자백을 바탕으로 판결이 나면 패소될 가능성이 있는 경우를 의미한다(패소가능성설).

(3) 상대방의 주장사실과 일치되는 사실상의 진술(자백의 모습)
① 선행자백
　㉠ 상대방의 주장에 앞서서 자기에게 불이익한 사실을 진술한 선행자백의 경우에, 상대방이 이를 원용하거나 그에 상응하는 주장을 한 때에는 자백의 효력이 있으나, 상대방이 원용하기 전까지는 그 진술을 철회하고 이와 모순되는 진술을 자유로이 할 수 있다.
　㉡ 다만, 당사자 일방이 한 진술에 잘못된 계산이나 기재, 기타 이와 비슷한 표현상의 잘못이 있고, 잘못이 분명한 경우에는 비록 상대방이 이를 원용하였다고 하더라도 당사자 쌍방의 주장이 일치한다고 할 수 없으므로 자백(선행자백)이 성립할 수 없다.

② 일부자백

자백에는 ㉠ 상대방의 주장사실을 전체로는 다투지만 그 일부에 있어서는 일치된 진술을 할 경우(이유부부인), ㉡ 상대방의 주장사실을 인정하면서 이에 관련되는 방어방법을 부가하는 경우(제한부자백)가 있다.

(4) 변론이나 변론준비기일에서 소송행위로서 진술하였을 것(자백의 형식)

당사자신문 중에 상대방의 주장과 일치하는 진술을 하더라도 이는 증거자료에 그칠 뿐 재판상 자백으로 되지 아니하고, 다른 소송에서 한 자백은 하나의 증거원인이 될 뿐 민사소송법 제288조에 의한 구속력이 없다.

3. 효과(구속력)

법원 (사실인정권 배제)		법원은 자백사실이 진실인가의 여부에 관하여 판단할 필요가 없으며, 허위자백이라는 심증을 얻어도 이에 반하는 사실을 인정할 수 없다.
당사자 (철회제한)	원칙	자백한 당사자는 임의로 철회할 수 없다(자백간주와 차이).
	예외	다음과 같은 경우에는 철회가 허용되지만, 철회가 시기에 늦어서는 안 되며 상고심에서는 허용되지 아니한다. ① 상대방의 동의가 있을 때 　자백의 취소에 대하여 상대방이 아무런 이의를 제기하고 있지 않다는 점만으로는 그 취소에 동의하였다고 볼 수는 없다. ② 자백이 제3자의 형사상 처벌할 행위에 의하여 이루어진 때 ③ 자백이 진실에 반하고 착오로 인한 것임을 증명한 때 　㉠ 자백의 취소주장은 반드시 명시의 방법이 아니라, 묵시적으로도 할 수 있다. 　㉡ 취소하려면 반진실과 착오 두 가지를 아울러 증명하여야 하며, 반진실임이 증명만으로 착오에 의한 자백으로 추정되지 않는다. 그러나 자백이 반진실임이 증명된 경우라면 변론의 전 취지만으로 착오로 인한 것임을 인정할 수 있다. ④ 소송대리인의 자백을 당사자가 경정한 때

Ⅱ 권리자백

① 사실관계에 대한 법적 평가 또는 소송물의 전제문제가 되는 권리관계나 법률효과를 인정하는 진술(예 이행불능)은 자백의 대상이 아니다(법률상 유언이 아닌 것을 유언이라 시인하였다 하여 유언이 될 수 없고, 법률상 혼인 외의 자가 아닌 것을 혼인 외의 자로 될 수 없음).

② 법률상 개념을 사용하여 사실진술한 경우(매매, 임대차 등), 그 내용을 이루는 사실에 대한 압축진술로 보고, 재판상 자백으로서의 구속력을 인정한다.

③ 소송물인 권리관계 자체에 대한 불리한 진술은 청구의 포기 · 인낙으로서 구속력이 생긴다.

④ 선결적 법률관계

소유권에 기한 이전등기말소청구소송에 있어서 피고가 원고 주장의 소유권을 인정하는 진술은 소유권의 내용을 이루는 사실에 대한 진술로 볼 수 있으므로 재판상 자백으로 인정된다.

Ⅲ 자백간주

성립	**상대방의 주장사실을 명백히 다투지 아니한 경우**	당사자가 변론 또는 변론준비절차에서 상대방이 주장하는 사실을 명백히 다투지 아니한 때에는 그 사실을 자백한 것으로 본다.
	한쪽 당사자가 기일에 불출석한 경우	① 상대방의 주장사실을 다투는 답변서 그 밖의 준비서면을 제출하지 않았을 것, ② 공시송달에 의하지 않은 기일통지를 받고 불출석한 경우라야 한다. 다만, 제1심에서 피고에 대하여 공시송달로 진행되었다고 해도, 항소심에서 공시송달 아닌 방법으로 송달받고 다투지 아니한 경우는 자백간주가 성립한다.
	답변서의 부제출	피고가 소장부본을 송달받고 30일의 답변서 제출기간 내에 답변서를 제출하지 아니한 경우는 청구의 원인사실에 대해 자백한 것으로 보고, 이때는 무변론의 원고승소판결을 할 수 있다.
효력		① 자백간주가 성립되면 법원에 대한 구속력이 생기며, 법원은 그 사실을 판결의 기초로 삼지 않으면 안 된다. 자백간주의 요건이 구비되어 일단 자백간주로서의 효과가 발생한 때에는 그 이후의 기일에 대한 소환장이 송달불능으로 되어 공시송달하게 되었다고 하더라도 이미 발생한 자백간주의 효과가 상실되는 것은 아니다. ② 다만, 당사자에 대한 구속력이 생기지 않는다. 따라서 제1심에서 자백간주가 있었다 하여도 항소심의 변론종결 당시까지 이를 다투는 한 그 효과가 배제된다.

⚖️ OX 확인

01

채권자대위소송에서 피보전채권의 발생·소멸의 요건이 되는 구체적 사실은 재판상 자백의 대상이 된다.

○ | X

> **해설** 채권자대위소송에서 대위에 의하여 보전될 채권자의 채무자에 대한 권리(피보전채권)가 존재하는지 여부는 소송요건으로서 법원의 직권조사사항이므로(대판 2009.4.23. 2009다3234), 그 존부 자체는 재판상의 자백이나 자백간주의 대상이 될 수 없다.

02

자백의 대상이 되는 사실은 주요사실에 한하며 간접사실과 보조사실에 대해서는 자백이 성립하지 않는다.

○ | X

> **해설** 자백의 대상이 되는 사실은 주요사실에 한하며(대판 1982.4.27. 80다851), 간접사실과 보조사실에 대해서는 자백이 성립하지 않는다. 이것은 변론주의가 엄격하게 적용되는 것은 주요사실에 한하기 때문이며, 간접사실이나 보조사실 등에 자백을 인정하면 주요사실을 판단함에 있어서 법관의 전권인 자유심증을 제약하게 되기 때문이다.

03

문서의 진정성립에 관한 자백은 보조사실에 관한 자백이므로 문서의 진정성립을 인정한 당사자는 자유롭게 이를 철회할 수 있다.

○ | X

> **해설** 판례는 문서의 진정성립에 관한 자백은 보조사실에 관한 것이나 그 취소에 관하여는 주요사실에 관한 자백취소와 같이 취급하여야 한다는 입장이다(대판 2001.4.24. 2001다5654).

정답 | **01** × **02** ○ **03** ×

04

당사자가 변론에서 상대방이 주장하기도 전에 스스로 자신에게 불이익한 사실을 진술하는 경우, 상대방이 이를 명시적으로 원용하거나 그 진술과 일치되는 진술을 하게 되면 재판상 자백이 성립되는 것이어서, 법원도 그 자백에 구속되어 그 자백에 저촉되는 사실을 인정할 수 없다. ○ | X

> **해설** 당사자가 변론에서 상대방이 주장하기도 전에 스스로 자신에게 불이익한 사실을 진술하였다고 하더라도, 상대방이 이를 명시적으로 원용하거나 그 진술과 일치되는 진술을 하게 되면, 재판상 자백이 성립되어 법원도 그 자백에 구속되어 그 자백에 저촉되는 사실을 인정할 수 없는 것이다(대판 1992.8.18. 92다5546).

05

당사자 일방이 자진하여 자기에게 불리한 사실상 진술을 한 후 그 상대방이 이를 원용함으로써 그 사실에 관한 당사자 쌍방의 주장이 일치하기 전에는 위 당사자 일방의 불리한 진술은 자백으로서의 효력이 생기지 않는다. ○ | X

> **해설** 상대방이 원용하기 전까지는 그 진술을 철회하고 이와 모순되는 진술을 자유로이 할 수 있으며 이때에는 소송자료에서 제거되므로 그 후에는 원용할 수 없다(대판 1992.8.14. 92다14724).

06

당사자 일방이 한 진술에 잘못된 계산이나 기재, 기타 이와 비슷한 표현상의 잘못이 있고, 잘못이 분명한 경우에도 상대방이 이를 원용하면 재판상 자백이 성립한다. ○ | X

> **해설** 당사자 일방이 한 진술에 잘못된 계산이나 기재, 기타 이와 비슷한 표현상의 잘못이 있고, 잘못이 분명한 경우에는 비록 상대방이 이를 원용하였다고 하더라도 당사자 쌍방의 주장이 일치한다고 할 수 없으므로 자백(선행자백)이 성립할 수 없다(대판 2018.8.1. 2018다229564).

07

당사자본인신문의 결과 중에 당사자의 진술로서 상대방의 주장사실과 일치되는 것이 나왔다고 하더라도 그것은 재판상 자백이 될 수 없다. ○ | X

> **해설** 소송행위로서의 진술을 의미하므로 당사자신문 중에 상대방의 주장과 일치하는 진술을 하더라도 이는 증거자료에 그칠 뿐 재판상 자백으로 되지 아니한다(대판 1978.9.12. 78다879).

08

다른 소송이나 소송 밖에서 한 불리한 진술은 재판상 자백으로서의 효력이 없다. ○ | ×

해설 민사소송법 제261조의 규정에 의하여 구속력을 갖는 자백은 재판상의 자백에 한한다 할 것이고, 재판상 자백이란 변론기일 또는 준비절차기일에서 당사자가 하는 상대방의 주장과 일치하는 자기에게 불리한 사실의 진술을 말하는 것으로서 다른 소송에서 한 자백은 하나의 증거원인이 될 뿐 민사소송법 제261조에 의한 구속력이 없다(대판 1996.12.20. 95다37988).

09

법원에 제출되어 상대방에게 송달된 답변서나 준비서면에 자백에 해당하는 내용이 기재되어 있는 경우, 그것이 변론기일이나 변론준비기일에 진술간주가 되어도 재판상 자백이 성립한다. ○ | ×

해설 법원에 제출되어 상대방에게 송달된 답변서나 준비서면에 자백에 해당하는 내용이 기재되어 있는 경우라도 그것이 변론기일이나 변론준비기일에서 진술 또는 진술간주되어야 재판상 자백이 성립한다(대판 2015.2.12. 2014다229870).

10

상대방의 주장에 단순히 침묵하거나 불분명한 진술을 하는 것으로 재판상의 자백이 있었다고 볼 수 있다. ○ | ×

해설 재판상의 자백은 변론기일 또는 변론준비기일에서 상대방의 주장과 일치하면서 자신에게는 불리한 사실을 진술하는 것을 말한다. 자백은 명시적인 진술이 있는 경우에 인정되는 것이 보통이지만, 자백의 의사를 추론할 수 있는 행위가 있으면 묵시적으로 자백을 한 것으로 볼 수도 있다. 다만, 상대방의 주장에 단순히 침묵하거나 불분명한 진술을 하는 것만으로는 자백이 있다고 인정하기에 충분하지 않다(대판 2021.8.4. 2018다267900).

11

자백은 창설적 효력이 있는 것이어서 법원도 이에 기속되는 것이므로, 당사자 사이에 다툼이 없는 사실에 관하여는 법원은 그와 배치되는 사실을 증거에 의하여 인정할 수 없다. ○ | ×

해설 재판상의 자백은 변론기일 또는 변론준비기일에 행한 상대방 당사자의 주장과 일치하는 자기에게 불리한 사실의 진술로서, 일단 재판상의 자백이 성립하면 그것이 적법하게 취소되지 않는 한 법원도 이에 기속되는 것이므로, 법원은 당사자 사이에 다툼이 없는 사실에 관하여 성립된 자백과 배치되는 사실을 증거에 의하여 인정할 수 없다(대판 2010.2.11. 2009다84288·84295).

12

상고심에 이르러서는 진실에 반하고 착오로 인한 것임이 증명된 경우라도 원심에서 한 자백을 취소할 수 없다.　○ | X

> **해설**　법률심인 상고심에 이르러서는 원심에서 한 자백을 취소할 수 없다(대판 1998.1.23. 97다38305).

13

일단 자백이 성립되었다고 하여도 그 후 자백을 한 당사자가 위 자백을 취소하고 이에 대하여 상대방이 이의를 제기함이 없이 동의하면, 자백의 취소가 인정된다.　○ | X

> **해설**　대판 1994.9.27. 94다22897

14

자백을 취소하는 당사자가 그 자백이 진실에 반하는 것임을 증명하면 착오에 의한 자백임이 추정된다.
　○ | X

> **해설**　자백을 취소하려면 반진실과 착오 두 가지를 아울러 증명하여야 하며(대판 1992.12.8. 91다69622), 반진실임이 증명만으로 착오에 의한 자백으로 추정되지 않는다(대판 1994.6.14. 94다14797).

15

자백이 진실과 부합되지 않는 사실임이 증명된 경우라면 변론 전체의 취지에 의하여 그 자백이 착오로 인한 것이라는 점을 인정할 수 있다.　○ | X

> **해설**　자백이 반진실임이 증명된 경우라면 변론의 전 취지만으로 착오로 인한 것임을 인정할 수 있다(대판 2000.9.8. 2000다23013).

재판상 자백의 취소는 반드시 명시적으로 하여야 하고, 종전의 자백과 배치되는 사실을 주장한다고 하여 취소되는 것이 아니다. O | X

> **해설** 재판상 자백의 취소는 반드시 명시적으로 하여야만 하는 것은 아니고, 종전의 자백과 배치되는 사실을 주장함으로써 묵시적으로도 할 수 있다(대판 1994.9.27. 94다22897).

일단 자백이 성립되었다고 하여도 그 후 그 자백을 한 당사자가 위 자백을 취소하고 이에 대하여 상대방이 동의하거나 아무런 이의를 제기하지 않는다면 반진실, 착오의 요건은 고려할 필요 없이 자백의 취소를 인정하여야 한다. O | X

> **해설** 자백은 사적 자치의 원칙에 따라 당사자의 처분이 허용되는 사항에 관하여 그 효력이 발생하는 것이므로, 일단 자백이 성립되었다고 하여도 그 후 그 자백을 한 당사자가 위 자백을 취소하고 이에 대하여 상대방이 이의를 제기함이 없이 동의하면 반진실, 착오의 요건은 고려할 필요 없이 자백의 취소를 인정하여야 할 것이나, 위 자백의 취소에 대하여 상대방이 아무런 이의를 제기하고 있지 않다는 점만으로는 그 취소에 동의하였다고 볼 수는 없다(대판 1994.9.27. 94다22897).

이행불능에 관한 주장은 법률적 효과에 관한 진술을 한 것에 불과하고 사실에 관한 진술을 한 것이라고는 볼 수 없으므로 그 진술은 자유로이 철회할 수 있고 법원도 이에 구속되지 않는다. O | X

> **해설** 이행불능에 관한 주장은 법률적 효과에 관한 진술을 한 것에 불과하고 사실에 관한 진술을 한 것이라고는 볼 수 없으므로 그 진술은 자유로이 철회할 수 있고 법원도 이에 구속되지 않는다고 할 것인바, 따라서 자백의 취소에 관한 규정이 적용될 여지가 없다(대판 1990.12.11. 90다7104).

법률상 혼인 외의 자가 아닌 것을 혼인 외의 자라고 시인하였다 하더라도 자백이 성립하지 아니한다. O | X

> **해설** 법률상 유언이 아닌 것을 유언이라 시인하였다 하여 유언이 될 수 없고(대판 1971.1.26. 70다2662), 법률상 혼인 외의 자가 아닌 것을 혼인 외의 자로 될 수 없다(대판 1981.6.9. 79다62).

정답 | **12** O **13** O **14** × **15** O **16** × **17** × **18** O **19** O

20

자백의 대상이 될 수 있는 것은 구체적 사실에 한하고 권리관계에 대한 것은 그 대상이 아니므로, 매매 또는 임대차의 성립을 상대방이 인정한다고 진술하였다고 하더라도 자백의 효력이 발생하지는 않는다.

O I X

해설 입증사항인 매매 또는 임대차의 성립을 상대방이 인정한다고 진술하는 경우에 이는 상식적인 용어가 되다시피 한 단순한 법률상의 용어로 압축하여 표현한 것이므로 자백의 효력이 발생한다(대판 1984.5.29. 84다122).

21

법정변제충당의 순서 자체에 관한 진술이 비록 그 진술자에게 불리하더라도 이를 자백이라고 볼 수는 없다.

O I X

해설 법정변제충당의 순서를 정함에 있어 기준이 되는 이행기나 변제이익에 관한 사항 등은 구체적 사실로서 자백의 대상이 될 수 있으나, 법정변제충당의 순서 자체는 법률 규정의 적용에 의하여 정하여지는 법률상의 효과여서 그에 관한 진술이 비록 그 진술자에게 불리하더라도 이를 자백이라고 볼 수는 없다(대판 1998.7.10. 98다6763).

22

소유권에 기한 이전등기말소청구소송에 있어서 피고가 원고 주장의 소유권을 인정하는 진술은 권리자백으로서 재판상 자백이 될 수 없다.

O I X

해설 소유권에 기한 이전등기말소청구소송에 있어서 피고가 원고 주장의 소유권을 인정하는 진술은 그 소 전제가 되는 소유권의 내용을 이루는 사실에 대한 진술로 볼 수 있으므로 이는 재판상 자백이다(대판 1989.5.9. 87다카749).

23

자백간주는 변론주의에 근거한 것이며 직권조사사항, 재심사유, 법률상의 주장에 대해서는 자백간주가 있을 수 없다.

O I X

해설 자백간주가 인정되는 것은 변론주의에 의한 절차에 한하며, 직권탐지주의에 의하는 가사소송(가사소송법 제12조, 제17조)·행정소송(행정소송법 제26조), 민사집행절차 등에 있어서는 그 적용이 없다. 또 직권조사사항(대판 1999.2.24. 97다38930), 재심사유(대판 1992.7.24. 91다45691), 법률상의 주장(대판 1973.10.10. 73다907)에 대해서도 자백간주가 있을 수 없다.

24

소송대리권의 존부에 대하여는 자백간주에 관한 규정이 적용될 여지가 없다. ○ | X

해설 종중이 당사자인 사건에 있어서 그 종중의 대표자에게 적법한 대표권이 있는지의 여부는 소송요건에 관한 것으로서 법원의 직권조사사항이고, 이러한 직권조사사항이 자백의 대상이 될 수가 없다(대판 2002.5.14. 2000다42908).

25

강제경매 개시결정에 대한 이의의 재판절차에서는 민사소송법상 재판상 자백의 규정이 준용되지 않으나, 임의경매 개시결정에 대한 이의의 재판절차에서는 민사소송법상 재판상 자백의 규정이 준용된다.

○ | X

해설 「민사집행법」 제23조 제1항은 민사집행절차에 관하여 「민사집행법」에 특별한 규정이 없으면 성질에 반하지 않는 범위 내에서 민사소송법의 규정을 준용한다는 취지인데, 집행절차상 즉시항고 재판에 관하여 변론주의의 적용이 제한됨을 규정한 「민사집행법」 제15조 제7항 단서 등과 같이 직권주의가 강화되어 있는 「민사집행법」하에서 「민사집행법」 제16조의 집행에 관한 이의의 성질을 가지는 강제경매 개시결정에 대한 이의의 재판절차에서는 민사소송법상 재판상 자백이나 의제자백에 관한 규정은 준용되지 아니하고, 이는 「민사집행법」 제268조에 의하여 담보권실행을 위한 경매절차에도 준용되므로 경매개시결정에 대한 형식적인 절차상의 하자를 이유로 한 임의경매 개시결정에 대한 이의의 재판절차에서도 민사소송법상 재판상 자백이나 의제자백에 관한 규정은 준용되지 아니한다(대결 2015.9.14. 2015마813).

26

당사자가 변론기일에 출석하여 상대방 주장사실을 명백히 다투지 않더라도 변론 전체의 취지로 보아 다투었다고 인정되면 자백간주가 성립하지 않는다. ○ | X

해설 당사자가 변론기일(변론준비기일도 같음)에 출석하였으나 상대방의 주장사실을 명백히 다투지 아니하였으면 그 사실에 대해서는 자백간주가 성립된다. 그러나 변론 전체의 취지로 보아 다투었다고 인정되면 자백간주가 성립될 수 없다(제150조 제1항 단서).

정답 | 20 × 21 ○ 22 × 23 ○ 24 ○ 25 × 26 ○

27

제1심에서 피고에 대하여 공시송달로 재판이 진행되어 피고에 대한 청구가 기각되어 원고가 항소한 항소심에서, 피고가 공시송달이 아닌 방법으로 송달받고도 다투지 아니한 경우 자백간주가 성립하지 않는다. O | X

해설 제1심에서 피고에 대하여 공시송달로 재판이 진행되어 피고에 대한 청구가 기각되었다고 하여도 피고가 원고 청구원인을 다툰 것으로 볼 수 없으므로, 원고가 항소한 항소심에서 피고가 공시송달이 아닌 방법으로 송달받고도 다투지 아니한 경우에는 민사소송법 제150조의 자백간주가 성립된다(대판 2018.7.12. 2015다36167).

28

법원은 피고가 소장부본을 송달받은 날로부터 30일의 제출기간 내에 답변서를 제출하지 아니한 때에는 청구의 원인이 된 사실을 자백한 것으로 보고 변론 없이 판결할 수 있다. O | X

해설 제257조 제1항

29

자백간주가 성립되면 재판상의 자백과 마찬가지로 법원은 그 사실을 판결의 기초로 삼아야 한다. O | X

해설 자백간주가 성립되면 법원에 대한 구속력이 생기며, 법원은 그 사실을 판결의 기초로 삼지 않으면 안 된다.

30

자백간주의 요건이 구비되어 일단 자백간주로서의 효과가 발생한 때에는 그 이후의 기일에 대한 소환장이 송달불능으로 되어 공시송달하게 되었다고 하더라도 이미 발생한 자백간주의 효과가 상실되는 것은 아니다. O | X

해설 대판 1988.2.23. 87다카961

31

자백간주가 성립하면 자백과 마찬가지로 법원과 당사자를 구속하므로 자백간주의 효과가 발생한 이후에는 이를 번복하여 상대방의 주장사실을 다툴 수 없다. ○ | ×

해설 자백간주는 재판상의 자백과 달리 당사자에 대한 구속력이 생기지 않는다. 따라서 제1심에서 자백간주가 있었다 하여도 항소심의 변론종결 당시까지 이를 다투는 한 그 효과가 배제된다(대판 1987.12.8. 87다368).

01 재판상 자백을 취소할 수 있는 경우가 아닌 것은?   18주사보

① 형사상 처벌을 받을 만한 다른 사람의 행위로 말미암아 자백한 경우
② 자백의 취소에 대하여 상대방이 이의를 제기하고 있지 않은 경우
③ 자백이 진실에 어긋나고 착오로 말미암은 것임을 증명한 경우
④ 소송대리인의 자백을 당사자가 취소하거나 경정하는 경우

해설 ① [O] ② [×] ③ [O] ④ [O] 일단 자백한 당사자는 임의로 이를 취소할 수 없으며, 다음과 같은 요건에 해당된 경우에
한하여 자백을 취소할 수 있다.

> ㉠ 형사상 처벌을 받을 만한 다른 사람의 행위로 말미암아 자백한 경우(제451조 제1항 제5호의 유추)
> ㉡ 상대방의 동의가 있는 경우
> ㉢ 자백이 진실에 어긋나고 착오로 말미암은 것임을 증명한 경우(제288조 단서)
> ㉣ 소송대리인의 자백을 당사자가 취소하거나 경정하는 경우(제94조)

정답 ②

신청	① 증거의 신청은 서면 또는 말로 할 수 있다. ② 증거신청이 있으면 법원은 상대방에게 이에 대한 의견을 진술할 기회를 부여함이 상당하다. 다만, 법원은 상대방에게 진술의 기회를 부여하면 되지, 상대방이 실제로 증거신청에 대한 의견을 진술할 필요는 없다. ③ 증거의 신청은 증거조사가 개시되기 전이라면 언제라도 철회할 수 있지만, 일단 증거조사가 개시된 뒤에는 상대방의 동의가 있어야 철회할 수 있다.
채부결정	① 법원은 당사자로부터 증거신청이 있으면 그에 대하여 신속하게 채부의 결정을 하여야 한다. 부적법한 증거신청, 재정기간을 넘겼거나 시기에 늦은 경우에는 신청을 각하할 수 있다. ② 법원은 당사자가 신청한 증거라도 쟁점과 직접 관련이 없거나 쟁점의 판단에 도움이 되지 아니하는 등 불필요하다고 인정한 때에는 조사하지 않을 수 있다. ③ 증거의 채부는 원칙으로 법원의 재량에 맡겨져 있지만, 당사자가 주장하는 사실에 대한 유일한 증거는 반드시 채택하여 조사하여야 한다. ④ 증거신청에 대하여 채부의 결정 없이 변론이 종결되었다면 증거목록에 기재하지 아니하였다 하더라도 그 신청을 묵시적으로 기각하였다고 볼 수 있다. ⑤ 증거의 채부결정은 소송지휘에 관한 재판이므로 언제든지 취소·변경할 수 있으며, 독립한 불복신청이 허용되지 아니한다. ⑥ 증거의 신청과 이에 대한 채부의 결정은 쟁점정리를 위한 기일 전에도 할 수 있다. ⑦ 법원은 당사자가 신청한 증거에 의하여 심증을 얻을 수 없거나 그 밖에 필요하다고 인정한 때에는 직권으로 증거조사를 할 수 있다.
실시	① 증거조사는 수소법원이 하는 것이 원칙이나, 변론준비절차에서는 변론준비절차를 진행하는 재판장 등이 그 목적을 달성하기 위하여 필요한 범위 안에서 증거조사를 할 수 있다. ② 증거조사기일도 기일의 일종인 이상 긴급한 경우를 제외하고는 미리 그 일시·장소를 당사자에게 통지하여야 한다. ③ 증거조사기일의 통지를 한 이상 그 기일에 당사자의 전부 또는 일부가 불출석하였다 하더라도 증거조사를 실시할 수 있다.

01

증거의 신청은 증거조사가 개시되기 전이라면 언제라도 철회할 수 있지만, 일단 증거조사가 개시된 뒤에는 상대방의 동의가 있어야 철회할 수 있다. ○ | X

해설 증거의 신청은 증거조사가 개시되기 전이라면 언제라도 철회할 수 있다(대판 1971.3.23. 70다3013). 그러나 일단 개시된 뒤에는 증거공통의 원칙에 따라 증거조사의 결과가 상대방에게 유리하게 참작될 수 있으므로, 상대방의 동의가 있어야 철회할 수 있다.

02

법원은 유일한 증거가 아닌 한, 당사자가 신청한 증거를 필요하지 아니하다고 인정한 때에는 조사하지 아니할 수 있다. ○ | X

해설 법원은 당사자가 신청한 증거를 필요하지 아니하다고 인정한 때에는 조사하지 아니할 수 있다. 다만, 그것이 당사자가 주장하는 사실에 대한 유일한 증거인 때에는 그러하지 아니하다(제290조).

03

증거신청에 대하여 채부의 결정 없이 변론이 종결되었다면 증거목록에 기재하지 아니하였다 하더라도 그 신청을 묵시적으로 기각하였다고 볼 수 있다. ○ | X

해설 증거신청에 대하여 채부의 결정 없이 변론이 종결되었다면 증거목록에 기재하지 아니하였다 하더라도 그 신청을 묵시적으로 기각하였다고 볼 수 있으나(대판 1992.9.25. 92누5096), 당사자가 별도의 증거를 준비할 수 있도록 명시적으로 기각(또는 각하)결정을 하고 고지하는 것이 바람직하다.

04

증거신청을 기각한 결정에 대하여 증거신청을 한 당사자는 통상의 항고로 불복할 수 있다. ○ | X

해설 증거의 채부결정은 소송지휘에 관한 재판이므로 언제든지 취소·변경할 수 있으며(제222조), 독립한 불복신청이 허용되지 아니한다.

05

증거의 신청과 조사는 변론기일 전에도 할 수 있다.　　　　　　　○ | X

> **해설** 제289조 제2항

06

법원은 당사자가 신청한 증거에 의하여 심증을 얻을 수 없거나, 그 밖에 필요하다고 인정한 때에는 직권으로 증거조사를 할 수 있다.　　　　　　　○ | X

> **해설** 제292조

07

당사자가 기일에 출석하지 아니한 때에는 증거조사를 할 수 없다.　　　　○ | X

> **해설** 증거조사는 당사자가 기일에 출석하지 아니한 때에도 할 수 있다(제295조).

제4절 증인

Ⅰ 증인능력

① 당사자·법정대리인 및 당사자인 법인 등의 대표자 이외의 자는 모두 증인능력을 갖는다. 소송무능력자나 당사자의 친족이라도 상관없다.
② 제3자의 소송담당에 있어서 이익귀속주체(例 선정당사자를 선정하고 소송에서 탈퇴한 자 등), 소송대리인, 보조참가인, 소송고지에 있어서 피고지자도 증인이 될 수 있다.
③ 공동소송인도 자기의 소송관계와 무관한 사항에 관하여는 증인이 될 수 있지만, 공동의 이해관계 있는 사항에 대해서는 당사자신문을 요한다. 그러나 제1심의 공동소송인이었다가 항소심에서 공동소송인이 아닌 경우는 아무 제한 없이 증인이 될 수 있다.

Ⅱ 증인의무

출석의무	① 증인에 대한 출석요구서는 출석할 날보다 2일 전에 송달되어야 한다. 다만, 부득이한 사정이 있는 경우에는 그러하지 아니하다. ② 증인이 정당한 사유 없이 출석하지 아니한 때에는 500만 원 이하의 과태료에 처할 수 있으며, 증인이 불출석에 따른 과태료재판을 받고도 정당한 사유 없이 다시 출석하지 아니한 때에는 7일 이내의 감치에 처할 수 있다. ③ 증인이 정당한 사유 없이 출석하지 아니한 경우에는 법원은 증인을 법정이나 그 밖의 신문 장소로 구인하도록 명할 수 있으며, 구인을 명하는 경우에도 출석요구서는 별도로 송달하여야 한다.
선서의무	① 16세 미만이거나 선서의 취지를 이해하지 못하는 증인은 선서무능력자이므로 선서를 시키지 못하며, 증언거부권자가 증언을 거부하지 않고 증언하겠다고 하는 경우에는 선서를 시키지 않을 수 있다. ② 정당한 사유 없이 선서를 거부하면 소송비용부담과 과태료의 제재가 부과될 수 있다.

진술의무	① 증언거부권이나 선서거부권의 고지에 관하여 명문규정이 없으므로 법원은 이를 증인에게 고지할 의무가 없으며, 고지하지 아니하였다고 하여도 위법이 아니다.
	② 증인의 선서의무와 진술의무 때문에 증언을 거부하거나 선서를 거부하는 사람은 그 이유를 소명하여야 한다. 당사자 또는 증인은 이 재판에 대하여 즉시항고를 할 수 있다.
	③ 증언거부나 선서거부에 정당한 이유가 없다고 한 재판이 확정된 뒤에 증인이 증언이나 선서를 거부한 때에는 소송비용부담과 과태료처분을 받을 수 있으나, 출석의무 불이행의 경우와 달리 감치는 안 된다.
	
	제315조【증언거부권】
	① 증인은 다음 각 호 가운데 어느 하나에 해당하면 증언을 거부할 수 있다.
	  1. 변호사 등 그 밖에 법령에 따라 비밀을 지킬 의무가 있는 직책 또는 종교의 직책에 있거나 이러한 직책에 있었던 사람이 직무상 비밀에 속하는 사항에 대하여 신문을 받을 때
	  2. 기술 또는 직업의 비밀에 속하는 사항에 대하여 신문을 받을 때
	② 증인이 비밀을 지킬 의무가 면제된 경우에는 제1항의 규정을 적용하지 아니한다.
	
	제324조【선서거부권】
	증인이 자기 또는 제314조 각 호(증인의 친족 등)에 규정된 어느 한 사람과 현저한 이해관계가 있는 사항에 관하여 신문을 받을 때에는 선서를 거부할 수 있다.

증인진술서	**증인진술서의 제출**	① 제출명령의 상대방은 증인이 아니라 <u>증인을 신청한 당사자</u>이다. ② 증인진술서가 제출되면 참여사무관은 증인진술서 사본 1통을 바로 상대방에게 송달하여 반대신문을 준비할 수 있도록 하여야 한다.
	증인진술서를 이용한 증인신문의 방법	① 법정에서는 경위사실·정황사실 및 주변사실은 진술서 기재로 대체하고 주신문은 핵심 쟁점 사항에 한정하며, 상대방의 반대신문권을 충분히 보장하는 방향으로 운영하되, 주신문절차에서 증인진술서의 진정성립만 확인하고 주신문을 전면 생략하는 방식은 상당하지 아니하다. ② 증인진술서를 제출한 증인이 불출석하는 경우에, 그 증인진술서를 서증으로 채택하면 상대방의 반대신문권이 사실상 침해되는 결과가 되므로 원칙적으로 서증으로도 채택하지 않아야 한다.
증인신문사항		① 증인신문을 신청한 당사자는 증인신문신청이 채택된 경우에 법원이 증인진술서를 제출하게 하면서 <u>증인신문사항을 제출할 필요가 없다고 인정하는 경우</u>를 제외하고는, 법원이 정한 기한까지 증인신문사항을 적은 서면을 제출하여야 한다. ② 상대방의 실질적인 반대신문권을 보장하기 위하여, 증인신문 개시 전에 교부하면 되는 것이 아니라 <u>증인신문기일 전에 반드시 송달하여야</u> 한다.
서면증언		① 법원에 제출된 서면증언은 <u>변론기일에 현출됨으로써</u> 증언으로서의 효력을 갖는다. 신청한 당사자가 원용할 필요는 없다. ② 서면증언을 검토하여 증인에게 출석·증언을 명하는 것은 이미 채택된 증인에 대한 조사방법만 변경하는 것으로서 법원의 직권판단사항에 속한다. 따라서 상대방이 이의하더라도 이는 법원의 직권발동을 촉구하는 의미에 불과하므로 그 이의를 받아들이지 않는 경우에는 변론조서에 이의한 취지만 기재하면 되고 법원의 판단을 기재할 필요는 없다.
증인신문의 방법 (교호신문의 원칙)		① 증인신문은 원칙적으로, 증인신문의 신청을 한 당사자의 신문(주신문) → 상대방의 신문(반대신문) → 증인신문을 한 당사자의 재신문(재주신문)의 순으로 신문한다. ② 증인신문을 신청한 당사자가 신문기일에 출석하지 않은 경우에는 재판장이 그 당사자에 갈음하여 신문을 할 수 있다. ③ 소액사건은 교호신문제를 배제하여 증인신문은 원칙적으로 판사가 직권으로 신문한다.
		주신문은 증명할 사항과 이에 관련된 사항만 신문할 수 있고, 유도신문이 허용되지 않는다.
		① 반대신문은 주신문에 나타난 사항과 이에 관련된 사항에 관하여 한다. 주신문에 나타나지 아니한 새로운 사항에 관하여 신문하고자 하는 때에는 재판장의 허가를 받아야 하고, 그 신문은 주신문으로 본다. ② 반대신문에서 필요한 때에는 유도신문을 할 수 있다.
		재주신문은 반대신문에 나타난 사항과 이에 관련된 사항을 신문한다. 재주신문은 주신문의 예를 따르며, 만약 새로운 사항에 관한 신문을 하려면 재판장의 허가를 받아야 한다.

[참고]

구분	서면증언	증인진술서
증거의 성질	증언	서증의 일종
제출명령의 상대방	증인	증인을 신청한 당사자
증거조사절차	서면의 제출과 변론에서의 현출	법정에의 출석과 증언

01
13/17법원직

법정대리인 및 당사자인 법인 등의 대표자는 증인이 될 수 없다. ○ | X

> **해설** 법정대리인은 증인능력이 없으므로 당사자신문방식에 의한다(제372조).

02
19사무관

선정당사자를 선정하고 소송에서 탈퇴한 사람은 증인신문의 대상이 될 수 없고, 단지 당사자신문의 대상이 될 뿐이다. ○ | X

> **해설** 제3자의 소송담당에 있어서 이익귀속주체(예 파산관재인을 당사자로 하는 파산재단에 관한 소송에서 채무자, 선정당사자를 선정하고 소송에서 탈퇴한 자, 채권자대위권에 의해 채권자가 제기한 소송에서 채무자 등), 소송대리인, 보조참가인, 소송고지에 있어서 피고지자, 법인 등이 당사자인 경우에 대표자 아닌 구성원도 증인이 될 수 있다.

03
14사무관

「민사소송규칙」에 의하면 증인에 대한 출석요구서는 출석할 날보다 2일 전에 송달되어야 함이 원칙이다. ○ | X

> **해설** 증인·감정인과 증거방법 또는 석명을 위한 당사자 본인·법정대리인·대표자·관리인에 대한 신문기일 출석요구서는 출석할 날보다 2일 전에 송달되어야 한다(민사소송규칙 제81조 제2항 본문, 제104조, 제119조).

04
13법원직, 14사무관

출석의무가 있는 증인이 불출석한 경우에 소송비용부담과 과태료 부과, 감치, 구인 등의 제재를 할 수 있다. ○ | X

> **해설** 증인이 정당한 사유 없이 출석하지 아니한 때에는 법원은 결정으로 증인에게 이로 말미암은 소송비용을 부담하도록 명하고 500만 원 이하의 과태료에 처할 수 있으며(제311조 제1항), 증인이 불출석에 따른 과태료재판을 받고도 정당한 사유 없이 다시 출석하지 아니한 때에는 7일 이내의 감치에 처할 수 있다(같은 조 제2항). 증인이 정당한 사유 없이 출석하지 아니한 경우에는 법원은 증인을 법정이나 그 밖의 신문 장소로 구인하도록 명할 수 있으며(제312조 제1항), 구인을 명하는 경우에도 출석요구서는 별도로 송달하여야 한다.

05

만 17세의 학생을 증인으로 신문할 때에는 선서를 시키지 못한다. ○ | X

> 해설 16세 미만이거나 선서의 취지를 이해하지 못하는 증인은 선서무능력자이므로 선서를 시키지 못한다(제322조).

06

증인은 기술 또는 직업의 비밀에 속하는 사항에 대하여 신문을 받을 때 증언을 거부할 수 있다. ○ | X

> 해설 제315조 제1항 제2호

07

증인이 자신의 직업의 비밀에 속하는 사항에 대하여 신문을 받을 때에는 해당 사항에 대한 비밀을 지킬 의무가 면제된 경우에도 증언거부권을 가진다. ○ | X

> 해설 제315조(증언거부권) ① 증인은 다음 각 호 가운데 어느 하나에 해당하면 증언을 거부할 수 있다.
> 1. 변호사·변리사·공증인·공인회계사·세무사·의료인·약사, 그 밖에 법령에 따라 비밀을 지킬 의무가 있는 직책 또는 종교의 직책에 있거나 이러한 직책에 있었던 사람이 직무상 비밀에 속하는 사항에 대하여 신문을 받을 때
> 2. 기술 또는 직업의 비밀에 속하는 사항에 대하여 신문을 받을 때
> ② 증인이 비밀을 지킬 의무가 면제된 경우에는 제1항의 규정을 적용하지 아니한다.

08

증인이 자기의 친족 또는 이러한 관계에 있었던 사람과 현저한 이해관계가 있는 사항에 관하여 신문을 받을 때에는 증언을 거부할 수 있다. ○ | X

> 해설 ① 증언이 ⊙ 자신, ⓒ 친족·이러한 관계에 있었던 사람, ⓒ 증인의 후견인·증인의 후견을 받는 사람이 공소제기되거나 유죄판결을 받을 염려가 있는 사항이나 자신이나 위 사람들에게 치욕이 될 사항에 관한 것인 때, ② 공무원·변호사 등 특수 직책에 있거나 그러한 직책에 있었던 사람이 공무상·직무상 비밀에 속하는 사항에 대하여 신문을 받은 때, ③ 기술 또는 직업의 비밀에 속하는 사항에 대하여 신문을 받을 때에는 당해 증인은 증언을 거부할 수 있다(제314조, 제315조). 그리고 증인이 자기 또는 위 ①에 해당되는 어느 한 사람과 현저한 이해관계가 있는 사항에 관하여 신문을 받을 때에는 선서를 거부할 수 있다(제324조).

정답 | **01** ○ **02** × **03** ○ **04** ○ **05** × **06** ○ **07** × **08** ×

증언거부나 선서거부에 정당한 이유가 없다고 한 재판이 확정된 뒤에 증인이 증언이나 선서를 거부한 때에는 소송비용부담, 과태료처분, 감치처분을 받을 수 있다.   ○ | X

> **해설** 증언거부나 선서거부에 정당한 이유가 없다고 한 재판이 확정된 뒤에 증인이 증언이나 선서를 거부한 때에는 소송비용부담과 과태료처분을 받을 수 있다(제317조 제2항, 제326조). 출석의무 불이행의 경우와 달리 감치는 안 된다.

법원은 효율적인 증인신문을 위하여 필요하다고 인정하는 때에는 증인을 신청한 당사자에게 증인진술서를 제출하게 할 수 있고, 증인진술서가 제출된 경우에는 이를 서증으로 채택하되 만약 증인진술서를 제출한 증인이 불출석하는 경우에는 원칙적으로 서증으로도 채택하지 않아야 한다.   ○ | X

> **해설** 법원은 효율적인 증인신문을 위하여 필요하다고 인정하는 때에는 증인을 신청한 당사자에게 증인신문기일 이전에 미리 증인진술서를 제출하게 할 수 있다(민사소송규칙 제79조 제1항). 증인진술서를 제출한 증인이 불출석하는 경우에, 그 증인진술서를 서증으로 채택하면 상대방의 반대신문권이 사실상 침해되는 결과가 되므로 원칙적으로 서증으로도 채택하지 않아야 한다. 다만, 증인이 사망·질병 등 부득이한 사유로 불출석한 경우, 상대방이 특별한 이의를 제기하지 않는 경우도 있을 수 있으므로, 증인이 증언할 내용, 불출석 사유, 상대방의 의견 등을 고려하여 활용하는 것이 상당하다. 따라서 참여관은 증인불출석시 증인신문기일의 재지정, 서증채부 등에 관하여 재판장의 개별적 지시를 받아 처리함이 타당하다(같은 법 제79조 이하).

증인신문을 신청한 당사자는 증인신문신청이 채택된 경우에는 예외 없이 법원이 정한 기한까지 상대방의 수에 3(다만, 합의부에서는 상대방의 수에 4)을 더한 통수의 증인신문사항을 적은 서면을 제출하여야 한다.   ○ | X

> **해설** 증인신문을 신청한 당사자는 증인신문신청이 채택된 경우에 법원이 증인진술서를 제출하게 하면서 <u>증인신문사항을 제출할 필요가 없다고 인정하는 경우</u>를 제외하고는, 법원이 정한 기한까지 상대방의 수에 3(다만, 합의부에서는 상대방의 수에 4)을 더한 통수의 증인신문사항을 적은 서면을 제출하여야 한다(민사소송규칙 제80조 제1항).

12

증인신문사항을 기재한 서면을 상대방에게 교부하는 것은 상대방의 실질적인 반대신문권을 보장하기 위한 것이므로, 증인신문 개시 전까지 교부하면 된다. O | X

> **해설** 상대방의 실질적인 반대신문권을 보장하기 위하여, 개정 전 규칙(증인신문 개시 전에 교부하는 것으로 족하였다)과 달리 증인신문기일 전에 반드시 송달하여야 한다(민사소송규칙 제80조 제2항).

13

증인신문사항 제출방식에 의한 증인조사에서는 증인신문사항을 증인신문기일 전에 상대방에게 송달하여야 하는데, 상대방이 증인신문 당시 증인신문사항을 기재한 서면을 미리 교부받지 못하였다고 하더라도 지체 없이 이의하지 아니하면 이의권의 포기·상실로 인하여 그 하자가 치유된다. O | X

> **해설** 상대방이 증인신문 당시 증인신문사항을 기재한 서면을 미리 교부받지 못하였다고 하더라도 지체 없이 이의하지 아니하면 이의권의 포기·상실로 인하여 그 하자가 치유된다(대판 2001.10.12. 2001다35372).

14

법원은 증인과 증명할 사항의 내용 등을 고려하여 상당하다고 인정하는 때에는 출석·증언에 갈음하여 증언할 사항을 적은 서면을 제출하게 할 수 있고, 법원에 제출된 서면증언은 변론기일에 현출됨으로써 증언으로서의 효력을 갖는다. O | X

> **해설** 민사소송법 제310조는 ① 상대방의 이의 유무에 관계없이 법원이 상당하다고 인정하는 경우에는 서면증언으로 출석·증언에 갈음할 수 있게 하고, ② 그 서면을 공정증서로 한정하지 아니하며, ③ 법원이 미리 신문사항 또는 신문사항의 요지만에 의하여 증인이 증언할 사항을 바로 기재하여 제출할 수 있도록 함으로써 절차상의 효율을 도모하고 있다. 법원에 제출된 서면증언은 변론기일에 현출됨으로써 증언으로서의 효력을 갖는다.

15

법원에 제출된 서면증언은 변론기일에 현출됨으로써 증언으로서의 효력을 갖는다. 그 현출절차는 법원이 서면증언의 도착사실을 고지하고 그에 대한 의견진술의 기회를 부여하는 방식으로 하되, 신청한 당사자가 원용하여야 한다. ○ | X

해설 법원에 제출된 서면증언은 변론기일에 현출됨으로써 증언으로서의 효력을 갖는다. 그 현출절차는 법원이 서면증언의 도착사실을 고지하고 당사자들에게 그에 대한 의견진술의 기회를 부여하는 방식으로 하고, 신청한 당사자가 원용할 필요는 없다.

16

증인의 신문은 증인신문신청을 한 당사자의 신문(주신문), 상대방의 신문(반대신문), 증인신문신청을 한 당사자의 재신문(재주신문)의 순서로 하고, 그 신문이 끝난 후에도 당사자는 재판장의 허가를 받지 않더라도 다시 신문을 할 수 있다. ○ | X

해설 증인신문은 원칙적으로, 증인신문의 신청을 한 당사자의 신문(주신문) → 상대방의 신문(반대신문) → 증인신문을 한 당사자의 재신문(재주신문)의 순으로 진행되고, 그 이후의 신문(재반대신문, 재재주신문 등)은 재판장의 허가를 얻은 경우에 한하여 허용되며, 재판장은 당사자에 의한 신문이 끝난 다음에 신문하는 보충신문이다(제327조 제1항·제2항, 민사소송규칙 제89조).

17

주신문은 증명할 사항과 이에 관련된 사항에 관하여 하며, 반대신문은 주신문에 나타난 사항과 이에 관련된 사항에 관하여 하여야 한다. ○ | X

해설 주신문은 증명할 사항과 이에 관련된 사항에 관하여 한다(민사소송규칙 제91조 제1항). 반대신문은 주신문에 나타난 사항과 이에 관련된 사항에 관하여 한다(같은 법 제92조 제1항).

18

반대신문은 주신문에 나타난 사항과 이에 관련된 사항에 관하여 하고, 필요한 때에는 유도신문도 할 수 있다. ○ | X

> **해설** 반대신문은 주신문에 나타난 사항과 이에 관련된 사항에 관하여 한다(민사소송규칙 제92조 제1항). 반대신문에서 필요한 때에는 유도신문을 할 수 있다(같은 조 제2항). 재판장은 유도신문의 방법이 상당하지 아니하다고 인정하는 때에는 제한할 수 있다(같은 조 제3항). 반대신문의 기회에 주신문에 나타나지 아니한 새로운 사항에 관하여 신문하고자 하는 때에는 재판장의 허가를 받아야 한다(같은 조 제4항). 제4항의 신문은 그 사항에 관하여는 주신문으로 본다(같은 조 제5항).

19

법원은 교통이 불편한 곳에 살고 있는 사람을 증인으로 신문하는 경우 법정 아닌 곳으로 출석하게 하고, 비디오 등 중계장치에 의한 중계시설을 통하여 증인신문할 수 있다. ○ | X

> **해설** 제327조의2(비디오 등 중계장치에 의한 증인신문) 제1항 제1호

정답 | 15 × 16 × 17 ○ 18 ○ 19 ○

Ⅳ 당사자신문

기본기	① 당사자신문에서의 진술은 증거자료이지 소송자료가 아니다. 따라서 당사자신문과정에서 상대방의 주장과 일치되는 부분이 있더라도 자백이 되지 않는다. ② 법정대리인, 대표자의 경우 당사자에 준하여 당사자신문의 대상이다. 다만, 증인으로 신문했다 해도 당사자의 이의가 없으면 이의권의 포기·상실로 하자가 치유된다. ③ 당사자신문은 소송자료를 제공하는 것이 아니므로 소송무능력자도 당사자신문의 대상이 된다.
보충성 폐지	① 구법은 당사자 본인은 다른 증거방법에 의하여 법원이 심증을 얻지 못한 경우에 한하여 허용된다 하여 당사자 본인을 증거방법으로 하면서 보충성의 원리를 채택하였다. ② 신법은 법원은 직권 또는 당사자의 신청으로 당사자 본인을 신문할 수 있다고 규정한다.
절차	① 법원은 직권 또는 당사자의 신청에 의하여 당사자 본인을 신문할 수 있다. ② 당사자신문기일을 지정한 경우에는 당사자가 재정한 자리에서 결정과 기일고지를 하지 아니한 이상, 소송대리인이 있더라도 별도로 그 당사자에게 출석을 요구하여야 하며, 소송대리인이 없는 경우에는 그 당사자에게 변론기일출석통지서와 당사자본인출석요구서를 함께 송달하여야 한다. ③ 상대방 당사자의 신문을 신청하는 때에는 소송대리인이 있는지 여부에 관계없이 소정의 여비와 숙박료를 예납하여야 한다.
증인신문과 차이	① 신청 이외에 직권으로도 할 수 있다. ② 출석·선서·진술의무를 지지만, 정당한 사유 없이 그 의무를 이행하지 아니하면 법원은 그 재량으로 신문사항에 관한 상대방의 주장을 진실한 것으로 인정할 수 있다. ③ 증인처럼 구인·과태료·감치 등으로 출석진술이 강제되지 않는다. 다만, 신법은 구법과 달리 증인처럼 선서가 강제된다. ④ 선서하고 허위진술하였을 때 「형법」상의 위증죄가 되는 것은 아니고 과태료의 제재만 받는다.

01

법원은 직권으로 또는 당사자의 신청에 따라 당사자 본인을 신문할 수 있다. ○ | X

> **해설** 법원은 직권으로 또는 당사자의 신청에 따라 당사자 본인을 신문할 수 있다. 이 경우 당사자에게 선서를 하게 하여야 한다(제367조).

02

당사자의 법정대리인, 법인 기타 단체가 당사자인 경우 이를 대표하여 소송을 수행하는 대표자 또는 관리인이 당사자신문의 대상이 될 수 있을 뿐 아니라 소송무능력자 본인도 당사자신문의 대상이 될 수 있다. ○ | X

> **해설** 당사자의 법정대리인, 법인 기타 단체가 당사자인 경우 이를 대표하여 소송을 수행하는 대표자 또는 관리인도 당사자신문의 대상이 된다(제64조, 제372조 본문).

03

소송무능력자는 당사자신문의 대상이 될 수 없다. ○ | X

> **해설** 당사자신문은 소송자료를 제공하는 것이 아니므로 소송무능력자도 당사자신문의 대상이 된다.

04

당사자신문은 다른 증거조사를 한 후에도 심증을 얻지 못하는 경우에 사용되는 보충적 증거방법이다. ○ | X

> **해설** 당사자신문은 다른 증거조사를 한 후에도 심증을 얻지 못한 경우에 사용되는 보충적 증거방법이 아니고, 다른 증거와 마찬가지로 법관의 자유심증에 의한 증거력 평가를 거쳐 사실인정을 위한 자료가 될 수 있다.

정답 | **01** ○ **02** ○ **03** × **04** ×

05

증인신문과 달리 당사자신문을 하는 경우에는 주민등록증 등에 의해 당사자 본인임이 틀림없음을 확인하면 선서를 생략할 수 있다. ○ | ✕

> **해설** 민사소송법은 당사자신문의 신빙성을 높임으로써 이를 활성화하기 위하여 당사자신문 전에 반드시 선서하도록 하고, 선서한 당사자의 거짓 진술에 대한 과태료의 액을 500만 원으로 증액하였다(제367조, 제370조).

06

선서한 당사자가 거짓 진술을 한 때에는 법원은 500만 원 이하의 과태료결정을 할 수는 있으나, 당사자 본인이 출석하지 아니하거나 선서 또는 진술을 거부하는 데 대하여 구인하거나 과태료를 부과할 수는 없다. ○ | ✕

> **해설** 당사자 본인이 출석하지 아니하거나 선서 또는 진술을 거부하는 데 대하여 구인하거나 과태료를 부과하는 등의 제재를 가할 수 없으며, 다만 선서한 당사자가 거짓 진술을 한 경우에 법원은 결정으로 500만 원 이하의 과태료에 처한다(제370조 제1항).

07

당사자신문에 따른 당사자의 거짓 진술이 판결의 증거가 된 때에는 재심사유가 된다. ○ | ✕

> **해설** 제451조 제1항 제7호

08

당사자 본인으로 신문해야 함에도 증인으로 신문한 경우 상대방이 이를 지체 없이 이의하지 아니하면 그 하자는 치유된다. ○ | ✕

> **해설** 당사자 본인으로 신문할 자를 증인으로 신문했다 해도 당사자의 이의가 없으면 이의권의 포기·상실로 하자가 치유된다(대판 1992.10.27. 92다32463).

정답 | 05 ✕ 06 ○ 07 ○ 08 ○

I 문서의 증거능력

원칙	① 추상적으로 증거조사의 대상이 될 수 있는 자격을 의미하고, 형사소송과 달리 증거능력에 제한이 없다. ② 소제기 후 계쟁사실에 관하여 작성된 문, 서증의 사본도 모두 증거능력이 있다.
위수증	증거에 관하여 자유심증주의를 채택하였음을 들어 비밀로 녹음한 녹음테이프라도 위법하게 수집하였다는 이유만으로 증거능력이 없다고 할 수 없다.

II 문서의 증거력

1. 문서의 형식적 증거력(= 진정성립)

(1) 의의

① 문서가 거증자가 주장하는 특정인의 의사에 기하여 작성된 것을 문서의 진정성립이라 하고, 진정하게 성립된 문서를 형식적 증거력이 있다 한다.

② 문서가 진정하게 성립된 것인지는 필적 또는 인영의 대조에 의하여 증명할 수 있고, 이 경우 법원은 반드시 감정으로써 필적, 인영 등의 동일 여부를 판단할 필요가 없이 육안에 의한 대조로도 이를 판단할 수 있다.

③ 문서의 진정성립이란 입증자가 작성자라고 주장하는 자가 진실로 작성한 것이므로, 반드시 자신의 자필일 필요가 없으며, 문서작성자의 날인이 반드시 필요한 것도 아니다.

(2) 성립의 인부

① 자기명의의 문서에 대해서는 부지라고 할 수 없고 부인 또는 인정을 하여야 하고, 이때 부지라고 답변하면 그것만으로 증거력을 배척할 것이 아니라, 그 문서의 서명이 자신의 것인지 인영이 진정한 것인지의 여부를 석명할 것이고, 만일 그 서명이나 인영까지 부인하는 취지라면 상대방에게 입증을 촉구할 것이다.

② 성립인정이나 침묵으로 답변하면, 주요사실에 대한 경우처럼 재판상의 자백·자백간주의 법리가 적용된다는 것이 판례의 입장이다. 따라서 법원은 자백에 구속되어 형식적 증거력을 인정하여야 한다. 그 취소에 있어서는 주요사실의 자백취소와 동일하게 처리하여야 한다.

③ 부인·부지로 답변하면 증명을 필요로 하는데, 입증책임은 그 문서제출자에게 있다. 판례는 입증방법에 제한이 없으며, 변론 전체의 취지만으로 그 성립을 인정할 수 있다고 한다.

(3) 진정성립의 추정

① 공문서의 경우

문서의 방식과 취지에 의하여 공문서로 인정되는 때에는 진정한 공문서로 추정된다.

② 사문서의 경우

증명책임	사문서의 진정에 대해서는 그 성립의 진정을 증명하여야 하지만, 그 문서에 있는 본인 또는 대리인의 서명·날인·무인이 진정한 것임을 증명한 때에 한하여 진정한 문서로서 추정을 받는다.
2단계 추정	㉠ 문서의 서명날인이 틀림없다는 인정까지는 가지 않고 작성명의인의 인영이 그 사람의 인장임이 인정되면 그 날인이 그 사람의 의사에 기한 것이라고 사실상 추정된다는 것이고, 일단 날인의 진정이 추정되면 그 문서 전체의 진정성립까지도 추정된다. ㉡ 다만, 위와 같은 사실상의 추정은 날인행위가 작성명의인 이외의 자에 의하여 이루어진 것임이 밝혀진 경우는 깨지는 것이므로, <u>문서제출자</u>는 그 날인행위가 작성명의인으로부터 위임받은 정당한 권원에 의한 것이라는 사실을 증명할 책임이 있다.
도용·강박 항변	인장은 틀림없지만 도용당하거나 강박에 의해 찍은 것이라는 증거항변을 한 경우에는 도용·강박에 대한 입증책임은 <u>항변자에게</u> 있으며, 그가 입증하지 못하면 진정성립이 추정된다.
백지보충문서	㉠ 인영 부분 등의 진정성립이 인정된다면 다른 특별한 사정이 없는 한 당해 문서는 그 전체가 완성되어 있는 상태에서 작성명의인이 그러한 서명·날인·무인을 하였다고 추정할 수 있다. ㉡ 인영 부분 등의 진정성립이 인정으로 인한 완성문서로서의 진정성립의 추정이 번복되어 백지문서 또는 미완성 부분을 작성명의자가 아닌 자가 보충하였다는 등의 사정이 밝혀진 경우라면, 다시 그 백지문서 또는 미완성 부분이 정당한 권한에 기하여 보충되었다는 점에 관하여는 그 문서의 <u>진정성립을 주장하는 자 또는 문서제출자</u>에게 그 입증책임이 있다.

2. 문서의 실질적 증거력(=증거가치)

의의	① 어떤 문서가 요증사실을 증명하기에 얼마나 유용한가의 증거가치이다. ② 실질적 증거력의 판단은 법관의 자유심증에 의하며, 형식적 증거력과 달리 실질적 증거력에 관하여는 재판상 자백은 성립되지 않는다.
처분문서	① 처분문서의 진정성립이 인정되면 기재내용대로 법률행위의 존재 및 내용을 인정하여야 한다. 이와 같은 처분문서의 증거력은 상대방의 반증에 의하여 부정될 수 있는 사실상의 추정이지, 반증의 여지가 없는 완전한 증명력으로 볼 것이 아니다. ② 처분문서를 배척함에는 판결서에 합리적인 이유설시를 요한다.
보고문서	① 보고문서의 경우에는 작성자의 신분·직업·성격 등 여러 가지 사정을 고려하여 법관의 자유심증으로 결정할 문제이다. ② 다만, 등기부에 기재된 권리상태가 진실하고 등기원인과 그 절차가 정당한 것이라고 추정되고, 확정된 민·형사판결에서 확정된 사실은 특단의 사정이 없는 한 유력한 증거자료가 되므로 합리적 이유의 설시 없이 배척할 수 없다.

01

한쪽 당사자가 위조서류라는 취지로 서류를 제출한 것이지 거기에 기재된 사상이나 내용을 증거로 하려는 것이 아니어서 서증으로 제출한 것이 아님이 분명함에도 상대방이 그 서류의 진정성립을 인정하면, 법원은 그 진정성립에 다툼이 없다고 판단하고 그 기재에 의하여 상대방의 주장사실을 인정할 수 있다.
○│X

> **해설** 일방 당사자가 증거서류를 제출한 취지가 그 서류가 위조되었다는 사실을 입증하기 위한 것일 뿐, 거기에 기재된 사상이나 내용을 증거로 하려는 것이 아니어서 서증으로 제출한 것이 아님을 알 수 있는데도 상대방이 그 서류의 진정성립을 인정하였다는 이유로 그 진정성립에 다툼이 없다고 판단하고 그 기재에 의하여 상대방 당사자의 주장사실을 인정한 원심판결에 당사자의 주장을 오인하고 증거 없이 사실을 인정한 위법이 있다 하여 이를 파기한 사례(대판 1992.7.10. 92다12919)

02

문서의 제출 또는 송부는 원본·정본 또는 인증등본에 의할 것을 원칙으로 하므로 서증의 사본은 전적으로 증거능력이 부정된다.
○│X

> **해설** 문서제출은 원본, 정본, 인증등본으로 해야 한다(제355조 제1항). 다만, 상대방이 이의를 하지 않는 경우에는 사본만의 제출에 의한 증거의 신청도 허용된다(대판 1996.3.8. 95다48667).

03

문서가 진정하게 성립된 것인지 어떤지는 필적 또는 인영을 대조하여 증명할 수 있고, 법원은 육안에 의한 대조로도 이를 판단할 수 있다.
○│X

> **해설** 문서의 진정성립은 필적 또는 인영·무인의 대조에 의하여서도 증명할 수 있고(제359조), 그 필적 또는 인영·무인의 대조는 사실심의 자유심증에 속하는 사항으로서, 문서작성자의 필적 또는 인영·무인과 증명의 대상인 문서의 필적 또는 인영·무인이 동일하다고 인정될 때에는 특별한 사정이 없는 한 문서의 진정성립을 인정할 수 있으며, 이 경우 법원은 반드시 감정으로써 필적, 인영 등의 동일 여부를 판단할 필요가 없이 육안에 의한 대조로도 이를 판단할 수 있다(대판 1997.12.12. 95다38240).

04

문서의 진정성립은 작성명의인의 의사에 기한 것이면 되므로, 반드시 자신의 자필일 필요는 없으나, 문서 작성자의 날인은 반드시 필요하다.　　　　○ | ×

> **해설** 문서의 진정성립이란 입증자가 작성자라고 주장하는 자가 진실로 작성한 것이고, 타인에 의하여 위조·변조된 것이 아님을 뜻한다. 작성명의인의 의사에 기한 것이면 되므로, 반드시 자신의 자필일 필요가 없으며 그의 승낙하에 작성되어도 상관없고, 문서작성자의 날인이 반드시 필요한 것도 아니다(대판 1994.10.14. 94다11590).

05

문서에 찍힌 인영의 진정함을 인정한 당사자는 나중에 이를 자유롭게 철회할 수 없다.　　○ | ×

> **해설** 문서의 성립에 관한 자백은 보조사실에 관한 자백이기는 하나 그 취소에 관하여는 다른 간접사실에 관한 자백취소와는 달리 주요사실의 자백취소와 동일하게 처리하여야 할 것이므로 문서의 진정성립을 인정한 당사자는 자유롭게 이를 철회할 수 없다고 할 것이고, 이는 문서에 찍힌 인영의 진정함을 인정하였다가 나중에 이를 철회하는 경우에도 마찬가지이다(대판 2001.4.24. 2001다5654).

06

문서의 진정성립에 관하여 상대방이 성립인정이나 침묵으로 답변하면, 주요사실처럼 재판상의 자백·자백간주의 법리가 적용된다.　　　　○ | ×

> **해설** 상대방이 성립인정이나 침묵으로 답변하면, 주요사실에 대한 경우처럼 재판상의 자백·자백간주의 법리가 적용된다는 것이 판례의 입장이다. 따라서 법원은 자백에 구속되어 형식적 증거력을 인정하여야 한다. 그 취소에 있어서는 주요사실의 자백취소와 동일하게 처리하여야 한다(대판 2001.4.24. 2001다5654).

07

사문서의 진정성립에 관한 증명의 방법에 관하여는 특별한 제한이 없지만, 부지로 다투는 서증에 관하여 문서제출자가 성립을 증명하지 않은 경우에는 법원은 다른 증거에 의하지 않고 변론 전체의 취지를 참작하여 그 성립을 인정할 수 없다.　　　　○ | ×

> **해설** 사문서는 진정성립이 증명되어야만 증거로 할 수 있지만 증명의 방법에 관하여는 특별한 제한이 없고, 부지로 다투는 서증에 관하여 거증자가 성립을 증명하지 아니한 경우라 할지라도 법원은 다른 증거에 의하지 아니하고 변론의 전 취지를 참작하여 그 성립을 인정할 수도 있다(대판 1993.4.13. 92다12070).

08

문서의 방식과 취지에 의하여 공문서로 인정되는 때에는 진정한 공문서로 추정한다. ○ | X

> **해설** 문서의 방식과 취지에 의하여 공문서로 인정되는 때에는 진정한 공문서로 추정된다(제356조 제1항). 따라서 공문서의 진정성립을 다투는 자는 위조·변조 등의 사실을 입증하여야 한다.

09

문서의 작성방식과 취지에 의하여 공무원이 직무상 작성한 것으로 인정한 때에는 이를 진정한 공문서로 추정하고, 이는 외국의 공공기관이 작성한 것으로 인정한 문서의 경우에도 같다. ○ | X

> **해설** 제356조 제1항·제3항

10

사문서의 진정성립에 대하여 다툼이 있을 때에는 성립의 진정이 입증되어야 하는데, 그 문서에 본인 또는 대리인의 서명 또는 날인이 형식상 존재하는 때에는 진정한 것으로 추정을 받는다. ○ | X

> **해설** 사문서의 진정성립에 대하여 다툼이 있을 때에는 성립의 진정이 입증되어야 하는데(제357조), 그 문서에 본인 또는 대리인의 서명이나 날인 또는 무인이 있는 때에는 진정한 것으로 추정을 받는다(제358조). 여기서 '서명이나 날인 또는 무인이 있는 때'란 문서에 형식적인 서명 등이 존재하는 것을 뜻하는 것이 아니라, 본인이나 대리인의 의사에 기한 서명행위 등이 행하여진 사실이 있는 것을 뜻한다.

11

문서에 날인된 작성명의인의 인영이 작성명의인의 인장에 의하여 현출된 인영임이 인정되는 경우 특단의 사정이 없는 한 날인행위가 작성명의인의 의사에 기하여 이루어진 것으로 추정되고 그 문서 전체의 진정성립까지 추정되므로, 문서가 위조된 것임을 주장하는 자가 적극적으로 위 인영이 명의인의 의사에 반하여 날인된 것임을 증명해야 한다. ○ | X

> **해설** 서증에 대한 인부로서 원고는 부지라 하고 원고의 인장이 도용·위조된 것이라고 항변하는 경우에는 다른 특별한 사정이 없는 한 그 날인행위도 원고가 한 것으로 추정되는 것이라 할 것이므로 원고 측에서 그것이 도용된 것이라는 점에 관하여 입증하여야 하고 이러한 입증이 없을 때에는 위 서증의 진정성립이 추정된다 할 것이다(대판 1976.7.27. 76다1394).

12

인영 부분 등의 진정성립이 인정되면 특별한 사정이 없는 한 당해 문서는 그 전체가 완성되어 있는 상태에서 작성명의인이 그러한 서명·날인·무인을 하였다고 추정할 수 있다.　　　　　　　　　　　O | X

> **해설** 대판 2003.4.11. 2001다11406

13

인영 부분의 진정성립 인정으로 인한 완성문서로서의 진정성립의 추정이 번복되어 백지문서 또는 미완성 부분을 작성명의자가 아닌 자가 보충하였다는 등의 사정이 밝혀지면, 다시 그 백지문서 또는 미완성 부분이 정당한 권한 없는 자에 의하여 보충되었다는 점에 관하여 그 문서의 위조를 주장하는 자가 입증하여야 한다.　　　　　　　　　　　O | X

> **해설** 인영 부분 등의 진정성립이 인정되는 경우, 그 당시 그 문서의 전부 또는 일부가 미완성된 상태에서 서명날인만을 먼저 하였다는 등의 사정은 이례에 속한다고 볼 것이므로 완성문서로서의 진정성립의 추정력을 뒤집으려면 그럴 만한 합리적인 이유와 이를 뒷받침할 간접반증 등의 증거가 필요하다고 할 것이고, 만일 그러한 완성문서로서의 진정성립의 추정이 번복되어 백지문서 또는 미완성 부분을 작성명의자가 아닌 자가 보충하였다는 등의 사정이 밝혀진 경우라면, 다시 그 백지문서 또는 미완성 부분이 정당한 권한에 기하여 보충되었다는 점에 관하여는 그 문서의 진정성립을 주장하는 자 또는 문서제출자에게 그 입증책임이 있다(대판 2003.4.11. 2001다11406).

14

본인 또는 대리인의 서명행위 등이 있었음에 관하여 당사자 사이에 다툼이 없거나 다른 증거에 의하여 증명되더라도, 서명 이외의 나머지 부분이 가필 등으로 변조되거나 위조되었다고 다투어진 경우 그 문서 전체가 진정하게 성립된 것으로 추정되지 않는다.　　　　　　　　　　　O | X

> **해설** 본인 또는 대리인의 서명행위 등이 있었음에 관하여 당사자 사이에 다툼이 없거나 다른 증거에 의하여 증명된 때에는, 서명 이외의 나머지 부분이 가필 등으로 변조되거나 위조되었다고 다투어진 경우에도 그 문서 전체가 진정하게 성립된 것으로 추정되므로, 이를 다투는 쪽에서 그 변조 또는 위조의 사실을 입증할 책임을 부담한다(대판 1995.11.10. 95다4674).

15

처분문서에 있어서는 그 문서의 진정성립이 인정된 이상 그 문서에 표시된 의사표시와 그 내용에 관하여
특별한 사유가 없는 한 실질적 증거능력이 있으므로, 그 내용이 되는 법률행위의 존재를 인정하여야 한다.
○ | X

해설 법률행위를 내용으로 하는 처분문서는 그 성립이 진정한 것으로 인정된 이상 그 내용되는 법률행위의 존재와 내용
을 인정하여야 할 것이고, 이를 부정함에는 그 이유를 분명하게 설명할 필요가 있으며, 이러한 수긍할 만한 이유의 제시
없이 만연히 진정성립이 인정되는 처분문서(근저당권설정계약서)의 내용을 믿을 수 없다고 하여 그 증거가치를 배척함은
경험칙과 논리칙에 배치되어 위법하다 할 것이다(대판 1984.1.31. 83다카1034).

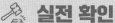

01 甲은 乙에게 대여금반환청구의 소를 제기하면서 乙 명의의 차용증서를 증거로 제출하였다. 다음 설명 중 옳지 않은 것은? (다툼이 있는 경우에는 판례에 의함) 13변호사

① 차용증서에 날인된 乙의 인영이 그의 인장에 의하여 현출된 것이라면 특단의 사정이 없는 한 그 인영의 진정성립, 즉 날인행위가 乙의 의사에 기한 것임이 추정되고, 일단 인영의 진정성립이 추정되면 민사소송법 제358조에 의하여 차용증서 전체의 진정성립이 추정된다.

② 위 ①의 경우, 乙이 반증을 들어 인영의 진정성립에 관하여 법원으로 하여금 의심을 품게 할 수 있는 사정을 증명하면 그 진정성립의 추정은 깨어진다.

③ 만약 乙이 백지로 된 문서에 날인만 하여 甲에게 교부하였다고 주장한다면, 문서를 백지에 날인만을 하여 교부하여 준다는 것은 이례에 속하는 것이므로 乙이 차용증서의 진정성립의 추정력을 뒤집으려면 그럴 만한 합리적인 이유와 이를 뒷받침할 간접반증 등의 증거가 필요하다.

④ 甲이 제출한 차용증서가 乙이 백지로 된 문서에 날인한 후 乙이 아닌 자에 의하여 백지 부분이 보충되었음이 밝혀진 경우에는 그것이 권한 없는 자에 의하여 이루어진 것이라는 점에 관하여 乙에게 증명책임이 있다.

⑤ 만약 차용증서의 진정성립이 인정되면 법원은 그 기재내용을 부인할 만한 분명하고도 수긍할 수 있는 반증이 없는 한 그 차용증서에 기재되어 있는 문언대로의 의사표시의 존재와 내용을 인정하여야 한다.

해설 ① [O] 문서에 날인된 작성명의인의 인영이 작성명의인의 인장에 의하여 현출된 인영임이 인정되는 경우에는 특단의 사정이 없는 한 그 인영의 성립, 즉 날인행위가 작성명의인의 의사에 기하여 진정하게 이루어진 것으로 추정되고 일단 인영의 진정성립이 추정되면 민사소송법 제358조의 규정에 의하여 그 문서 전체의 진정성립까지 추정된다(대판 1986.2.11. 85다카1009).

② [O] 인영의 진정성립, 즉 날인행위가 작성명의인의 의사에 기한 것이라는 추정은 사실상의 추정이므로, 인영의 진정성립을 다투는 자가 반증을 들어 인영의 진정성립, 즉 날인행위가 작성명의인의 의사에 기한 것임에 관하여 법원으로 하여금 의심을 품게 할 수 있는 사정을 입증하면 그 진정성립의 추정은 깨어진다(대결 1997.6.13. 96재다 462).

③ [O] 문서를 백지에 서명만을 하여 교부하여 준다는 것은 이례에 속하는 것이므로 그 문서의 진정성립의 추정력을 뒤집으려면 그럴 만한 합리적인 이유와 이를 뒷받침할 증거가 필요하다(대판 1988.9.27. 85다카1397).

④ [X] 문서에 날인된 작성명의인의 인영이 작성명의인의 인장에 의하여 현출된 것임이 인정되는 경우에는 특단의 사정이 없는 한 그 인영의 진정성립 및 그 문서 전체의 진정성립까지 추정되는 것이기는 하나, 이는 어디까지나 먼저 내용기재가 이루어진 뒤에 인영이 압날된 경우에만 그러한 것이며 작성명의인의 날인만 되어 있고 그 내용이 백지로 된 문서를 교부받아 후일 그 백지 부분을 작성명의자가 아닌 자가 보충한 문서의 경우에 있어서는 <u>문서제출자는 그 기재내용이 작성명의인으로부터 위임받은 정당한 권원에 의한 것이라는 사실</u>을 입증할 책임이 있으며, 이와 같은 법리는 그 문서가 처분문서라고 하여 달라질 것은 아니다(대판 2000.6.9. 99다37009). → 따라서 乙이 아니라, 甲에게 백지 부분 보충이 권한 있는 자에 의한 것이라는 점에 관하여 증명책임이 있다.

⑤ [O] 처분문서의 진정성립이 인정되는 이상 법원은 그 문서의 기재내용에 따른 의사표시의 존재 및 내용을 인정하여야 하나, 그 기재내용을 부인할 만한 분명하고도 수긍할 수 있는 반증이 인정될 경우에는 그 기재내용과 다른 사실을 인정할 수 있다(대판 2010.11.11. 2010다56616).

정답 ④

제6절 서증신청의 절차

I 문서의 직접제출

서증의 신청은 법원 밖에서 증거조사를 하는 경우를 제외하고는 당사자가 변론(준비)기일에 출석하여 현실적으로 제출하는 방법으로 하여야 한다. 서증이 첨부된 소장 또는 준비서면 등이 진술되는 경우에도 마찬가지이다.

II 문서제출명령

1. 의의

① 상대방 또는 제3자가 가지고 있는 문서를 서증신청할 때에는 제출의무 있는 문서에 대해 제출명령을 구하는 신청을 하는데(제343조), 이를 문서제출명령이라고 한다.

② 문서를 가진 사람에게 그것을 제출하도록 명할 것을 신청하는 것은 서증을 신청하는 방식 중의 하나이므로, 법원은 제출명령신청의 대상이 된 문서가 서증으로서 필요하지 아니하다고 인정할 때에는 제출명령신청을 받아들이지 아니할 수 있다.

③ 문서제출명령의 대상이 된 문서에 의하여 증명하고자 하는 사항이 청구와 직접 관련이 없는 것이라면 받아들이지 아니할 수 있다.

④ 「개인정보 보호법」상 개인정보에 해당하더라도 이를 이유로 문서소지인이 문서의 제출을 거부할 수 있는 것은 아니다.

2. 문서제출의무

내용	다음의 경우에 문서를 가지고 있는 사람은 그 제출을 거부하지 못한다. ① 당사자가 소송에서 인용한 문서를 가지고 있는 때 ② 신청자가 문서를 가지고 있는 사람에게 그것을 넘겨 달라고 하거나 보겠다고 요구할 수 있는 사법상의 권리를 가지고 있는 때 ③ 문서가 신청자의 이익을 위하여 작성되었거나, 신청자와 문서를 가지고 있는 사람 사이의 법률관계에 관하여 작성된 것인 때. 다만, ⊙ 공무원의 직무상 비밀이 적혀 있어 동의를 받아야 하는데 받지 아니한 문서, ⓒ 문서소지자나 근친자에 관하여 형사소추 치욕이 될 증언거부사유가 적혀 있는 문서, ⓒ 직무상 비밀이 적혀 있고 비밀유지의무가 면제되지 아니한 문서는 소지자가 그 제출을 거부할 수 있다.
일반적 의무	원칙적으로 문서의 소지자는 이를 모두 제출할 의무가 있는 것으로 문서제출의무를 일반적 의무로 확장하였다. 다만, ① 형사소추 치욕이 될 증언거부사유가 적혀 있는 문서와 직업상 비밀 등 증언거부사유와 같은 것이 적혀 있고 비밀유지의무가 면제되지 아니한 문서, ② 오로지 소지인이 이용하기 위한 문서, ③ 공무원의 직무상 보관문서 등은 제출의무대상에서 제외된다.

3. 문서제출의 신청 및 심판

신청	① 문서의 표시·취지·증명할 사실·제출의무자 및 그 의무의 원인 등을 서면으로 명시하여야 한다. ② 문서제출명령이 있어도 그 문서가 법원에 제출되기 전까지는 그 신청을 철회함에 상대방의 동의를 요하지 않는다. ③ 문서제출명령 신청인은, 문서의 취지나 그 문서로 증명할 사실을 개괄적으로 표시하여 상대방이 이와 관련하여 가지고 있는 문서목록을 제출할 것을 명하도록 법원에 신청할 수 있다(문서정보공개제도).
심판방법	① 문서제출명령신청이 있으면 법원은 제출의무와 소지사실에 대하여 심리하여 그 허가 여부를 결정하여야 한다. 문서소지자가 제3자인 경우에는 소지자를 심문하여야 한다. ② 대상문서의 일부에 영업비밀 등 문서제출 거절사유가 있는 경우 나머지 부분만으로 증거가치가 있다면 그 부분만의 일부제출명령을 하여야 한다. ③ 제출거부사유를 판단함에 있어서 비밀심리절차에 의하도록 하였다.
재판	① 문서제출명령을 하려면 문서의 존재와 소지가 증명되어야 하는데, 그 증명책임은 원칙적으로 신청인에게 있다. 문서제출의 신청에 관한 결정에 대하여는 즉시항고를 할 수 있다. ② 문서소지자가 상대방 당사자인 경우 필요적 심문절차를 거치지 않는다고 하더라도 상대방에게 문서제출신청서를 송달하여 그에 관한 의견진술의 기회를 부여하여야 한다. ③ 법원이 문서제출신청에 대하여 별다른 판단을 하지 아니한 채 변론을 종결하고 판결을 선고한 경우 이는 법원이 문서제출신청을 묵시적으로 기각한 취지이다.

4. 문서의 부제출·훼손 등에 대한 제재

당사자	① 당사자가 문서제출명령을 받고 응하지 아니한 때에는 법원은 문서의 기재에 대한 상대방의 주장을 진실한 것으로 인정할 수 있다. 과태료 부과의 제재는 없다. ② 당사자가 위 명령에 따르지 아니한 경우에는 법원은 상대방의 그 문서에 관한 주장, 즉 문서의 성질·내용·성립의 진정 등에 관한 주장을 진실한 것으로 인정하여야 한다는 것이지, 그 문서에 의하여 입증하고자 하는 상대방의 주장사실까지도 반드시 증명되었다고 인정하여야 한다는 취지가 아니며 주장사실의 인정 여부는 법원의 자유심증에 의한다.
제3자	500만 원 이하의 과태료에 처한다. 원고주장사실이 진실한 것으로 인정할 수 없다.

5. 제출된 문서의 서증으로의 제출

문서제출명령에 의하여 법원에 제출된 문서를 변론기일 또는 변론준비기일에 서증으로 제출할 것인지는 당사자가 임의로 결정할 수 있는데, 서증으로 제출하여야 증거로 삼을 수 있다.

Ⅲ 문서송부촉탁

의의	① 문서의 제출을 거부할 수 있는 소지자에게 문서를 송부해 줄 것을 촉탁하는 것을 말한다. ② 등기사항증명서·가족관계등록사항증명서 등과 같이 법령상 문서의 교부청구권이 보장되어 있는 경우에는 문서송부촉탁을 할 수 없다.
신청	① 변론(준비)기일에서 할 수 있으나, 기일 전에도 할 수 있다. ② 소지자는 정당한 사유가 없는 한 이에 협력하여야 하며, 당해 문서를 보관하고 있지 아니하거나 그 밖에 송부촉탁에 따를 수 없는 사정이 있는 때에는 그 구체적인 사유를 촉탁한 법원에 통지하여야 한다.
도착 후 처리	송부된 문서가 자동적으로 그 사건에서 증거자료로 되는 것이 아니고, 신청인이 그중에서 필요한 것을 서증으로 제출함으로써 비로소 증거자료가 되고, 실질적인 증명력을 갖게 하기 위하여 문서의 진정성립을 별도로 입증하여야 한다.

01

서증은 법원 밖에서 증거조사를 하는 경우(민사소송법 제297조) 이외에는 당사자가 변론기일 또는 변론준비기일에 출석하여 현실적으로 제출하여야 하고, 서증이 첨부된 소장 또는 준비서면 등이 진술되는 경우에도 마찬가지이다. O | X

> **해설** 서증의 신청은 법원 밖에서 증거조사를 하는 경우(제297조, 민사소송규칙 제112조)를 제외하고는 당사자가 변론(준비)기일에 출석하여 현실적으로 제출하는 방법으로 하여야 한다. 서증이 첨부된 소장 또는 준비서면 등이 진술되는 경우에도 마찬가지이다(대판 1991.11.8. 91다15775).

02

당사자가 서증을 신청하고자 하는 때에는 문서를 제출하는 방식 또는 문서를 가진 사람에게 그것을 제출하도록 명할 것을 신청하는 방식으로 한다. O | X

> **해설** 신청당사자가 소지하고 있는 경우에는 직접제출하면 되고, 상대방이나 제3자가 소지하는 것으로서 제출의무가 있는 문서는 문서제출명령신청으로, 제출을 거부할 수 있는 자가 소지한 경우에는 문서송부촉탁신청을 하거나 송부촉탁이 어려우면 서증조사신청을 한다.

03

당사자가 상업장부를 소지하고 있는 경우 당사자의 신청 없이 법원이 직권으로 그 장부의 제출을 명할 수는 없다. O | X

> **해설** 법원은 신청에 의하여 또는 직권으로 소송당사자에게 상업장부 또는 그 일부분의 제출을 명할 수 있다(상법 제32조).

04

당사자가 소송에서 인용한 문서를 가지고 있는 때 문서를 가지고 있는 사람은 그 제출을 거부하지 못한다. O | X

> **해설** 민사소송법 제344조는 '문서의 제출의무'에 관하여 정하고 있는데, 제1항 제1호는 당사자가 소송에서 인용한 문서(이하 '인용문서'라 한다)를 가지고 있는 때에는 문서를 가지고 있는 사람은 그 제출을 거부하지 못한다고 정하고 있다(대결 2017.12.28. 2015무423).

05
18법원직

문서를 가진 사람에게 그것을 제출하도록 명할 것을 신청하는 것은 서증을 신청하는 방식 중의 하나이므로, 법원은 그 제출명령신청의 대상이 된 문서가 서증으로서 필요하지 아니하다고 인정할 때에는 그 제출명령신청을 받아들이지 아니할 수 있다. ○ | X

> **해설** 대결 2016.7.1. 2014마2239

06
18법원직

법원은 문서제출명령의 대상이 된 문서에 의하여 입증하고자 하는 사항이 당해 청구와 직접 관련이 없는 것이라면 받아들이지 아니할 수 있다. ○ | X

> **해설** 대결 2016.7.1. 2014마2239

07
18법원직

문서소지인은 「개인정보 보호법」상 개인정보에 해당하면 이를 이유로 그 문서의 제출을 거부할 수 있다. ○ | X

> **해설** 「개인정보 보호법」 제18조 제2항 제2호에 따르면 개인정보처리자는 '다른 법률에 특별한 규정이 있는 경우'에는 개인정보를 목적 외의 용도로 이용하거나 이를 제3자에게 제공할 수 있고, 민사소송법 제344조 제2항은 각 호에서 규정하고 있는 문서제출거부사유에 해당하지 아니하는 경우 문서소지인에게 문서제출의무를 부과하고 있으므로, 임직원의 급여 및 상여금 내역 등이 「개인정보 보호법」상 개인정보에 해당하더라도 이를 이유로 문서소지인이 문서의 제출을 거부할 수 있는 것은 아니다(대결 2016.7.1. 2014마2239).

08
15사무관

법원이 문서제출명령을 하려면 문서의 존재와 소지가 증명되어야 하는데, 그 입증책임은 원칙적으로 신청인에게 있다. ○ | X

> **해설** 문서제출신청이 있으면 법원은 그 문서의 소지 여부 및 문서제출의무의 존부를 심리하여야 한다. 문서제출명령을 하려면 문서의 존재와 소지가 증명되어야 하는데, 그 입증책임은 원칙적으로 신청인에게 있다(대결 2005.7.11. 2005마259).

정답 | 01 ○ 02 ○ 03 × 04 ○ 05 ○ 06 ○ 07 × 08 ○

09

일단 문서제출명령이 있으면, 문서제출명령의 신청인은 그 문서가 법원에 제출되기 전이라도 상대방의 동의를 얻어야만 문서제출신청을 철회할 수 있다. ○ | X

> **해설** 문서제출명령이 있어도 그 문서가 법원에 제출되기 전까지는 그 신청을 철회함에 상대방의 동의를 요하지 않는다 (대판 1971.3.23. 70다3013).

10

문서제출명령 신청인은, 문서의 취지나 그 문서로 증명할 사실을 개괄적으로 표시하여 상대방이 이와 관련하여 가지고 있는 문서목록을 제출할 것을 명하도록 법원에 신청할 수 있다. ○ | X

> **해설** 상대방이 어떠한 문서를 소지하고 있는지를 제대로 몰라 신청하기 어려울 경우에는 신청대상인 문서의 취지나 증명할 사실을 개괄적으로만 표시하여 신청하면 법원은 상대방 당사자에게 신청내용과 관련하여 가지고 있는 문서 또는 신청내용과 관련하여 서증으로 제출할 문서에 관하여 그 표시와 취지 등을 명확히 적어내도록 명령할 수 있는데, 이것이 제346조의 문서정보공개제도이다.

11

문서제출명령은 당사자가 아닌 제3자에 대해서도 할 수 있지만, 이 경우 제3자나 그가 지정하는 자에 대해 심문을 하여야 한다. ○ | X

> **해설** 제3자가 소지하고 있는 문서에 대하여는 그로부터 제출의무에 대한 의견을 들을 기회가 없기 때문에 그 제3자 또는 그가 지정하는 자를 반드시 심문하여야 한다(제347조 제1항·제3항).

12

프라이버시와 영업비밀에 관한 사항이 기재되었다는 이유로 문서제출의무의 존재 여부가 다투어지는 문서에 관하여 법원은 그 문서의 제출의무의 존재 여부를 판단하기 위하여 문서의 소지자에게 그 문서를 제시하도록 명할 수 있고, 그 문서를 비공개적으로 심리하여 문서제출의무의 존부를 판단할 수 있다. ○ | X

해설 프라이버시와 영업비밀에 관한 사항이 기재된 문서에 해당한다는 이유로 문서제출의무의 존재 여부가 다투어지는 경우 문서제출신청에 대한 재판은 그 문서가 공개되지 않아야 한다는 문서소지자의 주장의 당부를 판단하는 것이므로, 이 절차에 법관과 문서소지자 외의 다른 사람이 참여한다면 사실상 문서제출을 명하는 결과가 되고, 때에 따라서는 문서소지자에게 회복할 수 없는 손해를 입히게 될 것이다. 이에 민사소송법 제347조 제4항은 법원이 그 문서가 민사소송법 제344조에 해당되는지를 판단하기 위하여 필요하다고 인정하는 때에는 문서를 가지고 있는 사람에게 그 문서를 제시하도록 명할 수 있고, 대신 법원은 그 문서를 비공개적으로 심리하여 문서제출의무의 존재 여부를 판단하는 절차를 마련하였다.

13
21법원직

문서제출명령에 대해서는 독립하여 즉시항고를 할 수 있다. ○│X

해설 문서제출의 신청에 관한 결정에 대하여는 즉시항고를 할 수 있다(제348조).

14
19사무관

제3자에 대하여 문서제출명령을 하면서 심문절차를 누락한 경우 제3자만이 즉시항고를 할 수 있을 뿐이고, 본안소송의 당사자가 이를 이유로 즉시항고를 하는 것은 허용되지 않는다. ○│X

해설 대결 2008.9.26. 2007마672

15
19사무관

문서제출신청 후 이를 상대방에게 송달하는 등 문서제출신청에 대한 의견을 진술할 기회를 부여하지 않은 채 문서제출신청 직후에 이루어진 문서제출명령은 위법하다. ○│X

해설 문서제출신청의 허가 여부에 관한 재판을 할 때에는 그때까지의 소송경과와 문서제출신청의 내용에 비추어 신청 자체로 받아들일 수 없는 경우가 아닌 한 상대방에게 문서제출신청서를 송달하는 등 문서제출신청이 있음을 알림으로써 그에 관한 의견을 진술할 기회를 부여하고, 그 결과에 따라 당해 문서의 존재와 소지 여부, 당해 문서가 서증으로 필요한지 여부, 문서제출신청의 상대방이 민사소송법 제344조에 따라 문서제출의무를 부담하는지 여부 등을 심리한 후, 그 허가 여부를 판단하여야 한다(대결 2009.4.28. 2009무12).

정답│ **09** × **10** ○ **11** ○ **12** ○ **13** ○ **14** ○ **15** ○

16

법원이 문서제출신청에 대하여 별다른 판단을 하지 아니한 채 변론을 종결하고 판결을 선고한 경우 이는 판단유탈에 해당한다.　　　　　　　　　　　　　　　　　　　　　　　　　　　　　　　　　　O | X

> **해설** 법원이 문서제출신청에 대하여 별다른 판단을 하지 아니한 채 변론을 종결하고 판결을 선고한 경우 이는 법원이 문서제출신청을 묵시적으로 기각한 취지이다(대판 2001.5.8. 2000다35955).

17

당사자가 문서제출명령에 따르지 아니한 때에는 법원은 문서의 기재에 대한 상대방의 주장을 진실한 것으로 인정할 수 있고, 결정으로 당사자에게 500만 원 이하의 과태료에 처할 수 있으며, 위 결정에 대하여는 즉시항고를 할 수 있다.　　　　　　　　　　　　　　　　　　　　　　　　　　　　　　　　　O | X

> **해설** 당사자가 문서제출명령·일부제출명령·비밀심리를 위한 문서의 제시명령을 받고도 이에 따르지 아니하는 때 또는 상대방의 사용을 방해할 목적으로 제출의무 있는 문서를 훼손하여 버리거나 이를 사용할 수 없게 한 때에는 법원은 그 문서의 기재에 대한 상대방의 주장을 진실한 것으로 인정할 수 있으나(제349조, 제350조), 과태료 부과의 제재는 없다.

18

당사자가 문서제출명령에 따르지 아니한 경우 법원은 그 문서의 기재에 대한 상대방의 주장을 진실한 것으로 인정할 수 있으나, 그 문서에 의하여 입증하고자 하는 상대방의 주장사실의 인정 여부는 법원의 자유심증에 의한다.　　　　　　　　　　　　　　　　　　　　　　　　　　　　　　　　　　O | X

> **해설** 당사자가 위 명령에 따르지 아니한 경우에는 법원은 상대방의 그 문서에 관한 주장, 즉 문서의 성질·내용·성립의 진정 등에 관한 주장을 진실한 것으로 인정하여야 한다는 것이지, 그 문서에 의하여 입증하고자 하는 상대방의 주장사실까지도 반드시 증명되었다고 인정하여야 한다는 취지가 아니며 주장사실의 인정 여부는 법원의 자유심증에 의한다(대판 1993.6.25. 93다15991).

당사자 아닌 제3자가 문서제출명령에 따르지 않은 때에는, 법원은 그 문서의 기재에 대한 신청인의 주장을 진실한 것으로 인정할 수 있다. ○ | ✕

> **해설** 당사자가 문서제출명령에 따르지 아니한 때에는 그 문서의 기재에 대한 상대방의 주장을 진실한 것으로 인정할 수 있고(제349조), 제3자가 문서제출명령에 따르지 아니한 때에는 500만 원 이하의 과태료에 처한다(제351조).

문서제출명령에 의하여 법원에 제출된 문서를 변론기일에 서증으로 제출할 것인지 여부는 당사자가 임의로 결정할 수 있다. ○ | ✕

> **해설** 당사자의 문서제출신청에 의한 문서제출명령에 의하여 법원에 제출된 문서를 변론(준비)기일에 서증으로 제출할 것인지 여부는 당사자가 임의로 결정할 수 있다.

등기사항증명서·가족관계등록사항증명서 등과 같이 법령상 문서의 정본 또는 등본의 교부청구권이 보장되어 있는 경우에는 문서송부촉탁을 할 수 없다. ○ | ✕

> **해설** 제352조 단서

문서송부촉탁에 의하여 송부된 문서는 자동적으로 그 사건에서 증거자료로 되는 것은 아니고, 신청인이 그중에서 필요한 것을 서증으로 제출함으로써 비로소 증거자료가 된다. ○ | ✕

> **해설** 송부된 문서가 자동적으로 그 사건에서 증거자료로 되는 것이 아니고, 신청인이 그중에서 필요한 것을 서증으로 제출함으로써 비로소 증거자료가 되고, 실질적인 증명력을 갖게 하기 위하여 문서의 진정성립을 별도로 입증하여야 한다.

정답 | **16** ✕ **17** ✕ **18** ○ **19** ✕ **20** ○ **21** ○ **22** ○

제7절 감정·검증·사실조회

I 감정

구분	증인	감정인
대체성	없음 (자신의 과거 경험사실보고)	있음 (전문적 경험지식에 의한 판단의 보고)
불출석시 제재	감치저분·구인조치 가능(제311조, 제312조) (대체성이 없기 때문)	감치저분·구인조치 불가 (대체성이 있기 때문)
지정	증명책임 있는 자가 지정(제308조)	법원에 일임(제335조)
능력	제한 없음.	결격사유(제334조 제2항) 있음.
기피	기피에 대한 규정 없음.	기피사유(제336조) 있음.
법인	증인적격 없음.	법인에 대한 감정촉탁 가능(제341조)
진술	구두진술원칙(제331조) (예외적으로 서면증언 가능)	서면 또는 말로 함(제339조 제1항).
공동진술	공동증언 불허(격리신문)	공동감정 허용

의의	법관의 판단능력을 보충하기 위하여 전문적 지식과 경험을 가진 자로 하여금 법규나 경험칙 또는 이를 구체적 사실에 적용하여 얻은 사실판단을 법원에 보고하게 하는 증거조사를 말한다.
전문심리위원과 구별	전문심리위원은 독립한 증거방법이 아니고, 전문심리위원의 설명 등은 증거자료가 되지 아니한다는 점에서 감정과 차이가 있다.
감정촉탁	① 공공기관·학교, 그 밖에 상당한 설비가 있는 단체 또는 외국 공공기관에 대해 감정촉탁서에 의하여 감정지시를 하는 것이다. 이 경우에는 선서나 진술의무가 면제된다. ② 자연인에게는 감정촉탁을 할 수 없다. ③ 다만, 법원이 기관에 감정촉탁을 하였는데, 그 기관 소속 전문가명의로 감정서가 송부되어 온 경우 그 감정서는 기관에 대한 감정촉탁결과로 보아 증거능력이 있는 증거로서 사실인정의 자료로 할 수 있다.
신청	① 감정을 신청함에 있어서는 감정을 구하는 사항을 적은 서면과 함께 입증취지와 감정대상을 적은 신청서를 내야 한다. 감정인 등은 '감정인선정전산프로그램'에 의하여 선정하여야 한다. 다만, 양쪽 당사자가 합의하여 특정 감정인 등에 대한 감정인 선정 신청을 한 경우에는 그러하지 아니하다. ② 감정신청이 있으면 법원이 필요 없다고 인정한 경우가 아닌 한 그 서면을 상대방에게 송달하여 그에게 의견을 제출할 기회를 부여하여야 한다(반드시 ✕). ③ 당사자는 선정된 감정인이 성실하게 감정할 수 없는 사정이 있는 때에는 그 사유를 소명하여 그를 기피할 수 있으나, 미리 기피사유를 알고 있었음에도 감정인이 감정사항에 관한 진술을 할 때까지 기피신청을 하지 않았다면 그 이후에는 기피신청을 할 수 없다. ④ 감정인은 변론기일 또는 감정인 신문기일에 선서를 한 후 말로 진술하는 것이 원칙이다. 다만, 기일 외에서 서면으로 할 수 있다. ⑤ 감정인은 법원의 허가를 얻어 타인의 주거지 등에 들어갈 수 있으며, 감정방해에 대하여 경찰에게 원조를 요청할 수 있다.

감정결과 채택 여부	① 감정인의 감정결과는 당사자가 이를 증거로 원용하지 않는 경우에도 법원으로서는 증거로 할 수 있다. ② 동일한 사항에 관하여 상이한 수개의 감정결과가 있을 때 그중 하나에 의하여 사실을 인정하였다면 그것이 경험칙이나 논리법칙에 위배되지 않는 한 적법하다. ③ 선서하지 아니한 감정인에 의한 감정결과는 증거능력이 없으므로, 이를 사실인정의 자료로 삼을 수 없다 할 것이나, 법원이 감정인을 지정하고 그에게 감정을 명하면서 착오로 감정인으로부터 선서를 받는 것을 누락함으로 말미암아 그 감정인에 의한 감정결과가 증거능력이 없게 된 경우라도, 그 감정인이 작성한 감정결과를 기재한 서면이 당사자에 의하여 서증으로 제출되고, 법원이 그 내용을 합리적이라고 인정하는 때에는, 이를 사실인정의 자료로 삼을 수 있다.
감정료 산정	① 감정인 등이 <u>감정서를 작성한 후</u> 법원에 감정서를 제출하기 전에 소송 등이 화해, 청구의 포기·인낙, 소의 취하 및 그 밖에 재판에 의하지 아니하고 종결된 경우의 감정료는 이 예규에서 정한 감정료의 2분의 1로 한다. ② 감정인 등이 <u>감정서를 작성하기 전</u>에 소의 취하 등 소정의 사유가 발생한 경우에는 감정료를 지급하지 아니한다. 다만, 여비와 일당은 「민사소송비용규칙」 소정의 여비 등의 정액으로 한다. ③ 법원은 감정인을 지정하였더라도 감정을 명하기 전이라면 감정인 지정을 취소할 수 있고, 감정을 명한 후라도 감정서를 제출하지 않거나 구술로 감정보고를 하기 전까지는 감정인 지정을 취소할 수 있다. <u>이 경우에도 감정인에게 감정에 소요된 여비, 감정료 등은 지급하여야 한다.</u>

01

감정에는 증인신문에 관한 규정을 준용하나, 비디오 등 중계장치에 관한 증인신문에 관한 규정인 민사소송법 제327조의2는 준용하지 아니하므로, 감정인이 법정에 직접 출석하기 어려운 특별한 사정이 있는 경우에도 비디오 등 중계장치를 이용하여 감정인신문을 진행할 수는 없다.   ○ | ✕

> **해설** 증인신문은 비디오 등 중계장치를 이용하여 실시할 수 있는데(제327조의2), 감정인신문은 이에 더하여 인터넷 화상장치도 이용할 수 있다(제339조의3).

02

특별한 학식과 경험을 기초로 하여 얻은 사실을 보고하는 감정증인은 감정인이지 증인이 아니다.
                                                                          ○ | ✕

> **해설** 특별한 학식과 경험에 의하여 알게 된 사실에 관한 신문은 증인신문에 관한 규정을 따른다(제340조).

03

전문심리위원은 소송절차에서 설명 또는 의견을 기재한 서면을 제출하거나 기일에 출석하여 설명이나 의견을 진술할 수 있고, 이러한 전문심리위원의 기일에서의 설명이나 의견진술은 증거자료가 된다.
                                                                          ○ | ✕

> **해설** 법원은 소송관계를 분명하게 하거나 증거조사 등 소송절차를 원활하게 진행하기 위하여 직권 또는 당사자의 신청에 따른 결정으로 전문심리위원을 지정하여 소송절차에 참여하게 할 수 있는데(제164조의2), 특수하고 복잡한 사안에 대한 감정 가능성, 감정신청의 적정성 판단, 감정사항의 확정 등과 관련하여 신속한 감정절차 진행을 위하여 전문심리위원의 설명이나 의견을 들을 필요가 있는 경우에 전문심리위원제도를 활용함이 바람직하다. 그러나 전문심리위원은 독립한 증거방법이 아니고, 전문심리위원의 설명 등은 증거자료가 되지 아니한다(대판 2014.12.24. 2013다18332)는 점에서 감정과 차이가 있다.

법원이 필요하다고 인정하는 경우에는 공공기관·학교, 그 밖에 상당한 설비가 있는 단체 또는 외국의 공공기관에 감정을 촉탁할 수 있다. 이 경우에는 선서에 관한 규정을 적용하지 아니한다.   ○ | X

> **해설** 제341조 제1항

신청인이 감정을 구하는 사항을 적은 서면을 제출한 때에는 측량감정이나 시가감정과 같이 법원이 송달할 필요가 없다고 인정한 경우가 아닌 한 그 서면을 상대방에게 송달하여야 한다.   ○ | X

> **해설** 신청인이 감정을 구하는 사항을 적은 서면을 제출한 때에는 법원이 필요 없다고 인정한 경우(측량감정이나 시가감정과 같이 감정사항이 정형적으로 정하여져 있는 경우)가 아닌 한 그 서면을 상대방에게 송달하여 의견제출의 기회를 부여하여야 한다.

감정인이 성실하게 감정할 수 없는 사정이 있는 때에 당사자는 그를 기피할 수 있다. 다만, 당사자는 감정인이 감정사항에 관한 진술을 하기 전부터 기피할 이유가 있다는 것을 알고 있었던 때에는 감정사항에 관한 진술이 이루어진 뒤에 그를 기피하지 못한다.   ○ | X

> **해설** 제336조

감정인은 감정을 위하여 필요한 경우에는 법원의 허가 없이도 남의 토지, 주거에 들어갈 수 있으며, 이 경우 저항을 받을 때에는 국가경찰공무원에게 원조를 요청할 수 있다.   ○ | X

> **해설** 감정인은 감정을 위하여 필요한 경우에는 법원의 허가를 받아 남의 토지, 주거 관리 중인 가옥, 건조물, 항공기, 선박, 차량, 그 밖의 시설물 안에 들어갈 수 있으며, 이 경우에 저항을 받을 때에는 감정인은 경찰공무원에게 원조를 요청할 수 있다(제342조).

정답 | **01** × **02** × **03** × **04** ○ **05** ○ **06** ○ **07** ×

08

법원은 감정을 명한 후라도 감정서를 제출하지 않거나 구술로 감정보고를 하기 전까지는 감정인 지정을 취소할 수 있는데, 이 경우에 감정인에게 감정에 소요된 여비는 지급해야 하지만 감정료는 지급하지 않아도 된다. O | X

> **해설** 법원은 감정인을 지정하였더라도 감정을 명하기 전이라면 감정인 지정을 취소할 수 있고, 감정을 명한 후라도 감정서를 제출하지 않거나 구술로 감정보고를 하기 전까지는 감정인 지정을 취소할 수 있다. 이 경우에도 감정인에게 감정에 소요된 여비, 감정료 등은 지급하여야 한다(민사소송비용법 제4조, 제6조).

09

선서하지 아니한 감정인에 의한 감정결과는 증거능력이 없으므로, 법원이 감정인을 지정하고 그에게 감정을 명하면서 착오로 감정인으로부터 선서를 받는 것을 누락하였다면 그 감정인에 의한 감정결과는 증거능력이 없다. O | X

> **해설** 대판 2006.5.25. 2005다77848

10

감정인이 선서를 하지 않은 경우에는, 그 감정인이 작성한 감정결과를 기재한 서면이 당사자에 의하여 서증으로 제출되고, 법원이 그 내용을 합리적이라고 인정하는 때에도 이를 사실인정의 자료로 삼을 수 없다. O | X

> **해설** 선서하지 아니한 감정인에 의한 감정결과는 증거능력이 없으므로, 이를 사실인정의 자료로 삼을 수 없다 할 것이나, 한편 소송법상 감정인신문이나 감정의 촉탁방법에 의한 것이 아니고 소송 외에서 전문적인 학식·경험이 있는 자가 작성한 감정의견을 기재한 서면이라 하더라도 그 서면이 서증으로 제출되었을 때 법원이 이를 합리적이라고 인정하면 이를 사실인정의 자료로 할 수 있다는 것인바, 법원이 감정인을 지정하고 그에게 감정을 명하면서 착오로 감정인으로부터 선서를 받는 것을 누락함으로 말미암아 그 감정인에 의한 감정결과가 증거능력이 없게 된 경우라도, 그 감정인이 작성한 감정결과를 기재한 서면이 당사자에 의하여 서증으로 제출되고, 법원이 그 내용을 합리적이라고 인정하는 때에는, 이를 사실인정의 자료로 삼을 수 있다(대판 2006.5.25. 2005다77848).

11

감정인 등이 감정서를 작성한 후 법원에 감정서를 제출하기 전에 소의 취하, 청구의 포기·인낙 등의 사유가 발생한 경우에는 '감정인등 선정과 감정료 산정기준 등에 관한 예규'에서 정한 감정료의 2분의 1로 한다. ○ | ×

[해설] 감정인 등이 감정서를 작성한 후 법원에 감정서를 제출하기 전에 소송 등이 화해, 청구의 포기·인낙, 소의 취하 및 그 밖에 재판에 의하지 아니하고 종결된 경우의 감정료는 이 예규에서 정한 감정료의 2분의 1로 한다(감정인등 선정과 감정료 산정기준 등에 관한 예규 제28조 제1항).

12

감정인이 감정서를 작성하기 전에 소취하로 종결된 경우 감정료를 지급하지 아니하나, 여비와 일당은 지급한다. ○ | ×

[해설] 감정인 등이 감정서를 작성하기 전에 소의 취하 등 소정의 사유가 발생한 경우에는 감정료를 지급하지 아니한다. 다만, 여비와 일당은 「민사소송비용규칙」 소정의 여비 등의 정액으로 한다(감정인등 선정과 감정료 산정기준 등에 관한 예규 제28조 제2항).

정답 | 08 × 09 ○ 10 × 11 ○ 12 ○

Ⅱ 검증

의의	검증이란 법관이 직접 자기의 오관의 작용에 의하여 사물의 성상이나 현상을 보고, 듣고, 느낀 인식을 증거자료로 하는 증거조사방법이다(자동차사고의 현장 등).
신청	원칙적으로 당사자의 신청에 의하여 개시되지만, 석명처분으로서의 검증은 소송지휘의 일환으로 직권으로 행할 수 있다.
실시	① 검증을 실시함에 있어, 당사자나 제3자는 검증절차를 수인할 의무가 있고, 법원은 사람의 신체를 검증함에는 출석을 명할 수 있으며, 현장검증을 위하여 타인의 주거나 토지에 들어갈 수 있고, 경찰관의 원조요청이 가능하다. ② 당사자가 불응한 때에는 법원은 검증물의 존재·성상에 대한 당사자의 주장을 진실한 것으로 인정할 수 있고, 제3자가 정당한 사유 없이 법원의 검증목적물 제출명령에 응하지 아니한 때에는 법원은 결정으로 200만 원 이하의 과태료에 처할 수 있으며, 이 결정에 대하여 즉시항고할 수 있다. ③ 검증 종료 전에 화해가 성립한 경우에는 검증조서를 작성할 필요 없이 화해조서를 작성하면 된다. 그러나 검증 종료 후에 화해가 성립한 경우에는 검증조서를 작성해 두어야 한다.

01

검증 종료 전에 검증현장에서 화해가 성립한 경우 검증조서를 작성할 필요가 없이 화해조서를 작성하면 된다. ○ | X

> **해설** 검증 종료 전에 화해가 성립한 경우에는 검증조서를 작성할 필요 없이 화해조서를 작성하면 된다.

의의	① 공공기관·학교, 그 밖의 단체·개인 또는 외국의 공공기관에 그 업무에 속하는 특정사항에 관한 조사 또는 보관 중인 문서의 등본·사본의 송부를 촉탁함으로써 증거를 수집하는 절차를 말한다. ② 사실조회는 용이하게 조사할 수 있는 사실에 한하여 조회하고, 조사할 내용이 촉탁의 상대방의 전문적인 의견을 구하는 것일 때에는 감정촉탁의 방법으로 함이 상당하다.
도착 후 처리	① 회보가 도착한 때에는 즉시 양쪽 당사자에게 전화·팩스 등 간이한 방법으로 그 사실을 고지하고, 변론(준비)기일에서 당사자에게 의견진술의 기회를 주는 절차를 거쳐야 한다. ② 회보에 관하여는 이를 따로 서증으로 제출시킬 필요는 없다(문서송부촉탁의 경우와 차이). ③ 다만, 당해 기관 이외의 자가 작성한 문서로서 단순한 참고서류가 아닌 정식의 문서가 포함되어 있는 경우에는 이를 증거로 하려면 별도의 서증으로 제출받아야 한다.

OX 확인

01

민사소송법에는 증거에 관한 총칙 중에 조사의 촉탁으로 규정되어 있으나 그 실질은 증인신문 등과 마찬가지의 독립한 증거방법으로 이해되고 있고, 실무에서는 사실조회라고 부른다. ○ | ×

> **해설** 사실조회란 공공기관·학교, 그 밖의 단체·개인 또는 외국의 공공기관에 그 업무에 속하는 특정사항에 관한 조사 또는 보관 중인 문서의 등본·사본의 송부를 촉탁함으로써 증거를 수집하는 절차를 말한다.

02

조사할 내용이 촉탁 상대방의 특별한 지식과 경험을 필요로 하는 것이거나 전문적인 의견을 구하는 것일 때에도 사실조회 방법에 의하는 것이 보통이다. ○ | ×

> **해설** 사실조회는 촉탁의 상대방이 용이하게 조사할 수 있는 사실에 한하여 조회하고, 조사할 내용이 촉탁의 상대방의 특별한 지식과 경험을 필요로 하는 것이거나 촉탁의 상대방의 전문적인 의견을 구하는 것일 때에는 감정촉탁의 방법으로 함이 상당하다(사실조사 촉탁 등의 비용 지급에 관한 예규 제2조).

03

사실조회에 따라 제출된 사실조회회보서도 당사자가 서증으로 제출하면 서증으로 채택된다. ○ | ×

> **해설** 회보가 도착한 때에는 즉시 양쪽 당사자에게 전화·팩스 등 간이한 방법으로 그 사실을 고지하고, 변론(준비)기일에서 당사자에게 의견진술의 기회를 주는 절차를 거쳐야 하는데(대판 1982.8.24. 81누270), 회보에 관하여는 이를 따로 서증으로 제출시킬 필요는 없다.

정답 | **01** ○ **02** × **03** ×

04

회보에 관해서는 이를 따로 서증으로 제출시킬 필요는 없으나, 당해 기관 이외의 자가 작성한 문서로서 단순한 참고서류가 아닌 정식의 문서가 포함되어 있는 경우에는 이를 증거로 하려면 별도의 서증으로 제출받아야 한다.   O | X

> **해설** 회보에 관하여는 이를 따로 서증으로 제출시킬 필요는 없다. 회보처에서 참고서류 사본 등을 함께 보낸 경우에도 이를 포함한 전체를 사실조회결과로 처리하면 되며 그 참고서류를 따로 서증으로 할 필요는 없는데, 이 점에 있어서 문서 송부촉탁의 경우와 다르다. 다만, 당해 기관 이외의 자가 작성한 문서로서 단순한 참고서류가 아닌 정식의 문서가 포함되어 있는 경우에는 이를 증거로 하려면 별도의 서증으로 제출받아야 한다. 이 경우에는 그 사본을 다시 제출할 필요는 없고 첨부되어 온 서류에 직접 서증번호를 부기하면 된다.

OX 확인

01

12법원직

증거보전의 신청은 소를 제기한 뒤에는 그 증거를 사용할 심급의 법원에 하여야 한다.　　○│×

> **해설** 증거보전의 신청은 소를 제기한 뒤에는 그 증거를 사용할 심급의 법원에 하여야 한다. 소를 제기하기 전에는 신문을 받을 사람이나 문서를 가진 사람의 거소 또는 검증하고자 하는 목적물이 있는 곳을 관할하는 지방법원에 하여야 한다(제376조 제1항).

02

12법원직

증거보전의 신청은 상대방을 지정할 수 없는 경우에도 할 수 있다.　　○│×

> **해설** 증거보전의 신청은 상대방을 지정할 수 없는 경우에도 할 수 있다. 이 경우 법원은 상대방이 될 사람을 위하여 특별대리인을 선임할 수 있다(제378조).

03

12법원직

증거보전의 결정에 대하여는 불복할 수 있다.　　○│×

> **해설** 증거보전의 결정에 대하여는 불복할 수 없다(제380조).

04

12법원직

증거보전에 관한 기록은 본안소송의 기록이 있는 법원에 보내야 한다.　　○│×

> **해설** 제382조

정답 │ **01** ○　**02** ○　**03** ×　**04** ○

Ⅰ 의의

자유심증주의란 사실주장이 진실인지 아닌지를 판단함에 있어서 법관이 증거법칙의 제약을 받지 않고, 변론 전체의 취지와 증거자료를 참작하여 형성된 자유로운 심증으로 행할 수 있는 원칙을 말한다.

Ⅱ 증거원인

변론 전체의 취지	① 증거조사의 결과를 제외한 일체의 소송자료로서, 변론에서 나타난 일체의 적극·소극의 사항을 말한다. ② 판례는 변론 전체의 취지만으로 인정할 수 있는 것은 문서의 진정성립과 자백의 철회요건으로서의 착오에 국한시키며, 주요사실의 인정에 관하여서는 증거원인으로서 독립성을 부인하고 있다.	
증거조사의 결과	증거방법의 무제한	자유심증주의는 증거방법이나 증거능력에 제한이 없기 때문에, 매매사실의 인정은 반드시 서증에 의하여야 하는 것은 아니며, 서류위조 여부를 반드시 감정에 의할 필요가 없다.
	증거력의 자유평가	① 다만, 진정성립이 인정되는 처분문서의 기재내용을 믿지 않는 경우와 같이 경험법칙상 이례적인 사실을 인정하는 경우에는 심증형성의 과정을 판결이유에 명시하여야 한다. ② 호적부나 임야대장과 같은 공문서의 기재사항도 사실상의 추정력을 가지므로 이에 반하는 사실을 인정할 때에는 심증형성의 과정을 판결이유에 명시하여야 한다.
	증거공통의 원칙	① 증거조사의 결과는 그 증거제출자에게 유리하게 판단될 수 있을뿐더러, 상대방의 원용에 관계없이 제출자에게 불리하게 오히려 상대방에게 유리한 판단에 사용될 수 있다. ② 다만, 증거공통의 원칙은 공동소송인 간에도 적용되지만, 공동소송인 간에 이해관계가 상반되는 경우와 자백한 경우까지 확장되는 것은 아니다.

Ⅲ 예외

증거방법, 증거력의 법정	① 대리권의 존재에 대한 서면증명 등 증거방법의 제한, ② 당사자와 법정대리인에 증인능력의 부정 등 증거능력의 제한, ③ 변론의 방식에 관하여 변론조서의 법정증거력 등 증거력자유평가의 제한 등이 있다.	
증거계약	자백계약	① 변론주의의 적용을 받는 통상의 민사소송에 있어서는 당사자의 자백이 허용되므로 원칙적으로 자백계약은 유효한 것으로 인정된다. ② 다만, 간접사실에 관한 자백계약과 권리자백계약은 법관의 자유심증을 제약하므로 무효이다.
	증거제한계약	일정한 사실의 증명은 서증 이외 다른 증거는 쓰지 않기로 하는 약정을 말하는데, 통상의 민사소송에 있어서는 보충적 직권증거조사를 인정하고 있으므로 약정한 증거방법의 조사로 심증형성이 되지 않을 때에 직권으로 다른 증거를 조사하는 것을 막을 수 없을 것으로, 이 한도에서 증거제한계약은 효력을 잃는다고 할 것이다.
	중새감정계약	처분할 수 있는 법률관계에 관하여서는 권리관계 존부의 확정을 당사자 간의 합의에 의해 제3자에게 맡길 수 있으므로 가능하다고 본다.
	증거력 계약	증거조사결과에 대한 법관의 자유로운 증거력 평가를 제약하는 것이므로 무효이다.

01

당사자가 부지로서 다툰 서증에 관하여 거증자가 특히 그 성립을 증명하지 아니한 경우라도 법원은 다른 증거에 의하지 않고 변론의 전취지를 참작하여 자유심증으로써 그 성립을 인정할 수 있다.   ○ | X

> **해설** 당사자가 부지로써 다툰 서증에 관하여 거증자가 특히 그 성립을 증명하지 아니한 경우라 할지라도 법원은 다른 증거에 의하지 아니하고 변론의 전취지를 참작하여 자유심증으로써 그 성립을 인정할 수 있다(대판 1990.9.25. 90누3904).

02

상대방의 부지중 비밀로 대화를 녹음한 녹음테이프는 위법하게 수집된 증거이므로 증거능력이 없다.   ○ | X

> **해설** 자유심증주의를 채택하고 있는 우리 민사소송법하에서 상대방 부지 중 비밀리에 상대방과의 대화를 녹음하였다는 이유만으로 그 녹음테이프가 증거능력이 없다고 단정할 수 없다(대판 1999.5.25. 99다1789).

03

신체감정에 관한 감정인의 감정결과는 증거방법의 하나에 불과하고, 법관은 당해 사건에서 모든 증거를 종합하여 자유로운 심증에 의하여 특정의 감정결과와 다르게 노동능력상실률을 판단할 수 있으나, 당사자는 주장·증명을 통하여 그 감정결과의 당부를 다툴 수 없다.   ○ | X

> **해설** 민사소송절차에서 신체감정에 관한 감정인의 감정결과는 증거방법의 하나에 불과하고, 법관은 당해 사건에서 모든 증거를 종합하여 자유로운 심증에 의하여 특정의 감정결과와 다르게 노동능력상실률을 판단할 수 있고, 또한 당사자도 주장·입증을 통하여 그 감정결과의 당부를 다툴 수 있는 것이다(대판 2002.6.28. 2001다27777).

정답 | 01 ○ 02 × 03 ×

04

민사판결의 이유에서 확정한 사실관계는 후소에서 동일한 사실관계가 문제될 경우에 유력한 증거가 되므로 합리적 이유의 설시 없이 배척할 수 없다. ○│X

> **해설** 민사재판에 있어서는 다른 민사사건 등의 판결에서 인정된 사실에 구속받는 것은 아니라 할지라도 이미 확정된 관련 민사사건에서 인정된 사실은 특별한 사정이 없는 한 유력한 증거가 된다 할 것이므로 합리적인 이유 설시 없이 이를 배척할 수 없고, 특히 전후 두 개의 민사소송이 당사자가 같고 분쟁의 기초가 된 사실도 같으나 다만 소송물이 달라 기판력에 저촉되지 아니한 결과 새로운 청구를 할 수 있는 경우에 있어서는 더욱 그러하다(대판 2009.9.24. 2008다92312·92329).

정답 │ **04** ○

의의	소송상 어느 증명을 요하는 사실의 존부가 확정되지 않았을 때에(진위불명) 당해 사실이 존재하지 않는 것으로 취급되어 법률판단을 받게 되는 당사자 일방의 위험 또는 불이익을 말한다.
법률요건 분류설	① 권리의 존재를 주장하는 자는 요증사실 중 권리근거규정의 요건사실(권리발생사실)에 대하여 증명책임을 진다. 권리의 존재를 다투는 상대방은 요증사실 중 반대규정의 요건사실을 증명책임을 진다. ② 권리를 주장하는 자가 원고이고, 이를 다투는 자가 피고임이 보통이므로, 원고가 권리발생사실, 즉 청구원인사실에 대해, 피고가 권리의 장애·멸각·저지사실, 즉 항변사실에 대하여 증명책임을 지게 되는 것이다.
증명책임의 전환	① 특별한 경우에 법률로 증명책임의 일반원칙을 수정하여 상대방에게 반대사실의 증명책임을 부담시키는 것을 말한다. ② 당사자 일방이 증명을 방해하는 행위를 하였더라도 법원으로서는 이를 하나의 자료로 삼아 자유로운 심증에 따라 방해자 측에게 불리한 평가를 할 수 있음에 그칠 뿐 증명책임이 전환되거나 곧바로 상대방의 주장 사실이 증명되었다고 보아야 하는 것은 아니다.

증명책임의 완화	법률상 추정	① 법률상 추정이 있는 경우, 증명책임부담자는 입증주제를 선택할 수 있어 증명책임이 완화된다. ② 추정된 사실은 상대방이 그 부존재에 대해 증명책임을 지게 된다는 점에서 입증책임의 전환이다. ③ 사실상의 추정인 경우는 반증으로 번복할 수 있지만 법률상의 추정은 추정사실이 진실이 아니라는 반대사실의 증명(본증)이 있어야 번복된다. ① 판례는 부동산이전등기에 대하여 다투는 측에서 무효사유를 주장·입증하지 않는 한 그 등기가 적법하고, 무효라고 판정할 수 없다고 하여 법률상의 권리추정을 인정하며, 나아가 등기원인 및 등기절차가 적법하게 이루어졌다는 사실까지도 추정하는데, 이는 법률상의 사실추정에 해당한다고 본다. ② 예컨대, 甲 명의로 등기된 부동산에 대하여 乙이 소유권이전등기말소청구소송을 제기하면서 이는 丙이 권한 없이 자신 소유 부동산을 甲에게 매도한 것이라고 주장하는 경우, 소유권이전등기는 적법한 것으로 추정되므로 丙이 권한 없이 매도한 것이라는 점을 증명할 책임은 乙에게 있다.
	간접반증	① 일응의 추정이란 사실상의 추정의 한 가지로서, 고도의 개연성이 있는 경험칙을 이용하여 간접사실(전제사실)로부터 주요사실을 추정하는 경우를 말한다. ② 간접반증이란 주요사실에 대하여 일응의 추정이 생긴 경우에 그 추정의 전제사실과 양립되는 별개의 간접사실을 증명하여 일응의 추정을 방해하기 위한 증명활동을 말한다. 공장의 폐수에 의해 피해를 입은 경우에 있어서 인과관계의 고리를 크게 ① 유해한 원인물질의 배출, ② 원인물질의 피해물건에 도달 및 손해발생, ③ 기업에서 생성·유출된 원인물질이 손해발생에의 유해성 등 세 가지 간접사실로 대별할 수 있는바, ①, ②에 대하여는 원고로 하여금 증명을 하게 하여 증명이 성공하면 인과관계가 있는 것으로 일응의 추정을 하되, ③에 대하여는 피고 측의 간접반증의 대상으로 하여 그 부존재의 증명이 성공하면 인과관계에 관한 일응의 추정에서 벗어나게 된다.

⚖️ OX 확인

01   18주사보

증명책임이란 요건사실의 존부가 진위불명에 빠질 때 당해 사실이 없는 것으로 취급되어 법적 판단을 받게 되는 당사자 일방의 위험 또는 불이익을 말한다.   ○ | ✕

> **해설** 증명책임이란 요건사실의 존부가 진위불명에 빠질 때 당해 사실이 없는 것으로 취급되어 법적 판단을 받게 되는 당사자 일방의 위험 또는 불이익을 말한다.

02   15주사보

주장책임은 주요사실에만 인정되므로 간접사실은 당사자의 주장 유무나 주장내용에 무관하게 법원이 증거에 의하여 자유로이 인정 가능하다.   ○ | ✕

> **해설** 간접사실은 주요사실의 경위, 내력 등에 관한 사실, 주요사실의 존부를 추인하게 하는 사실이다. 간접사실은 변론주의의 적용을 받지 아니하므로, 당사자의 주장 유무나 주장내용에 무관하게 법원이 증거에 의하여 자유로이 인정 가능하다.

03   15주사보

항변에 대한 증명책임은 항변을 하는 자가 부담한다.   ○ | ✕

> **해설** 항변은 상대방이 주장하는 요건사실(권리근거사실) 자체는 인정한 다음, 이와 반대효과를 생기게 하는 양립 가능한 별개의 요건사실, 즉 권리장애사실·권리행사저지사실·권리소멸사실을 주장함으로써 상대방의 주장을 배척하게 하려는 공격방어방법을 말하며, 이에 대한 입증책임은 항변하는 재(주로 피고)가 부담한다.

04   15주사보

피고가 원고의 주장사실과 양립 불가능한 별도의 사실을 들어 부인할 경우 피고는 이 사실에 대한 증명책임이 있다.   ○ | ✕

> **해설** 피고가 원고의 주장사실과 양립 불가능한 별도의 사실을 들어 부인할 경우(이유부부인, 적극부인, 간접부인) 피고는 이 사실에 대하여 입증책임이 없고, 원고가 자기의 주장사실에 대하여 입증책임을 진다.

05

22법원직

당사자 일방이 증명을 방해하는 행위를 한 경우 증명책임이 전환된다. ○ | X

> **해설** 당사자 일방이 증명을 방해하는 행위를 하였더라도 법원으로서는 이를 하나의 자료로 삼아 자유로운 심증에 따라 방해자 측에게 불리한 평가를 할 수 있음에 그칠 뿐 증명책임이 전환되거나 곧바로 상대방의 주장 사실이 증명되었다고 보아야 하는 것은 아니다(대판 2010.5.27. 2007다25971).

06

18주사보

법률상 추정이 되면 추정된 사실을 복멸시킬 증명책임이 상대방에게 전환된다. ○ | X

> **해설** 법률상 추정의 효과로서 추정된 사실에 대해서는 당사자의 증명책임이 면제되고 오히려 상대방이 그 반대사실에 대한 증명책임을 부담하므로 이 범위에서 불요증사실이 된다.

07

12주사보

부동산에 관한 매매계약에 기한 매매대금청구소송에서 피고는 당해 부동산을 증여받았으므로 매매대금을 지급할 의무가 없다고 주장하는 경우, 원고가 주장하는 매매계약 체결사실과 피고가 주장하는 증여계약 체결사실의 입증이 모두 실패한 경우 원고의 청구가 기각될 것이다. ○ | X

> **해설** 매매대금만 청구할 경우에는 매매계약 체결사실, 즉 '원고는 피고에게 어떤 재산권을 이전하여 주기로 하고, 피고는 일정액의 대금을 지급하기로 약정한 사실'만 주장·입증하면 된다. 따라서 원고인 매도인이 매매계약 체결사실이 먼저 입증되어야 하기에 입증에 실패한 경우에는 원고청구가 기각된다.

08

22모의

채무자가 특정한 채무의 변제조로 금원을 지급하였다고 주장함에 대하여, 채권자가 이를 수령한 사실을 인정하면서도 다른 채무의 변제에 충당하였다고 주장하는 경우에는 채권자는 그 다른 채권이 존재한다는 사실과 그 다른 채권에 변제충당하기로 하는 합의나 지정이 있었다거나 그 다른 채권이 법정충당의 우선 순위에 있었다는 사실을 주장·증명하여야 할 것이다 ○ | X

> **해설** 대판 2021.10.28. 2021다251813

정답 | 01 ○ 02 ○ 03 ○ 04 × 05 × 06 ○ 07 ○ 08 ○

해커스공무원 학원 · 인강
gosi.Hackers.com

제5편
소송의 종료

제1장 | 소송종료선언

이유 없는 기일지정신청	**소취하의 효력에 관한 다툼**	소취하로 일단 소송이 종료된 뒤 그 부존재 또는 무효를 주장하며 기일지정신청을 하는 경우, 법원은 변론기일을 열어 신청사유를 심리하여야 하며, 신청이 이유 없다고 인정되는 경우는 종국판결로써 소송종료선언을 하여야 한다. 소가 취하간주된 뒤에 그 무효를 다투면서 기일지정신청을 하는 때도 같다.
	청구의 포기·인낙, 화해의 효력에 관한 다툼	① 판례는 청구의 포기·인낙, 화해·조정의 무효 등 흠은 재심사유가 있을 때에 재심에 준하는 절차로만 다툴 수 있을 뿐 기일지정신청으로 무효를 다툴 수는 없다고 한다. 그럼에도 기일지정신청을 한 때에는 소송종료선언을 한다. ② 다만, 청구의 포기·인낙, 재판상 화해에 예외적으로 확정판결의 당연무효사유(⑩ 당사자가 사자인 경우)와 같은 중대한 하자가 있는 경우에는 준재심의 소에 의하지 않고 기일지정신청으로 다툴 수 있으며, 법원으로서는 무효사유가 존재한다고 인정되지 아니한 때에는 판결로써 소송종료선언을 하여야 하고, 이러한 이치는 재판상 화해와 동일한 효력이 있는 조정조서에 대하여도 마찬가지라 할 것이다.
	당사자 대립구조의 소멸	소송계속 중 당사자 한쪽의 지위를 상속 등에 의하여 상대방 당사자가 승계하게 된 때에는 당사자의 혼동에 의하여 소송은 종료된다. 이 경우에 당사자 사이에 다툼이 있어 기일지정신청한 경우에는 이를 명백히 하는 의미에서 소송종료선언을 한다.
법원의 소송종료의 간과진행	**소의 취하간주 등의 간과**	제1심에서 소가 취하간주되었음에도 이를 간과하고 진행한 끝에 본안판결을 한 경우, 상급법원은 제1심판결을 취소하고 소송종료선언을 해야 한다. 소의 교환적 변경으로 구청구는 취하되었는데도 판결한 경우에도 상급법원은 마찬가지로 처리할 것이다.
	청구인낙의 간과	피고가 청구인낙을 하여 그 취지가 변론조서에 기재되어 있으면 따로 인낙조서의 작성이 없는 경우라도 확정판결과 동일한 효력이 있으므로 소송이 종료된다. 그럼에도 소송이 진행된 경우에는 법원은 소송종료선언을 하여야 한다.
	판결의 확정의 간과	판결의 일부가 확정되었음에도 이를 간과하고 소송계속 중임을 전제로 심판하는 경우 상급법원은 그 부분의 판결을 파기하고 소송종료선언을 하여야 한다.
소송종료선언 효력		소송종료선언은 소송의 종료를 확인하는 성질을 가지며, 소송판결이고 종국판결이다. 이에 대해서는 불복상소가 허용된다.

01

소의 취하가 부존재 또는 무효라는 것을 주장하는 당사자는 기일지정신청을 할 수 있고, 법원이 변론을 열어 신청사유에 관하여 심리한 결과 신청이 이유 없다고 인정하는 경우에는 판결로 소송의 종료를 선언하여야 한다. ○│X

해설 「민사소송규칙」 제67조

02

당사자가 소송상 화해의 당연무효를 주장하면서 기일지정신청을 한 때에는, 법원은 변론기일을 열어 당연무효사유가 있는지를 심리한 다음 무효사유가 존재한다고 판단된다면 심리를 속행하고, 그 사유가 존재하지 아니하면 판결로써 소송종료선언을 하여야 한다. ○│X

해설 대판 2000.3.10. 99다67703

03

조정조서가 작성된 뒤 당사자가 조정에 응한 적도 없는데 조정조서가 작성되었다고 다투며 기일지정신청을 한 경우, 조정이 적법하게 성립하였다고 인정되면 법원은 소송종료선언을 한다. ○│X

해설 재판상의 화해를 조서에 기재한 때에는 그 조서는 확정판결과 동일한 효력이 있고 당사자 간에 기판력이 생기는 것이므로 확정판결의 당연무효사유와 같은 사유가 없는 한 재심의 소에 의하여만 효력을 다툴 수 있는 것이나, 당사자 일방이 화해조서의 당연무효사유를 주장하며 기일지정신청을 한 때에는 법원으로서는 그 무효사유의 존재 여부를 가리기 위하여 기일을 지정하여 심리를 한 다음 무효사유가 존재한다고 인정되지 아니한 때에는 판결로써 소송종료선언을 하여야 하고, 이러한 이치는 재판상 화해와 동일한 효력이 있는 조정조서에 대하여도 마찬가지라 할 것이다(대판 2001.3.9. 2000다58668).

04

소송종료선언에 대한 상소는 허용되지 않는다. ○│X

해설 소송종료선언 판결은 확인적 성질을 가진 종국판결이며 소송판결로서 상소가 허용된다.

정답 │ **01** ○ **02** ○ **03** ○ **04** ×

01 다음 중 종국판결로 소송종료선언하여야 할 경우에 해당하지 않는 것은? (다툼이 있는 경우 통설·판례에 의함) 12법원직

① 확정판결을 다투면서 기일지정신청한 경우

② 소취하의 효력을 다투면서 기일지정신청한 경우

③ 소송상 화해의 효력에 관하여 다투면서 기일지정신청을 하는 경우

④ 청구의 포기에 의하여 소송이 종료되었음에도 이를 간과하고 심리를 계속 진행한 사실이 발견된 경우

해설 ① [×] 확정판결은 기판력이 발생하여 기일지정신청으로 다툴 수 없고 민사소송법 제451조 제1항의 재심사유에 해당하는 중대한 하자가 있을 때에 재심의 소로 그 취소를 구할 수 있을 따름이다. 따라서 확정판결을 다투면서 기일지정신청을 할 수 없고 소송종료선언의 사유도 되지 않는다.

② [○] 소 또는 상소취하로 일단 소송이 종료된 뒤에 그 부존재 또는 무효를 주장하며 기일지정신청을 하는 경우이다. 이때에 법원은 변론기일을 열어 신청사유를 심리하여야 하며, 신청이 이유 없다고 인정되는 경우는 종국판결로써 소송종료선언을 하여야 한다(민사소송규칙 제67조 제1항 내지 제3항).

③ [○] 청구의 포기·인낙, 재판상 화해로 인하여 일단 소송이 종료된 뒤에 그 무효를 다투며 기일지정신청을 할 수 있는가에 관하여 판례는 청구의 포기·인낙, 화해·조정의 무효 등 흠은 재심사유가 있을 때에 재심에 준하는 절차로만(제461조) 다툴 수 있을 뿐 기일지정신청으로 무효를 다툴 수는 없다고 한다. 그럼에도 기일지정신청을 한 때에는 당연무효사유가 존재하지 아니하면 소송종료선언을 한다고 판시하였다.

④ [○] 피고가 청구인낙을 하여 그 취지가 변론조서에 기재되어 있으면 따로 인낙조서의 작성이 없는 경우라도 확정판결과 동일한 효력이 있으므로 소송이 종료된다. 그럼에도 소송이 진행된 경우에는 법원은 소송종료선언을 하여야 한다.

정답 ①

제2장 | 당사자의 행위에 의한 종료

제1절 소의 취하

Ⅰ 서설

의의	소의 취하란 원고가 제기한 소의 전부 또는 일부를 철회하는 법원에 대한 단독적 소송행위이다.
	상소의 취하는 원판결을 유지시키며 이에 의하여 원판결이 확정되게 됨에 대하여, 상소심에서의 소의 취하는 이미 행한 판결을 실효케 한다. 상소의 취하에는 피상소인이 응소하였다 하더라도 그의 동의를 필요로 하지 않는다는 점에서 소의 취하와 다르다.
구별개념	① 소송 외에서 원고가 피고에 대하여 소를 취하하기로 하는 약정을 소취하계약 또는 소취하합의라고 하는데, 이러한 약정이 있는 경우 법원은 권리보호의 이익이 없음을 이유로 소를 각하하여야 한다. ② 재판상 화해에 있어서 법원에 계속 중인 다른 소송을 취하하기로 하는 내용의 화해조서가 작성되었다면 당사자 사이에는 법원에 계속 중인 다른 소송을 취하하기로 하는 합의가 이루어졌다 할 것이므로, <u>다른 소송이 계속 중인 법원에 취하서를 제출하지 않는 이상 그 소송이 취하로 종결되지는 않지만 위 재판상 화해가 재심의 소에 의하여 취소 또는 변경되는 등의 특별한 사정이 없는 한 그 소송의 원고에게는 권리 보호의 이익이 없게 되어 그 소는 각하되어야 한다.</u>

Ⅱ 소취하의 요건

소송물		① 가사소송·행정소송과 같이 직권탐지주의의 적용을 받는 소송물에 대해서도 자유롭게 소를 취하할 수 있다. ② 다만, 주주대표소송, 증권관련집단소송에 있어서의 소취하는 법원의 허가가 필요하다.
시기		① 소의 취하는 판결이 확정되기까지 어느 때라도 할 수 있다. 비록 소송요건의 흠 등으로 적법한 소가 아니라도 이를 취하할 수 있다. ② 상소심에서 피고의 동의를 얻어 취하서를 제출하였을 때에 소의 취하인지 상소의 취하인지가 불명할 때에는 불이익이 비교적 적은 소의 취하로 볼 것이다.
피고 동의	동의의 시기	① 피고의 동의를 필요로 하는 것은 피고가 본안에 관한 응소한 경우이어야 한다(준비서면의 제출·변론준비기일에서의 진술·변론). ② 피고가 주위적으로 소각하판결, 예비적으로 청구기각판결을 구한 경우에는, 청구기각의 본안판결을 구하는 것은 예비적인 것에 그치므로 피고의 동의가 필요 없다. ③ 본소의 취하 후에 반소를 취하함에는 원고의 동의가 필요 없다.
	동의의 효과	① 피고의 동의에 의하여 소의 취하는 확정적으로 효과가 생기며 동의를 거절하면 소취하의 효과는 발생하지 아니한다. ② 소취하에 대한 소송대리인의 동의는 소송대리권의 범위 내의 사항으로서 특별수권사항이 아니므로 바로 본인에게 그 효력이 미친다. 독립당사자참가를 취하함에 있어서는 원·피고 쌍방의 동의를 요하며, 독립당사자참가 후에 원고가 본소를 취하함에는 피고의 동의 외에 참가인의 동의도 필요하다. ③ 일단 피고가 동의를 거절하여 놓고 그 뒤에 이를 철회하여 동의한다고 하여도 취하의 효력이 생기지 아니한다.

소송행위	① 소의 취하를 하는 원고에게는 소송능력이 있어야 하며, 대리인에 의하는 경우에는 특별한 권한수여를 필요로 한다. 조건을 붙여서는 안 된다. 유사필수적 공동소송에서는 단독으로 취하할 수 있으나(예비적 공동소송도 같음), 고유필수적 공동소송에서는 전원이 공동으로 취하하지 않으면 아니 된다. ② 판례는 착오 또는 사기·강박 등 하자 있는 의사표시에 의한 것이라도 「민법」에 의하여 취소할 수 없다는 입장이다. ③ 그러나 소의 취하가 형사상 처벌받을 다른 사람의 행위로 인하여 이루어진 경우에는 무효·취소를 주장할 수 있다. 이 경우 다른 사람의 행위에 대하여 유죄판결이 확정되고 또 그 소송행위가 그에 부합되는 의사 없이 외형적으로만 존재할 때에 한하여 그 효력을 부인할 수 있다.

Ⅲ 소취하의 방법

취하의 방식	① 취하서를 제출하여야 하나 변론기일에서는 말에 의한 취하도 허용된다. 다만, 조정기일에서는 말에 의한 취하는 효력이 없으므로 별도로 소취하서를 제출하여야 한다. ② 소장부본의 송달 후에는 소취하의 서면을 피고에게 송달하지 않으면 안 된다. ③ 적법한 소취하의 서면이 제출된 이상 그 서면이 상대방에게 송달되기 전후를 묻지 않고 원고는 이를 임의로 철회할 수 없다. ④ 취하서는 본인이나 그 포괄승계인이 반드시 직접 제출하여야 하는 것은 아니고, 제3자에 의한 제출도 허용되며, 나아가 상대방에게 소취하서를 교부하여 그로 하여금 제출하게 할 수도 있다.
동의의 방식	① 상대방의 동의도 서면 또는 말로 한다. ② 취하의 서면이나 조서등본이 송달된 날부터 2주 이내에, 말로 취하하고 상대방이 기일에 출석한 경우에는 취하한 날부터 2주 이내에 이의를 제기하지 않으면 소의 취하에 동의한 것으로 본다.

Ⅳ 소취하의 효과

1. 소송계속의 소급적 소멸

소송상 효과	소가 취하되면 처음부터 소송이 계속되지 아니하였던 것과 같은 상태에서 소송이 종료된다.
사법상 효과	① 소제기로써 계약해제권을 행사한 후 그 뒤 그 소송을 취하하였다 하여도 해제권은 형성권이므로 그 행사의 효력에는 아무런 영향을 미치지 아니한다. ② 소송상 방어방법으로서의 상계항변은 수동채권의 존재가 확정되는 것을 전제로 하여 행하여지는 일종의 예비적 항변으로서, 당해 소송절차 진행 중 당사자 사이에 조정이 성립됨으로써 수동채권의 존재에 관한 법원의 실질적인 판단이 이루어지지 아니한 경우에는 그 소송절차에서 행하여진 소송상 상계항변의 사법상 효과도 발생하지 않는다. ③ 채권 중 일부만을 청구하면서 장차 청구금액을 확장할 뜻을 표시하였으나 당해 소송이 종료될 때까지 실제로 청구금액을 확장하지 않은 경우에는 나머지 부분에 대하여는 재판상 청구로 인한 시효중단의 효력이 발생하지 아니한다. 그러나 이와 같은 경우에도 다른 특별한 사정이 없는 한 당해 소송이 계속 중인 동안에는 나머지 부분에 대하여 권리를 행사하겠다는 의사가 표명되어 최고에 의해 권리를 행사하고 있는 상태가 지속되고 있는 것으로 보아야 하고, 채권자는 당해 소송이 종료된 때부터 6월 내에 「민법」 제174조에서 정한 조치를 취함으로써 나머지 부분에 대한 소멸시효를 중단시킬 수 있다.

2. 재소금지(후술)

Ⅴ 소취하의 효력을 다투는 절차

원칙	소취하의 부존재나 무효임을 다투는 당사자는 별도의 소로써 소취하의 무효확인청구를 할 수는 없고, 당해 소송에서 기일지정신청을 하여야 한다.
심판	① 기일지정신청이 있을 때에는 법원은 반드시 변론을 열어 신청이유를 심리하고 그 결과 소의 취하가 유효하다고 인정되면, 종국판결로써 소송종료선언을 하여야 한다. ② 만일 심리 결과 소의 취하가 무효인 것이 판명되면 취하 당시의 소송정도에 따른 필요한 절차를 계속 진행할 것이고, 이를 중간판결이나 종국판결의 이유 속에서 판단 표시하여야 한다.

Ⅵ 재소금지

의의		본안에 관하여 종국판결이 있은 뒤에는 이미 취하한 소와 같은 소를 제기할 수 없다.
요건	당사자의 동일	① 재소를 제기할 수 없는 것은 전소의 원고만이고, 피고는 재소의 제기에 제한을 받지 않는다. ② 전소의 원고나 그의 변론종결 후의 일반승계인뿐만 아니라 특정승계인에게도 미친다. ③ 본안판결 후에 취하한 자가 채권자대위소송을 한 채권자일 때에는 채무자가 대위소송이 제기된 것을 안 이상 채무자는 재소금지의 효과를 받는다.
	소송물의 동일	후소가 전소의 소송물을 선결적 법률관계 내지 전제로 하는 것일 때에는 비록 소송물은 다르지만 본안의 종국판결후에 전소를 취하한 자는 전소의 목적이었던 권리 내지 법률관계의 존부에 대하여는 다시 법원의 판단을 구할 수 없는 관계상 위 제도의 취지와 목적에 비추어 후소에 대하여도 동일한 소로서 판결을 구할 수 없다.
	권리보호이익의 동일	① 매매를 원인으로 한 소유권이전등기절차 이행의 소를 제기하여 승소판결을 받았지만, 항소심에서 토지거래허가신청절차의 이행을 구하는 소로 변경하여 그 후 토지거래허가를 받고 나서 다시 소유권이전등기절차의 이행을 구하는 것은 취하된 소와 권리보호의 이익이 달라 재소금지원칙이 적용되지 않는다. ② 피고가 전소 취하의 전제조건인 약정사항을 지키지 아니함으로써 위 약정이 해제 또는 실효되는 사정변경이 발생하였다면, 소제기를 필요로 하는 사정이 같지 아니하여 권리보호이익이 다르다 할 것이므로, 결국 이 사건 청구는 위 재소금지원칙에 위배되지 아니한다. ③ 피고가 소유권침해를 중지함으로써 소를 취하하였는데 그 후 다시 침해하는 경우, 그 배제를 구할 새로운 권리보호의 이익이 있다고 할 것이니 동일한 소라고 할 수 없다.
	본안에 대한 종국판결 선고 후의 취하	① 본안판결이면 원고승소이든 패소이든 불문한다. ② 소송판결(소각하, 소송종료선언 등)이 있은 뒤의 취하에는 적용되지 아니하므로, 원고가 동일한 소를 제기하여도 무방하다. ③ 소의 교환적 변경은 신청구의 추가적 병합과 구청구의 취하의 결합형태로 볼 것이므로 본안에 대한 종국판결이 있은 후 구청구를 신청구로 교환적 변경을 한 다음 다시 본래의 구청구로 교환적 변경을 한 경우에는 종국판결이 있은 후 소를 취하하였다가 동일한 소를 다시 제기한 경우에 해당하여 부적법하다.
효과		① 재소금지의 원칙은 소극적 소송요건으로서 직권조사사항이며, 재소임이 발견되면 판결로써 소를 각하하지 않으면 안 된다. ② 재소금지의 효과는 소송법상의 효력임에 그치고 실체법상의 권리관계에 영향을 주는 것은 아니므로 재소금지의 효과를 받는 권리관계라고 하여 실체법상으로도 권리가 소멸하는 것은 아니다.

01

소송당사자가 소송 외에서 그 소송을 취하하기로 합의한 경우에는 그 합의는 유효하여 원고에게 권리보호의 이익이 없으므로 원고의 소는 각하되어야 한다.   O | X

> **해설** 소송 외에서 원고가 피고에 대하여 소를 취하하기로 하는 약정을 소취하계약 또는 소취하합의라고 하는데, 이러한 약정이 있는 경우 법원은 권리보호의 이익이 없음을 이유로 소를 각하하여야 한다(대판 1982.3.9. 81다1312).

02

일반적으로는 소송당사자가 소송 외에서 그 소송을 취하하기로 합의하더라도 바로 소취하의 효력이 발생하지 않지만, 재판상 화해가 성립하여 법원에 계속 중인 다른 소송을 취하하기로 하는 내용의 재판상 화해조서가 작성된 경우에는 바로 소취하의 효력이 발생한다.   O | X

> **해설** 재판상 화해에 있어서 법원에 계속 중인 다른 소송을 취하하기로 하는 내용의 화해조서가 작성되었다면 당사자 사이에는 법원에 계속 중인 다른 소송을 취하하기로 하는 합의가 이루어졌다 할 것이므로, 다른 소송이 계속 중인 법원에 취하서를 제출하지 않는 이상 그 소송이 취하로 종결되지는 않지만 위 재판상 화해가 재심의 소에 의하여 취소 또는 변경되는 등의 특별한 사정이 없는 한 그 소송의 원고에게는 권리보호의 이익이 없게 되어 그 소는 각하되어야 한다(대판 2005.6.10. 2005다14861).

03

상고심에서는 소를 취하할 수 없다.   O | X

> **해설** 소는 판결이 확정될 때까지 그 전부나 일부를 취하할 수 있다(제266조 제1항).

04

소송요건의 흠이 있어 유효한 소가 아니더라도 이를 취하할 수 있다.   O | X

> **해설** 소송요건의 흠 등으로 적법한 소가 아니라도 이를 취하할 수 있다.

05

주주의 대표소송에 있어 소취하는 상대방의 동의 여부를 불문하고 법원의 허가 없이는 효력이 없으므로, 재판장에게 허부 결정을 받도록 한다. ○ | ✕

> **해설** 원고는 가사소송 등 직권탐지주의의 적용을 받는 소송물에 대하여도 자유롭게 취하할 수 있다. 다만, 주주의 대표소송, 증권관련집단소송에 있어서의 소취하는 상대방의 동의 여부를 불문하고 법원의 허가 없이는 효력이 없으므로 재판장에게 허부 결정을 받도록 한다(상법 제403조 제6항, 증권관련 집단소송법 제35조 제1항).

06

피고가 본안에 관하여 준비서면을 제출한 경우 원고가 소를 취하하려면 피고의 동의를 요한다. ○ | ✕

> **해설** 소의 취하는 상대방이 본안에 관하여 준비서면을 제출하거나 변론준비기일에서 진술하거나 변론을 한 뒤에는 상대방의 동의를 받아야 효력을 가진다(제266조 제2항).

07

원고의 소취하에 대하여 피고가 일단 확정적으로 동의를 거절하면 원고의 소취하는 효력이 발생하지 않고, 이후 피고가 소취하에 동의하더라도 소취하의 효력이 다시 생기게 되는 것은 아니다. ○ | ✕

> **해설** 일단 피고가 동의를 거절하였으면 소취하의 효력이 생기지 아니하므로, 후에 다시 동의하더라도 소취하의 효력이 생기지 않는다(대판 1969.5.27. 69다130). 왜냐하면 이 경우에는 동의할 대상이 없어졌기 때문이다.

08

고유필수적 공동소송의 경우 공동소송인 중 일부에 대한 소의 취하는 허용되지 않는다. ○ | ✕

> **해설** 고유필수적 공동소송에서는 판결이 합일적으로 확정되어야 하므로 고유필수적 공동소송인 중 일부에 대한 소의 취하는 허용되지 아니한다(대판 1996.12.10. 96다23238).

정답 | **01** ○ **02** ✕ **03** ✕ **04** ○ **05** ○ **06** ○ **07** ○ **08** ○

09

착오 또는 기망을 이유로 소취하를 다시 취소할 수는 없는 것이고, 소취하가 사기·강박 등 형사상 처벌을 받을 타인의 행위로 인하여 이루어졌다고 하여도 그 효력을 전혀 부인할 수 없다. ○ | ✕

> **해설** 소의 취하는 소송행위이므로 사기·강박(대판 1980.8.26. 80다76)이나 착오(대판 1997.6.27. 97다6124)를 이유로 소취하의 철회나 무효·취소를 주장할 수 없다. 그러나 소의 취하가 형사상 처벌받을 다른 사람의 행위로 인하여 이루어진 경우에는 무효·취소를 주장할 수 있다(대판 1985.9.24. 82다카312).

10

원고 소송대리인으로부터 소송대리인 사임신고서 제출을 지시받은 사무원은 원고 소송대리인의 표시기관에 해당되어 그의 착오는 원고 소송대리인의 착오라고 보아야 하므로 그 사무원의 착오로 원고 소송대리인의 의사에 반하여 소를 취하하였다고 하여도 이를 무효라고 볼 수는 없다. ○ | ✕

> **해설** 소의 취하는 원고가 제기한 소를 철회하여 소송계속을 소멸시키는 원고의 법원에 대한 소송행위이고 소송행위는 일반 사법상의 행위와는 달리 내심의 의사보다 그 표시를 기준으로 하여 효력 유무를 판정할 수밖에 없는 것인바, 원고 소송대리인으로부터 소송대리인 사임신고서 제출을 지시받은 사무원은 원고 소송대리인의 표시기관에 해당되어 그의 착오는 원고 소송대리인의 착오라고 보아야 하므로, 사무원의 착오로 원고 소송대리인의 의사에 반하여 소를 취하하였다고 하여도 이를 무효라고 볼 수는 없다(대판 1997.10.24. 95다11740).

11

소의 취하는 서면으로 하여야 하나, 다만 변론 또는 변론준비기일에서는 말로 할 수 있다. ○ | ✕

> **해설** 원칙적으로 소송이 계속된 법원에 취하서를 제출하여야 한다. 다만, 변론기일에서는 말에 의한 취하도 허용된다(제266조 제3항).

12

원고가 조정기일에 출석하여 구두로 소취하의 진술을 하였다고 하여도 소취하의 효력이 발생하지 않으므로 별도로 소취하서를 제출받아야 한다. ○ | ✕

> **해설** 원고가 조정기일에 출석하여 구두로 소취하의 진술을 하는 경우 소취하의 효력이 발생하지 않으므로 별도로 소취하서를 제출받도록 하여야 한다.

13

원고가 변론기일에서 말로 소를 취하한 경우 피고가 불출석하였다면 취하의 진술을 기재한 조서의 등본을 피고에게 송달하여야 한다. ○ | ×

> **해설** 소의 취하는 법원에 대한 단독행위이므로 상대방이 불출석하여도 할 수 있고, 말로 소를 취하한 경우에 상대방이 불출석한 경우에는 취하의 진술을 기재한 조서의 등본을 상대방에게 송달하여야 한다(제266조 제5항).

14

적법한 소취하의 서면이 상대방에게 송달되기 전이라면 원고는 이를 임의로 철회할 수 있다. ○ | ×

> **해설** 적법한 소취하의 서면이 제출된 이상 그 서면이 상대방에게 송달되기 전후를 묻지 않고 원고는 이를 임의로 철회할 수 없다(대판 1997.6.27. 97다6124).

15

제3자에 의한 소취하서의 제출도 허용되고, 나아가 상대방에게 소취하서를 교부하여 그로 하여금 제출하게 하는 것도 상관없다. ○ | ×

> **해설** 취하서는 본인이나 그 포괄승계인이 반드시 직접 제출하여야 하는 것은 아니고, 제3자에 의한 제출도 허용되며, 나아가 상대방에게 소취하서를 교부하여 그로 하여금 제출하게 할 수도 있다(대판 2001.10.26. 2001다37514).

16

소취하의 서면이 송달된 날부터 2주 이내에 상대방이 이의를 제기하지 아니한 경우에는 소취하에 동의한 것으로 본다. ○ | ×

> **해설** 피고가 취하서의 송달을 받거나 기일에 출석함으로써 취하가 있는 것을 안 날부터 2주일 내에 이의하지 아니하면 소의 취하에 동의한 것으로 본다(제266조 제6항).

정답 | **09** × **10** ○ **11** ○ **12** ○ **13** ○ **14** × **15** ○ **16** ○

17

당사자 사이에 조정이 성립됨으로써 수동채권의 존재에 관한 법원의 실질적인 판단이 이루어지지 아니한 경우에는 그 소송절차에서 행하여진 소송상 상계항변의 사법상 효과도 발생하지 않는다. ○ | ×

해설 소송상 방어방법으로서의 상계항변은 수동채권의 존재가 확정되는 것을 전제로 하여 행하여지는 일종의 예비적 항변으로서 당사자가 소송상 상계항변으로 달성하려는 목적, 상호양해에 의한 자주적 분쟁해결수단인 조정의 성격 등에 비추어 볼 때, 당해 소송절차 진행 중 당사자 사이에 조정이 성립됨으로써 수동채권의 존재에 관한 법원의 실질적인 판단이 이루어지지 아니한 경우에는 그 소송절차에서 행하여진 소송상 상계항변의 사법상 효과도 발생하지 않는다(대판 2013.3.28. 2011다3329).

18

본안에 대한 종국판결이 있은 뒤에 소를 취하한 사람은 같은 소를 제기하지 못한다. ○ | ×

해설 제267조 제2항

19

본안판결 후에 취하한 자가 채권자대위소송을 한 채권자일 때에는 채무자가 대위소송이 제기된 사실을 알았는지 여부와 관계없이 채무자는 재소금지의 효과를 받는다. ○ | ×

해설 본안판결 후에 취하한 자가 채권자대위소송을 한 채권자일 때에는 채무자가 대위소송이 제기된 것을 안 이상 채무자는 재소금지의 효과를 받는다(대판 1996.9.20. 93다20177·20184).

20

후소가 전소의 소송물을 선결적 법률관계 내지 전제로 하는 것일 때에는 비록 소송물은 다르지만 재소금지의 취지와 목적에 비추어 후소는 전소와 '같은 소'로 보아 판결을 구할 수 없다고 보아야 한다. ○ | ×

해설 후소가 전소의 소송물을 선결적 법률관계 내지 전제로 하는 것일 때에는 비록 소송물은 다르지만 본안의 종국판결 후에 전소를 취하한 자는 전소의 목적이었던 권리 내지 법률관계의 존부에 대하여는 다시 법원의 판단을 구할 수 없는 관계상 위 제도의 취지와 목적에 비추어 후소에 대하여도 동일한 소로서 판결을 구할 수 없다고 풀이함이 상당하다(대판 1989.10.10. 88다카18023).

21

재소금지는 소취하로 인하여 그동안 판결에 들인 법원의 노력이 무용화되고 종국판결이 당사자에 의하여 농락당하는 것을 방지하기 위한 제재적 취지의 규정이므로, 본안에 대한 종국판결이 있은 후 소를 취하한 자라 할지라도 이러한 취지에 반하지 아니하고 소제기를 필요로 하는 정당한 사정이 있다면 다시 소를 제기할 수 있다고 봄이 상당하다. ○ | ✕

해설 민사소송법 제267조 제2항은 "본안에 대한 종국판결이 있은 뒤에 소를 취하한 사람은 같은 소를 제기하지 못한다." 라고 정하고 있다. 이는 소취하로 그동안 판결에 들인 법원의 노력이 무용화되고 다시 동일한 분쟁을 문제 삼아 소송제도를 남용하는 부당한 사태를 방지할 목적에서 나온 제재적 취지의 규정이다. 여기에서 '같은 소'는 반드시 기판력의 범위나 중복제소금지에서 말하는 것과 같은 것은 아니고, 당사자와 소송물이 같더라도 이러한 규정의 취지에 반하지 않고 소제기를 필요로 하는 정당한 사정이 있다면 다시 소를 제기할 수 있다(대판 2021.7.29. 2018다230229).

22

피고가 원고의 소취하의 전제조건으로 하였던 약정사항을 이행하지 않아 약정이 해제·실효되는 사정변경이 있으면 재소 제기가 가능하다. ○ | ✕

해설 피고가 전소 취하의 전제조건인 약정사항을 지키지 아니함으로써 위 약정이 해제 또는 실효되는 사정변경이 발생하였다면, 이 사건 지상권이전등기 말소등기청구와 전소가 소송물이 서로 동일하다 하더라도, 소제기를 필요로 하는 사정이 같지 아니하여 권리보호이익이 다르다 할 것이므로, 결국 이 사건 청구는 위 재소금지원칙에 위배되지 아니한다(대판 1993.8.24. 93다22074).

23

항소심에서 손해배상청구를 대여금청구로 교환적으로 변경한 후 대여금청구를 다시 손해배상청구로 변경하는 것도 가능하다. ○ | ✕

해설 소의 교환적 변경은 신청구의 추가적 병합과 구청구의 취하의 결합형태로 볼 것이므로 본안에 대한 종국판결이 있은 후 구청구를 신청구로 교환적 변경을 한 다음 다시 본래의 구청구로 교환적 변경을 한 경우에는 종국판결이 있은 후 소를 취하하였다가 동일한 소를 다시 제기한 경우에 해당하여 부적법하다(대판 1987.11.10. 87다카1405).
※ 항소심에서 청구의 교환적 변경을 하면 재소금지(제267조 제2항)의 제재가 따른다.

정답 | 17 ○ 18 ○ 19 ✕ 20 ○ 21 ○ 22 ○ 23 ✕

24

본안에 대한 종국판결이 있은 뒤에 '원고는 소를 취하하고, 피고는 이에 동의한다'는 내용의 화해권고결정이 확정되어 소송이 종결된 경우 소취하한 경우와 마찬가지로 재소금지의 효력이 있다.　　○ | X

해설　[1] 화해권고결정에 "원고는 소를 취하하고, 피고는 이에 동의한다."라는 화해조항이 있고, 이러한 화해권고결정에 대하여 양 당사자가 이의하지 않아 확정되었다면, 화해권고결정의 확정으로 당사자 사이에 소를 취하한다는 내용의 소송상 합의를 하였다고 볼 수 있다. 따라서 본안에 대한 종국판결이 있은 뒤에 이러한 화해권고결정이 확정되어 소송이 종결된 경우에는 소취하한 경우와 마찬가지로 민사소송법 제267조 제2항의 규정에 따라 같은 소를 제기하지 못한다.

[2] 민사소송법 제267조 제2항은 소취하로 인하여 그동안 판결에 들인 법원의 노력이 무용화되고 종국판결이 당사자에 의하여 농락당하는 것을 방지하기 위한 제재적 취지의 규정이므로, 본안에 대한 종국판결이 있은 뒤에 소를 취하한 사람이라 할지라도 이러한 규정의 취지에 반하지 아니하고 소제기를 필요로 하는 정당한 사정이 있는 등 취하된 소와 권리보호이익이 동일하지 않은 경우에는 다시 소를 제기할 수 있다.

[3] 甲주식회사가 乙을 상대로 대여금청구소송을 제기하여 공시송달에 의한 승소판결을 선고받았고, 그 후 甲회사로부터 대여금채권을 양수한 丙유한회사가 乙을 상대로 양수금청구소송을 제기하여 공시송달에 의한 승소판결을 선고받았으며, 乙이 위 판결들에 대하여 각 추완항소를 제기하였는데, 양수금청구소송의 항소심 법원이 "丙회사는 소를 취하하고, 乙은 소취하에 동의한다."라는 내용의 화해권고결정을 하였고, 화해권고결정이 확정되기 전 丙회사가 대여금청구소송의 항소심에서 승계참가신청을 한 사안에서, 화해권고결정의 확정으로 양수금청구소송이 취하된 것과 같은 효과가 발생하였는데, 이는 丙회사가 乙의 추완항소로 인하여 생긴 소송계속의 중복상태를 해소하고 먼저 소가 제기된 대여금청구소송을 승계하는 방법으로 소송관계를 간명하게 정리한 것일 뿐이므로, 종국판결 선고 후 양수금청구소송을 취하하는 소송상 합의를 한 동기와 경위에 비추어 보면 丙회사의 승계참가신청이 화해권고결정의 확정으로 종결된 양수금청구소송과 당사자와 소송물이 동일하더라도 이는 재소금지에 관한 민사소송법 제267조 제2항의 취지에 반하지 아니하고, 승계참가신청을 통해 대여금청구소송을 승계할 정당한 사정이 있는 등 양수금청구소송과 권리보호이익이 동일하지 않아 위 승계참가신청이 재소금지원칙에 위반된다고 보기 어렵다(대판 2021.7.29. 2018다230229).

25

甲주식회사가 乙 등에 대하여 가지는 정산금 채권에 대하여 甲회사의 채권자 丙이 채권압류 및 추심명령을 받아 乙 등을 상대로 추심금 청구의 소를 제기하였다가 항소심에서 소를 취하하였는데, 그 후 甲회사의 다른 채권자 丁 등이 위 정산금 채권에 대하여 다시 채권압류 및 추심명령을 받아 乙 등을 상대로 추심금 청구의 소를 제기하였다면, 丁 등은 선행 추심소송과 별도로 자신의 채권집행을 위하여 위 소를 제기한 것이므로 재소금지 규정에 반하지 않는다. ○ | X

해설 [1] 민사소송법 제267조 제2항은 "본안에 대한 종국판결이 있은 뒤에 소를 취하한 사람은 같은 소를 제기하지 못한다."라고 정하고 있다. 이는 소취하로 그동안 판결에 들인 법원의 노력이 무용화되고 다시 동일한 분쟁을 문제 삼아 소송제도를 남용하는 부당한 사태를 방지할 목적에서 나온 제재적 취지의 규정이다. 여기에서 '같은 소'는 반드시 기판력의 범위나 중복제소금지에서 말하는 것과 같은 것은 아니고, 당사자와 소송물이 같더라도 이러한 규정의 취지에 반하지 않고 소제기를 필요로 하는 정당한 사정이 있다면 다시 소를 제기할 수 있다.
[2] 甲주식회사가 乙 등에 대하여 가지는 정산금 채권에 대하여 甲회사의 채권자 丙이 채권압류 및 추심명령을 받아 乙 등을 상대로 추심금 청구의 소를 제기하였다가 항소심에서 소를 취하하였는데, 그 후 甲회사의 다른 채권자 丁 등이 위 정산금 채권에 대하여 다시 채권압류 및 추심명령을 받아 乙 등을 상대로 추심금 청구의 소를 제기한 사안에서, 丙이 선행 추심소송에서 패소판결을 회피할 목적 등으로 종국판결 후 소를 취하하였다거나 丁 등이 소송제도를 남용할 의도로 소를 제기하였다고 보기 어려운 사정 등을 감안할 때, 丁 등은 선행 추심소송과 별도로 자신의 甲회사에 대한 채권의 집행을 위하여 위 소를 제기한 것이므로 새로운 권리보호이익이 발생한 것으로 볼 수 있어 재소금지 규정에 반하지 않는다고 본 원심판결이 정당하다고 한 사례(대판 2021.5.7. 2018다259213).

26

선행소송의 제1심에서 상계 항변을 제출하여 제1심판결로 본안에 관한 판단을 받았다가 항소심에서 상계 항변을 철회한 경우, 그 자동채권과 동일한 채권에 기하여 별도로 제기한 소가 재소금지 원칙에 반하지 않는다. ○ | X

해설 [1] 상계의 항변을 제출할 당시 이미 자동채권과 동일한 채권에 기한 소송을 별도로 제기하여 계속 중인 경우, 사실심의 담당재판부로서는 전소와 후소를 같은 기회에 심리·판단하기 위하여 이부, 이송 또는 변론병합 등을 시도함으로써 기판력의 저촉·모순을 방지함과 아울러 소송경제를 도모함이 바람직하나, 그렇다고 하여 특별한 사정이 없는 한 별소로 계속 중인 채권을 자동채권으로 하는 소송상 상계의 주장이 허용되지 않는다고 볼 수는 없다. 마찬가지로 먼저 제기된 소송에서 상계 항변을 제출한 다음 그 소송계속 중에 자동채권과 동일한 채권에 기한 소송을 별도의 소나 반소로 제기하는 것도 가능하다.
[2] 민사소송법 제267조 제2항은 "본안에 관한 종국판결이 있은 뒤에 소를 취하한 사람은 같은 소를 제기하지 못한다."라고 정하고 있다. 이는 소취하로 그동안 판결에 들인 법원의 노력이 무용해지고 다시 동일한 분쟁을 문제 삼아 소송제도를 남용하는 부당한 사태를 방지할 목적에서 나온 제재적 취지의 규정이다. 그런데 상대방이 본안에 관하여 준비서면을 제출하거나 변론준비기일에서 진술 또는 변론을 한 뒤에는 상대방의 동의를 받아야 효력을 가지는 소의 취하와 달리 소송상 방어방법으로서의 상계 항변은 그 수동채권의 존재가 확정되는 것을 전제로 하여 행하여지는 일종의 예비적 항변으로서 상대방의 동의 없이 이를 철회할 수 있고, 그 경우 법원은 처분권주의의 원칙상 이에 대하여 심판할 수 없다. 따라서 먼저 제기된 소송의 제1심에서 상계 항변을 제출하여 제1심판결로 본안에 관한 판단을 받았다가 항소심에서 상계 항변을 철회하였더라도 이는 소송상 방어방법의 철회에 불과하여 민사소송법 제267조 제2항의 재소금지 원칙이 적용되지 않으므로, 그 자동채권과 동일한 채권에 기한 소송을 별도로 제기할 수 있다(대판 2022.2.17. 2021다275741).

정답 | **24** ○ **25** ○ **26** ○

제2절 | 청구의 포기·인낙

I 서설

1. 의의

청구의 포기란 원고가 자기의 소송상 청구가 이유 없음을 자인하는 법원에 대한 일방적 의사표시이며, 청구의 인낙이란 피고가 원고의 소송상 청구가 이유 있음을 자인하는 법원에 대한 일방적 의사표시이다.

2. 소취하와 청구의 포기의 구별

구분	소취하	청구의 포기
효과	소송계속 효과가 소급적으로 소멸	원고 패소의 확정판결
신소제기	본안의 종국판결 후에 하는 경우에는 재소가 금지되나, 그 밖의 경우에는 재소가 가능	기판력 때문에 어느 때나 신소의 제기 불가
동의 요부	피고가 응소한 뒤에는 피고의 동의가 필요	상대방의 승낙 불요
직권탐지주의	소의 취하는 가능	청구의 포기는 불가

3. 법적 성질

판례는 청구의 포기·인낙을 소송행위라고 보는 소송행위설의 입장이다.

II 요건

당사자	① 소송행위이므로 소송능력을 갖추어야 하며, 대리인의 경우에는 특별한 권한수여가 필요하다. ② 필수적 공동소송, 독립당사자참가의 경우에는 공동소송인 전원이 일치하여 청구의 포기나 인낙을 하여야 하고, 그중 한 사람의 청구의 포기·인낙은 무효로 된다.
소송물	① 행정소송에 있어서 청구인용판결은 대세효가 있으므로 청구의 인낙은 허용되지 아니한다. ② 주주총회결의의 부존재·무효를 확인하거나 결의를 취소하는 판결이 확정되면 당사자 이외의 제3자에게도 그 효력이 미쳐 제3자도 이를 다툴 수 없게 되므로, 주주총회결의의 하자를 다투는 소에 있어서 청구의 인낙이나 그 결의의 부존재·무효를 확인하는 내용의 화해·조정은 할 수 없다. ③ 청구의 포기·인낙은 본안판결과 동일한 효력을 가지므로 소송요건이 구비되지 않으면 청구의 포기·인낙에도 불구하고 법원은 소를 각하하여야 할 것이다. ④ 선량한 풍속 그 밖의 사회질서에 반하는 청구, 강행법규에 반하는 청구의 포기·인낙은 할 수 없다. ⑤ 청구의 포기·인낙의 대상이 소송물 자체에 대한 것인 점에서, 자백의 대상이 공격방어방법인 점과 구분되는 점이다. ⑥ 판례는 예비적 청구만을 대상으로 한 청구의 인낙은 무효라 하였다. 예비적 청구는 주위적 청구가 이유 없을 때에만 심리할 수 있고, 그것만 먼저 분리하여 일부판결은 할 수 없다.
방식	① 청구의 포기·인낙은 당해 소송기일에 출석하여 말로 하는 것이 원칙이다. 변론기일뿐 아니라 변론준비기일에서도 할 수 있다. ② 서면포기·인낙 피고가 진술한 것으로 보는 답변서, 그 밖의 준비서면에 청구의 포기 또는 인낙의 의사표시가 적혀 있고 공증사무소의 인증을 받은 때에는 그 취지에 따라 청구의 포기 또는 인낙이 성립된 것으로 본다.

조서의 작성	① 청구의 포기·인낙의 진술이 있는 경우 변론조서나 변론준비기일조서에 이를 적은 때에 그 조서는 확정판결과 같은 효력을 가진다. ② 인낙조서 등의 작성이 없는 경우라도 청구의 인낙이 변론조서에 기재가 되면 확정판결과 같은 효력이 있는 동시에 그것으로써 소송은 종료되는 것으로 보고 있다.
소송종료효	① 소송은 청구의 포기·인낙이 있는 한도 내에서는 당연히 종료된다. 이를 간과한 채 심리가 속행된 때에는 소송종료선언을 하여야 한다. ② 청구의 인낙은 피고가 원고의 주장을 승인하는 소위 관념의 표시에 불과한 소송상 행위로서 이를 조서에 기재한 때에는 확정판결과 동일한 효력이 발생되어 그로써 소송을 종료시키는 효력이 있을 뿐이고, 실체법상 채권·채무의 발생 또는 소멸의 원인이 되는 법률행위라 볼 수 없다.
하자를 다투는 방법	① 조서 작성 전에는 상대방의 동의를 얻거나 착오를 이유로 철회할 수 있다. ② 조서 작성 후에는 그 하자는 준재심의 소에 의하여 다투어야 한다. 다만, 당연무효사유가 있다면 예외적으로 기일지정신청을 할 수 있다. ③ 소송절차 내에서 법인 등이 당사자로서 청구의 포기·인낙 또는 화해를 하여 이를 변론조서나 변론준비기일조서에 적은 경우에, 법인 등의 대표자가 청구의 포기·인낙 또는 화해를 하는 데에 필요한 권한의 수여에 흠이 있는 때에는 법인 등은 변론조서나 변론준비기일조서에 대하여 준재심의 소를 제기할 수 있다.

01

고유필수적 공동소송의 경우에는 공동소송인 전원이 일치하여 청구의 포기나 인낙을 하여야 하고, 그중 한 사람의 청구의 포기나 인낙은 무효로 된다. ○ | X

> **해설** 필수적 공동소송의 경우에는 공동소송인 전원이 일치하여 청구의 포기나 인낙을 하여야 하고(제67조 제1항), 그중 한 사람의 청구의 포기·인낙은 무효로 된다.

02

주주총회결의의 하자를 다투는 소에 있어서 청구의 인낙은 할 수 없다. ○ | X

> **해설** 주주총회결의의 부존재·무효를 확인하거나 결의를 취소하는 판결이 확정되면 당사자 이외의 제3자에게도 그 효력이 미쳐 제3자도 이를 다툴 수 없게 되므로, 주주총회결의의 하자를 다투는 소에 있어서 청구의 인낙이나 그 결의의 부존재·무효를 확인하는 내용의 화해·조정은 할 수 없고, 가사 이러한 내용의 청구인낙 또는 화해·조정이 이루어졌다 하여도 그 인낙조서나 화해·조정조서는 효력이 없다(대판 2004.9.24. 2004다28047).

03

예비적 병합의 경우 예비적 청구에 관하여만 인낙을 할 수는 없고, 가사 인낙을 한 취지가 조서에 기재되었다 하더라도 그 인낙의 효력이 발생하지 아니한다. ○ | X

> **해설** 판례는 예비적 청구만을 대상으로 한 청구의 인낙은 무효라 하였다. 예비적 청구는 주위적 청구의 당부를 먼저 판단하여 그 이유 없을 때에만 심리할 수 있고 그것만 먼저 분리하여 일부판결은 할 수 없다는 이유에서이다(대판 1995.7.25. 94다62017).

04

청구의 포기 또는 인낙은 사실심 변론종결시까지만 할 수 있고 법률심인 상고심에서는 할 수 없다. ○ | X

> **해설** 청구의 포기·인낙은 소송계속 중이면 어느 때나 할 수 있다. 따라서 항소심은 물론 상고심에서도 허용된다.

05
11법원직

불출석한 당사자가 진술간주되는 준비서면에 청구의 포기 또는 인낙의 의사표시를 적었고 공증사무소의 인증을 받은 경우에는 청구의 포기 또는 인낙이 성립된 것으로 본다. ○ | ×

> **해설** 피고가 진술한 것으로 보는 답변서, 그 밖의 준비서면에 청구의 포기 또는 인낙의 의사표시가 적혀 있고 공증사무소의 인증을 받은 때에는 그 취지에 따라 청구의 포기 또는 인낙이 성립된 것으로 본다(제148조 제2항).

06
21법원직

청구인낙의 취지가 변론조서만에 기재되어 있고 따로 인낙조서의 작성이 없다면 청구인낙으로서의 효력이 발생하지 않는다. ○ | ×

> **해설** 피고가 원고의 청구를 인낙하여 그 취지가 변론조서에 기재되어 있으면 따로 인낙조서의 작성이 없어도 확정판결과 동일한 효력이 있는 동시에 그것으로써 소송은 종료되는 것이다(대판 1969.10.7. 69다1027).

07
22모의

청구의 인낙은 피고가 원고의 주장을 승인하는 소위 관념의 표시에 불과한 소송상 행위로서 이를 조서에 기재한 때에는 확정판결과 동일한 효력이 발생되어 그로써 소송을 종료시키는 효력이 있을 뿐이고, 실체법상 채권·채무의 발생 또는 소멸의 원인이 되는 법률행위라 볼 수 없다. ○ | ×

> **해설** 대판 2022.3.31. 2020다271919

08
11법원직

청구의 포기 또는 인낙에 대하여는 준재심의 소에 의하여 다툴 수 있다. ○ | ×

> **해설** 조서 작성 후에는 그 하자는 기판력 있는 확정판결의 하자를 다투는 방법과 마찬가지로 준재심의 소에 의하여 다투어야 한다.

정답 | **01** ○ **02** ○ **03** ○ **04** × **05** ○ **06** × **07** ○ **08** ○

소송절차 내에서 비법인사단이 당사자로서 청구의 포기·인낙 또는 화해를 하여 이를 변론조서나 변론준비기일조서에 적은 경우에 그 비법인사단의 대표자가 그러한 청구의 포기·인낙 또는 화해를 하는 데에 필요한 권한의 수여에 흠이 있는 때에는 비법인사단은 위 변론조서나 변론준비기일조서에 대하여 준재심의 소를 제기할 수 있다.

○│X

해설 소송절차 내에서 법인 또는 법인이 아닌 사단(이하 '법인 등'이라고 한다)이 당사자로서 청구의 포기·인낙 또는 화해를 하여 이를 변론조서나 변론준비기일조서에 적은 경우에, 법인 등의 대표자가 청구의 포기·인낙 또는 화해를 하는 데에 필요한 권한의 수여에 흠이 있는 때에는 법인 등은 변론조서나 변론준비기일조서에 대하여 준재심의 소를 제기할 수 있고, 준재심의 소는 법인 등이 청구를 포기·인낙 또는 화해를 한 뒤 준재심의 사유를 안 날부터 30일 이내에 제기하여야 한다(대판 2016.10.13. 2014다12348).

Ⅰ 서설

의의	소송계속 중 양쪽 당사자가 소송물인 권리관계의 주장을 서로 양보하여 소송을 종료시키기로 하는 기일에 있어서의 합의를 말한다.
법적 성질	소송상 화해는 판결의 내용으로서 소송물인 법률관계를 확정하는 효력이 있으므로 소송행위로 볼 것이다.

Ⅱ 요건

당사자		① 소송능력을 갖추어야 하며, 대리인에 의한 화해에 있어서는 특별한 권한수여가 필요하다. ② 독립당사자참가에 의한 소송에서 원·피고 사이에만 재판상 화해를 하는 것은 3자 간의 합일확정의 목적에 반하기 때문에 허용되지 않는다.
소송물	화해의 대상	① 재심사건에서도 처분할 수 없는 사항을 대상으로 조정이나 화해가 허용될 수 없는 것이므로 재심대상판결을 취소한다는 취지의 조정이나 화해는 당연무효로 된다. ② 회사관계소송은 예컨대, 주주총회의 결의의 하자를 다투는 소송에 있어서는 비록 직권탐지주의에 의하는 것이 아니라 판결의 대세효에 비추어 원고의 청구를 인용하는 내용의 화해는 허용되지 아니하나, 원고패소판결은 당사자 사이에서만 효력이 있으므로 청구의 포기를 내용으로 하는 화해는 허용된다.
	소송요건의 흠	제소 전 화해가 인정되기 때문에 소송요건의 흠이 있는 소송물이라도 원칙적으로 화해가 허용된다.
	강행법규에 반하지 않을 것	화해조항의 내용이 현행법상 인정되는 것이어야 하고, 강행법규에 반하거나 사회질서에 위반하여서는 아니 된다.
	조건부 화해의 허용 여부	소송상 화해가 실효조건의 성취로 실효된 경우에는 화해가 없었던 상태로 돌아가므로 당사자는 화해 성립 전의 법률관계를 다시 주장할 수 있다.
시기, 방식		① 화해는 소송계속 중 어느 때나 할 수 있다. 상고심에서도 화해가 가능하다. ② 서면화해 　화해는 양쪽 당사자가 출석하여 말로 진술하는 것이 원칙이다. 다만, 불출석하는 당사자가 제출하여 진술한 것으로 보는 답변서 그 밖의 준비서면에 화해의 의사표시가 적혀 있고 공증사무소의 인증까지 받은 경우에, 상대방 당사자가 출석하여 그 화해의 의사를 받아들였을 때에는 화해가 성립된 것으로 본다.

Ⅲ 효과

기판력	재판상 화해를 조서에 기재한 때에는 그 조서는 확정판결과 동일한 효력이 있고 당사자 간에 기판력이 생기는 것이므로 확정판결의 당연무효사유와 같은 사유가 없는 한 재심의 소에 의해서만 다툴 수 있고 그 효력을 다투기 위하여 기일지정신청을 함은 허용되지 않는다.
집행력, 실체법상 효력	① 화해조서의 기재가 구체적인 이행의무를 내용으로 할 때에는 집행력을 갖는다. 화해조서에 기재된 내용이 특정되지 아니하여 강제집행을 할 수 없는 경우에는 동일한 청구를 제기할 소의 이익이 있다. ② 재판상 화해 또는 제소 전 화해는 확정판결과 동일한 효력이 있으며 당사자 간의 사법상 화해계약이 그 내용을 이루는 것이면 화해는 창설적 효력을 가져 화해가 이루어지면 종전의 법률관계를 바탕으로 한 권리·의무관계는 소멸하나, 재판상 화해 등의 창설적 효력이 미치는 범위는 당사자가 서로 양보를 하여 확정하기로 합의한 사항에 한하며, 당사자가 다툰 사실이 없었던 사항은 물론 화해의 전제로서 서로 양해하고 있는 데 지나지 않는 사항에 관하여는 그러한 효력이 생기지 않는다.

Ⅳ 소송상 화해의 효력을 다투는 방법

무효(취소) 원인 있는 경우	① 화해조서에 명백한 오류가 있을 때에는 판결에 준하여 경정이 허용된다. ② 당사자 일방이 화해조서의 당연무효사유를 주장하며 기일지정신청을 한 때에는 법원으로서는 그 무효사유의 존재 여부를 가리기 위하여 기일을 지정하여 심리를 한 다음 무효사유가 존재한다고 인정되지 아니한 때에는 판결로써 소송종료선언을 하여야 하고, 이러한 이치는 재판상 화해와 동일한 효력이 있는 조정조서에 대하여도 마찬가지라 할 것이다.
화해의 해제 여부	① 화해조서의 내용대로 이행이 되지 아니하여 화해조서는 실효되었다는 이유로 기일지정신청은 할 수 없다. ② 제1화해가 성립된 후에 그와 모순된 제2화해가 성립되어도 그에 의하여 제1화해가 조서에 기재되어 확정판결과 동일하게 기판력이 발생한 이상 제2화해에 의하여 제1화해가 당연히 실효되거나 변경된다고 할 수 없다.

01

소송상 화해는 소송계속 중에 이루어진다는 점에서 제소 전 화해와 다르고, 상호 양보하여 합의한다는 점에서 청구의 포기·인낙과 다르다. ○ | ×

> **해설** 널리 재판상 화해란 소송계속 전에 지방법원 단독판사 앞에서 하는 제소 전 화해(제385조 제1항)와 소송계속 후 수소법원 앞에서 하는 소송상 화해 두 가지를 가리킨다. 청구의 포기·인낙은 한쪽 당사자만이 양보를 함에 반하여, 소송상 화해는 양쪽 당사자가 양보를 해야 하는 점이 다르다.

02

재심사건에서 그 재심의 대상으로 삼고 있는 확정판결을 취소한다는 내용의 화해조항도 당연무효인 것은 아니다. ○ | ×

> **해설** 재심사건에서도 처분할 수 없는 사항을 대상으로 조정이나 화해가 허용될 수 없는 것이므로 재심대상판결을 취소한다는 취지의 조정이나 화해는 당연무효로 된다(대판 2012.9.13. 2010다97846).

03

소송상 화해가 실효조건의 성취로 실효된 경우에는 화해가 없었던 상태로 돌아가므로 당사자는 화해 성립 전의 법률관계를 다시 주장할 수 있다. ○ | ×

> **해설** 판례는 재판상 화해가 실효조건의 성취로 실효되거나 준재심에 의하여 취소된 경우에는 화해가 없었던 상태로 돌아가므로 화해 성립 전의 법률관계를 다시 주장할 수 있다고 한다(대판 1996.11.15. 94다35343).

04

소송상 화해는 소송계속 중이면 어느 때나 할 수 있으므로 상고심에서도 할 수 있다. ○ | ×

> **해설** 화해는 소송계속 중 어느 때나 할 수 있다. 상고심에서도 화해가 가능하다.

정답 | 01 ○ 02 × 03 ○ 04 ○

05

20사무관

소송상 화해의 진술을 조서에 적은 때에는 그 조서는 확정판결과 같은 효력을 가진다. ○ | X

> **해설** 제220조

06

17주사보, 20/22사무관

재판상 화해의 창설적 효력이 미치는 범위는 당사자가 서로 양보하여 확정하기로 합의한 사항에 한한다. ○ | X

> **해설** 재판상 화해의 창설적 효력이 미치는 범위는 당사자가 서로 양보하여 확정하기로 합의한 사항에 한하며, 당사자가 서로 다툰 사실이 없었던 사항은 물론 화해의 전제로서 서로 양해하고 있는 데 지나지 않는 사항에 관하여는 미치지 아니한다(대판 2001.4.27. 99다17319).

07

14/17법원직

소송상 화해에 확정판결의 당연무효사유와 같은 사유가 아니더라도 실체법상의 하자가 있을 때에는 그 무효를 주장하며 기일지정신청으로 다툴 수 있다. ○ | X

> **해설** 재판상 화해를 조서에 기재한 때에는 그 조서는 확정판결과 동일한 효력이 있고 당사자 간에 기판력이 생기는 것이므로 확정판결의 당연무효사유와 같은 사유가 없는 한 재심의 소에 의해서만 다툴 수 있고 그 효력을 다투기 위하여 기일지정신청을 함은 허용되지 않는다(대결 1990.3.17. 90그3).

08

21사무관

화해조서에 기재된 내용이 특정되지 아니하여 강제집행을 할 수 없는 경우에는 동일한 청구를 제기할 소의 이익이 있다. ○ | X

> **해설** 대판 1995.5.12. 94다25216

09

17법원직, 22사무관

화해조서에 잘못된 계산이나 기재, 그 밖에 이와 비슷한 잘못이 있음이 분명한 때에 법원은 직권으로 또는 당사자의 신청에 따라 경정결정을 할 수 있다. ○ | X

> **해설** 화해조서는 확정판결과 같은 효력을 갖기 때문에 화해조서에 잘못된 계산이나 명백한 오류가 있을 때에는 판결에 준하여 경정(제211조)이 허용된다(대판 1960.8.12. 4293민재항200).

10

17/22사무관

소송상 화해는 기판력이 있으므로 확정판결의 무효사유와 같은 사유가 있을 때를 제외하고는, 재심사유에 해당될 흠이 있는 경우에 한하여 준재심의 소로 다투는 방법 이외에는 그 무효를 주장할 수 없다.

O | X

> **해설** 판례에 의하면, 소송상 화해는 기판력이 있으므로 확정판결의 무효사유와 같은 사유가 있을 때를 제외하고는(대결 1990.3.17. 90그3), 재심사유에 해당될 흠이 있는 경우에 한하여 준재심(제461조)의 소로 다투는 방법 이외에는 그 무효를 주장할 수 없다(대판 1999.10.8. 98다38760).

11

15법원직

당사자 일방이 화해조서의 당연무효사유를 주장하며 기일지정신청을 한 때에는 법원으로서는 기일을 지정하여 심리를 한 다음 무효사유가 존재한다고 인정되지 아니한 때에는 판결로써 소송종료선언을 하여야 한다.

O | X

> **해설** 재판상의 화해를 조서에 기재한 때에는 그 조서는 확정판결과 동일한 효력이 있고 당사자 간에 기판력이 생기는 것이므로 확정판결의 당연무효사유와 같은 사유가 없는 한 재심의 소에 의하여만 효력을 다툴 수 있는 것이나, 당사자 일방이 화해조서의 당연무효사유를 주장하며 기일지정신청을 한 때에는 법원으로서는 그 무효사유의 존재 여부를 가리기 위하여 기일을 지정하여 심리를 한 다음 무효사유가 존재한다고 인정되지 아니한 때에는 판결로써 소송종료선언을 하여야 하고, 이러한 이치는 재판상 화해와 동일한 효력이 있는 조정조서에 대하여도 마찬가지라 할 것이다(대판 2001.3.9. 2000 다58668).

12

20사무관

제1화해가 성립된 후에 그와 모순된 제2화해가 성립되면, 제2화해에 의하여 제1화해가 당연히 실효되거나 변경된다.

O | X

> **해설** 제1화해가 성립된 후에 그와 모순된 제2화해가 성립되어도 그에 의하여 제1화해가 조서에 기재되어 확정판결과 동일하게 기판력이 발생한 이상 제2화해에 의하여 제1화해가 당연히 실효되거나 변경된다고 할 수 없다(대판 1995.12.5. 94다59028).

정답 | **05** ○ **06** ○ **07** × **08** ○ **09** ○ **10** ○ **11** ○ **12** ×

V 화해권고결정

운영	① 변론절차에서는 물론 변론준비절차에서도 할 수 있다. ② 소송계속 후 판결선고 전까지 언제라도 화해권고결정을 할 수 있다. ③ 화해권고결정은 직권으로 진행한다(신청은 법원의 직권발동을 촉구하는 의미).
이의신청	① 당사자는 결정서 또는 결정조서의 정본을 송달받은 날부터 2주 이내에 이의신청을 함으로써 화해권고결정에 대하여 불복할 수 있고 그 정본을 송달받기 전에도 이의신청할 수 있다. ② 이의신청은 이의신청서를 화해권고결정을 한 법원에 제출하는 방법으로 하여야 하므로, 말로 하는 이의신청은 그 효력이 없다. ③ 이의신청이 방식에 어긋나거나 그 흠을 보정할 수 없으면 법원은 결정으로 이를 각하하며, 이 결정에 대해서는 즉시항고할 수 있다. ④ 적법한 이의신청이 있으면 상대방에게 그 부본을 송달하여야 한다. ⑤ 독립당사자참가인이 화해권고결정에 대하여 이의한 경우 합일확정의 필요상 이의의 효력은 원·피고 사이에도 미친다. ⑥ 화해권고결정을 송달받은 항소인이 화해권고결정에 대한 이의신청기간 내에 "제1심판결 중 패소 부분은 받아들일 수 없다."는 취지의 준비서면과 항소장을 제출하고, '위 준비서면 자체가 화해권고 이의신청'이라는 내용의 화해권고결정에 대한 이의신청서를 우편으로 발송하여 그것이 이의신청기간 종료일 다음 날 법원에 도착한 사안에서, 위 준비서면과 항소장은 전체적인 취지에서 화해권고결정에 대한 이의신청에 해당한다.

	이의신청 취하	① 화해권고결정에 대하여 이의신청을 한 당사자는 그 심급에서 판결이 선고될 때까지 상대방의 동의를 얻어 이의신청을 취하할 수 있다. ② 이의신청의 취하는 서면 또는 말로 할 수 있다. ③ 취하의 서면이나 그러한 취지가 기재된 조서등본을 상대방에게 송달한 날 또는 이의신청을 취하한 기일에 상대방이 출석한 때에는 그 기일부터 2주 이내에 상대방이 이의를 하지 아니하면 이의신청취하에 동의한 것으로 본다. ④ 이의신청이 취하되면 화해권고결정은 재판상 화해와 같은 효력을 가지게 된다. 이의신청이 취하된 경우 처음부터 이의신청이 없었던 것으로 되므로 화해권고결정은 이의신청기간 만료시에 소급하여 확정된다(취하시 ×).
	이의신청 포기	① 화해권고결정에 대한 이의신청권은 그 신청 전까지 포기할 수 있다. ② 이의신청권의 포기는 서면으로 하여야 한다.

효력	① 화해권고결정에 대하여 그 결정서 또는 결정조서 정본을 송달받은 날부터 2주 이내에 이의신청이 없거나, 이의신청 각하결정이 확정된 때 또는 이의신청을 취하하거나 포기한 때에는 화해권고결정이 재판상 화해와 같은 효력을 가진다. ② 화해권고결정의 기판력은 그 확정시를 기준으로 하여 발생한다(결정시 ×). ③ 전소가 확정판결이 아닌 화해권고결정에 의하여 종료된 경우에는 확정판결에서와 같은 법원의 사실상 및 법률상의 판단이 이루어졌다고 할 수 없으므로 참가적 효력이 인정되지 아니한다.

01

법원은 소송에 계속 중인 사건에 대하여 직권으로 당사자의 이익, 그 밖의 모든 사정을 참작하여 청구의 취지에 어긋나지 아니하는 범위 안에서 사건의 공평한 해결을 위한 화해권고결정을 할 수 있다. ○ | X

[해설] 제225조 제1항

02

당사자는 화해권고결정의 내용을 적은 조서 또는 결정서의 정본을 송달받은 날부터 2주 이내에 이의를 신청할 수 있지만, 그 정본이 송달되기 전에 이의를 신청하는 것은 부적법하다. ○ | X

[해설] 당사자는 결정서 또는 결정조서의 정본을 송달받은 날부터 2주 이내에 이의신청을 함으로써 화해권고결정에 대하여 불복할 수 있고, 그 정본을 송달받기 전에도 이의신청할 수 있다(제226조 제1항). 2주의 기간은 소송행위의 추후보완이 가능한 불변기간이다(같은 조 제2항).

03

화해권고결정에 대한 이의신청은 이의신청서를 화해권고결정을 한 법원에 제출하는 방법으로 하여야 하므로, 변론준비기일 등에서 말로 하는 이의신청은 그 효력이 없다. ○ | X

[해설] 이의신청은 당사자와 법정대리인, 화해권고결정의 표시와 그에 대한 이의신청의 취지를 적은 이의신청서를 화해권고결정을 한 법원에 제출하는 방법으로 하여야 하므로(제227조 제1항·제2항), 변론준비기일 등에서 말로 하는 이의신청은 그 효력이 없다.

04

민사소송법 제227조 제2항 제2호가 화해권고결정에 대한 이의신청서에 기재하도록 요구하고 있는 화해
권고결정의 표시와 그에 대한 이의신청의 취지는 제출된 서면을 전체적으로 보아 어떠한 화해권고결정에
대하여 이의를 한다는 취지가 나타나면 족하고, 그 서면의 표제가 준비서면 등 다른 명칭을 사용하고 있
다고 하여 달리 볼 것은 아니다. ○ | X

> **해설** 대판 2011.4.14. 2010다5694

05

어느 당사자가 화해권고결정에 대해 이의를 신청한 때에는 이의신청의 상대방에게 이의신청서의 부본을
송달하여야 한다. ○ | X

> **해설** 제226조 제1항의 규정에 따라 이의를 신청한 때에는 이의신청의 상대방에게 이의신청서의 부본을 송달하여야 한
> 다(제227조 제4항).

06

항소심 재판 진행 중 화해권고결정을 송달받은 항소인이 화해권고결정에 대한 이의신청기간 내에 "제1심
판결 중 패소 부분은 받아들일 수 없다."는 취지의 준비서면과 종래 제출한 적이 있던 항소장을 제출한
다음, 며칠 후 '위 준비서면 자체가 화해권고 이의신청'이라는 내용의 화해권고결정에 대한 이의신청서를
우편으로 발송하여 그것이 이의신청기간 종료일 다음 날 법원에 도착하였다면, 위 준비서면과 항소장은
화해권고결정에 대한 이의신청에 해당한다고 볼 수 없으므로 화해권고결정이 확정된 것으로 볼 수 있다.
○ | X

> **해설** 화해권고결정을 송달받은 항소인이 화해권고결정에 대한 이의신청기간 내에 "제1심판결 중 패소 부분은 받아들일
> 수 없다."는 취지의 준비서면과 종래 제출한 적 있던 항소장을 제출하고, '위 준비서면 자체가 화해권고 이의신청'이라는
> 내용의 화해권고결정에 대한 이의신청서를 우편으로 발송하여 그것이 이의신청기간 종료일 다음 날 법원에 도착한 사안에
> 서, 위 준비서면과 항소장은 전체적인 취지에서 화해권고결정에 대한 이의신청에 해당한다고 보아야 하므로, 소송종료선
> 언을 하지 않고 소송에 복귀하여 심리에 나아간 원심판단은 정당하다(대판 2011.4.14. 2010다5694).

07

화해권고결정에 대하여 원·피고 쌍방이 이의를 신청하여 판결이 선고되었으나, 판결서를 송달받은 원·피고 모두 화해권고결정에 따르는 것이 좋겠다고 생각하여 화해권고결정에 대한 이의신청을 취하하는 서면을 제출하였다면 화해권고결정은 유효하게 확정된다. ○ | ×

> **해설** 화해권고결정에 대하여 이의신청을 한 당사자는 그 심급에서 판결이 선고될 때까지 상대방의 동의를 얻어 이의신청을 취하할 수 있다(제228조 제1항). 따라서 판결이 선고된 경우에는 취하가 효력이 없다.

08

통상공동소송관계에 있는 원고 중 1인만이 화해권고결정에 대하여 이의한 경우, 이의하지 아니한 다른 원고와 피고 사이에서 그 화해권고결정은 확정된다. ○ | ×

> **해설** 대판 2010.10.28. 2010다53754

09

화해권고결정에 대하여 이의신청을 한 당사자는 그 심급에서 판결이 선고될 때까지 상대방의 동의 없이 이의신청을 취하할 수 있다. ○ | ×

> **해설** 화해권고결정에 대하여 이의신청을 한 당사자는 그 심급에서 판결이 선고될 때까지 상대방의 동의를 얻어 이의신청을 취하할 수 있다(제228조 제1항).

10

화해권고결정에 대하여 이의신청을 한 당사자가 이의신청을 취하한 경우, 이의신청 취하서가 법원에 접수된 날 화해권고결정이 확정된다. ○ | ×

> **해설** 이의신청이 적법하게 취하되면 화해권고결정은 재판상 화해와 같은 효력을 가지게 된다(제231조 제3호 전단). 이의신청이 취하된 경우에는 처음부터 이의신청이 없었던 것으로 되므로 화해권고결정은 이의신청기간 만료시에 소급하여 확정된다.

11

화해권고결정에 대한 이의신청권의 포기는 서면으로 하여야 한다.　　　　○ㅣ✕

> **해설** 화해권고결정에 대한 이의신청권은 그 신청 전까지 포기할 수 있다(제229조 제1항). 화해권고결정서 또는 그 결정조서 정본이 송달되기 전에도 변론(준비)기일에서 화해권고결정 내용을 고지받은 후에는 이의신청권을 포기할 수 있다. 당사자가 그 결정서 또는 결정조서 정본을 송달받기 전에 화해권고결정을 받아들이고자 하는 때에는 그 이의신청권을 포기함으로써 이를 조기에 확정시킬 수 있다. 이의신청권의 포기는 서면으로 하여야 하고(같은 조 제2항), 포기의 서면이 제출되면 상대방에게 송달하여야 한다(같은 조 제3항). 이의신청권의 포기는 이의신청 전까지 할 수 있으므로, 이의신청을 할 수 있는 기간인 송달받은 날부터 2주가 도과하기 전까지 할 수 있다.

12

화해권고결정은 결정에 대한 이의신청기간 이내에 이의신청이 없는 때, 이의신청에 대한 각하결정이 확정된 때, 당사자가 이의신청을 취하하거나 이의신청권을 포기한 때에 재판상 화해와 같은 효력을 가지므로 확정된 화해권고결정은 당사자 사이에 기판력을 가진다.　　　　○ㅣ✕

> **해설** 화해권고결정에 대하여 그 결정서 또는 결정조서 정본을 송달받은 날부터 2주 이내에 이의신청이 없거나, 이의신청에 대한 각하결정이 확정된 때 또는 이의신청을 취하하거나 이의신청권을 포기한 때에는 화해권고결정이 재판상 화해와 같은 효력을 가진다(제231조).

13

소송에서 다투어지고 있는 권리 또는 법률관계의 존부에 관하여 동일한 당사자 사이의 전소에서 확정된 화해권고결정이 있는 경우 당사자는 이에 반하는 주장을 할 수 없고 법원도 이에 저촉되는 판단을 할 수 없다.　　　　○ㅣ✕

> **해설** 대판 2014.4.10. 2012다29557

14

화해권고결정의 기판력은 그 결정시를 기준으로 하여 발생한다. O | X

> **해설** 화해권고결정에 대한 이의신청이 적법한 때에는 소송은 화해권고결정 이전의 상태로 돌아가므로(제232조 제1항), 당사자는 화해권고결정이 송달된 후에 생긴 사유에 대하여도 이의신청을 하여 새로운 주장을 할 수 있고, 화해권고결정이 송달된 후의 승계인도 이의신청과 동시에 승계참가신청을 할 수 있다고 할 것이다. 이러한 점 등에 비추어 보면, 화해권고 결정의 기판력은 그 <u>확정시를 기준으로</u> 하여 발생한다고 해석함이 상당하다(대판 2012.5.10. 2010다2558).

15

소유권에 기한 물권적 방해배제청구로서 소유권등기의 말소를 구하는 소송이나 진정명의회복을 원인으로 한 소유권이전등기절차의 이행을 구하는 소송 중에 그 소송물에 대하여 화해권고결정이 확정되면 상대방은 여전히 물권적인 방해배제의무를 지는 것이고, 그 청구권의 법적 성질이 채권적 청구권으로 바뀌지 아니한다. O | X

> **해설** 소유권에 기한 물권적 방해배제청구로서 소유권등기의 말소를 구하는 소송이나 진정명의회복을 원인으로 한 소유 권이전등기절차의 이행을 구하는 소송 중에 그 소송물에 대하여 화해권고결정이 확정되면 상대방은 여전히 물권적인 방해 배제의무를 지는 것이고 화해권고결정에 창설적 효력이 있다고 하여 그 청구권의 법적 성질이 채권적 청구권으로 바뀌지 아니한다(대판 2012.5.10. 2010다2558).

16

보조참가인이 피참가인을 보조하여 공동으로 소송을 수행하였으나 피참가인이 소송에서 패소한 경우에는 형평의 원칙상 보조참가인이 피참가인에게 패소판결이 부당하다고 주장할 수 없도록 구속력을 미치게 하는 이른바 참가적 효력이 인정되는데, 전소가 확정판결이 아닌 화해권고결정에 의하여 종료된 경우에도 위와 같은 참가적 효력이 인정된다. O | X

> **해설** 전소가 확정판결이 아닌 화해권고결정에 의하여 종료된 경우에는 확정판결에서와 같은 법원의 사실상 및 법률상의 판단이 이루어졌다고 할 수 없으므로 참가적 효력이 인정되지 아니한다(대판 2015.5.28. 2012다78184).

제4절 제소 전 화해

제385조【화해신청의 방식】
① 민사상 다툼에 관하여 당사자는 청구의 취지·원인과 다투는 사정을 밝혀 상대방의 보통재판적이 있는 곳의 지방법원에 화해를 신청할 수 있다.
② 당사자는 제1항의 화해를 위하여 대리인을 선임하는 권리를 상대방에게 위임할 수 없다.
③ 법원은 필요한 경우 대리권의 유무를 조사하기 위하여 당사자 본인 또는 법정대리인의 출석을 명할 수 있다.
④ 화해신청에는 그 성질에 어긋나지 아니하면 소에 관한 규정을 준용한다.

제386조【화해가 성립된 경우】
화해가 성립된 때에는 법원사무관등은 조서에 당사자, 법정대리인, 청구의 취지와 원인, 화해조항, 날짜와 법원을 표시하고 판사와 법원사무관등이 기명날인 또는 서명한다.

제387조【화해가 성립되지 아니한 경우】
① 화해가 성립되지 아니한 때에는 법원사무관등은 그 사유를 조서에 적어야 한다.
② 신청인 또는 상대방이 기일에 출석하지 아니한 때에는 법원은 이들의 화해가 성립되지 아니한 것으로 볼 수 있다.
③ 법원사무관등은 제1항의 조서등본을 당사자에게 송달하여야 한다.

제388조【소제기신청】
① 제387조의 경우에 당사자는 소제기신청을 할 수 있다.
② 적법한 소제기신청이 있으면 화해신청을 한 때에 소가 제기된 것으로 본다. 이 경우 법원사무관등은 바로 소송기록을 관할법원에 보내야 한다.
③ 제1항의 신청은 제387조 제3항의 조서등본이 송달된 날부터 2주 이내에 하여야 한다. 다만, 조서등본이 송달되기 전에도 신청할 수 있다.
④ 제3항의 기간은 불변기간으로 한다.

제389조【화해비용】
화해비용은 화해가 성립된 경우에는 특별한 합의가 없으면 당사자들이 각자 부담하고, 화해가 성립되지 아니한 경우에는 신청인이 부담한다. 다만, 소제기신청이 있는 경우에는 화해비용을 소송비용의 일부로 한다.

[판례] 제소 전 화해의 기판력이 미치는 범위
제소 전 화해는 재판상 화해로서 확정판결과 동일한 효력이 있고 창설적 효력을 가지는 것이므로 화해가 이루어지면 종전의 법률관계를 바탕으로 한 권리·의무관계는 소멸하는 것이나, 제소 전 화해의 창설적 효력은 당사자 간에 다투어졌던 권리관계, 즉 계쟁 권리관계에만 미치는 것이지 당사자 간에 다툼이 없었던 사항에 관하여서까지 미치는 것은 아니므로 제소 전 화해가 있다고 하더라도 그것에 의하여 화해의 대상이 되지 않은 종전의 다른 법률관계까지 소멸하는 것은 아니고 제소 전 화해가 가지는 확정판결과 동일한 효력도 소송물인 권리관계의 존부에 관한 판단에만 미친다.

01

제소 전 화해조서는 확정판결과 동일한 효력이 있어 당사자 사이에 기판력이 생긴다.　○ | X

> **해설** 제소 전 화해조서도 확정판결과 같은 효력을 가지는 것으로(제220조), 집행력이 있다. 판례는 기판력에 관하여도 소송상 화해의 법리와 다를 바 없다고 하여 전면적으로 긍정하고 있다(대판 1962.5.17. 4294민상1619).

02

제소 전 화해에 있어서 화해가 성립되지 아니한 경우에 신청인은 소제기신청을 할 수 있지만, 피신청인은 소제기신청을 할 수 없다.　○ | X

> **해설** 화해가 불성립된 경우에는 불성립조서등본이 송달된 날부터 2주 이내에 각 당사자는 소제기신청을 할 수 있다(제388조).

제3장 | 종국판결에 의한 종료

제1절 재판일반

제2절 판결

제1관 | 판결의 종류

[일부판결]

의의	같은 소송절차에 의해 심판되는 사건의 일부를 다른 부분에서 분리하여 그것만 먼저 끝내는 종국판결이다.
일부판결이 허용되지 않는 경우	일부판결과 잔부판결 간에 내용상 모순이 생길 염려가 있을 때에는 일부판결이 허용될 수 없다. ① 선택적·예비적 병합청구, ② 본소와 반소가 동일목적의 형성청구인 때나 그 소송물이 동일한 법률관계일 때, ③ 필수적 공동소송, 독립당사자참가, 공동소송참가, 예비적·선택적 공동소송 등 합일확정소송 등이다.
허용되는 경우	원금청구부분만 판단하고 지연손해금 청구부분을 판단하지 아니한 경우, 이는 재판의 누락으로 아직 원심에 계속 중이라고 보아야 할 것이어서 적법한 상고의 대상이 되지 아니하므로 상고는 부적법하다.

[재판의 누락과 추가판결]

의의	① 추가판결이판 법원이 청구의 전부에 대하여 재판할 의사였지만, 본의 아니게 실수로 청구의 일부에 대하여 재판을 빠뜨렸을 때에 뒤에 그 부분에 대해 하는 종국판결을 말한다. ② 재판의 누락은 종국판결의 결론인 주문에서 판단할 청구의 일부에 대한 재판을 빠뜨린 경우이므로, 판결의 이유에서 판단할 공격방어방법에 대한 판단누락, 즉 이유누락과는 다르다. 이유에는 판단이 되어 있어도 판결주문에 아무런 표시가 없다면 원칙적으로 재판의 누락이다.
시정	① 재판누락이 있는 부분은 누락시킨 법원에 계속되어 있기 때문에, 그 법원이 당사자의 신청·직권에 의하여 추가판결로 처리한다. ② 일부판결이 허용되지 않는 소송에서는 재판의 누락이 있을 수 없으므로 추가판결로 시정할 것이 아니라, 빠뜨린 것이 있다면 판단누락의 일종으로 보아 상소 또는 재심으로 다투어야 한다.
효과	추가판결과 전의 판결은 각각 별개의 판결로서 상소기간도 개별적으로 진행한다.

01

원칙적으로 판결은 법원이 행하는 재판이고, 결정은 개개 법관(재판장·수명법관·수탁판사)이 행하는 재판이다. ○ | ×

> **해설** 재판의 주체면에서 볼 때 판결과 결정은 법원(합의부인 때에는 그 합의부)이 행하는 재판이고, 명령은 개개 법관(재판장·수명법관·수탁판사)이 행하는 재판이다.

02

판결은 법률이 따로 정한 경우를 제외하고는 반드시 변론을 거친 후 법관이 서명날인한 판결원본을 작성하여 선고기일에 법정에서 선고함으로써 효력이 생긴다. ○ | ×

> **해설** 판결이란 소송절차의 중요사항(소의 적법 여부, 청구의 인용 여부 등)에 관한 종국적 또는 중간적 판단을 내용으로 하며, 법률이 따로 정한 경우를 제외하고는 반드시 변론을 거친 다음(제134조 제1항 본문), 일정한 형식을 갖추고 법관이 서명날인한 판결원본을 작성하여(제206조, 제208조) 선고기일에 법정에서 선고함으로써 효력이 생긴다(제205조, 제207조). 이에 대한 불복은 항소, 상고에 의하여야 한다.

03

결정은 반드시 변론을 거칠 필요가 없이 서면심리만으로 또는 서면심리와 심문을 거친 후 상당한 방법으로 재판 내용을 고지함으로써 그 효력이 생긴다. ○ | ×

> **해설** 결정은 판결보다 그 절차가 간단하여 변론을 거칠지 여부는 법원의 재량에 맡겨져 있으며(제134조 제1항 단서), 변론을 거치지 아니하고 서면심리만으로 또는 서면심리와 심문을 거친 후(같은 조 제2항) 상당한 방법으로 재판 내용을 고지함으로써 그 효력이 생긴다(제221조 제1항).

정답 | **01** × **02** ○ **03** ○

04

결정은 결정원본의 작성이 필수적이 아니고 조서에 기재하여 행하는 것도 가능하다. ○ | X

> **해설** 결정은 결정원본의 작성이 필수적이 아니고 조서에 기재하여 행하는 것이 가능하며(제154조 제5호), 특히 변론 중에 행하는 소송지휘에 관한 결정은 조서에 그 재판의 내용과 이를 고지하였다는 것을 기재함으로써 행하는 것이 일반적이다. ① 변론의 제한·분리·병합 등의 결정(제141조), ② 조사촉탁의 결정(제294조), ③ 문서제출을 명하는 결정(제347조), ④ 증거채택 여부의 결정(제290조), ⑤ 실기한 공격방어방법의 각하결정(제149조) 등이 그 예이다.

05

판례는 판결주문에 기재가 없더라도 판결이유 속에 판단이 되어 있으면 재판의 누락은 아니라고 보고 있다. ○ | X

> **해설** 판결에는 법원의 판단을 분명하게 하기 위하여 결론을 주문에 기재하도록 되어 있어 재판의 누락이 있는지 여부는 주문의 기재에 의하여 판정하여야 하므로, 판결이유에 청구가 이유 없다고 설시되어 있더라도 주문에 그 설시가 없으면 특별한 사정이 없는 한 재판의 누락이 있다고 보아야 한다(대판 2017.12.5. 2017다237339).

06

원고가 피고에 대하여 건물 인도 및 건물 인도시까지 차임 상당의 부당이득반환청구를 하였는데 제1심 법원이 부당이득반환청구에 관한 판단을 빠뜨린 경우 원고가 이를 이유로 항소하면 항소심에서 부당이득 반환청구에 관한 판단을 하여야 한다. ○ | X

> **해설** 재판의 누락이 있으면 그 부분 소송은 아직 원심에 계속 중이어서 상고의 대상이 되지 아니하므로, 그 부분에 대한 상고는 불복의 대상이 존재하지 아니하여 부적법하다(대판 2017.12.5. 2017다237339).

07

재판의 누락이 있어 추가판결이 이루어진 경우 추가판결과 전의 판결은 각각 별개의 판결로서 상소기간 도 개별적으로 진행한다. ○ | X

> **해설** 추가판결과 전의 판결은 각각 별개의 판결로서 상소기간도 개별적으로 진행한다.

정답 | **04** ○ **05** × **06** × **07** ○

선고기일의 지정	법원은 변론을 연 경우는 물론이고 변론 없이 하는 경우에도 반드시 선고기일을 지정하고 당사자에게 기일통지서를 송달하여야 한다.
선고	판결은 선고로 효력이 생긴다. 판결의 선고는 당사자가 출석하지 아니하여도 할 수 있고, 소송절차가 중단되어 있는 때에도 할 수 있다.
판결선고 후 절차	① 판결정본은 당사자 전원은 물론 보조참가인에게도 송달하여야 한다. <u>선정자에게는 송달할 필요가 없다.</u> 소송대리인이 있을 경우에는 그 소송대리인에게만 송달하면 된다. ② 판결선고 직후에 소가 취하된 경우 이와 동시에 <u>피고의 동의</u>가 있으면 소취하와 함께 소송이 종료되므로 판결정본의 송달은 필요 없으나, <u>그 동의가 없으면</u> 우선 피고에게 취하서 부본을 송달하고 이와 별도로 양쪽 당사자에게 판결정본을 송달하여야 한다. ③ 이 경우 상소기간 내에 피고의 동의가 있거나 동의간주된 때에는 사건은 소의 취하에 의하여 종료된 것으로 처리하고, 상소기간이 경과될 때까지 동의나 동의간주가 없으면 판결의 확정에 의하여 소송은 종료된다.
판결의 확정	① 1개의 판결 일부에 대하여 상소한 경우라도 판결 전부에 대하여 확정차단의 효력이 생기고, 여러 개의 청구에 대한 1개의 판결이 있는 경우에 일부의 청구에 대하여만 상소가 있어도 확정차단의 효력은 판결 전부에 대하여 생긴다(상소불가분의 원칙). 다만, 통상공동소송에서 상소로 인한 확정차단의 효력은 상소인과 그 상대방에 대해서만 생기고 다른 공동소송인에 대한 청구에 대하여는 미치지 아니한다. ② 수개의 청구에서 패소한 당사자가 그중 일부에 대하여만 항소를 제기한 경우, 항소되지 않은 나머지 부분도 확정이 차단되고 항소심에 이심은 되나, 그 항소인이 변론종결시까지 항소취지를 확장하지 않는 한 그 나머지 부분에 관하여는 불복한 바가 없어 항소심의 심판대상이 되지 않고 항소심의 판결선고와 동시에 확정되어 소송이 종료된다. 한편, 대법원의 환송판결이 일부 부분만 파기환송하고 나머지 상고를 기각하였다면, 파기환송되지 않은 부분은 환송판결의 선고로써 확정된다.
판결의 확정시기	① 상고기각판결 등 상소할 수 없는 판결 및 판결선고 전에 불상소의 합의가 있는 때에는 판결선고와 동시에 확정된다. ② 상소를 제기하였으나 상소각하판결 또는 상소장각하명령이 있는 때에도 상소가 없었던 것으로 되므로 원판결에 대한 상소기간이 만료하는 때에 확정된다. ③ 비약상고의 합의인 불항소합의가 있는 경우에는 상고기간이 도과된 때 확정된다. ④ 상대방이 전부 승소하여 항소의 이익이 없는 경우에는 항소권을 가진 패소자만 항소포기를 하면 비록 상대방의 항소기간이 만료하지 않았더라도 제1심판결은 확정된다.

01

「소액사건심판법」의 적용을 받지 아니하는 일반 민사사건에 있어서 판결로 소를 각하하기 위하여는 법원이 변론 없이 하는 경우에도 반드시 선고기일을 지정하여 당사자를 소환하고 그 지정된 선고기일에 소각하의 종국판결을 선고하여야 한다. ○│X

> 해설 법원은 변론을 연 경우는 물론이고 변론 없이 하는 경우에도 반드시 선고기일을 지정하고 당사자에게 기일통지서를 송달하여야 하는데, 위와 같은 절차를 거침이 없이 변론기일에 선고된 판결은 위법하다(대판 1996.5.28. 96누2699).

02

법원이 적법하게 변론을 진행한 후 이를 종결하고 판결선고기일을 고지한 때에는 재정하지 아니한 당사자에게도 그 효력이 있는 것이고, 그 당사자에 대하여 판결선고기일의 기일통지서를 송달하지 아니하였다고 하여도 위법하다고 할 수 없다. ○│X

> 해설 대판 2003.4.25. 2002다72514

03

선고기일을 추후에 지정하기로 하였다가 새로 지정한 판결선고기일에 관하여 적법한 통지 및 출석요구가 이루어지지 않은 채 판결이 선고된 경우에도 적법한 기일 내에 항소를 제기하여 항소심의 심리 및 재판을 받은 이상은 그와 같은 위법은 판결에 아무런 영향이 없다. ○│X

> 해설 선고기일을 추후에 지정하기로 하였다가 새로 지정한 판결선고기일에 관하여 적법한 통지 및 출석요구가 이루어지지 않은 채 판결이 선고된 경우에도 그와 같은 위법은 판결에 아무런 영향이 없다(대판 2001.5.15. 2001다14023).

판결의 선고는 기일에 공개된 법정에서 하여야 하는데, 당사자가 출석하지 아니하여도 할 수 있으나, 소송절차가 중단되어 있는 때에는 할 수 없다.　　　　　　　　　　　　　　　　　O | X

> **해설** 판결의 선고는 기일에 공개된 법정에서 하여야 하는데(법조 제57조 제1항), 당사자가 출석하지 아니하여도 할 수 있고(제207조 제2항), 소송절차가 중단되어 있는 때에도 할 수 있다(제247조 제1항).

소액사건의 경우에는 판결선고시 주문을 낭독하고 주문이 정당함을 인정할 수 있는 범위 안에서 그 이유의 요지를 말로 설명하여야 한다.　　　　　　　　　　　　　　　　　　　　　　O | X

> **해설** 소액사건의 경우에는 판결서에 이유를 기재하지 아니할 수 있는 대신에, 판결선고시에는 주문을 낭독하고 주문이 정당함을 인정할 수 있는 범위 안에서 그 이유의 요지를 말로 설명하여야 한다(소액사건심판법 제11조의2).

판결정본은 당사자 전원은 물론 보조참가인에게도 송달하여야 하고, 국가를 당사자로 하는 소송에서 국가에 대한 송달은 수소법원에 대응하는 검찰청의 장에게 하여야 한다.　　　　　　　　　O | X

> **해설** 판결정본은 당사자 전원(원고·피고·독립당사자참가인)은 물론 보조참가인에게도 송달하여야 한다. 국가를 당사자로 하는 소송에서 국가에 대한 송달은 수소법원에 대응하는 검찰청의 장에게 하여야 하므로(국가를 당사자로 하는 소송에 관한 법률 제9조), 법무부장관에게 판결정본을 송달을 한 것은 부적법하고 이러한 흠은 이의권 상실의 대상이 아니다(대판 2002.11.8. 2001다84497).

판결선고 직후에 소가 취하된 경우, 소취하에 대한 피고의 동의가 없으면 우선 피고에게 취하서 부본을 송달하고 이와 별도로 양쪽 당사자에게 판결정본을 송달하여야 한다.　　　　　　　　　O | X

> **해설** 판결선고 직후에 소가 취하된 경우, 이와 동시에 피고의 동의가 있으면 소취하와 함께 소송이 종료되므로 판결정본의 송달은 필요 없으나, 그 동의가 없으면 우선 피고에게 취하서 부본을 송달하고 이와 별도로 양쪽 당사자에게 판결정본을 송달하여야 한다.

정답 |　**01** ○　**02** ○　**03** ○　**04** ✕　**05** ○　**06** ○　**07** ○

피고가 수개의 청구를 인용한 제1심판결 중 일부에 대하여만 항소를 제기한 경우, 항소되지 않은 나머지 부분은 항소기간의 도과로 확정되어 소송이 종료된다. ○ | ✕

> **해설** 1개의 판결 일부에 대하여 상소한 경우라도 판결 전부에 대하여 확정차단의 효력이 생기고, 여러 개의 청구에 대한 1개의 판결이 있는 경우에 일부의 청구에 대하여만 상소가 있어도 확정차단의 효력은 판결 전부에 대하여 생긴다(상소불가분의 원칙).

통상공동소송에서 상소로 인한 확정차단의 효력은 상소인과 그 상대방에 대해서만 생기고, 다른 공동소송인에 대한 청구에 대하여는 미치지 아니한다. ○ | ✕

> **해설** 대판 2011.9.29. 2009다7076

피고가 수개의 청구를 인용한 제1심판결 중 일부에 대하여만 항소를 제기한 경우, 항소되지 않은 나머지 부분도 확정이 차단되고 항소심에 이심은 되나, 피고가 변론종결시까지 항소취지를 확장하지 않는 한 나머지 부분에 관하여는 불복한 적이 없어 항소심의 심판대상이 되지 않고 항소심의 판결확정과 동시에 확정되어 소송이 종료된다. ○ | ✕

> **해설** 피고가 수개의 청구를 인용한 제1심판결 중 일부에 대하여만 항소를 제기한 경우, 항소되지 않은 나머지 부분도 확정이 차단되고 항소심에 이심은 되나, 피고가 변론종결시까지 항소취지를 확장하지 않는 한 나머지 부분에 관하여는 불복한 적이 없어 항소심의 심판대상이 되지 않고 항소심의 <u>판결선고</u>와 동시에 확정되어 소송이 종료된다(대판 2011.7.28. 2009다35842).

대법원의 환송판결이 일부 부분만 파기환송하고 나머지 상고를 기각하였다면, 파기환송되지 않은 부분은 환송판결의 선고로써 확정된다. ○ | ✕

> **해설** 대판 1995.3.10. 94다51543

12

당사자가 판결확정증명서를 신청한 때에는 제1심 법원의 법원사무관등이 기록에 따라 내어 주고, 소송기록이 상급심에 있는 때에는 상급법원의 법원사무관등이 그 확정부분에 대하여만 증명서를 내어 준다.

○ | X

> **해설** 원고 또는 피고가 판결확정증명서를 신청한 때에는 제1심 법원의 법원사무관등이 기록에 따라 내어 준다(제499조 제1항). 소송기록이 상급심에 있는 때에는 상급법원의 법원사무관등이 그 확정부분에 대하여만 증명서를 내어 준다(같은 조 제2항).

정답 | 08 ✕ 09 ○ 10 ✕ 11 ○ 12 ○

I 판결의 경정

의의	① 판결의 내용을 실질적으로 변하지 않는 범위 내에서 판결서에 표현상의 잘못이 생겼을 때에 판결법원 스스로 이를 고치는 것을 말한다. ② 강제집행, 가족관계등록사항·등기부의 기재 등 집행에 지장이 없도록 해주자는 취지이다. ③ 경정결정은 청구의 포기·인낙조서 및 화해조서뿐만 아니라, 결정과 명령에도 준용된다.
요건	① 판결의 잘못된 계산이나 기재, 그 밖의 비슷한 표현상의 오류이어야 한다. ② 판단내용의 잘못이나 판단누락은 경정사유로 되지 않는다. ③ 명백한 잘못의 판단자료에 관하여 판례는 과거의 자료 외에 경정대상인 판결 이후에 제출된 자료나 집행 과정에서 밝혀진 사실도 포함한다. ④ 잘못은 판결법원의 표시, 당사자, 주문, 변론종결 연월일, 이유 등 판결의 어느 부분에 있는지에 관계없 이 경정이 가능하다. ⑤ 법원의 과실이 아니고 당사자의 과실로 인하여 생긴 잘못, 예컨대 당사자가 소제기시에 소송목적물의 지번이나 지적 등을 잘못 표시하여 판결에 그대로 기재된 경우에도 경정할 수 있다.
절차	① 경정은 직권 또는 당사자의 신청에 의하여 어느 때라도 할 수 있다. ② 경정결정의 시기는 제한이 없다. 따라서 상소제기 또는 판결확정의 전후를 불문한다. 강제집행 단계에서 비로소 오류를 발견하였더라도 경정신청을 할 수 있다. ③ 경정결정은 원칙으로 당해 판결을 한 법원이 한다. 상소에 의하여 사건이 상급법원으로 이심된 경우에는 제1심판결의 원본이 기록에 편철되어 상급법원으로 송부되므로 판결원본이 있는 상급법원에서도 경정결 정을 할 수 있으나, 하급심에서 확정된 판결부분에 관하여는 상급법원에서 경정할 수 없다. ④ 경정결정은 판결의 원본과 정본에 덧붙여 적어야 한다. 다만, 정본이 이미 당사자에게 송달되어 정본에 덧붙여 적을 수 없을 때에는 따로 결정의 정본을 송달하면 된다.
효력	① 경정결정서 송달에 의하여 경정결정 자체의 효력이 생기지만, 경정의 효력은 판결선고시에 소급하여 생 긴다. 그러므로 판결에 대한 <u>상소기일은</u> 경정결정에 의하여 영향을 받지 않고 <u>판결이 송달된 날부터 진 행한다.</u> ② 경정한 결과 상소이유가 발생한 경우에는 상소의 추후보완을 할 수 있는데 상소기간 경과 후에 이루어진 판결경정 내용이 경정 이전에 비하여 불리하다는 사정만으로 상소의 추후보완이 허용되는 것은 아니다. ③ 판결이 경정되면 당초의 원판결과 일체가 되어 처음부터 경정된 내용의 판결이 있었던 것과 같은 효력이 있으므로, 불이익변경금지의 원칙은 경정된 판결을 기준으로 하여 적용된다.
불복신청	① 경정결정의 경우 즉시항고할 수 있다. 다만, 판결에 대하여 적법한 항소가 있는 때에는 항고는 허용되지 않는다. ② 경정신청을 기각한 결정에 대하여는 항고 제기의 방법으로 불복할 수 없고, 특별항고가 허용될 뿐이다.

인정된 경우	① 당사자의 표시에 주소가 누락된 채 송달장소만이 기재된 경우 ② 채권자대위소송에서 채무자의 주소가 누락된 경우 ③ 판결서 말미에 별지 목록이 누락된 경우 ④ 목적물의 표시에서 번지의 호수가 누락된 경우 ⑤ 건물의 건평이나 토지의 면적이 잘못 표시된 경우 ⑥ 지적법상 허용되지 않는 m² 미만의 단수를 판결에 그대로 표시한 경우 ⑦ 호프만식 계산법에 의한 손해배상금의 계산이 잘못된 경우 ⑧ 판결주문 중 등기원인일자가 잘못 표시된 경우 ⑨ 채권압류 및 전부명령의 제3자 표시를 사망한 자에서 사망자의 상속인으로 고치는 경우 ⑩ 나머지 항소를 기각한다는 주문이 누락된 경우 ⑪ 토지에 관한 소유권이전등기절차의 이행을 구하는 소송 중 사실심 변론종결 전에 토지가 분할되었는데도 그 내용이 변론에 드러나지 않은 채 토지에 관한 원고 청구가 인용된 후 판결에 표시된 토지에 관한 표시를 분할된 토지에 관한 표시로 경정하는 경우 등이다. ⑫ 청구변경이 소의 추가적 변경에 해당하는데 원심이 기존의 청구와 추가된 청구를 모두 판단하면서도 청구변경의 취지를 교환적 변경으로 단정하여 주문에서 원심에서 교환적으로 변경된 이 사건 소를 각하한다고 기재한 경우 위 주문은 제1심판결을 취소하고 원심에서 확장된 부분을 포함하여 이 사건 소를 각하한다고 할 것을 잘못 기재한 것임이 명백하므로 이는 판결의 경정사유에 불과하고 파기사유는 아니다.
부정된 경우	① 청구원인에서 원금을 구하더라도 청구의 취지에서 원금을 누락하였는데 판결경정으로 원금 부분을 추가하는 경우 ② 환지확정에 따라 청구취지를 정정하면서 누락된 종전 토지의 일부를 추가하는 경우 ③ 2인의 공유등기를 1인의 단독소유등기로 변경하는 경우 ④ 소유권이전등기이행을 명하는 판결에서 그 의무자인 피고의 등기부상 주소를 따로 명시하지 아니한 경우

01
20사무관

피고 표시 경정신청에 있어 피고와 경정을 구하는 상대방이 동일인일 상당한 개연성이 있더라도, 법원이 그 상대방을 소환하여 심문하여 보는 등의 방법으로 동일인인지 여부를 추가로 심리할 수는 없으므로 경정신청을 기각하여야 한다. ○│X

> **해설** 피고 표시 경정신청에 있어 피고와 경정을 구하는 상대방이 동일인일 상당한 개연성이 있는 경우에, 동일인인지 여부를 심리한 후 경정 여부를 심리하여야 한다(대판 2001.12.4. 2001그112).

02
12/18주사보, 14/16/21법원직, 20사무관

판결의 경정은 판결에 잘못된 계산이나 기재, 그 밖에 이와 비슷한 표현상의 잘못이 있고, 그 잘못이 분명한 경우이어야 하는데, 분명한 잘못인가 여부는 소송기록과 대비하여 판단할 것이 아니라 판결서의 기재 자체에 의하여 판단하여야 한다. ○│X

> **해설** 판결에 잘못된 계산이나 기재, 그 밖에 이와 비슷한 표현의 잘못이 있고 또 그 잘못이 분명하여야 한다. 분명한 잘못인가의 여부는 판결서의 기재뿐만 아니라 소송기록과 대비하여 판단하여야 하고, 나아가 경정대상인 판결 이후에 제출된 자료나 집행과정에서 밝혀진 사실도 판단자료가 된다(대판 2000.5.24. 98마1839).

03
12주사보, 16법원직

판결의 경정은 판결주문에 대하여는 허용되지 않고, 이유에 대하여만 허용된다. ○│X

> **해설** 잘못은 판결법원의 표시, 당사자, 주문, 변론종결 연월일, 이유 등 판결의 어느 부분에 있는지에 관계없이 경정이 가능하다.

04

당사자가 소제기시에 소송목적물의 지번이나 지적 등을 잘못 표시하여 판결에 그대로 기재된 경우에는 판결경정을 할 수 없다. ○ | ×

> **해설** 법원의 과실이 아니고 당사자의 과실로 인하여 생긴 잘못, 예컨대 당사자가 소제기시에 소송목적물의 지번이나 지적 등을 잘못 표시하여 판결에 그대로 기재된 경우에도 경정할 수 있다(대결 1990.5.23. 90그17).

05

판결주문 중 등기원인일자가 잘못 표시된 경우, 호프만식 계산법에 의한 손해배상금의 계산이 잘못된 경우, 나머지 항소를 기각한다는 주문이 누락된 경우는 모두 경정사유로 인정된다. ○ | ×

> **해설** 호프만식 계산법에 의한 손해배상금의 계산이 잘못된 경우(대판 1970.1.27. 67다774), 판결주문 중 등기원인일자가 잘못 표시된 경우(대판 1970.3.31. 70다104), 나머지 항소를 기각한다는 주문이 누락된 경우(대판 2014.10.30. 2014스123) 경정사유로 인정된다.

06

청구취지에서 지급을 구하는 금원 중 원금 부분의 표시를 누락하여 그대로 판결된 경우, 그 청구원인에서 원금의 지급을 구하고 있었다면 판결경정으로 원금 부분의 표시를 추가하는 것은 허용된다. ○ | ×

> **해설** 청구취지에서 지급을 구하는 금원 중 원금 부분의 표시를 누락하여 그대로 판결된 경우에는 비록 그 청구원인에서는 원금의 지급을 구하고 있더라 하더라도 판결경정으로 원금 부분의 표시를 추가하는 것은 주문의 내용을 실질적으로 변경하는 경우에 해당하여 허용될 수 없다(대결 1995.4.26. 94그26).

정답 | **01** × **02** × **03** × **04** × **05** ○ **06** ×

07

판례는 소유권이전등기이행을 명하는 판결에서 피고의 등기부상 주소를 기재하지 않은 것이 경정사유가 아니라는 입장이다.

O | X

해설 판결의 경정은 판결의 위산, 오기 기타 이에 유사한 오류가 있는 것이 명백한 경우에 하는 것인바, 피고에게 소유권 이전등기이행을 명하는 판결을 함에 있어서 그 의무자인 피고의 주소가 등기부상 주소와 다른 경우에 등기부상 주소를 따로 명시하지 아니하였다 하여 판결에 이른바 명백한 오류가 있는 것이라고 볼 수 없다(대결 1986.4.30. 86그51).

08

甲이 판결서의 당사자란에 피고 乙의 주민등록번호가 기재되지 아니하여 판결에 따른 강제집행절차에 지장이 있다고 주장하면서 판결서에 乙의 주민등록번호를 추가하여 달라는 취지의 판결경정을 신청한 사안에서, 판결서에 乙의 주민등록번호가 기재되지 않은 것은 관련 법령에 따른 적법한 것이어서 판결에 잘못된 계산이나 그 밖에 이와 비슷한 잘못이 있다고 볼 수 없고, 甲이 주장하는 내용은 「민사소송규칙」, 「민사집행규칙」, 대법원 예규 등에서 정한 바에 따라 충분히 해결할 수 있다는 이유로 판결경정 신청을 기각한다는 것이 판례이다.

해설 대결 2022.3.29. 2021그713. 판결경정은 판결에 잘못된 계산이나 기재 그 밖에 이와 비슷한 잘못이 있음이 분명한 경우에 허용된다(제211조 제1항). 한편, 「개인정보 보호법」의 제정을 계기로 하여, 등록의 의사표시를 명하는 판결서를 제외한 민사·행정·특허·도산사건의 판결서에 당사자의 성명·주소만 기재할 뿐 주민등록번호를 기재하지 않도록 정하였다(재판서 양식에 관한 예규 제9조). 다만, 집행 과정에서의 정확성과 편의성을 확보하기 위하여, ① 집행문 부여 신청을 하는 경우에는 채무자의 주민등록번호를 소명하는 자료를 제출함으로써 집행문에 이를 기재하게 할 수 있고(민사집행규칙 제19조, 제20조), ② 당사자가 법원사무관 등에게 서면으로 소송관계인의 특정을 위한 개인정보에 대한 정정신청 및 그 소명자료를 제출함으로써 재판사무시스템에 개인정보를 추가로 입력하거나 이미 입력된 개인정보를 수정하게 할 수 있다(민사소송규칙 제76조의2, 재판사무시스템을 이용한 개인정보 관리사무 처리지침 제4조, 제5조).

판결에 잘못된 계산이나 기재 그 밖에 이와 비슷한 잘못이 있음이 분명한 경우에 하는 판결의 경정은, 일단 선고된 판결에 대하여 그 내용을 실질적으로 변경하지 않는 범위 내에서 판결의 표현상의 기재 잘못이나 계산의 착오 또는 이와 유사한 오류를 법원 스스로가 결정으로써 정정 또는 보충하여 강제집행이나 가족관계등록부의 정정 또는 등기의 기재 등 이른바 광의의 집행에 지장이 없도록 하자는 데 그 취지가 있다. 이러한 법리는 이행권고결정에 오류가 있는 경우에도 마찬가지로 적용된다. ○ | X

[해설] 「개인정보 보호법」 제5조에 의하면, 국가는 개인정보의 목적 외 수집, 오용·남용 및 무분별한 감시·추적 등에 따른 폐해를 방지하여 인간의 존엄과 개인의 사생활 보호를 도모하기 위한 시책을 강구하여야 하고(제1항), 정보주체의 권리를 보호하기 위하여 법령의 개선 등 필요한 시책을 마련하여야 하며(제2항), 개인정보의 처리에 관한 법령 등을 제정하거나 개정하는 경우「개인정보 보호법」의 목적에 부합되도록 하여야 한다(제4항). 위와 같은 「개인정보 보호법」에서 부여된 책무를 충실히 이행하기 위한 일환으로 법원은 재판서에 당사자의 성명·주소뿐만 아니라 주민등록번호까지 기재하여 오던 종래의 관행을 개선하고자 「재판서 양식에 관한 예규」를 개정하게 되었다.
개정된 「재판서 양식에 관한 예규」에는 일부를 제외하고는 민사·행정·특허·도산사건의 재판서에 당사자의 성명·주소만 기재할 뿐 주민등록번호를 기재하지 않도록 정하였다(제9조). 다만, 개선 조치로 인하여 집행 과정에서 지장이 초래되는 것을 방지하는 동시에 그 정확성과 편의성을 확보하는 차원에서, 법원은 ① 집행문 부여 신청을 하는 경우에는 채무자의 주민등록번호를 소명하는 자료를 제출함으로써 집행문에 이를 기재하게 할 수 있게 하였고(민사집행규칙 제19조, 제20조), ② 당사자가 법원사무관 등에게 서면으로 소송관계인의 특정을 위한 개인정보에 대한 정정신청 및 그 소명자료를 제출함으로써 재판사무시스템에 개인정보를 추가로 입력하거나 이미 입력된 개인정보를 수정하게 할 수 있도록 하였다(민사소송규칙 제76조의2, 재판사무시스템을 이용한 개인정보 관리사무 처리지침 제4조, 제5조).
이행권고결정의 경우 개정된 「재판서 양식에 관한 예규」에 따르면 종전처럼 당사자의 주민등록번호를 기재하여야 하는 재판서로 볼 수도 있다. 그러나 이행권고결정에 주민등록번호를 기재하지 않았다고 하더라도 그와 같은 조치는 내부적 업무처리지침에 불과한 「재판서 양식에 관한 예규」에 어긋날 뿐이고, 앞서 본 「개인정보 보호법」의 취지에는 합치되는 것이므로 부적법하다고 할 수 없다. 나아가 당사자는 앞서 본 민사소송규칙 제76조의2에서 정한 절차에 따라 재판사무시스템에 소송관계인의 주민등록번호를 추가하거나 수정할 수 있기 때문에 그 집행 과정에서 어떠한 지장을 받을 우려도 없다(대결 2022.12.1. 2022그18).

경정결정의 시기에 대하여는 제한이 없고, 상소제기 또는 판결확정의 전후를 불문한다. ○ | X

[해설] 경정결정의 시기에 관하여는 제한이 없다. 따라서 상소제기 또는 판결확정의 전후를 불문한다. 강제집행 단계에서 비로소 오류를 발견하였더라도 이때 경정신청을 할 수 있음은 물론이다.

정답 | 07 ○ 08 ○ 09 ○ 10 ○

11

판결경정결정은 원칙적으로 당해 판결을 한 법원이 하는 것이나, 통상의 공동소송이었던 다른 당사자 간의 소송사건이 상소의 제기로 상소심에 계속된 결과 상소를 하지 아니한 당사자 간의 원심판결의 원본과 소송기록이 우연히 상소심 법원에 있다면, 상소심 법원이 심판의 대상이 되지 않은 부분에 관한 판결을 경정할 권한을 가지게 된다. ○ | X

해설 판결경정결정은 원칙적으로 당해 판결을 한 법원이 하는 것이고, 상소의 제기로 본안사건이 상소심에 계속된 경우에는 당해 판결의 원본이 상소기록에 편철되어 상소심 법원으로 송부되므로, 판결원본과 소송기록이 있는 상소심 법원도 경정결정을 할 수 있는 것이기는 하지만, 당해 판결에 대하여 상소를 하지 아니하여 사건이 상소심에 계속되지 아니한 부분은 상소심의 심판대상이 되지 않는 것이므로, 통상의 공동소송이었던 다른 당사자 간의 소송사건이 상소의 제기로 상소심에 계속된 결과, 상소를 하지 아니한 당사자 간의 원심판결의 원본과 소송기록이 우연히 상소심 법원에 있다고 하더라도, 상소심 법원이 심판의 대상이 되지도 않은 부분에 관한 판결을 경정할 권한을 가지는 것은 아니다(대결 1992.1.29. 91마748).

12

경정결정은 판결의 원본과 정본에 덧붙여 적어야 하나, 정본에 덧붙여 적을 수 없을 때에는 결정의 정본을 작성하여 당사자에게 송달하여야 한다. ○ | X

해설 경정결정은 판결의 원본과 정본에 덧붙여 적어야 한다. 다만, 정본이 이미 당사자에게 송달되어 정본에 덧붙여 적을 수 없을 때에는 따로 결정의 정본을 작성하여 당사자에게 송달하면 된다(제211조 제2항).

13

판결에 대한 경정결정이 있는 경우에도 그 판결에 대한 상소기일은 경정결정에 의하여 영향을 받지 않고 판결이 송달된 날부터 진행한다. ○ | X

해설 경정결정서는 송달에 의하여 경정결정 자체의 효력이 생기지만 잘못이 시정되는 경정의 효력은 경정결정 자체의 효력과는 달리 판결선고시에 소급하여 생긴다(대결 1962.1.25. 4294민재항674). 그러므로 판결에 대한 상소기일은 경정결정에 의하여 영향을 받지 않고 판결이 송달된 날부터 진행한다.

14

12주사보

경정한 결과 상소이유가 발생한 경우에는 상소의 추후보완을 할 수 있는데, 상소기간 경과 후에 이루어진 판결경정 내용이 경정 이전에 비하여 불리하다는 사정만으로 상소의 추후보완이 허용되는 것은 아니다. O | X

> **해설** 경정한 결과 상소이유가 발생한 경우에는 상소의 추후보완(제173조)을 할 수 있는데, 상소기간 경과 후에 이루어진 판결경정 내용이 경정 이전에 비하여 불리하다는 사정만으로 상소의 추후보완이 허용되는 것은 아니다(대판 1997.1.24. 95므1413·1420).

15

20사무관

판결이 경정되면 불이익변경금지의 원칙은 경정된 판결을 기준으로 하여 적용된다. O | X

> **해설** 판결이 경정되면 당초의 원판결과 일체가 되어 처음부터 경정된 내용의 판결이 있었던 것과 같은 효력이 있으므로 불이익변경금지의 원칙은 경정된 판결을 기준으로 하여 적용된다(대판 2011.9.29. 2011다41796).

16

14/16/21법원직, 18주사보, 22사무관

판결경정결정에 대하여 불이익을 받는 당사자는 즉시항고할 수 있고, 경정신청을 기각하는 결정에 대하여 신청인은 민사소송법 제439조의 규정에 의한 통상항고를 제기할 수 있다. O | X

> **해설** 판결경정결정에 대하여는 불이익을 받는 당사자가 즉시항고할 수 있으나(제211조 제3항 본문), 경정신청을 기각한 결정에 대하여는 항고 제기의 방법으로 불복할 수 없고, 특별항고(제449조)가 허용될 뿐이며, 당사자가 특별항고라는 표시와 항고법원을 대법원이라 표시하지 아니하였다 하더라도 그 항고장을 접수한 법원으로서는 이를 특별항고로 보아 대법원으로 소송기록을 송부하여야 한다(대판 1995.7.12. 95마531).

17

토지에 관한 소유권이전등기절차의 이행을 구하는 소송 중 사실심 변론종결 전에 토지가 분할되었는데도 그 내용이 변론에 드러나지 않은 채 토지에 관한 원고 청구가 인용된 경우에는 분할된 토지에 관한 표시로 경정해 달라는 신청은 인정되지 않는다. ○ | X

해설 토지에 관한 소유권이전등기절차의 이행을 구하는 소송 중 사실심 변론종결 전에 토지가 분할되었는데도 그 내용이 변론에 드러나지 않은 채 토지에 관한 원고 청구가 인용된 경우에 판결에 표시된 토지에 관한 표시를 분할된 토지에 관한 표시로 경정해 달라는 신청은 특별한 사정이 없는 한 받아들여야 한다(대결 2020.3.16. 2020그507).

18

판결경정신청을 기각한 결정에 대하여 헌법 위반을 이유로 특별항고를 하려면 신청인이 그 재판에 필요한 자료를 제출할 기회를 전혀 부여받지 못한 상태에서 그러한 결정이 있었다든지, 판결과 그 소송의 모든 과정에 나타난 자료와 판결선고 후에 제출된 자료에 의하여 판결에 잘못이 있음이 분명하여 판결을 경정해야 하는 사안임이 명백한데도 법원이 이를 간과함으로써 기각결정을 하였다는 등의 사정이 있어야 한다. ○ | X

해설 [1] 민사소송법 제449조 제1항은 불복할 수 없는 결정이나 명령에 대하여는 재판에 영향을 미친 헌법 위반이 있거나, 재판의 전제가 된 명령·규칙·처분의 헌법 또는 법률의 위반 여부에 대한 판단이 부당하다는 것을 이유로 하는 때에만 대법원에 특별항고를 할 수 있도록 하고 있다. 여기서 결정이나 명령에 대하여 재판에 영향을 미친 헌법 위반이 있다고 함은 결정이나 명령의 절차에서 헌법 제27조 등이 정하고 있는 적법한 절차에 따라 공정한 재판을 받을 권리가 침해된 경우를 포함한다.
[2] 판결경정신청을 기각한 결정에 이러한 헌법 위반이 있다고 하려면 ① 신청인이 그 재판에 필요한 자료를 제출할 기회를 전혀 부여받지 못한 상태에서 그러한 결정이 있었다든지, ② 판결과 그 소송의 모든 과정에 나타난 자료와 판결선고 후에 제출된 자료에 의하여 판결에 잘못이 있음이 분명하여 판결을 경정해야 하는 사안임이 명백한데도 법원이 이를 간과함으로써 기각결정을 하였다는 등의 사정이 있어야 한다(대결 2020.3.16. 2020그507).

정답 | **17** X **18** ○

01 다음 중 판례상 인정된 판결경정사유가 아닌 것은? (다툼이 있는 경우 판례에 의함)　　14주사보

① 당사자가 소제기시에 목적물의 지번이나 지적 등을 잘못 표시하여 판결에 그대로 기재된 경우
② 채권자대위소송에서 채무자의 주소가 누락된 경우
③ 청구원인에서 원금을 구하였으나 청구취지에서 원금을 누락하여 원금 부분을 추가하는 경우
④ 채권압류 및 전부명령의 제3자 표시를 사망한 자에서 사망자의 상속인으로 고치는 경우

해설　① [○] ② [○] ④ [○] 판례상 인정된 경정사유는, 당사자의 표시에 주소가 누락된 채 송달장소만이 기재된 경우(대판 2000.5.30. 2000그37), 채권자대위소송에서 채무자의 주소가 누락된 경우(대판 1995.6.19. 95그26), 판결서 말미에 별지 목록이 누락된 경우(대판 1989.10.13. 88다카19415), 목적물의 표시에서 번지의 호수가 누락된 경우(대판 1964.4.13. 63마40), 건물의 건평이나 토지의 면적이 잘못 표시된 경우(대판 1985.7.15. 85그66), 지적법상 허용되지 않는 m² 미만의 단수를 판결에 그대로 표시한 경우(대판 1996.10.16. 96그49), 호프만식 계산법에 의한 손해배상금의 계산이 잘못된 경우(대판 1970.1.27. 67다774), 판결주문 중 등기원인일자가 잘못 표시된 경우(대판 1970.3.31. 70다104), 채권압류 및 전부명령의 제3자 표시를 사망한 자에서 사망자의 상속인으로 고치는 경우(대판 1998.2.13. 95다15667) 등이다.

③ [×] 표현상의 명백한 잘못이 아닌 판단내용의 잘못이나 판단누락은 경정사유가 되지 않는다. 판례상 경정사유가 되지 않는 것은, 청구원인에서 원금을 구하더라도 청구의 취지에서 원금을 누락하였는데 판결경정으로 원금 부분을 추가하는 경우(대판 1995.4.26. 94그26), 환지확정에 따라 청구취지를 정정하면서 누락된 종전 토지의 일부를 추가하는 경우(대판 1996.3.12. 95마528), 2인의 공유등기를 1인의 단독소유등기로 변경하는 경우(대판 1995. 4.26. 94그26) 등이다.

정답 ③

⚖️ OX 확인

01
상소기각판결은 그것이 확정된 때 원판결이 확정된다.　　　　　　　　　　　○ | X

> **해설** 상소기각판결은 그것이 확정된 때 원판결이 확정된다.

02
제1심판결 전에 불상소의 합의를 하면 제1심판결은 선고와 함께 확정되고, 제1심판결 후에 불상소의 합의를 하면 제1심판결의 항소기간 만료시에 제1심판결이 확정된다.　　　　　　　○ | X

> **해설** 판결선고 전 불상소합의가 있으면 판결선고와 동시에 판결은 확정되고, 판결선고 후 불상소합의가 있으면 합의시
> 바로 판결이 확정된다.

03
판결에 대하여 상소가 있는 경우에도 상소기간 경과 후에 취하(또는 취하간주)되거나 상소가 부적법하여
각하된 때에는 상소기간 만료시에 소급하여 그 판결이 확정된다.　　　　　　　　　　○ | X

> **해설** 다음의 경우에는 상소기간의 만료시에 확정된다.
> ① 상소기간 내에 상소를 제기하지 않고 도과시킨 때
> ② 상소를 제기하였으나 상소를 취하한 때
> ③ 상소를 제기하였으나 상소각하판결이 나거나 상소장각하명령이 있는 때

04
항소가 부적법하여 각하된 때에는 항소각하판결 확정시에 판결이 확정된다.　　　　　　○ | X

> **해설** 제1심 법원의 판결에 대하여 항소를 제기한 경우에 항소가 부적법하여 각하된 때에는 항소기간 만료시에 소급하여
> 확정된다.

05

상대방이 전부 승소하여 항소의 이익이 없는 경우에는 항소권을 가진 패소자만 항소포기를 하면 비록 상대방의 항소기간이 만료하지 않았더라도 제1심판결은 확정된다.　　　　　　　　　　　O | X

해설 대결 2006.5.2. 2005마933

제4관 | 기판력

I 기판력 일반

1. 기판력의 본질

대법원은 전소에서 인용된 부분은 각하해야 하고, 전소에서 기각된 부분은 후소에서 기각해야 한다고 한다(모순금지설).

2. 기판력의 작용

소송물 동일	① 전소에서 승소한 원고이든 패소한 원고이든 같은 소송물에 대해 재소하면 기판력에 저촉되어 재소에 장애가 된다. ② 다만, 시효중단 등 특별한 사정이 있어 예외적으로 확정된 승소판결과 동일한 소송물에 기한 신소가 허용되는 경우라 하더라도 신소의 판결이 전소의 승소 확정판결의 내용에 저촉되어서는 아니되므로, 후소법원으로서는 그 확정된 권리를 주장할 수 있는 요건이 구비되어 있는지 여부에 관하여 다시 심리할 수 없다.
선결관계	후소가 전소와 소송물이 동일하지 아니하여도 전소의 기판력 있는 법률관계가 후소의 선결관계로 되는 때에는 후소의 선결문제로서 기판력을 받아 후소의 법원은 그와 모순되는 판단을 할 수 없다.
모순관계	① 후소가 전소의 기판력 있는 법률관계와 정면으로 모순되는 반대관계를 소송물로 할 때에는 전소의 기판력에 저촉된다. ② 예컨대, 원고의 소유권확인판결이 확정된 뒤에 동일한 물건에 대한 피고의 소유권확인청구는 전소의 기판력에 저촉된다.

3. 기판력 있는 재판

(1) 확정된 종국판결
① 본안판결이라면 청구인용판결, 청구기각판결이든 모두 기판력이 발생한다.
② 소송판결도 소송요건의 흠결로 소가 부적법하다는 판단에 한하여 기판력이 발생한다.
③ 사망자를 상대로 한 판결 등 무효인 판결이거나 미확정판결에는 기판력이 없다.

(2) 결정·명령
① 소송비용에 관한 결정 등 실체관계를 종국적으로 해결하는 경우에만 기판력이 발생한다.
② 그러나 소송지휘에 관한 결정·명령, 집행정지결정, 비송사건에 관한 결정 등은 기판력이 없다.

(3) 확정판결과 같은 효력이 있는 것
① 확정판결과 동일한 효력이 있는 청구의 포기·인낙조서, 화해조서, 화해권고결정, 조정조서 등에는 기판력이 있다.
② 그러나 이행권고결정과 지급명령은 기판력이 인정되지 않는다.

(4) 외국법원의 확정판결

승인요건	① 외국법원에 국제재판관할권이 인정될 것(제1호), 시간 여유를 두고 송달받았거나 소송에 응하였을 것(제2호), 대한민국의 선량한 풍속이나 그 밖의 사회질서에 어긋나지 아니할 것(제3호), 상호보증 등이 있을 것(제4호) ② 이러한 승인요건의 충족 여부는 법원의 직권조사사항이다. ③ 법원은 손해배상에 관한 확정재판 등이 대한민국의 법률 또는 대한민국이 체결한 국제조약의 기본질서에 현저히 반하는 결과를 초래할 경우에는 해당 확정재판 등의 전부 또는 일부를 승인할 수 없다(제217조의2 제1항).
관련판례	① 법정지인 판결국에서 피고에게 방어할 기회를 부여하기 위하여 규정한 송달에 관한 방식과 절차를 따르지 아니한 경우에는 제217조 제1항 제2호에서 말하는 적법한 방식에 따른 송달이 이루어졌다고 할 수 없다. ② ㉠ 법정지인 재판국에서 피고에게 방어할 기회를 부여하기 위하여 규정한 송달에 관한 방식과 절차를 따르지 아니한 경우에도, 패소한 피고가 외국법원의 소송절차에서 실제로 자신의 이익을 방어할 기회를 가졌다고 볼 수 있는 때는 제217조 제1항 제2호에서 말하는 피고의 응소가 있는 것으로 봄이 타당하다. 　㉡ 보충송달은 민사소송법 제217조 제1항 제2호에서 외국법원의 확정재판 등을 승인·집행하기 위한 송달요건에서 제외하고 있는 공시송달과 비슷한 송달에 의한 경우로 볼 수 없고, 외국재판 과정에서 보충송달 방식으로 송달이 이루어졌더라도 그 송달이 방어에 필요한 시간 여유를 두고 적법하게 이루어졌다면 위 규정에 따른 적법한 송달로 보아야 한다. ③ ㉠ 외국판결을 승인한 결과가 대한민국의 선량한 풍속이나 그 밖의 사회질서에 어긋나는지는 그 승인 여부를 판단하는 시점에서 외국판결의 승인이 대한민국의 국내법 질서가 보호하려는 기본적인 도덕적 신념과 사회질서에 미치는 영향을 외국판결이 다룬 사안과 대한민국과의 관련성의 정도에 비추어 판단하여야 한다. 　㉡ 외국법원의 확정재판 등을 승인한 결과가 대한민국의 선량한 풍속이나 그 밖의 사회질서에 어긋나는지 여부를 심리한다는 명목으로 실질적으로 확정재판 등의 옳고 그름을 전면적으로 재심사하는 것은 허용되지 아니한다. ④ 상호보증은 ㉠ 외국의 법령, 판례 및 관례 등에 따라 승인요건을 비교하여 인정되면 충분하고 <u>반드시 당사국과의 조약이 체결되어 있을 필요는 없으며</u>, ㉡ 외국에서 구체적으로 우리나라의 같은 종류의 판결을 승인한 사례가 없더라도 실제로 승인할 것이라고 기대할 수 있는 정도이면 충분하다. ⑤ 외국법원의 확정재판 등이 당사자가 실제로 입은 손해를 전보하는 손해배상을 명하는 경우에는 민사소송법 제217조의2 제1항을 근거로 승인을 제한할 수 없다.

⚖️ OX 확인

01
18법원직

시효중단 등 특별한 사정이 있어 예외적으로 확정된 승소판결과 동일한 소송물에 기한 신소가 허용되는 경우라 하더라도 신소의 판결이 전소의 승소확정판결의 내용에 저촉되어서는 아니 되므로, 후소법원으로서는 그 확정된 권리를 주장할 수 있는 요건이 구비되어 있는지 여부에 관하여 다시 심리할 수 없다. ○ | X

> **해설** 확정된 승소판결에는 기판력이 있으므로 당사자는 확정된 판결과 동일한 소송물에 기하여 신소를 제기할 수 없는 것이 원칙이나, 시효중단 등 특별한 사정이 있는 경우에는 예외적으로 신소가 허용되는데, 이러한 경우에 신소의 판결이 전소의 승소확정판결의 내용에 저촉되어서는 아니 되므로, 후소법원으로서는 그 확정된 권리를 주장할 수 있는 모든 요건이 구비되어 있는지에 관하여 다시 심리할 수 없다(대판 2018.4.24. 2017다293858).

02
21/22법원직

기판력이라 함은 기판력 있는 전소판결의 소송물과 동일한 후소를 허용하지 않는 것이므로, 후소의 소송물이 전소의 소송물과 동일하지 않은 경우에는 전소의 소송물에 대한 판단이 후소의 선결문제가 되는 경우에도 전소의 기판력은 후소에 미치지 않는다. ○ | X

> **해설** 확정된 전소의 기판력 있는 법률관계가 후소의 소송물 자체가 되지 아니하여도 후소의 선결문제가 되는 때에는 전소의 확정판결의 판단은 후소의 선결문제로서 기판력이 작용한다고 할 것이므로, 소유권확인청구에 대한 판결이 확정된 후 다시 동일 피고를 상대로 소유권에 기한 물권적 청구권을 청구원인으로 하는 소송을 제기한 경우에는 전소의 확정판결에서의 소유권의 존부에 관한 판단에 구속되어 당사자로서는 이와 다른 주장을 할 수 없을 뿐만 아니라 법원으로서도 이와 다른 판단은 할 수 없다(대판 2000.6.9. 98다18155).

03
23변호사

부동산에 대한 소유권확인 및 소유권보존등기 말소를 구하는 소(전소)의 기판력은 동일한 부동산에 대한 취득시효 완성을 원인으로 소유권이전등기를 구하는 소(후소)에 미치지 아니한다. ○ | X

> **해설** 전소의 소송물은 부동산에 대한 소유권 확인과 소유권보존등기에 대한 말소등기청구권의 존부였던 것임에 반하여 후소는 비록 동일 부동산에 관한 것이기는 하지만 점유취득시효 완성을 원인으로 하는 소유권이전등기청구권의 존부에 관한 것인 경우, 위 전후의 양 소는 그 청구취지와 청구원인이 각기 상이하여 서로 모순·저촉된다고 할 수 없으므로 전소판결의 기판력이 후소에 미친다고 할 수 없다(대판 1997.11.14. 97다32239).

04

소송요건의 흠결을 이유로 소를 각하하는 판결은 그 판결에서 확정한 소송요건의 흠결에 관하여 기판력이 발생한다. ○ | X

> **해설** 소송판결도 소송요건의 흠으로 소가 부적법하다는 판단에 기판력이 생기는 것이고, 소송물인 권리관계의 존부에 미치지 않는다(대판 1983.2.22. 82다15).

05

A가 제기한 소송이 소송요건의 흠결을 이유로 소각하판결이 선고되어 확정되더라도 A가 그 흠결을 보완하여 다시 소를 제기하면 기판력의 저촉문제는 생기지 않는다. ○ | X

> **해설** 원심은 이 사건 소가 대표권 없는 자에 의하여 제기되어 부적법하다고 하면서도, 이 사건 소는 확정된 종전의 소각하판결에서 판시된 대표권 흠결의 하자를 그대로 둔 채 거듭 제기된 것이기 때문에 종전의 확정판결의 기판력에 저촉되어 기각을 면치 못한다고 하고 있는바, 소송판결도 그 판결에서 확정한 소송요건의 흠결에 관하여 기판력이 발생함은 물론이나, 이 사건에서 종전 소송의 원고 종중 대표자로서 소를 제기한 자는 자신이 종전 소송판결의 확정 후에 소집된 종중총회에서 새로이 대표자로 선임되었음을 들어 대표권을 주장하는 것이어서 종전 확정판결의 기판력이 미칠 여지가 없다(대판 1994.6.14. 93다45015).

06

법원은 외국재판의 승인요건이 충족되었는지에 관하여 직권으로 조사하여야 한다. ○ | X

> **해설** 제217조 제2항

법정지인 판결국에서 피고에게 방어할 기회를 부여하기 위하여 규정한 송달에 관한 방식과 절차를 따르지 아니한 경우에는 민사소송법 제217조 제1항 제2호에서 말하는 적법한 방식에 따른 송달이 이루어졌다고 할 수 없다. ○ | X

> **해설** 「민사집행법」 제26조 제1항은 "외국법원의 판결에 기초한 강제집행은 대한민국 법원에서 집행판결로 그 적법함을 선고하여야 할 수 있다."라고 규정하고 있고, 「민사집행법」 제27조 제2항 제2호, 민사소송법 제217조 제2호는 집행판결의 요건으로 '패소한 피고가 소장 또는 이에 준하는 서면 및 기일통지서나 명령을 적법한 방식에 따라 방어에 필요한 시간 여유를 두고 송달받았거나(공시송달이나 이와 비슷한 송달에 의한 경우를 제외한다) 송달받지 아니하였더라도 소송에 응하였을 것'을 규정하고 있다. 여기서 '소장 또는 이에 준하는 서면 및 기일통지서나 명령'이라 함은 소장 및 소송개시에 필요한 소환장 등을 말하는 것인데, 패소한 피고가 이러한 소환장 등을 적법한 방식에 따라 송달받았을 것을 요구하는 것은 소송에서 방어의 기회를 얻지 못하고 패소한 피고를 보호하려는 것에 그 목적이 있는 것이므로 법정지인 판결국에서 피고에게 방어할 기회를 부여하기 위하여 규정한 송달에 관한 방식과 절차를 따르지 아니한 경우에는 여기에서 말하는 적법한 방식에 따른 송달이 이루어졌다고 할 수 없다(대판 2010.7.22. 2008다31089).

외국재판 과정에서 패소한 피고의 남편에게 소송서류가 보충송달된 경우 민사소송법 제217조 제1항 제2호에서 규정하고 있는 적법한 송달로 볼 수 있다. ○ | X

> **해설** 보충송달은 민사소송법 제217조 제1항 제2호에서 외국법원의 확정재판 등을 승인·집행하기 위한 송달요건에서 제외하고 있는 공시송달과 비슷한 송달에 의한 경우로 볼 수 없고, 외국재판 과정에서 보충송달 방식으로 송달이 이루어졌더라도 그 송달이 방어에 필요한 시간 여유를 두고 적법하게 이루어졌다면 위 규정에 따른 적법한 송달로 보아야 한다. 이와 달리 보충송달이 민사소송법 제217조 제1항 제2호에서 요구하는 통상의 송달방법에 의한 송달이 아니라고 본 대법원 1992.7.14. 선고 92다2585 판결, 대법원 2009.1.30. 선고 2008다65815 판결을 비롯하여 그와 같은 취지의 판결들은 이 판결의 견해에 배치되는 범위에서 이를 모두 변경하기로 한다(대판 2021.12.23. 2017다257746).
> – 뉴질랜드 법원의 요청으로 한국에 거주하는 피고의 남편에게 소송서류가 보충송달된 후 선고된 외국판결을 우리나라에서 강제집행하기 위하여 집행판결을 구하는 사안

09

외국법원의 확정재판 등의 승인이 대한민국의 선량한 풍속이나 그 밖의 사회질서에 어긋나는지는 외국법원의 확정재판 등이 확정된 시점을 기준으로 판단한다. O | X

해설 민사소송법 제217조 제3호는 외국법원의 확정판결의 효력을 인정하는 것이 대한민국의 선량한 풍속이나 그 밖의 사회질서에 어긋나지 아니하여야 한다는 점을 외국판결 승인요건의 하나로 규정하고 있는데, 여기서 외국판결의 효력을 인정하는 것, 즉 외국판결을 승인한 결과가 대한민국의 선량한 풍속이나 그 밖의 사회질서에 어긋나는지는 <u>그 승인 여부를 판단하는 시점</u>에서 외국판결의 승인이 대한민국의 국내법 질서가 보호하려는 기본적인 도덕적 신념과 사회질서에 미치는 영향을 외국판결이 다룬 사안과 대한민국과의 관련성의 정도에 비추어 판단하여야 하고, 이때 그 외국판결의 주문뿐 아니라 이유 및 외국판결을 승인할 경우 발생할 결과까지 종합하여 검토하여야 한다(대판 2012.5.24. 2009다22549).

10

외국법원의 확정재판 등을 승인한 결과가 대한민국의 선량한 풍속이나 그 밖의 사회질서에 어긋나는지 여부를 심리한다는 명목으로 실질적으로 확정재판 등의 옳고 그름을 전면적으로 재심사하는 것은 허용되지 아니한다. O | X

해설 「민사집행법」 제27조 제2항 제2호, 민사소송법 제217조 제1항 제3호에 의하면 외국법원의 확정판결 또는 이와 동일한 효력이 인정되는 재판(이하 '확정재판 등'이라 한다)의 효력을 인정하는 것이 대한민국의 선량한 풍속이나 그 밖의 사회질서에 어긋나지 아니하여야 한다는 점이 외국판결의 승인 및 집행의 요건인데, 확정재판 등을 승인한 결과가 선량한 풍속이나 그 밖의 사회질서에 어긋나는지를 심리한다는 명목으로 실질적으로 확정재판 등의 옳고 그름을 전면적으로 재심사하는 것은 "집행판결은 재판의 옳고 그름을 조사하지 아니하고 하여야 한다."라고 규정하고 있는 「민사집행법」 제27조 제1항에 반할 뿐만 아니라, 외국법원의 확정재판 등에 대하여 별도의 집행판결제도를 둔 취지에도 반하는 것이므로 허용되지 아니한다(대판 2015.10.15. 2015다1284).

외국법원의 확정판결이 승인되려면, 상호보증이 있거나 대한민국과 그 외국법원이 속하는 국가에 있어 확정재판 등의 승인요건이 현저히 균형을 상실하지 아니하고 중요한 점에서 실질적으로 차이가 없어야 하고, 이러한 상호보증을 위해서는 당사국과 조약이 체결되어 있어야 한다. O | X

해설 민사소송법 제217조 제1항 제4호는 외국법원의 확정재판 등의 승인요건으로 '상호보증이 있거나 대한민국과 그 외국법원이 속하는 국가에 있어 확정재판 등의 승인요건이 현저히 균형을 상실하지 아니하고 중요한 점에서 실질적으로 차이가 없을 것'을 규정하고 있다. 이에 의하면 우리나라와 외국 사이에 동종 판결의 승인요건이 현저히 균형을 상실하지 아니하고 외국에서 정한 요건이 우리나라에서 정한 그것보다 전체로서 과중하지 아니하며 중요한 점에서 실질적으로 거의 차이가 없는 정도라면 민사소송법 제217조 제1항 제4호에서 정하는 상호보증의 요건을 갖춘 것으로 보아야 한다. 이러한 상호보증은 외국의 법령, 판례 및 관례 등에 의하여 승인요건을 비교하여 인정되면 충분하고 반드시 당사국과 조약이 체결되어 있을 필요는 없으며, 해당 외국에서 구체적으로 우리나라의 같은 종류의 판결을 승인한 사례가 없다고 하더라도 실제로 승인할 것이라고 기대할 수 있을 정도이면 충분하다(대판 2017.5.30. 2012다23832).

12

민사소송법 제217조의2 제1항은 "법원은 손해배상에 관한 확정재판 등이 대한민국의 법률 또는 대한민국이 체결한 국제조약의 기본질서에 현저히 반하는 결과를 초래할 경우에는 해당 확정재판 등의 전부 또는 일부를 승인할 수 없다."라고 규정하고 있는데, 외국법원의 확정재판 등이 당사자가 실제로 입은 손해를 전보하는 손해배상을 명하는 경우에도 위 규정을 근거로 그 승인을 제한할 수 있다. O | X

해설 민사소송법 제217조의2 제1항은 "법원은 손해배상에 관한 확정재판 등이 대한민국의 법률 또는 대한민국이 체결한 국제조약의 기본질서에 현저히 반하는 결과를 초래할 경우에는 해당 확정재판 등의 전부 또는 일부를 승인할 수 없다."라고 규정하고 있는데, 이는 징벌적 손해배상과 같이 손해전보의 범위를 초과하는 배상액의 지급을 명한 외국법원의 확정재판 등의 승인을 적정범위로 제한하기 위하여 마련된 규정이다. 따라서 외국법원의 확정재판 등이 당사자가 실제로 입은 손해를 전보하는 손해배상을 명하는 경우에는 민사소송법 제217조의2 제1항을 근거로 승인을 제한할 수 없다(대판 2016.1.28. 2015다207747).

우리나라 법제에 외국재판에서 적용된 법령과 동일한 내용을 규정하는 법령이 없다는 이유만으로 외국재판의 승인을 거부할 수 없다.   O | X

해설 [1] 외국법원의 확정재판 등에 대한 집행판결을 허가하기 위해서는 이를 승인할 수 있는 요건을 갖추어야 한다. 민사소송법 제217조 제1항 제3호는 외국법원의 확정재판 등의 승인이 대한민국의 선량한 풍속이나 그 밖의 사회질서에 어긋나지 아니할 것을 외국재판 승인요건의 하나로 규정하고 있다. 여기서 그 확정재판 등을 승인한 결과가 대한민국의 선량한 풍속이나 그 밖의 사회질서에 어긋나는지 여부는 그 승인 여부를 판단하는 시점에서 그 확정재판 등의 승인이 우리나라의 국내법 질서가 보호하려는 기본적인 도덕적 신념과 사회질서에 미치는 영향을 그 확정재판 등이 다룬 사안과 우리나라와의 관련성의 정도에 비추어 판단하여야 한다.

또한 이러한 승인요건을 판단할 때에는 국내적인 사정뿐만 아니라 국제적 거래질서의 안정이나 예측가능성의 측면도 함께 고려하여야 하고, 우리나라 법제에 외국재판에서 적용된 법령과 동일한 내용을 규정하는 법령이 없다는 이유만으로 바로 그 외국재판의 승인을 거부할 것은 아니다.

[2] 우리나라 손해배상제도가 손해전보를 원칙으로 하면서도 개별 법률을 통해 특정 영역에서 그에 해당하는 특수한 사정에 맞게 손해전보의 범위를 초과하는 손해배상을 허용하고 있는 점에 비추어 보면, 손해전보의 범위를 초과하는 손해배상을 명하는 외국재판이 손해배상의 원인으로 삼은 행위가 적어도 우리나라에서 손해전보의 범위를 초과하는 손해배상을 허용하는 개별 법률의 규율 영역에 속하는 경우에는 그 외국재판을 승인하는 것이 손해배상 관련 법률의 기본질서에 현저히 위배되어 허용될 수 없는 정도라고 보기 어렵다. 이때 외국재판에 적용된 외국 법률이 실제 손해액의 일정 배수를 자동적으로 최종 손해배상액으로 정하는 내용이라고 하더라도 그것만으로 그 외국재판의 승인을 거부할 수는 없고, 우리나라의 관련 법률에서 정한 손해배상액의 상한 등을 고려하여 외국재판의 승인 여부를 결정할 수 있다(대판 2022.3.11. 2018다231550).

1. 주관적 범위의 의의

① 기판력은 원칙적으로 판결의 당사자 간에만 미친다.

② 법인 아닌 사단을 당사자로 한 판결의 기판력 또한 그 대표자나 구성원에게 미치지 아니한다.

2. 당사자와 같이 볼 제3자

(1) 변론종결 후의 승계인

의의		① 변론종결한 뒤에 소송물인 권리관계에 관한 지위를 당사자로부터 승계한 제3자는 당사자 간에 내린 판결의 기판력을 받는다. ② 소유권이전등기말소청구소송을 제기당한 자가 소송계속 중 당해 부동산의 소유권을 타인에게 이전한 경우에는, 부동산물권변동의 효력이 생기는 때인 소유권이전등기가 이루어진 시점을 기준으로 그 승계가 변론종결 전의 것인지 변론종결 후의 것인지 여부를 판단하여야 한다. ③ 가등기를 변론종결 이전에 한 자라도 본등기를 변론종결 후에 마친 경우 변론종결 후의 승계인으로 볼 것이다.
승계인의 범위	소송물 승계	소유권확인판결 후 그 소유권을 양수한 자, 대여금채권의 이행판결 후 그 채권을 양수한 자 등이 여기에 해당한다.
	계쟁물 승계	판례에 의하면 소송물이 대세적 효력이 있는 물권적 청구권일 때에는 승계인에게 기판력이 확장되는 데 비하여, 소송물이 채권적 청구권일 때에는 승계인에게 기판력이 확정됨을 부인한다.
		〈해당되는 경우〉 ① 소유권에 기해 소유권이전등기의 말소등기를 명하는 판결이 확정되었을 때에 그로부터 변론종결 후에 소유권이전등기를 넘겨받은 자는 변론종결 후의 승계인이라 한다. ② 근저당권설정등기가 애당초 원인무효임을 이유로 그 말소를 명하는 판결이 확정된 경우에 그 변론종결 뒤에 그 근저당권에 기한 담보권실행절차에서 부동산을 매수한 자 또는 이를 전득한 자에 대한 소송 ③ 원고가 소유권에 기한 건물철거 및 대지인도청구소송을 제기하였다가 패소확정판결을 받은 경우 피고로부터 위 건물을 매수한 자 ④ 소유권에 기한 건물철거청구의 승소확정판결을 받은 경우 그 변론종결 뒤에 건물의 소유권이전등기를 경료받아 건물에 대하여 사실상의 처분권을 취득한 자 등의 경우에는 변론종결 뒤의 승계인에 해당하여 기판력이 미친다고 본다.
		〈해당되지 않는 경우〉 ① 원고가 매매에 기한 소유권이전등기청구에서 승소의 확정판결을 받았다 하여도 자기 앞으로 등기를 마치기 전이면, 변론종결 후에 피고로부터 소유권이전등기를 넘겨받은 제3자는 채권적 의무의 승계인이요, 원고로부터 물권적 대항을 받지 않는 자임을 이유로 제218조 제1항의 승계인이 아니라 했다. ② 토지소유자가 그 무단점유자 상대의 부당이득반환청구의 소를 제기하여 판결을 받아 확정된 경우 이러한 소송물은 채권적 청구권이므로, 이를 변론종결 후에 위 토지소유권을 취득한 사람은 기판력이 미치는 변론을 종결한 뒤의 승계인에 해당될 수 없다고 판시하였다. ③ 취득시효 완성을 이유로 한 소유권이전등기소송의 변론종결 뒤에 원고로부터 소유권이전등기를 경료받은 자 ④ 임차권에 기한 건물인도청구소송의 승소확정판결이 있는 경우 그 변론종결 뒤에 그 건물에 소유권을 양수받아 점유하고 있는 자 등의 경우에는 변론종결 뒤의 승계인에 해당하지 아니하여 기판력이 미치시 않는다고 본다.

(2) 청구의 목적물의 소지자

① 확정판결은 청구의 목적물을 소지한 자에 대하여 그 효력이 있다.

② 소지자란 수치인, 창고업자, 관리인, 운송인, 동거인 등 오로지 본인을 위하여 목적물을 소지하는 자를 말하고, 질권자나 임차인 등 고유한 실체적 이익을 가진 자는 포함되지 아니한다.

(3) 소송담당의 경우 권리귀속주체

의의	제3자가 소송담당자로서 소송수행한 결과 받은 판결은 권리관계의 주체인 본인에게 미친다.	
채권자대위 소송	채권자대위소송의 판결이 채무자에게 미치는지 여부	① 판례는 채무자가 고지 등을 받아 대위소송이 제기된 사실을 알았을 때에는 채무자에게 미친다는 입장이다. ② 채권자가 제3채무자를 상대로 채권자대위소송을 제기하였다가 피보전채권이 인정되지 않는다는 이유로 소각하판결을 받아 확정된 경우, 채무자가 채권자대위소송이 제기된 사실을 알았는지 여부에 관계없이 그 판결의 기판력은 채권자가 채무자를 상대로 피보전채권의 이행을 구하는 소송에 미치지 않는다.
	채무자가 제3채무자 상대의 소송의 판결의 효력이 채권자에게 미치는지 여부	판례는 채권자가 대위권을 행사할 당시 이미 채무자가 그 권리를 재판상 행사하였을 때에는 설사 패소의 확정판결을 받았더라도 채권자는 채무자를 대위하여 채무자의 권리를 행사할 당사자적격이 없다고 한다.
	채권자대위소송의 판결의 효력이 다른 채권자에게 미치는지 여부	판례는 어느 채권자가 채권자대위권을 행사하는 방법으로 제3채무자를 상대로 소송을 제기하여 판결을 받은 경우, 어떠한 사유로든 채무자가 채권자대위소송이 제기된 사실을 알았을 경우에 한하여 그 판결의 효력이 채무자에게 미치므로, 이러한 경우에는 그 후 다른 채권자가 동일한 소송물에 대하여 채권자대위권에 기한 소를 제기하면 전소의 기판력을 받게 된다.
채권자취소 소송	① 사해행위의 취소는 채권자와 수익자의 관계에서 상대적으로 채무자와 수익자 사이의 법률행위를 무효로 하는 데에 그치고, 채무자와 수익자 사이의 법률관계에는 영향을 미치지 아니한다. ② 판례는 채권자 甲에 의한 동일한 사해행위에 관하여 채권자취소청구를 하여 그 판결이 확정되었다는 것만으로 그 후 제기된 다른 채권자 乙의 동일한 청구가 기판력을 받는 것은 아니고, 이 경우에 권리보호의 이익이 없어지는 것이 아니라고 하였다. ③ 다만, 甲의 승소확정판결에 의하여 원상회복이 된 뒤에는 권리보호이익이 없게 된다고 하였다. 채권자취소판결의 기판력은 그 소송에 참가하지 아니한 채무자 또는 채무자와 수익자 사이의 법률관계에 미치지 아니한다.	

(4) 소송탈퇴자

제3자가 독립당사자참가, 참가승계, 소송인수의 경우에 종전 당사자는 그 소송에서 탈퇴할 수 있는데, 그 뒤 제3자와 상대방 당사자 간의 판결의 기판력은 탈퇴자에게 미친다.

01 다음 중 기판력이 미치지 아니하는 자는? (다툼이 있는 경우 판례에 의함) 12법원직

① 채권자가 채권자대위권을 행사하는 방법으로 제3채무자를 상대로 소송을 제기하여 판결을 받은 경우에 채권자대위권에 의한 소송이 제기된 것을 안 채무자
② 변론을 종결한 뒤의 승계인
③ 청구의 목적물을 소지한 임차인이나 전세권자
④ 소송탈퇴자

해설 ① [O] 판례는 채무자가 고지 등을 받아 대위소송이 제기된 사실을 알았을 때에는 채무자에게 미친다는 입장이다(대판 (全) 1975.5.13. 74다1664).

② [O] 제218조 제1항

③ [×] 확정판결은 청구의 목적물을 소지한 자에 대하여 그 효력이 있다(제218조 제1항). 소지자란 수치인, 창고업자, 관리인, 운송인, 동거인 등 오로지 본인을 위하여 목적물을 소지하는 자를 말하고, 질권자나 임차인 등 고유한 실체적 이익을 가진 자는 포함되지 아니한다.

④ [O] 제3자가 독립당사자참가(제79조), 참가승계(제81조), 소송인수(제82조)의 경우에 종전 당사자는 그 소송에서 탈퇴할 수 있는데, 그 뒤 제3자와 상대방 당사자 간의 판결의 기판력은 탈퇴자에게 미친다.

정답 ③

01

법인이 소송당사자가 된 판결의 기판력은 그 대표자에게 미치지 아니하지만, 법인 아닌 사단이 소송의 당사자가 되는 경우에는 그 법인 아닌 사단을 당사자로 한 판결의 기판력은 그 대표자나 구성원에게 미친다. ○ | ×

> **해설** 민사소송법 제52조에 의하여 대표자가 있는 법인 아닌 사단이 소송의 당사자가 되는 경우에도 그 법인 아닌 사단은 대표자나 구성원과는 별개의 주체이므로, 그 대표자나 구성원을 당사자로 한 판결의 기판력이 법인 아닌 사단에 미치지 아니함은 물론 그 법인 아닌 사단을 당사자로 한 판결의 기판력 또한 그 대표자나 구성원에게 미치지 아니하는 것이 당연하다(대판 2010.12.23. 2010다58889).

02

대지 소유권에 기한 방해배제청구로서 지상건물의 철거를 구하여 승소확정판결을 얻은 경우, 그 지상건물에 관하여 위 확정판결의 변론종결 전에 마쳐진 소유권이전청구권가등기에 기하여 위 확정판결의 변론종결 후에 소유권이전등기를 마친 자가 있다면 그에게도 위 확정판결의 기판력이 미친다. ○ | ×

> **해설** 대지 소유권에 기한 방해배제청구로서 그 지상건물의 철거를 구하여 승소확정판결을 얻은 경우 그 지상건물에 관하여 위 확정판결의 변론종결 전에 경료된 소유권이전청구권가등기에 기하여 위 확정판결의 변론종결 후에 소유권이전등기를 경료한 자가 있다면 그는 민사소송법 제218조 제1항의 변론종결 후의 승계인이라 할 것이어서 위 확정판결의 기판력이 미친다(대판 1992.10.27. 92다10883).

03

채권양수인이 제218조 제1항에 따라 확정판결의 효력이 미치는 변론종결 후의 승계인에 해당하는지 판단하는 기준시기는 채권양도의 대항요건이 갖추어진 때이다. ○ | ×

> **해설** 채권을 양수하기는 하였으나 아직 양도인에 의한 통지 또는 채무자의 승낙이라는 대항요건을 갖추지 못하였다면 채권양수인은 채무자와 사이에 아무런 법률관계가 없어 채무자에 대하여 아무런 권리주장을 할 수 없고, 양도인이 채무자에게 채권양도통지를 하거나 채무자가 이를 승낙하여야 채무자에게 채권양수를 주장할 수 있다. 이에 따라 채권양수인이 소송계속 중의 승계인이라고 주장하며 참가신청을 한 경우에, 채권자로서의 지위의 승계가 소송계속 중에 이루어진 것인지 여부는 채권양도의 합의가 이루어진 때가 아니라 대항요건이 갖추어진 때를 기준으로 판단하는 것과 마찬가지로, 채권양수인이 민사소송법 제218조 제1항에 따라 확정판결의 효력이 미치는 변론종결 후의 승계인에 해당하는지 여부 역시 채권양도의 합의가 이루어진 때가 아니라 대항요건이 갖추어진 때를 기준으로 판단하여야 한다(대판 2020.9.3. 2020다210747).

정답 | **01** × **02** ○ **03** ○

04

소송물이 동일하거나 선결문제 또는 모순관계에 의하여 기판력이 미치는 객관적 범위에 해당하지 아니하는 경우에는 전소판결의 변론종결 후에 당사자로부터 계쟁물 등을 승계한 자가 후소를 제기하더라도 그 후소에 전소판결의 기판력이 미치지 아니한다. ○ | X

해설 소송물이 동일하거나 선결문제 또는 모순관계에 의하여 기판력이 미치는 객관적 범위에 해당하지 아니하는 경우에는 전소판결의 변론종결 후에 당사자로부터 계쟁물 등을 승계한 자가 후소를 제기하더라도 후소에 전소판결의 기판력이 미치지 아니한다(대판 2014.10.30. 2013다53939).
- 甲 등이 乙을 상대로 건물 등에 관한 소유권이전등기의 말소등기절차 이행을 구하는 소를 제기하여 승소확정판결을 받았는데, 위 판결의 변론종결 후에 乙로부터 건물 등의 소유권을 이전받은 丙이 甲 등을 상대로 위 건물의 인도 및 차임 상당 부당이득의 반환을 구하는 소를 제기한 사안에서, 전소판결에서 소송물로 주장된 법률관계는 건물 등에 관한 말소등기청구권의 존부이고 건물 등의 소유권의 존부는 전제가 되는 법률관계에 불과하여 전소판결의 기판력이 미치지 아니하고, 전소인 말소등기청구권에 대한 판단이 건물인도 등 청구의 소의 선결문제가 되거나 건물인도청구권 등의 존부가 전소의 소송물인 말소등기청구권의 존부와 모순관계에 있다고 볼 수 없어 전소의 기판력이 건물인도 등 청구의 소에 미친다고 할 수 없으며, 이는 丙이 전소판결의 변론종결 후에 乙로부터 건물을 매수하여 소유권이전등기를 마쳤더라도 마찬가지이므로, 丙이 변론종결 후의 승계인이어서 전소 확정판결의 기판력이 미쳐 건물 등의 소유권을 취득할 수 없다고 본 원심판결에 법리오해 등의 위법이 있다고 한 사례

05

원고가 매매에 기한 소유권이전등기청구에서 승소의 확정판결 후 등기를 마치기 전에 피고로부터 변론종결 후에 소유권이전등기를 넘겨받은 제3자는 승계인이 아니므로 기판력이 미치지 않는다. ○ | X

해설 원고가 매매에 기한 소유권이전등기청구에서 승소의 확정판결을 받았다 하여도 자기 앞으로 등기를 마치기 전이면, 변론종결 후에 피고로부터 소유권이전등기를 넘겨받은 제3자는 채권적 의무의 승계인이요, 원고로부터 물권적 대항을 받지 않는 자임을 이유로 제218조 제1항의 승계인이 아니라 했다(대판 2003.5.13. 2002다64148).

토지의 소유자가 소유권에 기하여 그 토지의 무단점유자를 상대로 차임 상당의 부당이득반환을 구하는 소송을 제기하여 무단점유자가 그 점유 토지의 인도시까지 매월 일정 금액의 차임 상당 부당이득을 반환하라는 판결이 확정된 경우, 위 소송의 변론종결 후에 위 토지의 소유권을 취득한 사람은 민사소송법 제218조 제1항에 의하여 위 확정판결의 기판력이 미치는 변론을 종결한 뒤의 승계인에 해당한다. O | X

해설 민사소송법 제252조 제1항은 "정기금의 지급을 명한 판결이 확정된 뒤에 그 액수 산정의 기초가 된 사정이 현저하게 바뀜으로써 당사자 사이의 형평을 크게 침해할 특별한 사정이 생긴 때에는 그 판결의 당사자는 장차 지급할 정기금 액수를 바꾸어 달라는 소를 제기할 수 있다."라고 규정하고 있다. 이러한 정기금판결에 대한 변경의 소는 정기금판결의 확정 뒤에 발생한 현저한 사정변경을 이유로 확정된 정기금판결의 기판력을 예외적으로 배제하는 것을 목적으로 하므로, 확정된 정기금판결의 당사자 또는 민사소송법 제218조 제1항에 의하여 확정판결의 기판력이 미치는 제3자만 정기금판결에 대한 변경의 소를 제기할 수 있다.
한편, 토지의 소유자가 소유권에 기하여 토지의 무단점유자를 상대로 차임 상당의 부당이득반환을 구하는 소송을 제기하여 무단점유자가 점유 토지의 인도시까지 매월 일정 금액의 차임 상당 부당이득을 반환하라는 판결이 확정된 경우, 이러한 소송의 소송물은 채권적 청구권인 부당이득반환청구권이므로, 소송의 변론종결 후에 토지의 소유권을 취득한 사람은 민사소송법 제218조 제1항에 의하여 확정판결의 기판력이 미치는 변론을 종결한 뒤의 승계인에 해당한다고 볼 수 없다.
따라서 토지의 전 소유자가 제기한 부당이득반환청구소송의 변론종결 후에 토지의 소유권을 취득한 사람에 대해서는 소송에서 내려진 정기금 지급을 명하는 확정판결의 기판력이 미치지 아니하므로, 토지의 새로운 소유자가 토지의 무단점유자를 상대로 다시 부당이득반환청구의 소를 제기하지 아니하고, 토지의 전 소유자가 앞서 제기한 부당이득반환청구소송에서 내려진 정기금판결에 대하여 변경의 소를 제기하는 것은 부적법하다(대판 2016.6.28. 2014다31721).

건물 소유권에 기한 물권적 청구권을 원인으로 하는 건물명도소송의 사실심 변론종결 뒤에 그 패소자인 건물 소유자로부터 건물을 매수하고 소유권이전등기를 마친 제3자는 민사소송법 제218조 제1항 소정의 변론종결 뒤의 승계인에 해당한다고 할 수 없다. O | X

해설 건물 소유권에 기한 물권적 청구권을 원인으로 하는 건물명도소송의 소송물은 건물 소유권이 아니라 그 물권적 청구권인 건물명도청구권이므로 그 소송에서 청구기각된 확정판결의 기판력은 건물명도청구권의 존부 그 자체에만 미치는 것이고, 소송물이 되지 아니한 건물 소유권의 존부에 관하여는 미치지 아니하므로, 그 건물명도소송의 사실심 변론종결 후에 그 패소자인 건물 소유자로부터 건물을 매수하고 소유권이전등기를 마침으로써 그 소유권을 승계한 제3자의 건물 소유권의 존부에 관하여는 위 확정판결의 기판력이 미치지 않으며, 또 이 경우 위 제3자가 가지게 되는 물권적 청구권인 건물명도청구권은 적법하게 승계한 건물 소유권의 일반적 효력으로서 발생된 것이고, 위 건물명도소송의 소송물인 패소자의 건물명도청구권을 승계함으로써 가지게 된 것이라고는 할 수 없으므로, 위 제3자는 위 확정판결의 변론종결 후의 승계인에 해당한다고 할 수 없다(대판 1999.10.22. 98다6855).

08

22모의

토지 소유권에 기한 가등기말소청구소송에서 청구기각된 확정판결의 기판력은 위 소송의 변론종결 후 토지 소유자로부터 근저당권을 취득한 제3자가 근저당권에 기하여 같은 가등기에 대한 말소청구를 하는 경우에는 미치지 않는다. ○ | X

해설 ① 확정판결의 기판력은 확정판결의 주문에 포함된 법률적 판단과 동일한 사항이 소송상 문제가 되었을 때 당사자는 이에 저촉되는 주장을 할 수 없고 법원도 이에 저촉되는 판단을 할 수 없는 기속력을 의미하고, 확정판결의 내용대로 실체적 권리관계를 변경하는 실체법적 효력을 갖는 것은 아니다.

② 토지 소유권에 기한 물권적 청구권을 원인으로 하는 가등기말소청구소송의 소송물은 가등기말소청구권이므로 그 소송에서 청구기각된 확정판결의 기판력은 가등기말소청구권의 부존재 그 자체에만 미치고, 소송물이 되지 않은 토지 소유권의 존부에 관하여는 미치지 않는다. 나아가 위 청구기각된 확정판결로 인하여 토지 소유자가 갖는 토지 소유권의 내용이나 토지 소유권에 기초한 물권적 청구권의 실체적인 내용이 변경, 소멸되는 것은 아니다.

③ 위 가등기말소청구소송의 사실심 변론종결 후에 토지 소유자로부터 근저당권을 취득한 제3자는 적법하게 취득한 근저당권의 일반적 효력으로서 물권적 청구권을 갖게 되고, 위 가등기말소청구소송의 소송물인 패소자의 가등기말소청구권을 승계하여 갖는 것이 아니며, 자신이 적법하게 취득한 근저당권에 기한 물권적 청구권을 원인으로 소송상 청구를 하는 것이므로, 위 제3자는 민사소송법 제218조 제1항에서 정한 확정판결의 기판력이 미치는 '변론을 종결한 뒤의 승계인'에 해당하지 않는다(대판 2020.5.14. 2019다261381).

09

14법원직

A가 B를 상대로 한 점포의 인도청구소송에서 점포의 관리인 C에게까지 그 확정판결의 효력이 미치는 것은 아니다. ○ | X

해설 확정판결은 청구의 목적물을 소지한 자에 대하여 그 효력이 있다(제218조 제1항). 여기의 소지자란 당사자만이 아니라 변론종결한 뒤의 승계인을 위해서 청구의 목적물을 소지하는 사람을 말한다. 예를 들면, 수치인·창고업자·관리인·운송인 등이다.

10

19법원직

채권자가 채권자대위권을 행사하는 방법으로 제3채무자를 상대로 소송을 제기하여 판결을 받은 경우 어떠한 사유로든 채무자가 채권자대위소송이 제기된 사실을 알았을 경우에 한하여 그 판결의 효력이 채무자에게 미친다. ○ | X

해설 대판 (全) 1975.5.13. 74다1664

채권자대위소송에서 채무자를 대위할 피보전채권이 인정되지 않는다는 이유로 소각하판결을 받아 확정된 경우 그 판결의 기판력은 채권자가 채무자를 상대로 피보전채권의 이행을 구하는 소송에 미친다.

O | X

> **해설** 판례는, 어떠한 사유로 인하였든 적어도 채권자대위권에 의한 소송이 제기된 사실을 채무자가 알았을 때 그 기판력이 채무자에게 미친다는 의미는 채권자대위소송의 소송의 소송물인 피대위채권의 존부에 관한 판단에 한하는 것이지, 채권자대위소송의 소송요건인 피보전채권의 존부에 관한 판단에서 당해 소송의 당사자 아닌 채무자에게 기판력이 인정되지 아니한다고 하였다. 그러므로 채권자대위소송에서 피보전권리가 인정되지 아니하여 소각하판결이 있었던 경우, 그 판결의 기판력이 채권자가 채무자 상대로 제기한 소송에는 미치지 않는다고 했다(대판 2014.1.23. 2011다108095).

채권자가 채권자대위권을 행사할 당시 이미 채무자가 그 권리를 재판상 행사하여 패소확정판결을 받았더라도 채권자는 채무자를 대위하여 위 채무자의 권리를 행사할 당사자적격이 있다.

O | X

> **해설** 판례는 채권자대위권은 채무자가 제3채무자에 대한 권리를 행사하지 아니하는 경우에 한하여 채권자가 자기의 채권을 보전하기 위하여 행사할 수 있는 것이기 때문에 채권자가 대위권을 행사할 당시 이미 채무자가 그 권리를 재판상 행사하였을 때에는 설사 패소의 확정판결을 받았더라도 채권자는 채무자를 대위하여 채무자의 권리를 행사할 당사자적격이 없다고 한다(대판 1993.3.26. 92다32876).

사해행위취소판결의 기판력은 그 취소권을 행사한 채권자와 그 상대방인 수익자 또는 전득자와의 상대적인 관계에서만 미칠 뿐 그 소송에 참가하지 아니한 채무자 또는 채무자와 수익자 사이의 법률관계에는 미치지 아니한다.

O | X

> **해설** 사해행위의 취소는 채권자와 수익자의 관계에서 상대적으로 채무자와 수익자 사이의 법률행위를 무효로 하는 데에 그치고, 채무자와 수익자 사이의 법률관계에는 영향을 미치지 아니한다(대판 2015.11.17. 2012다2743).

14

기판력이 미치는 주관적 범위는 신분관계소송이나 회사관계소송 등에서 제3자에게도 그 효력이 미치는 것으로 규정되어 있는 경우를 제외하고는 원칙적으로 당사자, 변론을 종결한 뒤의 승계인 또는 그를 위하여 청구의 목적물을 소지한 사람과 다른 사람을 위하여 원고나 피고가 된 사람이 확정판결을 받은 경우의 그 다른 사람에 국한되고, 그 외의 제3자나 변론을 종결하기 전의 승계인에게는 미치지 않는다. O | X

> **해설** 확정판결의 기판력이 미치는 주관적 범위는 신분관계소송이나 회사관계소송과 같이 법률에 특별한 규정이 있는 경우를 제외하고는 원칙적으로 당사자, 변론을 종결한 뒤의 승계인 또는 그를 위하여 청구의 목적물을 소지한 사람과 다른 사람을 위하여 원고나 피고가 된 사람이 확정판결을 받은 경우의 그 다른 사람에 국한되고(제218조 제1항·제3항) 그 밖의 제3자에게는 미치지 않는다. 따라서 추심채권자들이 제기하는 추심금소송의 소송물이 채무자의 제3채무자에 대한 피압류채권의 존부로서 서로 같더라도 소송당사자가 다른 이상 그 확정판결의 기판력이 서로에게 미친다고 할 수 없다(대판 2020.10.29. 2016다35390).

15

추심금소송에서 추심채권자가 제3채무자와 "피압류채권 중 일부 금액을 지급하고 나머지 청구를 포기한다."는 내용의 재판상 화해를 한 경우, '나머지 청구포기 부분'은 추심채권자가 제3채무자에게 더 이상 추심권을 행사하지 않고 소송을 종료하겠다는 의미로 보아야 한다. O | X

> **해설** 금전채권에 대해 압류·추심명령이 이루어지면 채권자는 「민사집행법」 제229조 제2항에 따라 대위절차 없이 압류 채권을 직접 추심할 수 있는 권능을 취득한다. 추심채권자는 추심권을 포기할 수 있으나(민사집행법 제240조 제1항), 그 경우 집행채권이나 피압류채권에는 아무런 영향이 없다. 한편, 추심채권자는 추심 목적을 넘는 행위, 예를 들어 피압류채권의 면제, 포기, 기한유예, 채권양도 등의 행위는 할 수 없다.
> 추심금소송에서 추심채권자가 제3채무자와 "피압류채권 중 일부 금액을 지급하고 나머지 청구를 포기한다."는 내용의 재판상 화해를 한 경우 '나머지 청구포기 부분'은 추심채권자가 적법하게 포기할 수 있는 자신의 '추심권'에 관한 것으로서 제3채무자에게 더 이상 추심권을 행사하지 않고 소송을 종료하겠다는 의미로 보아야 한다. 이와 달리 추심채권자가 나머지 청구를 포기한다는 표현을 사용하였다고 하더라도 이를 애초에 자신에게 처분 권한이 없는 '피압류채권' 자체를 포기한 것으로 볼 수는 없다. 따라서 위와 같은 재판상 화해의 효력은 별도의 추심명령을 기초로 추심권을 행사하는 다른 채권자에게 미치지 않는다(대판 2020.10.29. 2016다35390).

16

동일한 채권에 대해 복수의 채권자들이 압류·추심명령을 받은 경우 어느 한 채권자가 제기한 추심금소송에서 확정된 판결의 기판력은 그 소송의 변론종결일 이전에 압류·추심명령을 받았던 다른 추심채권자에게 미치지 않는다. O | X

해설 확정판결의 기판력이 미치는 주관적 범위는 신분관계소송이나 회사관계소송과 같이 법률에 특별한 규정이 있는 경우를 제외하고는 원칙적으로 당사자, 변론을 종결한 뒤의 승계인 또는 그를 위하여 청구의 목적물을 소지한 사람과 다른 사람을 위하여 원고나 피고가 된 사람이 확정판결을 받은 경우의 그 다른 사람에 국한되고(제218조 제1항·제3항) 그 밖의 제3자에게는 미치지 않는다. 따라서 추심채권자들이 제기하는 추심금소송의 소송물이 채무자의 제3채무자에 대한 피압류채권의 존부로서 서로 같더라도 소송당사자가 다른 이상 그 확정판결의 기판력이 서로에게 미친다고 할 수 없다(대판 2020.10.29. 2016다35390).

17

대금분할을 명한 공유물분할 확정판결의 당사자인 공유자가 신청하여 진행된 공유물분할을 위한 경매절차에서 매수인이 매각대금을 완납한 경우, 위 판결의 변론이 종결된 뒤(또는 변론 없이 한 판결의 경우에는 판결을 선고한 뒤) 해당 공유자의 공유지분에 마쳐진 소유권이전청구권의 순위보전을 위한 가등기상권리는 소멸한다. O | X

해설 대금분할을 명한 공유물분할 확정판결의 당사자인 공유자가 공유물분할을 위한 경매를 신청하여 진행된 경매절차에서 공유물 전부에 관하여 매수인에 대한 매각허가결정이 확정되고 매각대금이 완납된 경우, 매수인은 공유물 전부에 대한 소유권을 취득하게 되고, 이에 따라 각 공유지분을 가지고 있던 공유자들은 지분소유권을 상실하게 된다. 그리고 대금분할을 명한 공유물분할판결의 변론이 종결된 뒤(변론 없이 한 판결의 경우에는 판결을 선고한 뒤) 해당 공유자의 공유지분에 관하여 소유권이전청구권의 순위보전을 위한 가등기가 마쳐진 경우, 대금분할을 명한 공유물분할 확정판결의 효력은 민사소송법 제218조 제1항이 정한 변론종결 후의 승계인에 해당하는 가등기권자에게 미치므로, 특별한 사정이 없는 한 위 가등기상의 권리는 매수인이 매각대금을 완납함으로써 소멸한다(대판 2021.3.11. 2020다253836).

Ⅲ 기판력의 객관적 범위

1. 원칙

(1) 판결주문의 판단

확정판결은 주문에 포함된 것에 한하여 기판력을 가진다.

(2) 동일 소송물의 범위

청구취지가 다른 경우	① 소송물이 다르기에 기판력의 저촉은 발생하지 않는다. 전소가 1필 토지의 특정부분에 대한 소유권이전등기청구이고 후소가 일정지분에 대한 소유권이전등기청구일 때 전소의 기판력에 저촉되지 않는다. ② 다만, 판례는 후소인 진정한 소유자명의회복의 이전등기청구나 전소인 말소등기청구 모두 소유자의 등기명의회복을 위한 것으로 목적이 같고, 소유권에 기한 방해배제청구권으로서 법적 근거 등이 같아 소송물이 동일하므로 후소는 전소의 기판력에 저촉된다고 보았다.
청구취지는 같지만 실체법상 권리만 다른 경우	각 별개의 소송물이라는 전제로 불법행위 손해배상청구권과 부당이득반환청구권 중 어느 하나의 청구권에 기하여 승소판결을 받았다 하여도, 책임제한의 법리 때문에 아직 채권의 만족을 얻지 못한 부분이 있다면 다른 청구권에 기한 이행의 소송을 제기할 수 있다.
공격방법	① 판례는 말소등기청구사건에서 전소와 후소 사이에 등기의 무효사유를 달리하는 경우에도 이는 공격방어방법의 차이에 불과하다 하여 전소의 기판력은 후소에 미친다고 본다. ② 그러나 이전등기사건에 있어서 등기원인을 달리하는 경우는 공격방어방법이 아닌 청구원인의 차이라고 한다.

(3) 일부청구

① 불법행위의 피해자가 일부청구임을 명시하여 그 손해의 일부만을 청구한 경우 그 일부청구에 대한 판결의 기판력은 청구의 인용 여부에 관계없이 청구의 범위에 한하여 미치는 것이고, 잔부청구에는 미치지 아니하는 것이다.

② 다만, 후유증에 의한 손해배상청구의 경우에 그 소송의 변론종결 당시 그 손해의 발생을 예견할 수 없었고 또 그 부분의 청구를 포기한 것으로 볼 수 없는 사정이 있다면 전 소송에서 그 부분에 대한 청구가 유보되어 있지 않았더라도 이는 전 소송의 소송물과는 별개의 소송물이므로 전 소송의 기판력에 저촉되는 것이 아니라고 한다.

(4) 판결이유 중의 판단

사실	판결이유 중 확정했고 판결의 기초로 한 사실에 대해서는 기판력이 생기지 않는다.
선결적 법률관계	① 소유권에 기한 이전등기말소청구에 관한 확정판결의 기판력은 그 소송물인 말소등기청구권의 존부에 대해서만 미칠 뿐, 판결이유에서 밝힌 말소원인인 소유권의 존부 등에 관해서는 미치지 않는다. ② 따라서 甲이 乙을 상대로 한 이전등기말소청구소송에서 원고 甲에게 소유권이 없다는 이유로 패소확정된 뒤라도 원고 甲은 다시 乙을 상대로 하여 소유권확인의 후소를 제기할 수 있다. ③ 매매계약의 무효 또는 해제를 원인으로 한 매매대금반환청구에 대한 인낙조서의 기판력은 그 매매대금반환청구권의 존부에 관하여만 발생할 뿐, 그 전제가 되는 선결적 법률관계인 매매계약의 무효 또는 해제에까지 발생하는 것은 아니므로 소유권이전등기청구권의 존부를 소송물로 하는 후소는 전소에서 확정된 법률관계와 정반대의 모순되는 사항을 소송물로 하는 것이라 할 수 없으며, 기판력이 발생하지 않는 전소와 후소의 소송물의 각 전제가 되는 법률관계가 매매계약의 유효 또는 무효로 서로 모순된다고 하여 전소에서의 인낙조서의 기판력이 후소에 미친다고 할 수 없다.

	④ 甲 등 망인들이 국가를 상대로 농지분배처분을 원인으로 하는 소유권이전등기청구소송을 제기하였다가 패소판결이 선고되어 확정되었는데, 그 후 甲 등의 상속인들인 乙 등이 국가가 행한 일련의 불법행위 때문에 분배농지에 관한 수분배권을 상실하였다며 국가를 상대로 손해배상을 구한 경우, 乙 등이 제기한 손해배상청구소송에서 문제되는 농지분배처분 무효 내지 甲 등의 분배토지에 관한 수분배권 존부에는 위 확정판결의 기판력이 미치지 않는다.
항변	판결이유 속에서 판단되는 피고의 항변에 대해서는 그것이 판결의 기초가 되었다 하여도 기판력이 생기지 않는다.
법률판단	판결이유 속에서 표시된 법률판단에는 기판력이 미치지 않는다. 다만, 판결이유 속의 법률판단은 환송판결을 한 경우에 하급법원을 기속할 뿐이다.

2. 예외 – 상계항변

의의	① 상계를 주장한 청구가 성립되는지 아닌지의 판단은 상계하자고 대항한 액수에 한하여 기판력을 가진다. ② 여기서 말하는 상계는 단독행위로서의 상계를 의미하는 것으로, 원피고 사이의 채권을 상계하여 정산키로 하는 합의를 하는 것은 포함하지 않는다.
기판력 발생요건	**자동채권에 관한 요건** ① 상계항변에 대한 기판력은 어디까지나 자동채권의 존부에 관하여 실질적으로 판단을 한 경우에 한하며, ㉠ 상계항변의 각하, ㉡ 성질상 상계가 허용되지 않거나, ㉢ 상계부적상을 이유로 배척된 경우에는 포함되지 않는다. 또 자동채권의 존부에 대해서는 상계로써 대항한 액수에 한하여 기판력이 생긴다(예 금 60만 원 청구에 금 100만 원의 자동채권을 갖고 상계항변을 하였다면, 그 상계항변이 인용되든 배척되든 자동채권에 관한 판단의 기판력은 60만 원에 한한다. 60만 원을 초과한 40만 원 부분은 기판력이 없음). ② 판례는 복수의 자동채권에 기한 상계항변의 경우 법원이 어느 자동채권에 대하여 상계의 기판력이 미치는지 밝혀야 한다고 한다. ③ 법원이 당해 소송의 소송물인 수동채권의 전부 또는 일부의 존재를 인정하는 판단을 한 다음 피고의 상계항변에 대한 판단으로 나아가 피고가 주장한 반대채권의 존재를 인정하지 않고 상계항변을 배척하는 판단을 한 경우에, 그와 같이 반대채권이 부존재한다는 판결이유 중의 판단의 기판력은 특별한 사정이 없는 한 '법원이 반대채권의 존재를 인정하였더라면 상계에 관한 실질적 판단으로 나아가 수동채권의 상계적상일까지의 원리금과 대등액에서 소멸하는 것으로 판단할 수 있었던 반대채권의 원리금 액수'의 범위에서 발생한다고 보아야 한다. ④ 피고가 상계항변으로 2개 이상의 반대채권을 주장하였는데 법원이 그중 어느 하나의 반대채권의 존재를 인정하여 수동채권의 일부와 대등액에서 상계하는 판단을 하고 나머지 반대채권들은 모두 부존재한다고 판단하여 그 부분 상계항변을 배척한 경우, 나머지 반대채권들이 부존재한다는 판단에 관하여 기판력이 발생하는 전체 범위가 '상계를 마친 후의 수동채권의 잔액'을 초과할 수는 없고, 이러한 법리는 피고가 주장하는 2개 이상의 반대채권의 원리금 액수 합계가 법원이 인정하는 수동채권의 원리금 액수를 초과하는 경우에도 마찬가지이다.
	수동채권에 관한 요건 ① 상계주장에 관한 판단에 기판력이 생기는 것은 수동채권이 소송물로서 심판되는 소구채권이거나 그와 실질적으로 동일한 경우에 한하기 때문에 수동채권이 동시이행항변으로 주장된 채권일 경우에는 그러한 상계주장에 대한 판단에 기판력이 생기지 않는다. ② 피고의 상계항변에 피고의 자동채권을 소멸시키기 위한 원고의 상계의 재항변은 허용할 이익이 없다.

01

확정판결은 주문에 포함된 것에 한하여 기판력을 가지고 판결이유 중의 판단에는 원칙적으로 기판력이 미치지 않는다. 다만, 예외적으로 상계를 주장한 청구가 성립되는지 아닌지의 판단은 판결이유 중의 판단이지만 상계하자고 대항한 액수에 한하여 기판력을 가진다. ○ | X

> **해설** 피고가 상계항변을 제출하였을 경우에 자동채권의 존부에 대하여 비록 판결이유 중에서 판단하게 되지만 상계로써 대항한 액수의 한도 내에서는 기판력이 생긴다(제216조 제2항).

02

1필지 토지 전부에 대한 소유권이전등기청구소송에서 토지 일부의 매수사실은 인정되나 그 부분을 특정할 수 없다는 이유로 전부패소판결을 받아 확정된 후 매수 부분을 특정하여 소유권이전등기를 구하는 경우 위 특정된 부분의 매수 여부와 관련하여서는 전소의 기판력이 미치지 아니한다. ○ | X

> **해설** 甲이 乙로부터 1필의 토지의 일부를 특정하여 매수하였다고 주장하면서 乙을 상대로 그 부분에 대한 소유권이전등기청구소송을 제기하였으나, 목적물이 甲의 주장과 같은 부분으로 특정되었다고 볼 증거가 없다는 이유로 청구가 기각되었고, 이에 대한 甲의 항소·상고가 모두 기각됨으로써 판결이 확정되자, 다시 乙을 상대로 그 전체 토지 중 일정 지분을 매수하였다고 주장하면서 그 지분에 대한 소유권이전등기를 구하는 소를 제기한 경우, 전소와 후소는 그 각 청구취지를 달리하여 소송물이 동일하다고 볼 수 없으므로, 전소의 기판력은 후소에 미칠 수 없다(대판 (全) 1995.4.25. 94다17956).

03

소유권이전등기말소청구소송에서 패소판결의 기판력은 청구취지가 다른 진정명의회복을 위한 소유권이전등기청구의 소에는 미치지 않는다. ○ | X

> **해설** 진정한 등기명의의 회복을 위한 소유권이전등기청구는 이미 자기 앞으로 소유권을 표상하는 등기가 되어 있었거나 법률에 의하여 소유권을 취득한 자가 진정한 등기명의를 회복하기 위한 방법으로 현재의 등기명의인을 상대로 그 등기의 말소를 구하는 것에 갈음하여 허용되는 것인데, 말소등기에 갈음하여 허용되는 진정명의회복을 원인으로 한 소유권이전등기청구권과 무효등기의 말소청구권은 어느 것이나 진정한 소유자의 등기명의를 회복하기 위한 것으로서 실질적으로 그 목적이 동일하고, 두 청구권 모두 소유권에 기한 방해배제청구권으로서 그 법적 근거와 성질이 동일하므로, 비록 전자는 이전등기, 후자는 말소등기의 형식을 취하고 있다고 하더라도 그 소송물은 실질상 동일한 것으로 보아야 하고, 따라서 소유권이전등기말소청구소송에서 패소확정판결을 받았다면 그 기판력은 그 후 제기된 진정명의회복을 원인으로 한 소유권이전등기청구소송에도 미친다(대판 (全) 2001.9.20. 99다37894).

04

전 소송에서 일부청구임을 명시한 경우에는 후소의 잔부청구가 기판력에 저촉되지 않는다.　　○│×

> **해설** 불법행위의 피해자가 일부청구임을 명시하여 그 손해의 일부만을 청구한 경우 그 일부청구에 대한 판결의 기판력은 청구의 인용 여부에 관계없이 청구의 범위에 한하여 미치는 것이고, 잔부청구에는 미치지 아니하는 것이라고 판시하였다(대판 1993.6.25. 92다33008).

05

계쟁 부동산에 관한 피고 명의의 소유권이전등기가 원인무효라는 이유로 원고가 피고를 상대로 그 등기의 말소를 구하는 소송을 제기하였다가 청구기각의 판결을 선고받아 확정되었다면, 원고가 그의 소유권을 부인하는 피고에 대하여 계쟁 부동산이 원고의 소유라는 확인을 구하는 소를 제기하는 것은 부적법하다.

○│×

> **해설** 확정판결의 기판력은 소송물로 주장된 법률관계의 존부에 관한 판단의 결론에만 미치고 그 전제가 되는 법률관계의 존부에까지 미치는 것은 아니므로, 계쟁 부동산에 관한 피고 명의의 소유권이전등기가 원인무효라는 이유로 원고가 피고를 상대로 그 등기의 말소를 구하는 소송을 제기하였다가 청구기각의 판결을 선고받아 확정되었다고 하더라도, 그 확정판결의 기판력은 소송물로 주장된 말소등기청구권이나 이전등기청구권의 존부에만 미치는 것이지 그 기본이 된 소유권 자체의 존부에는 미치지 아니하고, 따라서 원고가 비록 위 확정판결의 기판력으로 인하여 계쟁 부동산에 관한 등기부상의 소유 명의를 회복할 방법은 없게 되었다고 하더라도 그 소유권이 원고에게 없음이 확정된 것은 아닐 뿐만 아니라, 등기부상 소유자로 등기되어 있지 않다고 하여 소유권을 행사하는 것이 전혀 불가능한 것도 아닌 이상, 원고로서는 그의 소유권을 부인하는 피고에 대하여 계쟁 부동산이 원고의 소유라는 확인을 구할 법률상 이익이 있으며, 이러한 법률상의 이익이 있는 이상에는 특별한 사정이 없는 한 소유권확인청구의 소제기 자체가 신의칙에 반하는 것이라고 단정할 수 없는 것이다(대판 2002.9.24. 2002다11847).

06

기판력은 전소와 후소가 선결문제 또는 모순관계에 있는 경우에도 인정되므로, 전소에서 매매계약의 무효 또는 해제를 원인으로 한 매매대금반환청구에 대한 인낙조서가 작성된 후, 후소에서 매매계약의 유효를 전제로 소유권이전등기청구를 하는 것은 전소에서 확정된 법률관계에 모순되는 법률관계의 확정을 구하는 것으로 전소 인낙조서의 기판력에 저촉된다.　　○│×

> **해설** 매매계약의 무효 또는 해제를 원인으로 한 매매대금반환청구에 대한 인낙조서의 기판력은 그 매매대금반환청구권의 존부에 관하여만 발생할 뿐, 그 전제가 되는 선결적 법률관계인 매매계약의 무효 또는 해제에까지 발생하는 것은 아니므로 소유권이전등기청구권의 존부를 소송물로 하는 후소는 전소에서 확정된 법률관계와 정반대의 모순되는 사항을 소송물로 하는 것이라 할 수 없으며, 기판력이 발생하지 않는 전소와 후소의 소송물의 각 전제가 되는 법률관계가 매매계약의 유효 또는 무효로 서로 모순된다고 하여 전소에서의 인낙조서의 기판력이 후소에 미친다고 할 수 없다(대판 2005.12.23. 2004다55698).

정답 | **01** ○　**02** ○　**03** ×　**04** ○　**05** ×　**06** ×

07

A가 100만 원을 소로써 청구함에 대하여 B가 200만 원의 반대채권으로서 상계한다고 항변한 경우, 그 상계항변이 인용되건 배척되건 자동채권에 관한 판단의 기판력은 100만 원에 한정된다. ○ | X

해설 자동채권의 존부에 대해서는 상계로써 대항한 액수에 한하여 기판력이 생긴다.

08

법원이 수동채권의 존재를 인정하는 판단을 한 다음, 반대채권의 존재를 인정하지 않고 상계항변을 배척한 경우에는 반대채권에 대하여는 기판력이 발생하지 않는다. ○ | X

해설 확정된 판결의 이유 부분의 논리구조상 법원이 당해 소송의 소송물인 수동채권의 전부 또는 일부의 존재를 인정하는 판단을 한 다음 피고의 상계항변에 대한 판단으로 나아가 피고가 주장한 반대채권(또는 자동채권, 이하 '반대채권'이라고만 한다)의 존재를 인정하지 않고 상계항변을 배척하는 판단을 한 경우에, 그와 같이 반대채권이 부존재한다는 판결이유 중의 판단의 기판력은 특별한 사정이 없는 한 '법원이 반대채권의 존재를 인정하였더라면 상계에 관한 실질적 판단으로 나아가 수동채권의 상계적상일까지의 원리금과 대등액에서 소멸하는 것으로 판단할 수 있었던 반대채권의 원리금 액수'의 범위에서 발생한다고 보아야 한다(대판 2018.8.30. 2016다46338·46345).

09

원고의 소구채권 자체가 인정되지 않는 경우 더 나아가 피고의 상계항변의 당부를 따져볼 필요도 없이 원고 청구가 배척될 것이므로, '원고의 소구채권 그 자체를 부정하여 원고의 청구를 기각한 판결'과 '소구채권의 존재를 인정하면서도 상계항변을 받아들인 결과 원고의 청구를 기각한 판결'은 기판력의 범위를 서로 달리하고, 후자의 판결에 대하여 피고는 상소의 이익이 있다. ○ | X

해설 소송상 방어방법으로서의 상계항변은 통상 수동채권의 존재가 확정되는 것을 전제로 하여 행하여지는 일종의 예비적 항변으로서, 소송상 상계의 의사표시에 의해 확정적으로 그 효과가 발생하는 것이 아니라 당해 소송에서 수동채권의 존재 등 상계에 관한 법원의 실질적 판단이 이루어지는 경우에 비로소 실체법상 상계의 효과가 발생한다. 따라서 원고의 소구채권 자체가 인정되지 않는 경우 더 나아가 피고의 상계항변의 당부를 따져볼 필요도 없이 원고 청구가 배척될 것이므로, '원고의 소구채권 그 자체를 부정하여 원고의 청구를 기각한 판결'과 '소구채권의 존재를 인정하면서도 상계항변을 받아들인 결과 원고의 청구를 기각한 판결'은 민사소송법 제216조에 따라 기판력의 범위를 서로 달리하고, 후자의 판결에 대하여 피고는 상소의 이익이 있다(대판 2018.8.30. 2016다46338·46345).

10

상계 주장의 대상이 된 수동채권이 동시이행항변에 행사된 채권일 경우에는 그러한 상계 주장에 대한 판단에는 기판력이 발생하지 않는다. ○ | X

> **해설** 대판 1975.10.21. 75다48

11

소송상 상계항변에 대하여 소송상 상계의 재항변을 하는 것은 다른 특별한 사정이 없는 한 허용되지 않는다. ○ | X

> **해설** 법원이 원고의 소송상 상계의 재항변과 무관한 사유로 피고의 소송상 상계항변을 배척하는 경우에는 소송상 상계의 재항변을 판단할 필요가 없고, 피고의 소송상 상계항변이 이유 있다고 판단하는 경우에는 원고의 청구채권인 수동채권과 피고의 자동채권이 상계적상 당시에 대등액에서 소멸한 것으로 보게 될 것이므로 원고가 소송상 상계의 재항변으로써 상계할 대상인 피고의 자동채권이 그 범위에서 존재하지 아니하는 것이 되어 이때에도 역시 원고의 소송상 상계의 재항변에 관하여 판단할 필요가 없게 된다. 또한 원고가 소송물인 청구채권 외에 피고에 대하여 다른 채권을 가지고 있다면 소의 추가적 변경에 의하여 그 채권을 당해 소송에서 청구하거나 별소를 제기할 수 있다(대판 2014.6.12. 2013다95964).

12

甲 등 망인들이 국가를 상대로 농지분배처분을 원인으로 하는 소유권이전등기청구소송을 제기하였다가 패소판결이 선고되어 확정되었는데, 그 후 甲 등의 상속인들인 乙 등이 국가가 행한 일련의 불법행위 때문에 분배농지에 관한 수분배권을 상실하였다며 국가를 상대로 손해배상을 구한 경우, 乙 등이 제기한 손해배상청구소송에서 문제되는 농지분배처분 무효 내지 甲 등의 분배토지에 관한 수분배권 존부에는 위 확정판결의 기판력이 미치지 않는다. ○ | X

> **해설** 확정판결의 기판력은 소송물로 주장된 법률관계의 존부에 관한 판단의 결론에만 미치고 그 전제가 되는 법률관계의 존부에까지 미치는 것이 아니다(대판 2021.4.8. 2020다219690).

당사자가 주장한 사항에 대한 구체적·직접적인 판단이 판결이유에 표시되어 있지 아니하더라도 판결이유의 전반적인 취지에 비추어 그 주장을 인용하거나 배척하였음을 알 수 있는 정도라면 판단누락이라고 할 수 없고, 설령 실제로 판단을 하지 아니하였더라도 판결 결과에 영향이 없다면 판단누락의 위법이 있다고 할 수 없다.   ○ㅣ✕

해설 판결서의 이유에는 주문이 정당하다는 것을 인정할 수 있을 정도로 당사자의 주장, 그 밖의 공격방어방법에 관한 판단을 표시하면 되고 당사자의 모든 주장이나 공격방어방법에 관하여 판단할 필요가 없다(제208조 제2항 참조). 판결에 당사자가 주장한 사항에 대한 구체적·직접적인 판단이 표시되어 있지 않더라도 판결이유의 전반적인 취지에 비추어 그 주장을 인용하거나 배척하였음을 알 수 있는 정도라면 판단누락이라고 할 수 없다. 설령 실제로 판단을 하지 않았다고 하더라도 그 주장이 배척될 경우임이 분명한 때에는 판결 결과에 영향을 미치는 잘못이라고 할 수 없다(대판 2021.5.7. 2020다292411).

01 다음 설명 중 전소판결의 기판력이 후소청구에 미치는 것은? 15법원직

① 원고가 임료 상당 부당이득의 반환을 구하는 소를 제기하여 승소판결이 확정된 후, 임료가 상당하지 아니하게 되는 등 특별한 사정이 발생하여 후소로 차액 상당의 부당이득금의 반환을 청구하였다.

② 원고가 1억 원의 금전채권 중 일부청구임을 명시하여 4,000만 원만 먼저 청구하여 승소판결을 받은 후, 금전채권 6,000만 원의 잔부청구를 하였다.

③ 원고가 소유권이전등기말소소송에서 소유권이 없다는 이유로 패소판결을 받은 후, 동일 피고를 상대로 다시 소유권확인의 후소를 제기하였다.

④ 원고가 소유권이전등기말소소송에서 소유권이 없다는 이유로 패소판결을 받은 후, 동일 피고를 상대로 진정명의회복을 위한 소유권이전등기의 후소를 제기하였다.

해설 ① [×] 토지의 소유자가 법률상 원인 없이 토지를 점유하고 있는 자를 상대로 장래의 이행을 청구하는 소로서, 그 점유자가 토지를 인도할 때까지 토지를 사용·수익함으로 인하여 얻을 토지의 임료에 상당하는 부당이득금의 반환을 청구하여, 그 청구의 전부나 일부를 인용하는 판결이 확정된 경우에, 그 소송의 사실심 변론종결 후에 토지의 가격이 현저하게 앙등하고 조세 등의 공적인 부담이 증대되었을뿐더러 그 인근 토지의 임료와 비교하더라도 그 소송의 판결에서 인용된 임료액이 상당하지 아니하게 되는 등 경제적 사정의 변경으로 당사자 간의 형평을 심하게 해할 특별한 사정이 생긴 때에는, 토지의 소유자는 점유자를 상대로 새로 소를 제기하여 전소판결에서 인용된 임료액과 적정한 임료액의 차액에 상당하는 부당이득금의 반환을 청구할 수 있다고 봄이 상당하다(대판 (全) 1993.12.21. 92다46226).

② [×] 불법행위의 피해자가 일부청구임을 명시하여 그 손해의 일부만을 청구한 경우 그 일부청구에 대한 판결의 기판력은 청구의 인용 여부에 관계없이 청구의 범위에 한하여 미치는 것이고, 잔부청구에는 미치지 아니하는 것이라고 판시하였다(대판 1993.6.25. 92다33008).

③ [×] 확정판결의 기판력은 소송물로 주장된 법률관계의 존부에 관한 판단의 결론에만 미치고 그 전제가 되는 법률관계의 존부에까지 미치는 것은 아니므로, 계쟁 부동산에 관한 피고 명의의 소유권이전등기가 원인무효라는 이유로 원고가 피고를 상대로 그 등기의 말소를 구하는 소송을 제기하였다가 청구기각의 판결을 선고받아 확정되었다고 하더라도, 그 확정판결의 기판력은 소송물로 주장된 말소등기청구권이나 이전등기청구권의 존부에만 미치는 것이지 그 기본이 된 소유권 자체의 존부에는 미치지 아니하고, 따라서 원고로서는 그의 소유권을 부인하는 피고에 대하여 계쟁 부동산이 원고의 소유라는 확인을 구할 법률상 이익이 있으며, 이러한 법률상의 이익이 있는 이상에는 특별한 사정이 없는 한 소유권확인청구의 소제기 자체가 신의칙에 반하는 것이라고 단정할 수 없는 것이다(대판 2002.9.24. 2002다11847).

④ [○] 후소인 진정한 소유자명의회복의 이전등기청구나 전소인 말소등기청구 모두 소유자의 등기명의회복을 위한 것으로 목적이 같고 소유권에 기한 방해배제청구권으로서 법적 근거 등이 같아 소송물이 동일하므로 후소는 전소의 기판력에 저촉된다고 보았다(대판 (全) 2001.9.20. 99다37894).

정답 ④

Ⅳ 기판력의 시적 범위

1. 의의

확정판결의 기판력은 사실심 변론종결시를 표준으로 하여 그 시점에서의 권리 또는 법률관계의 존부에 관하여 생긴다.

2. 표준시 이전의 권리관계

기판력은 표준시 이전의 권리관계에 대하여는 미치지 않는다. 예컨대, 원본채권청구가 변론종결 당시 부존재를 이유로 기각되었어도 변론종결 전의 원본채권의 존재를 주장하여 변론종결 전까지 생긴 이자의 청구는 가능하다.

3. 표준시 이전의 사실자료

실권효의 발생범위	① 표준시 전에 당사자가 제출할 수 있었던 공격방어방법은 기판력의 실권효에 의해서 차단되어 후소에서 이를 주장할 수 없다. 당사자가 그 공격방어방법을 알지 못하여 주장하지 못하였는지, 과실이 있는지는 묻지 아니한다. ② 매매를 이유로 소유권확인의 소를 제기하여 패소확정판결을 받았다면 후소로 소유권확인의 소를 제기하면서 전소 변론종결 전에 주장할 수 있었던 취득시효사유를 다시 주장할 수 없다.
한정승인 사실	채무자가 한정승인을 하고도 채권자가 제기한 소송의 사실심 변론종결시까지 그 사실을 주장하지 아니하여 책임의 범위에 관한 유보가 없는 판결이 선고되어 확정되었다고 하더라도, 채무자는 그 후 위 한정승인 사실을 내세워 청구에 관한 이의의 소를 제기할 수 있다.
상속포기 사실	한정승인 사안에서 판시한 기판력에 의한 실권효 제한의 법리는 채무의 상속에 따른 책임의 제한 여부만이 문제되는 한정승인과 달리 상속에 의한 채무의 존재 자체가 문제되어 그에 관한 확정판결의 주문에 당연히 기판력이 미치게 되는 상속포기의 경우에는 적용될 수 없다.

4. 표준시 이후에 발생한 사유

원칙	변론종결 후에 발생한 사유에 의해서는 기판력에 의해 확정된 법률효과를 다툴 수 있다. 즉, 실권효가 미치지 않는다. 채무이행소송에서 기한미도래를 이유로 원고의 청구가 기각되었으나 변론종결 후에 기한이 도래한 경우 등이 이에 속한다.
예외	① 변론종결 후 발생한 사유는 기준시 이후에 발생한 사실자료에 한정되므로 ㉠ 법률·판례의 변경, ㉡ 법률의 위헌결정, ㉢ 판례의 기초가 되었던 행정처분의 변경, ㉣ 사실관계에 대한 다른 법률평가 등은 변론종결 후의 사유에 포함되지 않는다. ② 기판력 있는 전소판결의 변론종결 후에 이와 저촉되는 후소판결이 확정되었다는 사정은 변론종결 후에 발생한 새로운 사유에 해당되지 않으므로, 그와 같은 사유를 들어 전소판결의 기판력이 미치는 자 사이에서 전소판결의 기판력이 미치지 않게 되었다고 할 수 없다.

5. 표준시 후의 형성권 행사

원칙	① 표준시 전에 행사할 수 있었던 취소권, 해제권에 대하여는 표준시 후에 이를 행사하면 차단된다. ② 약속어음의 소지인이 전소의 사실심 변론종결일까지 백지보충권을 행사하여 어음금의 지급을 청구할 수 있었음에도 위 변론종결일까지 백지 부분을 보충하지 않아 이를 이유로 패소판결을 받고 그 판결이 확정된 후에 백지보충권을 행사하여 어음이 완성된 것을 이유로 전소 피고를 상대로 다시 동일한 어음금을 청구하는 경우에는, 위 백지보충권 행사의 주장은 특별한 사정이 없는 한 전소판결의 기판력에 의하여 차단되어 허용되지 않는다.

예외	① **상계** 채무자가 집행권원인 확정판결의 변론종결 전에 상대방에 대하여 상계적상에 있는 채권을 가지고 있었다 하더라도 집행권원인 확정판결의 변론종결 후에 이르러 비로소 상계의 의사표시를 한 때에는, 당사자가 집행권원인 확정판결의 변론종결 전에 자동채권의 존재를 알았는가 몰랐는가에 관계없이 적법한 청구이의 사유로 된다. ② **지상물매수청구권** 토지의 임차인이 임대인에 대하여 건물매수청구권을 행사할 수 있음에도 불구하고 이를 행사하지 아니한 채, 토지의 임대인이 임차인에 대하여 제기한 토지인도 및 건물철거청구소송에서 패소하여 그 패소판결이 확정되었다고 하더라도, 그 확정판결에 의하여 건물철거가 집행되지 아니한 이상, 토지의 임차인으로서는 건물매수청구권을 행사하여 별소로써 임대인에 대하여 건물 매매대금의 지급을 구할 수 있다.

6. 정기금판결에 대한 변경의 소

의의	정기금의 지급을 명하는 판결이 확정된 뒤에 그 액수산정의 기초가 된 사정이 현저하게 바뀐 경우에 장차 지급할 정기금의 액수를 바꾸어 달라는 소를 말한다.	
법적 성질	기존의 확정판결의 변경을 목적으로 하는 소이니만큼 소송법상 형성의 소에 속한다.	
요건	정기금판결을 받는 당사자 또는 기판력이 미치는 제3자가 제기할 것	새로운 소유자의 다시 부당이득반환청구는 별론, 토지의 전 소유자에게 내려진 정기금판결에 대한 변경의 소는 불허한다.
	정기금의 지급을 명한 판결일 것	① 변론종결 전에 발생한 손해에 대한 정기금판결에 한정되지 않으므로 장래 발생할 손해에 대하여 정기금의 지급을 명한 판결이라도 변경의 소가 허용된다. ② 민사소송법 제252조 제1항에 의한 정기금판결에 대한 변경의 소는 판결 확정 뒤에 발생한 사정변경을 그 요건으로 하는 것이므로, 단순히 종전 확정판결의 결론이 위법·부당하다는 등의 사정을 이유로 정기금의 액수를 바꾸어 달라고 하는 것은 허용될 수 없다.
	정기금의 지급을 명하는 판결이 확정되었을 것	확정판결과 같은 효력이 있는 청구인낙조서, 화해조정조서만이 아니라 화해권고결정까지도 변경의 소가 유추될 여지가 있을 것이다.
	정기금 액수산정의 기초가 된 사정이 현저하게 바뀜으로써 당사자 사이에 형평을 침해할 특별한 사정이 생겼을 것	정기금 지급의 확정판결의 표준시(변론종결시) 이후에 이와 같은 사정변경이 생겼을 것을 요한다.
	증명책임	위 요건의 증명책임은 사정변경이 있음을 주장하는 원고에게 있다.
재판절차	① 변경의 소는 제1심판결법원, 즉 수소법원의 전속관할로 한다. ② 변경의 소를 제기한다고 하여 반드시 정기금판결의 집행력에 기한 강제집행이 정지되지는 않으며, 별도로 집행정지신청을 하여 정지결정을 받아야 한다. ③ 법원이 청구 인용하는 경우는 원판결을 반드시 취소할 필요는 없으며, 원판결을 감액 또는 증액으로 변경하는 판결주문을 내면 된다고 할 것이다.	

01

동일한 소송물에 대한 후소에서 전소 변론종결 이전에 존재하고 있던 공격방어방법을 주장하여 전소 확정판결에서 판단된 법률관계의 존부와 모순되는 판단을 구하는 것은 전소 확정판결의 기판력에 반하나, 전소에서 당사자가 그 공격방어방법을 알지 못하여 주장하지 못하였고 그와 같이 알지 못한 데 과실이 없는 경우에는 그러하지 아니하다. O | X

> 해설 확정판결의 기판력은 소송물로 주장된 법률관계의 존부에 관한 판단에 미치는 것이므로 동일한 당사자 사이에서 전소의 소송물과 동일한 소송물에 대한 후소를 제기하는 것은 전소 확정판결의 기판력에 저촉되어 허용될 수 없다. 또한 동일한 소송물에 대한 후소에서 전소 변론종결 이전에 존재하고 있던 공격방어방법을 주장하여 전소 확정판결에서 판단된 법률관계의 존부와 모순되는 판단을 구하는 것은 전소 확정판결의 기판력에 반하는 것이고, 전소에서 당사자가 그 공격방어방법을 알지 못하여 주장하지 못하였는지 나아가 그와 같이 알지 못한 데 과실이 있는지는 묻지 아니한다(대판 2014. 3.27. 2011다49981).

02

가등기에 기한 소유권이전등기절차의 이행을 명한 전소 확정판결이 있은 후, 위 가등기만의 말소를 청구하는 것은 전소 확정판결의 기판력에 저촉된다고 볼 수 없다. O | X

> 해설 가등기에 기한 소유권이전등기절차의 이행을 명한 전소 판결의 기판력은 소송물인 소유권이전등기청구권의 존부에만 미치고 그 등기청구권의 원인이 되는 채권계약의 존부나 판결이유 중에 설시되었을 뿐인 가등기의 효력 유무에 관한 판단에는 미치지 아니하고, 따라서 만일 후소로써 위 가등기에 기한 소유권이전등기의 말소를 청구한다면 이는 1물1권주의의 원칙에 비추어 볼 때 전소에서 확정된 소유권이전등기청구권을 부인하고 그와 모순되는 정반대의 사항을 소송물로 삼은 경우에 해당하여 전소 판결의 기판력에 저촉된다고 할 것이지만, 이와 달리 위 가등기만의 말소를 청구하는 것은, 전소에서 판단의 전제가 되었을 뿐이고 그로써 아직 확정되지는 아니한 법률관계를 다투는 것에 불과하여 전소 판결의 기판력에 저촉된다고 볼 수 없다(대판 1995.3.24. 93다52488).

A가 B의 상속인 C를 상대로 제기한 금전지급청구의 소에서 A 승소판결이 확정되었다면, 그 후 C가 변론종결 전의 상속포기를 주장하는 것은 기판력에 저촉되나 변론종결 전의 한정승인을 주장하는 것은 기판력에 저촉되지 않는다. ○ㅣX

해설 채무자가 한정승인을 하였으나 채권자가 제기한 소송의 사실심 변론종결시까지 이를 주장하지 아니하는 바람에 책임의 범위에 관하여 아무런 유보 없는 판결이 선고·확정된 경우라 하더라도 채무자가 그 후 위 한정승인 사실을 내세워 청구에 관한 이의의 소를 제기하는 것이 허용되는 것은, 한정승인에 의한 책임의 제한은 상속채무의 존재 및 범위의 확정과는 관계없이 다만 판결의 집행대상을 상속재산의 한도로 한정함으로써 판결의 집행력을 제한할 뿐으로, 채권자가 피상속인의 금전채무를 상속한 상속인을 상대로 그 상속채무의 이행을 구하여 제기한 소송에서 채무자가 한정승인 사실을 주장하지 않으면 책임의 범위는 현실적인 심판대상으로 등장하지 아니하여 주문에서는 물론 이유에서도 판단되지 않는 관계로 그에 관하여는 기판력이 미치지 않기 때문이다. 위와 같은 기판력에 의한 실권효 제한의 법리는 채무의 상속에 따른 책임의 제한 여부만이 문제되는 한정승인과 달리 상속에 의한 채무의 존재 자체가 문제되어 그에 관한 확정판결의 주문에 당연히 기판력이 미치게 되는 상속포기의 경우에는 적용될 수 없다(대판 2009.5.28. 2008다79876).

전소에서 피담보채무의 변제로 양도담보권이 소멸하였음을 원인으로 한 소유권이전등기의 회복 청구가 기각된 경우, 후소에서 장래 잔존 피담보채무의 변제를 조건으로 소유권이전등기의 회복을 청구하는 것은 전소의 확정판결의 기판력에 저촉된다. ○ㅣX

해설 일반적으로 판결이 확정되면 법원이나 당사자는 확정판결에 반하는 판단이나 주장을 할 수 없는 것이나, 이러한 확정판결의 효력은 그 표준시인 사실심 변론종결 시를 기준으로 하여 발생하는 것이므로, 그 이후에 새로운 사유가 발생한 경우까지 전소의 확정판결의 기판력이 미치는 것은 아니다. 따라서 전소에서 피담보채무의 변제로 양도담보권이 소멸하였음을 원인으로 한 소유권이전등기의 회복 청구가 기각되었다고 하더라도, 장래 잔존 피담보채무의 변제를 조건으로 소유권이전등기의 회복을 청구하는 것은 전소의 확정판결의 기판력에 저촉되지 아니한다(대판 2014.1.23. 2013다64793).

전소에서 정지조건 미성취를 이유로 청구가 기각되었다 하더라도 변론종결 후에 그 조건이 성취되었다면, 동일한 청구에 대하여 다시 소를 제기할 수 있다. ○ㅣX

해설 일반적으로 판결이 확정되면 법원이나 당사자는 확정판결에 반하는 판단이나 주장을 할 수 없는 것이나, 이러한 확정판결의 효력은 그 표준시인 사실심 변론종결시를 기준으로 하여 발생하는 것이므로, 그 이후에 새로운 사유가 발생한 경우까지 전소의 확정판결의 기판력이 미치는 것은 아니므로, 전소에서 정지조건 미성취를 이유로 청구가 기각되었다 하더라도 변론종결 후에 그 조건이 성취되었다면, 이는 변론종결 후의 취소권이나 해제권과 같은 형성권 행사의 경우와는 달리 동일한 청구에 대하여 다시 소를 제기할 수 있다(대판 2002.5.10. 2000다50909).

정답ㅣ **01** × **02** ○ **03** ○ **04** × **05** ○

06

전소에서 판결의 기초로 된 행정처분이 변론종결 후에 취소 또는 변경되었다면, 전소에서 확정된 권리관계(법률효과)를 다시 다투더라도 전소의 기판력에 저촉되지 아니한다.　　　　O | X

> **해설** 변론종결 후 발생한 사유는 기준시 이후에 발생한 사실자료에 한정되므로 ① 법률·판례의 변경, ② 법률의 위헌결정, ③ 판례의 기초가 되었던 행정처분의 변경, ④ 사실관계에 대한 다른 법률평가 등은 변론종결 후의 사유에 포함되지 않는다.

07

기판력 있는 전소판결과 저촉되는 후소판결이 확정된 경우에 전소판결의 기판력은 차단된다.　　　O | X

> **해설** 기판력 있는 전소판결과 저촉되는 후소판결이 그대로 확정된 경우에도 전소판결의 기판력이 실효되는 것이 아니고 재심의 소에 의하여 후소판결이 취소될 때까지 전소판결과 후소판결은 저촉되는 상태 그대로 기판력을 갖는 것이고 또한 후소판결의 기판력이 전소판결의 기판력을 복멸시킬 수 있는 것도 아니어서, 기판력 있는 전소판결의 변론종결 후에 이와 저촉되는 후소판결이 확정되었다는 사정은 변론종결 후에 발생한 새로운 사유에 해당되지 않으므로, 그와 같은 사유를 들어 전소판결의 기판력이 미치는 자 사이에서 전소판결의 기판력이 미치지 않게 되었다고 할 수 없다(대판 1997.1.24. 96다32706).

08

판례는 취소권을 소송 중에 행사하지 않음으로 인하여 취소권자에게 불리하게 판결이 확정된 경우 그 확정 후 취소권을 행사함으로써 판결확정의 효력을 부인할 수 없다고 한다.　　　O | X

> **해설** 확정된 법률관계에 있어 동 확정판결의 변론종결 전에 이미 발생하였던 취소권을 그 당시에 행사하지 않음으로 인하여 취소권자에게 불리하게 확정된 경우 그 확정 후 취소권을 뒤늦게 행사함으로써 동 확정의 효력을 부인할 수 없다(대판 1979.8.14. 79다1105).

09

판례는 백지어음 소지인이 어음금청구소송의 사실심 변론종결일까지 백지 부분을 보충하지 않아 패소판결을 받고 그 판결이 확정된 경우, 백지보충권을 행사하여 완성한 어음에 기하여 전소의 피고를 상대로 다시 동일한 어음금을 청구할 수 없다고 한다. ○ | X

해설 확정판결의 기판력은 동일한 당사자 사이의 소송에 있어서 변론종결 전에 당사자가 주장하였거나 주장할 수 있었던 모든 공격 및 방어방법에 미치는 것이므로, 약속어음의 소지인이 전소의 사실심 변론종결일까지 백지보충권을 행사하여 어음금의 지급을 청구할 수 있었음에도 위 변론종결일까지 백지 부분을 보충하지 않아 이를 이유로 패소판결을 받고 그 판결이 확정된 후에 백지보충권을 행사하여 어음이 완성된 것을 이유로 전소 피고를 상대로 다시 동일한 어음금을 청구하는 경우에는, 위 백지보충권 행사의 주장은 특별한 사정이 없는 한 전소판결의 기판력에 의하여 차단되어 허용되지 않는다(대판 2008.11.27. 2008다59230).

채무자가 확정판결의 변론종결 전에 상대방에 대하여 상계적상에 있는 채권을 가지고 있었으나 상계의 의사표시는 그 변론종결 후에 한 경우, 당사자가 집행권원인 확정판결의 변론종결 전에 자동채권의 존재를 알았는가 몰랐는가에 관계없이 적법한 청구이의 사유로 된다. ○ | X

해설 채무자가 집행권원인 확정판결의 변론종결 전에 상대방에 대하여 상계적상에 있는 채권을 가지고 있었다 하더라도 집행권원인 확정판결의 변론종결 후에 이르러 비로소 상계의 의사표시를 한 때에는, 당사자가 집행권원인 확정판결의 변론종결 전에 자동채권의 존재를 알았는가 몰랐는가에 관계없이 적법한 청구이의 사유로 된다(대판 1998.11.24. 98다25344).

변론종결 전에 발생한 상계권·취소권·해제권 등 형성권을 소송 중 행사하지 않고 있다가 변론종결 후 이를 행사하면 기판력의 실권효를 받는다. ○ | X

해설 채무자가 집행권원인 확정판결의 변론종결 전에 상대방에 대하여 상계적상에 있는 채권을 가지고 있었다 하더라도 집행권원인 확정판결의 변론종결 후에 이르러 비로소 상계의 의사표시를 한 때에는, 당사자가 집행권원인 확정판결의 변론종결 전에 자동채권의 존재를 알았는가 몰랐는가에 관계없이 적법한 청구이의 사유로 된다(대판 1998.11.24. 98다25344).

12

판례는 건물의 소유를 목적으로 하는 토지 임대차가 종료함에 따라 토지의 임차인이 임대인에 대하여 건물매수청구권을 행사할 수 있음에도 불구하고 이를 행사하지 아니한 채, 토지의 임대인이 임차인에 대하여 제기한 토지인도 및 건물철거청구소송에서 패소하여 그 패소판결이 확정되었다면, 별소로써 건물매수청구권을 행사하여 임대인에 대하여 건물매매대금의 지급을 구할 수 없다고 한다.　　　　　　　　　O | X

해설　임대차가 종료한 때에 임차인이 지상물의 매수를 청구할 수 있는 것이지만, 토지의 임대인이 임차인에 대하여 제기한 토지인도 및 건물철거청구소송에서 임차인의 패소판결이 확정되었다고 하더라도, 그 확정판결에 의하여 건물철거가 집행되지 아니한 이상, 임차인으로서는 건물매수청구권을 행사하여 별소로써 임대인에 대하여 건물 매매대금의 지급을 구할 수 있다(대판 1995.12.26. 95다42195).

13

민사소송법 제252조 제1항에 의한 정기금판결에 대한 변경의 소는 판결 확정 뒤에 발생한 사정변경을 그 요건으로 하는 것이므로, 단순히 종전 확정판결의 결론이 위법·부당하다는 등의 사정을 이유로 정기금의 액수를 바꾸어 달라고 하는 것은 허용될 수 없다.　　　　　　　　　O | X

해설　민사소송법 제252조 제1항은 "정기금의 지급을 명한 판결이 확정된 뒤에 그 액수산정의 기초가 된 사정이 현저하게 바뀜으로써 당사자 사이의 형평을 크게 침해할 특별한 사정이 생긴 때에는 그 판결의 당사자는 장차 지급할 정기금 액수를 바꾸어 달라는 소를 제기할 수 있다."라고 규정하고 있다. 이러한 정기금판결에 대한 변경의 소는 판결 확정 뒤에 발생한 사정변경을 요건으로 하므로, 단순히 종전 확정판결의 결론이 위법·부당하다는 등의 사정을 이유로 본조에 따라 정기금의 액수를 바꾸어 달라고 하는 것은 허용될 수 없다(대판 2016.3.10. 2015다243996).

정답 | **12** ✕　**13** ○

01 甲은 乙로부터 그 소유의 X토지를 임차한 후 그 토지상에 Y건물을 신축하였다. 다음 설명 중 옳지 않은 것은? (각 지문은 독립적이고, 다툼이 있는 경우에는 판례에 의함) 14변호사

① 乙이 甲을 상대로 X토지의 인도 및 Y건물의 철거를 청구할 수 있는 경우에, 丙이 Y건물에 대한 대항력 있는 임차인이라도 乙은 소유권에 기한 방해배제로서 丙에 대하여 Y건물로부터의 퇴거를 청구할 수 있다.

② 乙이 甲을 상대로 X토지의 인도 및 Y건물의 철거를 청구한 데 대하여 甲이 적법하게 건물매수청구권을 행사한 경우, 법원은 乙이 종전 청구를 유지할 것인지 아니면 대금지급과 상환으로 건물인도를 청구할 의사가 있는지를 석명하여야 한다.

③ 乙이 甲을 상대로 X토지의 인도 및 Y건물의 철거를 청구한 데 대하여 甲이 건물매수청구권을 제1심에서 행사하였다가 철회한 후에도 항소심에서 다시 행사할 수 있다.

④ 乙이 甲을 상대로 먼저 X토지의 인도를 구하는 소를 제기하여 승소판결이 확정되었다. 이후 다시 乙이 甲을 상대로 Y건물의 철거를 구하는 소를 제기하였는데, 이때 甲이 "Y건물의 소유를 위하여 X토지를 임차하였으므로 Y건물에 관하여 건물매수청구권을 행사한다."고 주장하는 경우, 甲 주장의 임차권은 위 토지인도청구소송의 변론종결일 전부터 존재하던 사유로서 위 확정판결의 기판력에 저촉되는 것이다.

⑤ 乙이 甲을 상대로 제기한 X토지의 인도 및 Y건물의 철거청구소송에 승소하여 그 승소판결이 확정되었다고 하더라도, 그 확정판결에 의하여 건물철거가 집행되지 아니한 이상 甲은 건물매수청구권을 행사하여 별소로써 乙에 대하여 건물매매대금의 지급을 구할 수 있다.

해설 ① [○] 건물이 그 존립을 위한 토지사용권을 갖추지 못하여 토지의 소유자가 건물의 소유자에 대하여 당해 건물의 철거 및 그 대지의 인도를 청구할 수 있는 경우에라도 건물소유자가 아닌 사람이 건물을 점유하고 있다면 토지소유자는 그 건물 점유를 제거하지 아니하는 한 위의 건물 철거 등을 실행할 수 없다. 따라서 그때 토지소유권은 위와 같은 점유에 의하여 그 원만한 실현을 방해당하고 있다고 할 것이므로, 토지소유자는 자신의 소유권에 기한 방해배제로서 건물점유자에 대하여 건물로부터의 퇴출을 청구할 수 있다. 그리고 이는 건물점유자가 건물소유자로부터의 임차인으로서 그 건물임차권이 이른바 대항력을 가진다고 해서 달라지지 아니한다. 건물임차권의 대항력은 기본적으로 건물에 관한 것이고 토지를 목적으로 하는 것이 아니므로 이로써 토지소유권을 제약할 수 없고, 토지에 있는 건물에 대하여 대항력 있는 임차권이 존재한다고 하여도 이를 토지소유자에 대하여 대항할 수 있는 토지사용권이라고 할 수는 없다(대판 2010.8.19. 2010다43801).

② [○] 토지임대인이 그 임차인에 대하여 지상물철거 및 그 부지의 인도를 청구한 데 대하여 임차인이 적법한 지상물매수청구권을 행사하게 되면 임대인과 임차인 사이에는 그 지상물에 관한 매매가 성립하게 되므로 임대인의 청구는 이를 그대로 받아들일 수 없게 된다. 이 경우에 법원으로서는 임대인이 종전의 청구를 계속 유지할 것인지, 아니면 대금지급과 상환으로 지상물의 명도를 청구할 의사가 있는 것인지(예비적으로라도)를 석명하고 임대인이 그 석명에 응하여 소를 변경한 때에는 지상물명도의 판결을 함으로써 분쟁의 1회적 해결을 꾀하여야 한다(대판 (全) 1995.7.11. 94다34265).

③ [○] 건물의 소유를 목적으로 한 토지 임대차가 종료한 경우에 임차인이 그 지상의 현존하는 건물에 대하여 가지는 매수청구권은 그 행사에 특정의 방식을 요하지 않는 것으로서 재판상으로뿐만 아니라 재판 외에서도 행사할 수 있는 것이고 그 행사의 시기에 대하여도 제한이 없는 것이므로 임차인이 자신의 건물매수청구권을 제1심에서 행사하였다가 철회한 후 항소심에서 다시 행사하였다고 하여 그 매수청구권의 행사가 허용되지 아니할 이유는 없다(대판 2002.5.31. 2001다42080).

④ [×] 판례는 '토지인도청구소송의 승소판결이 확정된 후 그 지상건물에 관한 철거청구소송이 제기된 경우 후소에서 전소의 변론종결일 전부터 존재하던 건물소유 목적의 토지임차권에 기하여 건물매수청구권을 행사하는 것이 전소 확정판결의 기판력에 저촉되는 것인지 여부'에 관하여 '전소 확정판결의 기판력은 전소에서의 소송물인 토지인도청구권의 존부에 대한 판단에 대하여만 발생하는 것이고 토지의 임차권의 존부에 대하여까지 미친다고 할 수는 없으므로'(대판 1994.9.23. 93다37267) 전소 확정판결의 기판력에 저촉되지 않는다고 보았다. 따라서 Y건물의 철거를 구하는 소에서의 甲의 주장은 기판력에 저촉되지 않는다.

⑤ [O] 건물의 소유를 목적으로 하는 토지 임대차에 있어서, 임대차가 종료함에 따라 토지의 임차인이 임대인에 대하여 건물매수청구권을 행사할 수 있음에도 불구하고 이를 행사하지 아니한 채, 토지의 임대인이 임차인에 대하여 제기한 토지인도 및 건물철거청구소송에서 패소하여 그 패소판결이 확정되었다고 하더라도, 그 확정판결에 의하여 건물철거가 집행되지 아니한 이상 토지의 임차인으로서는 건물매수청구권을 행사하여 별소로써 임대인에 대하여 건물매매대금의 지급을 구할 수 있다(대판 1995.12.26. 95다42195).

정답 ④

의의		당사자가 상대방이나 법원을 기망하여 부당한 내용의 판결을 받은 경우를 말한다.
유형		① 다른 사람의 성명모용판결 ② 소취하 합의에 의하여 피고 불출석의 원인을 조성하여 놓고 소취하를 함이 없이 승소판결을 받은 경우 ③ 피고 주소를 알면서도 소재불명으로 속여 공시송달명령을 받아 승소판결을 받는 경우 ④ 피고의 주소를 허위주소로 적어 그 주소에 소장부본을 송달케 하고 피고 자신이 송달받고도 불출석한 것으로 속게 만들고 자백간주로 승소판결을 받은 경우
소송법상 구제	①~③의 경우 (상소의 추후보완이나 재심)	재심사유에 있어서는 ①, ②의 경우에는 대리권의 흠이 있는 경우에 준하여 제451조 제1항 제3호에 의할 것이고, ③의 경우에는 제451조 제1항 제11호에 의할 것이다.
	④의 경우 (항소설)	자백간주에 의한 판결편취의 경우에는 판결정본이 허위주소로 송달되었기 때문에 그 송달이 무효이고, 따라서 아직 판결정본이 송달되지 아니한 상태의 판결로 보아 아직 항소기간이 진행되지 않은 미확정판결이 되며, 피고는 어느 때나 항소를 제기할 수 있다. 다만, 피고의 대표자를 참칭대표자로 적어 그에게 소장부본 등이 송달되게 하여 자백간주판결이 난 때는 재심사유로 본다.
실체법상 구제	부당이득반환청구	① 일반적으로 편취된 판결에 의한 강제집행의 경우에 그 판결이 재심의 소 등으로 취소되지 않는 한 강제집행에 의한 이득은 부당이득이 안 된다. ② 불법행위로 인한 인신손해에 대한 손해배상청구소송에서 판결이 확정된 후 피해자가 그 판결에서 손해배상액 산정의 기초로 인정된 기대여명보다 일찍 사망한 경우라도 그 판결이 재심의 소 등으로 취소되지 않는 한 그 판결에 기하여 지급받은 손해배상금 중 일부를 법률상 원인 없는 이득이라 하여 반환을 구하는 것은 그 판결의 기판력에 저촉되어 허용될 수 없다.
	불법행위에 의한 손해배상청구	먼저 재심의 소에 의한 판결취소가 될 것이 원칙이지만, 절차적 기본권이 침해된 경우나 내용이 현저히 부당해 재심사유가 있는 경우에 한정하여 불법행위가 성립하여 바로 배상청구를 할 수 있다.
	집행종료 전의 경우	문제의 확정판결을 집행하는 것이 권리남용에 해당하는 때에는 청구이의의 소로 그 집행을 막을 수 있다.

01

제소자가 상대방의 주소를 허위로 기재함으로써 그 허위주소로 소송서류가 송달되어 그로 인하여 상대방 아닌 다른 사람이 그 서류를 받아 자백간주의 형식으로 제소자 승소의 판결이 선고되고 그 판결정본 역시 허위의 주소로 보내어져 송달된 것으로 처리된 경우에는 상대방에 대한 판결의 송달은 부적법하여 무효이므로 상대방은 아직도 판결정본의 송달을 받지 않은 상태에 있어 이에 대하여 상소를 제기할 수 있을 뿐만 아니라, 위 사위판결에 기하여 부동산에 관한 소유권이전등기나 말소등기가 경료된 경우에는 별소로서 그 등기의 말소를 구할 수도 있다. O | X

> **해설** 제소자가 상대방의 주소를 허위로 기재함으로써 그 허위주소로 소송서류가 송달되어 그로 인하여 상대방 아닌 다른 사람이 그 서류를 받아 의제자백의 형식으로 제소자 승소의 판결이 선고되고 그 판결정본 역시 허위의 주소로 보내어져 송달된 것으로 처리된 경우에는 상대방에 대한 판결의 송달은 부적법하여 무효이므로 상대방은 아직도 판결정본의 송달을 받지 않은 상태에 있어 이에 대하여 상소를 제기할 수 있을 뿐만 아니라, 위 사위판결에 기하여 부동산에 관한 소유권이전등기나 말소등기가 경료된 경우에는 별소로서 그 등기의 말소를 구할 수도 있다(대판 1995.5.9. 94다41010).

02

참칭대표자를 대표자로 표시하여 소송을 제기한 결과 그 앞으로 소장부본 및 변론기일통지서가 송달되어 변론기일에 참칭대표자의 불출석으로 자백간주 판결이 선고된 경우에는 상대방에 대한 판결의 송달이 부적법하여 무효이므로 재심사유에 해당하지 않는다. O | X

> **해설** 참칭대표자를 대표자로 표시하여 소송을 제기한 결과 그 앞으로 소장부본 및 변론기일소환장이 송달되어 변론기일에 참칭대표자의 불출석으로 의제자백 판결이 선고된 경우, 이는 적법한 대표자가 변론기일소환장을 송달받지 못하였기 때문에 실질적인 소송행위를 하지 못한 관계로 위 자백간주 판결이 선고된 것이므로, 민사소송법의 재심사유에 해당한다(대판 1999.2.26. 98다47290).

03

당사자가 상대방의 주소 또는 거소를 알고 있었음에도 소재불명 또는 허위의 주소나 거소로 하여 소를 제기한 탓으로 공시송달의 방법에 의하여 판결정본이 송달된 때에는 재심을 제기할 수 있다. O | X

> **해설** 당사자가 상대방의 주소 또는 거소를 알고 있었음에도 소재불명 또는 허위의 주소나 거소로 하여 소를 제기한 탓으로 공시송달의 방법에 의하여 판결(심판)정본이 송달된 때에는 민사소송법 제451조 제1항 제11호에 의하여 재심을 제기할 수 있음은 물론이나 또한 같은 법 제173조에 의한 소송행위 추완에 의하여도 상소를 제기할 수도 있다(대판 2011.12.22. 2011다73540).

04

불법행위로 인한 인신손해에 대한 손해배상청구소송에서 판결이 확정된 후 피해자가 그 판결에서 손해배상액 산정의 기초로 인정된 기대여명보다 일찍 사망한 경우, 전소의 피고가 그 판결에 기하여 지급된 손해배상금 중 일부에 대해 부당이득의 반환을 청구하는 것은 전소 확정판결의 기판력에 저촉되지 않는다.

O | X

> **해설** 확정판결이 실체적 권리관계와 다르다 하더라도 그 판결이 재심의 소 등으로 취소되지 않는 한 그 판결의 기판력에 저촉되는 주장을 할 수 없어 그 판결의 집행으로 교부받은 금원을 법률상 원인 없는 이득이라 할 수 없는 것이므로, 불법행위로 인한 인신손해에 대한 손해배상청구소송에서 판결이 확정된 후 피해자가 그 판결에서 손해배상액 산정의 기초로 인정된 기대여명보다 일찍 사망한 경우라도 그 판결이 재심의 소 등으로 취소되지 않는 한 그 판결에 기하여 지급받은 손해배상금 중 일부를 법률상 원인 없는 이득이라 하여 반환을 구하는 것은 그 판결의 기판력에 저촉되어 허용될 수 없다(대판 2009.11.12. 2009다56665).

05

대여금 중 일부를 변제받고도 이를 속이고 대여금 전액에 대하여 소송을 제기하여 승소 확정판결을 받은 후 강제집행에 의하여 위 금원을 수령한 채권자에 대하여, 채무자가 그 일부 변제금 상당액은 법률상 원인 없는 이득으로서 반환되어야 한다고 주장하면서 부당이득반환 청구를 하는 경우, 위 확정판결이 재심의 소 등으로 취소되지 아니하는 한 위 확정판결의 강제집행으로 교부받은 금원을 법률상 원인 없는 이득이라고 할 수 없다.

O | X

> **해설** 대여금 중 일부를 변제받고도 이를 속이고 대여금 전액에 대하여 소송을 제기하여 승소 확정판결을 받은 후 강제집행에 의하여 위 금원을 수령한 채권자에 대하여, 채무자가 그 일부 변제금 상당액은 법률상 원인 없는 이득으로서 반환되어야 한다고 주장하면서 부당이득반환 청구를 하는 경우, 그 변제주장은 대여금반환청구 소송의 확정판결 전의 사유로서 그 판결이 재심의 소 등으로 취소되지 아니하는 한 그 판결의 기판력에 저촉되어 이를 주장할 수 없으므로, 그 확정판결의 강제집행으로 교부받은 금원을 법률상 원인 없는 이득이라고 할 수 없다(대판 1995.6.29. 94다41430).

정답 | **01** O **02** X **03** O **04** X **05** O

제6관 | 가집행선고

의의		미확정의 종국판결에 확정된 경우와 마찬가지로 집행력을 부여하는 형성적 재판을 말한다.
요건	가집행선고의 대상	① 가집행선고는 '재산상 청구'에 관한 판결에 한하여 허용된다. 원칙적으로 종국판결로서 가집행할 수 있는 판결이어야 한다(소각하, 청구기각 ✕). ② 중간판결에는 가집행이 허용되지 않는다. 상고심판결의 경우는 허용되지 않는다. 결정·명령은 원칙적으로 즉시 집행력이 있으므로 가집행선고를 할 수 없다. 배상명령은 가집행선고를 할 수 없다. ③ 당사자가 이혼이 성립하기 전에 이혼소송과 병합하여 재산분할의 청구를 하고, 법원이 이혼과 동시에 재산분할을 명하는 판결을 하는 경우에도 이혼판결은 확정되지 아니한 상태이므로, 그 시점에서 가집행을 허용할 수 없다. ④ 재산권의 청구라도 의사의 진술을 명한 판결(예 등기절차이행을 명하는 판결)은 확정되어야만 집행력이 생기기 때문에, 가집행선고를 붙일 수 없다.
	집행할 수 있는 판결일 것	① 가집행선고는 집행력을 가지는 이행판결에 한한다. ② 명문이 있는 경우(강제집행정지·취소결정의 인가 또는 변경판결)를 제외하고 확인판결·형성판결에는 가집행선고를 할 수 없다.
	붙이지 아니할 상당한 이유가 없을 것	상당한 이유란 가집행이 패소한 피고에게 회복할 수 없는 손해를 줄 염려가 있는 경우를 말한다(예 건물철거 등).
절차, 방식	직권선고	가집행선고는 법원의 직권으로 하여야 한다.
	가집행선고와 담보제공	원칙적으로 원고에게 담보를 제공케 할 것인가 여부는 법원의 재량이지만, 원고승소판결이 상소심에서 변경될 가능성이 엿보일 때에는 담보를 제공케 할 필요가 있다.
	가집행면제선고	① 법원은 직권으로 또는 당사자의 신청에 따라 채권 전액을 담보로 제공하고 가집행을 면제받을 수 있다는 것을 선고할 수 있다. ② 가집행선고 있는 판결에 대한 강제집행정지를 위한 보증공탁은 그 강제집행정지 때문에 손해가 발생할 경우에 그 손해배상의 확보를 위하여 하는 것이고 강제집행의 기본채권에 충당할 수는 없는 것이므로 위 손해배상청구권에 한하여서만 질권자와 동일한 권리가 있을 뿐이고, 강제집행의 기본채권에까지 담보적 효력이 미치는 것이 아니다.
	판결주문에 기재	가집행선고나 가집행면제선고는 다 같이 판결주문에 적어야 한다.

효력	**즉시집행력 발생**	가집행선고 있는 판결은 선고에 의해 즉시 집행력이 발생하며, 이행판결이면 바로 집행권원으로 된다.
	본집행과의 차이	① 가집행선고 있는 판결에 기한 강제집행은 종국적 권리의 만족에까지 이를 수 있으나, 다만 효력이 확정적이 아니어서 상소심에서 본안판결이 취소되는 것을 해제조건으로 집행력의 효력이 발생한다. ② 확정판결과 달리 가집행선고 있는 판결을 집행권원으로 하여서는 재산명시신청이나 채무불이행자명부 등 재신청을 할 수 없다. ③ 가집행으로 인한 집행의 효과는 종국적으로 변제의 효과를 발생하는 것은 아니므로 가집행으로 금원을 추심하였다 하여도 채권자의 기본채권에 대한 변제의 효과는 발생한다고 할 수 없다.
	불복방법	① 가집행선고만 독립한 상소를 하지 못하고 본안판결과 함께 불복하여야 한다. ② 담보 없이 하는 강제집행의 정지는 그 집행으로 말미암아 보상할 수 없는 손해가 생기는 것을 소명한 때에만 한다. 이 재판은 변론 없이 할 수 있으며, 불복할 수 없다.
실효	**실효원인**	집행선고 있는 판결에 상소가 되어 상소심에서 가집행선고가 바뀌거나, 그 선고 있는 본안판결이 바뀌었을 때에는 가집행선고는 그 한도에서 효력을 잃는다.
	실효의 효과	① 원고의 원상회복 및 손해배상의무 　㉠ 가집행선고 있는 본안판결이 상소심에서 변경된 때에는 원고는 가집행에 의한 피고의 지급물의 반환뿐 아니라 피고가 가집행으로 인하여 또는 가집행을 면제받기 위하여 받은 손해를 배상하지 않으면 안 된다. 이는 공평의 관념에서 나온 일종의 무과실책임이고 불법행위책임이다. 　㉡ 가지급물반환신청은 소송 중의 소의 일종으로서 그 성질은 예비적 반소라 할 것이므로, 가집행의 선고가 붙은 제1심판결에 대하여 피고가 항소를 하였지만 피고의 항소가 기각된 이 사건에서 원심이 따로 가지급물반환신청에 대한 판단을 하지 아니한 것은 적법하다. ② 청구방법 　㉠ 피고는 별소를 제기해도 되고, 본안판결을 변경하는 판결 중에서 이를 신청할 수도 있는데, 이때에는 소송에 준하여 변론을 거쳐야 한다. 　㉡ 이러한 신청은 상고심에서도 할 수 있지만, 상고심이 법률심임에 비추어 사실관계에 다툼이 없어 사실심리를 요하지 않는 경우에 한하여 허용된다. 　㉢ 제1심에서 가집행선고가 붙은 패소의 이행판결을 선고받고 항소한 당사자는 항소심에서 민사소송법 제215조 제2항의 재판을 구하는 신청을 하지 아니하고 제1심의 본안판결을 바꾸는 판결을 선고받아 상대방이 상고한 경우에는 상고심에서 위와 같은 신청을 하지 못한다.

01

재산권의 청구에 관한 판결이라도 의사의 진술을 명한 판결은 확정이 되어야만 집행력이 생기기 때문에 가집행선고를 할 수 없다. ○ | X

> **해설** 재산권의 청구에 관한 판결이라도 의사의 진술을 명한 판결(예 등기절차이행을 명하는 판결)은 확정되어야만 집행력이 생기기 때문에(민사집행법 제263조), 가집행선고를 붙일 수 없다.

02

당사자가 이혼이 성립하기 전에 이혼소송과 병합하여 재산분할의 청구를 하고, 법원이 이혼과 동시에 재산분할을 명하는 판결을 하는 경우에도 이혼판결은 확정되지 아니한 상태이므로, 그 시점에서 가집행을 허용할 수 없다. ○ | X

> **해설** 「민법」상의 재산분할청구권은 이혼을 한 당사자의 일방이 다른 일방에 대하여 재산분할을 청구할 수 있는 권리로서 이혼이 성립한 때에 그 법적 효과로서 비로소 발생하는 것이므로, 당사자가 이혼이 성립하기 전에 이혼소송과 병합하여 재산분할의 청구를 하고, 법원이 이혼과 동시에 재산분할을 명하는 판결을 하는 경우에도 이혼판결은 확정되지 아니한 상태이므로, 그 시점에서 가집행을 허용할 수는 없다(대판 1998.11.13. 98므1193).

03

법원은 직권으로 가집행선고를 하므로, 채권 전액을 담보로 제공하고 가집행을 면제받을 수 있다는 가집행면제선고 역시 당사자에게는 신청권이 없다. ○ | X

> **해설** 법원은 직권으로 또는 당사자의 신청에 따라 채권 전액을 담보로 제공하고 가집행을 면제받을 수 있다는 것을 선고할 수 있다(제213조 제2항).

04

가집행선고 있는 판결에 기한 강제집행의 정지를 위하여 공탁한 담보는 강제집행정지로 인하여 채권자에게 생길 손해를 담보하기 위한 것이므로 정지의 대상인 기본채권도 담보한다.　○ | X

> **해설** 가집행선고 있는 판결에 대한 강제집행정지를 위한 보증공탁은 그 강제집행정지 때문에 손해가 발생할 경우에 그 손해배상의 확보를 위하여 하는 것이고 강제집행의 기본채권에 충당할 수는 없는 것이므로 위 손해배상청구권에 한하여서만 질권자와 동일한 권리가 있을 뿐이고, 강제집행의 기본채권에까지 담보적 효력이 미치는 것이 아니다(대결 1979.11.23. 79마74).

05

가집행선고 있는 판결은 선고에 의하여 즉시 집행력이 발생하므로 이행판결이면 바로 집행권원이 된다.　○ | X

> **해설** 가집행선고 있는 판결은 선고에 의하여 즉시 집행력이 발생한다. 따라서 이행판결이면 바로 집행권원이 된다.

06

가집행선고 있는 판결을 집행권원으로 하여 재산명시신청·채무불이행자명부신청·재산조회신청을 할 수 있다.　○ | X

> **해설** 확정판결과 달리 가집행선고 있는 판결을 집행권원으로 하여서는 재산명시신청(민사집행법 제61조 단서)이나 채무불이행자명부 등 재신청(같은 법 제70조 제1호 단서)을 할 수 없다.

07

채권자가 가집행으로 금원을 추심한 경우 채권자의 기본채권에 대한 변제의 효과가 발생한다.　○ | X

> **해설** 가집행으로 인한 집행의 효과는 종국적으로 변제의 효과를 발생하는 것은 아니므로 가집행으로 금원을 추심하였다 하여도 채권자의 기본채권에 대한 변제의 효과는 발생한다고 할 수 없다(대판 1982.12.14. 80다1101·1102).

정답 | **01** ○ **02** ○ **03** × **04** × **05** ○ **06** × **07** ×

08

담보를 제공하지 아니하게 하고 가집행선고 있는 판결에 기한 강제집행의 일시정지를 명한 재판에 대하여는 불복할 수 있다. O | X

> **해설** 담보 없이 하는 강제집행의 정지는 그 집행으로 말미암아 보상할 수 없는 손해가 생기는 것을 소명한 때에만 한다(제500조 제2항). 제1항 및 제2항의 재판은 변론 없이 할 수 있으며, 이 재판에 대하여는 불복할 수 없다(같은 조 제3항).

09

가집행의 선고는 그 선고 또는 본안판결을 바꾸는 판결의 선고로 바뀌는 한도에서 그 효력을 잃는다. O | X

> **해설** 가집행선고 있는 판결에 상소가 되어 상소심에서 가집행선고가 바뀌거나 그 선고 있는 본안판결이 바뀌었을 때에는 가집행선고는 그 한도에서 효력을 잃는다(제215조 제1항).

10

본안판결의 취소변경으로 가집행선고가 실효된 경우, 그 가집행채권자는 고의·과실 유무에 불구하고 가집행으로 인한 손해를 배상할 책임이 있다. O | X

> **해설** 가집행선고 있는 본안판결이 상소심에서 변경된 때에는 원고는 가집행에 의한 피고의 지급물의 반환뿐 아니라 피고가 가집행으로 인하여 또는 가집행을 면제받기 위하여 받은 손해를 배상하지 않으면 안 된다(제215조 제2항). 이는 공평의 관념에서 나온 일종의 무과실책임이고 불법행위책임이다.

11

가지급물반환신청은 소송 중의 소의 일종으로서 그 성질은 예비적 반소이므로, 가집행의 선고가 붙은 제1심판결에 대하여 피고가 항소를 하였다가 피고의 항소가 기각된 경우, 항소심이 별도로 가지급물반환신청에 대한 판단을 하지 아니한 것은 적법하다. O | X

> **해설** 가지급물반환신청은 소송 중의 소의 일종으로서 그 성질은 예비적 반소라 할 것이므로, 가집행의 선고가 붙은 제1심판결에 대하여 피고가 항소를 하였지만 피고의 항소가 기각된 이 사건에서 원심이 따로 가지급물반환신청에 대한 판단을 하지 아니한 것은 적법하다(대판 2005.1.13. 2004다19647).

12

제1심에서 가집행선고가 붙은 패소의 이행판결을 선고받고 항소한 당사자는 항소심에서 민사소송법 제215조 제2항의 가집행의 선고에 따라 지급한 물건을 돌려 달라는 재판을 구하는 신청을 하지 아니하고 제1심의 본안판결을 바꾸는 판결을 선고받아 상대방이 상고한 경우에는 상고심에서 위와 같은 신청을 하지 못한다. ○ | X

해설 제1심에서 가집행선고가 붙은 패소의 이행판결을 선고받고 항소한 당사자는 항소심에서 민사소송법 제215조 제2항의 재판을 구하는 신청을 하지 아니하고 제1심의 본안판결을 바꾸는 판결을 선고받아 상대방이 상고한 경우에는 상고심에서 위와 같은 신청을 하지 못한다(대판 2003.6.10. 2003다14010·14027).

제7관 | 소송비용

I 소송비용

재판비용	인지대와 송달·공고의 비용, 증인 등에 지급되는 여비·일당·숙박료, 법관과 법원사무관등의 검증 때의 출장일당 등의 비용이다.
당사자비용	당사자가 소송수행을 위해 자신이 지출하는 비용이다(예 당사자나 대리인이 기일에 출석하기 위한 여비·일당·숙박료 등).
변호사 보수	① 변호사에게 지급한 금액 전액이 아니라 대법원규칙에 의하여 산정하며, 여러 변호사가 소송을 대리하였더라도 한 변호사가 대리한 것으로 본다. ② 변호사가 소송사건의 변론종결시까지 변론이나 증거조사 등 소송절차에 전혀 관여한 바가 없다면 그에 대하여 보수가 지급되었다 하더라도 소송비용에 포함될 수 없다.

II 소송비용부담의 원칙

원칙	① 소송비용은 패소한 당사자가 부담함이 원칙이다. ② 패소자가 공동소송인인 경우에는 소송비용을 균등하게 부담하는 것이 원칙이나, 법원은 사정에 따라 공동소송인에게 소송비용을 연대하여 부담하게 하거나 다른 방법으로 부담하게 할 수 있다. ③ 화해비용과 소송비용의 부담에 대하여 특별히 정한 바가 없으면 그 비용은 각자 부담한다.
예외(승소자 부담의 경우)	① 그 권리를 늘리거나 지키는 데 필요하지 아니한 행위로 말미암은 소송비용 ② 상대방의 권리를 늘리거나 지키는 데 필요한 행위로 말미암은 소송비용의 전부나 일부 ③ 승소당사자의 소송지연으로 인한 비용
제3자의 소송비용부담	제107조 【제3자의 비용상환】 ① 법정대리인·소송대리인·법원사무관등이나 집행관이 고의 또는 중대한 과실로 쓸데없는 비용을 지급하게 한 경우에는 수소법원은 직권으로 또는 당사자의 신청에 따라 그에게 비용을 갚도록 명할 수 있다. ② 법정대리인 또는 소송대리인으로서 소송행위를 한 사람이 그 대리권 또는 소송행위에 필요한 권한을 받았음을 증명하지 못하거나, 추인을 받지 못한 경우에 그 소송행위로 말미암아 발생한 소송비용에 대하여는 제1항의 규정을 준용한다. ③ 제1항 및 제2항의 결정에 대하여는 즉시항고를 할 수 있다. 제108조 【무권대리인의 비용부담】 제107조 제2항의 경우에 소가 각하된 경우에는 소송비용은 그 소송행위를 한 대리인이 부담한다.
일부패소	일부패소의 경우에 당사자들이 부담할 소송비용은 법원이 정한다. 다만, 사정에 따라 한쪽 당사자에게 소송비용의 전부를 부담하게 할 수 있다(제101조).

Ⅲ 소송비용부담의 재판

> **제104조【각 심급의 소송비용의 재판】**
> 법원은 사건을 완결하는 재판에서 직권으로 그 심급의 소송비용 전부에 대하여 재판하여야 한다. 다만, 사정에 따라 사건의 일부나 중간의 다툼에 관한 재판에서 그 비용에 대한 재판을 할 수 있다.
>
> **제105조【소송의 총비용에 대한 재판】**
> 상급법원이 본안의 재판을 바꾸는 경우 또는 사건을 환송받거나 이송받은 법원이 그 사건을 완결하는 재판을 하는 경우에는 소송의 총비용에 대하여 재판하여야 한다.

① 쌍방상소사건에서 각 당사자의 불복범위에 현저한 차이가 있어 쌍방상소기각과 함께 상소비용을 각자 부담으로 하게 되면 위와 같은 불합리한 결과가 발생한다고 인정되는 경우, 법원으로서는 당해 심급의 소송비용부담재판을 함에 있어 단지 각자 부담으로 할 것이 아니라, 각 당사자의 불복으로 인한 부분의 상소비용을 불복한 당사자가 각각 부담하도록 하거나, 쌍방의 상소비용을 합하여 이를 불복범위의 비율로 적절히 안분시키는 형태로 주문을 냄으로써, 위와 같은 불합리한 결과가 발생하지 않도록 하는 것이 바람직하다.

② 소송비용부담의 재판에 대해서는 독립하여 상소할 수 없고, 본안재판과 함께 불복하여야 한다.

Ⅳ 소송비용확정절차

개요	① 소송비용부담의 재판은 소송비용상환의무의 존재를 확정하고 그 지급을 명하는 데 그치고 소송비용의 액수는 당사자의 신청에 의하여 별도로 소송비용액 확정결정을 받아야 하므로, 소송비용부담의 재판만으로는 소송비용상환청구채권의 집행권원이 될 수 없다. ② 소송비용액 확정결정은 그 자체 집행권원이 되므로 이로써 재산명시신청을 할 수 있다.
결정절차	① 소송비용부담의 재판에서 그 액수가 정하여지지 아니한 경우에는 <u>제1심 법원이 그 재판이 확정되거나 소송비용부담의 재판에서 가집행선고가 붙어 집행력을 갖게 된 후에는</u> 당사자의 신청을 받아 그 소송비용액을 확정하는 결정을 한다. ② 제1심 합의부가 재판한 민사합의사건에 관한 소송비용확정신청에 대한 사법보좌관의 처분에 대한 이의신청은 제1심 수소법원인 지방법원 합의부가 처분의 인가 여부를 판단하여야 하고, 합의부가 아닌 단독판사가 이를 판단하는 것은 전속관할 위반이다. ③ 소송비용부담의 재판 이후에 비용부담의무자의 승계(**예** 사망)가 있는 경우에는 그 승계인을 상대로 소송비용액 확정신청을 하기 위해서는 승계집행문을 부여받아야 한다. ④ 소송비용액 확정절차의 목적은 부담할 액수를 확정함에 있고 상환의무 내지 권리의 존재를 확정하는 것이 아니므로, 이 절차에는 변제·상계·화해 등 권리소멸의 항변이 허용되지 않는다. 그러나 소송비용상환청구권은 그 성질은 사법상의 청구권이므로 상계의 수동채권으로 될 수 있다. ⑤ 소송비용액 확정절차는 비송적 성격을 가지므로 법원은 당사자가 신청한 총 금액을 한도로 부당한 비용항목을 삭제·감액하고 정당한 비용항목을 추가하거나 당사자가 주장한 항목의 금액보다 액수를 증액할 수 있다. ⑥ 소송비용액 확정절차는 원칙적으로 제1심 수소법원이 관할이다. ⑦ 소가 재판에 의하지 않고 완결된 경우에는 소송종료 당시 사건이 계속된 법원이며, <u>항소심에서 항소취하가 된 경우에는 제1심 소송비용은 제1심 법원에, 항소심소송비용은 항소심 법원에 각각 신청하고, 항소심에서 소취하가 된 경우에는 제1심을 포함한 총 소송비용에 관하여 항소심 법원에 신청해야 한다.</u>

담보제공사유	① 원고가 대한민국에 주소·사무소와 영업소를 두지 아니한 때 또는 소장·준비서면, 그 밖의 소송기록에 의하여 청구가 이유 없음이 명백한 때 등 소송비용에 대한 담보제공이 필요하다고 판단되는 경우에 피고의 신청이 있으면 법원은 원고에게 소송비용에 대한 담보를 제공하도록 명하여야 한다. 담보가 부족한 경우에도 또한 같다. 법원의 직권으로도 할 수 있다. 청구의 일부에 대하여 다툼이 없는 경우에는 그 액수가 담보로 충분하면 담보의 제공을 명하지 아니한다. ② 소송비용의 담보제공신청권은 피고에게 있을 뿐 원고가 위와 같은 담보제공신청을 할 수는 없고, 이는 상소심 절차에서도 동일하게 적용되므로, 원고가 본안소송의 항소심에서 승소하여 피고가 그에 대한 상고를 제기함에 따라 원고가 피상고인으로 되었다고 하여 원고에게 소송비용 담보제공신청권이 인정되는 것은 아니다.
담보제공신청권	① 담보를 제공할 사유가 있다는 것을 알고도 피고가 본안에 관하여 변론하거나 변론준비기일에서 진술한 경우에는 담보제공을 신청하지 못한다. ② 피고가 적법한 담보제공신청을 한 경우에는 그 후 응소를 거부하지 않고 본안에 관하여 변론 등을 하였더라도 이미 이루어진 담보제공신청의 효력이 상실되거나 그 신청이 부적법하게 되는 것은 아니다. ③ 상소심에서의 소송비용 담보제공신청은 담보제공의 원인이 이미 제1심 또는 항소심에서 발생되어 있었음에도 신청인이 과실 없이 담보제공을 신청할 수 없었거나 상소심에서 새로이 담보제공의 원인이 발생한 경우에 한하여 가능하다.
담보제공명령	① 담보액은 피고가 각 심급에서 지출할 비용의 총액을 표준으로 하여 정하여야 한다. 담보제공신청에 관한 결정에 대하여는 즉시항고할 수 있다. 판례는 직권으로 담보제공명령을 한 경우에도 즉시항고를 제기할 수 있다고 판시하였다. 담보를 제공하여야 할 기간 이내에 원고가 이를 제공하지 아니하는 때에는 법원은 변론 없이 판결로 소를 각하할 수 있다. 다만, 판결하기 전에 담보를 제공한 때에는 그러하지 아니하다. ② 담보제공의 방법은 금전의 공탁 또는 법원이 인정하는 유가증권의 공탁 이외에 지급보증위탁계약서의 제출로도 할 수 있게 하였다. 지급보증위탁계약서의 제출방법으로 할 때는 미리 법원의 허가를 받아야 한다.
담보취소결정	제125조【담보의 취소】 ① 담보제공자가 담보하여야 할 사유가 소멸되었음을 증명하면서 취소신청을 하면, 법원은 담보취소결정을 하여야 한다. ② 담보제공자가 담보취소에 대한 담보권리자의 동의를 받았음을 증명한 때에도 제1항과 같다. ③ 소송이 완결된 뒤 담보제공자가 신청하면, 법원은 담보권리자에게 일정한 기간 이내에 그 권리를 행사하도록 최고하고, 담보권리자가 그 행사를 하지 아니하는 때에는 담보취소에 대하여 동의한 것으로 본다. ④ 제1항과 제2항의 규정에 따른 결정에 대하여는 즉시항고를 할 수 있다.

01

소송을 대리한 변호사에게 당사자가 지급하였거나 지급할 보수는 대법원규칙이 정하는 금액의 범위 안에서 소송비용으로 인정하고, 위 소송비용을 계산할 때에는 여러 변호사가 소송을 대리하였더라도 한 변호사가 대리한 것으로 본다. ○ | ✕

> 해설 제109조

02

변호사에게 지급하거나 지급할 보수는 소송비용에 해당하나 변호사가 변론이나 증거조사절차에 전혀 관여한 바 없으면 소송비용에 포함되지 않는다. ○ | ✕

> 해설 소송대리인으로 선임된 변호사가 소송사건의 변론종결시까지 변론이나 증거조사 등 소송절차에 전혀 관여한 바가 없다면 그에 대하여 보수가 지급되었다 하더라도 소송비용에 포함될 수 없다(대결 1992.11.30. 90마1003).

03

소송당사자가 약정에 따라 부가가치세를 포함하여 변호사보수를 지출하였고 그 금액이 변호사보수의 소송비용 산입에 관한 규칙에서 정한 금액 범위 안에 있는 경우, 부가가치세를 포함한 위 금액 전부가 상대방에게 상환을 구할 수 있는 소송비용에 포함되는 변호사보수에 해당한다. ○ | ✕

> 해설 [1] 당사자가 소송과 관련하여 변호사에게 지급하였거나 지급할 보수는 총액이 민사소송법 제109조 제1항 및 「변호사보수의 소송비용 산입에 관한 규칙」에서 정한 기준에 의하여 산정된 금액 범위 내에 있는 이상 명목 여하에 불구하고 모두 소송비용에 포함된다.
> [2] 소송당사자가 약정에 따라 부가가치세를 포함하여 변호사보수를 지출하였다면, 그 금액이 '변호사보수의 소송비용 산입에 관한 규칙'에서 정한 금액 범위 안에 있는 이상 그 전부를 소송비용에 포함되는 변호사보수로 보아 소송비용부담의 재판에 따라 상환의무를 부담하는 상대방에게 상환을 구할 수 있다.
> 다만, 위와 같이 지급한 부가가치세가 사업자인 소송당사자가 자기 사업을 위하여 공급받은 재화나 용역에 대한 것으로서 「부가가치세법」 제38조 제1항 제1호에 따른 매입세액에 해당하여 자기의 매출세액에서 공제하거나 환급받을 수 있는 경우 이는 실질적으로 소송당사자의 부담으로 돌아가지 않으므로 부가가치세 상당의 소송비용 상환을 구할 수 없다.
> 반면 변호사보수에 포함된 부가가치세가 「부가가치세법」 제39조 제1항 제7호에서 규정한 '면세사업에 관련된 매입세액' 등에 해당하여 이를 소송당사자의 매출세액에서 공제하거나 환급받을 수 없는 때에는 그 부가가치세는 실질적으로 해당 소송당사자의 부담이 되므로 상대방에게 부가가치세 상당의 소송비용 상환을 구할 수 있다(대판 2022.1.27. 2021마6871).

정답 | **01** ○ **02** ○ **03** ○

04

12법원직

소송비용은 패소한 당사자가 부담함이 원칙이나, 예외적으로 승소한 당사자도 부담할 수 있다. O | X

> **해설** 소송비용은 패소한 당사자가 부담한다(제98조). 다만, 원고가 채무자에게 한번쯤 이행최고를 하였더라면 피고의 임의이행이 되었을 경우라면, 원고의 소제기가 '권리를 늘리거나 지키는 데 필요하지 아니한 행위'였다고 할 수 있으므로 원고의 승소에 불구하고 소송비용의 부담을 지울 수 있다(제99조).

05

21법원직

일부패소의 경우 각 당사자가 부담할 소송비용은 반드시 청구액과 인용액의 비율에 따라 정하여야 한다.

O | X

> **해설** 일부패소의 경우에 당사자들이 부담할 소송비용은 법원이 정한다. 다만, 사정에 따라 한쪽 당사자에게 소송비용의 전부를 부담하게 할 수 있다(제101조).

06

21법원직

공동소송인은 소송비용을 균등하게 부담한다. 다만, 법원은 사정에 따라 공동소송인에게 소송비용을 연대하여 부담하게 하거나 다른 방법으로 부담하게 할 수 있다. O | X

> **해설** 제102조 제1항

07

12법원직, 17주사보

당사자가 법원에서 화해한 경우 화해비용과 소송비용의 부담에 대하여 특별히 정한 바가 없으면 그 비용은 당사자들이 균등하게 부담한다. O | X

> **해설** 소송상 화해의 경우 소송비용에 대하여 특별히 정한 바가 없으면 각자 지출한 비용을 부담한다(제106조).

재판주문에서 공동소송인별로 소송비용의 부담비율을 정하거나, 연대부담을 명하지 아니하고 단순히 "소송비용은 공동소송인들의 부담으로 한다."라고 정하였다면 공동소송인들은 상대방에 대하여 균등하게 소송비용을 부담한다. ○ | X

해설 민사소송법 제102조 제1항은 "공동소송인은 소송비용을 균등하게 부담한다. 다만, 법원은 사정에 따라 공동소송인에게 소송비용을 연대하여 부담하게 하거나 다른 방법으로 부담하게 할 수 있다."라고 규정하고 있으므로, 재판주문에서 공동소송인별로 소송비용의 부담비율을 정하거나, 연대부담을 명하지 아니하고 단순히 "소송비용은 공동소송인들의 부담으로 한다."라고 정하였다면 공동소송인들은 상대방에 대하여 균등하게 소송비용을 부담하고, 공동소송인들 상호 간에 내부적으로 비용분담 문제가 생기더라도 그것은 그들 사이의 합의와 실체법에 의하여 해결되어야 한다(대결 2017.11.21. 2016마1854).

09

법정대리인 또는 소송대리인으로서 소송행위를 한 사람이 그 대리권 또는 소송행위에 필요한 권한을 받았음을 증명하지 못하거나 추인을 받지 못한 경우에 소가 각하된 경우에는 소송비용은 그 소송행위를 한 대리인이 부담한다. ○ | X

해설 무권대리인이 제기한 소를 각하한 때에는 당사자 본인에게 부담시킬 것이 아니고, 그 소송행위를 한 대리인의 부담으로 하여야 한다(제108조, 제107조 제2항).

상급법원이 본안의 재판을 바꾸는 경우 또는 사건을 환송받거나 이송받은 법원이 그 사건을 완결하는 재판을 하는 경우에는 소송의 총비용에 대하여 재판하여야 한다. ○ | X

해설 제105조

정답 | **04** ○ **05** × **06** ○ **07** × **08** ○ **09** ○ **10** ○

11

소송비용의 재판을 누락한 경우 법원은 직권으로 또는 당사자의 신청에 따라 그 소송비용에 대한 재판을 하여야 할 것이나, 종국판결에 대하여 적법한 항소가 있는 때에는 그 결정은 효력을 잃고 항소심이 소송의 총비용에 대하여 재판을 한다. ○ | X

> **해설** 소송비용의 재판을 하지 않은 경우에는 재판의 누락에 해당하므로(제212조 제2항), 직권 또는 당사자의 신청에 의하여 그 소송비용에 대한 재판을 하여야 한다.

12

소송비용부담의 재판에 대해서는 독립하여 상소할 수 없고, 본안재판과 함께 불복하여야 한다. ○ | X

> **해설** 소송비용의 재판에 대해서는 독립하여 상소할 수 없다(제391조, 제425조). 따라서 본안재판과 함께 불복하여야 하나, 본안의 상소가 이유 없을 때에는 그 불복신청은 부적법하게 된다(대판 2005.3.24. 2004다71522·71539).

13

소송비용부담의 재판은 소송비용상환의무의 존재를 확정하고 그 지급을 명하는 데 그치고 소송비용의 액수는 당사자의 신청에 의하여 별도로 소송비용액 확정결정을 받아야 하므로, 소송비용부담의 재판만으로는 소송비용상환청구채권의 집행권원이 될 수 없다. ○ | X

> **해설** 소송비용부담의 재판은 소송비용상환의무의 존재를 확정하고 그 지급을 명하는 데 그치고 그 액수는 당사자의 신청에 의하여 민사소송법 제110조에 의한 소송비용액 확정결정을 받아야 하므로, 소송비용부담의 재판만으로 소송비용상환청구채권의 집행권원이 될 수 없고, 따라서 소송비용액 확정결정에 의한 소송비용은 본안판결의 집행력이 미치는 대상이 아니다(대판 2006.10.12. 2004재다818).

14

소송비용확정신청은 소송비용부담재판이 확정되어야 할 수 있다. ○ | X

> **해설** 소송비용액 확정결정신청은 소송비용부담의 재판이 확정되거나 집행력을 갖게 된 후에 할 수 있다(제110조).
> – 신법 제110조 제1항은 그 재판이 확정된 뒤에 한하던 구법과 달리 확정되기 전이라도 주문 중 소송비용부담부분에 가집행선고가 붙어 소송비용부담의 재판이 집행력을 갖게 된 때에는 확정신청을 할 수 있게 하였다.

15

소송비용액의 확정신청이 있는 때에는 법원은 법원사무관등에게 소송비용액을 계산하게 하여야 한다.

O | X

> **해설** 소송비용액 확정절차는 사법보좌관의 업무이고(제54조 제2항), 소송비용액의 계산은 법원사무관등이 한다(제115조).

16

소송대리인에게 대리권이 없다는 이유로 소가 각하되고 민사소송법 제108조에 따라 소송대리인이 소송비용부담의 재판을 받은 경우에는, 소송대리인은 자신에게 비용부담을 명한 재판에 대하여 재판의 형식에 관계없이 즉시항고나 재항고에 의하여 불복할 수 있다.

O | X

> **해설** 소송대리인에게 대리권이 없다는 이유로 소가 각하되고 민사소송법 제108조에 따라 소송대리인이 소송비용부담의 재판을 받은 경우에는, 일반적인 소송비용부담의 경우와는 달리 소송비용을 부담하는 자가 본안의 당사자가 아니어서 소송비용의 재판에 대하여 독립한 상소를 금지하는 민사소송법 제391조, 제425조, 제443조가 적용되지 아니하나, 위 소송비용부담의 재판에 따라 소송대리인이 소송의 당사자가 되는 것은 아니고 법원으로서도 당사자 사이에서 분쟁에 관하여 재판을 한 것이라고 할 수 없으므로 당사자 등을 상대방으로 한 항소나 상고를 제기할 수는 없고, 소송대리인으로서는 자신에게 비용부담을 명한 재판에 대하여 재판의 형식에 관계없이 즉시항고나 재항고에 의하여 불복할 수 있다(대결 2016.6.17. 2016마371).

17

당사자 사이에 소송비용을 일정 비율로 분담하도록 재판이 된 경우로서 소송비용액확정신청을 한 신청인에게 피신청인이 상환해야 할 변호사 보수를 확정할 때에는 신청인이 변호사에게 보수계약에 따라 지급하거나 지급할 금액과 구 보수규칙에 따라 산정한 금액을 비교하여 그중 작은 금액을 소송비용으로 결정한 다음, 그에 대하여 소송비용 부담재판의 분담비율을 적용하여 계산해야 한다. ○ | X

해설 당사자 사이에 소송비용을 일정 비율로 분담하도록 재판이 된 경우로서 민사소송법 제111조 제2항에 따라 소송비용액확정을 신청한 당사자에 대해서만 소송비용액을 확정할 경우 법원은 신청인으로부터 제출된 비용계산서에 기초하여 지출한 비용총액을 산정한 다음, 그 비용총액에 대하여 소송비용 부담재판의 분담비율에 따라 상대방이 부담할 소송비용액을 정하여 그 금액의 지급을 명하는 방법으로 소송비용액을 확정해야 한다.
한편 민사소송법 제109조 제1항은 "소송을 대리한 변호사에게 당사자가 지급하였거나 지급할 보수는 대법원규칙이 정하는 금액의 범위 안에서 소송비용으로 인정한다."라고 정하고 있고, 구 변호사보수의 소송비용 산입에 관한 규칙 제3조 제1항은 "소송비용에 산입되는 변호사의 보수는 당사자가 보수계약에 의하여 지급한 또는 지급할 보수액의 범위 내에서 각 심급단위로 소송목적의 값에 따라 [별표]의 기준에 의하여 산정한다."라고 정하고 있다.
따라서 당사자 사이에 소송비용을 일정 비율로 분담하도록 재판이 된 경우로서 소송비용액확정신청을 한 신청인에게 피신청인이 상환해야 할 변호사 보수를 확정할 때에는 신청인이 변호사에게 보수계약에 따라 지급하거나 지급할 금액과 구 보수규칙에 따라 산정한 금액을 비교하여 그중 작은 금액을 소송비용으로 결정한 다음, 그에 대하여 소송비용 부담재판의 분담비율을 적용하여 계산해야 한다(대결 2022.5.31. 2022마5141).

18

지방법원 합의부가 재판한 민사합의사건에 관한 소송비용액 확정신청에 대하여 한 사법보좌관의 처분을 지방법원 합의부가 아닌 단독판사가 인가한 것은 전속관할 위반이다. ○ | X

해설 지방법원 합의부가 재판한 민사합의사건에 관한 소송비용액 확정신청에 대하여 한 사법보좌관의 처분을, 본안사건의 수소법원이라고 할 지방법원 합의부가 아닌 단독판사가 인가한 것은 전속관할 위반이다(대결 2008.6.23. 2007마634).

19

소송비용부담의 재판이 있은 후에 비용부담 의무자가 사망한 경우에는 승계집행문을 부여받을 필요 없이 그 상속인들을 상대로 소송비용액 확정신청을 할 수 있다. ○ | X

해설 [1] 소송비용부담의 재판 이후에 비용부담 의무자의 승계가 있는 경우 그 승계인을 상대로 소송비용액 확정신청을 하기 위해서는 승계집행문을 부여받아야 한다.
[2] 소송비용부담의 재판이 있은 후에 비용부담 의무자가 사망하자 승계집행문을 부여받지 않고 그 상속인들을 상대로 소송비용액 확정신청을 한 사안에서, 그 신청이 소송비용부담재판의 당사자가 아닌 자들에 대하여 한 것으로 부적법하다 (대결 2009.8.6. 2009마897).

20

소송비용액 확정결정절차에서는 상환할 소송비용의 액수를 정할 수 있을 뿐이고, 소송비용부담재판에서 확정한 상환의무 자체의 범위를 심리·판단하거나 변경할 수 없다. ○ | X

> **해설** 소송비용확정절차에 있어서는 상환할 소송비용의 수액을 신청의 범위 내에서 정할 따름이고 그 상환의무 자체의 존부를 심리·판단할 수는 없다(대결 2002.9.23. 2000마5257). 따라서 이 절차에는 변제·상계·화해 등 권리소멸의 항변이 허용되지 않는다.

21

소송비용액 확정결정에 있어서 법원은 당사자가 신청한 총 금액을 한도로 부당한 비용항목을 삭제·감액하고 정당한 비용항목을 추가하거나 당사자가 주장한 항목의 금액보다 액수를 증액할 수 있다. ○ | X

> **해설** 비용액을 확정하는 재판은 결정에 의한다(제110조). 소송비용은 소송행위에 필요한 한도의 비용으로 한다(민사소송비용법 제1조). 소송비용액 확정절차는 비송적 성격을 가지므로 법원은 당사자가 신청한 총 금액을 한도로 부당한 비용항목을 삭제·감액하고 정당한 비용항목을 추가하거나 당사자가 주장한 항목의 금액보다 액수를 증액할 수 있다(대결 2011.9.8. 2009마1689).

22

본안재판으로 소송비용부담의 재판이 행하여진 때에 소송비용액 확정절차는 본안재판이 완결될 당시의 법원이 관할한다. ○ | X

> **해설** 소송비용액 확정절차는 원칙적으로 제1심 수소법원이 관할이다(제110조, 민사소송규칙 제18조).

23

항소심에서 항소취하가 된 경우에는 제1심을 포함한 총 소송비용에 관하여 항소심 법원에 소송비용부담 및 그 액수의 확정재판을 신청해야 한다. ○ | X

> **해설** 소가 재판에 의하지 않고 완결된 경우에는 소송종료 당시 사건이 계속된 법원이며, 항소심에서 항소취하가 된 경우에는 제1심 소송비용은 제1심 법원에, 항소심소송비용은 항소심 법원에 각각 신청하고, 항소심에서 소취하가 된 경우에는 제1심을 포함한 총 소송비용에 관하여 항소심 법원에 신청해야 한다(제104조, 제114조).

정답 | 17 ○ 18 ○ 19 × 20 ○ 21 ○ 22 × 23 ×

24

소의 일부가 취하되거나 청구가 감축된 경우에 있어서는 당사자는 그 부분에 해당하는 소송비용부담재판을 신청할 수 없다. ○ | X

> **해설** 소의 일부가 취하되거나 또는 청구가 감축된 경우에 있어서 소송비용에 관하여는 민사소송법 제114조가 적용되는 것이므로, 당사자가 일부 취하되거나 청구가 감축된 부분에 해당하는 소송비용을 상환받기 위해서는 위 규정에 의하여 일부 취하되거나 감축되어 그 부분만이 종결될 당시의 소송계속법원에 종국판결과는 별개의 절차로서의 소송비용부담재판의 신청을 하고 그에 따라 결정된 소송비용의 부담자 및 부담액에 의할 것이다(대결 1999.8.25. 97마3132).

25

소송이 재판에 의하지 아니하고 완결된 경우에 당사자가 소송비용을 상환받기 위하여서는 당해 소송이 완결될 당시의 소송계속법원에 소송비용부담재판의 신청을 하여야 하고, 이를 제1심 수소법원에 소송비용액 확정결정신청의 방법으로 할 수는 없다. ○ | X

> **해설** 소송이 재판에 의하지 아니하고 완결된 경우에 당사자가 소송비용을 상환받기 위하여서는 민사소송법 제104조 제1항에 의하여 당해 소송이 완결될 당시의 소송계속법원에 소송비용부담재판의 신청을 하여야 하고, 이를 제1심 수소법원에 소송비용액 확정결정신청의 방법으로 할 수는 없다(대결 1992.11.30. 90마1003).

26

소장·준비서면, 그 밖의 소송기록에 의하여 청구가 이유 없음이 명백한 때 등 소송비용에 대한 담보제공이 필요하다고 판단되는 경우 법원은 직권으로 원고에게 소송비용에 대한 담보를 제공하도록 명할 수 있으나, 피고의 신청이 있는 경우 법원은 원고에게 소송비용에 대한 담보를 제공하도록 명하여야 한다. ○ | X

> **해설** 원고가 대한민국에 주소·사무소와 영업소를 두지 아니한 때 또는 소장·준비서면, 그 밖의 소송기록에 의하여 청구가 이유 없음이 명백한 때 등 소송비용에 대한 담보제공이 필요하다고 판단되는 경우에 피고의 신청이 있으면 법원은 원고에게 소송비용에 대한 담보를 제공하도록 명하여야 한다. 담보가 부족한 경우에도 또한 같다(제117조 제1항).

소송비용 담보제공신청권은 피고에게만 있으나, 원고가 본안소송의 항소심에서 승소하여 피고가 그에 대한 상고를 제기함에 따라 원고가 피상고인으로 된 경우에는 원고에게도 소송비용 담보제공신청권이 인정된다. O | X

해설 민사소송법 제117조 제1항은 "원고가 대한민국에 주소·사무소와 영업소를 두지 아니한 때 또는 소장·준비서면, 그 밖의 소송기록에 의하여 청구가 이유 없음이 명백한 때 등 소송비용에 대한 담보제공이 필요하다고 판단되는 경우에 피고의 신청이 있으면 법원은 원고에게 소송비용에 대한 담보를 제공하도록 명하여야 한다. 담보가 부족한 경우에도 또한 같다."라고 규정하고 있다. 따라서 소송비용의 담보제공신청권은 피고에게 있을 뿐 원고가 위와 같은 담보제공신청을 할 수는 없고, 이는 상소심 절차에서도 동일하게 적용되므로, 원고가 본안소송의 항소심에서 승소하여 피고가 그에 대한 상고를 제기함에 따라 원고가 피상고인으로 되었다고 하여 원고에게 소송비용 담보제공신청권이 인정되는 것은 아니다(대결 2017.9.14. 2017카담507).

담보를 제공할 사유가 있다는 것을 알고도 피고가 본안에 관하여 변론하거나 변론준비기일에서 진술한 경우에는 담보제공을 신청하지 못한다. O | X

해설 제118조

피고가 적법한 담보제공신청을 한 경우에는 그 후 응소를 거부하지 않고 본안에 관하여 변론 등을 하였더라도 이미 이루어진 담보제공신청의 효력이 상실되거나 그 신청이 부적법하게 되는 것은 아니다. O | X

해설 민사소송법 제118조는 "담보를 제공할 사유가 있다는 것을 알고도 피고가 본안에 관하여 변론하거나 변론준비기일에서 진술한 경우에는 담보제공을 신청하지 못한다."라고 규정하고 있다. 같은 법 제119조는 "담보제공을 신청한 피고는 원고가 담보를 제공할 때까지 소송에 응하지 아니할 수 있다."라고 규정하고 있다. 그러므로 적법한 담보제공신청 없이 피고가 본안에 관하여 변론하거나 변론준비기일에서 진술한 경우 담보제공신청권을 상실한다. 반면, 피고가 적법한 담보제공신청을 한 경우에는 그 후 응소를 거부하지 않고 본안에 관하여 변론 등을 하였더라도 이미 이루어진 담보제공신청의 효력이 상실되거나 그 신청이 부적법하게 되는 것은 아니다(대결 2018.6.1. 2018마5162).

정답 | **24** × **25** ○ **26** ○ **27** × **28** ○ **29** ○

30

상소심에서의 소송비용 담보제공신청은 담보제공의 원인이 이미 제1심 또는 항소심에서 발생되어 있었음에도 신청인이 과실 없이 담보제공을 신청할 수 없었거나 상소심에서 새로이 담보제공의 원인이 발생한 경우에 한하여 가능하다. O | X

해설 대결 2017.4.21. 2017마63

31

민사소송법은 '담보제공신청'에 관한 결정에 대하여 즉시항고할 수 있다고 규정하고 있으므로 법원이 직권으로 한 담보제공명령에 대해서는 즉시항고할 수 없다. O | X

해설 민사소송법은 특별한 규정이 있을 때만 즉시항고할 수 있다는 규정을 두고 있지 않고, 직권에 의한 소송비용 담보제공 재판에 대한 불복 자체를 금지하고 있지도 않은 점, 직권에 의한 소송비용 담보제공 재판의 경우에도 피고의 신청에 의한 경우와 마찬가지로 담보를 제공하지 않으면 변론 없이 소각하판결이 내려질 수 있으므로 원고에게 불복 기회를 부여해야 할 필요성은 신청에 의한 경우와 다를 게 없는 점 등에 비추어 보면, 법원의 직권에 의한 소송비용 담보제공 재판에 불복할 경우에도 원고는 민사소송법 제121조를 준용하여 즉시항고를 제기할 수 있다고 보는 것이 타당하다(대결 2011.5.2. 2010부8).

32

담보를 제공하여야 할 기간 이내에 원고가 이를 제공하지 아니하는 때에는 법원은 변론 없이 판결로 소를 각하할 수 있으나, 판결하기 전에 담보를 제공한 때에는 변론 없이 소를 각하할 수 없다. O | X

해설 담보를 제공하여야 할 기간 이내에 원고가 이를 제공하지 아니하는 때에는 법원은 변론 없이 판결로 소를 각하할 수 있다. 다만, 판결하기 전에 담보를 제공한 때에는 그러하지 아니하다(제124조).

33

소송비용 담보의 제공은 금전 또는 법원이 인정하는 유가증권을 공탁하거나, 지급보증위탁계약을 맺은 문서를 제출하는 방법으로 한다. O | X

해설 담보의 제공은 금전 또는 법원이 인정하는 유가증권을 공탁하거나, 대법원규칙이 정하는 바에 따라 지급을 보증하겠다는 위탁계약을 맺은 문서를 제출하는 방법으로 한다. 다만, 당사자들 사이에 특별한 약정이 있으면 그에 따른다(제122조).

정답 | **30** O **31** X **32** O **33** O

gosi.Hackers.com

제6편
상소심절차

제1장 | 총설

Ⅰ 상소의 요건

1. 의의

상소의 일반요건으로서 적극적 요건은 ① 상소의 대상적격이 있을 것, ② 방식에 맞는 상소제기, ③ 상소기간의 준수, ④ 상소의 이익이 있을 것 등이고, 소극적 요건은 ① 상소의 포기나, ② 불상소의 합의가 없을 것 등이다.

2. 적극적 요건

상소의 대상적격	종국판결일 것	① 상소를 하기 위해서는 종국적 재판이 선고되었을 것을 요한다. ② 중간적 재판은 독립하여 상소할 수 없다. 소송비용에 대한 재판이나 가집행에 관한 재판도 독립하여 상소할 수 없고, 본안에 대한 상소와 함께하여야 한다.
	유효한 판결일 것	① 사망자를 피고로 하는 소제기는 그와 같은 상태에서 제1심판결이 선고되었다 할지라도 판결은 당연무효이며, 판결에 대한 사망자인 피고의 상속인들에 의한 항소나 소송수계신청은 부적법하다. ② 허위주소에 의한 피고의 자백간주로 편취된 판결은 판결정본이 유효하게 송달되지 않아 미확정판결이므로 상소의 대상으로 본다.
	다른 불복방법이 없을 것	판결경정의 대상인 경우, 추가판결의 대상이 되는 재판누락의 경우, 이의방법으로 다툴 조서의 기재에 대한 상소는 허용되지 아니한다.
방식에 맞는 상소제기		① 상소는 서면으로 상소기간 내에 원심법원에 제출해야 한다. 항소장이 제1심 법원이 아닌 항소심 법원에 접수되었다가 제1심 법원으로 송부된 경우에는 항소심 법원 접수시가 아니라 <u>제1심 법원 도착시</u>를 기준으로 하여 기간의 준수 여부를 가리게 된다. ② 상소기간은 불변기간으로서 항소·상고의 경우에는 판결정본이 송달된 날부터 2주이고, 즉시항고·특별항고의 경우에는 재판의 고지가 있은 날부터 1주이다. <u>판결정본 송달 전이라도 상소제기가 가능</u>하며, 통상항고는 재판의 취소를 구할 이익이 있는 한 어느 때나 제기할 수 있다. ③ 판결의 송달이 무효인 경우에는 항소기간이 진행하지 아니하고, 그 송달을 받을 당사자는 언제라도 항소를 제기할 수 있다. 설령 피고가 그 판결선고 사실을 알았더라도 항소기간은 진행될 수 없다. ④ 항소장에는 당사자 또는 대리인이 기명날인 또는 서명하여야 한다고 규정하고 있으나, 항소장에 항소인의 기명날인 등이 누락되었다고 하더라도 기재에 의하여 항소인이 누구인지 알 수 있고, 그것이 항소인 의사에 기하여 제출된 것으로 인정되면 이를 무효라고 할 수 없다.
상소의 이익	의의	원심재판에 대하여 상소를 제기함으로써 상소제도를 이용할 수 있는 지위 또는 자격을 말한다.
	판단기준	① 상소인은 자기에게 불이익한 재판에 대해서만 상소를 제기할 수 있는 것이고, 재판이 상소인에게 불이익한 것인가의 여부는 재판의 주문을 표준으로 하여 결정되는 것이다(형식적 불복설). ② 원칙적으로 제1심에서 전부승소의 판결을 받은 자는 항소를 할 수 없으나, 예외적으로 기판력 기타 판결의 효력 때문에 별소의 제기가 허용되지 않는 경우는 항소이익을 인정해야 할 것이다.

구체적인 경우	① 상계의 항변으로 승소한 피고는 소구채권의 부존재를 이유로 승소한 경우보다 결과적으로 불이익하므로 상소의 이익이 있다. 또 명시하지 않은 일부청구의 경우에는 전부승소자라도 잔부를 확장하기 위하여 상소의 이익이 있다. ② 원고의 소구채권 자체가 인정되지 않는 경우 더 나아가 피고의 상계항변의 당부를 따져볼 필요도 없이 원고 청구가 배척될 것이므로, '원고의 소구채권 그 자체를 부정하여 원고의 청구를 기각한 판결'과 '소구채권의 존재를 인정하면서도 상계항변을 받아들인 결과 원고의 청구를 기각한 판결'은 민사소송법 제216조에 따라 기판력의 범위를 서로 달리하고, 후자의 판결에 대하여 피고는 상소의 이익이 있다. ③ 하나의 소송물에 관하여 전부승소한 당사자의 상소이익의 부정은 절대적인 것이 아니라 하여, 불법행위로 인한 손해배상소송에서 원고가 재산상 손해에 대해서는 전부승소했으나, 위자료에 대해서는 일부패소하여 패소부분에 불복하는 형식으로 항소를 제기한 경우, 재산상 손해나 위자료는 단일한 원인에 근거한 것인데 편의상 이를 별개의 소송물로 분류하고 있는 것에 지나지 아니한 것이므로, 이를 실질적으로 파악하여 항소심에서 위자료는 물론이고 재산상 손해에 관하여도 청구의 확장을 허용하는 것이 타당하다. ④ 청구의 일부인용·일부기각의 경우는 원·피고 모두 상소할 수 있다(예비적 병합청구에서 주위적 청구가 기각되고 예비적 청구가 인용된 경우). ⑤ 소각하판결은 원고에게 불이익일 뿐만 아니라 피고가 청구기각의 신청을 구한 때에는 피고에게 불이익이 있기 때문에 원·피고 모두 상소할 수 있다. ⑥ 제1심판결에 대하여 불복하지 않은 당사자는 그에 대한 항소심판결이 제1심판결보다 불리한 바 없으면 항소심판결에 상고이익이 없다.

3. 소극적 요건

(1) 상소권의 포기가 없을 것

항소권의 포기는 항소를 하기 이전에는 제1심 법원에, 항소를 한 뒤에는 소송기록이 있는 법원에 서면으로 하여야 한다.

(2) 불상소의 합의가 없을 것

의의	① 불상소합의는 미리 상소를 하지 않기로 하는 소송법상의 계약으로서 구체적인 사건의 심급을 제1심에 한정하여 그것으로 끝내기로 하는 양쪽 당사자의 합의이다. 반면, 불항소합의(비약상고의 합의)는 상고할 권리를 유보하고 항소만 하지 않기로 하는 합의를 말한다. ② 판결선고 전 불상소합의는 상소권 자체를 발생시키지 않는 점에서 이미 발생한 상소권을 포기하는 상소권의 포기와 구별된다.
합의방식	서면에 의해야 하며, 한쪽만이 항소하지 않기로 하는 합의는 공평에 반하여 무효이다.
합의효과	판결선고 전 불상소합의가 있으면 판결선고와 동시에 판결은 확정되고, 판결선고 후 불상소합의가 있으면 합의시 바로 판결이 확정된다. 불상소합의가 있는지 여부는 법원의 직권조사사항이다.
해제 여부	구체적인 어느 특정 법률관계에 관하여 당사자 쌍방이 제1심판결 선고 전에 미리 항소하지 아니하기로 합의하였다면, 제1심판결은 선고와 동시에 확정되는 것이므로 그 판결선고 후에는 당사자의 합의에 의하더라도 그 불항소합의를 해제하고 소송계속을 부활시킬 수 없다.

확정차단의 효력		적법한 상소가 제기되면 그에 의하여 재판의 확정을 막아 차단되게 되고, 상소기간이 경과되어도 재판은 확정되지 않는다.
이심의 효력		① 적법한 상소가 제기되면 그 소송사건 전체가 원심법원을 떠나 상소심으로 이전하여 계속되게 된다. 이를 '이심의 효력'이라 한다. ② 이심의 효력은 하급심에서 재판한 부분에 한하여 생긴다. 따라서 하급심에서 재판의 일부누락이 있을 때에는 그 청구부분은 하급심에 그대로 계속되며 상소하여도 이심의 효력이 생기지 않는다.
상소불가분의 원칙	이심의 범위	① 수개의 청구에 대하여 하나의 전부판결을 한 경우, 그중 한 청구에 대하여 불복항소를 하거나 하나의 청구의 일부에 대해 불복항소를 한 경우에 다른 청구 또는 불복하지 아니한 부분에도 항소의 효력이 미친다. ② 예외적으로 통상공동소송은 공동소송인 독립의 원칙상 이심되지 않고 확정되므로 상소불가분의 원칙이 적용되지 아니한다.
	심판의 범위	① 원심판결의 전부에 대해 확정차단 및 이심의 효력이 생긴다고 해서 전부가 심판범위에 포함되는 것은 아니고 상소심의 심판범위는 불복신청의 범위에 국한된다. ② 다만, 상소불가분의 원칙에 의하여 상소의 효력은 원심판결 전부에 미치므로 항소인은 항소심 변론종결시까지 어느 때나 항소취지를 확장할 수 있고, 상대방도 부대항소를 신청하여 상소심에서 심판범위를 확장할 수 있다.

⚖️ OX 확인

01   21사무관

일부판결이나 추가판결에 대해서는 항소를 할 수 있으나, 중간판결에 대하여는 독립하여 항소할 수 없다.
○│X

> **해설** 일부판결(제200조)과 추가판결(제212조)은 모두 종국판결이므로 그에 대하여는 항소할 수 있으나, 중간판결(제201조)에 대하여는 독립하여 항소할 수 없다.

02   16법원직

항소심에서의 환송판결·이송판결도 종국판결로서 상고의 대상이 된다.   ○│X

> **해설** 항소심의 환송판결은 종국판결이므로 고등법원의 환송판결에 대하여는 대법원에 상고할 수 있다(대판 (全) 1981.9.8. 80다3271).

03   14법원직

본안의 재판 중에 한 소송비용 및 가집행에 관한 재판에 대하여는 독립하여 상소하지 못한다.   ○│X

> **해설** 신법은 가집행선고도 소송비용의 재판과 마찬가지의 부수적 재판임에 다를 바 없으므로 독립하여 상소하는 것을 허용하지 아니하였다(제391조, 제406조).

04   19사무관

소제기 후 소장부본이 송달되기 전에 피고가 사망한 경우에 그와 같은 상태에서 제1심판결이 선고되었다면 그 판결에 대한 사망자인 피고의 상속인들에 의한 항소는 부적법하다.   ○│X

> **해설** 이미 사망한 자를 피고로 하여 소를 제기한 경우 또는 소제기 후 소장부본이 송달되기 전에 피고가 사망한 경우, 그와 같은 상태에서 제1심판결이 선고되었다 할지라도 그 판결은 당연무효이고, 그 판결에 대한 사망자인 피고의 상속인들에 의한 항소나 소송수계신청은 부적법하다(대판 2015.1.29. 2014다34041).

정답 | **01** ○ **02** ○ **03** ○ **04** ○

05

허위의 피고 주소로 제1심판결이 송달된 때에는 피고가 그 판결선고 사실을 안 날부터 항소기간이 진행된다. ○ | X

> **해설** 허위의 피고 주소로 제1심판결이 송달된 때에는 설령 피고가 그 판결선고 사실을 알았더라도 항소기간은 진행될 수 없다(대판 (全) 1978.5.9. 75다634; 대판 1997.5.30. 97다10345). 판결의 송달이 무효인 경우에는 항소기간이 진행하지 아니하고, 그 송달을 받을 당사자는 언제라도 항소를 제기할 수 있다.

06

상소장을 상소법원에 잘못 제출하여 상소법원이 원법원에 송부한 경우에 상소기간의 준수 여부는 원칙적으로 상소장이 원법원에 제출된 때가 기준이다. ○ | X

> **해설** 항소장이 제1심 법원 아닌 항소심 법원에 접수되었다가 제1심 법원으로 송부된 경우에는 항소심 법원 접수시가 아니라, 제1심 법원 도착시를 기준으로 하여 기간의 준수 여부를 가리게 된다(대판 1981.10.13. 81누230).

07

항소장에는 당사자 또는 대리인이 기명날인 또는 서명하여야 하나 항소장에 항소인의 기명날인 등이 누락되었다고 하더라도 기재에 의하여 항소인이 누구인지 알 수 있고, 그것이 항소인 의사에 기하여 제출된 것으로 인정되면 이를 무효라고 할 수 없다. ○ | X

> **해설** 민사소송법 제398조, 제274조 제1항은 항소장에는 당사자 또는 대리인이 기명날인 또는 서명하여야 한다고 규정하고 있으나, 항소장에 항소인의 기명날인 등이 누락되었다고 하더라도 기재에 의하여 항소인이 누구인지 알 수 있고, 그것이 항소인 의사에 기하여 제출된 것으로 인정되면 이를 무효라고 할 수 없다(대판 2011.5.13. 2010다84956).

08

전부승소한 원고가 소의 변경 또는 청구취지의 확장을 위해 상소하는 것은 허용된다. ○ | X

> **해설** 전부승소한 당사자는 원칙적으로 불복의 이익이 없어 전부승소한 원고가 소의 변경 또는 청구취지의 확장을 위해 상소하는 것은 허용되지 않는다.

09

전부승소한 피고가 반소를 위해 상소하는 것은 허용된다.　　　　　　　　　　　○ | ✕

해설 전부승소한 피고가 반소를 위해 상소하는 것은 허용되지 않는다.

10

상소는 자기에게 불이익한 재판에 대하여 유리하게 취소변경을 구하기 위하여 하는 것이므로 하나의 소송물에 관하여 형식상 전부승소한 당사자의 상소이익의 부정은 절대적인 것이다.　　　　○ | ✕

해설 원칙적으로 형식적 불복설에 의해 당사자의 신청과 판결주문을 비교하여 제1심에서 전부승소의 판결을 받은 자는 항소를 할 수 없으나, 예외적으로 기판력 기타 판결의 효력 때문에 별소의 제기가 허용되지 않는 경우는 항소이익을 인정해야 할 것이다.

11

잔부를 유보하지 않은 묵시적 일부청구에 관하여 전부승소한 채권자는 나머지 부분에 관하여 청구를 확장하기 위한 항소가 허용되지 아니한다.　　　　　　　　　　　○ | ✕

해설 가분채권에 대한 이행청구의 소를 제기하면서 그것이 나머지 부분을 유보하고 일부만 청구하는 것이라는 취지를 명시하지 아니한 경우에는 그 확정판결의 기판력은 나머지 부분에까지 미치는 것이어서 별소로써 나머지 부분에 관하여 다시 청구할 수 없으므로 이러한 경우에는 예외적으로 전부승소한 판결에 대해서도 나머지 부분에 관하여 청구를 확장하기 위하여 항소할 수 있다(대판 1997.10.24. 96다12276).

12

상계항변이 이유 있다 하여 전부승소한 피고는 상소의 이익이 있다.　　　　　　　○ | ✕

해설 상계항변이 이유 있다 하여 승소한 피고의 경우 원고의 소구채권 자체의 부존재를 판결이유로 이유변경이 되어 승소하는 것이 피고에게 더 이익이 되기 때문에, 상소의 이익이 있다(대판 2018.8.30. 2016다46338·46345).

13

제1심판결에 대하여 불복하지 않은 당사자는 그에 대한 항소심판결이 제1심판결보다 불리하지 않다면 항소심판결에 대해 상고의 이익이 없다. ○ | X

> 해설 제1심판결에 대하여 불복하지 않은 당사자는 그에 대한 항소심판결이 제1심판결보다 불리한 바 없으면 항소심판결에 상고이익이 없다(대판 2002.2.5. 2001다63131).

14

제1심에서 원고의 청구가 일부인용되자 패소부분에 대하여 원고만 항소를 제기하고, 피고는 항소나 부대항소를 제기하지 않았음에도 원고의 항소가 기각되자 피고가 상고한 경우 그 상고는 상고의 이익이 없다. ○ | X

> 해설 제1심에서 원고의 피고에 대한 청구가 일부인용되자 패소부분에 대하여 원고만 항소를 제기하고, 피고는 항소나 부대항소를 제기하지 않았다가 원고의 항소가 기각되자 피고가 상고한 경우 상고의 이익이 없어 부적법하다(대판 1992.12.8. 92다24431).

15

항소를 한 뒤의 항소권의 포기는 항소취하의 효력이 있다. ○ | X

> 해설 제395조 제3항

16

항소권의 포기는 항소를 하기 이전에는 제1심 법원에, 항소를 한 뒤에는 소송기록이 있는 법원에 서면으로 하여야 한다. ○ | X

> 해설 제395조 제1항

17

항소를 한 뒤 소송기록이 제1심 법원에 있는 동안 제1심 법원에 항소권포기서를 제출한 경우에는 제1심 법원에 항소권포기서를 제출한 즉시 항소권 포기의 효력이 발생한다. ○ | ×

해설 민사소송법 제395조 제1항은 "항소권의 포기는 항소를 하기 이전에는 제1심 법원에, 항소를 한 뒤에는 소송기록이 있는 법원에 서면으로 하여야 한다."고 규정하고 있는바, 그 규정의 문언과 취지에 비추어 볼 때 항소를 한 뒤 소송기록이 제1심 법원에 있는 동안 제1심 법원에 항소권포기서를 제출한 경우에는 제1심 법원에 항소권포기서를 제출한 즉시 항소권 포기의 효력이 발생한다고 봄이 상당하다(대결 2006.5.2. 2005마933).

18

당사자는 제1심의 종국판결 뒤에 상고할 권리를 유보하고 항소를 하지 아니하기로 합의할 수 있다. ○ | ×

해설 불항소합의(비약상고의 합의)는 상고할 권리를 유보하고 항소만 하지 않기로 하는 합의를 말한다(제390조 제1항 단서).

19

적법한 불상소의 합의가 판결선고 전에 있으면 그 판결은 상소기간이 만료되는 때에 확정된다. ○ | ×

해설 적법한 불상소의 합의가 판결선고 전에 있으면 소송은 그로써 완결되고 판결은 선고와 동시에 확정된다. 판결선고 후의 합의는 그 성립과 동시에 판결을 확정시킨다.

20

불항소합의의 유무는 항소의 적법요건에 관한 법원의 직권조사사항이다. ○ | ×

해설 불항소합의의 유무는 항소의 적법요건에 관한 것으로서 법원이 직권조사사항이다(대판 1980.1.29. 79다2066).

원고가 1,000만 원을 청구하여 600만 원에 대한 일부승소판결을 받은 경우, 원고만 패소한 400만 원에 대해 불복하여 항소하면 불복하지 않은 600만 원 청구 부분도 항소심에 이심된다. ○ | ×

해설 수개의 청구 중 각 일부를 인용한 제1심판결에 대하여 적법한 항소의 제기가 있으면 그 청구 전부의 확정이 차단되어 항소심에 이심되고, 다만 불복하지 아니한 부분은 항소심의 심리판단의 대상이 될 수 없을 뿐이다(대판 2002.4.23. 2000다9048).

22

22모의

항소심에서 공시송달 판결을 하는 경우, 민사소송법 제208조 제3항 제3호에 따라 판결서의 이유에 청구를 특정함에 필요한 사항과 같은 법 제216조 제2항의 판단에 관한 사항만을 간략하게 표시할 수 있다. ○ | ×

해설 민사소송법 제208조 제2항의 규정에도 불구하고 제1심판결로서 '피고가 민사소송법 제194조 내지 제196조의 규정에 의한 공시송달로 기일통지를 받고 변론기일에 출석하지 아니한 경우의 판결'(이하 '공시송달 판결'이라 한다)에 해당하는 경우에는 판결서의 이유에 청구를 특정함에 필요한 사항과 같은 법 제216조 제2항의 판단에 관한 사항만을 간략하게 표시할 수 있다(제208조 제3항 제3호). 한편, 항소심의 소송절차에는 특별한 규정이 없으면 민사소송법 제2편 제1장 내지 제3장에서 정한 제1심의 소송절차에 관한 규정을 준용하지만(제408조), 같은 법 제208조 제3항 제3호를 준용하는 규정은 별도로 두고 있지 않다. 오히려 항소심이 판결이유를 적을 때에는 제1심판결을 인용할 수 있지만, 제1심판결이 민사소송법 제208조 제3항 제3호에 따라 작성된 경우에는 이를 인용할 수 없다(제420조). 위와 같은 규정들의 내용과 그 취지를 종합하면, 공시송달 판결을 하는 경우 제1심은 민사소송법 제208조 제3항 제3호에 따라 판결서의 이유에 청구를 특정함에 필요한 사항과 같은 법 제216조 제2항의 판단에 관한 사항만을 간략하게 표시할 수 있지만, 당사자의 불복신청 범위에서 제1심판결의 당부를 판단하는 항소심은 그와 같이 간략하게 표시할 수 없고, 같은 법 제208조 제2항에 따라 주문이 정당하다는 것을 인정할 수 있을 정도로 당사자의 주장과 그 밖의 공격방어방법에 관한 판단을 표시하여야 한다(대판 2021.2.4. 2020다259506).

정답 | **21** ○ **22** ×

제2장 | 항소

I 총설

항소장의 기재사항	① 항소장에는 당사자와 법정대리인, 제1심판결의 표시와 그 판결에 대한 항소의 취지를 적어야 한다. ② 항소장에는 제1심판결의 변경을 구한다는 항소인의 의사가 나타나면 충분하고, 항소의 범위나 이유까지 기재되어야 하는 것은 아니다. ③ 항소의 객관적·주관적 범위는 항소장에 기재된 항소취지만을 기준으로 판단할 것은 아니고, 항소취지와 함께 항소장에 기재된 사건명이나 사건번호, 당사자의 표시, 항소인이 취소를 구하는 제1심판결의 주문내용 등을 종합적으로 고려해서 판단해야 한다.
항소제기의 절차	① 항소의 제기는 항소장을 <u>제1심 법원에 제출함으로써</u> 한다. ② 항소는 판결서가 송달된 날부터 2주 이내에 제기하여야 하며, 판결서 송달 전에도 항소할 수 있다. 위 2주의 기간은 불변기간이다. ③ 필수적 공동소송과 공동소송참가의 경우에는 <u>최후에 판결을 송달받은 공동소송인을 기준으로</u> 하여 항소기간 도과 여부를 결정한다. ④ 보조참가인은 <u>피참가인의 항소기간 안에</u> 항소를 제기하여야 한다.
재판장의 항소장심사권	① 필수적 기재사항, 인지납부 여부를 심사하여 보정명령을 하고, 기간 내에 보정되지 아니하거나 항소기간을 넘긴 것이 분명한 때에는 항소장 각하명령을 한다. 또 항소권을 포기하여 제1심판결이 확정된 후에 항소장이 제출되었음이 분명한 경우, 제1심 재판장은 항소장 각하명령을 할 수 있다. ② 항소심 재판장은 항소장 부본이 피항소인에게 송달불능이 된 때에 상당한 기간을 정하여 보정명령을 하고, 이에 응하지 않으면 항소장 각하명령을 할 수 있다. 판례는 소송기록에 나타나 있는 다른 주소로 송달을 시도해 보고 그곳으로도 송달이 되지 않는 경우에 주소보정을 명하였어야 하는데, 이러한 조치를 취하지 않은 채 항소장에 기재된 주소가 불명하여 송달이 되지 않았다는 것만으로 송달불능이라 하여 주소보정을 명한 것은 잘못이므로, 주소보정을 하지 않았다는 이유로 항소장을 각하한 원심명령은 위법하다고 판시하였다. ③ 항소장 각하명령에 대해서는 즉시항고를 할 수 있다. ④ 제1심 재판장이 항소장에 붙일 인지의 부족액이 있음을 이유로 보정명령을 하였으나 이에 대하여 항소인이 보정기간 안에 일부만을 보정하자 항소장 각하명령을 한 경우, 항소장 각하명령이 있은 후에는 그 부족인지액을 보정하고 불복을 신청하였다고 하더라도 그 각하명령을 취소할 수 없다. ⑤ 항소장에 불복신청의 범위를 기재하지 아니한 때에는 항소법원의 심리범위 및 항소장에 붙일 인지액을 확정하기 위하여 불복신청의 범위를 명확히 할 필요가 있으므로 항소인에게 그 보정을 명하여야 할 것이다. 그러나 불복신청의 범위는 항소장의 필요적 기재사항이 아니므로, 항소인이 위 보정명령에 불응한다고 하더라도 이는 항소장 각하에 관한 사유에 해당하지 아니하여, 재판장은 불복신청의 범위를 보정하지 아니하였다는 이유로 항소장을 각하할 수 없다. ⑥ 독립당사자참가소송의 제1심 본안판결에 대해 일방이 항소하고 피항소인 중 1명에게 항소장이 적법하게 송달되어 항소심 법원과 당사자들 사이의 소송관계가 일부라도 성립된 것으로 볼 수 있다면, 항소심 재판장은 더 이상 단독으로 항소장 각하명령을 할 수 없다.

01

항소장에는 당사자와 법정대리인 및 제1심판결을 표시하고 그 판결에 대하여 항소하는 취지를 기재하면 족하며, 불복의 범위와 이유를 기재할 필요는 없다. ○|×

> **해설** 항소장에는 당사자와 법정대리인 및 제1심판결을 표시하고 그 판결에 대하여 항소하는 취지를 기재하면 그로써 족한 것이고 항소심에서의 심판의 범위를 정하게 될 불복의 정도는 항소심의 구두변론시에 진술하면 되는 것으로서 굳이 이를 항소장에 기재하지 않으면 안 될 이유는 없다(대판 1988.4.25. 87다카2819·2820).

02

항소의 객관적·주관적 범위는 항소장에 기재된 항소취지만을 기준으로 판단할 것은 아니고, 항소취지와 함께 항소장에 기재된 사건명이나 사건번호, 당사자의 표시, 항소인이 취소를 구하는 제1심판결의 주문 내용 등을 종합적으로 고려해서 판단해야 한다. ○|×

> **해설** 민사소송법 제397조 제2항은 항소장에 당사자와 법정대리인, 제1심판결의 표시와 그 판결에 대한 항소의 취지를 적도록 하고 있을 뿐이므로, 항소장에는 제1심판결의 변경을 구한다는 항소인의 의사가 나타나면 충분하고 항소의 범위나 이유까지 기재되어야 하는 것은 아니다. 따라서 항소의 객관적·주관적 범위는 항소장에 기재된 항소취지만을 기준으로 판단할 것은 아니고, 항소취지와 함께 항소장에 기재된 사건명이나 사건번호, 당사자의 표시, 항소인이 취소를 구하는 제1심판결의 주문내용 등을 종합적으로 고려해서 판단해야 한다(대결 2020.1.30. 2019마5599·5600).

03

항소는 판결서가 송달된 날부터 2주 이내에 하여야 하므로, 판결서 송달 전에는 할 수 없다. ○|×

> **해설** 항소는 판결서가 송달된 날부터 2주 이내에 제기하여야 하며, 판결서 송달 전에도 항소할 수 있다(제396조 제1항).

04

필수적 공동소송과 공동소송참가의 경우에는 최후에 판결을 송달받은 공동소송인을 기준으로 하여 항소
기간 도과 여부를 결정한다. ○ | X

해설 필수적 공동소송(제67조)과 공동소송참가(제83조)의 경우에는 소송의 목적인 권리 또는 법률관계가 합일적으로
확정되어야 하므로, 이러한 공동소송인 중 1인이 한 항소의 제기는 공동소송인 전원을 위하여 효력이 생겨 항소하지 아니
한 다른 공동소송인도 항소인이 된다. 이 경우 공동소송인 전원에 대하여 항소기간이 도과되지 않으면 판결이 확정되지
않으므로 최후에 판결을 송달받은 공동소송인을 기준으로 하여 항소기간 도과 여부를 결정한다.

05

항소장 및 상고장심사권은 재판장의 고유권한이므로 법원사무관으로 하여금 보정명령을 하게 할 수는
없다. ○ | X

해설 항소장이 제397조 제2항(필요적 기재사항)에 어긋난 경우와 항소장에 법률의 규정에 따른 인지를 붙이지 아니한
경우에는 원심재판장은 항소인에게 상당한 기간을 정하여 그 기간 이내에 흠을 보정하도록 명하여야 한다. 원심재판장은
법원사무관등으로 하여금 위 보정명령을 하게 할 수 있다(제399조 제1항).

06

항소권을 포기하여 제1심판결이 확정된 후에 항소장이 제출되었음이 분명한 경우, 제1심 재판장은 항소
장 각하명령을 할 수 있다. ○ | X

해설 항소권의 포기 등으로 제1심판결이 확정된 후에 항소장이 제출되었음이 분명한 경우에도 제1심 재판장은 항소장
각하명령을 할 수 있다(대결 2006.5.2. 2005마933).

07

항소장 각하명령이 있은 후에 부족인지액을 보정하고 불복을 신청하였다고 하더라도 그 각하명령을 취소
할 수 없다. ○ | X

해설 제1심 재판장이 항소장에 붙일 인지의 부족액이 있음을 이유로 보정명령을 하였으나 이에 대하여 항소인이 보정기
간 안에 일부만을 보정하자 항소장 각하명령을 한 경우, 항소장 각하명령이 있은 후에는 그 부족인지액을 보정하고 불복을
신청하였다고 하더라도 그 각하명령을 취소할 수 없다(대판 1991.1.16. 90마878).

정답 | **01** ○ **02** ○ **03** × **04** ○ **05** × **06** ○ **07** ○

08

항소장에 불복신청의 범위를 기재하지 아니한 때에는 항소법원의 심리범위 및 항소장에 붙일 인지액을 확정하기 위하여 불복신청의 범위를 명확히 할 필요가 있으므로 항소인에게 그 보정을 명하여야 하고, 항소인이 위 보정명령에 불응하면 재판장은 항소장을 각하할 수 있다.　　　　　　　　　　ОIX

해설 항소장에 불복신청의 범위를 기재하지 아니한 때에는 항소법원의 심리범위 및 항소장에 붙일 인지액을 확정하기 위하여 불복신청의 범위를 명확히 할 필요가 있으므로 항소인에게 그 보정을 명하여야 할 것이다. 그러나 불복신청의 범위는 항소장의 필요적 기재사항이 아니므로, 항소인이 위 보정명령에 불응한다고 하더라도 이는 항소장 각하에 관한 민사소송법 제399조 제1항 소정의 사유에 해당하지 아니하여, 재판장은 불복신청의 범위를 보정하지 아니하였다는 이유로 항소장을 각하할 수 없다. 이러한 경우 재판장은 항소인이 패소한 부분 전부에 관하여 불복하는 것으로 처리하여 인지 등을 붙이도록 할 것이다(대결 2011.10.27. 2011마1595).

09

독립당사자참가소송의 제1심 본안판결에 대해 일방이 항소하고 피항소인 중 1명에게 항소장이 적법하게 송달되어 항소심 법원과 당사자들 사이의 소송관계가 일부라도 성립한 것으로 볼 수 있다면, 항소심 재판장은 더 이상 단독으로 항소장 각하명령을 할 수 없다.　　　　　　　　　　ОIX

해설 항소심 재판장은 항소장 부본을 송달할 수 없는 경우 항소인에게 상당한 기간을 정하여 그 기간 이내에 흠을 보정하도록 명해야 하고, 항소인이 이를 보정하지 않으면 항소장 각하명령을 해야 한다(제402조 제1항·제2항 참조). 이러한 항소심 재판장의 항소장 각하명령은 항소장 송달 전까지만 가능하다. 따라서 항소장이 피항소인에게 송달되어 항소심 법원과 당사자들 사이의 소송관계가 성립하면 항소심 재판장은 더 이상 단독으로 항소장 각하명령을 할 수 없다. 나아가 민사소송법 제79조에 의한 독립당사자참가소송은 동일한 권리관계에 관하여 원고, 피고, 참가인 사이의 다툼을 하나의 소송절차로 한꺼번에 모순 없이 해결하는 소송형태이므로, 위 세 당사자들에 대해서는 하나의 종국판결을 선고하여 합일적으로 확정될 결론을 내려야 하고, 이러한 본안판결에 대해 일방이 항소한 경우 제1심판결 전체의 확정이 차단되고 사건 전부에 관하여 이심의 효력이 생긴다. 이처럼 항소심 재판장이 단독으로 하는 항소장 각하명령에는 시기적 한계가 있고 독립당사자참가소송의 세 당사자들에 대하여는 합일적으로 확정될 결론을 내려야 하므로, 독립당사자참가소송의 제1심 본안판결에 대해 일방이 항소하고 피항소인 중 1명에게 항소장이 적법하게 송달되어 항소심 법원과 당사자들 사이의 소송관계가 일부라도 성립한 것으로 볼 수 있다면, 항소심 재판장은 더 이상 단독으로 항소장 각하명령을 할 수 없다(대결 2020.1.30. 2019마5599·5600).

정답 | **08** ×　**09** ○

Ⅱ 항소취하

1. 항소취하와 소취하의 비교

구분	항소취하	소취하
행사기간	항소심 판결선고시까지(제393조 제1항)	판결확정시까지(제266조 제1항)
동의 여부	피항소인의 동의 불요(제393조 제2항)	상대방의 동의 필요(제266조 제2항)
원심판결에의 영향	항소심이 소급적으로 소멸되므로 제1심판결이 확정(원심판결에 영향 없음: 항소만을 철회)	소송이 소급적으로 소멸(원심판결의 효력 상실: 소 그 자체의 철회, 제267조 제1항)
효력발생시기	항소취하서를 제출한 때 효력 발생	동의를 요하는 경우에는 소취하서가 상대방에게 도달한 때, 동의를 요하지 않는 경우에는 제출한 때 효력 발생
일부취하	항소불가분의 원칙과 상대방의 부대항소권의 보장을 이유로 불허	당사자처분권주의의 원칙상 당연히 허용

2. 항소취하

의의		항소인이 일단 제기한 항소를 그 후에 철회하는 소송행위이다. 항소취하에 의하여 항소는 없었던 것으로 되고 제1심의 종국판결은 확정된다.
항소취하할 수 있는 자		① 통상공동소송의 경우에는 공동소송인 중 한 사람이 또는 한 사람에 대하여 항소를 취하할 수 있지만, 필수적 공동소송의 경우에는 공동소송인 전원으로부터 또는 전원에 대하여 항소를 취하해야 한다. ② 보조참가인은 피참가인이 제기한 항소를 취하할 수는 없지만, 자신이 제기한 항소는 피참가인의 동의하에 취하할 수 있다고 본다.
요건	항소심 종국판결의 선고 전일 것	소의 취하가 종국판결의 확정시까지 가능한 것과는 달리 항소심의 판결선고 후에는 항소의 취하를 허용하지 않는다.
	항소심의 범위	① 항소의 제기는 항소불가분의 원칙에 의해 전 청구에 미치기 때문에 항소의 일부취하는 허용되지 않는다. ② 항소의 취하는 항소의 전부에 대하여 하여야 하고 항소의 일부취하는 효력이 없으므로 병합된 수개의 청구 전부에 대하여 불복한 항소에서 그중 일부청구에 대한 불복신청을 철회하였더라도 그것은 단지 불복의 범위를 감축하여 심판의 대상을 변경하는 효과를 가져오는 것에 지나지 아니하고, 항소인이 항소심의 변론종결시까지 언제든지 서면 또는 구두진술에 의하여 불복의 범위를 다시 확장할 수 있는 이상 항소 자체의 효력에 아무런 영향이 없다.
	법원에 대한 소송행위	항소취하는 단독적 소송행위이다.
	소송행위의 유효요건을 갖출 것	① 항소취하는 소송행위이므로 소송능력이 있어야 하며 조건을 붙일 수 없고, 착오·사기·강박과 같은 의사의 흠으로 그 행위의 무효·취소를 주장할 수 없다. ② 다만, 형사상 처벌받을 타인의 행위로 인하여 항소를 취하하였을 때에는 제451조 제1항 제5호의 재심사유에 관한 규정을 유추하여 항소취하의 취소가 허용된다.

방식	① 원칙적으로 서면으로 하여야 하지만 변론이나 변론준비기일에서는 말로도 할 수 있는데, 이 경우에는 조서에 기재하여야 한다. ② 항소취하는 항소법원에 하는 것이 통상적이지만, 원심법원에 소송기록이 있는 경우에는 원심법원에 하여야 한다. 항소장 부본을 송달한 후에 서면에 의한 항소취하가 있는 때에는 항소취하의 서면을 상대방에게 송달하여야 한다. 다만, 항소취하의 효력이 생기는 것은 취하서가 항소법원에 제출된 때이고 상대방에게 송달된 때가 아니다. ③ 상대방의 동의는 요건이 아니다.
효과	① 항소는 소급적으로 효력을 잃게 되고, 항소심절차는 종료된다(원판결확정). ② 항소취하는 소의 취하나 항소권 포기와 달리 제1심 종국판결이 유효하게 존재하므로, 항소기간 경과 후에 항소취하가 있는 경우에는 항소기간 만료시로 소급하여 제1심판결이 확정된다. ③ 항소기간 경과 전에 항소취하가 있는 경우에는 판결은 확정되지 아니하고 항소기간 내라면 항소인은 다시 항소의 제기가 가능하다. ④ 항소심에서 소의 교환적 변경이 적법하게 이루어졌다면 제1심판결은 소의 교환적 변경에 의한 소취하로 실효되고, 항소심의 심판대상은 새로운 소송으로 바뀌어지고 항소심이 사실상 제1심으로 재판하는 것이 되므로, 그 뒤에 피고가 항소를 취하한다 하더라도 항소취하는 그 대상이 없어 아무런 효력을 발생할 수 없다.

01

소의 취하는 항소심 판결선고 후에도 가능하지만, 항소의 취하는 항소심 판결선고 전까지만 가능하다.

O | X

> **해설** 소의 취하가 종국판결의 확정시까지 가능한 것과는 달리(제266조 제1항), 항소의 취하는 항소심 판결선고 전까지만 가능하다(제393조).

02

병합된 수개의 청구 전부에 대하여 불복한 항소에서 그중 일부청구에 대한 불복신청을 철회하였다면, 항소인은 불복의 범위를 다시 확장할 수 없다.

O | X

> **해설** 항소의 취하는 항소의 전부에 대하여 하여야 하고 항소의 일부취하는 효력이 없으므로 병합된 수개의 청구 전부에 대하여 불복한 항소에서 그중 일부청구에 대한 불복신청을 철회하였더라도 그것은 단지 불복의 범위를 감축하여 심판의 대상을 변경하는 효과를 가져오는 것에 지나지 아니하고, 항소인이 항소심의 변론종결시까지 언제든지 서면 또는 구두진술에 의하여 불복의 범위를 다시 확장할 수 있는 이상 항소 자체의 효력에 아무런 영향이 없다(대판 2017.1.12. 2016다241249).

03

항소의 취하는 항소법원에 하여야 하나, 소송기록이 원심법원에 있을 때에는 원심법원에 하여야 한다.

O | X

> **해설** 항소취하는 항소법원에 하는 것이 통상적이지만, 원심법원에 소송기록이 있는 경우에는 원심법원에 하여야 한다(민사소송규칙 제126조).

04

항소의 취하는 상대방이 본안에 관하여 준비서면을 제출하거나 변론준비기일에서 진술하거나 변론을 한 뒤에는 상대방의 동의를 받아야 효력을 가진다. ○ | X

> **해설** 항소의 취하는 단독적 소송행위이고 상대방의 동의를 요하지 않는다(제393조 제2항에서 제266조 제2항은 준용하지 않음).

05

항소기간 경과 후에 항소취하가 있는 경우에는 항소기간 만료시로 소급하여 제1심판결이 확정된다. ○ | X

> **해설** 항소취하가 있으면 소송은 처음부터 항소심에 계속되지 아니한 것으로 보게 되나(제393조 제2항, 제267조 제1항), 항소취하는 소의 취하나 항소권 포기와 달리 제1심 종국판결이 유효하게 존재하므로, 항소기간 경과 후에 항소취하가 있는 경우에는 항소기간 만료시로 소급하여 제1심판결이 확정된다(대판 2017.9.21. 2017다233931).

06

항소기간 경과 후에 항소취하가 있는 경우에는 항소기간 만료시로 소급하여 제1심판결이 확정되나, 항소기간 경과 전에 항소취하가 있는 경우에는 판결은 확정되지 아니하고 항소기간 내라면 항소인은 다시 항소의 제기가 가능하다. ○ | X

> **해설** 항소의 취하가 있으면 소송은 처음부터 항소심에 계속되지 아니한 것으로 보게 되나(제393조 제2항, 제267조 제1항), 항소취하는 소의 취하나 항소권의 포기와 달리 제1심 종국판결이 유효하게 존재하므로, 항소기간 경과 후에 항소취하가 있는 경우에는 항소기간 만료시로 소급하여 제1심판결이 확정되나, 항소기간 경과 전에 항소취하가 있는 경우에는 판결은 확정되지 아니하고 항소기간 내라면 항소인은 다시 항소의 제기가 가능하다(대판 2016.1.14. 2015므3455).

정답 | **04** × **05** ○ **06** ○

의의		① 부대항소란 항소를 당한 피항소인이 항소인의 항소에 의하여 개시된 항소심절차에 편승하여 자기에게 유리하게 항소심판의 범위를 확장시키는 신청이다. ② 판례는 원고가 전부승소하였기 때문에 원고는 항소하지 아니하고 피고만 항소한 사건에서, 원고가 청구취지를 확장 변경함으로써 그것이 피고에게 불리하게 된 경우에는 그 한도에서 부대항소를 한 취지로 본다. ③ 부대항소는 상대방의 항소에 편승한 것뿐이지 이에 의하여 항소심절차가 개시되는 것이 아니므로, 통설과 판례인 비항소설이 타당하다고 본다.
요건	상대방이 제기한 항소가 계속 중일 것	① 주된 항소가 적법하게 계속되어 있어야 한다. 주된 항소의 피항소인이 항소인을 상대로 제기하여야 한다. 따라서 당사자 쌍방이 모두 주된 항소를 제기한 경우에는 그 일방은 상대방의 항소에 부대항소를 제기할 수 없다. ② 통상의 공동소송에 있어 공동당사자 일부만이 항소를 제기한 때에는 피항소인은 항소인인 공동소송인 이외의 다른 공동소송인을 상대방으로 하거나 상대방으로 보태어 부대항소를 제기할 수는 없다. ③ 피항소인이 부대항소를 할 수 있는 범위는 항소인이 주된 항소에 의하여 불복을 제기한 범위에 의하여 제한을 받지 아니한다.
	변론종결 전일 것	항소심의 변론종결 전이어야 한다. 상고심의 경우는 <u>상고이유서 제출기간 만료시까지 부대상고를 할 수 있다.</u>
	부대항소의 이익이 있을 것	① 주된 항소의 상대방도 역시 항소를 제기하였을 경우에는 부대항소의 이익이 없다. 이 경우에는 불복신청의 범위를 확장하여 그 목적을 달성할 수 있기 때문이다. ② 피항소인은 자기의 항소권의 포기나 항소기간의 도과로 소멸된 경우에도 부대항소를 제기할 수 있다. ③ 제1심에서 전부승소한 당사자는 독립된 항소는 허용되지 않으나 상대방이 항소제기한 경우에 소의 변경 또는 반소의 제기를 위한 부대항소를 제기할 수 있으며, 이때에 부대항소장의 제출을 하지 않고, 대신에 청구취지확장서, 반소장을 제출해도 된다.
방식		① 부대항소장의 서면제출을 필요로 하지만, 그 신청을 변론에서 말로 진술해도 상대방이 이의권을 포기하면 적법한 제기로 볼 수 있다. 부대항소장에도 항소장과 마찬가지로 제1심판결의 취소를 구하는 한도에서 소장에 붙인 인지액의 1.5배액의 인지를 붙여야 한다. <u>항소의 취하로 부대항소가 같이 소멸하는 경우 항소장에 붙은 인지액은 물론이고 부대항소장에 붙은 인지액도 환급사유가 된다.</u> ② 부대항소도 취하할 수 있으며, 취하함에는 <u>상대방의 동의를 요하지 않는다.</u>
효력		① 부대항소에 의하여 항소법원의 심판의 범위가 확장되면 피항소인의 불복의 정당 여부도 심판되게 된다. 따라서 불이익변경금지의 원칙이 배제된다. ② 부대항소는 상대방의 항소에 의존하는 것이기 때문에 주된 항소의 취하 또는 부적법 각하에 의하여 그 효력을 잃는다(부대항소의 종속성). ③ 부대항소인이 독립하여 항소할 수 있는 기간 내에 제기한 부대항소는 독립항소로 보기 때문에, 항소의 취하·각하에 의하여 영향을 받지 않는다. 이를 독립부대항소라고 한다.
관련문제		〈환송 후 항소심에서도 부대항소의 제기 여부에 관계없이 주된 항소를 취하할 수 있는지 여부〉 항소는 항소심이 종국판결이 있기 전에 취하할 수 있는 것으로서, 일단 항소심의 종국판결이 있은 후라도 그 종국판결이 상고심에서 파기되어 사건이 다시 항소심에 환송된 경우에는 먼저 있은 종국판결은 그 효력을 잃고 그 종국판결이 없었던 것과 같은 상태로 돌아가게 되므로 새로운 종국판결이 있기까지는 항소인은 피항소인이 부대항소를 제기하였는지 여부에 관계없이 항소를 취하할 수 있고, 그 때문에 피항소인이 부대항소의 이익을 잃게 되어도 이는 그 이익이 본래 상대방의 항소에 의존한 은혜적인 것으로 주된 항소의 취하에 따라 소멸되는 것이어서 어쩔 수 없다 할 것이므로, 이미 부대항소가 제기되어 있다 하더라도 주된 항소의 취하는 그대로 유효하다

01

제1심에서 원고가 전부승소하여 피고만이 항소한 경우, 원고는 항소심에서도 청구취지를 확장할 수 있고 이는 피고에게 불리하게 되는 한도에서 부대항소를 한 것으로 본다. ○ | ×

> **해설** 피고들만이 항소한 사건에서 원고는 항소심에서 청구취지를 확장할 수 있고, 이 경우 부대항소를 한 것으로 의제된다(대판 2008.7.24. 2008다18376).

02

주된 항소의 상대방도 역시 항소를 제기하였을 경우, 주된 항소의 상대방은 불복신청의 범위를 확장하여 그 목적을 달성할 수 있기 때문에 주된 항소에 편승하여 부대항소를 제기할 이익이 없다. ○ | ×

> **해설** 주된 항소의 상대방도 역시 항소를 제기하였을 경우에는 부대항소의 이익이 없다. 이 경우에는 불복신청의 범위를 확장하여 그 목적을 달성할 수 있기 때문이다.

03

통상의 공동소송에 있어 공동당사자 일부만이 항소를 제기한 때에는 상소불가분의 원칙상 항소하지 아니한 다른 공동소송인에 대한 청구도 항소심으로 이심되므로, 피항소인은 항소인인 공동소송인 이외의 다른 공동소송인을 상대방으로 하는 부대항소를 제기할 수 있다. ○ | ×

> **해설** 통상의 공동소송에 있어 공동당사자 일부만이 항소를 제기한 때에는 피항소인은 항소인인 공동소송인 이외의 다른 공동소송인을 상대방으로 하거나 상대방으로 보태어 부대항소를 제기할 수는 없다(대판 2015.4.23. 2014다89287·89294).*
>
> > *이 경우에 피항소인이 아닌 다른 공동소송인이나 항소인이 아닌 다른 공동소송인의 판결부분은 공동소송인독립의 원칙(제66조)에 의하여 이미 분리확정되어 끝났기 때문이다(대판 2012.9.27. 2011다76747).

04

19사무관, 20법원직, 23변호사

피고만이 항소를 제기한 경우, 제1심에서 전부승소한 원고는 소의 변경을 위하여 부대항소를 할 수 없다.

○ | X

해설 제1심에서 전부승소한 당사자는 독립된 항소는 허용되지 않으나 상대방이 항소제기한 경우에 소의 변경 또는 반소의 제기를 위한 부대항소를 제기할 수 있으며, 이때에 부대항소장의 제출을 하지 않고, 대신에 청구취지확장서, 반소장을 제출해도 된다. 그렇게 해도 상대방에게 불리하게 되는 한도에서 부대항소를 한 것으로 본다(대판 1993.4.27. 92다47878; 대판 1995.6.30. 94다58261 등).

05

19사무관, 23변호사

피항소인이 부대항소를 할 수 있는 범위는 항소인이 주된 항소에 의하여 불복을 제기한 범위에 의하여 제한을 받지 않는다.

○ | X

해설 대판 2003.9.26. 2001다68914

06

14법원직

부대항소는 항소심의 변론종결 전까지 가능하다.

○ | X

해설 피항소인은 항소권이 소멸된 뒤에도 변론이 종결될 때까지 부대항소를 할 수 있다(제403조).

07

17법원직

부대항소는 항소심 변론종결시까지 할 수 있으며, 부대상고는 상고이유서 제출기간 만료시까지 할 수 있다.

○ | X

해설 피상고인은 상고권이 소멸된 후에도 부대상고를 할 수 있으나 상고이유서 제출기간 내에 부대상고를 제기하고 그 이유서를 제출하여야 하는바, 피상고인이 상고이유서 제출기간 내에 부대상고장을 제출하였으나 부대상고장에 부대상고 이유의 기재가 없고 부대상고이유서는 상고이유서 제출기간 경과 후에 제출하였다면 그 부대상고는 기각되어야 한다(대판 1997.10.10. 95다46265).

정답 | **01** ○ **02** ○ **03** × **04** × **05** ○ **06** ○ **07** ○

08

피항소인은 항소권의 포기나 항소기간의 도과로 자기의 항소권이 소멸된 경우에도 부대항소를 제기할 수 있다. O | X

> **해설** 부대항소(제403조)는 항소가 아니기 때문이다(비항소설·판례).

09

제1심에서 전부승소한 원고가 항소심 계속 중 그 청구취지를 확장·변경할 수 있는 것이고 그것이 피고에게 불리하게 하는 한도 내에서는 부대항소를 한 취지로도 볼 수 있다. O | X

> **해설** 대판 1995.6.30. 94다58261

10

피항소인이 항소기간이 지난 뒤에 단순히 항소기각을 구하는 방어적 신청에 그치지 아니하고 제1심판결보다 자신에게 유리한 판결을 구하는 적극적·공격적 신청의 의미가 객관적으로 명백히 기재된 서면을 제출하고, 이에 대하여 상대방인 항소인에게 공격방어의 기회 등 절차적 권리가 보장된 경우, 그 서면에 '부대항소장'이나 '부대항소취지'라는 표현이 사용되지 않았더라도 부대항소로 볼 수 있다. O | X

> **해설** 부대항소란 피항소인이 제기한 불복신청으로 항소심의 심판 범위가 항소인의 불복 범위에 한정되지 않도록 함으로써 자기에게 유리하게 제1심 판결을 변경하기 위한 것이므로, 피항소인은 항소권이 소멸된 뒤에도 변론이 종결될 때까지 부대항소를 제기할 수 있으나(민사소송법 제403조), 항소에 관한 규정이 준용됨에 따라 민사소송법 제397조 제2항에서 정한대로 부대항소 취지가 기재된 '부대항소장'을 제출하는 방식으로 하여야 함이 원칙이다(민사소송법 제405조). 그러나 피항소인이 항소기간이 지난 뒤에 단순히 항소기각을 구하는 방어적 신청에 그치지 아니하고 제1심 판결보다 자신에게 유리한 판결을 구하는 적극적·공격적 신청의 의미가 객관적으로 명백히 기재된 서면을 제출하고, 이에 대하여 상대방인 항소인에게 공격방어의 기회 등 절차적 권리가 보장된 경우에는 비록 그 서면에 '부대항소장'이나 '부대항소취지'라는 표현이 사용되지 않았더라도 이를 부대항소로 볼 수 있다. 이는 피항소인이 항소기간이 지난 뒤에 실질적으로 제1심 판결 중 자신이 패소한 부분에 대하여 불복하는 취지의 내용이 담긴 항소장을 제출한 경우라고 하여 달리 볼 것은 아니다(대판 2022.10.14. 2022다252387).

11

부대항소장에도 항소장과 마찬가지로 제1심판결의 취소를 구하는 한도에서 소장에 붙인 인지액의 1.5배액의 인지를 붙여야 하고, 항소의 취하로 부대항소가 같이 소멸하는 경우 부대항소장에 붙은 인지액도 환급사유가 된다. ○ | ×

> **해설** 부대항소장에도 항소장과 마찬가지로 제1심판결의 취소를 구하는 한도에서 소장에 붙인 인지액의 1.5배액의 인지를 붙여야 한다(민사소송 등 인지법 제3조). 항소의 취하로 부대항소가 같이 소멸하는 경우 항소장에 붙은 인지액은 물론이고 부대항소장에 붙은 인지액도 환급사유가 된다(법원공무원 교육원교재).

12

부대항소도 취하할 수 있으며, 부대항소를 취하함에는 상대방의 동의를 얻을 필요가 없다. ○ | ×

> **해설** 부대항소도 취하할 수 있다. 부대항소를 취하함에는 상대방의 동의를 요하지 않는다.

13

피고만이 항소한 항소심에서 원고가 부대항소를 한 경우라도 항소심 법원은 제1심판결의 인용금액을 초과하여 원고의 청구를 인용할 수 없다. ○ | ×

> **해설** 피고만이 항소한 항소심에서 원고가 청구취지를 확장변경한 경우에는 그에 의하여 피고에게 불리하게 되는 한도에서 부대항소를 한 취지라고 볼 것이므로, 항소심이 제1심판결의 인용금액을 초과하여 원고 청구를 인용하더라도 불이익변경금지의 원칙에 위배되는 것이 아니다(대판 2000.2.25. 97다30066).

14

항소가 취하되거나 부적법하여 각하된 경우 부대항소는 이를 독립된 항소로 보아 처리하는 것이 원칙이다. ○ | ×

> **해설** 부대항소는 상대방의 항소에 의손하는 것이기 때문에 수뇐 항소의 취하 또는 무석법 각하에 의하여 그 효력을 잃는다(제404조). 다만, 부대항소인이 독립하여 항소할 수 있는 기간 내에 제기한 부대항소는 독립항소로 보기 때문에(제404조 단서), 항소의 취하·각하에 의하여 영향을 받지 않는다. 이를 독립부대항소라고 한다.

15

부대항소인이 제1심 판결정본을 송달받은 날부터 2주일 이내에 제기한 부대항소는 주된 항소의 취하·각하에 영향을 받지 않는다. ○ㅣX

> 해설 부대항소인이 독립하여 항소할 수 있는 기간 내에 제기한 부대항소는 독립항소로 보기 때문에(제404조 단서), 항소의 취하·각하에 의하여 영향을 받지 않는다. 이를 독립부대항소라고 한다.

16

판례는 항소심의 종국판결이 선고된 뒤라도 그 판결이 상고심에서 파기환송된 경우에는 부대항소의 제기 여부와 관계없이 새로운 종국판결이 있기까지 항소인은 항소를 취하할 수 있다고 보고 있다. ○ㅣX

> 해설 항소는 항소심의 종국판결이 있기 전에 취하할 수 있는 것으로서, 일단 항소심의 종국판결이 있은 후라도 그 종국판결이 상고심에서 파기되어 사건이 다시 항소심에 환송된 경우에는 먼저 있은 종국판결은 그 효력을 잃고 그 종국판결이 없었던 것과 같은 상태로 돌아가게 되므로 새로운 종국판결이 있기까지는 항소인은 피항소인이 부대항소를 제기하였는지 여부에 관계없이 항소를 취하할 수 있다(대판 1995.3.10. 94다51543; 대판 2004.4.28. 2004다4225).

정답 | 15 ○ 16 ○

[항소심의 종국적 재판]

항소장각하명령	항소장의 방식위배, 항소기간의 도과, 항소장 부본의 송달불능의 경우에는 재판장의 명령으로 각하한다.
항소각하	① 항소요건의 흠으로 부적법한 항소인 경우에는 판결로써 항소를 각하한다. 흠의 보정이 불가능한 때에는 변론 없이 항소를 각하할 수 있다. ② 법원이 변론무능력자에 대하여 변호사 선임명령을 하였음에도 불구하고 선임을 하지 아니한 때에는 판결 아닌 결정에 의한 항소각하가 가능하다.
항소기각	① 제1심판결이 정당하거나 또는 그 이유는 정당하지 아니하여도 다른 이유에 따라 그 판결의 결론(주문)이 정당하다고 인정할 때에는 항소기각판결을 한다. ② 예비적 상계의 항변에 의하여 승소한 피고가 항소한 경우에 항소법원에서 볼 때 상계에 의할 필요 없이, 예컨대 변제의 항변을 받아들여 청구를 기각할 수 있으면 원판결을 취소하고 청구기각의 선고를 하여야 한다. ③ 항소심에서 청구가 교환적으로 변경된 경우에는 구청구가 취하되어 제1심판결은 실효되고 신청구만이 항소심의 심판대상이 된다. 원고 일부인용에 쌍방 모두 항소한 후 청구를 교환적으로 변경한 경우 항소심은 제1심판결 중 항소심이 추가로 인용하는 부분에 해당하는 원고 패소 부분을 취소한다거나 피고의 항소를 기각한다는 주문 표시를 하여서는 안 된다.

항소인용	**원판결의 취소**	항소법원은 제1심판결이 정당하지 아니하다고 인정한 때와 제1심판결의 절차가 법률에 어긋날 때, 즉 변론에 관여한 적이 없는 법관에 의한 판결 또는 판결원본에 의하지 않은 판결선고 등의 경우에는 원판결을 취소한다.
	자판(원칙)	항소심은 사실심이므로 스스로 소에 대하여 재판을 하는 것이 원칙
	환송(예외)	① 소가 부적법하다고 각하한 제1심판결을 취소하는 경우에는 항소법원은 사건을 제1심법원에 환송하여야 한다. ② 다만, 예외적으로 ⊙ 제1심에서 본안판결을 할 수 있을 정도로 심리가 된 경우, ⓒ 당사자의 동의가 있는 경우에는 환송하지 않고 자판할 수 있다.
	이송	전속관할 위반을 이유로 원판결을 취소하는 때에는 원심으로 환송하지 않고 직접 전속관할 있는 제1심법원으로 이송하여야 한다.

Ⅳ 불이익변경금지 원칙

1. 의의

상소제기에 의하여 사건은 전부 이심되지만 상급심에서의 심판의 범위는 상소에 의하여 불복신청된 부분에 한정되고, 불복신청의 범위를 넘어서 원심판결을 이익 또는 불이익으로 변경할 수 없다는 원칙이다.

2. 내용

이익변경의 금지	상소인의 불복신청의 범위를 넘어서 제1심판결보다도 유리한 재판을 할 수 없다.
불이익변경의 금지	상대방으로부터 항소·부대항소가 없는 한, 불복하는 항소인에게 제1심판결보다도 더 불리하게 변경할 수 없다. 최악의 경우에 항소기각되는 위험뿐이다. ① 청구를 일부기각한 제1심판결에 대하여 원고만이 항소한 경우에, 항소법원이 청구 전부가 이유 없는 것으로 판단되어도 기왕의 원고승소부분까지 취소하여 청구 전부를 기각할 수 없고, 일부기각의 판결에 대하여 피고만이 항소한 경우에 항소법원이 피고의 패소부분을 넘어서 피고에게 불리한 판결을 할 수 없는 것이다. 단순이행판결에 대한 항소심에서 동시이행판결 또는 선이행판결로 변경한 경우에도 불이익변경금지의 원칙에 반한다. ② 제1심판결 주문의 불리한 변경이 문제되지 이유의 변경은 원칙적으로 항소인에게 더 불이익한 변경이 되어도 상관없다. ③ 다만, 피고의 상계항변을 인정하여 청구를 기각한 판결에 대하여 원고가 항소한 경우 원고주장의 소구채권이 부존재한다고 하여 항소를 기각할 수는 없다.
판례상 인정 사례	① "피고는 원고로부터 3,000만 원을 지급받음과 동시에 원고에게 소유권이전등기절차를 이행하라."는 제1심판결에 대하여 원고만이 항소한 경우에 항소심이 "피고는 원고로부터 4,000만 원을 지급받음과 동시에 원고에게 소유권이전등기절차를 하라."는 판결을 하는 것은 불이익변경금지 원칙에 위반된다. ② 금전채무불이행의 경우에 발생하는 원본채권과 지연손해금채권은 별개의 소송물이므로, 불이익변경에 해당하는지 여부는 원금과 지연손해금 부분을 각각 따로 비교하여 판단하여야 하는 것이고, 별개의 소송물을 합산한 전체 금액을 기준으로 판단하여서는 아니 된다. ③ 재심은 상소와 유사한 성질을 갖는 것으로서 부대재심이 제기되지 않는 한 재심원고에 대하여 원래의 확정판결보다 불이익한 판결을 할 수 없다. ④ 가집행선고는 당사자의 신청 유무에 관계없이 법원이 직권으로 판단할 사항으로 처분권주의를 근거로 하는 민사소송법 제385조의 적용을 받지 아니하므로, 가집행선고가 붙지 아니한 제1심판결에 대하여 피고만이 항소한 항소심에서 항소를 기각하면서 가집행선고를 붙였어도 불이익변경금지의 원칙에 위배되지 아니한다.
소각하판결	소의 이익이 있는데 없다고 하여 각하한 원심판단은 잘못이나 청구가 이유 없다면, 원고만이 불복상소한 경우 원심의 소각하판결을 파기하여 청구를 기각함은 원고에게 불이익한 결과가 되므로 원심판결을 유지해야 한다.

3. 예외

① 당사자 일방의 항소에 대하여 상대방도 항소 또는 부대항소를 한 경우 심판의 범위가 확대되므로 원판결보다 불이익한 판결이 있을 수 있다.

② 직권탐지주의에 의하는 절차나 직권조사사항에 대하여는 이 원칙이 적용되지 않는다. 또한 소송비용의 재판과 가집행선고도 불이익변경금지 원칙의 예외이다.

③ 형식적 형성의 소는 그 실질이 비송사건에 속하는 것이어서 합목적성이 중시되어야 할 것이므로 불이익변경금지 원칙이 적용되지 않는다.

④ 예비적·선택적 공동소송, 독립당사자참가소송 등에서 패소하였으나 상소나 부대상소를 하지 아니한 당사자의 판결부분에 대하여도 이 원칙이 배제되며, 상소한 당사자의 불복범위 내에서 합일확정을 위해 필요한 한도에서는 더 유리하게 변경할 수 있다.

⑤ 항소심에서 상계주장이 인정된 때에도 불이익변경금지 원칙의 예외에 속한다. 예컨대, 100만 원에 대한 대여금청구에서 피고가 1차적으로 변제항변을 하고 예비적으로 상계항변을 하였는바, 제1심은 변제항변만 일부인정하고 상계항변은 판단하지 아니하여 40만 원만 인용하고 이에 원고만 항소한 경우 항소심은 변제항변은 이유 없지만 상계항변 전부가 이유 있는 것으로 판단되면 항소심은 제1심판결 중 원고승소부분(40만 원)까지도 취소하고 원고청구 전부를 기각할 수 있다.

⑥ 피고만이 상고로 대법원에서 파기환송된 뒤 환송 후의 판결이 오히려 환송 전의 판결보다 피고에게 더 불리한 결과를 낳을 수도 있다.

OX 확인

01
22법원직

제1심법원이 피고의 답변서 제출을 간과한 채 무변론판결을 선고함으로써 제1심판결 절차가 법률에 어긋난 경우 항소법원은 제1심판결을 취소하여야 한다. ○ | X

> **해설** 제1심 법원이 피고에게 소장의 부본을 송달하였을 때 피고가 원고의 청구를 다투는 경우에는 소장의 부본을 송달받은 날부터 30일 이내에 답변서를 제출하여야 하고(제256조 제1항), 법원은 피고가 답변서를 제출하지 아니한 때에는 청구의 원인이 된 사실을 자백한 것으로 보고 변론 없이 판결할 수 있으나(이하 '무변론판결'이라 한다), 판결이 선고되기까지 피고가 원고의 청구를 다투는 취지의 답변서를 제출한 경우에는 무변론판결을 할 수 없다(제257조 제1항).
>
> 따라서 제1심 법원이 피고의 답변서 제출을 간과한 채 민사소송법 제257조 제1항에 따라 무변론판결을 선고함으로써 제1심판결 절차가 법률에 어긋난 경우 항소법원은 민사소송법 제417조에 의하여 제1심판결을 취소하여야 한다. 다만, 항소법원이 제1심판결을 취소하는 경우 반드시 사건을 제1심 법원에 환송하여야 하는 것은 아니므로, 사건을 환송하지 않고 직접 다시 판결할 수 있다(대판 2020.12.10. 2020다255085).

02
22모의

소가 부적법하다고 각하한 제1심판결을 취소하는 경우에는 항소법원은 사건을 제1심 법원에 환송하여야 한다. 다만, 제1심에서 본안판결을 할 수 있을 정도로 심리가 된 경우 또는 당사자의 동의가 있는 경우에는 항소법원은 스스로 본안판결을 할 수 있다. ○ | X

> **해설** 제418조. 원고는 제1심에서 이 사건 소의 본안심리사항에 해당하는 이 사건 임야의 등기명의인들과 원고 사이의 명의신탁관계를 주장하였고, 그에 관한 증거자료를 제출하였다. 피고는 원고의 이러한 주장을 반박하였다. 제1심 법원은 당사자들에게 본안에 대한 주장과 증명을 수차례 촉구하였다. 원심에서 추가로 제출된 증거는 대부분 원고가 이 사건 소의 소송요건을 갖추었다는 사정을 증명하기 위한 것이다.
>
> 이러한 사정을 종합하면, 제1심에서 본안판결을 할 수 있을 정도로 심리가 되었다고 볼 수 있다. 따라서 원심이 이 사건 소를 각하한 제1심 판결을 취소하면서 사건을 제1심 법원으로 환송하지 않고 원고의 청구를 인용하는 본안판결을 한 것은 민사소송법 제418조 단서에 따른 것으로 정당하다(대판 2022.7.28. 2018다46042).

"피고는 원고로부터 3,000만 원을 지급받음과 동시에 원고에게 소유권이전등기절차를 이행하라."는 제1
심판결에 대하여 원고만이 항소한 경우에 항소심이 "피고는 원고로부터 4,000만 원을 지급받음과 동시
에 원고에게 소유권이전등기절차를 하라."는 판결을 하는 것은 불이익변경금지 원칙에 위반된다.

O | X

> **해설** 동시이행의 판결에 있어서는 원고가 그 반대급부를 제공하지 아니하고는 판결에 따른 집행을 할 수 없어 비록 피고
> 의 반대급부이행청구에 관하여 기판력이 생기지 아니하더라도 반대급부의 내용이 원고에게 불리하게 변경된 경우에는 불
> 이익변경금지 원칙에 반하게 된다(대판 2005.8.19. 2004다8197 · 8203).

일방 당사자의 금전채권에 기한 동시이행 주장을 받아들인 판결에 대하여 동시이행 주장을 한 당사자만
항소한 경우, 항소심이 제1심판결에서 인정된 금전채권에 기한 동시이행 주장을 공제 또는 상계 주장으로
바꾸어 인정하면서 그 금전채권의 내용을 항소인에게 불리하게 변경하는 것이 불이익변경금지 원칙에 반
한다.

O | X

> **해설** 항소심은 당사자의 불복신청 범위 내에서 제1심판결의 당부를 판단할 수 있을 뿐이므로, 설령 제1심판결이 부당하
> 다고 인정되는 경우라 하더라도 그 판결을 불복당사자의 불이익으로 변경하는 것은 당사자가 신청한 불복의 한도를 넘어
> 제1심판결의 당부를 판단하는 것이 되어 허용될 수 없고, 당사자 일방만이 항소한 경우에 항소심으로서는 제1심보다 항소
> 인에게 불리한 판결을 할 수는 없다.
> 불이익하게 변경된 것인지는 기판력의 범위를 기준으로 하나, 일방 당사자의 금전채권에 기한 동시이행 주장을 받아들인
> 판결의 경우 반대 당사자는 그 금전채권에 관한 이행을 제공하지 아니하고는 자신의 채권을 집행할 수 없으므로, 동시이행
> 주장을 한 당사자만 항소하였음에도 항소심이 제1심판결에서 인정된 금전채권에 기한 동시이행 주장을 공제 또는 상계
> 주장으로 바꾸어 인정하면서 그 금전채권의 내용을 항소인에게 불리하게 변경하는 것은 특별한 사정이 없는 한 불이익변
> 경금지 원칙에 반한다(대판 2022.8.25. 2022다211928).

금전채무불이행의 경우에 발생하는 원본채권과 지연손해금채권은 별개의 소송물이므로, 불이익변경에
해당하는지 여부는 원금과 지연손해금 부분을 각각 따로 비교하여 판단하여야 하는 것이고, 별개의 소송
물을 합산한 전체 금액을 기준으로 판단하여서는 아니 된다.

O | X

> **해설** 금전채무불이행의 경우에 발생하는 법정 지연손해금채권은 그 원본채권의 일부가 아니라 전혀 별개의 채권으로
> 원본채권과는 별개의 소송물이고, 불이익변경에 해당하는지 여부는 각 소송물별로 원금과 지연손해금 부분을 각각 따로
> 비교하여 판단하여야 할 것이다(대판 2005.4.29. 2004다40160).

정답 | **01** O **02** O **03** O **04** O **05** O

06

재심에는 불이익변경금지 원칙이 적용되지 아니한다. ○ | X

> **해설** 재심은 상소와 유사한 성질을 갖는 것으로서 부대재심이 제기되지 않는 한 재심원고에 대하여 원래의 확정판결보다 불이익한 판결을 할 수 없다(대판 2003.7.22. 2001다76298).

07

가집행선고가 붙지 아니한 제1심판결에 대하여 피고만이 항소한 항소심에서 항소를 기각하면서 가집행선고를 붙였어도 불이익변경금지의 원칙에 위배되지 아니한다. ○ | X

> **해설** 가집행선고는 당사자의 신청 유무에 관계없이 법원이 직권으로 판단할 사항으로 처분권주의를 근거로 하는 민사소송법 제385조의 적용을 받지 아니하므로, 가집행선고가 붙지 아니한 제1심판결에 대하여 피고만이 항소한 항소심에서 항소를 기각하면서 가집행선고를 붙였어도 불이익변경금지의 원칙에 위배되지 아니한다(대판 1998.11.10. 98다42141).

08

소를 각하한 제1심판결에 대하여 원고만이 불복상소하였으나 심리한 결과 원고의 청구가 이유가 없다고 인정되는 경우 그 제1심판결을 취소하여 원고의 청구를 기각하더라도 항소인인 원고에게 불이익한 결과로 되지 않으므로, 항소심은 제1심판결을 취소하고 청구기각판결을 하여야 한다. ○ | X

> **해설** 소를 각하한 제1심판결에 대하여 원고만이 불복상소하였으나 심리한 결과 원고의 청구가 이유가 없다고 인정되는 경우 그 제1심판결을 취소하여 원고의 청구를 기각한다면 오히려 항소인인 원고에게 불이익한 결과로 되어 부당하므로 항소심은 원고의 항소를 기각하여야 한다(대판 1987.7.7. 86다카2675).

정답 | **06** × **07** ○ **08** ×

제3장 | 상고

> **제423조【상고이유】**
> 상고는 판결에 영향을 미친 헌법·법률·명령 또는 규칙의 위반이 있다는 것을 이유로 드는 때에만 할 수 있다.
>
> **제424조【절대적 상고이유】**
> ① 판결에 다음 각 호 가운데 어느 하나의 사유가 있는 때에는 상고에 정당한 이유가 있는 것으로 한다.
>   1. 법률에 따라 판결법원을 구성하지 아니한 때
>   2. 법률에 따라 판결에 관여할 수 없는 판사가 판결에 관여한 때
>   3. 전속관할에 관한 규정에 어긋난 때
>   4. 법정대리권·소송대리권 또는 대리인의 소송행위에 대한 특별한 권한의 수여에 흠이 있는 때
>   5. 변론을 공개하는 규정에 어긋난 때
>   6. 판결의 이유를 밝히지 아니하거나 이유에 모순이 있는 때

[환송판결의 기속력]

의의		환송판결의 기속력이란 환송을 받은 법원이 심판을 하는 경우에는 상고법원이 파기의 이유로 삼은 법률상 및 사실상 판단에 기속되는 효력이다.
기속력의 범위		① 기속력은 판결이유 속의 판단에도 미치나 당해 사건에 한하여 작용하고, 환송을 받은 법원 및 그 사건이 재상고된 때에는 상고법원도 기속한다. ② 재상고심을 심판하는 대법원 전원합의체는 환송판결에 기속되지 않는다.
기속력의 내용	사실상 판단	기속을 받는 사실상 판단이란 예외적으로 상고심에서 사실확정이 가능한 경우, 즉 ① 직권조사사항에 대하여 한 사실상 판단, ② 절차위배를 판단함에 있어서 인정한 사실, ③ 재심사유에 관한 사실 등에 관한 판단만을 말한다. 따라서 환송받은 법원은 본안에 관하여서는 새로운 증거에 기하여 새로운 사실을 인정할 수 있다.
	법률상 판단	① 환송받은 법원이 기속되는 상고법원의 법률상 판단은 법령의 해석·적용상의 판단을 말한다. 여기에는 사실에 대한 법률적 평가도 포함되고, 명시적으로 설시한 법률상 판단 이외에도 이와 논리적·필연적인 전제관계에 있는 법률상 판단에도 기속력이 생긴다. ② 하급심은 파기의 이유로 든 잘못된 견해만 피하면 당사자가 새로이 주장·입증한 바에 따라 환송 전의 판결과 같은 결론의 판결을 하여도 기속력을 어긴 것이 아니다.
기속력의 소멸		환송판결에 나타난 법률상 견해가 판례의 변경으로 바뀌었을 때, 새로운 주장·입증이나 이의 보강으로 전제된 사실관계의 변동이 생긴 때, 법령이 변경된 때에는 기속력은 소멸된다.

01

전소 확정판결의 존부가 법원의 직권조사사항이라 하더라도 당사자가 전소 확정판결의 존재를 사실심 변론종결시까지 주장하지 아니하였다면 법률심인 상고심에서는 새로이 주장·증명할 수 없다.　　O | X

> **해설** 상고심에서도 예외적으로 직권조사사항(대판 1983.4.26. 83사2)인 소송요건·상소요건의 존부, 재심사유, 원심의 소송절차위배, 판결의 이유불명시(대판 2005.1.28. 2004다38624), 판단의 누락(대판 1991.3.22. 90다19329) 등을 판단함에 있어서는 새로운 사실을 참작할 수 있으며, 필요한 증거조사를 할 수 있다. 당사자는 이에 관하여 새로 주장·증명할 수 있다.

01 민사소송법 제424조 제1항 각 호에서 정한 절대적 상고이유가 아닌 것은? 15법원직

① 법률에 따라 판결에 관여할 수 없는 판사가 판결에 관여한 때

② 판결의 이유를 밝히지 아니하거나 이유에 모순이 있는 때

③ 재판에 관여한 법관이 그 사건에 관하여 직무에 관한 죄를 범한 때

④ 법정대리권·소송대리권 또는 대리인의 소송행위에 대한 특별한 권한의 수여에 흠이 있는 때

해설 ① [O] ② [O] ④ [O] 판결에 다음 가운데 어느 하나의 사유가 있는 때에는 상고에 정당한 이유가 있는 것으로 한다.

> ㉠ 법률에 따라 판결법원을 구성하지 아니한 때
> ㉡ 법률에 따라 판결에 관여할 수 없는 판사가 판결에 관여한 때
> ㉢ 전속관할에 관한 규정에 어긋난 때
> ㉣ 법정대리권·소송대리권 또는 대리인의 소송행위에 대한 특별한 권한의 수여에 흠이 있는 때
> ㉤ 변론을 공개하는 규정에 어긋난 때
> ㉥ 판결의 이유를 밝히지 아니하거나 이유에 모순이 있는 때

③ [×] 재심사유이다(제451조 제1항 제4호).

정답 ③

제4장 | 항고

I 항고의 종류

통상항고· 즉시항고	통상항고란 항고제기의 기간에 제한이 없고 항고의 이익이 있는 한 언제나 제기할 수 있음에 비하여, 즉시항고란 원재판을 고지한 날부터 1주의 불변기간 이내에 제기할 것을 요하고, 그 제기에 의하여 집행정지의 효력이 생긴다.
최초의 항고· 재항고	① 최초의 항고란 원심법원이 제1심으로 한 결정·명령에 대한 항고이고, 항소의 규정이 적용된다. ② 재항고란 항고법원의 결정에 대한 항고 및 고등법원 또는 항소법원의 결정·명령에 대한 항고를 말하며, 상고에 관한 규정이 적용된다.
특별항고	항고로 불복신청을 할 수 없는 결정·명령에 대하여 비상구제책으로 대법원에 하는 항고가 특별항고이며, 1주의 불변기간 이내에 제기하여야 한다.

II 항고절차

당사자		항고는 편면적 불복절차로서, 당사자 대립구조가 아니다. 따라서 항고장에 피항고인을 표시할 필요가 없고, 항고장을 상대방에게 송달할 필요가 없다.
항고의 제기		① 원심법원에 서면으로 항고장을 제출하여야 한다. ② 이미 성립한 결정에 대하여는 <u>결정이 고지되어 효력을 발생하기 전에도</u> 결정에 불복하여 항고할 수 있다. ③ 민사소송법상 항고법원의 소송절차에는 항소에 관한 규정이 준용되는데, 민사소송법은 항소이유서의 제출기한에 관한 규정을 두고 있지 아니하므로 즉시항고이유서를 제출하지 않았다는 이유로 즉시항고를 각하할 수는 없다.
항고제기의 효력	재도의 고안	① 항고가 제기되면 판결의 경우와 달리 원재판에 대한 기속력이 배제되어 원심법원이 스스로 항고의 당부를 심사할 수 있으며, 만일 항고에 정당한 이유가 있다고 인정하는 때에는 그 재판을 경정하여야 하는데, 이를 재도의 고안이라고 한다. ② 단순히 잘못된 계산이나 기재의 경정뿐만 아니라 재판의 취소·변경도 할 수 있다. 경정결정을 하면 항고의 목적이 달성되었으므로 항고절차는 당연히 종료된다. ③ 인지부족으로 소장각하한 경우에, 뒤에 인지를 더 납부하여도 재도의 고안에 의하여 각하명령을 경정할 수 없다. ④ 재도의 고안은 통상항고이든 즉시항고이든 재항고이든 항고가 제기된 때에는 모두 가능하다. 그러나 특별항고(제449조 제1항)는 불복할 수 없는 결정이나 명령, 즉 확정된 결정이나 명령에 대하여 대법원의 최종 판단을 받도록 한 특별제도로서 이에 포함되지 아니한다.
	이심의 효력	항고제기에 의하여 사건은 항고심으로 이심된다.
	집행정지의 효력	① 즉시항고가 제기된 경우에는 일단 발생한 집행력이 정지된다. ② 항고법원 또는 원심법원이나 판사는 항고에 대한 결정이 있을 때까지 원심재판의 집행을 정지하거나 그 밖에 필요한 처분을 명할 수 있다.

Ⅲ 재항고

항고법원·고등법원 또는 항소법원의 결정 및 명령에 대하여는 재판에 영향을 미친 헌법·법률·명령 또는 규칙의 위반을 이유로 드는 때에만 재항고할 수 있다.

Ⅳ 특별항고

의의	① 불복할 수 없는 결정·명령에 대하여, 재판에 영향을 미친 헌법위반이 있거나, 재판의 전제가 된 명령·규칙·처분의 헌법 또는 법률의 위반 여부에 대한 판단이 부당하다는 것을 이유로 대법원에 하는 항고이다. ② 따라서 당해 결정이나 명령이 법률에 위반되었다는 사유만으로는 재판에 영향을 미친 헌법위반이 있다고 할 수 없으므로 특별항고 사유가 되지 못한다.
특별항고의 대상	특별항고의 대상은 불복할 수 없는 결정·명령이다. ① 명문상 불복이 금지되는 결정·명령에는 관할지정, 기피결정, 가집행선고 있는 판결에 대한 집행정지결정 및 기각결정, 잠정처분의 신청을 기각한 결정 등이 있다. ② 해석상 불복이 인정되지 아니하는 경우는 판결경정신청을 기각한 결정, 법원의 부재자재산관리인 선임결정, 위헌제청신청의 기각결정 등이 있다. 대법원의 결정·명령은 특별항고의 대상이 아니다. ③ 강제집행정지결정 등을 명하기 위하여 담보제공명령을 내렸다면 이러한 담보제공명령은 나중에 있을 강제집행을 정지하는 재판에 대한 중간적 재판에 해당하는바, 위 명령에서 정한 공탁금액이 너무 과다하여 부당하다고 하더라도 이는 강제집행정지의 재판에 대한 불복절차에서 그 당부를 다툴 수 있을 뿐, 중간적 재판에 해당하는 담보제공명령에 대하여는 독립하여 불복할 수 없다.
항고기간	① 특별항고는 재판이 고지된 날부터 1주의 불변기간 이내에 항고하여야 한다. ② 특별항고의 제기는 원재판의 집행을 정지시키지 못하나, 원심법원 또는 대법원은 집행정지의 처분을 명할 수 있다. 특별항고에는 그 성질에 반하지 않는 한 상고에 관한 규정이 준용된다.
절차혼동	특별항고만이 허용되는 재판에 대한 불복으로서 당사자가 특히 특별항고라는 표시와 항고법원을 대법원으로 표시하지 아니하였다고 하더라도 항고장을 접수한 법원으로서는 이를 특별항고로 보아 소송기록을 대법원에 송부하여야 한다.

01　　　　　　　　　　　　　　　　　　　　　　　　　　　　　　　　　19주사보

항고심의 결정에 대하여 하는 항고뿐만 아니라 지방법원 항소부가 제1심으로서 한 결정·명령에 대하여
하는 항고도 재항고이다.　　　　　　　　　　　　　　　　　　　　　　　　　　　　　ㅇ | X

> **해설** 재항고란 항고법원의 결정에 대한 항고 및 고등법원 또는 항소법원의 결정·명령에 대한 항고를 말하며(제442조),
> 상고에 관한 규정이 적용된다(제443조).

02　　　　　　　　　　　　　　　　　　　　　　　　　　　　　　　22법원직, 22사무관

담보취소의 결정에 대한 최초의 항고는 즉시항고이고, 그 즉시항고를 인용하고 담보취소의 신청을 기각
한 결정에 대한 재항고는 통상항고이다.　　　　　　　　　　　　　　　　　　　　　　ㅇ | X

> **해설** 담보취소의 결정에 대한 최초의 항고는 즉시항고이지만(제125조 제4항), 그 즉시항고를 인용하고 담보취소의 신청
> 을 기각한 결정에 대한 재항고는 통상항고이다(제439조).

03　　　　　　　　　　　　　　　　　　　　　　　　　19/22법원직, 19주사보, 22사무관

즉시항고와 특별항고는 재판이 고지된 날부터 1주 이내에 하여야 하고, 위 기간은 불변기간이다.
　　ㅇ | X

> **해설** 즉시항고는 재판의 고지를 받은 날부터 1주의 불변기간 이내에 제기하여야 하나(제444조 제1항·제2항), 통상항고
> 는 기간의 제한이 없고 불복의 실익이 있는 한 언제든지 제기할 수 있다. 특별항고의 제기기간은 재판이 고지된 날부터
> 1주일이며, 이 기간은 불변기간이다(제449조 제2항·제3항).

04　　　　　　　　　　　　　　　　　　　　　　　　　　　　　　　　　21법원직

이미 성립한 결정에 대하여는 결정이 고지되어 효력을 발생하기 전에도 결정에 불복하여 항고할 수 있다.
　　ㅇ | X

> **해설** 대결 (全) 2014.10.8. 2014마667

05

채권자가 항고를 통해 취소를 구하는 원래의 가압류결정에 기한 가압류등기가 이미 말소되었으나 가압류 취소결정을 취소하는 항고법원의 결정을 집행하는 것이 불가능한 경우가 아닌 경우, 항고의 이익이 있다.

O | X

해설 상소는 자기에게 불이익한 재판에 대하여 유리하도록 그 취소·변경을 구하는 것이므로, 채권자는 제1심결정의 내용이 불이익하다면 항고를 통해 그 취소를 구할 수 있다. 이때 원래의 가압류결정에 기한 가압류등기가 이미 말소되었더라도, 가압류취소결정을 취소하는 항고법원의 결정을 집행하는 것이 불가능한 경우가 아니라면 항고의 이익이 있다고 보아야 한다. 그 이유는 다음과 같다.

① 「민사집행법」 제298조 제1항은 "가압류의 취소결정을 상소법원이 취소한 경우로서 법원이 그 가압류의 집행기관이 되는 때에는 그 취소의 재판을 한 상소법원이 직권으로 가압류를 집행한다."라고 정하고 있다. 이는 항고법원의 결정에 따라 새로운 집행이 필요할 때 별도로 채권자의 신청이나 담보제공 등이 없이도 직권으로 원래의 보전처분을 집행하도록 한 것으로서, 가압류취소결정에 따른 집행취소에 의해 가압류등기가 말소되었으나 항고법원이 가압류의 취소결정을 취소하고 원래의 가압류결정을 인가한 때의 집행방법을 정한 것으로 보아야 한다.

② 가압류결정절차와 가압류집행절차는 명백히 구별되는 것으로서, 가압류취소결정에 따른 집행취소로 가압류등기가 말소되고 이를 회복할 수 없는 것이라 하더라도 이는 집행절차의 문제에 불과하다. 가압류결정에 대한 이의사건에서 항고심의 심판대상은 가압류이의대상의 존부이므로, 항고법원은 이를 심리하여 가압류결정에 대한 인가결정을 할 수 있고, 「민사집행법」 제298조 제1항에 따라 직권으로 가압류를 집행할 수 있다. 채권자는 이러한 범위 내에서 항고를 통해 보전처분의 이익을 달성할 수 있고, 이는 원래의 가압류등기가 회복되지 않는다고 하여 달리 볼 것은 아니다(대결 2022.4.28. 2021마7088).

06

민사소송법상 즉시항고를 한 항고인이 항고장을 제출한 날부터 10일 이내에 즉시항고이유서를 제출하지 아니한 때에는 법원은 그 즉시항고를 각하하여야 한다.

O | X

해설 민사소송법상 항고법원의 소송절차에는 항소에 관한 규정이 준용되는데, 민사소송법은 항소이유서의 제출기한에 관한 규정을 두고 있지 아니하므로 즉시항고이유서를 제출하지 않았다는 이유로 즉시항고를 각하할 수는 없다(대결 2016.9.30. 2016그99).

07

강제집행정지신청 기각결정에 대한 특별항고장을 각하한 원심재판장의 명령에 대한 즉시항고에 대하여, 원심재판장은 즉시항고이유서를 제출하지 않았다는 이유로 위 즉시항고를 각하할 수 있다. O | X

> **해설** 「민사집행법」상의 즉시항고에 있어서는 집행의 신속을 기하고 그 남용을 방지하려는 취지에서 항고를 신청하면서 그 이유를 명확하게 하여야 하고 항고심은 거기서 명확하게 된 이유에 한하여 조사하는 것이 원칙이다. 다만, 항고인이 항고장에 항고의 이유를 적지 아니한 때에는 항고장을 제출한 날부터 10일 이내에 항고이유서를 원심법원에 제출하여야 하고, 이 경우 즉시항고의 이유는 대법원규칙이 정하는 바에 따라 적어야 하며, 항고인이 즉시항고의 이유서를 정해진 기간 안에 제출하지 않거나 항고이유서를 제출하기는 하였으나 그 기재가 대법원규칙이 정하는 바에 위반된 때 또는 즉시항고가 부적법하고 그 불비를 보정할 수 없음이 분명한 때에는 원심법원은 결정으로 그 즉시항고를 각하하여야 한다(대결 2006.3.27. 2005마1023).
> 어떠한 즉시항고가 민사소송법상의 항고인지, 민사집행법상의 항고인지를 가리는 것이 중요한데, '집행에 관한 절차'로 볼 수 있다면 후자의 항고에 해당한다. 판례는 집행비용액확정 결정에 대한 즉시항고(대결 2011.10.13. 2010마1586), 제소명령 불이행을 이유로 한 보전처분 취소결정에 대한 즉시항고(대결 2006.5.22. 2006마313), 가압류이의신청에 대한 재판에 대한 즉시항고(대결 2008.2.29. 2008마145), 강제집행정지신청 기각결정에 대한 특별항고장을 각하한 원심재판장의 명령에 대한 즉시항고(대결 2016.9.30. 2016그99) 등을 민사소송법상의 즉시항고로 보고 있다.

08

원심법원은 항고에 정당한 이유가 있다고 인정하는 경우 그 재판을 경정하여야 하는데 여기의 경정에는 원재판의 취소·변경도 포함된다. O | X

> **해설** 적법한 항고의 경우에 경정이 허용된다(대판 1967.3.22. 67마141). 여기의 경정에는 단순한 계산·오기의 경정(제211조)에 한하지 않고 원재판의 취소·변경도 포함한다.

09

소장각하명령에 대하여 즉시항고를 제기하고 동시에 부족한 인지를 추가로 붙였다면 그 흠은 보정된 것으로 보아야 하므로 각하명령을 경정결정에 의하여 취소할 수 있다. O | X

> **해설** 재판장의 소장심사권에 의하여 소장각하명령이 있었을 경우에 있어서는 즉시항고를 하고 그 흠결을 보정하였을 경우라도 이를 경정할 수 없다(대결 (全) 1968.7.29. 68사49).

10

판례는 통상항고는 물론 즉시항고, 재항고, 특별항고의 경우에도 재도의 고안이 허용된다고 보고 있다.

○ | X

> **해설** 일반적으로 원심법원이 항고를 이유 있다고 인정하는 때에는 그 재판을 경정할 수 있으나 통상의 절차에 의하여
> 불복을 신청할 수 없는 결정이나 명령에 대하여 특별히 대법원에 위헌이나 위법의 심사권을 부여하고 있는 <u>특별항고의</u>
> <u>경우에 원심법원에 반성의 기회를 부여하는 재도의 고안을 허용하는 것은 특별항고를 인정한 취지에 맞지 않으므로 특별</u>
> 항고가 있는 경우 원심법원은 경정결정을 할 수 없고 기록을 그대로 대법원에 송부하여야 한다(대결 2001.2.28. 2001그4).

11

항고법원이 항고를 기각한 결정에 대하여 그 재판을 받은 항고인 및 그 결정에 대한 정당한 이해관계가
있는 타인은 재항고를 할 수 있다.

○ | X

> **해설** 항고법원이 항고를 기각한 결정에 대하여는 그 재판을 받은 항고인만이 재항고를 할 수 있고, 다른 사람은 그 결정
> 에 이해관계가 있다 할지라도 재항고를 할 수 없다(대결 1992.4.21. 92마103).

12

관할 등과 같은 소송요건의 적법 여부를 다투는 특별항고사건에서도 대법원은 원심법원의 결정이나 명령
에 재판에 영향을 미친 헌법위반을 비롯한 특별항고사유가 있는지 여부에 한정하여 심사해야 하고, 단순
한 법률위반이 있다는 이유만으로 원심결정 등을 파기할 수는 없다.

○ | X

> **해설** 특별항고는 법률상 불복할 수 없는 결정·명령에 재판에 영향을 미친 헌법위반이 있거나, 재판의 전제가 된 명령·
> 규칙·처분의 헌법 또는 법률의 위반 여부에 대한 판단이 부당하다는 것을 이유로 하는 때에 한하여 허용되므로(제449조
> 제1항), 결정이 법률을 위반하였다는 사유만으로는 재판에 영향을 미친 헌법위반이 있다고 할 수 없어 특별항고사유가 되
> 지 못한다(대결 2008.1.24. 2007그18).

13

강제집행정지결정 이전의 담보제공명령은 강제집행을 정지하는 재판에 대한 중간적 재판으로 불복할 수 없는 명령에 해당하므로, 위 담보제공명령은 특별항고의 대상이 되는 재판에 해당한다. ○ | X

해설 수소법원이 민사소송법 제507조 제2항 소정의 강제집행정지결정 등을 명하기 위하여 담보제공명령을 내렸다면 이러한 담보제공명령은 나중에 있을 강제집행을 정지하는 재판에 대한 중간적 재판에 해당하는바, 위 명령에서 정한 공탁금액이 너무 과다하여 부당하다고 하더라도 이는 강제집행정지의 재판에 대한 불복절차에서 그 당부를 다툴 수 있을 뿐, 중간적 재판에 해당하는 담보제공명령에 대하여는 독립하여 불복할 수 없다(대결 2001.9.3. 2001그85).

14

특별항고만이 허용되는 재판에 대한 불복으로서 당사자가 특히 특별항고라는 표시와 항고법원을 대법원으로 표시하지 아니하였다고 하더라도 항고장을 접수한 법원으로서는 이를 특별항고로 보아 소송기록을 대법원에 송부하여야 한다. ○ | X

해설 특별항고만 허용되는 재판의 불복에 대하여는 당사자가 특히 특별항고라는 표시와 항고법원을 대법원으로 표시하지 아니하였더라도 항고장을 접수한 법원으로서는 이를 특별항고로 보아 소송기록을 대법원에 송부하여야 한다(대결 2016.6.21. 2016마5082).

정답 | **13** × **14** ○

gosi.Hackers.com

제7편
재심

재심당사자	① 확정판결에 표시된 당사자뿐만 아니라, 변론종결한 뒤의 승계인, 제3자 소송담당의 경우 권리귀속주체, 판결의 효력이 제3자에게 확장되는 경우 판결의 취소에 대하여 고유의 이익을 갖는 제3자 등도 당사자적격이 있다. ② 상소의 제기와 마찬가지로 종전 재심대상판결에 대하여 불복하여 종전 소송절차의 재개, 속행 및 재심판을 구하는 재심의 소제기는 채권자대위권의 목적이 될 수 없다. ③ 재심대상판결의 소송물은 취득시효 완성을 이유로 한 소유권이전등기청구권으로서 채권적 청구권인 경우, 그 변론종결 후에 원고로부터 소유권이전등기를 경료받은 승계인은 기판력이 미치는 변론종결 후의 제3자에 해당하지 아니하고, 따라서 피고들은 재심대상판결의 기판력을 배제하기 위하여 승계인에 대하여도 재심의 소를 제기할 필요는 없으므로 승계인에 대한 재심의 소는 부적법하다.		
재심의 대상적격	① 재심의 소는 확정된 종국판결에 대해서만 허용된다. 따라서 판결확정 전에 제기한 재심의 소가 부적법하다는 이유로 각하되지 아니하고 있는 동안에 판결이 확정되었더라도, 재심의 소는 적법한 것으로 되는 것이 아니다. ② 확정된 종국판결이면 전부판결이든 일부판결이든, 본안판결이든 소송판결이든 불문한다. 사망자를 상대로 한 판결과 같이 무효인 판결은 재심의 대상이 되지 않는다. ③ 대법원의 환송판결은 <u>중간판결의 특성을 갖는</u> 판결로서 '실질적으로 확정된 종국판결'이라고 할 수 없어 재심의 대상이 아니다.		
재심기간	재심사유를 안 날부터 30일 이내	① 재심원고는 원칙적으로 재심대상인 판결확정 후 재심사유를 안 날부터 30일 이내에 재심의 소를 제기하여야 한다. <u>30일의 출소기간은 불변기간이다.</u> 여러 개의 재심사유를 주장한 경우 재심기간은 각 재심사유별로 가려보아야 한다. ② 판결법원구성의 위법, 판단누락은 판결정본이 송달된 때에 알았다고 봄이 상당하므로 송달시부터 기산한다. 형사상의 가벌적 행위를 재심사유로 하는 경우의 재심기간은 유죄판결이 확정되었음을 알았을 때 또는 증거부족 이외의 이유로 유죄의 확정판결을 할 수 없음을 알았을 때부터 진행한다.	
	판결이 확정된 이후 5년 이내	① 판결이 확정된 뒤 5년이 지난 때에는 재심의 소를 제기하지 못한다. 재심의 사유가 판결이 확정된 뒤에 생긴 때에는 위의 기간은 그 사유가 발생한 날부터 계산한다. ② <u>이 제척기간은 불변기간이 아니어서</u> 당사자가 책임질 수 없는 사유로 그 기간을 준수하지 못하였더라도 추후보완재심의 소는 부정된다.	
대리권 흠	① 대리권의 흠 또는 제451조 제1항 제10호에 규정한 사항을 이유로 들어 제기하는 재심의 소에는 제456조의 규정을 적용하지 아니한다(제457조). ② 원고로부터 소송사건을 위임받은 소송대리인이 그 소송의 목적이 된 부동산에 관하여만 화해할 권한을 부여받았음에도 불구하고 당해 소송물 이외의 권리관계를 포함시켜 화해하여 그 효력이 발생한 경우 이러한 사유는 재심사유에는 해당하지만 재심의 소를 제기하는 데 있어서는 재심기간의 제한을 받는다(대리권 흠에 해당하지 않는다는 판례).		

1. 판결법원구성의 위법(제1호)

대법원이 종전에 판시한 법률의 해석적용에 관한 의견의 변경, 즉 판례변경을 하면서 대법관 3분의 2 이상으로 구성하는 전원합의체에서 하지 않고 그에 미달하는 소부에서 재판하면 본호에 해당된다.

2. 재판에 관여할 수 없는 법관의 관여(제2호)

3. 대리권의 흠이 있는 경우(제3호)

① 본인의 의사와 관계없이 선임된 대리인에 의한 소송대리, 특별대리인의 선임 없이 소송을 수행한 때, 성명모용소송에서 판결이 확정된 때에도 피모용자는 본호에 의하여 재심의 소를 제기할 수 있다.

② 원고가 소장에 피고의 참칭대표자를 대표자로 표기하고 그자에게 판결정본이 송달된 경우에는 이 규정에 의하여 재심의 소가 허용되나, 피고가 아닌 제3자가 소장에 기재된 적법한 피고인 것처럼 속여 송달을 받은 경우에는 판결정본의 송달이 무효가 되어 그 판결은 항소대상일 뿐, 본호의 재심사유에 해당하지 않는다고 본다.

③ 민사소송법은 법정대리권·소송대리권 또는 대리인이 소송행위를 하는 데에 필요한 권한의 수여에 흠이 있다고 하더라도 추인한 때에는 흠이 치유되어 재심의 소를 제기하지 못하도록 규정하고 있다. 대리권의 흠은 특별수권의 흠을 제외하고는 재심기간의 제한이 없다.

4. 법관의 직무상의 범죄(제4호)

5. 형사상 처벌을 받을 다른 사람의 행위로 말미암아 자백을 하였거나 판결에 영향을 미칠 공격 또는 방어방법의 제출에 방해를 받은 때(제5호)

6. 판결의 증거가 된 문서 등의 위조·변조(제6호)

판결의 증거된 문서란 판결에서 그 문서를 채택하여 판결주문을 유지하는 근거가 된 사실인정의 자료로 삼은 경우를 말하는 것이며, 법관의 심증에 영향을 주었을 것이라고 추측되는 문서라도 그것이 사실인정의 자료로 채택된 바 없으면 이에 해당되지 않는다.

7. 증인 등의 거짓 진술이 판결의 증거가 된 때(제7호)

8. 판결의 기초가 된 재판 또는 행정처분이 뒤에 변경된 경우(제8호)

여러 개의 유죄판결이 재심대상판결의 기초가 되었는데 이후 각 유죄판결이 재심을 통하여 효력을 잃고 무죄판결이 확정된 경우, 어느 한 유죄판결이 효력을 잃고 무죄판결이 확정되었다는 사정은 특별한 사정이 없는 한 별개의 독립된 재심사유라고 보아야 한다.

9. 판단누락이 경우(제9호)

① 판단누락은 당사자가 소송상 제출한 공격방어방법으로서 판결주문에 영향이 있는 것에 대하여 판결이유 중에서 판단을 표시하지 아니한 것을 뜻한다.

② 따라서 직권조사사항의 판단을 빠뜨린 경우도 여기에 포함되나, 당사자가 법원에 그 조사를 촉구한 바 없다면 재심사유에 해당되지 않는다.

10. 판결효력의 저촉(제10호)

동일한 당사자 간에 동일한 내용의 사건에 관하여 두 개의 어긋나는 확정판결일 것을 요하므로, 당사자를 달리하거나 소송물을 달리하면 서로 어긋나도 재심사유로 되지 않는다.

11. 상대방의 주소를 소재불명 또는 거짓으로 하여 소제기한 경우(제11호)

Ⅲ 재심관할법원

> **제453조【재심관할법원】**
> ① 재심은 재심을 제기할 판결을 한 법원의 전속관할로 한다.
> ② 심급을 달리하는 법원이 같은 사건에 대하여 내린 판결에 대한 재심의 소는 상급법원이 관할한다. 다만, 항소심판결과 상고심판결에 각각 독립된 재심사유가 있는 때에는 그러하지 아니하다.

01

당사자가 재심사유가 있는 것을 알았음에도 불구하고 상소를 제기하지 아니하여 판결이 그대로 확정된 경우에는 재심의 소를 제기할 수 없다. O | X

> **해설** 당사자가 상소에 의하여 제451조 제1항의 재심사유를 주장하였거나, 이를 알고도 주장하지 아니한 때에는 확정된 종국판결에 대하여 재심의 소를 제기할 수 없다(제451조 제1항 단서).

02

채권을 보전하기 위하여 대위행사가 필요한 경우는 실체법상 권리뿐만 아니라 소송법상 권리에 대하여서도 대위가 허용되므로 채권자는 채무자와 제3채무자가 소송을 수행하여 받은 확정판결에 대하여 대위권을 행사하여 재심의 소를 제기할 수 있다. O | X

> **해설** 채권을 보전하기 위하여 대위행사가 필요한 경우는 실체법상 권리뿐만 아니라 소송법상 권리에 대하여서도 대위가 허용되나, 채무자와 제3채무자 사이의 소송이 계속된 이후의 소송수행과 관련한 개개의 소송상 행위는 그 권리의 행사를 소송당사자인 채무자의 의사에 맡기는 것이 타당하므로 채권자대위가 허용될 수 없다. 같은 취지에서 볼 때 상소의 제기와 마찬가지로 종전 재심대상판결에 대하여 불복하여 종전 소송절차의 재개, 속행 및 재심판을 구하는 재심의 소제기는 채권자대위권의 목적이 될 수 없다(대판 2012.12.27. 2012다75239).

03

재심대상판결의 소송물이 취득시효 완성을 이유로 한 소유권이전등기청구권인 경우 그 변론종결 후에 원고로부터 소유권이전등기를 경료받은 승계인을 상대로 제기한 재심의 소는 부적법하다. O | X

> **해설** 재심대상판결의 소송물은 취득시효 완성을 이유로 한 소유권이전등기청구권으로서 채권적 청구권인 경우, 그 변론종결 후에 원고로부터 소유권이전등기를 경료받은 승계인은 기판력이 미치는 변론종결 후의 제3자에 해당하지 아니하고, 따라서 피고들은 재심대상판결의 기판력을 배제하기 위하여 승계인에 대하여도 재심의 소를 제기할 필요는 없으므로 승계인에 대한 재심의 소는 부적법하다(대판 1997.5.28. 96다41649).

정답 | **01** O **02** × **03** O

04

판결확정 전에 제기한 재심의 소가 부적법하다는 이유로 각하되지 아니하고 있는 동안에 재심대상판결이 나중에 확정된다고 하더라도 재심의 소가 적법해지지는 않는다. O | X

해설 재심은 확정된 종국판결에 대하여 제기할 수 있는 것이므로, 확정되지 아니한 판결에 대한 재심의 소는 부적법하고, 판결확정 전에 제기한 재심의 소가 부적법하다는 이유로 각하되지 아니하고 있는 동안에 판결이 확정되었더라도, 재심의 소는 적법한 것으로 되는 것이 아니다(대판 2016.12.27. 2016다35123).

05

항소심판결의 사실인정자료가 된 차용증이 위조되었음을 이유로 상고기각판결을 재심대상판결로 기재하여 대법원에 재심의 소를 제기할 수 있다. O | X

해설 상고심의 판결에 대하여 재심의 소를 제기하려면, 상고심의 소송절차 또는 판결에 민사소송법 제451조 소정의 사유가 있는 경우에 한하는 것인바, 상고심에는 직권조사사항이 아닌 이상 사실인정의 직책은 없고, 다만 사실심인 제2심 법원이 한 증거의 판단과 사실인정의 적법 여부를 판단할 뿐이고, 사실심에서 적법하게 확정한 사실은 상고심을 기속하는 바이므로, 재심사유 가운데 사실인정 자체에 관한 것, 예컨대 민사소송법 제451조 제1항 제6호의 서증의 위조·변조에 관한 것이나 제7호의 거짓 진술에 관한 것 등에 대하여는 사실심의 판결에 대한 재심사유는 될지언정 상고심판결에 대하여서는 재심사유로 삼을 수 없다(대판 2000.4.11. 99재다746).

06

대법원의 환송판결은 당해 심급의 심리를 완결하여 사건을 당해 심급에서 이탈시키는 확정된 종국판결이므로 재심의 대상이 된다. O | X

해설 대법원의 환송판결은 형식적으로 보면 '확정된 종국판결'에 해당하지만, 여기서 종국판결이라고 하는 의미는 당해 심급의 심리를 완결하여 사건을 당해 심급에서 이탈시킨다는 것을 의미하는 것일 뿐이고 실제로는 종국적 판단을 유보한 재판의 성질상 직접적으로 기판력이나 실체법상 형성력, 집행력이 생기지 아니한다고 하겠으므로 이는 중간판결의 특성을 갖는 판결로서 '실질적으로 확정된 종국판결'이라 할 수 없다. 따라서 환송판결은 재심의 대상을 규정한 민사소송법 제451조 제1항 소정의 '확정된 종국판결'에는 해당하지 아니하는 것으로 보아야 할 것이어서, 환송판결을 대상으로 하여 제기한 이 사건 재심의 소는 부적법하므로 이를 각하하여야 한다(대판 (全) 1995.2.14. 93재다27·34).

07

항소심에서 사건에 대하여 본안판결을 하였을 때에는 제1심판결에 대하여 재심의 소를 제기하지 못한다.

O | X

> **해설** 항소심에서 항소기각의 본안판결을 한 경우에는 사건이 전면적으로 재심판된 것이기 때문에 제1심판결은 재심의 소의 대상이 되지 않고, 항소심판결만이 그 대상이 된다(제451조 제3항).

08

재심의 소는 재심사유를 안 날부터 30일 이내, 판결확정시부터 5년 이내에 제기하여야 한다.　O | X

> **해설** 제456조

09

소송대리인이 권한의 범위를 넘어 당해 소송물 이외의 권리관계를 포함시켜 소송상 화해를 한 경우, 소송대리권에 흠이 있음을 이유로 화해조서의 취소를 구하는 준재심의 소는 화해를 한 날부터 5년이 지난 뒤에도 제기할 수 있다.

O | X

> **해설** 민사소송법 제457조(재심제기의 기간) 소정의 '대리권의 흠결'이라 함은 대리권이 전혀 없는 경우를 의미하는 것이므로, 대리권은 있지만 소송행위를 함에 필요한 특별수권의 흠결이 있는 경우에는 위 법조가 적용되지 아니하는 것인바, 화해가 성립된 소송사건에서 원고들의 소송대리인이었던 변호사가 원고들로부터 그 소송사건만을 위임받아 그 소송의 목적이 된 부동산에 관하여만 화해할 권한을 부여받았음에도 불구하고 그 권한의 범위를 넘어 당해 소송물 이외의 권리관계를 포함시켜 화해를 하였음을 이유로 하는 준재심청구는 결국 대리인이 소송행위를 함에 필요한 특별수권의 흠결을 그 사유로 하는 것이므로 민사소송법 제457조(재심제기의 기간)가 적용될 수 없다(대판 1993.10.12. 93다32354). 따라서 위 사안은 재심사유에는 해당하지만 재심의 소를 제기하는 데 있어서는 재심기간의 제한을 받는다.

10

대리권의 흠 또는 재심을 제기할 판결이 전에 선고한 확정판결에 어긋나는 때를 이유로 하는 재심의 소에는 재심제기기간의 제한이 없다.

O | X

> **해설** 재심을 제기할 판결이 전에 선고한 확정판결에 어긋나는 때, 즉 기판력의 저촉의 경우에는 재심의 기간이 적용되지 않아 그 사유를 안 날부터 30일이 경과된 뒤에도 재심의 소를 제기할 수 있다(제457조).

정답 | **04** ○　**05** ×　**06** ×　**07** ○　**08** ○　**09** ×　**10** ○

11

22법원직

재심의 소는 재심을 제기할 판결을 한 법원의 전속관할에 속한다.   ○ | ✕

> **해설** 제453조 제1항

12

22모의

재심사유 가운데 사실인정 자체에 관한 것, 예컨대 민사소송법 제451조 제1항 제6호의 서증의 위조·변조에 관한 것이나 제7호의 거짓 진술에 관한 것 등에 대하여는 사실심의 판결에 대한 재심사유는 될지언정 상고심 판결에 대하여서는 재심사유로 삼을 수 없다.   ○ | ✕

> **해설** 상고심의 판결에 대하여 재심의 소를 제기하려면, 상고심의 소송절차 또는 판결에 민사소송법 제451조 소정의 사유가 있는 경우에 한하는 것인바, 상고심에는 직권조사 사항이 아닌 이상 사실인정의 직책은 없고 다만, 사실심인 제2심 법원이 한 증거의 판단과 사실인정의 적법 여부를 판단할 뿐이고, 사실심에서 적법하게 확정한 사실은 상고심을 기속하는 바이므로, 재심사유 가운데 사실인정 자체에 관한 것, 예컨대 민사소송법 제451조 제1항 제6호의 서증의 위조·변조에 관한 것이나 제7호의 거짓 진술에 관한 것 등에 대하여는 사실심의 판결에 대한 재심사유는 될지언정 상고심 판결에 대하여서는 재심사유로 삼을 수 없다(대판 2000.4.11. 99재다746).

13

19법원직

피고가 원고를 상대로 하는 재심의 소에서 확정된 재심대상판결의 취소 및 본소청구의 기각을 구하는 이외에 새로운 청구를 병합할 수 없다.   ○ | ✕

> **해설** 원고가 피고의 주소를 알면서 허위주소로 제소하여 공시송달의 방법으로 승소확정판결을 받았다는 이유로 피고가 제기한 재심의 소에서는 피고는 확정판결의 취소를 구함과 동시에 본소 청구기각을 구하는 외에 원고에 대한 새로운 청구를 병합하는 것은 부적법하다(대판 1971.3.31. 71다8).

14

18사무관

확정된 이행권고결정은 확정판결과 같은 효력이 있으므로 기판력이 인정된다.   ○ | ✕

> **해설** 이행권고결정은 확정판결과 같은 효력을 가진다. 여기서 '확정판결과 같은 효력'은 기판력을 제외한 나머지 효력인 집행력 및 법률요건적 효력 등의 부수적 효력을 말하는 것이고, 기판력까지 인정하는 것은 아니다(대판 2009.5.14. 2006다34190).

15

확정된 이행권고결정에 대하여는 재심사유에 해당하는 하자가 있음을 이유로 준재심의 소를 제기할 수 있다.

O | X

해설 기판력을 가지지 아니하는 확정된 이행권고결정에 재심사유에 해당하는 하자가 있다고 하더라도 이를 이유로 민사소송법 제461조가 정한 준재심의 소를 제기할 수 없고, 청구이의의 소를 제기하거나 또는 전체로서의 강제집행이 이미 완료된 경우에는 부당이득반환청구의 소 등을 제기할 수 있을 뿐이다(대판 2009.5.14. 2006다34190).

제8편
독촉절차

제1절 │ 개요

제2절 │ 소액사건의 범위 및 적용법규

소액사건의 범위	① 소송목적의 값이 3,000만 원을 초과하지 아니하는 금전 그 밖의 대체물이나 유가증권의 일정한 수량의 지급을 목적으로 하는 제1심의 민사사건을 소액사건으로 하고 있다. 재심대상사건이 소액사건이면 「소액사건심판법」은 소액사건의 재심절차에도 적용된다. ② 소송목적의 값이 3,000만 원 이하라고 하더라도 <u>채무부존재확인청구·소유권이전등기청구·사해행위취소청구·토지인도청구 등은 소액사건에 속하지 아니한다.</u> ③ 「주택임대차보호법」 및 「상가건물 임대차보호법」상의 보증금반환청구는 소송목적의 값의 많고 적음을 불문하고 「소액사건심판법」의 일부규정을 준용하여 재판의 신속을 도모하고 있다. ④ 소액사건에 해당하는지 여부는 소제기 당시를 기준으로 하는 것이므로, 대체물이나 유가증권의 청구 등에 있어서 소제기 후 교환가격의 상승으로 3,000만 원을 초과하게 되거나, 2개 이상의 소액사건을 병합함으로써 소송목적의 값의 합산액이 3,000만 원을 초과하게 된 경우라도 여전히 소액사건임에 변함이 없다.
관할 및 이송	① 소액사건은 지방법원(지원 포함) 관할구역 내에서의 지방법원 단독판사가 관할하지만, 시·군법원 관할구역 내의 사건은 시·군법원판사의 전속적 관할에 속한다. ② 사안의 성질로 보아 간이한 절차로 빠르게 처리될 수 없는 사건은 민사소송법 제34조 제2항에 의하여 그 사건을 지방법원 및 지원의 합의부에 이송할 수 있다.
적용심급	소액사건심판절차는 제1심의 특별소송절차이다. 따라서 「소액사건심판법」은 제2심 이상의 심급에서는 적용되지 아니한다.

01

소가 3,000만 원 이하의 금전 그 밖의 대체물이나 유가증권의 일정수량의 지급을 구하는 사건으로 특정물에 관한 청구는 포함되지 않는다. ○ | ✕

> 해설 2017.1.1.부터 시행된 개정 「소액사건심판규칙」은 소제기를 한 때의 소송목적의 값이 3,000만 원을 초과하지 아니하는 금전 그 밖의 대체물이나 유가증권의 일정한 수량의 지급을 목적으로 하는 제1심의 민사사건을 소액사건으로 하고 있다(소액사건심판규칙 제1조의2 본문). 따라서 특정물은 포함되지 아니한다.

02

재심대상사건이 소액사건이면 「소액사건심판법」은 소액사건의 재심절차에 적용된다. ○ | ✕

> 해설 대판 2003.6.27. 2003다17088

03

소송목적의 값이 3,000만 원 이하라고 하더라도 채무부존재확인청구, 소유권이전등기청구, 사해행위취소청구, 토지인도청구 등은 소액사건에 속하지 아니한다. ○ | ✕

> 해설 소송목적의 값이 3,000만 원 이하라고 하더라도 채무부존재확인청구, 소유권이전등기청구, 사해행위취소청구, 토지인도청구 등은 소액사건에 속하지 아니한다. 왜냐하면 금전 그 밖의 대체물이나 유가증권의 일정한 수량의 지급을 목적으로 하는 소송이 아니기 때문이다.

04

원고가 「소액사건심판법」의 적용을 받을 목적으로 청구를 분할하여 그 일부만을 청구한 경우 판결로 소를 각하하여야 한다. ○ | ✕

> 해설 「소액사건심판법」의 적용을 받을 목적으로 청구를 분할하여 그 일부만을 청구할 수 없고, 이 규정을 위반한 소는 판결로 각하하여야 한다(소액사건심판법 제5조의2).

정답 | **01** ○ **02** ○ **03** ○ **04** ○

05

「주택임대차보호법」상의 보증금반환청구는 소송목적의 값의 많고 적음을 불문하고 「소액사건심판법」의 일부규정을 준용하여 재판의 신속을 도모하고 있다.　　○ | X

> **해설**　「주택임대차보호법」 및 「상가건물 임대차보호법」상의 보증금반환청구는 소송목적의 값의 많고 적음을 불문하고 「소액사건심판법」의 일부규정(소액사건심판법 제6조, 제7조, 제10조, 제11조의2 등)을 준용하여 재판의 신속을 도모하고 있다(주택임대차보호법 제13조, 상가건물 임대차보호법 제18조).

06

소액사건이더라도 사안의 성질상 간이한 절차로 빠르게 처리될 수 없는 사건의 경우 민사단독사건과 마찬가지로 민사소송법 제34조 제2항에 의하여 지방법원 또는 지원의 합의부에 이송할 수 있다.　　○ | X

> **해설**　소액사건은 고유의 사물관할이 있는 것이 아니고 민사단독사건 중에서 소송목적의 값에 따라 특례로 처리하는 것 뿐이므로 사안의 성질로 보아 간이한 절차로 빠르게 처리될 수 없는 사건은 민사소송법 제34조 제2항에 의하여 그 사건을 지방법원 및 지원의 합의부에 이송할 수 있다(대결 1974.7.23. 74마71). 이송된 이후에는 소액사건심판절차에 의하지 않고 통상의 소송절차에 의하여 처리된다.

의의	이행권고결정이란 소액사건의 소가 제기된 경우에 법원이 소장부본이나 제소조서등본을 첨부하여 피고에게 청구취지대로 이행할 것을 권고하는 결정이다.
이행권고결정	법원은 소액사건이 제기되었을 때에 특별한 사정이 없으면 소장부본을 첨부하여 피고에게 원고의 청구의 취지대로 의무이행할 것을 권고하는 취지의 결정을 한다. 이행권고결정에는 피고가 이의신청을 할 수 있음과 이행권고결정의 효력의 취지를 부기하여야 한다.
결정서등본 송달	① 법원사무관등은 결정서등본을 피고에게 송달하여야 한다. 다만, 결정서등본의 송달을 함에 있어서는 발송송달이나 공시송달의 방법에 의할 수 없다. ② 주소보정명령을 받은 원고는 발송송달이나 공시송달에 의하지 않고는 송달할 방법이 없음을 소명하여 변론기일지정신청을 할 수 있고, 이 경우 법원은 지체 없이 변론기일을 지정하여 변론절차에 의해 당해 사건을 처리하여야 한다. ③ 다만, 이행권고결정서 등본이 피고에게 송달불능되면 원고에게 피고의 주소를 보정할 것을 명하여야 한다. 주소보정명령에 응하지 아니하는 경우에는 소장을 각하할 수밖에 없다. 이때에도 이행권고결정은 피고에게 송달되지 않아 효력을 발생하지 않고 있으므로 이행권고결정을 취소하는 등의 조치는 필요 없다.

이의신청	이의신청	① 피고는 이행권고결정서의 등본을 송달받은 날부터 2주일 내에 서면으로 이의신청을 할 수 있고, 송달되기 전에도 이의신청을 할 수 있다. ② 위 기간은 불변기간이므로, '부득이한 사유'로 인하여 이의신청기간을 준수하지 못한 경우 그 사유가 없어진 후 2주일 내에 서면으로 이의신청을 추후보완하는 것이 허용된다. ③ 피고의 이의신청이 있으면 법원은 지체 없이 변론기일을 지정하여야 한다. 이때에는 피고에게 다시 소장부본을 송달할 필요는 없다. ④ 또한 피고가 구체적인 이의사유를 기재하지 않더라도 원고의 주장사실을 다툰 것으로 본다. ⑤ 이행권고결정의 일부만에 대한 이의신청이 있으면 이행권고결정의 전부에 대해 이의가 있는 것으로 보아 변론기일을 지정하여 심리하여야 한다(이 점에서 이의의 범위 안에서 그 효력을 잃도록 하는 지급명령제도와 차이).
	이의신청의 각하	① 법원은 이의신청이 적법하지 아니하다고 인정하는 경우에는 그 흠을 보정할 수 없으면 결정으로 이를 각하하여야 한다. ② 이러한 각하결정에 대하여는 즉시항고할 수 있다.
	이의신청의 취하	① 이의신청을 한 피고는 제1심판결이 선고되기 전까지 이의신청을 취하할 수 있고, 이때 원고의 동의를 받을 필요는 없다. 이의신청을 취하하면 이행권고결정이 확정된다. ② 화해권고결정에서 이의신청을 취하하려면 상대방 동의를 얻어야 하는 점과 차이가 있다.
	이의신청 사건의 처리	① 적법한 이의신청이 있으면 법원은 지체 없이 변론기일을 지정하여야 한다. ② 공동피고들 중 일부의 피고만이 적법한 기간 내에 이의신청을 하고 나머지 피고에 대해서는 이행권고결정이 확정되었다면, 이의신청을 한 피고에 대해서만 변론기일을 지정하여 통지하여야 함은 물론이다.

이행권고결정의 효력	이행권고결정의 확정과 효력	① ⊙ 피고가 이행권고결정서 등본을 송달받은 날부터 2주일 내에 이의신청을 하지 아니한 때, ⓒ 이의신청에 대한 각하결정이 확정된 때, ⓒ 이의신청이 취하된 때에는 이행권고결정은 확정되고 확정판결과 같은 효력을 가진다. ② '확정판결과 같은 효력'은 기판력을 제외한 나머지 효력인 집행력 및 법률요건적 효력 등의 부수적 효력을 말하는 것이고, 기판력까지 인정하는 것은 아니다. ③ 확정된 이행권고결정은 확정판결과 동일한 효력이 있으므로 이행권고결정으로 확정된 금전 등의 지급청구권은 10년의 소멸시효가 적용된다. ④ 이행권고결정의 이행조항에 원금에 대하여 소장부본 송달일 다음 날부터 판결선고일까지 연 5%, 그 다음 날부터 완제일까지 연 20%의 각 비율에 의한 금원을 지급하라는 취지로 기재되어 있는 경우, 위 이행조항의 '판결선고일'의 의미는 이행권고결정의 고지일인 '이행권고결정서 등본의 송달일'로 보아야 한다. ⑤ 이행권고결정서의 등본이 피고에게 송달되어 확정되면 그 결정서 정본을 원고에게 송달하여야 한다. 이때 참여사무관은 이행권고결정서 원본과 정본 표지의 피고 성명 옆에 이행권고결정의 송달일자와 확정일자를 부기하여 날인한 후 원고에게 그 정본을 송달한다. ⑥ 이행권고결정에 기한 강제집행은 집행문을 부여받을 필요 없이 이행권고결정서 정본에 의하여 행한다.
	확정된 이행권고 결정의 효력을 다투는 방법	① 준재심의 소를 제기할 수 없고, 청구이의의 소를 제기하거나 또는 부당이득반환청구의 소 등을 제기할 수 있을 뿐이다. ② 확정된 이행권고결정서 정본상의 청구권이 양도되어 대항요건을 갖추었지만 양수인이 승계집행문을 부여받지 아니한 경우에도 양도인에 대한 기존 집행권원의 집행력이 당연히 소멸되는 것은 아니므로 이때 양도인을 상대로 청구이의의 소를 제기할 수 있다. ③ 반면, 확정된 이행권고결정서 정본상의 청구권이 양도되어 대항요건을 갖추고 양수인이 승계집행문을 부여받은 경우에는 집행채권자는 양수인으로 확정되는 것이므로, 양도인을 상대로 제기한 청구이의의 소는 피고적격이 없는 자를 상대로 한 소이거나 이미 집행력이 소멸한 집행권원의 집행력 배제를 구하는 것으로 권리보호의 이익이 없어 부적법하고, 양도인이 집행력이 소멸한 이행권고결정서 정본에 기하여 강제집행절차에 나아간 경우 채무자는 집행이의의 방법으로 다툴 수 있다.
	이행권고결정의 효력상실	확정되지 않은 이행권고결정은 제1심 법원에서 판결이 선고된 때에는 효력을 잃는다. 따라서 제1심판결 선고 후에는 이행권고결정에 대한 이의신청 취하도 불가능하다.

01   13법원직

소액사건에 대하여 법원이 변론에 의한 소송절차의 회부에 앞서 반드시 이행권고결정을 해야 하는 것은
아니다.   ○ | X

> **해설** 이행권고결정제도는 소액사건에 대하여 변론에 의하여 소송절차의 회부에 앞서 행하는 전치절차이나, 이 절차는
> 변론절차에 앞서 붙여지는 임의적 전치절차이다. 따라서 소액사건에 대하여 변론절차의 회부에 앞서 반드시 이행권고결정
> 을 해야 하는 것은 아니다.

02   13사무관

이행권고결정은 발송송달이나 공시송달의 방법으로 송달할 수 없다.   ○ | X

> **해설** 보충송달이나 유치송달을 할 수 없을 때 하는 발송송달(제187조)이나, 피고의 주소·거소 기타 송달할 장소를 알
> 수 없을 경우 등에 하는 공시송달(제194조 내지 제196조)의 방법으로는 이행권고결정서 등본을 송달할 수 없다(소액사건
> 심판법 제5조의3 제3항). 따라서 법원은 위와 같은 발송송달이나 공시송달에 의하지 않고는 피고에게 이행권고결정서 등
> 본을 송달할 수 없다고 여기면 지체 없이 변론기일을 지정하여야 한다(같은 조 제4항).

03   12주사보

주소보정명령을 받은 원고는 발송송달이나 공시송달에 의하지 않고는 송달할 방법이 없음을 소명하여 변
론기일지정신청을 할 수 있고, 이 경우 법원은 지체 없이 변론기일을 지정하여 변론절차에 의해 당해 사
건을 처리하여야 한다.   ○ | X

> **해설** 주소보정명령을 받은 원고는 발송송달이나 공시송달에 의하지 않고는 송달할 방법이 없음을 소명하여 변론기일지
> 정신청을 할 수 있고(신청서에 인지를 붙일 필요가 없다) 이 경우 법원은 지체 없이 변론기일을 지정하여 변론절차에 의해
> 당해 사건을 처리하여야 한다(소액사건심판규칙 제3조의3, 소액사건심판법 제5조의3 제4항).

04

이행권고결정서 등본이 피고에게 송달불능되면 법원은 원고에게 피고의 주소를 보정할 것을 명하여야 하고, 주소보정명령에 응하지 아니하는 경우에는 이행권고결정을 취소하고 변론기일을 지정하여야 한다.　　　O | X

해설 이행권고결정서 등본이 피고에게 송달불능되면 원고에게 피고의 주소를 보정할 것을 명하여야 한다. <u>주소보정명령에 응하지 아니하는 경우에는 소장을 각하할 수밖에 없다</u>(소액사건심판법 제2조 제2항, 민사소송법 제255조 제2항, 제254조 제1항·제2항). 이때에도 이행권고결정은 피고에게 송달되지 않아 효력을 발생하지 않고 있으므로 이행권고결정을 취소하는 등의 조치는 필요 없다고 할 것이다.

05

이행권고결정에 대해 이의신청을 한 피고는 제1심판결이 선고되기 전까지 이의신청을 취하할 수 있고, 이때 원고의 동의를 받아야 한다.　　　O | X

해설 이의신청을 한 피고는 제1심판결이 선고되기 전까지 이의신청을 취하할 수 있고(소액사건심판법 제5조의4 제4항), 이때 원고의 동의를 받을 필요는 없다.

06

이행권고결정의 일부만에 대한 이의신청이 있는 경우, 이행권고결정은 그 이의한 범위 안에서 효력을 상실한다.　　　O | X

해설 이행권고결정의 일부만에 대한 이의신청이 있으면 이행권고결정의 전부에 대해 이의가 있는 것으로 보아 변론기일을 지정하여 심리하여야 한다. 이 점에서 채무자가 일부에 대해 이의신청을 한 때에도 그 이의의 범위 안에서 그 효력을 잃도록 하는 지급명령제도와 차이가 있다.

07

이의신청을 한 피고는 제1심판결이 선고되기 전까지 이의신청을 취하할 수 있다.　　　O | X

해설 이의신청을 한 피고는 제1심판결이 선고되기 전까지 이의신청을 취하할 수 있고(소액사건심판법 제5조의4 제4항), 이때 원고의 동의를 받을 필요는 없다. 따라서 피고가 이의신청을 취하하면 이행권고결정이 확정된다. 조정을 갈음하는 결정 또는 화해권고결정에 이의를 한 당사자가 이의신청을 취하하려면 상대방의 동의를 얻어야 하는 점과 차이가 있다(민사조정법 제34조 제3항, 민사소송법 제228조 제1항 참조).

08

법원사무관등은 이행권고결정이 확정판결과 같은 효력을 가지게 된 때에는 이행권고결정서 정본을 원고에게 송달하여야 한다. ○|✕

> **해설** 이행권고결정서의 등본이 피고에게 송달되어 확정되면 그 결정서 정본을 원고에게 송달하여야 한다(소액사건심판법 제5조의7 제2항).

09

확정된 이행권고결정에 기한 강제집행에 있어서는 원칙적으로 집행문을 부여받을 필요가 없이 이행권고결정서 정본에 의해 집행할 수 있다. ○|✕

> **해설** 이행권고결정에 기한 강제집행은 집행문을 부여받을 필요 없이 이행권고결정서 정본에 의하여 행한다(소액사건심판법 제5조의8 제1항).

10

확정된 이행권고결정에는 기판력은 없으나, 집행력은 있다. ○|✕

> **해설** 이행권고결정은 다음 각 호 가운데 어느 하나에 해당하면 확정판결과 같은 효력을 가진다(소액사건심판법 제5조의7). 여기서 '확정판결과 같은 효력'은 기판력을 제외한 나머지 효력인 집행력 및 법률요건적 효력 등의 부수적 효력을 말하는 것이고, 기판력까지 인정하는 것은 아니다(대판 2009.5.14. 2006다34190).

11

확정된 이행권고결정에 재심사유에 해당하는 하자가 있다면 피고는 이를 이유로 민사소송법 제461조가 정한 준재심의 소를 제기할 수 있다. ○|✕

> **해설** 기판력을 가지지 아니하는 확정된 이행권고결정에 재심사유에 해당하는 하자가 있다고 하더라도 이를 이유로 민사소송법 제461조가 정한 준재심의 소를 제기할 수 없고, 청구이의의 소를 제기하거나 또는 전체로서의 강제집행이 이미 완료된 경우에는 부당이득반환청구의 소 등을 제기할 수 있을 뿐이다(대판 2009.5.14. 2006다34190).

정답 | **04** ✕ **05** ✕ **06** ✕ **07** ○ **08** ○ **09** ○ **10** ○ **11** ✕

12

A가 B를 상대로 소액사건심판절차에서 이행권고결정을 받아 확정된 후 C에게 이행권고결정서 정본상의 채권을 양도하여 C가 그 대항요건을 갖춘 경우라면 C가 승계집행문을 부여받지 않았더라도 B로서는 더 이상 A를 상대로 청구이의의 소를 제기할 수 없다. O | X

> **해설** 확정된 이행권고결정서 정본상의 청구권이 양도되어 대항요건을 갖추었지만 양수인이 승계집행문을 부여받지 아니한 경우에도 양도인에 대한 기존 집행권원의 집행력이 당연히 소멸되는 것은 아니므로 이때 양도인을 상대로 청구이의의 소를 제기할 수 있다(대판 2013.1.10. 2012다86864).

13

확정된 이행권고결정상의 청구권이 양도되어 대항요건을 갖추고 양수인이 승계집행문을 부여받았음에도 불구하고 위 이행권고결정상에 원고로 표시된 양도인이 그 정본에 기하여 강제집행을 한 경우에는 채무자는 집행이의의 방법으로는 다툴 수 없고 양도인을 상대로 집행력 배제를 위한 청구이의의 소를 제기하여야 한다. O | X

> **해설** 확정된 이행권고결정상의 청구권이 양도되어 대항요건을 갖추고 양수인이 승계집행문을 부여받은 경우에 집행채권자는 양수인으로 확정되는 것이므로, 양도인을 상대로 제기한 청구이의의 소는 피고적격이 없는 자를 상대로 한 소이거나 이미 집행력이 소멸된 집행권원의 집행력 배제를 구하는 것으로 권리보호의 이익이 없어 부적법하고, 양도인이 집행력이 소멸한 이행권고결정서 정본에 기하여 강제집행절차에 나아간 경우 채무자는 집행이의의 방법(민사집행법 제16조)으로 다툴 수 있다(대판 2008.2.1. 2005다23889).

소송대리에 관한 특칙	① 단독판사가 심리·재판하는 사건 가운데 그 소송목적의 값이 일정한 금액 이하인 사건에서, 당사자와 밀접한 생활관계를 맺고 있고 일정한 범위 안의 친족관계에 있는 사람 또는 당사자와 고용계약 등으로 그 사건에 관한 통상사무를 처리·보조하여 오는 등 일정한 관계에 있는 사람이 법원의 허가를 받은 때에는 변호사 아닌 사람도 소송대리인으로 선임될 수 있으므로, 소액사건에서도 법원의 허가를 받으면 변호사가 아니더라도 소송대리가 가능하다. ② 소액사건에서는 당사자의 배우자·직계혈족 또는 형제자매이면 변호사가 아니라도 법원의 허가 없이 소송대리인이 될 수 있다. ③ 단독판사가 심리·재판하는 사건에서 소송대리의 허가를 한 후 사건이 청구취지의 확장 또는 병합 등으로 소송목적의 값이 1억 원을 초과하게 되면 법원은 허가를 취소하고 당사자 본인에게 그 취지를 통지하여야 하는데, 소액사건의 경우 변론병합으로 소송목적의 값의 합산액이 1억 원을 초과하게 되더라도 개개사건이 소액사건의 특성을 잃지 않으므로, 위와 같은 소송대리허가의 취소 등은 적용되지 않는다.
구술에 의한 소제기	① 소는 구술로써 이를 제기할 수 있다. ② 구술로써 소를 제기하는 때에는 법원서기관·법원사무관·법원주사 또는 법원주사보(이하 '법원사무관 등'이라 한다)의 면전에서 진술하여야 한다. ③ 위 ②의 경우에 법원사무관등은 제소조서를 작성하고 이에 기명날인하여야 한다.
심리절차상의 특칙	① 소장부본이나 제소조서를 지체 없이 피고에게 송달한다. 이행권고결정등본이 송달된 때에는 소장부본이 송달된 것으로 본다. 1회 변론기일로 심리를 종결하도록 한다. 한편, 판사는 변론기일 이전이라도 당사자로 하여금 증거신청을 하게 하는 등 필요한 조치를 취할 수 있게 하였다. ② 법원은 소장, 준비서면 기타 소송기록에 의하여 청구가 이유 없음이 명백한 때에는 변론 없이 청구를 기각할 수 있으며, 판사의 경질이 있는 경우에도 변론의 갱신 없이 판결할 수 있다. ③ 판사는 필요한 경우에는 근무시간 외 또는 공휴일에도 개정할 수 있다. ④ 소액사건에서는 필요하다고 인정할 때 직권으로 증거조사를 할 수 있도록 하였다. 증인신문에 있어서 교호신문제를 폐지하여 판사가 주신문을 하고, 당사자는 보충신문을 하는 직권신문제를 채택하였다. 판사는 상당하다고 인정한 때에는 증인 또는 감정인의 신문에 갈음하여 서면을 제출하게 할 수 있는 서면신문제를 채택하였다. ⑤ 조서는 당사자의 이의가 있는 경우를 제외하고 판사의 허가가 있는 때에는 이에 기재할 사항을 생략할 수 있다.
판결에 대한 특칙	① 소가 제기된 경우에는 피고의 답변서 제출기간을 기다리지 아니하고 변론기일을 지정하고 변론을 거쳐 판결을 할 수 있다. 소액사건은 변론종결 후 즉시 판결을 선고할 수 있다. ② 판결선고시 판결이유의 요지는 말로 설명하여야 한다. 판결이유는 원칙적으로 그 기재를 생략할 수 있다.
상고 및 재항고 제한	① 소액사건의 경우에는 제2심 판결이나 결정·명령에 대하여 법률·명령·규칙 또는 처분의 헌법위반 여부와 명령·규칙 또는 처분의 법률위반 여부에 대한 판단이 부당한 때(하위법규의 상위법규에의 위반 여부에 관한 부당한 판단), 대법원판례에 상반되는 판단을 한 때 등 두 가지의 경우에만 상고 또는 재항고이유로 삼을 수 있다. ② 소액사건에 관하여 상고이유로 할 수 있는 '대법원의 판례에 상반되는 판단을 한 때'라는 요건을 갖추지 아니하였더라도, 법령해석의 통일이라는 대법원의 본질적 기능을 수행하는 데 필요한 특별한 사정이 있는 경우에는 상고심에서 실체법 해석·적용에 관하여 판단할 수 있다.

01

소액사건의 경우 당사자와 고용계약 등으로 그 사건에 관한 통상사무를 처리·보조하여 온 자는 법원의 허가 없이 소송대리인이 될 수 있다. O | X

해설 단독판사가 심리·재판하는 사건 가운데 그 소송목적의 값이 일정한 금액 이하인 사건에서, 당사자와 밀접한 생활관계를 맺고 있고 일정한 범위 안의 친족관계에 있는 사람 또는 당사자와 고용계약 등으로 그 사건에 관한 통상사무를 처리·보조하여 오는 등 일정한 관계에 있는 사람이 법원의 허가를 받은 때에는 변호사 아닌 사람도 소송대리인으로 선임될 수 있으므로(제88조 제1항), 소액사건에서도 법원의 허가를 받으면 변호사가 아니더라도 소송대리가 가능하다.

02

당사자의 배우자·직계혈족 또는 형제자매는 법원의 허가 없이 소송대리인이 될 수 있다. O | X

해설 「소액사건심판법」 제8조 제1항

03

소액사건의 소송절차에서는 변론 없이 청구를 기각할 수 있고, 판사의 경질이 있어도 변론의 갱신 없이 판결을 할 수 있는 등의 특칙이 적용되나, 서면에 의해 소제기를 해야 함은 통상의 소송절차와 동일하다. O | X

해설 법원은 소장, 준비서면 기타 소송기록에 의하여 청구가 이유 없음이 명백한 때에는 변론 없이 청구를 기각할 수 있으며(소액사건심판법 제9조 제1항, 구술심리주의의 예외), 판사의 경질이 있는 경우에도 변론의 갱신 없이 판결할 수 있다(같은 조 제2항, 직접심리주의의 예외). 소는 구술로써 이를 제기할 수 있다(같은 법 제4조 제1항).

04

소액사건에서 법원은 상당하다고 인정하는 때에는 증인 또는 감정인의 신문에 갈음하여 서면을 제출하게 할 수 있다.　　　　　　　　　　　　　　　　　　　　　　　　　　　　　　　　　　　　　　　O | X

> **해설** 소액사건의 경우 증인 등의 출석증언의 불편과 출석기피로 인한 절차진행의 지연을 피하기 위하여 서면신문제가
> 운영되고 있다. 즉, 법원이 상당하다고 인정한 때에는 증인 또는 감정인의 신문에 갈음하여 서면을 제출하게 할 수 있다(소
> 액사건심판법 제10조 제3항). 이때 제출하는 서면은 신문과 같은 효력이 있는 것이나 서증이 아니므로, 서증에 관한 증거
> 조사절차에 의할 것이 아니다.

05

소액사건이라고 하더라도 그 판결서에는 판결주문이 정당하다는 것을 인정할 수 있을 정도로 판결의 이유를 기재하여야 한다.　　　　　　　　　　　　　　　　　　　　　　　　　　　　　　　　　　O | X

> **해설** 판결서에는 민사소송법 제208조의 규정에 불구하고 이유를 기재하지 아니할 수 있다(소액사건심판법 제11조의2
> 제3항).

06

소액사건에 관하여 상고이유로 할 수 있는 '대법원의 판례에 상반되는 판단을 한 때'라는 요건을 갖추지 아니하였더라도, 법령해석의 통일이라는 대법원의 본질적 기능을 수행하는 데 필요한 특별한 사정이 있는 경우에는 상고심에서 실체법 해석·적용에 관하여 판단할 수 있다.　　　　　　　　　　　　　　O | X

> **해설** 소액사건에 있어서 구체적 사건에 적용할 법령의 해석에 관한 대법원판례가 아직 없는 상황에서 같은 법령의 해석
> 이 쟁점으로 되어 있는 다수의 소액사건들이 하급심에 계속되어 있을 뿐 아니라 재판부에 따라 엇갈리는 판단을 하는 사례
> 가 나타나고 있는 경우, 소액사건이라는 이유로 대법원이 그 법령의 해석에 관하여 판단을 하지 아니한 채 사건을 종결하
> 고 만다면 국민생활의 법적 안전성을 해칠 것이 우려된다고 할 것인바, 이와 같은 특별한 사정이 있는 경우에는 소액사건
> 에 관하여 상고이유로 할 수 있는 '대법원의 판례에 상반되는 판단을 한 때'의 요건을 갖추지 아니하였다고 하더라도 법령
> 해석의 통일이라는 대법원의 본질적 기능을 수행하는 차원에서 실체법 해석·적용에 있어서의 잘못에 관하여 직권으로
> 판단할 수 있다(대판 2004.8.20. 2003다1878).

정답 | **01** × **02** ○ **03** × **04** ○ **05** × **06** ○

의의		독촉절차란 금전, 그 밖의 대체물이나 유가증권의 일정한 수량의 지급을 목적으로 하는 청구에 대하여 채권자로 하여금 간이·신속하게 집행권원을 취득하도록 하기 위하여 이행의 소를 대신하여 법이 마련한 특별소송절차이다.
지급명령의 신청	관할	① 청구의 가액에 불구하고, 지방법원 단독판사 또는 시·군법원판사, 사법보좌관의 직분관할에 전속한다. 전속관할을 위반하면 신청을 각하하여야 하고, 관할법원에 이송할 것이 아니다. ② 독촉절차의 관할법원은 전속관할이므로 관련사건의 관할, 합의관할. 변론관할 등의 규정은 적용될 수 없다.
	요건	① 지급명령의 대상은 금전 그 밖의 대체물 또는 유가증권의 일정 수량의 지급을 목적으로 하는 청구이다. ② 지급명령을 발하여도 송달불능이 되면 주소보정을 명할 수 있으나, 이때에 보정명령을 받은 채권자는 보정 대신에 소제기 신청을 하여 소송절차로 이행시킬 수 있다. ③ 지급명령신청에 대하여 채무자를 심문하지 않고, 결정으로 지급명령을 한다.
지급명령신청에 대한 재판	신청각하결정	신청에 관할위반, 신청요건의 흠, 신청의 취지에 의하여 청구가 이유 없음이 명백한 때에는 신청을 각하하는 결정을 한다. 각하결정에 대하여는 채권자는 불복신청을 할 수 없다.
	지급명령의 확정	① 지급명령에 대하여 소정기간(2주) 안에 이의신청이 없는 때 또는 이의신청이 있더라도 후에 이의신청이 적법하게 취하되거나 이의신청 각하결정이 확정된 때에는 지급명령은 확정되고, 확정된 지급명령은 확정판결과 같은 효력이 있으므로, 단기소멸시효 채권이라도 그 소멸시효는 10년으로 연장된다. 그러나 기판력은 인정되지 않으므로 준재심의 대상이 되지 않는다. ② 확정된 지급명령에 기한 강제집행은 집행문을 부여받을 필요 없이 지급명령 정본에 의하여 행하므로, 채권자는 별도로 지급명령의 송달증명 및 확정증명을 받을 필요 없이 송달일자와 확정일지를 기재하여 작성된 지급명령 정본에 기초하여 바로 강제집행을 신청할 수 있다.
이의신청	이의신청	① 지급명령에 대하여는 채무자에게 이의신청권이 있다. 채무자가 적법한 이의신청을 내면 지급명령은 이의의 범위 안에서 실효되고, 지급명령을 신청한 때에 소를 제기한 것으로 보아, 통상의 소송절차로 이행한다. 이의신청은 2주 이내에 하여야 하며, 이의신청기간은 불변기간이다. ② 지급명령이 송달된 후 이의신청기간 내에 회생절차개시결정 등과 같은 소송중단사유가 생긴 경우에는 민사소송법 제247조 제2항이 준용되어 이의신청기간의 진행이 정지된다. ③ 채무자가 지급명령에 대하여 적법한 이의신청을 하여 지급명령신청이 소송으로 이행하게 되는 경우 지급명령신청시의 청구금액을 소송목적의 값으로 하여 인지액을 계산함이 원칙이나, 소송기록이 관할법원으로 송부되기 전에 지급명령신청시의 청구금액을 기준으로 한 인지 부족액이 보정되지 않은 상태에서 채권자가 지급명령을 발령한 법원에 청구금액을 감액하는 청구취지 변경서를 제출하는 등 특별한 사정이 있는 경우에는 변경 후 청구에 관한 소송목적의 값에 따라 인지액을 계산하여야 할 것이다.

	이의신청의 취하	① 지급명령에 대한 이의신청은 이의신청 각하결정 전 또는 그에 기한 소송으로 이행하기까지는 채무자가 어느 경우나 임의로 취하할 수 있다. ② 독촉법원이 가집행선고 전의 이의신청을 적법한 것으로 인정하고 따라서 지급명령이 신청된 때에 소가 제기된 것으로 간주되어 기록을 관할법원에 송부한 후에는 그 이의를 취하할 수 없다. ③ 지급명령에 대한 이의신청의 취하는 법원에 대한 소송행위이므로 「민법」의 법률행위에 관한 규정은 원칙적으로 적용되지 않는다. 다만, 대표자나 대리인이 상대방과 통모하여 형사상 처벌을 받을 배임행위 등에 의하여 지급명령에 대한 이의신청을 취하한 때에는 민사소송법 제451조 제1항 제5호의 규정을 유추적용하여 그 효력이 부정될 수 있는 경우가 있을 것이나, 같은 조 제2항에 따라 그 형사상 처벌받을 행위에 대하여 유죄의 판결이나 과태료 부과의 재판이 확정된 때 또는 증거부족 외의 이유로 유죄의 확정판결이나 과태료 부과의 확정재판을 할 수 없는 때라야 할 것이다.
	이의신청의 조사	① 법원은 이의신청기간 도과 등으로 이의신청이 부적법하다고 인정한 때에는 결정으로 이의신청을 각하하여야 한다. ② 이의신청에 대한 각하결정은 이의신청인과 상대방에게 고지하여야 하며, 이에 대하여 이의신청인은 즉시항고를 할 수 있다. 각하결정이 확정되면 당초부터 이의신청이 없었던 것으로 된다. ③ 지급명령신청이 각하된 경우라도 6개월 이내 다시 소를 제기한 경우라면 「민법」 제170조 제2항에 의하여 시효는 당초 지급명령신청이 있었던 때에 중단되었다고 보아야 한다.
이의신청 후의 소송절차		① 채무자 제출의 이의신청서의 이의사유라 하여 소송이행 후에 당연히 소송자료가 되는 것은 아니고, 변론기일에 이를 주장하지 아니하면 그 효력이 없다. ② 이의신청 후에 그 지급명령이 전속관할을 위반하여 내려진 것임이 발견된 경우에도 지급명령이 채무자에게 송달된 이상 지급명령으로서 효력은 있으므로, 채무자의 이의신청이 있으면 독촉법원의 법원사무관등은 그 기록을 본안의 관할법원으로 송부하여야 한다.
공시송달에 의한 지급명령		「은행법」에 따른 은행 등의 채권자가 그 업무 또는 사업으로 취득하여 행사하는 대여금, 구상금, 보증금 채권에 대하여 지급명령을 신청하는 경우로서 청구원인을 소명하는 경우 공시송달을 명령할 수 있다.

🔨 OX 확인

01
12/15/20법원직

관할을 위반한 지급명령의 신청에 대해서는 관할법원으로 이송하여야 한다.　　　　O | X

> **해설** 독촉절차는 지급명령신청시를 기준으로 하여 채무자의 보통재판적(제3조 내지 제6조) 소재지의 지방법원이나 민사소송법 제7조 내지 제9조, 제12조 또는 제18조의 규정에 의한 지방법원의 전속관할에 속한다(제463조). 전속관할을 위반하면 신청을 각하하여야 하고(제465조, 제463조), 관할법원에 이송할 것이 아니다.

02
16사무관

독촉절차에도 관련사건의 관할, 합의관할, 변론관할의 규정이 적용된다.　　　　O | X

> **해설** 독촉절차의 관할법원은 전속관할이므로 관련사건의 관할(제25조), 합의관할(제29조), 변론관할(제30조) 등의 규정은 적용될 수 없다.

03
12법원직

지급명령의 대상이 될 수 있는 것은 금전, 그 밖에 대체물이나 유가증권의 일정한 수량의 지급을 목적으로 하는 청구이다.　　　　O | X

> **해설** 지급명령의 대상은 금전, 그 밖에 대체물 또는 유가증권의 일정 수량의 지급을 목적으로 하는 청구이다(제462조 본문).

04

반대급부의 이행과 동시에 명하는 지급명령이 허용되지만, 반대급부의 이행 주체가 지급명령의 신청인인 경우에만 반대급부의 이행과 동시에 명하는 지급명령이 가능하다. ○ | X

해설 법원은 금전 등 대체물이나 유가증권의 일정한 수량의 지급을 목적으로 하는 청구에 대하여 채권자의 신청에 따라 지급명령을 할 수 있고(민사소송법 제462조), 반대급부의 이행과 동시에 금전 등 대체물이나 일정한 수량의 유가증권의 지급을 명하는 지급명령도 허용된다. 이때 반대급부는 지급명령신청의 대상이 아니어서 민사소송법 제462조에서 정한 '금전 등 대체물이나 유가증권의 일정한 수량의 지급을 목적으로 하는 청구'라는 제한을 받지 아니하고, 반대급부를 이행하여야 하는 자도 '지급명령의 신청인'에 한정되는 것은 아니다(대결 2022.6.2. 2021그753).
(주 - 지급명령신청서에 기재된 "채무자는 신청 외 이○○으로부터 별지 부동산을 인도받음과 동시에 특별항고인에게 금전을 지급하라."라는 신청취지에 대하여 사법보좌관이 "반대급부인 부동산 인도에 관한 청구는 독촉절차의 목적물 요건에 해당되지 않고, 반대급부 이행 조건도 부적법하므로 해당 부분을 취하라."라는 취지의 보정명령을 한 후 그 미이행을 이유로 지급명령신청 각하 결정을 하였고, 제1심 단독판사는 반대급부 이행 주체가 지급명령의 신청인이 아니어서 부적법하다는 취지까지 더하여 특별항고인의 이의신청을 각하하는 취지의 결정을 한 사안에서, 대법원이 위와 같은 법리를 설시하고 원심에 특별항고인의 적법절차에 따른 재판청구권을 침해한 헌법위반의 잘못이 있다고 보아, 원심결정을 파기한 사례)

05

채권자는 법원으로부터 채무자의 주소를 보정하라는 명령을 받은 경우에 소제기신청을 할 수 있다.

○ | X

해설 지급명령을 발하여도 송달불능이 되면 주소보정을 명할 수 있으나, 이때에 보정명령을 받은 채권자는 보정 대신에 소제기신청을 하여 소송절차로 이행시킬 수 있다(제466조 제1항).

06

지급명령은 채무자를 심문하지 아니하고 채권자의 주장만을 근거로 하여 발하게 된다. ○ | X

해설 지급명령신청에 대하여 채무자를 심문하지 않고(제467조), 결정으로 지급명령을 한다.

정답 | 01 × 02 × 03 ○ 04 × 05 ○ 06 ○

07

확정된 지급명령은 확정판결과 같은 효력이 있으므로 단기소멸시효 채권이라도 지급명령에 의하여 확정되면 그 소멸시효는 10년으로 연장된다. ○|X

해설 대판 2009.7.9. 2006다73966

08

확정된 지급명령은 기판력이 인정되지 아니하므로 청구이의의 소로 다툴 수 있다. ○|X

해설 확정된 지급명령은 확정판결과 같은 효력이 있으므로(제474조), 단기소멸시효 채권이라도 지급명령에 의하여 확정되면 그 소멸시효는 10년으로 연장된다(대판 2009.9.24. 2009다39530). 그러나 기판력은 인정되지 않으므로(대판 2009.7.9. 2006다73966) 준재심의 대상이 되지 않으며 청구이의의 소로 다툴 수 있다.

09

채무자가 지급명령을 송달받은 날부터 2주 이내에 이의신청을 한 때에는 지급명령은 그 범위 안에서 효력을 잃고, 위 2주의 기간은 불변기간이다. ○|X

해설 제470조

10

지급명령이 송달된 후 이의신청기간 내에 회생절차개시결정 등과 같은 사유가 생긴 경우에도 이의신청기간의 진행이 정지되지 않는다. ○|X

해설 지급명령이 송달된 후 이의신청기간 내에 회생절차개시결정 등과 같은 소송중단사유가 생긴 경우에는 민사소송법 제247조 제2항이 준용되어 이의신청기간의 진행이 정지된다(대판 2012.11.15. 2012다70012).

11

15주사보

지급명령에 대한 이의신청으로 소송기록이 관할법원으로 송부되기 전에 채권자가 지급명령을 발한 법원에 청구금액을 감액하는 청구취지 변경서를 제출한 경우에는 변경 후 청구에 관한 소송목적의 값에 따라 인지액을 계산하여야 한다. ○ | X

> **해설** 채무자가 지급명령에 대하여 적법한 이의신청을 하여 지급명령신청이 소송으로 이행하게 되는 경우 지급명령신청 시의 청구금액을 소송목적의 값으로 하여 인지액을 계산함이 원칙이나, 소송기록이 관할법원으로 송부되기 전에 지급명령 신청시의 청구금액을 기준으로 한 인지 부족액이 보정되지 않은 상태에서 채권자가 지급명령을 발한 법원에 청구금액을 감액하는 청구취지변경신청서를 제출하는 등 특별한 사정이 있는 경우에는 변경 후의 청구에 관한 소송목적의 값에 따라 인지액을 계산하여야 한다(대결 2012.5.3. 2012마73).

12

19법원직

대표자나 대리인이 상대방과 통모하여 형사상 처벌을 받을 배임행위 등에 의하여 지급명령에 대한 이의신청을 취하한 경우에 그 취하의 효력이 부정되려면 그 형사상 처벌받을 행위에 대하여 유죄의 판결이나 과태료 부과의 재판이 확정된 때 또는 증거부족 외의 이유로 유죄의 확정판결이나 과태료 부과의 확정재판을 할 수 없는 때라야 한다. ○ | X

> **해설** 지급명령에 대한 이의신청의 취하는 채무자가 제기한 이의신청을 철회하여 지급명령에 확정판결과 같은 효력을 부여하는 채무자의 법원에 대한 소송행위로서 소송행위의 특질상 소송절차의 명확성과 안정성을 기하기 위한 표시주의가 관철되어야 하므로 「민법」의 법률행위에 관한 규정은 원칙적으로 적용되지 않는다. 다만, 대표자나 대리인이 상대방과 통 모하여 형사상 처벌을 받을 배임행위 등에 의하여 지급명령에 대한 이의신청을 취하한 때에는 민사소송법 제451조 제1항 제5호의 규정을 유추적용하여 그 효력이 부정될 수 있는 경우가 있을 것이나, 같은 조 제2항에 따라 그 형사상 처벌받을 행위에 대하여 유죄의 판결이나 과태료 부과의 재판이 확정된 때 또는 증거부족 외의 이유로 유죄의 확정판결이나 과태료 부과의 확정재판을 할 수 없는 때라야 할 것이다(대결 2012.11.21. 2011마1980).

13

12법원직

지급명령신청을 각하하는 결정에 대하여는 불복할 수 없으나, 지급명령에 대한 이의신청을 각하하는 결정에 대하여는 즉시항고할 수 있다. ○ | X

> **해설** 이의신청에 대한 각하결정은 이의신청인과 상대방에게 고지하여야 하며, 이에 대하여 이의신청인은 즉시항고를 할 수 있다(제471조 제2항).

14

지급명령신청이 각하된 경우라도 6개월 이내 다시 소를 제기한 경우라면 시효는 당초 지급명령신청이 있었던 때에 중단되었다고 보아야 한다. ○ | X

> 해설 「민법」 제170조의 재판상 청구에 지급명령신청이 포함되는 것으로 보는 이상 특별한 사정이 없는 한, 지급명령신청이 각하된 경우라도 6개월 이내 다시 소를 제기한 경우라면 「민법」 제170조 제2항에 의하여 시효는 당초 지급명령신청이 있었던 때에 중단되었다고 보아야 한다(대판 2011.11.10. 2011다54686).

15

채무자 제출의 이의신청서에 구체적인 이의사유가 기재되어 있는 때에는 당연히 소송자료가 되므로 변론기일에 이를 주장하지 않아도 그 효력이 있다. ○ | X

> 해설 채무자 제출의 이의신청서의 이의사유라 하여 소송이행 후에 당연히 소송자료가 되는 것은 아니고, 변론기일에 이를 주장하지 아니하면 그 효력이 없다(대판 1970.12.22. 70다2297).

16

이의신청 후에 그 지급명령이 전속관할을 위반하여 내려진 것임이 발견된 경우에는 지급명령신청을 각하하여야 한다. ○ | X

> 해설 이의신청 후에 그 지급명령이 전속관할을 위반하여 내려진 것임이 발견된 경우에도 지급명령이 채무자에게 송달된 이상 지급명령으로서 효력은 있으므로, 채무자의 이의신청이 있으면 독촉법원의 법원사무관등은 그 기록을 본안의 관할법원으로 송부하여야 한다.

17

「은행법」에 따른 은행 등의 채권자가 그 업무 또는 사업으로 취득하여 행사하는 대여금, 구상금, 보증금 채권에 대하여 지급명령을 신청하는 경우로서 청구원인을 소명하는 경우 공시송달을 명령할 수 있다. ○ | X

> 해설 「은행법」에 따른 은행 등의 채권자가 그 업무 또는 사업으로 취득하여 행사하는 대여금, 구상금, 보증금 및 그 양수금 채권에 대하여 지급명령을 신청하는 경우로서 청구원인을 소명한 경우 공시송달을 명령할 수 있도록 하였고(소송촉진 등에 관한 특례법 제20조의2 제1항 내지 제4항), 공시송달을 통하여 지급명령이 확정된 채무자는 이의신청기간이 경과한 경우에도 '당사자가 책임질 수 없는 사유'로 항변하지 못한 것으로 보아 이의신청의 추후보완이 가능하도록 하여 채무자의 제1심 재판에서의 변론기회도 보장하였다(같은 조 제5항).

정답 | **14** ○ **15** × **16** × **17** ○

2023 최신개정판

해커스법원직
신정운
S 민사소송법 OX 문제집

개정 2판 1쇄 발행 2023년 2월 16일

지은이	신정운 편저
펴낸곳	해커스패스
펴낸이	해커스공무원 출판팀

주소	서울특별시 강남구 강남대로 428 해커스공무원
고객센터	1588-4055
교재 관련 문의	gosi@hackerspass.com
	해커스공무원 사이트(gosi.Hackers.com) 교재 Q&A 게시판
	카카오톡 플러스 친구 [해커스공무원 노량진캠퍼스]
학원 강의 및 동영상강의	gosi.Hackers.com

ISBN	979-11-6999-025-7 (13360)
Serial Number	02-01-01

공무원 교육 1위,
해커스공무원 gosi.Hackers.com

ⅢⅡ 해커스공무원

· **해커스공무원 학원 및 인강**(교재 내 인강 할인쿠폰 수록)
· 해커스공무원 스타강사의 **법원직 민사소송법 무료 동영상강의**